10
18

12. AVENUE D'ITALIE. PARIS XIIIe

GRANDS REPORTERS

Prix Albert Londres

100 REPORTAGES D'EXCEPTION
DE 1950 À AUJOURD'HUI

Édition augmentée

10/18

LES ARÈNES

COORDINATION ÉDITORIALE Jan Krauze, Stéphane Joseph
SUIVI ÉDITORIAL Cissé Tamoura, Aleth Stroebel, Laurence Ullmann

ISBN 978-2-264-05887-4

Préface

UN BEAU MÉTIER

JOSETTE ALIA

Ah, Albert Londres ! Il nous fascine, nous inspire, nous impressionne, nous étonne et parfois nous écrase. Pour tous les journalistes, Albert Londres c'est la Référence, le Père fondateur, l'Ancêtre, avec tout ce que cela suppose d'admiration mais aussi de rappel à l'ordre incessant. À chaque fois que se réunit le jury du Prix Albert Londres, qui distingue et récompense depuis plus de soixante-dix ans le meilleur grand reportage de l'année, quelqu'un pose la question : « Oui, mais est-ce vraiment l'esprit Albert Londres ? » et tout le monde comprend. Il faut donc expliquer.

C'était un sacré type, Albert. Il avait sa légende. Le 19 septembre 1914, la bataille de la Marne s'achève. Les Allemands lancent une contre-offensive en Champagne et bombardent Reims. À Paris, le rédacteur en chef du *Matin* s'inquiète. Tous ses envoyés spéciaux sont sur d'autres fronts. Albert Londres, simple échotier parlementaire qui n'a encore jamais signé un article, est là. On l'envoie d'urgence à Reims. Plus de train. Albert trouve une bicyclette, l'enfourche, grille les contrôles militaires, pédale comme un fou et arrive sur le parvis de la cathédrale « si belle que rien que pour elle on se serait fait catholique » au moment où tombent les premiers obus. La cathédrale est touchée. Londres note sur son petit carnet quadrillé : « 7 h 25 du matin. Je vois tomber la première pierre. » Le lendemain, un gros titre noir barre la une du *Matin*, qu'on s'arrache dans les rues : « Ils ont bombardé Reims et nous avons vu cela ! » C'est signé Albert Londres.

Succès énorme. Enfin un récit à chaud, sans « bourrage de crâne », au plus près de la réalité, précis, sans fioritures et pourtant émouvant. Avec ce coup d'éclat, Albert Londres vient d'inventer, en pleine guerre, un nouveau journalisme. Celui du témoignage en direct, du travail au ras du terrain. Celui où il faut trouver les mots qui touchent, le détail qui dit tout et la formule qui frappe. Ne pas se laisser abuser par les vérités officielles ou piéger par des manipulations. Montrer la guerre telle qu'elle est – ni fraîche, ni joyeuse – non pas telle que la décrivent les communiqués militaires. Albert ne le sait pas encore mais son « nous avons vu cela ! » va bousculer les conformismes, ouvrir à ses lecteurs de nouveaux horizons. Et créer ce qu'on appelle encore aujourd'hui, faute de mieux, le « grand reportage ».

Il lui reste à transformer l'essai. La direction du *Matin*, qui lui reproche d'avoir introduit dans ses articles le « microbe de la littérature », refuse de l'envoyer sur le front des Dardanelles ? Il démissionne, entre au *Petit Journal* et s'embarque avec le corps expéditionnaire. Il veut désormais choisir ses sujets. Encore une liberté qui choque. Mais dont il va établir le principe.

Désormais le grand reportage s'impose comme une nécessité. Albert Londres l'incarne mieux que personne. Toujours prêt à démissionner pour garder sa liberté d'écriture, faussement nonchalant, jaloux de son indépendance et bosseur acharné, il construit le personnage type du « grand reporter » tel qu'il restera à jamais. Voyageur au long cours, Albert passe des guerres balkaniques à la Russie des Soviets, de la terre d'ébène africaine à la Chine en folie ou aux trottoirs de Buenos Aires. Il annonce des révolutions. Dénonce l'horreur du bagne de Cayenne, dont il obtiendra finalement la suppression. Son succès le protège : ses articles publiés dans les grands journaux populaires sont lus par des milliers de lecteurs enthousiastes. Mais sa meilleure arme, c'est sa plume. Son art de suggérer, de décrire, d'émouvoir. Son « ton » si particulier, inimitable. Il ne se trompe pas lorsqu'il affirme : « Notre métier n'est pas de faire plaisir ou de faire tort. Il est de porter la plume dans la plaie. » À l'époque, cette profession de foi est une audace. Aujourd'hui, elle est plus que jamais une exigence et une ardente obligation.

Avec Albert, le reportage a, dira-t-on plus tard, « gagné ses lettres de noblesse ». En effet, dans la nouvelle voie qui s'ouvre entre les deux guerres aux « flâneurs salariés » du reportage littéraire, on compte de brillants écrivains comme Paul Morand, Blaise Cendrars, Joseph Kessel, André Gide, Ernest Hemingway, Antoine de Saint-Exupéry, George Orwell, Lucien Bodard, Jean Lartéguy et tant d'autres. Ils ne s'attachent pas tous à rapporter minutieusement les faits. Ils n'hésitent pas à se mettre en scène et peuvent parfois franchir allègrement la limite entre le reportage et la fiction romanesque. Mais le style est là, qui marquera pour longtemps l'esprit du grand reportage.

Il est de bon ton aujourd'hui de dire que le grand reportage se meurt, que le grand reportage n'est plus ce qu'il était. Pourquoi ? Parce que le monde aurait changé. Sans doute. Le monde s'est rétréci, le temps s'est rétracté. On est passé du crayon d'Albert à l'ordinateur portable. Il n'est plus nécessaire d'« attendre la ligne » pendant des heures ou de soudoyer une standardiste quand on a sous la main un téléphone satellitaire. Les infos se bousculent. La télévision y ajoute l'image. Internet répercute en vrac textes, vidéos, humeurs et commentaires. Vertige de la vitesse ! Envoyer en un instant un article à l'autre bout du monde n'est plus un problème. Mais la rapidité n'est pas tout. L'essentiel reste le « papier » (terme anachronique, toujours utilisé) que le reporter envoie. Et là rien ne remplace le terrain, le regard, le jugement, l'écriture. Comme au temps d'Albert Londres, il faut toujours aller voir sur place, regarder, tenter de comprendre ce qui se passe exactement, avant de le raconter le mieux possible. Classique ? Peut-être. Mais indémodable.

D'ailleurs le monde a-t-il vraiment changé ? Depuis maintenant un siècle, malgré toutes les odes à la paix, les guerres se succèdent et couvrent la terre entière. Toujours aussi barbares, sanglantes, insensées. Indochine, Algérie, Bosnie, Liban, Rwanda, Irak, Afghanistan… les champs de bataille ne manquent pas. Les sujets de reportages non plus. Le bagne a disparu mais les prisons craquent. La traite des Blanches n'est plus une spécialité de Buenos Aires, elle frappe maintenant l'Afrique et les pays de l'Est. Les fameux « comitadjis » des Balkans s'appellent aujourd'hui « djihadistes » au Pakistan ou en Afghanistan… Relire Albert Londres et en constater l'actualité accable et désespère, mais ne dépayse pas.

Non, le grand reportage n'est pas mort. Il s'est adapté aux nouvelles technologies, à l'apparition de la télé et à la concurrence d'Internet. Osons le pari : il s'adaptera aussi à la crise de la presse en général et de la presse écrite en particulier. Pour deux raisons.

Au moment où l'information se disperse, s'accélère au point d'être inaudible, sature l'entendement et brouille les repères, les gens ont besoin de lire des textes longs, éclairants, écrits avec talent – autrement dit, des grands reportages. La rapide montée en puissance de la revue *XXI*, créée par Patrick de Saint-Exupéry, en est une preuve.

Et puis, heureuse coïncidence, le grand reportage est redevenu le rêve des jeunes journalistes. Ce n'était pas acquis. Dans les années 1960, le journalisme avait pris le tournant d'une sociologie alors en vogue, de l'étude de « grands dossiers de société » à la lecture un peu rude. On découvrait la fascination des chiffres, des sondages, des modèles informatiques à faire tourner et d'où jaillirait la lumière. Il fallait observer une objectivité pointilleuse (« Surtout, jamais de “je” et pas d'adjectifs ! », intimait aux débutants Hubert Beuve-Méry l'austère patron du *Monde*). Bref le climat ne se prêtait guère à l'étalage des sentiments ou aux effusions littéraires. Quelques « grandes plumes » réfractaires – Jean Lacouture, Jean-Claude Guillebaud, Olivier Todd, Lucien Bodard, Yves Courrière, Yves-Guy Bergès – gardèrent leur cap. Le jury du Prix Albert Londres, ramant à contre-courant, s'obstina à décerner chaque année un prix de grand reportage pendant cette période de sécheresse littéraire.

C'est dans les années 1970 que le reportage retrouva sa chaleur, sa couleur et sa sève. Pourquoi ? La société changeait. L'ébranlement de la fin du nassérisme s'annonçait au Moyen-Orient. La très longue guerre du Liban, qui échappait à toute analyse rationnelle, suscitait l'incompréhension mais remuait les passions. Peut-être aussi, mais c'est une hypothèse toute personnelle et sans doute entachée de subjectivité, l'arrivée des femmes dans le clan viril des grands reporters – saharienne usée, chèche autour du cou, téléphone à la ceinture – a-t-elle changé la donne ? Humanisé le métier ?

Il y fallut du temps. Nous étions trois femmes sur une centaine d'envoyés spéciaux au Caire pendant la guerre des Six-Jours. Ensuite, la poussée fut irrésistible. Les correspondants de guerre prirent pour la première fois des visages féminins sur tous les écrans pour relater les combats en Irak, Iran, Afghanistan. Il faut reconnaître que les femmes journalistes avaient un avantage énorme en pays musulmans. Elles seules pouvaient parler aux femmes du pays. Pas seulement dans les harems (considérés bien à tort comme des lieux érotiques) mais dans leurs maisons, là où se révélaient les aspects mal connus d'une condition féminine totalement ignorée du monde occidental. Mais en reportage les « filles » journalistes (il n'y a pas de féminin au mot « reporter ») prenaient les mêmes risques que leurs confrères masculins : blessures, enlèvements, prises en otages. Ce fut le prix de leur reconnaissance professionnelle.

Aujourd'hui quelle qu'en soit la raison, le grand reportage revient en force dans les jeunes générations. Dans le climat morose qui pèse sur les rédactions, on peut se demander pourquoi. Qu'est-ce qui les attire ? L'argent ? Sûrement pas. Dans la presse les finances sont au plus bas, les voyages limités, les notes de frais férocement épluchées. Les jeunes journalistes qui veulent simplement oublier les stages et aller sur le terrain partent de plus en plus souvent en « free-lance » c'est-à-dire à leurs frais. En espérant – un coup de bol ! – récupérer leurs sous.

Alors, la notoriété ? Une denrée rare, réservée aux éditorialistes et aux présentateurs du *20 heures*. Le reporter, éternel absent, loin des feux de la rampe, est un élément volatil. Il lui faut des années de crapahutages, des heures d'attente dans des endroits mal desservis et des centaines de « papiers » tapés généralement sur la coiffeuse qui garnit toutes les chambres d'hôtels pour espérer un début de reconnaissance.

Les voyages ? Le reportage permet tout. Sauf le tourisme. On peut passer trois semaines d'enfer à Bagdad sans jamais voir Babylone, une semaine de conférence islamique au Caire sans pouvoir « descendre » à Karnak. Rêver depuis toujours de Samarcande sans avoir jamais pu y faire un « crochet » sur sa route. Le temps presse. Il faut vite rentrer au journal si vous ne voulez pas rater l'événement qui vous offrira votre prochain reportage. Règle d'or, être là où il faut quand il faut. La roue ne s'arrête jamais.

Finalement l'attrait – et le cauchemar – du grand reportage est sans doute l'angoisse qu'il suscite. L'excitation du départ. La crainte d'arriver trop tard ou au mauvais endroit. L'atterrissage toujours brutal, seul en terrain inconnu. Sur place, les contacts à établir, les plans à dresser dans l'urgence, les priorités à définir. Aller ici ou là ? Ne pas se tromper. Aller voir, interroger et surtout écouter. Regarder. Sentir. Écrire, écrire. Chercher les mots justes. Ne pas les trouver. S'angoisser. Effacer et recommencer. Douter. Hésiter. Envoyer son papier ! Puis repartir en chasse et douter à nouveau.

Cela peut sembler banal, monotone et contraignant. Pas du tout. Il y a aussi la joie d'être au cœur de l'événement, de participer à l'histoire en marche, fût-ce modestement. De goûter la légère ivresse qui accompagne le coup de chance lorsqu'on attrape au vol une image éclairante, une phrase intéressante, une info exclusive. Et puis, pourquoi ne pas le dire, la tension qui accompagne la présence proche du danger.

Est-ce une drogue ? Une passion ? Non. C'est un métier. Henri de Turenne, correspondant de guerre en Corée en 1950, vit mourir en trois mois une vingtaine de ses confrères. Quatre furent faits prisonniers, beaucoup d'autres furent blessés. « Tous ces membres de la courageuse confrérie internationale des grands reporters ne se prenaient pas pour des héros, écrit-il. Non. Ils ne faisaient le sacrifice de leur vie ni pour les Nations unies, ni pour les pays d'où ils venaient. Ils le faisaient pour l'honneur de leur métier. Et aux Assurances sociales leurs dossiers furent classés "accident du travail". »

Juste un métier. Un beau métier. Que tous les textes réunis dans ce livre essaient de raconter.

Avant-propos

LA PLUS BELLE RÉDACTION DE FRANCE

CHRISTIAN HOCHE

Le pari était ambitieux. Dans le cadre d'un ouvrage consacré au grand reportage, il a été demandé, pour la première fois, à 48 lauréats du Prix Albert Londres et trois membres du jury prestigieux de choisir eux-mêmes – ou leurs proches pour ceux qui nous ont quittés – cinq à six « papiers ». Il leur fallait éviter, autant que possible, de présenter le reportage qui les a récompensés.

Parmi les objectifs assignés à cette anthologie, il y avait la recherche d'un certain équilibre entre les récits étrangers et les sujets français et la volonté que le fléau de la balance ne penche pas du côté d'une accumulation de conflits et de reportages de guerre. La vie quotidienne, les histoires minuscules et les questions de société sont aussi l'art du reportage.

Plus de 2 000 feuillets et une dizaine de livres nous sont parvenus. Une première sélection, balayant près de soixante ans d'histoire – de la guerre de Corée à la mafia calabraise –, a permis d'éclairer le choix définitif. Mais que la tâche fut rude tant cette tribu de grands reporters constitue « la plus belle rédaction de France » réunie, le temps d'un ouvrage, du *Figaro* à *Libération*, de *France-Soir* à l'AFP ou à *Sud-Ouest*.

L'auteur de cette anthologie est aussi l'un des lauréats. Qu'il lui soit permis ici d'avouer les instants de bonheur et d'émotion que la lecture de ses confrères lui a provoqués. Il a eu l'impression de confectionner un singulier manuel d'histoire contemporaine.

DÉFLAGRATIONS AU PAYS DU MATIN CALME

Le 25 juin 1950, la Corée du Nord envahit la Corée du Sud. Trois divisions blindées communistes bousculent une fantomatique armée sud-coréenne et la division américaine qui occupe le pays. Séoul est abandonnée. Extraits des carnets de notes d'Henri de Turenne, correspondant de guerre.

HENRI DE TURENNE
1950

Pohang, 31 août 1950. Pendant quatre heures, nous avions roulé en jeep dans un nuage de poussière tellement épais que nous avions dû attacher un mouchoir devant notre bouche. Nous ressemblions aux bandits des films de cow-boys mais arrivés sur le front de Yongsan nous avions plutôt l'air de romantiques pierrots enfarinés.

Le général ne put s'empêcher d'éclater de rire en voyant venir à lui ce groupe de cinq correspondants : Homer Bigart du *Herald Tribune*, Jean-Marie de Prémonville de l'AFP, Philip Potter du *Baltimore Sun*, Alex Valentine de Reuters et moi-même.

Sur le chemin du retour en revanche une pluie diluvienne dressa un nouveau rideau devant nous et notre chauffeur coréen n'y voyait pas à cinq mètres. Nous étions trempés jusqu'aux os et grelottants de froid. Aussi à Myriang, dix kilomètres plus loin, nous achetâmes trois parapluies en toile huilée jaune canari. Les MPs (Military Police) et la population se frottaient les yeux en voyant passer en trombe, dans la nuit, notre curieux équipage.

Pendant vingt kilomètres nous n'avions pas croisé un seul véhicule. Nous avions traversé quelques hameaux mais tous étaient déserts. Qui eût songé à mettre le nez dehors par un temps pareil ? La route montait maintenant en lacets à flanc de montagne. Elle était si mauvaise que nous crûmes nous être trompés. Il était dix heures du soir. Nous venions à peine de franchir le col quand la fusillade éclata. Les partisans, à une cinquantaine de mètres à peine, tiraient de chaque côté de la route. Le pare-brise de la jeep vola en éclats. C'était une embuscade en règle.

Prémonville et moi avions sauté de la voiture pour la pousser quand soudain la jeep fut littéralement arrachée du fossé. Je reçus un choc terrible dans les bras.

Notre chauffeur, Kim, avait aussitôt éteint ses phares et stoppé net, ce qui valait mieux que de nous jeter dans le précipice. Dans la nuit noire, le clapotis de la pluie sur le capot de la jeep nous sembla tout à coup un vacarme épouvantable qui allait nous trahir. Nous n'avions pas d'armes. Nous nous attendions à voir les partisans surgir de l'ombre et nous attaquer à la grenade. Il fallait sortir de là au plus vite.

Après quelques secondes d'un silence de mort, nous chuchotions tous à Kim qui ne comprenait hélas que quatre ou cinq mots d'anglais : « Go, Kim, go, lumière, go. » Mais quand on dit à Kim d'allumer ses phares, on lui dit « lumière » et quand on lui ordonne de les éteindre, on lui dit « lumière ». Kim avait tellement peur de faire ce qu'il ne fallait pas qu'il en était médusé. Finalement, comme il avait compris « go », il se décida à démarrer sans phares et échoua inévitablement dans le fossé dix mètres plus loin. Nous étions de nouveau une cible immobile, heureusement dans le noir.

Une course folle dans les virages

Jean-Marie de Prémonville, qui était un gaillard de plus d'un mètre quatre-vingts, empoigna le pauvre petit Kim par le collet et le souleva littéralement de son siège tandis que Valentine s'emparait du volant et tentait de démarrer. Hélas les roues patinaient désespérément dans la boue. Prémonville et moi avions sauté de la voiture pour la pousser quand soudain la jeep fut littéralement arrachée du fossé. Je reçus un choc terrible dans les bras et la voiture, lancée à grande allure, me traînait sur la route, me déchirant les genoux, mais je n'aurais lâché pour rien au monde. Heureusement Potter m'attrapa par le fond du pantalon et m'aida à me hisser comme un vieux sac tandis que Prémonville réussissait un rétablissement spectaculaire.

À peine avions-nous démarré que Valentine avait rallumé les phares. Alors la fusillade reprit devant et derrière nous. Juste au moment où Prémonville se rassit dans la voiture, il s'écria : « Ils m'ont eu. » Je crus qu'il était sérieusement touché. Heureusement il s'agissait seulement d'une blessure mal placée qui l'empêcha de s'asseoir pendant quelques jours. Potter s'aperçut de son côté qu'il avait mal à la jambe et découvrit qu'il avait une balle dans le mollet. Plus tard nous devions trouver plusieurs traces de projectiles dans la jeep dont un était passé entre la tête de Valentine et celle d'Homer Bigart.

Par une course folle dans les virages de cette piste de montagne qui ressemblait, cette nuit-là, plus à un torrent qu'à une route carrossable, nous parvînmes dans la vallée. C'était miracle d'en être tiré à si bon compte. Nous voyant nous arrêter et éteindre nos phares dès les premiers coups de feu, les partisans avaient sans doute pensé qu'ils avaient affaire à des gaillards armés jusqu'aux dents et prêts à en découdre. Leur hésitation nous avait sauvés.

Au retour, Prémonville, hilare bien que blessé, manifestait une joie incompréhensible. Je me demandais s'il n'était pas sous le choc. « Pas du tout, me dit-il, ils m'ont loupé. » Comme je ne comprenais pas, il me confia que sa mère, très superstitieuse, avait consulté une voyante qui lui avait conseillé de faire revenir son fils car il était en « danger de mort » en Corée.

« Je ne suis pas superstitieux, mais ça me turlupinait quand même. Maintenant ça y est. Je suis soulagé, répétait-il. Ils m'ont loupé. » (Trois mois plus tard, parti avec des Rangers américains pour une patrouille de nuit derrière les lignes ennemies, il était fauché par une rafale de mitrailleuse. Le destin ? Ou faut-il croire les voyantes ?)

Le débarquement

Baie d'Inchon, 15 septembre 1950. Jusque-là, la traversée avec notre convoi de quatre transports de troupes et deux corvettes néo-zélandaises avait ressemblé à une croisière d'été dans les mers de Chine. Nous étions loin d'imaginer le spectacle qui nous attendait.

Les mots manquent pour décrire la beauté majestueuse et l'horreur brutale à la fois de ce débarquement. À cinq heures du matin dans la magnifique baie d'Inchon, entourée d'une couronne de petites îles violettes, sur le fond rose de l'aube naissante, la marine américaine étalait sa puissance, comme pour venger l'humiliation subie depuis des semaines par les fantassins.

Dans un cercle de vingt kilomètres, plus de deux cents bateaux évoluaient lentement. Une trentaine de LST avançaient en file indienne dans la brume matinale, transportant sur leur dos des tanks qui ressemblaient à de gros hannetons et des hélicoptères ressemblant à des libellules. Ils passaient à droite d'une petite île tandis que nos quatorze transports de troupes la contournaient sur la gauche pour déboucher dans ce cirque où la mer était d'un calme plat et où les navires glissaient comme des pièces sur un échiquier. Quatre croiseurs, dont la silhouette élégante se découpait en ombre chinoise, s'étaient postés aux quatre coins comme des tours. Comme des fous, les torpilleurs couraient d'un point à un autre tandis qu'un petit remorqueur tirait lentement un train de radeaux chargés de munitions et d'essence. Des dragueurs de mines, des frégates, des chasseurs de sous-marins dansaient une ronde autour de nous.

Soudain, comme sur un ordre, tout le monde jeta l'ancre.

Alors chacun de ces bateaux mit à flot des péniches de débarquement, des vedettes, des bateaux de sauvetage, des canots automobiles, que sais-je encore, de sorte qu'en un instant la mer était aussi encombrée que la Marne à Joinville par un beau dimanche d'été. Tout ce remue-ménage donnait l'impression d'une extrême confusion mais, en fait, chacun avait son rôle tracé dans un rapport de quatre cents pages où la perfection de l'organisation américaine avait prévu le moindre détail. Il faut dire qu'aucun sous-marin ni aucun avion nord-coréen n'était venu troubler la « fête ». On aurait pu se croire au cinéma.

À la nuit tombée, le spectacle devenait dantesque. Le ciel et la mer étaient rouges comme du sang.

Sans crier gare, la guerre tomba comme la foudre sur ce spectacle dont le « matin calme » de Corée mettait encore la majesté en relief. Les appareils qui avaient décollé de sept porte-avions ancrés à une vingtaine de milles de là s'acharnaient comme des moustiques sur la petite île de Wolmi, la première dont les Marines devaient s'emparer. En même temps tous les canons des bâtiments de guerre se mirent à déverser des tonnes d'acier sur ce petit bout de terre d'un kilomètre carré. « Nous appelons cela “ramollir le terrain” », déclara un officier d’état-major très satisfait.

À six heures trente exactement, les péniches de débarquement rabattaient leur plaque sur la plage boueuse de l’île et déversaient un bataillon de Marines. Dix minutes plus tard, neuf tanks-dozers pétaradaient dans les fourrés en trébuchant comme de gros insectes dans les trous d’obus. Ce tank-dozer est l’instrument le plus hideux mais le plus efficace de l’armée américaine. « C’est merveilleux, m’avait dit un officier. Ça sert à tout. On peut aussi bien construire un aérodrome, aplanir une colline ou sarcler un jardin avec cet engin. » Je compris ce jour-là ce qu’il voulait dire. L’énorme lame retournait les sacs de sable, comblait les tranchées, déchiquetait les corps, broyait les mitrailleuses. Derrière eux marchaient les Marines courbés pour ramasser les Coréens qui fuyaient en hurlant devant ce monstre plus terrifiant que leurs dragons de légende. Après que les obus avaient labouré la terre, les bulldozers la nivelaient aussitôt et tout rentrait dans un ordre impitoyable.

Une lueur pourpre sinistre

En une demi-heure, les Marines avaient enlevé le sommet de l’île et leur colonel y plantait le drapeau américain. Mais il en restait bien d’autres à conquérir.

À la nuit tombée, le spectacle devenait dantesque. Les incendies éclairaient toute la baie d’une lueur pourpre sinistre. Le ciel et la mer étaient rouges comme du sang. Les batteries faisaient trembler les tôles. Les fusées quittaient le pont des croiseurs par douzaines à la fois. Sous cette voûte de feu les vagues d’assaut approchaient des plages dans un tohu-bohu extraordinaire. Le pilote de la péniche dans laquelle j’avais pris place hurlait les ordres pour couvrir le fracas des obus. De temps en temps des balles nord-coréennes ricochaient sur la plaque blindée de la péniche avec un bruit cristallin. Les avions continuaient à lâcher leurs bombes au napalm sur la plage à deux cents mètres devant nous. Elles éclataient dans de grands panaches de feu illuminant autour de moi les visages crispés qui cachaient leur peur à la faveur de l’ombre. L’eau giclait de temps en temps près de nous avec de grands éclaboussements mais le choc des obus de mortiers ennemis amorti par l’eau et l’obscurité paraissaient moins effrayants que la fournaise devant nous dont nous sentions la chaleur sur nos visages. « C’est comme entrer dans la cage aux lions », me dit un jeune Marine à côté de moi.

Le choc des obus de mortiers ennemis amorti par l'eau et l'obscurité paraissaient moins effrayants que la fournaise devant nous.

En quelques instants notre péniche vomit ses entrailles sur la plage et fit demi-tour, laissant mon petit Marine « dans la cage aux lions », tandis que nous regagnions le vaisseau amiral sur lequel avait pris place le général MacArthur, commandant les opérations. De loin, le champ de bataille reprenait une allure de feu d'artifice dont les lumières dansaient sur l'eau comme au carnaval de Venise. Dans la salle des cartes, des officiers en uniforme blanc impeccable buvaient du café sous la brise des ventilateurs. Dans un coin, un pilote, le lieutenant William Andresko, qui venait d'être abattu par la DCA nord-coréenne et miraculeusement repêché dans l'eau par un hélicoptère, était assis, grelottant, sa combinaison de vol encore trempée. Personne ne faisait attention à lui. Trop absorbés par l'élaboration des plans détaillés qui faisaient fonctionner cette machine anonyme aux millions de rouages, tous ces cerveaux mathématiques n'avaient pas remarqué la souffrance humaine entrée dans leur salon.

L'horreur du napalm

Proche d'Anyangni, 12 février 1951. Au milieu de la plaine, un MP solitaire et stoïque gardait un petit pont à l'entrée duquel il avait planté un écriteau qui en disait plus long sur la guerre de Corée qu'un long discours :

« Ce pont a été construit par la 24e US Division en septembre 1950, détruit par la brigade britannique début janvier 1951, reconstruit par les Chinois fin janvier 1951, détruit par l'aviation US début février et reconstruit par la 23e US Division fin février. »

Tout le long de la route qui conduit à Séoul, les villes et les villages rasés, les campagnes désertes et les grandes cicatrices noires creusées par les bombes au napalm au flanc des collines illustrent le sort tragique de la Corée que ce MP, philosophe inconscient, avait résumé en quelques phrases.

À trois kilomètres au nord d'Anyangni, deux petits villages avaient été bombardés au napalm deux jours auparavant car les Nord-Coréens y avaient camouflé des canons. Jamais je n'oublierai ce spectacle.

Sur dix centimètres de cendres grises – tout ce qui restait de leurs maisons réduites en poussière – une cinquantaine d'habitants surpris par l'attaque étaient figés comme de noires statues dans leur dernière attitude. Leurs cadavres nus et carbonisés que la neige heureusement recouvrait pudiquement d'un voile blanc formaient un spectacle à la fois irréel et d'une horreur insoutenable. On aurait dit une scène du musée Grévin.

Un homme courant dans le fossé poussant sa bicyclette était encore debout les deux mains crispées sur son guidon. Un autre couché sur le dos avait le bras replié sur son visage comme pour se protéger. Un enfant tenait encore la main de sa mère, tous deux statufiés dans leur fuite éperdue.

Le lendemain un lieutenant américain et un groupe de soldats vinrent les enterrer. Ils étaient livides d'émotion.

LES RISQUES DU MÉTIER

Souvent en première ligne, toujours proches des zones de combats, les soldats de l'information que sont les correspondants de guerre ont payé un lourd tribut lors du conflit entre les deux Corées. Une vingtaine d'entre eux sont morts, plusieurs ont été grièvement blessés et quatre faits prisonniers.

HENRI DE TURENNE
1950

Sales, pouilleux, vêtus d'un manteau de poussière, une cinquantaine d'individus hirsutes et barbus hantent les routes de Corée, l'appareil photo en bandoulière et le calepin à la main. Habillés de la salopette verte de l'armée américaine, ils attendent pendant des heures, assis sur le bord du chemin et entourés de la marmaille nue du village voisin, qu'un camion ou une jeep veuille bien les emporter vers un front qui n'existe pas. Les chauffeurs les ont prévenus : « Ici on sait qu'on arrive sur le front quand on vous tire dessus. »

Ils couchent au hasard des PC de régiment sur le plancher d'une école de village, font la queue, la gamelle à la main, autour des roulantes et se font secouer pendant des kilomètres sur des caisses de munitions. Meurtris, rompus, il leur faut au retour écrire leur article et attendre souvent jusqu'à trois heures du matin leur tour à un téléphone militaire de campagne pour le dicter au bureau de Tokyo qui le transmet à Paris.

Nous étions partis sept de Paris mais par un prompt renfort nous étions 271 en arrivant à Tokyo. 156 correspondants américains, 28 anglais, 15 australiens, 13 français, 5 canadiens et les représentants de 14 autres pays. Ils avaient tous reçus de leur directeur le même message laconique dans le jargon télégraphique du journalisme : « Avionnez urgemment Corée. » En fait beaucoup ne devaient pas aller plus loin que Tokyo. Les nouvelles de Corée étaient franchement trop mauvaises.

L'avion-courrier du quartier général bloqué depuis deux jours par un typhon décollait à quatre heures du matin de la base de Haneda emportant 300 kilos de sang et une douzaine de correspondants. Le vieux Dakota se cabrait sous les coups de vent, tombait dans les trous d'air et virevoltait dans les tourbillons. Dans ses grands bidons, le sang clapotait avec des glouglous sinistres. À l'approche de la côte coréenne, il faisait grand jour et le pilote descendait au ras des flots pour éviter une attaque improbable mais toujours possible des « yaks ». Très encourageant, le pilote américain nous avait déclaré au départ, en nous expliquant le maniement du parachute : « Si nous rencontrons un yak, ce pauvre coucou sera transformé en poulet froid en trente secondes. »

L'avion-courrier du quartier général emportait 300 kilos de sang et une douzaine de correspondants.

Finalement, l'avion se posait à Taejon dans un nuage de poussière et s'arrêtait de justesse au bout de la piste où une équipe de Coréens, la pelle à la main, se tenait prête à boucher les trous creusés par les roues de l'appareil. Les troupes américaines avaient abandonné la capitale Séoul et s'étaient repliées sur cette ville de province. Pour combien de temps ?

À Taejon commençait notre vie de bohème. Nous couchions à trente à même le sol dans une baraque en bois où les photographes, gens pratiques, avaient pris en main les affaires ménagères. Deux jeunes « boys » coréens lavaient nos chaussettes qui pendaient aux fenêtres en guirlandes joyeuses. Malgré un tapis de poudre DDT, les puces arrachaient des grognements aux dormeurs.

Nous eûmes le temps de nous compter et presque de constituer une association des anciens élèves de Janson-de-Sailly dans ce coin perdu du monde. Outre Pierre Doublet de l'AFP, Jacques Sallebert de la Radio et moi-même, nous avions en effet découvert deux confrères américains qui avaient usé leur fond de culotte rue de la Pompe sur les mêmes bancs que nous : Peter Kalisher, de United Press, et Ray Falk, de ABC.

Jaloux de Miss Higgins

Nous songions même à admettre Marguerite Higgins, correspondante du *New York Herald Tribune*, comme membre honoraire car sa mère était française et elle avait fait une partie de ses études à Paris. Hélas, la présence d'une jeune et jolie femme au milieu de ces hommes frustes et mal rasés paraissait si surprenante et saugrenue (à l'époque) qu'elle devait provoquer un incident. Bien qu'elle fît preuve d'un courage que tout le monde se plaisait à reconnaître, elle semait la jalousie et la tempête. Elle se promenait toujours en jeep alors que nous devions faire du stop pour monter dans les camions. Quand les correspondants bivouaquaient avec une unité américaine, une nuée d'officiers d'état-major empressés entouraient Miss Higgins aussitôt invitée à la table du colonel ou du général.

En France ces injustices eussent probablement été jugées avec une indulgence proportionnelle aux charmes de la jeune femme. Mais les journalistes américains estimaient que la concurrence était injuste et inégale. Ils protestèrent auprès du général Walker (commandant en chef américain en Corée). Celui-ci, après avoir déclaré que « ce n'était pas la place d'une femme », la renvoya par le premier avion pour Tokyo. Affaire d'État. Son journal intervint à Washington et à Tokyo auprès du général MacArthur qui assura publiquement Miss Higgins de son estime et l'autorisa à rejoindre son poste en Corée. La photo de Miss Higgins parut dans *Newsweek* et l'incident fut clos.

L'arrivée du fils de Churchill, Randolph, envoyé spécial du *Daily Telegraph* de Londres, fut des plus remarquées. Nous étions tous en t-shirt quand il apparut dans un splendide uniforme de gabardine beige des Hussards de la Reine avec toutes ses décorations. Les boys coréens ahuris nous demandaient qui était ce « Maréchal ». Deux heures plus tard, il se promenait en pyjama, seule pièce vraiment négligée qu'il ait pu trouver dans sa garde-robe.

Au milieu de la troupe turbulente des Américains et des « Frenchies », les Anglais formaient un groupe plein de flegme et de dignité. Ian Morrison, le correspondant du *Times*, fils de « China » Morrison, qui avait été le conseiller politique de Tchang Kaï-chek, lisait du Shakespeare à ses moments perdus. Cet érudit, qui parlait le chinois et le japonais, déclarait sans aucune pointe de snobisme : « C'est l'occasion de revoir ses classiques. Pendant la campagne de Birmanie, j'ai relu tout Chaucer. »

Les journalistes de Corée ont payé cher leur titre de correspondant de guerre. En trois mois cette campagne traîtresse a fait une vingtaine de tués, de nombreux blessés et quatre prisonniers.

Partis à la recherche du front, Ernie Peeler du *Stars and Stripes* et Ray Richards de l'*International News Service* ont été retrouvés dans le fossé. L'un avait un trou du côté du cœur et l'autre gisait, la figure dans la boue, une tache rouge dans ses cheveux gris. Plus tard, trois autres correspondants d'*INS* périrent au cours d'un accident d'avion. Leur quadrimoteur avait explosé en vol.

À bord de cet avion se trouvait Rosie. Personne ne connaissait son vrai nom. Moitié juif, moitié noir, photographe, pianiste, guitariste, chanteur. Dans chaque village de Corée, il « libérait » l'harmonium de la mission protestante et jouait des blues toute la nuit à la lueur d'une lampe de poche. Il nous manque, Rosie.

John Fielder, un des correspondants du *Times* que nous enviions parce qu'il était resté seul journaliste dans Taejon, évacué en hâte à l'approche des Nord-Coréens, fut tué d'une balle perdue alors qu'il sortait de la ville avec les dernières troupes américaines.

Quatre jours plus tard, quatre correspondants qui se rendaient en Corée furent une nouvelle fois victimes d'un accident d'avion incompréhensible au-dessus de la mer du Japon. Parmi eux se trouvait Maximilien Philonenko de l'Agence France Presse. Celle-ci devait d'ailleurs payer un tribut particulièrement lourd à la guerre de Corée.

Pour l'honneur de leur métier

N'ayant pu quitter Séoul à temps, Maurice Chanteloup avait été fait prisonnier avec le consul de France dès le début de l'offensive nord-coréenne tandis que Pierre Doublet fut blessé dans les combats pour reprendre la capitale.

Jean-Marie de Prémonville, le plus populaire auprès des GIs parce que le plus courageux, d'abord blessé au cours d'une embuscade, partit trois mois plus tard avec 80 « rangers » américains pour une patrouille de nuit derrière les lignes ennemies. Au haut d'une colline, il tombait la face dans la neige, fauché par une rafale de mitrailleuse. Contrairement au règlement qui exigeait qu'on l'enterrât provisoirement sur place, Philippe Daudy, qui faisait aussi partie de l'équipe de l'AFP, réussit, grâce à de nombreuses complicités américaines, à ramener avec lui au Japon le corps de notre ami enrobé dans une couverture, en le faisant passer pour blessé.

Ian Morrison, probablement le meilleur d'entre nous, n'a pas pu finir de relire Shakespeare. Il partit un jour à la recherche du front avec

Christopher Buckley, du *Telegraph* de Londres, dans la jeep d'un colonel indien de la mission de l'ONU. Ils sautèrent sur une mine.

Pourtant tous ces membres de la courageuse confrérie internationale des grands reporters ne se prenaient pas pour des héros. Non. Ils ne faisaient le sacrifice de leur vie ni pour les Nations unies, ni pour les pays d'où ils venaient. Ils le faisaient pour l'honneur de leur métier. Aux Assurances sociales leur dossier est classé « accident du travail ».

ENVOYÉ SPÉCIAL DANS LA CAGE AUX FAUVES

Qui se souvient qu'Armand Gatti a été journaliste ? Au début des années 1950, il publie dans *Le Parisien Libéré* un très curieux reportage, « Dans la cage aux fauves », qui deviendra un livre. Avec humour, panache et tendresse, il y fait part de ce qu'il a pu entrevoir des mystères du monde animal.

ARMAND GATTI
« DANS LA CAGE AUX FAUVES »
ÉD. DU SEUIL, 1954, RÉÉDITÉ EN 2005
PAR LES ÉD. CARTOUCHE

La panthère avait été repeinte à neuf. Ses yeux au ripolin rouge brillaient étrangement sous la pluie qui tombait à verse. Plus bas, deux effigies de lion, aux crocs particulièrement aigus, semblaient attendre avec résignation le moment où la grosse caisse et les lampes des projecteurs leur donneraient un peu de relief.

J'abandonnai, presque à regret, le fronton encore éteint de la ménagerie foraine pour m'engager dans un dédale interminable de roulottes. Je finis par arriver au quartier général de la fauverie. Toute la famille était à table, autour d'un samovar dont le parfum luttait héroïquement contre le puissant remugle des bêtes toutes proches.

— « Je voudrais être dompteur », dis-je d'une voix qui se voulait persuasive. C'était la voix même d'un commis voyageur à mi-chemin entre la mise à la porte et la grosse commande. Tous les yeux se fixèrent sur moi. Je me sentais un peu ridicule. On m'offrit une tasse de thé. La discussion commença. Vraiment, on s'étonnait de ma candeur. Je n'étais pas né « dans le voyage », je n'étais pas un enfant de la balle. Que m'était-il donc arrivé ? Avais-je un désespoir d'amour ou bien des ennuis avec la police ? J'optai pour le mensonge :

— « Vous savez, j'ai déjà travaillé les bêtes, je ne suis plus un novice. »

Mais je ne pouvais aller bien loin dans cette voie car il m'était impossible de citer le moindre nom. Dans le milieu banquiste – surtout parmi les dresseurs – tout le monde se connaît ou possède des liens de parenté. On m'offrit une cigarette :

— « Bonne chance quand même ! Allez plutôt du côté des Halles : c'est moins dangereux. »

Que de fois la scène ne s'était-elle point, à quelques variantes près, renouvelée ! J'en arrivais à souhaiter une évasion, n'importe quelle évasion, dès que j'entendais le grondement des fauves dans leur sabot. Je me serais précipité sur la bête. Je l'aurais maîtrisée… (…)

Ne vous moquez jamais – même sur le ton de la déférence – d'une bête : elle vous le rendra.

Lorsque je me décidai à changer de tactique (ce n'était plus dompteur mais soigneur, garçon de cage que je voulais être !), ce fut encore pire. Je n'avais même plus l'avantage de l'originalité. Je prenais place le matin dans une file de gens faméliques qui battaient le pavé devant les ménageries. L'attente durait des heures, l'entrevue quelques secondes.

— « Qu'est-ce que vous voulez ? Merci. Nous sommes complets. Au revoir ! »

Même pas l'hypocrite : – « Passez dans un mois. » Ou le non moins hypocrite : – « Laissez-nous votre adresse. »

D'ailleurs la plupart de ceux dont je partageais les errances de chiens battus n'en avaient pas. La seule qu'ils auraient pu donner, c'était quelque chose d'aussi général que le « cirque » ou le « voyage ». Le fameux « domicile fixe » des fiches de police était pour eux quelque chose d'inconcevable, à l'usage exclusif des gens fatigués. Je ne pouvais pas dire que j'étais journaliste. Cela m'aurait donné droit à des interviews sans doute « fournies », mais le fauve serait toujours resté pour moi un inconnu. C'est ainsi que j'en vins à connaître Paul Leroyer.

Il avait installé à son domicile de Saint-Maurice une petite arche de Noé qui avait largement de quoi me satisfaire. Le royaume animal s'ouvrit pour moi sur cette phrase :

— « Tu aimes les bêtes ? D'accord. Je te prendrai avec moi. Mais je t'avertis que les hurluberlus qui comptent entrer dans la cage au bout de trois jours pour épater leur petite amie, je n'en veux pas ! Si tu veux travailler avec les bêtes, il faut les connaître. Pour les connaître, tu commenceras par le fumier et les soins à donner aux moins dangereuses. Le reste, on s'en occupera après. D'ac ? »

Le lendemain, sanglé dans une salopette de travail, chaussé de bottes en caoutchouc, je commençai le ramassage du fumier. C'est là une fonction qui n'a rien de très spectaculaire. Mais elle est excellente, en vérité, pour l'approche des bêtes. Je commençai par le poney et continuai par les macaques des Indes, les lévriers de Russie et les loups blancs de Sibérie ; je n'avais accès dans l'antre de la lionne qu'en son absence… Quant aux panthères, je n'en approchais que de fort loin.

Le premier animal confié à mon entière dévotion fut le poney Gamin. Élevé au biberon, il n'avait jamais connu la longe ni la bride. Au début, je le considérais avec une certaine désinvolture : ce poney n'était qu'une étape ennuyeuse mais nécessaire dans la vie que j'avais choisie. Mal m'en prit : je fus bien vite submergé. Les petits accidents, provoqués par Gamin, devaient constituer pour moi une leçon salutaire. Ne vous moquez jamais – même sur le ton de la déférence – d'une bête : elle vous le rendra.

Ce poney était d'une espièglerie peu commune chez les équidés. Comme je n'avais aucune prise sur lui, sinon par la crinière, il en faisait tout à sa guise. Il mordait pour la volupté de mordre, de fermer ses dents sur quelque chose de vivant. (Il lui était même arrivé de vouloir distribuer ses morsures parmi les loups blancs ; mais ceux-ci l'avaient ramené très vite à une hiérarchie plus fondée du coup de dent.)

Un jour, Gamin se baissa et ferma son étau… ce fut ma plus cruelle douleur d'apprenti dresseur.

Gamin arrivait à la hauteur de ma poitrine. Un jour, il se baissa et ferma son étau… ce fut la plus cruelle douleur que j'aie subi pendant mes aventures d'apprenti dresseur. J'interrompis les séances de travail pendant vingt-quatre heures. Ce n'était pas fini ; car le poney avait, en outre, un art consommé pour se dérober. Mais au lieu de prendre le large, il revenait par-derrière, levait ses pattes de devant et vous appliquait, aussi fermement que possible, ses sabots sur les épaules. Selon son humeur, il vous tirait les cheveux ou bien poussait un hennissement qui ne vous laissait plus que la ressource de lever les bras en l'air comme un soldat en perte d'héroïsme.

Un jour, comme je revenais avec lui d'une équipée au bois de Vincennes, il m'échappa des mains. Ruant, sautant, il fonça droit vers un carrefour. « Il va se faire écraser ! », pensai-je, angoissé. Le plus naturellement du monde, Gamin emprunta les passages cloutés, puis, sans doute pour fêter la liberté qu'il s'offrait d'une façon aussi cavalière, il alla tout droit vers un bistrot, en ouvrit la porte avec les dents et s'y engouffra. Lorsque j'arrivai, je fus salué par une bordée d'injures. Quelques consommateurs épongeaient leurs vêtements au milieu des bris de verre. Le patron, acculé à son tiroir-caisse, vociférait. Près de lui, Gamin, la conscience ferme, avalait tranquillement un paquet de sucre. Je ne me sentis pas le courage de faire sortir le poney. À la moindre ruade, il risquait de réduire à néant toutes les étagères en verre et les bouteilles qui s'y trouvaient. Il fallut appeler Leroyer à la rescousse. Le maître s'en tira avec un minimum de dégâts. La note s'éleva quand même à 4 000 francs.

— « On a gagné notre journée », me dit Leroyer.

Je ne sus quoi répondre. Non seulement, je ne me sentais pas fier, mais je me demandais, accablé par ce brillant début, ce que je ferais par la suite avec les fauves.

La panthère amoureuse et le tigre gentilhomme

Les trois panthères avec lesquelles, sous le contrôle de Leroyer, je devais travailler s'appelaient Fang, Rhina et Panthérou. Fang était le « caïd » de la trinité mouchetée. Son agressivité et sa fougue étaient toujours à mi-chemin entre la comédie et le réel. Lorsqu'il atterrissait à mes pieds, toutes griffes dehors, crachant, chargeant, menaçant, il ne me venait pas un seul instant à l'esprit la phrase de Michelet qualifiant les animaux de « frères inférieurs ».

J'en avais toujours le ventre remué et il m'était impossible de prononcer une parole. Il fallait les batteries nerveuses d'un Leroyer pour dialoguer dans ces conditions. Un mois auparavant pendant que Leroyer et son aide nettoyaient son sabot, Fang fit preuve, contrairement à ses habitudes, de la plus grande familiarité. Puis, en deux secondes, il fut sur l'assistant, referma sa mâchoire sur les vertèbres cervicales, lui ouvrit le bras d'un coup de patte et le coucha par terre.

Pendant deux semaines, il regarda le dresseur avec des yeux inhabituels, étrangement inquiétants. Mais

Leroyer savait ce que cela voulait dire. Un jour, il se mit légèrement de dos à quelque distance de l'animal. Le résultat ne se fit point attendre. D'un seul bond Fang fut sur lui. Leroyer qui avait prévu le coup esquiva et le reçut avec un gourdin. Fang comprit. La correction intervenait au moment psychologique. Non seulement il « recomposa » avec le dresseur mais il admit même sa présence lorsqu'il mangeait sa viande. « Fang, c'est comme un revolver chargé qu'on met dans la poche. Il faut toujours faire très attention. » Il fut d'ailleurs toujours présent et prêt à servir de bouclier pour le cas où la balle partirait…

Rhina était un animal rempli d'électricité comme ces nuages angoissants des temps d'orage.

Panthérou au contraire était la courtoisie et l'affabilité même. Elle avait des moments « gros matou » qui vous consolaient de bien des déceptions. Mais dès qu'elle sentait que vous faiblissiez devant ses amabilités, elle vous écartait de son chemin comme une vulgaire souche.

Avec Rhina, je retombais en revanche dans les mêmes émotions que devant Fang. C'était un animal rempli d'électricité comme ces nuages angoissants des temps d'orage. Capturée à Fort-Lamy et maltraitée toute jeune par ses premiers propriétaires, elle avait rapidement recouvré les lois d'une agressivité ancestrale qu'elle n'abandonna jamais plus. Cependant, par contrecoup, elle devint « amoureuse » de Leroyer lorsque celui-ci l'admit dans ses appartements de Saint-Maurice.

Ses charges étaient toujours très franches et très directes. Pas un mouvement dans ses « couchés », « roulés » qui ne fût empreint de la plus grande aristocratie. Les « debout » lui mettaient toujours l'invective à la bouche mais c'était une invective de grand tribun. Les sauts de Rhina resteront pour moi quelque chose d'inoubliable. Lorsque après avoir presque épuisé tous les formulaires de la patience et de la tension nerveuse, je la vis un jour, d'un seul bond sans élan, s'envoler au-dessus de ma tête et se poser silencieusement, mollement, presque voluptueusement cinq mètres plus loin, je fus la proie d'une étrange rêverie.

La vision de cet animal « ailé » alimentant à force de détentes le spectre de son passé avait quelque chose de bouleversant. Un instant, je me sentis prêt à sacrifier à la pierre rouge que les Indiens mettent dans la jungle pour communiquer avec le Grand Esprit des Forêts et du Désert. Le secret du léopard transformé en météore devant se trouver là – là et pas ailleurs…

Mes contacts avec le tigre ont été brefs mais intenses. C'est pur hasard si Wagh, un honorable tigre du Bengale, n'a pas jugé nécessaire de m'envoyer dans le grand royaume du Tigre-Blanc où errent les âmes de ceux qui ont péri par la griffe et le croc. Je me suis trouvé à peu près dans la même position que l'artilleur royal de Sa Majesté britannique F. J. Winter, et son ami S. Ballantyne qui, cheminant dans un étroit sentier des montagnes de Satpura, virent tout à coup un tigre devant eux. La seule issue était un précipice de plus de trois cents mètres. Il n'y fallait point songer. Le tigre venait droit sur eux. L'étroitesse du sentier ne leur permettait même pas de s'écarter pour offrir poliment le passage à l'animal. Ballantyne dit : « Couchons-nous, il passera peut-être. » Le tigre arriva tranquillement à leur hauteur, sauta par-dessus et disparut sans proférer le moindre remerciement. Ils n'eurent jamais l'occasion de le revoir.

Wagh avait été mis à ma disposition par Paul Sepha, ancien cornac devenu marchand de fauves. Ses éléphants avaient péri durant la guerre dans l'incendie de Hambourg. Après différents métiers, il était quand même revenu aux bêtes et il bombait le torse sous un dolman étincelant comme un feu d'artifice. Lorsqu'il vous recevait, c'était en turban et en aigrette. Les animaux les plus différents passaient chez lui, mais il vivait toujours avec ses éléphants carbonisés. Sepha avait deux tigres : Wagh et Delhi, auxquels il apprenait les rudiments du dressage avant de les revendre. C'était pour lui la seule façon de ne pas vivre tout à fait en dehors de sa gloire passée.

Une minuscule cage dans laquelle il liait connaissance avec les bêtes avait été montée dans son jardin. Il ne manquait jamais, lorsque l'acheteur était dans les parages, d'y venir fumer une cigarette ou prendre le café dans une éblouissante tenue de maharadjah. Par prudence, malgré ma fourche et ma cravache, je décidai de travailler les tigres séparément. Delhi fut le premier. Pour me donner confiance, je posai mes instruments dans un coin et pendant un quart d'heure j'observai l'animal. Il était impénétrable. Gentiment, je me mis à l'appeler :

— « Delhi ! Freu ! Freueu ! Delhi ! »

Un petit sac de cuir rempli de morceaux de viande était accroché en dehors de la cage. Il constituait la corne d'abondance dans laquelle je devais puiser lorsqu'une récompense était nécessaire. Je pris un morceau de viande et le présentai au bout d'un croc à l'animal. D'un coup de patte il envoya tout en l'air. Puis, poussant un rugissement, il vint vers moi. Je pris immédiatement un escabeau pour me servir de bouclier en cas d'attaque. D'un second coup de patte il faillit me l'arracher, puis retourna dans son coin. Je passai cinq minutes à soliloquer à coups de « Freu ! » et de « Bravo, Delhi ! » et je lui tendis un nouveau morceau qu'il prit, mais recracha aussitôt. Il fallut près de trois heures pour l'amener à accepter ma modeste offrande. Après quoi il donna l'impression de « s'humaniser ». Wagh fut plus conciliant. Ce n'était pas une bête peureuse et je ne pus que m'en féliciter par la suite.

Après quatre séances, je voulus les réunir. Deux escabeaux et un cerceau placé entre les deux constituaient le point de départ de l'apprentissage. Delhi, que le travail matinal rendait somnolent, s'exécuta de bonne grâce. Mais au lieu de retourner à sa place, il alla vers Wagh en poussant des grognements. Wagh ne se fit pas prier pour répondre. Delhi, qui, apparemment, n'était pas content, lui administra un coup de patte. L'indignation de Wagh – du moins sur le plan oral – fut considérable. Je sentais une sueur chaude circuler sous mes aisselles. Ils vont se battre, pensai-je. Je bondis pour les séparer. Delhi battit en retraite immédiatement, mais Wagh s'avança vers moi un peu trop précipitamment à mon goût. Je m'emparai de la fourche pour tenir l'animal à distance. Une dent de l'outil se prit dans la languette de mon bleu de travail. Je faillis perdre l'équilibre. Instinctivement je lançai mon pied gauche en arrière pour me remettre d'aplomb. Il heurta l'escabeau. Ce fut la chute.

Il faut avoir vu les blessures infligées par les griffes des fauves pour comprendre les pensées qui m'agitèrent dans les quelques secondes qui suivirent. Certaines plaies sont profondes de douze centimètres. Non seulement les griffes s'implantent dans le muscle, mais, sous la violence du choc (elles peuvent transpercer un plat en cuivre), les chairs labourées s'ouvrent. Même si la présence des os s'oppose à la pénétration des griffes, les tissus environnants sont affectés. Cicatrisés, les tissus cellulaires ne se reconstituent jamais intégralement. Il suffit quelquefois d'une chute pour que les plaies internes s'ouvrent de nouveau. Je ne parle pas des crocs, qui vous conduiront à la dernière extrémité en moins de temps qu'il ne faut pour le dire. Dans le meilleur des cas, un accrochage avec un fauve se traduit généralement par six mois d'hôpital.

Trois pas à gauche. Trois pas à droite. Les fauves foulent sans fin des rêves animaux dont nul ne pourra jamais saisir la trame.

Mon contact avec le sol fut extrêmement écourté. J'entendis la voix de Sepha aussitôt couverte par un rugissement et de nouveau j'étais dans la position verticale. Sepha avait pénétré dans la cage. Il n'avait plus son turban et l'émotion le faisait parler en grec (sa langue maternelle). Wagh (que, suivant les bons préceptes, je n'avais pas quitté des yeux), après être passé sur mes pieds, fit mine de flairer le second escabeau encore debout, puis s'en alla brailler dans les oreilles de Delhi qui, par miracle, s'était tenu en dehors de l'incident. Le danger était passé, mais par réaction nerveuse j'éclatai de rire. Inquiet, Sepha fit rentrer les deux animaux, puis m'entraîna hors de la cage.

— « Si tu veux faire un papier sur les tigres, me dit-il, tu en as assez comme ça. Quant à moi, je ne tiens pas à me faire traiter d'assassin. »

La jungle ne se réveillera plus

Trois pas à gauche. Trois pas à droite. Aucune trêve, aucun répit dans ce voyage à perpétuité derrière les barreaux. Marche uniforme : toujours autant de pas dans chaque sens. Dans leur énorme trajet sur place, les fauves traversent les heures, les jours, les nuits, les mois, les années. La savane et le désert sont devenus pour eux ce temps sans substance qui ne s'écoule plus. Les barreaux ne sont pas de simples garde-fous, des mesures de protection ; ils représentent la frontière interminable qui existe entre deux mondes. Trois pas à gauche. Trois pas à droite.

Que les bêtes s'agitent, et l'on verra poindre parmi les visiteurs cette curiosité fébrile des publics d'assises lorsque l'assassin de service pénètre dans l'arène.

Les fauves foulent sans fin des rêves animaux dont nul ne pourra jamais saisir la trame. Sont-ils comme ces papillons luxuriants et éphémères qui hantent les points d'eau ? Ou bien comme les « chiens volants », grappes de figuiers de brousse qui battent brusquement des ailes, puis sans raison cessent d'osciller ? De lointaines vallées remontent par centaines des bruits, des cris familiers. L'oreille du fauve ne peut jamais les oublier : c'est pour lui le signal que le jour décline et que les populations silencieuses mais intraitables de la jungle abordent heures fastes et déchirements.

Mais la jungle ne se réveillera plus. Trois pas à gauche. Trois pas à droite. L'éternité animale ne va pas plus loin. De temps en temps, sous les projecteurs du cirque, dans un bond, un saut ou un accrochage, la bête endossera brièvement le fantôme de ce qu'elle fut. Après quoi, elle rentrera dans la grande nuit des déambulations.

Devant les cages des zoos ou les sabots de cirque, la foule des dimanches et celle des jours de sortie défile comme à un enterrement. Que pourrait-elle faire d'autre ? Si par hasard le gorille défèque dans ses mains ou bien si le lion esquisse les mouvements du coït sur une partenaire somnolente, la foule sera heureuse. De tels abandons suggèrent la plus ambiguë des fraternités. Que les bêtes s'agitent, et l'on verra poindre parmi les visiteurs cette curiosité fébrile des publics d'assises lorsque l'assassin de service pénètre dans l'arène.

Les contacts entre visiteurs et visités s'arrêtent là. Ceux-qui-aiment-les-animaux y ajoutent un morceau de pain pour l'éléphant et une cacahuète pour l'ours. Les fauves demeurent, envers et contre tout, une abstraction à différents pelages et à fourrures variées. On les regarde comme si l'on feuilletait un livre d'images. Mais chaque page du livre demeure glacée dans les idées toutes faites où domine un saint-sulpicianisme du croc et de la griffe aussi stupide que tenace.

Depuis deux millénaires l'homme abat un jeu impitoyable sur la table des choses durables. Au bout du trajet qui va de sa lointaine naissance à ce qu'il est aujourd'hui, son visage est devenu le signe de sa victoire : il a modelé ce qui l'entourait à sa ressemblance. Mais cette ressemblance renvoie à une image tellement conventionnelle qu'il se retrouve dans la même position que le peintre des cavernes au moment où, dans ses dessins, il s'excusait déjà d'être ce qu'il serait. Le monde ordonné par sa prétention n'a pas cessé d'être logique.

La panthère qui bondit vers on ne sait quelle destinée obscure dans l'espace étroit de la cage, le loup blanc tourbillonnant dans le cerceau de feu comme s'il devait retrouver de l'autre côté ses neiges familières, l'ours acrobate, le lion qui tente de reconstituer avec des rugissements sa royauté prisonnière peuvent se dresser dans l'impressionnant « Saluez ! » du cirque.

Le spectacle n'est pas fini. En dépit de nous, les fauves paraissent conserver le « noyau infracassable de nuit » qui consacre sur bien des points l'inanité de nos efforts et de nos exactions. Nous avons fait d'eux des « artistes ». C'est la seule case sociale où nous ayons jamais pu les placer. Telle est notre défaite.

DE GAULLE ET LES BARRICADES

Les tenants de « l'Algérie française » croyaient que de Gaulle serait leur homme. Ils déchantent, tandis que l'armée commence à ruer dans les brancards. En janvier, les activistes d'Alger organisent une manifestation qui dégénère en affrontements – ils tirent sur les gendarmes qui ripostent. C'est l'épreuve de force, mais de Gaulle ne cède pas.

YVES COURRIÈRE
« LA GUERRE D'ALGÉRIE »,
ÉD. FAYARD, 1968

En ce début de l'année 1960, l'ambiance à Alger est à la morosité. De Gaulle, suprême espoir des tenants de l'Algérie française, amené au pouvoir par la révolte du 13 mai où militaires et « ultras » ont œuvré pour le retour de l'homme du 18 juin, déçoit ses plus ardents partisans. Bien mieux, il semble vouloir effacer jusqu'au souvenir du 13 mai. Tous les officiers des journées historiques de Mai 1958 ont dû quitter Alger. Tous sauf Massu que les pieds-noirs considèrent comme le dernier garant de « l'esprit du 13 mai ».

Le général Salan à qui la IVe République agonisante avait confié les pouvoirs civils et militaires en Algérie se les est vu retirer par de Gaulle à peine six mois après les journées exaltantes du Forum ! Un scandale que les pieds-noirs – oubliant qu'au 13 mai ils sifflaient et huaient le Mandarin (surnom du général Raoul Salan) – ne sont pas à la veille de pardonner. De Gaulle fait table rase. Salan, humilié, se retrouve gouverneur de la place de Paris, une voie de garage dorée et sinistre pour militaire de haut rang. Les officiers ont dû, bon gré mal gré, rentrer dans le rang et reprendre leurs activités purement militaires.

La kermesse politico-patriotique vient d'éteindre son dernier lampion. La page est tournée. Les civils récupèrent leurs pouvoirs. Paul Delouvrier a été nommé Délégué général. C'est un technicien désigné par le président de la République pour appliquer le plan de Constantine et fournir à l'Algérie les cadres musulmans qui lui font défaut. Il n'est pas là pour faire de la politique, c'est le domaine réservé du Général, mais pour entamer la décolonisation de l'Algérie en promouvant ces Arabes dont la France jusque-là s'est peu souciée.

Sur le plan militaire, c'est le général Maurice Challe qui est chargé de gagner la guerre d'Algérie. Il s'y emploie avec bonheur. Le plan Challe entamé en février 1959 a « assaini » en moins de huit mois l'Oranie, l'Algérois et la Kabylie. Reste la frontière algéro-tunisienne. Ce n'est qu'une question de semaines. Jusque-là l'armée et les pieds-noirs avaient trouvé leur compte dans la politique du président de la République, bien qu'ils aient regretté que jamais depuis le célèbre « Vive l'Algérie française » lâché par le chef de l'État à Mostaganem, dans l'euphorie du voyage de juin 1958, de Gaulle n'ait fait allusion à l'intégration de l'Algérie à la France, seule solution acceptable, à leur avis, au problème algérien.

Mais après tout si de Gaulle déployait tant d'effort pour anéantir l'Armée de libération nationale (ALN), c'est qu'il entendait ne jamais traiter avec les hommes du GPRA (Gouvernement provisoire de la République algérienne). Les fellaghas vaincus, l'Algérie débarrassée de l'emprise du FLN (Front de libération nationale), tout redevenait comme avant. « Pas question que la France quitte l'Algérie ! »

Et puis avait éclaté la bombe du 16 septembre. L'autodétermination, le choix par les Algériens entre trois solutions. L'association, prônée par de Gaulle, ce n'était pas encore l'indépendance mais pour les plus politisés des officiers d'Algérie et bien sûr pour les pieds-noirs ça y conduisait tout droit. Les autres savaient bien qu'en tout cas ce n'était plus l'Algérie française !

Au lendemain du 16 septembre l'idée d'une révolte était née dans quelques cerveaux civils et militaires. Oh ! il n'était pas question de renverser le général de Gaulle, mais de le faire revenir sur sa décision d'accorder à chaque Algérien musulman le droit de décider de son avenir.

L'idée était dans l'air. Manquait le prétexte. Janvier 1960 l'apporte sur un plat d'argent. Le 18 janvier, l'affaire Kempski éclate. D'après un journaliste allemand – ancien parachutiste –, Hans Kempski, longuement reçu à Alger par Massu, la hargne et la rogne règnent dans l'armée française. Le *Süddeutsche Zeitung* publie les « confidences » du général « dernier garant de l'esprit du 13 mai ».

Elles sont explosives : « Nous ne comprenons plus sa politique, dit Massu, en évoquant l'autodétermination proposée par de Gaulle le 16 septembre. L'armée ne pouvait s'attendre à une telle attitude de sa part. Cela ne vaut pas seulement pour sa politique algérienne. Le plan de Constantine, accepté naguère par l'armée, apparaît maintenant dépourvu de sens depuis qu'il est clair que les peuples africains, à qui il garantit le droit de disposer d'eux-mêmes, ne l'utilisent que pour abandonner tôt ou tard la Communauté... Notre plus grande déception a été que le général de Gaulle soit devenu un homme de gauche... »

« Nous ne comprenons plus sa politique. Notre plus grande déception a été que le général de Gaulle soit devenu un homme de gauche... »

Général Massu, 18 janvier 1960

Parlant du 13 mai et de De Gaulle, le patron de la division d'Alger est d'une brutalité qui surprend tout le monde. « Il était le seul homme à notre disposition, confie Massu. Mais l'armée a peut être fait là une faute.

— Il n'y a guère de personnalité propre à remplacer de Gaulle, hasarde Kempski...

— La première question à se poser est de savoir quand viendra un successeur du général de Gaulle. Il convient que l'armée française pousse les colons à se constituer en organisations paramilitaires et qu'elle les approvisionne en armes. Le général de Gaulle n'aimerait pas voir cela ? En pratique ça se fait.

— L'armée obéira-t-elle sans condition au président de la République ?

— Naturellement il y a dans l'armée des gens qui obéiraient sans se poser de questions sur ce qui suivra... »

« La manière dont Massu a amené et prononcé cette phrase, relève Kempski, laisse voir que sa réponse est négative et que non seulement lui mais la majorité des chefs d'unités ne sont pas disposés à exécuter les ordres de De Gaulle... »

Oh ! ça ne traîne pas. Malgré un démenti de Massu qui s'oppose formellement aux propos tenus par Kempski, le « vieux grognard » est rappelé à Paris. Le 22 janvier, le général de Gaulle tient une réunion exceptionnelle à l'Élysée à laquelle assistent, outre Michel Debré, Premier ministre, et Pierre Guillaumat, ministre des Armées, Delouvrier et Challe ainsi que les préfets d'Algérie et les commandants de corps d'armée. Seule la chaise de Massu est vide.

Le coup de semonce des Européens

Le président de la République réaffirme avec force qu'il ne changera pas de politique, qu'il n'est pas possible d'espérer autre chose pour l'Algérie que l'autodétermination. Le général Gambiez, commandant le corps d'armée d'Oran – un vieux fidèle gaulliste, des plus purs et des plus durs –, tente pourtant de fléchir le Général pour que l'on « oriente » la consultation sur la solution « la plus française ». Il se fait vertement rabrouer.

« Cela, c'est de la politique, Gambiez, dit de Gaulle. Occupez-vous de combattre. » À l'issue de la réunion, le président de la République retient Debré, Guillaumat, Delouvrier et le général Challe. « Massu est prévenu, lâche-t-il, il ne reprendra pas son commandement à Alger. » Challe, qui comme Delouvrier redoute la colère des activistes d'Alger à l'annonce du limogeage de Massu, tente une manœuvre désespérée pour « désamorcer la bombe » : « Au pis-aller, mon général, que Massu retourne à Alger et calme les activistes. Il fera son déménagement puis regagnera Paris. Sans quoi ce sera l'explosion.

« Nous n'allons tout de même pas nous laisser "refaire" par une poignée d'activistes ! »

Général de Gaulle, 22 janvier 1960

— Alors, nous voilà tous les cinq, reprend le général de Gaulle. Debré, Guillaumat, Challe et vous, Delouvrier. C'est nous qui avons la situation entre les mains. Nous n'allons tout de même pas nous laisser "refaire" par une poignée d'activistes !

— Le sang coulera à Alger, prophétise Challe approuvé par Delouvrier.

— Mais non, mais non, coupe le Général. Il n'en est pas question. Vous exagérez. » Le président de la République se lève, serre les mains de Delouvrier et Challe qui vont regagner Alger et, impavide, laisse tomber : « Et puis, prenez vos dispositions pour que l'ordre soit maintenu. »

Le dimanche 24 janvier, le peuple d'Alger est appelé à manifester pour protester contre le rappel du général Massu. En réalité, c'est un coup de semonce que les activistes européens veulent tirer en direction de l'Élysée. Trois hommes dirigent la manœuvre : Pierre Lagaillarde, Joseph Ortiz dit Jo et Jean-Jacques Susini. Mais ils ne sont pas unis. Loin de là. Pierre Lagaillarde fait cavalier seul. Le 24 janvier il veut réussir sa révolution comme il a réussi deux ans auparavant la prise du Gouvernement général le 13 mai 1958.

Entouré d'une poignée d'hommes, une djellaba brune recouvrant sa tenue léopard de lieutenant de parachutiste de réserve – sa tenue des « grands coups » –, il « siège » aux facultés. Les étudiants européens ultras, dont il est l'ancien président, lui sont fidèles. Mais les « activistes » d'Alger lui reprochent de trop jouer le jeu parlementaire depuis qu'il est député et surtout d'avoir empêché les manifestants de conspuer le nom de De Gaulle le jour de l'arrivée de Delouvrier. Les plus excités ne sont pas loin de le considérer comme un traître, un renégat.

Ce 24 janvier, c'est l'occasion pour Lagaillarde de redorer son blason d'ultra en réussissant avec quelques fidèles ce dont – à son avis – les troupes d'Ortiz (UT, commerçants, poujadistes, etc.) sont incapables. Il expose son plan : « Je me retranche ici dans ces facultés, d'où est parti le véritable 13 mai. Je n'en sortirai que quand de Gaulle aura cédé. Et il cédera. Pourquoi ? Parce que moi je ne céderai pas. Je vais obliger l'armée à prendre parti ou à me tirer dessus. Et cela elle ne le fera pas. Le gouvernement lui en donnera l'ordre. Qu'elle n'exécutera pas. Elle deviendra l'arbitre entre moi, les patriotes d'Alger et le gouvernement. Il lui restera une seule solution : prendre le pouvoir Et cette fois pas comme au 13 mai. Ou alors elle devra tirer. Et là ce sera la révolution. »

Un idéal commun : le fascisme

Le but de Jo Ortiz est le même. Seulement il bénéficie des troupes du FNF (Front national français) qu'il a fondé en novembre 1958. Patron d'un bistrot du Forum, Jo Ortiz est depuis 1955-1956 l'homme à tout faire des poujadistes. Il a été des premiers contre-terroristes européens, ce sont ses troupes qui ont lancé des tomates sur Guy Mollet, président du Conseil, en 1956. Depuis la création du FNF, il occupe le devant de la scène activiste après avoir joué – trop longtemps à son gré – les troisièmes couteaux. Fasciste, Ortiz a choisi la croix celtique pour emblème au FNF, il a constitué une milice paramilitaire bien armée avec la bienveillante complicité de certains colonels de l'état-major d'Alger.

Jean-Jacques Susini, redoutable dialecticien fasciste, apporte à Jo Ortiz ce qui lui manque le plus, l'intelligence. Susini a succédé à Lagaillarde à la tête des étudiants d'Alger, il a créé le Mouvement nationaliste étudiant, a adhéré au mouvement Jeune Nation, il a « dans sa manche » des colons ultras du MP 13 de Martel, les nostalgiques de Pétain, les admirateurs de Salazar menés par le docteur Lefèvre. Ortiz à son tour apporte à Susini ce qui lui manque le plus : les larges épaules et le bagout populaire qui entraînent les masses. Violence physique et verbale d'homme de main alliée à la dialectique glacée et implacable de l'étudiant fanatique, cimentées par un idéal commun : le fascisme. Voilà un mélange détonant qui a fait ses preuves dans un passé récent. La recette est toujours valable. À Alger comme ailleurs.

Ortiz et Susini se sentent d'autant plus forts qu'ils bénéficient de l'active sympathie du colonel Gardes, tout-puissant patron du 5e bureau d'« Unités territoriales et des Autodéfenses » dont l'action ne pourra – selon lui – que faire revenir de Gaulle sur le projet d'autodétermination.

La fréquentation assidue du colonel Gardes – et de quelques autres dont Godard, Broizat et Argoud ne sont pas des moindres (on les appellera le soviet des colonels) – apporte à Jo Ortiz « la preuve » du soutien et de l'appui que lui prodigue l'armée ! Les colonels persuadés de tenir le Grand Jo à leurs mains sont sûrs de renouveler le 13 mai. Et cette fois avec succès. De Gaulle devant la révolte d'Alger et de l'armée devra céder.

Au cœur d'Alger, un camp retranché de barricades prouve au monde entier la détermination des pieds-noirs à garder l'Algérie française malgré les décisions du chef de l'État.

Le 24 janvier tandis que les pieds-noirs désemparés manifestent autour du monument aux morts, les troupes d'Ortiz retranchées dans quelques immeubles du boulevard Lafferière ont mis en batterie plusieurs fusils-mitrailleurs. Les UT sont toutes armées, nombre d'entre elles portent au bras la croix celtique du FNF de Jo Ortiz. Malgré les ordres de Delouvrier et Challe les régiments de parachutistes de la 10e DP – la plupart favorables aux manifestants – ne les ont pas empêchés de se regrouper sur le plateau des Glières. Lorsque, à 18 heures, l'ordre est donné aux gendarmes mobiles du colonel Debrosse de disperser la manifestation des barricades sont déjà dressées, délimitant au cœur d'Alger le « camp retranché » d'où Ortiz et Lagaillarde entendent imposer leur politique à l'Élysée. Quand la vague noire des gendarmes mobiles atteint les barricades, c'est le drame. Les troupes d'Ortiz et Lagaillarde ouvrent le feu. Les gendarmes ripostent. Bilan : 14 morts et 123 blessés chez les gendarmes – 6 morts et 24 blessés parmi les civils.

Au soir de ce tragique 24 janvier, l'épreuve de force est ouverte. Au cœur d'Alger, un camp retranché aux barricades duquel veillent 2 000 hommes armés prouve au monde entier la détermination des pieds-noirs à garder l'Algérie française malgré les décisions du chef de l'État.

L'affaire va durer huit jours. La population soutient les émeutiers. Les paras de la 10e DP leur sont favorables mais à Paris de Gaulle se montre intraitable. « Le mauvais coup porté à la France » ne le fera pas fléchir. Bien au contraire. Au quatrième jour, Delouvrier et Challe, en butte aux innombrables pressions de la ville en folie, quittent Alger pour un PC secret « où ils seront libres de leurs mouvements ». Les insurgés et les colonels qui les soutiennent sont désemparés.

« Mon cher et vieux pays »

De Gaulle « laisse pourrir la situation ». Il s'est réfugié dans un silence hautain qu'il ne rompt que le vendredi 29 janvier pour prononcer un discours annoncé un mois auparavant. Malgré les conseils de son entourage, il s'est tenu à son calendrier, montrant ainsi le mépris dans lequel il tient ces « braillards » d'Alger. À 20 heures il parle : « L'autodétermination est la seule politique qui soit digne de la France », explique-t-il après avoir souligné que les Algérois doivent dire eux-mêmes ce qu'ils veulent être. « Or deux catégories de gens ne veulent pas de ce libre choix… » et de Gaulle flétrit dans le même élan oratoire le FLN et ceux des Français d'Algérie qui veulent que le sort des Algériens soit d'ores et déjà décidé.

« L'autodétermination est la seule politique qui soit digne de la France. »
Général de Gaulle, 29 janvier

« Eh bien ! Mon cher et vieux pays nous voici donc ensemble, encore une fois, face à une lourde épreuve… Tandis que les coupables, qui rêvent d'être des usurpateurs, se donnent pour prétexte la décision que j'ai arrêtée au sujet de l'Algérie, qu'on sache partout, qu'on sache bien que je n'y reviendrai pas ! » Ortiz et Lagaillarde, définitivement fixés sur les intentions du général de Gaulle, attendent la révolte de l'armée. Mais l'armée refuse. C'en est fini des barricades. Le lundi, le camp retranché, entouré des paras de la 25e DP – ceux de la 10e DP jugés peu sûrs ont été relevés – et de soldats du contingent, est démantelé. Ortiz a profité de la nuit pour fuir. Il ira entretenir son rêve fasciste aux Baléares et quitte peu glorieusement la scène politique algéroise. Pierre Lagaillarde, toutes décorations pendantes, se rend aux paras du 1er Étranger qui lui présentent les armes. Il sera inculpé et incarcéré à la prison parisienne de la Santé. Ses hommes pourront s'engager dans le 1er REP dans le commando Alcazar. Quatre cents sur les 2 000 hommes du camp retranché choisissent de combattre le FLN aux côtés des paras. Quarante-huit heures plus tard, il en restera 100. Les autres sont rentrés chez eux !

La population européenne d'Alger est brisée pour un temps. Les grands leaders ultras sont en prison ou en fuite. La parution de *L'Écho d'Alger* est suspendue et son directeur Alain de Serigny, porte-parole et principal soutien des thèses ultras, inculpé dans le procès des barricades ainsi que le colonel Gardes, chef du 5e bureau, Broizat, Argoud, Godard – le soviet des colonels – sont mutés en métropole ainsi que les généraux Faure, Mirambeau et Gracieux, patron de la 10e DP.

Le 1er février, le camp retranché est démantelé. Ortiz a profité de la nuit pour fuir. Il ira entretenir son rêve fasciste aux Baléares. Pierre Lagaillarde se rend aux paras du 1er Étranger.

De Gaulle cette fois s'est rendu compte que la résistance de l'armée à sa politique était plus grande qu'il ne l'avait supputé. Après tout, l'affaire des barricades lui a permis une « épuration » de l'Algérie. Delouvrier reste à son poste ainsi que Challe qui va pouvoir poursuivre son plan d'écrasement de l'ALN. Pas pour longtemps. Le 23 avril, Challe est remplacé par Crépin. Le commandant en chef quitte « son » Algérie pour un poste important à l'Otan mais avec à la bouche l'amertume de n'avoir pas terminé une tâche qu'il était sur le point de mener à bien. Alors qu'il a presque vaincu « militairement » le FLN, Challe redoute que de Gaulle ne traite « politiquement » avec l'adversaire. Et cela, il sent qu'il ne pourra jamais l'admettre.

Désormais tout va très vite. Le 20 juin, le GPRA répond favorablement à l'appel du général de Gaulle, et envoie Boumendjel et Ben Yahia pour définir avec les représentants français conduits par Roger Moris, secrétaire général des Affaires algériennes, les modalités du voyage d'une délégation du GPRA conduite par Ferhat Abbas en personne. La rencontre a lieu à Melun du 26 au 29 juin. C'est l'échec. Les représentants du FLN exigent en effet que lors de son éventuel séjour en France Ferhat Abbas et la délégation du GPRA puissent prendre contact avec qui bon leur semblerait, notamment avec les ambassades étrangères et les milieux politiques français. En outre Ferhat Abbas aurait le droit de rencontrer les journalistes et de tenir – sur le sol français ! – toutes les conférences de presse qui lui sembleraient opportunes ! Ce voyage servirait de prétexte à une quasi-officialisation du GPRA et à sa reconnaissance par le gouvernement français. De Gaulle lui-même ordonne à Roger Moris de mettre fin à ces contacts.

« Ils amusent la galerie, dit-il, ils mobilisent l'intérêt de la presse internationale. Ils font parler d'eux. Cela suffit. Terminons-en. » Boumendjel et Ben Yahia regagnent Tunis le 1er juillet. Ferhat Abbas déclare : « L'indépendance ne s'offre pas. Elle s'arrache. » Mais au-delà de l'échec, le monde entier ne retient qu'une chose : pour la première fois, la France a discuté officiellement avec le FLN.

LA PAIX, LA LIBERTÉ TOUT SERA VRAI DEMAIN

Juillet 1962, l'Algérie vient d'obtenir son indépendance et vote pour la première fois. Rare moment de joie après dix ans d'une guerre meurtrière. De Bab el-Oued à la Casbah, les espoirs des uns et les craintes des autres quand surgissent, en tenue léopard, les premiers éléments de l'ALN.

JOSETTE ALIA
« JEUNE AFRIQUE », JUILLET 1962

Un, deux, dix, vingt, cent… les drapeaux fleurissent aux balcons, se déploient aux terrasses, tout le quartier du Ruisseau brille de satin vert et blanc.

« Vous voyez, on prépare la fête. » La fête ! Pour les gens du Ruisseau, le concert ce soir, le vote demain, l'indépendance après-demain, la liberté retrouvée, c'est tout cela la fête. Mais on ne manifeste pas encore trop de joie, plutôt une activité fiévreuse. Il faut organiser les services d'ordre du FLN, diffuser les consignes, planter les dernières banderoles et essayer les guirlandes électriques tendues en travers de la rue, qui affirment en lettres vertes et rouges « Vive notre liberté » ou « Un seul héros : le peuple ».

La liberté et la paix, tout sera vrai demain. Ce soir, le travail n'est pas terminé. Les gosses passent en chantant, drapeau en tête, et un petit gamin obstiné fait répéter encore les couplets. Au Clos Salembier, les responsables du FLN distribuent aux 5 000 jeunes du service d'ordre leur uniforme pour demain : pantalon gris de tergal, chemise blanche et brassard. Les pantalons viennent de Bordeaux, les chemises de Rouen. Les garçons massés dans la cour attendent depuis des heures. « Nous ferons appliquer les consignes, nous les jeunes du FLN. Il faut que tout se passe bien demain. »

Partout, on attend demain. Sans inquiétude, mais en réservant sa joie. Les enfants sont déjà vêtus de vert et de blanc, les filles crânent parce qu'elles ont des calots tout neufs, frappés de l'étoile et du croissant, les gamins courent et se montrent en riant leurs cravates, les chemises blanches, les belles chaussettes vertes. Pour eux, c'est un jeu : l'Aïd avec son parfum de tissus neufs, l'Aïd multiplié cent fois, et des perspectives de réjouissances inconnues attendues dans la fièvre.

À la haute Casbah, les cafés sont pleins. Les hommes se massent en groupes sombres, des femmes passent en paquets serrés avec des rires retenus sous les mouchoirs brodés qui cachent leur visage.

« Vive la mystique de l'unité », répète partout une petite affiche blanche qui constelle les planches d'un bidonville. Une vieille bédouine en voiles rouges s'arrête, lit l'affiche sans comprendre, sourit d'un large sourire sans dents et crie brusquement : « Tahia el Djezaïr ! » (Vive l'Algérie !)

6 heures, 7 heures... Le soir tombe sur les hauteurs d'Alger. Au Clos Salembier, la distribution se termine et les gamins qui dévalent la rue commencent enfin à chanter juste. Derniers préparatifs, derniers brassards tamponnés du cachet de la zone autonome.

« Vous rentrez sur Alger ? » Le responsable local nous accompagne et, au fil des rues en pente – ou est-ce à cause de la douceur du crépuscule ? – il oublie les slogans, il se laisse aller, il raconte : « Ce sera dur, après. Il faudra tourner la page, pardonner et reprendre la vie avec les Européens. Comment faire autrement ? Je pourrai pardonner, je crois, et pourtant... J'en ai vu ! Mais avant nos sentiments il y a l'intérêt du pays. Si vous saviez... Je travaille aux PTT. Eh bien, depuis cinq mois, tout est bloqué. Les fonctionnaires savent qu'ils vont partir, ils se fichent de tout. Le téléphone automatique n'est plus entretenu, les services ne sont plus assurés. C'est la grande débandade, quoi. Alors on a fait une réunion syndicale la semaine dernière, avec les Européens. On leur a dit : "Que ceux qui veulent travailler avec nous restent. On ne vous donnera pas des salaires de roi, mais vous travaillerez pour l'Algérie. Mettez-y de l'enthousiasme ou au moins de la bonne volonté, c'est tout ce qu'on vous demande. Les autres, vous pouvez partir." Il en restera quelques-uns : 15 %, environ. Naturellement, ce n'est pas suffisant. Le soir et la nuit, tous les techniciens musulmans donnent des cours de formation accélérée à des jeunes. Déjà une vingtaine de filles ont commencé à travailler aux chèques et au central téléphonique. D'autres suivront... Eh là, toi, qu'est-ce que tu fais ? Tu sais bien qu'il faut attendre minuit... »

Les trottoirs sont lavés de frais, les guirlandes et les drapeaux de papier quadrillent le ciel, des feuillages encadrent les portes des maisons. Tout est neuf et gai, tout est au premier jour.

Sur un toit, un gamin essaie de monter le drapeau vert et blanc à un mât de fortune, mais la corde s'est coincée et le drapeau flotte à mi-course. Le gamin s'explique : il fait des essais, il répète sa propre montée des couleurs sur sa propre maison, pour cette nuit. Notre ami ne l'écoute plus. Il regarde ce drapeau qui bat faiblement dans le soir, au-dessus des terrasses du Clos, au-dessus de la ville. Et parce que je l'observe, il finit par dire, brièvement : « Un de mes amis… il a été tué, juste à cet endroit. Il tenait un drapeau qui était tout taché de sang. Je me demande ce qu'il est devenu, ce drapeau. Je me demande… Je voudrais bien l'avoir aujourd'hui. »

Dimanche. Alger vote. Depuis 5 heures du matin, toute la Casbah est dans la rue. Les trottoirs sont lavés de frais, les guirlandes et les drapeaux de papier quadrillent le ciel, des feuillages ou de longues branches de palmiers encadrent les portes des maisons. Tout est neuf et gai, tout est au premier jour.

Grande affluence à la haute Casbah. Ils sont là des centaines d'hommes serrés en file sur les trottoirs montants, des centaines de femmes éparpillées dans la cour de l'école et groupées sous les préaux.

« Journalistes ? Venez voir. Nous on est en règle, tout est organisé, comme vous voyez : les femmes d'abord, par groupes, après les hommes par une autre porte, en groupes eux aussi. Y a pas de désordre. »

Un service d'ordre du FLN – en civil – règle la circulation. Premier bureau, deuxième bureau, troisième bureau : partout, dans les isoloirs, les bulletins « non » s'accumulent. Un nettoyeur passe et balaie. « Ça marche, hein ? » Il est tout fier, ce jeune responsable, d'un déroulement aussi impeccable. Quel âge peut-il avoir ? 18 ans, 19 ans au plus.

Aujourd'hui, c'est gratis !

Le soleil commence à chauffer mais personne ne bouge dehors. L'attente patiente se prolonge, les plus fatigués se sont assis par terre ou s'accroupissent sur leurs talons, le dos au mur, tournés vers les terrasses qui dévalent vers la mer. Pourquoi s'énerver, puisqu'on vous dit qu'avant ce soir tout le monde pourra passer…

Alger vote. Au cœur de la Casbah, une petite rue en escaliers rattrape la rue de la Lyre. Sur le premier palier, dans une très vieille école, voici un deuxième bureau. Il faut attendre dans un patio, monter un escalier de marbre aux marches brisées. On a posé l'urne de bois sur le bureau de la maîtresse, poussé les tables vers le fond pour monter les deux isoloirs. Au mur, les patères de fer pour les tabliers des gosses et encore les grands tableaux de grammaire : mon – ton – son. Une vieille femme s'insère pesamment dans une table d'écolier.

« Par ici ! » Deux jeunes filles en chemisette blanche et jupe verte expliquent : « Entrez là, choisissez, votez. » Elles portent aussi les bébés pendant l'opération. Le cafetier du coin arrive avec un plateau. Aujourd'hui c'est gratis ! Il distribue le sirop d'orgeat et les gaufrettes. Vive le cafetier ! On rit, on se bouscule un peu. Décidément, ce bureau de vote est bon enfant. Mais tout de même, à la sortie, un jeune gars barre la porte de sa mitraillette. Il faut montrer patte blanche.

Quelle journée ! Quel soleil ! C'est un dimanche de juillet. Ce soir la Liberté. Ce soir la Paix. Ce soir l'Indépendance.

« C'est pour l'ordre », explique-t-il.

La rue de la Lyre s'anime de plus en plus. Ceux qui vont voter, ceux qui ont voté, ceux qui ne votent pas parce qu'ils sont trop jeunes, mais qui voudraient bien en être, tous ceux-là remontent les arcades et crayonnent des slogans sur les rideaux de fer baissés. Soudain, du bout de la rue, une rumeur monte : l'ALN arrive. D'une voiture débarquent des militaires en tenue léopard, bardés de mitraillettes, de pistolets, de cartouches. Quel prestige ! Le chef – un grand et gros gaillard aux joues roses – entre dans un restaurant et dépose gentiment sa mitraillette au vestiaire. Autour des djounoud, les gosses béent d'admiration. Pour eux, la guerre est finie, la légende commence.

La guerre, ils connaissent : ils ont vu tuer, ils savent comment se chasse un homme traqué. La politique, ils connaissent aussi. Ils crient : « Vive le peuple ! À bas le culte de la personnalité ! » Et ils vous expliquent que l'indépendance n'est pas la Révolution. Maintenant la guerre est finie. Ils vont peut-être retrouver leur enfance.

Quelle journée ! Quel soleil ! C'est un dimanche de juillet. Ce soir la Liberté. Ce soir la Paix. Ce soir l'Indépendance. On le sait, on se sourit, on se dit simplement : « À ce soir. » Car il faut du temps pour réaliser et il reste tant de traces au cœur, tant de souvenirs qui tiennent encore la joie en laisse. Quand je demande à un jeune homme s'il est heureux aujourd'hui, il dit : « Oui, bien sûr », et il ajoute vite : « Mais n'oubliez pas, plus d'un million de musulmans massacrés pour en arriver là, et moi 37 jours de prison, des tortures. Oh, je ne me plains pas. C'est normal… Alors à ce soir. Venez donc dans le quartier et vous verrez la fête… »

« Alger, quelle belle ville on en avait fait ! Dommage qu'on soit tombé sur cette race. Des sauvages, je vous dis. Aujourd'hui ça va encore, mais demain vous verrez ! Moi je prends le ticket et je pars. » Maurice, chauffeur de taxi, n'ira donc pas voter. Il part en « métropole ». « Bien que là-bas ils s'en foutent de nous et que c'est tous des salauds. Mais qu'est-ce qu'on peut faire ? »

Ceux qui pensent qu'on peut quand même faire quelque chose, ceux-là attendent dans les bureaux des quartiers européens. Les files devant l'isoloir sont mornes, silencieuses. On se regarde, un peu gênés. On se justifie parfois en deux mots, à l'adresse d'un voisin : « Eh oui… Qu'est-ce que vous voulez… »

« Tout ça va s'oublier »

À Bab el-Oued, au pied de la Casbah, l'arrivée des journalistes provoque quelques remous. Ici, dans une petite école, le service d'ordre est uniquement français. « Les képis et les uniformes qu'on connaît, ça inspire confiance, n'est-ce pas. » Trente personnes s'agglutinent devant une porte et s'énervent.

« Pourquoi qu'ils passent ceux-là ? La presse ? Faites donc voir la carte un peu. C'est qu'on est là depuis 9 heures du matin, nous autres… »

Ailleurs, les votants assis sur des chaises attendent sagement. On se croirait aux résultats du certificat d'études. Deux vieilles dames en chapeaux et robes à fleurs parlent de leurs enfants : « Ils sont bien installés à Montpellier. » Elles resteront ici, elles voteront « oui ».

— « Tout ça va s'oublier. On va recommencer à vivre comme avant. »

— « Partir est tellement difficile, inquiétant. Et les meubles et les appartements… Et comment vivre en métropole ? Les musulmans, ma foi, on verra bien. »

— « Dieu merci, il y a de la discipline », s'exclame très militairement un grand homme sec. Tant qu'ils donneront des ordres de ne pas toucher, on ne touchera pas. »

Un menuisier en espadrilles de toile, chemise de toile ouverte sur une médaille de la Vierge, donne le mot de la fin : « Dieu sait que je ne pensais pas rester ! Hier j'ai revu un ancien voisin à moi, un musulman. Depuis cinq ou six ans on ne se fréquentait plus, forcément. Eh bien, on s'est embrassés. Pour ma part, je suis prêt, moi, à tout oublier. »

Tout le monde opine. Qu'ajouter de plus ? En bas, la ville européenne se replie sur elle-même. Les rues filent tout droit, désertes, sonores. Sur les façades bouclées, deux, trois fenêtres s'allument. Pas une vitrine qui ne soit grillagée. Partout le triste gris des rideaux de fer baissés. La place des Trois-Horloges, au cœur de Bab el-Oued, ressemble à un décor de théâtre après la représentation d'une pièce sur l'Algérie française. Pas tout à fait pourtant.

Au « Versailles » – fief de l'OAS –, quatre jeunes garçons s'efforcent de recréer l'atmosphère. Chemise ouverte, cheveux longs, les hanches serrées dans des blue-jeans, ils s'affairent au billard électrique et choisissent des disques au juke-box.

— « Eh ! donne-nous une pièce pied-noir pour cet appareil. Il est de Bab el-Oued, lui. Ça ne marche pas avec des pièces françaises. » La patronne s'esclaffe et montre l'insigne qui orne son corsage volumineux : deux pieds noirs sur fond blanc.

« Partir est tellement difficile, inquiétant. Et les meubles et les appartements… Et comment vivre en métropole ? Les musulmans, ma foi, on verra bien. »

Twist, rock. Un garçon un peu trop gros, un peu trop mou, renverse la tête en arrière, aspire la musique avec une délectation désespérée. « Même en France, je tuerai encore des Arabes », proclament des inscriptions au crayon dans les arrière-salles… Mais le cœur n'y est pas. Tout cela manque de conviction. La partie est finie. Oui, bien finie.

Les bureaux de vote vont fermer. Très âgé, tout cassé, un vieux général suit la rue de l'Aletti et se dirige vers le front de mer. Il a sorti un uniforme bistre, trop grand. L'uniforme des grands jours. Il a mis toutes ses décorations, des médailles sur plusieurs rangs, et bien enfoncé son képi de velours. Devant le bureau où les Européens votent encore, il s'est arrêté un moment, sévère. Puis il est reparti, les gants blancs à la main. Dans le soir qui tombe on le voit s'avancer dans une rue puis dans une autre, calmement. Enfin, la silhouette tremblotante disparaît comme une ombre blanche.

C'était un dimanche de juillet. Rue de la Lyre, rue de Chartres, la grande joie enfin s'épanouit. Un remous s'est formé dans la foule sans qu'on sache pourquoi… Tout à coup, des hommes, des femmes par centaines se mettent en marche. Sous les lampions et les drapeaux un flot humain monte. Des bras se tendent, des drapeaux flottent au-dessus des têtes. « Tahia el Djezaïr ! » Un seul cri et un seul cœur, la foule roule de plus en plus vite, crie de plus en plus fort. Maintenant tout le monde court vers la route, vers on ne sait où. Les cris des femmes, les mains des hommes, tendus vers le seul « Tahia el Djezaïr ». Des milliers de cris, des milliers de voix. Des voitures qui passent à toute volée, drapeaux claquant, les avertisseurs qui déchirent l'air. Crissements de pneus. Hurlements pointus des enfants accrochés par grappes à tous les véhicules. Pendant des heures la grande ronde de la manifestation s'est déroulée sur les places, dans les rues, répandue dans Alger tout entière remuée.

Au rythme lancinant de « Tahia el Djezaïr ! » on danse le twist.

La joie submerge tout

« Tahia el Djezaïr ! » Sous le soleil de midi, la joie s'échauffe vite. Aux carrefours, l'ALN apparaît, mitraillette au poing, et canalise. Qu'importe. Cette joie est bon enfant et sans agressivité. Des jeunes filles en calots verts grimpent sur les camions. Des chargements hurlants se déversent partout. Au rythme lancinant de « Tahia el Djezaïr ! » ou « Allah yarham es chouhada ! », on danse le twist. Eh oui, on twiste un drapeau à la main. Pourquoi pas ?

L'essentiel n'est-il pas de crier, de danser, de sauter, de faire éclater enfin tous les carcans et toutes les contraintes ? La joie se déroule en nappes bruyantes et submerge et enveloppe tout dans les mêmes flots de cris.

Oui, crier, crier encore, crier qu'on est libre ! Dans une grande débauche de drapeaux flottant bien haut, dans un grand mouvement de tout un peuple, tout le jour et toute la nuit !

Aujourd'hui, les Algériens sont chez eux à Alger. Ils sont chez eux en Algérie. Finis les humiliations, les prisons, l'étouffement. Alger, ce soir, leur appartient.

Des enfants épuisés continuent à courir sur les trottoirs, à chanter dans les camions. Des jeunes filles jouent les figures de proue sur les toits des voitures et ceux qui n'ont pas trouvé de place sur un autocar, un camion, un scooter, ou n'importe quel véhicule, ceux-là courent à pied dans tous les sens, pourvu qu'ils bougent, pourvu qu'ils participent. Et peu à peu, dans la ville submergée par les cris, la manifestation prend son sens. Des milliers de musulmans qui emplissent les rues à ras bord, ce n'est pas une manifestation, c'est une prise de position et une reconquête sans armes et sans violence. Mais une reconquête tout de même.

Aujourd'hui, les Algériens sont chez eux à Alger. Ils sont chez eux en Algérie. Finis les humiliations, les prisons, l'étouffement. Alger, ce soir, leur appartient. Les drapeaux blanc et vert flottent maintenant au poing du duc d'Orléans tourné vers la Casbah en un dérisoire geste de conquête. Les drapeaux vert et blanc flottent aussi sur Barberousse, car aujourd'hui les Algériens sont libres. Enfin.

Lundi soir, rue Michelet. Les rares promeneurs pressent le pas. L'ombre s'épaissit déjà sous les arbres. Au bout de la rue, trois soldats en tenue léopard s'avancent, mitraillette au poing. C'est l'ALN. La première patrouille de l'ALN dans cette rue Michelet qui connut les gloires et les leurres de l'Algérie française.

Les djounoud s'avancent, regardent à droite et à gauche. Un

couple européen s'est arrêté avec un sursaut. Oui, « ils » sont là. Quand même, ça fait quelque chose.

Soudain, la femme arrête un des soldats. « Vous savez, nous sommes heureux de vous voir ici. Cela nous rassure enfin. » Elle ajoute : « Donnez-moi votre insigne. »

Le soldat ne s'étonne pas, décroche l'insigne, le lui tend : « Tenez, avec ça je vous donne toute l'Algérie nouvelle. »

ÉCLATS DE VIE

Sur de petits carnets élimés, des instants inoubliables, des histoires minuscules d'hommes et de femmes, recueillies au fil de reportages aux quatre coins du monde, de l'Algérie des années 1960 à l'Afghanistan d'avant la – dernière – guerre. Et aussi des bruits étouffés, des odeurs épuisées, le temps qui passe.

MICHEL CROCE-SPINELLI
INÉDIT, FÉVRIER 2009

Le médecin vietnamien, son nom m'échappe aujourd'hui, avait demandé que nous réalisions l'interview chez son père qui élevait des orchidées dans la banlieue de Saigon. Une maison basse, en bois, sous un long toit de tuiles romaines roses avec une terrasse vermoulue. Tout autour, des orchidées à l'air penché.

Nous y sommes arrivés dans un vacarme formidable, trois hélicoptères américains tournoyaient au-dessus du jardin, tiraient des rafales, lançaient des roquettes. Le père, enfoui dans un trou qui servait d'abri à la famille, a surgi sous nos pieds pour nous dire que ça durait depuis le matin et qu'il nous fallait repartir. Des maquisards vietcong étaient terrés à vingt mètres de nous, juste derrière le rideau d'arbres qui bordait le terrain. Puis il est rentré dans son trou et la trappe s'est rabattue.

Et nous, ce médecin et moi, avons commencé à parler debout sur la terrasse. Impassibles mais raides, la nuque en plomb, les jambes nouées, et pour tout dire les fesses serrées. Face à nous, le cameraman nous filmait. Les pilotes d'hélico américains et les maquisards vietnamiens, devaient vraiment se demander ce que nous faisions là et nous prendre pour des malades mentaux. Cette pensée m'a effleuré et m'a presque détendu. Le médecin n'a rien remarqué.

J'ai dit : « Vous n'avez pas peur ? » Il a répondu : « Je ne veux pas avoir peur ! » Il hurlait à cause des rotors, des rafales et de ce bruit tournant que font les roquettes, vraoum, vraoum, vraoum, de plus en plus grave, à mesure qu'elles approchent de leur cible.

« Si je cède à ça, tout est foutu ! dit le Vietnamien. Je ne veux pas avoir peur ! » À ce moment, une balle a écrêté une tuile faîtière au-dessus de notre tête. Stoppée dans sa trajectoire, elle a commencé à débarouler sur les tuiles roses… Gling gling gling gling gling… Je l'entends encore ce gling gling ! Sur le film, on voyait la balle de cuivre, brillante au soleil, cabrioler gaiement de tuile en tuile. C'était pour *Cinq Colonnes à la Une*. Le film s'est appelé *Les Orchidées de Saigon*.

Les demoiselles de Phnom Penh

Les demoiselles de Phnom Penh étaient trois, trois écolières de terminale au lycée Descartes à Phnom Penh. La ville n'était pas encore tombée aux mains des Khmers rouges. Elles avaient seize ans.

Les demoiselles de Phnom Penh voulaient se battre et détruire « l'ennemi vietcong ». Elles avaient transformé leur lycée en casemate avec des sacs de sable et martelaient leur slogan.

Les Khmers rouges avaient infiltré les abords de la capitale. Le Mékong la nuit s'illuminait de fusées. Mais à Phnom Penh, le long des berges, des sampans boîtes de nuit laissaient échapper de la musique. La ville assiégée faisait la folle. Le kaki était à la mode, le chapeau de brousse se portait crânement.

À Phnom Penh, le long des berges, des sampans boîtes de nuit laissaient échapper de la musique. La ville assiégée faisait la folle.

Un jour, la plus décidée des trois demoiselles nous a invités chez elle. Son père, fonctionnaire, nous a accueillis par ces mots : « En ce moment, on ne danse pas, c'est la guerre. Mais j'autorise, pour que vous puissiez filmer et montrer en Europe que nous avons le courage. »

Elles avaient remis leur sampot traditionnel comme en temps de paix. Un tourne-disque a commencé à égrener la musique. Pendant deux heures, elles ont dansé des lam-nong, dansé malgré « l'ennemi vietcong », dansé avec des déhanchements, des hochements, des mouvements d'yeux vers le ciel, en étirant leurs bras.

Et moi je pensais à ce cadavre de maquisard aperçu la veille, flottant sur le fleuve dans les jacinthes d'eau. La moitié de la face était déjà un squelette grouillant, l'autre côté un visage intact, d'une beauté surprenante.

Il y avait du jus d'orange dans des verres alignés sur une table et des pâtisseries sur des présentoirs chinois. Les mères et les servantes se pressaient dans les entrebâillements. Bientôt, il fut cinq heures. Le ciel s'était chargé de pluies noires. L'ombre froide avait envahi la maison. Au-dehors, les arbres frémissaient. Au loin, des coups de feu parfois. Douloureuse surprise-partie, premier bal qui serait le dernier. Et nous qui n'avions plus l'âge des surboums et des verres d'orangeade, nous savions que dans quelques jours, nous aurions quitté le pays, les abandonnant à leur destin, à ce bal fantôme suspendu dans l'imminence…

Je suis revenu à Phnom Penh à peine libéré des Khmers rouges. Je les ai cherchées, je n'ai jamais retrouvé les demoiselles de Phnom Penh.

L'occiput de Bouddha

L'Afghanistan avant la guerre. Être juché à cinquante-trois mètres du sol sur la tête du Bouddha géant de Bâmiyân, celui-là même que les talibans allaient dynamiter, et filmer là-haut, dans la coupole taillée dans la roche, des fresques vieilles de quinze siècles, où convergent les influences venues des quatre horizons et qui continuent d'expliquer les conflits en Afghanistan, une danseuse indienne, une dame chinoise alambiquée, une adoratrice grecque, un noble persan sassanide, quelques bodhisattvas gréco-bouddhiques et j'en oublie, avoir cette chance procure un bonheur intense.

De l'occiput du Bouddha on voyait la vallée. J'ai encore dans l'œil cette vision. Un âne trotte-menu comme juché sur un dé, surmonté d'une femme colonne serrée dans son tchador noir, menait une caravane de chameaux de Bactriane. Dix bêtes en majesté dans leur fourrure, couronnées de leurs deux bosses, un toupet de poil sur la tête, le jarret court, la cuisse énorme. Il était sept heures du matin, la lumière était une poudre d'or, les haies de peupliers frisaient au vent comme des bannières. Et l'eau des seguias, miroir, serpentait parmi les champs de fèves, de pois, de haricots. La paix régnait encore. Plus pour longtemps…

Le barrage des fellaghas

Algérie, fin de la guerre, le 3 juillet 1962, le jour du cessez-le-feu. Je suis allé jusqu'au barrage électrifié à la frontière tunisienne et je rentre à Alger, seul dans une voiture de louage effondrée. Il est une heure vingt du matin. Je n'ai plus d'essence, la jauge est au rouge depuis longtemps déjà.

La nuit est chaude et opaque, j'enchaîne les virages. Encore un virage et soudain, des silhouettes, des armes, des treillis… les fellaghas ! Sortis du bois, descendus des djebels, officiellement autorisés par les accords à faire des contrôles dès le début du cessez-le-feu, c'est-à-dire dès aujourd'hui.

Ils me regardent arriver, avancent sur la route, hésitent… un geste de la main, celui-ci a l'air d'être l'officier. Je ralentis, lui demande d'emblée s'ils n'auraient pas de l'essence. Il me répond qu'ils vont m'en donner. Je n'ai qu'à sortir de la route, pénétrer dans le sous-bois, tourner juste à gauche et m'arrêter. Ils sont une dizaine autour de moi, armés, à me lorgner avec curiosité et c'est réciproque. La carte de presse semble suffire à l'officier. À l'époque, je travaille à *France-Soir*. Il me dit d'éteindre mes phares. Je ne vois plus rien.

Il me demande de les suivre. À pied. Nous nous enfonçons sous les chênes verts. Ils m'escortent, m'encadrent, marchent à pas de loup, en observant des distances, pas un mot n'est échangé. Ils ont l'air de vrais militaires et d'obéir à leur officier. Ça ne suffit pas à me rassurer. Ça dure, depuis plusieurs minutes. L'officier ne parle pas plus que ses hommes. Ils connaissent parfaitement le coin. Ça ressemble de plus en plus à une corvée de bois, exécution sommaire.

Je souffle. Je m'accorde encore deux minutes. Si au bout de ce temps, nous ne sommes arrivés nulle part, je saute dans la nuit, comme dans les films d'aventure. Mais la réalité ce n'est pas le cinéma, ça va être très problématique de leur fausser compagnie. La peur monte, m'envahit. Filer avant d'avoir les jambes coupées ! Je me prépare mentalement, j'essaie de prendre des repères pour bondir, avoir quelque chance de m'en sortir et… je manque m'étaler. Je me suis pris les pieds dans quelque chose. C'est un type allongé avec son fusil, rigoureusement invisible, une sentinelle, un chouf. Il se marre, je vois ses dents blanches…

« C'est ici ! », dit l'officier. Une cabane forestière en pierre où ils ont l'air de tenir cantonnement. Ils ont aussi deux fûts métalliques d'essence, un jerrican et un tuyau pour siphonner. Trois types se chargent de l'opération. Le lieutenant ne veut pas que je paye. Il dit : « Je ne suis pas habilité à percevoir. » Je lui trouve soudain un air très normal, bon genre et bien correct. Ni l'un ni l'autre ne tenons à faire la conversation, une gêne plane. On se serre la main, je salue les autres dans la nuit. Escorté d'un porteur de jerrican, je rejoins la voiture. Il a même emporté un entonnoir pour faire le transvasement. Allons la nuit est vraiment douce. Et pas si noire que ça.

La vieille dame de Kissangani

La saison des pluies me tombe sur la tête depuis trente-quatre heures. Pour être sûr de ne rien rater je me suis installé sur la plage arrière du blindé léger en tête de la colonne qui fait un kilomètre de long. Les véhicules sont aussi hétéroclites et peu fiables que les mercenaires qui les occupent. Tout ce petit monde s'en va délivrer Kissangani, Stanleyville, la deuxième ville du Zaïre, aujourd'hui Congo démocratique, isolée depuis deux ans par les guerriers rebelles de Pierre Mulélé. Depuis trente-quatre heures, assis sur la grille brûlante du moteur, j'ai le corps exposé à l'intempérie et aux coups du sort.

Maintenant que la nuit est là, nous tombons d'embuscade en embuscade. À chaque fois, même scénario, on nous canarde, un ou deux hommes sont touchés, les chauffeurs zaïrois plantent leurs camions, sautent dans le fossé et tirent, en fermant les yeux, des salves conjuratoires vers le ciel. Les mercenaires blancs braillent et tiraillent sur la forêt qui nous enserre. La piste n'est qu'un mince sillon sous une voûte d'arbres et de nuit. Des cases flambent parfois, trouées de lumière. Sous les détonations, résonne le tam-tam qui prévient les autres villages de notre arrivée. Tam-tam, un son long et modulé, presque une voix.

Sous les détonations, résonne le tam-tam qui prévient les autres villages de notre arrivée. Un son long et modulé, presque une voix.

« Halte au feu ! Moteurs en route ! », hurle le sous-off belge. Le nôtre de moteur ne veut pas redémarrer. Rien à faire ! Au dernier plein, il y a eu de l'eau dans l'essence. Tout le convoi me passe sous le nez, un kilomètre de véhicules en tout genre. Me voilà renvoyé en fin de colonne. Le camion atelier, le lot 7, passe sans s'arrêter, c'était le dernier. Feux arrière dans la nuit.

Silence, brutal comme la réalité. Nous sommes seuls et à pied, au centre de l'Afrique. Il est trois heures quinze. Nous sommes cinq. La nuit commence au bout du fusil. Le chauffeur s'est couché sous notre véhicule avec sa clé de 24 à six pans et commence la vidange de notre réservoir. Ça pue l'essence. La flaque s'agrandit, nous pataugeons dans une mer d'essence, le doigt sur la détente…

Une vieille femme danse à reculons devant le blindé, une danse magique. Elle danse et le blindé ne ralentit pas.

Le matin blanc, 25° avant le lever du soleil, mais c'est comme s'il faisait froid. D'embuscade en embuscade, nous avons remonté la colonne et j'ai retrouvé ma place en tête du convoi pour apercevoir au petit matin le fleuve Congo, le père fleuve. Il y a un pont à voie unique et au bout du pont, les premiers quartiers de la ville de Kissangani.

Une seule mitrailleuse dans l'enfilade du pont nous aurait stoppés bien sûr. Les mulélistes ont préféré tendre à hauteur d'homme en travers des poutrelles métalliques, une ligne de fibre de coco où pendouillent des charmes magiques, des mains de singes et des crânes d'oiseau, plumes et grigris, que la tourelle du petit blindé a balayés dans la foulée.

Soudain une vieille femme s'est dressée devant nous. Elle est nue, sauf une jupe en feuillage. Elle danse à reculons devant le blindé, une danse magique, Kutchuipa Muipa. Elle danse à reculons et le blindé ne ralentit pas. Elle continue à danser, danser, avec ses petites marionnettes, ses déhanchements, ses seins lourds qui dodelinent, pour conjurer nos ferrailles rugissantes et leurs équipages de malandrins qui vont l'aplatir !

Les coups de feu sont partis d'un camion derrière nous. Elle a été touchée miraculeusement d'une seule balle qui lui a éraflé le mollet, l'a couchée contre le talus, au moment même où la voiture blindée était sur elle. Et là, accotée à son talus, elle a continué ses marionnettes sacrées, avec ses petits feuillages au bout de ses doigts, mamelles pendantes, un peu haletante, pendant que le convoi lui passait au ras des pieds.

Le sortilège de Bac Dao

À Hanoi, nous allions chez l'antiquaire le soir après des journées de tournage difficiles d'un film qui s'est appelé *Vietnam, les dures années de paix*. Ce n'était pas une vraie boutique d'antiquités, juste une maisonnette au bord du lac de l'Épée. À cette heure, elle sentait le nuoc-mâm et le riz gluant. On entendait des bruits de casseroles et les parents chuchoter derrière le drap tendu sur un fil de fer. Parfois l'épouse passait la tête et souriait. Le bébé dormait dans un coin près d'un vélo sous l'escalier. On s'asseyait sur de minuscules tabourets et l'antiquaire sortait ses objets.

Le dernier soir, une sculpture en bois a émergé du capharnaüm. Une belle patine, un bel objet, représentant un scribe assis tenant une tablette sur son bras gauche et un calame de la main droite. J'ai dit… Je le prends ! Jean a dit presque en même temps… Je le veux ! Nous l'avons tiré à la courte paille. C'est lui qui l'a gagné. L'antiquaire a précisé qu'elle représentait Bac Dao, le secrétaire des Enfers, celui qui tient le compte des jours restant à vivre à chacun de nous. Donc, Bac Dao tient le registre des morts à venir, a précisé Jean et il a ri.

Il avait femme et enfants mais sa vie restait décousue. Décalé horaire permanent, huit jours à la maison lui semblaient une insupportable éternité. Lumineux, douloureux, Jean était un fou-enfant. Et aussi le cameraman le plus rapide et le plus sûr avec qui j'aie jamais travaillé. Sa caméra était sa main, il s'en servait avec la même fluidité, une aisance inégalable. Son métier était dans son corps. Il filmait comme il était, au quart de tour, à l'instinct, de chic, à l'épaule, avec une sorte de je-m'en-foutisme qui touchait au génie. Sa seule stabilité dans sa vie était celle de sa caméra.

Nous sommes rentrés en Europe sans anicroche malgré Bac Dao et Jean l'a installé à son chevet. Et Jean est mort trois semaines plus tard. Que serait-il advenu si j'avais gagné Bac Dao à sa place ? Ou bien, si l'antiquaire avait eu à nous vendre, à la place, la statue de Nam Tao, l'autre comptable céleste, celui qui tient le registre des enfants à naître et des vies à venir.

LES VIETS ONT GAGNÉ LA GUERRE

Les Vietcongs sont partout et assiègent Saigon. Le Sud-Vietnam va s'écrouler. Le 2 mars 1965, les États-Unis lancent un puissant raid aérien sur le Nord. La deuxième guerre d'Indochine vient d'éclater. Jean Lartéguy, qui s'est rendu célèbre en couvrant la première, passe six semaines sur place. Ses reportages pour « Paris-Match » deviendront un livre trois mois plus tard.

JEAN LARTÉGUY
« UN MILLION DE DOLLARS LE VIET »,
ÉD. SOLAR, 1965

Le 1er mars 1965, les Sud-Vietnamiens et leurs « conseillers » américains avaient perdu la guerre. Il n'y avait pas eu de grande bataille, seulement des centaines de postes de villages et de hameaux stratégiques qui étaient tombés. Le plus souvent ils s'étaient rendus ou mieux encore, en conservant leurs gardes armées et leur drapeau, ils étaient passés secrètement du côté des communistes.

Des zones entières avaient été « libérées », glissant sous le contrôle du Vietcong qui y avait établi son administration, ses bases militaires, son enchevêtrement de comités. Dans certaines même, il battait monnaie à l'effigie d'Hô Chi Minh. J'ai eu de ces monnaies entre les mains.

Des poteaux indiquaient au bord des routes que l'on entrait dans la zone libérée n° 1, 2, 3, ou 24. Des points de péage, installés au pied des postes et des tours gouvernementales, prélevaient contre reçu des dîmes qui variaient selon les produits : 30 sous par litre d'essence ou de pétrole, 130 piastres par mètre cube de bois, etc. Considérées comme produits de luxe, les cigarettes et la bière étaient taxées à 50 % de leur valeur. Les camions et les autobus devaient verser 12 000 piastres par an et les jonques 5 000 piastres.

Et toujours des papiers, des reçus, des autorisations, des cachets d'une administration clandestine déjà plus tatillonne et paperassière que l'officielle qu'elle voulait remplacer.

Les planteurs d'hévéas de Cochinchine recevaient de véritables feuilles d'impôts, calquées sur les feuilles d'impôts gouvernementales avec amendes prévues de 10 % pour un mois ou pour une semaine de retard. (...)

Assiégée, Saigon, la capitale, comme toutes les autres villes, comme tous les autres grains de raisin, était aussi dévorée de l'intérieur.

La ceinture rouge de Saigon

Le gouvernement de Saigon, afin de faire montre d'une autorité qu'il n'avait plus, faisait parfois un exemple. Il expulsait un planteur qui avait eu le mauvais goût de se faire enlever, justement pour n'avoir pas voulu payer. Ou bien encore, la police arrêtait un certain Nguyen Bich, propriétaire d'un caboteur et sur lequel on avait trouvé un reçu du Vietcong. Mais tous les gens qui sortaient de Saigon en avaient dans leur poche, et même ceux qui n'en sortaient pas.

Dix millions d'hommes sur quatorze millions, vivant au Sud-Vietnam, étaient directement ou indirectement tombés sous la coupe du Vietcong qui contrôlait les quatre cinquièmes du territoire. Il ne restait plus aux gouvernementaux que les villes, comme des grains de raisin sur un gâteau : Saigon, Cantho, Tayninh, Nhatrang, Da Nang, Hué, Pleiku, Ban Me Thuot et quelques bandes de terre sur la côte d'Annam, entre la frontière du Cambodge et la mer de Chine.

L'agglomération Saigon-Cholon était entièrement investie de l'extérieur par une sorte de ceinture rouge passant au sud à 15 kilomètres de la ville à Ben-Luc, à 7 kilomètres au nord à Thu-Duc, et à 8 kilomètres à l'est à Cat-Laï. Toutes les nuits on tirait au canon. Les fusées éclairantes se balançaient au-dessus des faubourgs de la ville, donnant aux baraques et aux entrepôts des teintes crues de farine.

Assiégée, la capitale, comme toutes les autres villes, comme tous les autres grains de raisin, était aussi dévorée de l'intérieur. C'est à Saigon que l'on imprimait – que l'on imprime toujours – textes et revues communistes, certaines en couleurs et même, m'a-t-on affirmé, les timbres-poste du Front national. Mais cela est moins sûr. J'ai comparé les timbres du Front national et ceux du gouvernement du Nord-Vietnam. Ils sont imprimés sur un même papier de mauvaise qualité et se ressemblent étrangement.

Quand l'attaque se déclenchait, les Américains savaient qu'on leur tirerait dessus de l'intérieur même du camp.

C'était par contre à Saigon que les officiers, soldats et commissaires politiques, durement éprouvés par la vie de la forêt, venaient se reposer, se faire soigner, ou rendre visite à leurs familles. Mais un Vietcong, même en permission, même au repos, reste toujours un inlassable propagandiste. Cette propagande était alors grandement facilitée par le désordre intérieur, les coups d'État et les règlements de comptes des généraux, la concussion, l'augmentation du coût de la vie et cette « vérole verte » qu'apporte le dollar dans tous les pays qui n'ont pas été vaccinés contre lui. La « vérole verte » sécrète la prostitution sous sa forme mécanique, la plus horrible, le marché noir, la haine… Le Vietcong n'eut aucun mal à transformer la grande cité en une véritable base logistique à partir de laquelle il nourrissait sa guerre. (…)

La guerre allait très mal elle aussi. Les « conseillers » américains se défiaient des troupes vietnamiennes qu'ils accompagnaient et les Vietnamiens de ces cow-boys qui venaient de débarquer et qui ignoraient tout des pièges de la rizière et des rach. Dans les camps des Forces spéciales, dans les postes perdus du delta, les Américains s'enfermaient la nuit dans leur blockhaus et à tour de rôle montaient la garde. Le Vietcong n'attaque un poste que quand un tiers de la garnison lui est acquis. Cela fait même partie du règlement de la guerre subversive, telle qu'elle a été codifiée par les commissaires politiques du Sud-Vietnam. Quand l'attaque se déclenchait, les Américains savaient qu'on leur tirerait dessus de l'intérieur même du camp. Aussi, ils vivaient entre eux, mangeaient leurs rations de combat et n'entretenaient que peu de relations avec les hommes qu'ils devaient conseiller et que, théoriquement, ils n'avaient pas le droit de commander.

La barbiche du général Khanh

Heureusement, il y avait des exceptions. Certains Américains mordaient à cette guerre dangereuse, prenaient comme de vulgaires officiers français le commandement de leurs Vietnamiens, se faisaient tuer ou parfois réussissaient de belles opérations. Mais jamais ils n'arrivaient à occuper le terrain, L'armée sud-vietnamienne comptait 250 000 réguliers, 250 000 régionaux, 70 000 policiers. Mais en dehors des mercenaires Nungs d'origine chinoise, des parachutistes, des rangers, des Marines, moins de 50 000 personnes, les soldats ne voulaient plus se battre. Trois Vietcongs faisaient détaler une compagnie. En bien des endroits, des accords avaient été passés entre gouvernementaux et Vietcongs. La situation politique se détériorait très rapidement. Le 1er novembre 1963, Diem est renversé.

Le 30 janvier 1964, le général Khanh, sa barbiche et ses yeux en boules de loto, avait remplacé le bon « Big Minh » et ses généraux que l'on accusait de neutralisme. Il avait été poussé en avant par le général Harkins. Cabot Lodge – il devait le reconnaître plus tard – avait été trompé par ses services et par Nguyen Khanh qui lui avait promis de lui fournir les preuves d'un complot neutraliste dans lequel trempaient Big Minh, son équipe, l'ambassade de France et les agents gaullistes. Bien que Cabot Lodge à plusieurs reprises les ait réclamées, jamais il ne put obtenir ces preuves. Puis il fut remplacé par le général Taylor. (…)

Des comités nés par un phénomène de génération spontanée menaient campagne contre « les influences étrangères ».

Le 19 février 1965, sixième coup d'État. Un groupe d'officiers conduits par le colonel catholique Thao que l'on disait très proche de certains services américains s'empare de l'aéroport et de Radio-Saigon qui refait soudain l'éloge de Diem. Le putsch avorte dès le lendemain. Khanh et sa barbiche refont leur apparition. Pas pour longtemps. Les généraux Thy, porte-drapeau des parachutistes, des bouddhistes et des écoliers-étudiants de Hué, et Cao Ky, celui des aviateurs, le chassent tout en lançant un mandat d'arrêt contre l'auteur du précédent putsch, le colonel Thao. Mais le général Taylor est satisfait. Khanh, nommé ambassadeur itinérant, est cette fois éliminé. Le 21 février, Khanh avec quelques chars basés à l'aéroport de Tan Son Nhut essaye de reprendre le pouvoir. Le général Cao Ky menace de le bombarder avec ses avions et tout s'arrête là. (...)

Tout finit par un directoire de généraux et un président du Conseil de 36 ans, l'aviateur Cao Ky, qui avait des cheveux soigneusement calamistrés, portait une belle moustache, des combinaisons de vol aux tendres couleurs... Il fit comme bien d'autres de grandes déclarations mais le coût de la vie augmentait tous les jours, le riz manquait. Il était officiellement à 600 piastres les 100 kilos. On ne trouvait à l'acheter qu'à 1 000 piastres. (...)

Les bouddhistes et les étudiants s'agitaient surtout à Hué. Depuis longtemps, la vieille capitale des empereurs d'Annam était gangrenée. Le bouddhisme, inexistant jusqu'en 1963 sous sa forme actuelle de mouvement de masse, pouvait soudain mobiliser des centaines de milliers d'adhérents pour les lancer dans la rue au nom d'une doctrine de non-violence contre une police qui n'osait pas se défendre et une armée qui ne voulait pas tirer. Les bouddhistes n'étaient-ils pas les grands vainqueurs de Diem ? Ils tenaient toujours en réserve quelques martyrs qui, arrosés d'essence, pouvaient flamber comme des torches au coin des rues et ameuter l'opinion internationale. Le vénérable Thich Tri Quang, violemment antiaméricain, bien que sauvé par Cabot Lodge de la police de Diem, s'agitait beaucoup en ce 20 février 1965. Il venait de lancer un mouvement « Pour la paix avant tout ». (...)

Les écoliers de 14 ans et les blousons noirs étaient maîtres de la rue. Les Américains évacuaient leurs femmes et leurs enfants sur la Thaïlande ou les Philippines.

Dans toutes les villes, des comités nés par un phénomène de génération spontanée menaient campagne contre « les influences étrangères ». On écrivait « US go home » sur tous les murs. Les écoliers de 14 ans et les blousons noirs étaient maîtres de la rue. Les Américains évacuaient leurs femmes et leurs enfants sur la Thaïlande ou les Philippines.

Le rêve d'un Diên Biên Phu politique

Les Vietcongs n'avaient plus qu'à donner un coup d'épaule et l'édifice branlant du Sud-Vietnam, rongé patiemment par ces termites, allait s'écrouler. À la conférence de Phnom Penh, les dirigeants du Front national de libération qui, pour la galerie, faisaient montre d'indépendance vis-à-vis de leurs collègues d'Hanoi, parlaient et agissaient déjà en vainqueurs. Ils se montrèrent intransigeants au point d'agacer le prince Sihanouk qui avait voulu introduire dans la conférence les dirigeants de la « Résistance extérieure », comme l'honorable Tran Van Huu patronné par la France. Tran Van Huu avait même été accueilli à l'aérodrome de Phnom Penh avec des drapeaux français comme s'il était l'envoyé officiel du général de Gaulle. Naïveté ou mauvaise plaisanterie !

Les communistes étaient certains d'avoir gagné la partie. La Chine, qui poussait Hanoi à refuser toutes solutions de paix, comptait sur cette victoire du communisme asiatique contre les Blancs pour faire condamner par un certain nombre de partis communistes la thèse russe de la coexistence pacifique. Déjà le conflit et ses solutions dépassaient très largement le Front national de libération et ses maîtres, le Comité central d'Hanoi. La thèse des Chinois était alors celle-ci. Les Américains avaient perdu en Indochine comme les Français, comme eux, ils partiront. Inutile de répondre actuellement aux offres de paix du président Johnson. Faisons attendre les Américains jusqu'à ce qu'ils perdent la face, jusqu'à ce que les garanties qu'ils exigent deviennent pratiquement inexistantes.

Les communistes vietnamiens et leurs amis chinois devaient commettre en ce début du mois de mars leur plus lourde faute. S'ils s'étaient, sans passion, livrés à une analyse « correcte » de la situation selon les plus stricts canons marxistes, ils auraient vu tout l'intérêt qu'ils avaient à traiter immédiatement. Le pays était à eux. Ils pouvaient tourner comme ils le voulaient les garanties qu'auraient exigées les Américains et remplacer, à l'heure de leur choix, un gouvernement apparemment neutre par un autre qui se serait déclaré favorable à la réunification du Sud et du Nord. Ce gouvernement aurait aussitôt exigé le départ du corps expéditionnaire américain. Mais l'orgueil avait joué et mal joué. Hanoi voulait contraindre l'Amérique à un Diên Biên Phu politique. La Chine y poussait de toutes ses forces. Les raids américains sur le Nord-

Vietnam venaient de commencer pour obliger les communistes à accepter cette paix qui leur aurait été tellement favorable. Le gouvernement américain cherchait même à justifier ces raids par de prétendues représailles. Comprenant qu'il ne pourrait pas traiter avec Hanoi sans que l'Amérique perde toute influence en Asie, le président Johnson, de très mauvais cœur, se décida soudain à la guerre. Le 2 mars 1965, c'est le début de « l'escalade » avec le premier raid massif de 165 avions sur le Nord-Vietnam. Aucun prétexte cette fois n'est invoqué. Le 10 mars, c'est le débarquement à Da Nang de 8 000 Marines. La deuxième guerre d'Indochine vient de commencer.

L'ILLUSION LYRIQUE D'UNE RÉVOLUTION RATÉE

C'est la sombre histoire d'un coup d'État raté sur la demi-île de Saint-Domingue, qui débouche sur une révolution populaire mise en échec par une intervention américaine. Un imbroglio de complots et de conjurations entrecroisés, les gamins du petit peuple qui fabriquent des cocktails Molotov dans des bouteilles de Pepsi Cola. Extraits d'une série de six longs articles.

MARCEL NIEDERGANG
1965

Le samedi 24 avril, à l'aube, une voiture portant la plaque de l'état-major des forces armées dominicaines file sur l'autopiste qui relie la capitale à Santiago de los Caballeros, seconde ville du pays, à travers des bosquets de palmiers royaux et d'arbres à pain, des champs de canne à sucre, des bourgades somnolentes aux maisonnettes en bois des îles ombragées de bananiers et de bougainvillées. Au kilomètre 27 la voiture prend la route secondaire qui mène sur la droite au camp militaire du 16-Août.

C'est un matin calme et frais. Dans les champs, armés de leur machette, des ouvriers agricoles en guenilles abattent régulièrement les longues tiges des cannes. Au poste du kilomètre 27, des policiers en uniforme gris, le col déboutonné, affalés sur des chaises et le fusil en travers des jambes, jettent un œil distrait sur la voiture militaire. Des négrillons complètement nus, le ventre gonflé d'amibes, galopent à perdre haleine le long des cases aux poutres vermoulues et coloriées. C'est un matin pur à Saint-Domingue et pourtant l'orage va éclater.

Le général Rivera Cuesta, chef d'état-major de l'armée, vient personnellement signifier leur limogeage à quatre officiers supérieurs du camp du 16-Août soupçonnés de comploter contre le gouvernement de Donald Reid Cabral, chef du triumvirat. Mais le général est attendu. Son ordonnance a lui-même prévenu les conjurés de la décision prise la veille au soir par Reid Cabral à l'issue d'une réunion extraordinaire du triumvirat. « Décidément, a murmuré le chef du triumvirat, mes pires ennemis sont les gens de ma classe. Ils conduisent ce pays à la ruine... » Donald Reid Cabral est le fils d'un citoyen anglais promu chevalier de l'Empire britannique en janvier 1965 et d'une Espagnole. C'est un homme froid, assez falot, l'air fuyant et ennuyé d'un collégien réprimandé, et que les Dominicains accusent d'être l'un des principaux agents de la CIA. Il représente à Saint-Domingue la firme anglaise Austin, et les immenses panneaux publicitaires de Reid Cabral sont en bonne place sur toutes les routes de la République. Membre de la grande bourgeoisie dominicaine, traité en tant que tel par l'ambassadeur des États-Unis, Tapley Bennett Jr, à sa résidence, Donald Reid Cabral s'est pourtant mis en tête depuis quelques semaines de lutter contre l'effarante vague de corruption qui submerge les cadres administratifs et militaires supérieurs de la République dominicaine. « Je veux, dit-il, chasser les salauds. »

C'est trop tard. Ce n'est pas un, mais cinquante complots qui se trament dans les salons de l'oligarchie et dans les clubs des officiers. Selon les clans, les mobiles qui poussent les conspirateurs varient naturellement beaucoup, mais l'objectif est le même : renverser la junte Reid Cabral. Pour le général Elias Wessin y Wessin, « turco », c'est-à-dire fils de Libanais, et commandant du centre d'instruction de la base aérienne de San Isidro, il s'agit de remplacer le triumvirat Reid Cabral, empêtré dans ses velléités de redressement économique, par un gouvernement militaire fort.

Ce n'est pas un, mais cinquante complots qui se trament dans les salons de l'oligarchie et dans les clubs des officiers contre Donald Reid Cabral, accusé d'être un agent de la CIA.

Il peut compter pour cette opération sur le soutien de la grande majorité de l'oligarchie qui n'apprécie pas non plus, par instinct de conservation de ses privilèges, les intentions purificatrices de Reid Cabral. Son adjoint numéro 1 est le commandant Hache : tout un programme. Elias Wessin y Wessin, militaire de carrière, imbu de la supériorité naturelle du soldat sur le civil, catholique militant méprisant profondément le petit peuple mulâtre et noir des « barrios » du Luperon ou de Maria-Auxiliadora, considère que les prébendes et les avantages accordés aux dignitaires de l'armée par les équipes gouvernementales ayant succédé à Trujillo, y compris celles de Juan Bosch, sont un droit. Cet homme de quarante-cinq ans, gras et mou, tapi dans son centre de commandement de San Isidro comme une araignée au milieu de sa toile, a au moins un point commun avec la majorité des grands bourgeois dominicains et du corps diplomatique : il vit à Saint-Domingue, mais le peuple dominicain lui est étranger.

La seconde conspiration importante est dirigée par des amis militaires et civils de l'ancien président Balaguer, ex-ministre et factotum de Trujillo. Avocat timide et effacé, Balaguer a fait toute sa carrière sous Trujillo, Bienfaiteur de la patrie, et il a même occupé le poste de ministre des Affaires étrangères. On raconte à Saint-Domingue que le Bienfaiteur giflait Balaguer en plein conseil des ministres. En août 1960, le souffre-douleur complaisant du César des Caraïbes devient président en succédant à Hector Trujillo, frère du dictateur, qui continue de régner en coulisse. Mais après l'assassinat en mai 1961 du « jefe maximo », Balaguer s'accroche au pouvoir avec une énergie surprenante chez ce petit homme frêle. Cette opiniâtreté nouvelle s'explique : Balaguer est soutenu à fond par les États-Unis qui espèrent, grâce à lui, éviter le raz-de-marée gauchiste dans un pays où tout est possible après trente et une années de dictature absolue.

L'opération « se hâter lentement » mise au point à Washington va réussir. Lorsque la furieuse vague de colère du peuple dominicain déferle sur la capitale six mois après la mort de Trujillo, les brise-lames installés par les États-Unis sont déjà assez puissants. Bien sûr, Balaguer est emporté dans la tourmente, mais, assez curieusement, il conserve des sympathies dans le peuple des faubourgs, chez les plus pauvres, estimant après tout que la sécurité de l'impitoyable ordre trujilliste valait mieux que ce carrousel inquiétant et multiforme auquel se livrent ses successeurs. C'est la bourgeoisie d'affaires et la classe moyenne qui ont abattu un Trujillo devenu impossible, pas les chômeurs et les paysans sans terre.

Trois clans pour un renversement

Il existe donc un groupe de droite dans l'armée, favorable au retour de Balaguer, en exil aux États-Unis, et qui prépare de son côté la chute de Reid Cabral. Ce groupe dispose même d'un « chœur antique » : celui des chauffeurs de taxi de la capitale, organisés en syndicats puissants et rivaux. En novembre 1961, dans une tentative désespérée pour se maintenir à la présidence, Balaguer a pris une décision qu'il estimait géniale : il a racheté quelque trois cents véhicules de louage à leurs propriétaires et les a distribués à des « chauffeurs sans voitures ». Cette manœuvre bassement démagogique a valu à Balaguer des amitiés qui comptent encore aujourd'hui.

Un troisième clan, plus discret, moins connu, ne cesse de se renforcer à la veille du soulèvement du 24 avril : celui de quelques jeunes officiers, dont le chef de file est le colonel Hernando Ramirez, exaspérés par la corruption affichée des cadres supérieurs et leur collusion avec une oligarchie aveugle et égoïste. Naturellement, ils sont minoritaires, à peine une vingtaine, mais ils bénéficient de la complicité agissante de nombreux sous-officiers qui fréquentent les dirigeants politiques du Parti révolutionnaire dominicain (dont le leader, en exil, est Juan Bosch, président de la République de février à septembre 1963) et les étudiants du Mouvement du 14 juin, réduit à une vie clandestine et précaire.

La droite n'a pas l'exclusivité des conspirations. La gauche s'agite de son côté et se réorganise. À Rio Piedras, dans la banlieue de San Juan de Porto Rico, où il est installé depuis 1964, l'ex-président Juan Bosch a conclu secrètement un pacte d'union avec les dirigeants du Parti social chrétien, dont l'influence et le prestige ne cessent de grandir à Saint-Domingue depuis la victoire du démocrate chrétien Eduardo Frei et de son jeune mouvement au Chili. À Saint-Domingue Fidelio Despradel, au nom du « 14 juin », et Cayetano Rodriguez, pour le Mouvement populaire dominicain (dont le leader, Maximo Lopéz Molina, a été banni et vit en exil), se prononcent pour le retour à la Constitution démocratique de 1963, approuvée par le Congrès pendant la présidence de Juan Bosch. Les dirigeants du PSP (Parti socialiste populaire), communiste, sont également pour, mais ils maintiennent leur position de principe de novembre 1963, publiquement proclamée après la chute de Bosch : pas d'insurrection armée, mais un patient travail d'explication auprès des masses sur les chances et les moyens d'une éventuelle démocratisation de la vie publique.

Quand le général Rivera Cuesta arrive innocemment au camp du 16-Août au matin du 24 avril, il s'agit donc de bien autre chose que du simple rappel à l'ordre de quelques officiers turbulents et mécontents. Dans cette extraordinaire confusion des esprits et des situations, dans cet imbroglio de complots et de conspirations entrecroisés, personne ne peut prétendre connaître le nom du ou des vainqueurs. Personne non plus ne dispose de suffisamment d'informations et de contacts pour reconstituer ce puzzle qui va éclater brutalement. La droite d'affaires et les cadres supérieurs de l'armée raisonnent comme ils ont toujours raisonné, c'est-à-dire en hommes certains de tirer toutes les ficelles et de pouvoir agir en toute impunité à l'heure et au jour qui leur conviendront le mieux.

Les jeunes officiers et les intellectuels libéraux brûlent de faire quelque chose, mais ils ne savent pas quoi ni comment. Personne dans les ambassades, à commencer par celle des États-Unis, ne semble soupçonner l'ampleur et les multiples implications de la tourmente qui va s'abattre sur une île qui se trouve symboliquement située sur la ligne de passage obligatoire des plus violents typhons des Caraïbes.

Il est facile pour les agents des services de renseignement américains de recopier patiemment la liste de quelques personnalités de gauche et d'extrême gauche. À Saint-Domingue, tout le monde les connaît. Il est également facile de savoir si tel ou tel de ces dirigeants s'est rendu sur invitation à La Havane, à Moscou ou même à Pékin. La police de Trujillo disposait de quelque quinze mille indicateurs : les « calies ». Un certain nombre d'entre eux ont été abattus pendant les journées d'insurrection de novembre 1961, mais il en reste. Pratiquement, les cadres de la police de la junte Reid Cabral sont les mêmes que ceux de la police de Trujillo. Les services de sécurité, multiples et bien organisés, du régime post-trujilliste disposent d'archives et de dossiers abondants. Vraiment le travail des équipes de la CIA est enfantin. Il est plus difficile de prévoir. La preuve : le 24 avril, Tapley Bennett Jr se trouve en Floride « to have a rest », et quelques-uns de ses collaborateurs sont au Mexique. Le vendredi 23 avril, au soir, entre Bolivar et

Independencia, les ambassades ont organisé comme de coutume cocktails et réceptions. Il fait doux et tiède. La saison des pluies est en retard.

Chacun des multiples clans de ce complot-pieuvre croit qu'il est seul à préparer quelque chose.

Un peuple en armes

En arrivant au camp militaire du 16-Août, le général Rivera Cuesta, chef d'état-major chargé par le président Reid Cabral de limoger quatre officiers supérieurs accusés de subversion, éprouve une désagréable surprise. Il est désarmé et arrêté par le colonel Hernando Ramirez, assisté du capitaine Peña. Son escorte tente de résister. Il y a un échange de coups de feu. Le colonel Nivar Ledesma est tué.

Le chef d'état-major, un officier honnête et simple, est éberlué. Il ne comprend pas. Mais qui comprendrait ? Chacun des multiples clans de ce complot-pieuvre croit qu'il est seul à préparer quelque chose. En outre, la plupart des conspirateurs militaires, mais pas tous, sont décidés à passer à l'action dans les premiers jours du mois de mai. C'est notamment le cas du général Elias Wessin y Wessin, qui vient de marquer un certain nombre de points au cours des dernières semaines dans cette lutte au couteau secrète qui l'oppose au clan civil et militaire pro-Balaguer.

En septembre 1964, la poudrière du camp du 27-Février (la deuxième caserne importante avec celle du 16-Août, à proximité de la capitale) a sauté, faisant de nombreux morts et blessés. Ce n'était pas un accident, mais tout simplement un épisode de cette féroce lutte pour le pouvoir. Certes Elias Wessin y Wessin a perdu un allié précieux peu de temps avant le 24 avril. Reid Cabral, président du triumvirat, a destitué le général Belisario Peguero, chef de la police et l'un des hommes forts du clan Trujillo. Belisario Peguero, mis en disponibilité sans commandement, reste en liaison avec le chef du centre d'instruction de San Isidro, mais ses moyens d'action sont évidemment réduits, et Wessin songe en conséquence à avancer l'heure H.

D'autres officiers supérieurs, comme le général Braulio Alvarez Sanchez et le colonel Neit Nivar Seijas, un « turco » lui aussi comme

Wessin, sont également limogés par un Reid Cabral essayant bien tardivement d'abattre systématiquement les pans de cette formidable bâtisse militaire et policière, qui est l'une des plus redoutables survivances de la dictature trujilliste. Trop tardivement.

Le vendredi 23 avril, au soir, il fait doux et tiède. La saison des pluies est en retard.

La conspiration d'extrême droite gagne du terrain. Militairement, elle peut compter sur le soutien presque total des aviateurs des bases de San Isidro et de Barahona, toujours à la pointe du combat pour installer ou consolider une dictature des forces armées. Malgré la mise à l'écart du général Belisario Peguero, la police est acquise, mais il faut faire vite. La marine est neutre, avec un préjugé favorable à Wessin. La majorité des officiers de l'armée de terre penchent plutôt du côté des amis de l'ex-président Balaguer.

La décision prise par Reid Cabral d'allonger la liste des officiers embarqués dans les charrettes de la disgrâce prend tout le monde au dépourvu. Certes des mèches brûlent un peu partout dans les cours des casernes dominicaines, mais personne n'a prévu que le baril de poudre allait sauter si vite. L'arrestation du général Rivera Cuesta par le colonel Hernando Ramirez, dont Wessin connaît mal les sympathies politiques, et par le capitaine Peña, un inconnu à la base de San Isidro, laisse d'abord les chefs militaires perplexes. Quelqu'un a osé le premier, mais pourquoi ?

Le samedi 24 avril, avant 2 heures de l'après-midi, c'est un peu comme si les principaux acteurs du drame avaient dégainé leurs revolvers sans savoir encore exactement contre qui ils allaient tirer. À San Isidro, Elias Wessin y Wessin pense d'abord que l'initiative du colonel Hernando Ramirez joue en sa faveur, puisqu'elle tend à s'opposer à la mise à l'écart de quatre de ses amis. S'il pouvait savoir ce qui se passe au camp militaire du 16-Août et à la caserne de l'état-major du 27-Février... ? Il se passe quelque chose d'inattendu pour les comploteurs d'extrême droite. Le colonel Hernando Ramirez et le capitaine Peña se prononcent sans doute pour la chute du triumvirat Reid Cabral, mais aussi pour le retour de la Constitution de 1963.

Le samedi 24 avril, c'est un peu comme si les principaux acteurs du drame avaient dégainé leurs revolvers sans savoir encore exactement contre qui ils allaient tirer.

Wessin ne l'apprend qu'à 14 h 30 ce samedi, en même temps que les Dominicains, en écoutant Radio Santo Domingo. Celui qui parle d'une voix grave est Peña Gomez, président de la jeunesse du parti révolutionnaire dominicain (il n'est pas parent du capitaine Peña). « Le colonel Hernando Ramirez, dit-il, vient de m'appeler au téléphone pour me faire savoir que le général Rivera Cuesta était détenu par ses hommes. La junte Reid Cabral est renversée. Les insurgés réclament le retour à la Constitution démocratique de 1963… »

« N'ayez aucune crainte »

Wessin est stupéfait et furieux. En toute hâte il envoie des chars de la base de San Isidro vers la ville, distante de 15 kilomètres à l'ouest. Un peloton de « cascos blancos », cette police spéciale antiémeute constituée après la mort de Trujillo par le général Imbert Barreras et commandée pendant quelque temps par le colonel Francisco Camano Deflo, est dépêchée par le gouvernement dans les locaux de Radio Santo Domingo, réoccupée par les « forces de l'ordre » à 5 heures du soir. Ce pourrait être le point final d'un pronunciamiento raté. En réalité, tout commence. Trois millions et demi de Dominicains savent, parce que tout se sait aujourd'hui en République dominicaine grâce aux innombrables transistors radio, qu'une partie de l'armée s'est prononcée pour le retour de la démocratie balayée en septembre 1963 sans coup férir.

À Saint-Domingue, à Santiago de los Caballeros, à San Pedro de Macoris, à Puerto Plata, à San Francisco de Macoris, à La Vega, en fait dans toute la République, le peuple est dans la rue, commentant la nouvelle. À Santiago, une foule composée en majorité d'étudiants et d'ouvriers se porte aussitôt vers le quartier général de la police, une citadelle aux allures africaines avec ses murailles aux tons réséda, pour réclamer des armes.

C'est une étrange et première confrontation à quelques pas des eaux boueuses du rio Yaque, entre une armée indécise et un peuple enthousiaste, où l'on reconnaît les étudiants membres du « 14-Juin ». Un officier prend la parole. « L'armée, dit-il, est avec le peuple. N'ayez aucune crainte. Rentrez chez vous… »

À Saint-Domingue aussi, la foule envahit les rues. Elle est gaie, exubérante et retrouve les gestes et l'espoir de novembre 1961 quand elle criait « libertad, libertad… » et aussi « Balaguer à la porte ». Dans le centre, autour de la place Independencia et rue del Conde, centre nerveux de la ville, des taxis surchargés de grappes humaines passent en scandant « ti-ti-ti ta-ta », c'est-à-dire en langage dominicain « regresa bo-bo » (que Bosch revienne). Les « cascos blancos » armés de leurs longues matraques sont nerveux et tentent de disperser les manifestants. Dans les quartiers nord, et surtout vers le quartier Luperon, au-delà de l'avenue Duarte, soudainement envahie par une cohue de sang-mêlé, les cris de « Viva Balaguer ! » dominent.

À Villa Consuelo et autour de l'immeuble de Radio Santo Domingo, les visages sont déjà plus durs. Il y a des pierres dans les mains crispées. Les petits-bourgeois, les employés, les étudiants, les artisans disent : « On va faire la révolution pour que Bosch revienne. » Au même moment, la marée humaine en délire qui remonte l'avenue Duarte crie : « Viva Balaguer ! » Tout se calme à la tombée de la nuit.

On voit des garçonnets de dix ans courir dans les rues avec trois mitraillettes. « Une pour mon père, une pour mon frère, une pour moi… »

Reid Cabral est invité à dîner par l'ambassadeur d'Israël. Il est soucieux. Les chars de Wessin protègent le palais national. Il a proclamé la loi martiale et décrété le couvre-feu, mais de sombres pressentiments l'agitent. Il confie à son hôte : « Monsieur l'ambassadeur, c'est peut-être mon dernier dîner… » Puis il se rend à Radio Santo Domingo pour annoncer que « le pays est calme », que « les forces armées sont fidèles » et que les « quelques éléments qui se sont soulevés dans deux casernes ont jusqu'à 5 heures dimanche matin pour faire leur soumission ». La nuit sera calme. Pas pour tout le monde.

Les discussions n'ont pas cessé toute la journée de samedi entre les chefs militaires du soulèvement et les dirigeants du parti révolutionnaire dominicain, notamment Fernandez Marmol, Peña Gomez et Molina Urefia. Ces derniers insistent : « Il faut réclamer le retour de Juan Bosch… » Les officiers hésitent. Ils sont d'accord pour chasser le triumvirat Reid Cabral, mais imposer le retour de Juan Bosch paraît à certains d'entre eux un pas redoutable.

Ils sont emportés par la fièvre révolutionnaire qui submerge Saint-Domingue. Dans la nuit, à 2 heures du matin, des camions et des autobus chargés à la hâte d'armes, de munitions et de soldats enthousiastes quittent le camp du 16-Août pour la capitale. Rapidement et silencieusement, les insurgés occupent la radio, le pont Duarte et installent des emplacements de combat à Ciudad Nueva, entre la place Independencia et les quais. Ils distribuent aussi des armes (fusils, mitraillettes et pistolets-mitrailleurs) aux civils de ce quartier à la population très dense, moitié classe moyenne, moitié monde du petit commerce et des affaires. Cette première distribution se fait apparemment sans consignes et sans ordres particuliers.

Une fourmilière agitée en tous sens

Vers 5 heures du matin, une brève fusillade éclate vers la caserne de l'état-major. C'est une timide offensive des forces du gouvernement qui échoue. L'ultimatum de Reid Cabral expire et l'insurrection se poursuit. Entre San Isidro et les deux casernes soulevées, le téléphone est constamment occupé. Wessin menace. Il ne veut pas défendre Reid Cabral qu'il souhaitait abattre lui-même, mais il ne veut à aucun prix de Bosch. « Bosch, dit-il, c'est le communisme… » À 8 heures du matin, Reid Cabral démissionne. À partir de là, tout va très vite. À midi, le Congrès élit le président de la Chambre, M. Molina Ureña, président « constitutionnel provisoire ». En même temps, Wessin se prononce contre le soulèvement et, un quart d'heure après, les appareils de la base de San Isidro survolent et mitraillent le palais national.

Les premières apparitions des chasseurs au-dessus du palais national ne calment pas l'effervescence en ville, bien au contraire. La foule attaque des postes de police pour se procurer des armes. Et la chasse aux « cascos blancos » qui commence rappelle celle de novembre 1961 contre les « calies », les indicateurs de la police trujilliste. Dans les quartiers populaires, la confusion est extrême. On tire un peu partout. Au palais national, les insurgés civils ont trouvé près de trois mille armes que l'on s'arrache. On voit des garçonnets de dix ans courir dans les rues avec trois mitraillettes. « Une pour mon père, une pour mon frère, une pour moi… »

Des bandes d'émeutiers plus préoccupés de rapine que de révolution attaquent les résidences de quelques riches Dominicains et d'autres s'en prennent sans succès au hall de vente des voitures Austin de Reid Cabral. Quelques magasins d'alimentation sont également dévalisés avenue Duarte mais, dans l'ensemble, le pillage est limité.

L'arme du peuple, c'est essentiellement le cocktail Molotov. Dans les studios de télévision de Radio Santo Domingo, c'est une extraordinaire ambiance. Toute la journée de dimanche, des sous-officiers et aussi quelques rares officiers viennent déclarer « qu'ils sont avec le peuple ». Alors, de leur lointaine maison, d'autres sous-officiers accourent vers le centre et se précipitent dans les studios pour être eux aussi présentés sur les écrans de la TV et proclamer leur « attachement au peuple ». Des speakers inconnus bardés de cartouches et la mitraillette en bandoulière improvisent des cours sur la confection des cocktails Molotov. Le matériel de base, c'est la bouteille de Pepsi Cola et l'essence des pompes publiques. À la fin de l'après-midi, la fabrique de bouteilles de Pepsi Cola, dans les quartiers nord, près de l'avenue Maximo-Gomez, est attaquée, et les civils, hommes, femmes, enfants, se précipitent aux pompes à essence. Entre deux leçons de cocktails Molotov, les épouses apeurées de quelques officiers supérieurs de San Isidro apparaissent sur l'écran. « Il s'agit, disent les révolutionnaires, de faire comprendre à Wessin que les choses sont sérieuses… » Le speaker donne aussi les adresses des appartements des aviateurs qui mitraillent le palais national.

Saint-Domingue est une fourmilière qui s'agite frénétiquement en tous sens. Mais les civils armés n'ont pas approché, à de rares exceptions, les plaisants quartiers résidentiels de l'Ouest où les étrangers et les familles des riches Dominicains sont saisis d'angoisse devant cette énorme rumeur d'orage. Les « tigres », bandes de blousons noirs armés, se contentent de sillonner les artères de Ciudad Nueva. Mais, à la tombée de la nuit, un seul cri domine tous les autres : « Tous au pont Duarte ! »

Le général d'eau douce

La ressemblance est étonnante. Cette corpulence, cette démarche raide et étudiée, ce visage lourd, empâté et cruel, cette voix volontairement douce et posée, cette colère énorme et contenue qui marbre soudainement de rouge ces joues trop pâles, et surtout ce rire gras qui éclate, dévoilant le cynisme profond du personnage… il n'y a pas de doute : c'est Trujillo. Mais c'est Trujillo à la fin de sa vie, âgé de soixante-dix ans, abandonné par les États-Unis après trente et une années de « règne » absolu et à la veille d'être abattu comme un chien sur une route déserte par un commando de sept hommes dont faisait partie celui qui rêve aujourd'hui de lui succéder. Antonio Imbert Barreras, lui, n'a que quarante-quatre ans.

Président du « gouvernement de reconstruction nationale », il reçoit la presse dans la salle du Congrès sous une peinture murale où l'on voit le Benefactor, Trujillo, à l'apogée de sa gloire et de sa puissance : droit, le corps bien pris dans son habit, un visage brun et énergique, tenant par la main sa fille Angelita, qui brandit un rameau d'olivier. C'était à peu près l'époque où le gouverneur Antonio Imbert Barreras régentait la province de Puerto Plata, au nord de Santiago. Propriétaire d'une fabrique de « refrescos » à base de citrons, il rompt avec Trujillo pour une raison très personnelle. Le dictateur a arrêté en 1956 son frère aîné Segundo, et Imbert veut se venger. Il lui faut attendre cette nuit du 30 mai 1961, au cours de laquelle cet étrange guet-apens mis au point par une poignée de grands bourgeois et d'hommes d'affaires transformés en tueurs « made in Chicago » va réussir. « J'ai sorti mon 45 et j'ai tiré deux fois, raconte Imbert. Une balle lui a fracassé la mâchoire et il est tombé à la renverse. Il a dû mourir tout de suite… »

Des sept membres du commando, cinq sont arrêtés immédiatement, torturés et massacrés. Les deux autres, Luis Amiama Tio et Imbert, se cachent pendant six mois et ne réapparaissent qu'après le départ pour l'exil des deux fils de Trujillo, Peten et Ramfils. Beaucoup de Dominicains mettent sérieusement en doute la version du guet-apens présentée par Imbert. « Ce n'est pas lui, disent-ils, qui a tué Trujillo. Et toute l'affaire a été montée et organisée par la CIA… »

Peu importe ! Pour Imbert, membre du groupe ayant débarrassé la République dominicaine d'un tyran abhorré, ce pourrait être le début d'une belle carrière. Mais ce tueur n'a pas la tête très politique. Nommé général en récompense de ses services et membre du Conseil d'État jusqu'en février 1963, date à laquelle Juan Bosch s'installe à la présidence, Imbert s'occupe de mettre sur pied une force de police de douze mille hommes spécialement chargée de réprimer les émeutes. Ces policiers sont entraînés au judo par des instructeurs japonais, et le commandement de ce « riot squad » est confié au colonel Francisco Camano Deno, un officier de trente ans…

La nouvelle classe dirigeante s'appuie sur une armée pléthorique et une police entraînée aux tortures subtiles pour mieux s'opposer aux revendications des masses misérables.

Le nouveau « général » Imbert Barreras n'est pas aimé par les officiers de carrière dominicains, à commencer par le général Elias Wessin y Wessin. C'est normal. Les dignitaires de l'armée ont une expression pour désigner cet intrus qu'ils méprisent. « Imbert, disent-ils, c'est un général d'eau douce… »

Le conseiller d'État Imbert Barreras, bien que très discret au sein de cet aréopage de sept membres, ne réussit pas davantage à être populaire. Il est trop visiblement lié à la bourgeoisie dominicaine, qui s'est emparée des dépouilles de Trujillo et qui ne fait rien pour détruire ce qui faisait la force réelle du dictateur : son armée et sa police. Au contraire… Cette nouvelle classe dirigeante, d'autant plus avide de pouvoir qu'elle en a été privée pendant trente ans, s'appuie sur une armée pléthorique et une police entraînée aux tortures subtiles pour mieux s'opposer aux revendications des masses misérables.

Le Conseil d'État, encouragé par les États-Unis, c'est l'oligarchie privée de Balaguer, mais soutenue par les militaires trujillistes. Trujillo est mort, mais sa politique continue. Le village de Palma Sola, près de la frontière haïtienne, est investi par l'armée.

Officiellement, il s'agit de mettre à la raison les adeptes et les familiers de Livorio, un sorcier qui se prétendait fils de Dieu et avait lutté contre l'occupation américaine de 1916. Palma Sola est bombardé. On compte deux mille morts. La nouvelle police commandée par le colonel Camano Deno réprime durement les manifestations des étudiants membres du Mouvement du 14 juin, une organisation qui peut justement prétendre avoir « le plus grand nombre de fusillés » et de « torturés » par la police de Trujillo. C'est l'exécution sommaire des trois sœurs Mirabal, membres du « 14 juin », qui incita d'ailleurs la hiérarchie catholique à condamner Trujillo en 1960, laissant ainsi prévoir sa chute.

Tel est ce général Imbert choisi par les États-Unis pour diriger une junte dont l'objectif avoué est de faire échec au gouvernement de Francisco Camano Deno.

LES RIZIÈRES SANGLANTES

En opérations dans le delta côté américain, à Hanoi sous les bombes côté nord-vietnamien : Jean Bertolino a vécu la guerre du Vietnam dans les deux camps, et a été frappé par le prix exorbitant payé par la population civile. Après ses reportages pour « La Croix », il écrit un livre, illustré de ses propres photos, qui lui vaudra le prix Albert Londres.

JEAN BERTOLINO
« VIETNAM SANGLANT »,
ÉD. STOCK, 1967

C'était l'aube. Au-dessous de nous, des villages apparemment paisibles défilaient. Le jour naissant, en se reflétant sur le sol gorgé d'eau, donnait aux rizières une densité métallique. Les quatorze Hueys, transportant chacun huit soldats, volaient en formation serrée. De chaque côté de leur carlingue, des mitrailleurs casqués comme des Martiens, le doigt crispé sur la détente des « 7,62 » fixées de part et d'autre du fuselage, scrutaient les bosquets de cocotiers et de bananiers qui entourent chaque village du delta.

Soudain, les 28 mitrailleuses se mirent à crépiter de concert. Vainement, je cherchais du regard quelle pouvait bien être la cible capable de déchaîner un tel tir, et, sur ma gauche, j'aperçus une petite agglomération blottie au cœur d'une bananeraie. Le capitaine, un Américain d'une trentaine d'années, dont le teint mat trahissait les origines portoricaines, me montrant du doigt les fragiles paillotes en partie cachées par la végétation, me dit : « Voici notre objectif. »

Les hélicoptères prirent un virage serré, tandis que les mitrailleurs, sans se soucier le moins du monde du gaspillage de munitions, continuaient leur feu d'enfer en direction des habitations. « Quand vous sauterez, me conseilla l'officier, faites-le de manière à ne jamais perdre de vue les "7,62" qui pourraient, si vous n'y prenez garde, fort bien vous atteindre. »

Brusquement, les Hueys vinrent à la rencontre de la rizière et s'immobilisèrent à un mètre du sol. Encombré par mes appareils de photo, abruti par le vacarme assourdissant des balles, je restai figé sur place, mais un gigantesque Noir, en se jetant hors de l'appareil, me tira par le bras : « Get out, get out. »

Un sol mouvant, gras, trempé, m'engloutit jusqu'à la taille. De tous les côtés on tirait. Tenant mes appareils à bout de bras, le casque enfoncé jusqu'aux yeux et la tête rentrée dans les épaules, je me précipitai en pateaugeant derrière un talus qui séparait deux carrés de rizière. Là, littéralement collé au sol, j'assistai à un ballet hallucinant. Les Hueys, après avoir lâché les hommes, étaient montés très haut dans le ciel. Maintenant, comme d'énormes libellules, ils fonçaient en rangs serrés sur les paillotes, lançaient des chapelets de roquettes fixées sur leur fuselage, reprenaient de l'altitude, plongeaient de nouveau pour tirer sur les silhouettes qui s'échappaient des maisons en flammes.

Puis, ils disparurent et le bruit de leurs pales tournant à plein régime s'estompa peu à peu. Cette fois, la compagnie, qui dépendait du 2e bataillon de la 25e division d'infanterie, se trouvait livrée à elle-même. Après le hourvari infernal de l'assaut, les quelques coups de feu sporadiques que l'on tirait ressemblaient à du silence. Soudain, je pris conscience du fait que je me trouvais tout seul au milieu de la rizière. À la fois fasciné et choqué par le bombardement, j'étais resté blotti contre mon talus sans prendre garde que les fantassins, en courant, étaient allés se regrouper à l'orée du bois, tout près des premières maisons du village. « Tss, tss… »

« Je n'ai pas le droit de risquer la vie de quatre ou cinq hommes pour sauver la vôtre. C'est à vous de suivre, pas à nous de vous attendre. »

Un officier américain

La peur des bobby-traps

À 50 mètres, émergeant d'un rideau de végétation, j'aperçus la tête du capitaine, puis l'un de ses bras qui me faisait signe de venir. Je m'élançai dans la boue. Je n'avais pas fait dix mètres qu'une rafale crépitait, striant l'eau juste devant moi. Je plongeai, et dus ensuite mettre vingt bonnes minutes pour parcourir la distance qui me séparait des GIs. En arrivant, je me fis interpeller sur un ton sec par l'officier qui, jusque-là, s'était montré fort avenant :

« Il faut suivre. Vous n'auriez tout de même pas voulu que je vous envoie chercher ? Vous faites votre boulot, nous, le nôtre. Je n'ai pas le droit de risquer la vie de quatre ou cinq hommes pour sauver la vôtre. C'est à vous de suivre, pas à nous de vous attendre. Nous sommes en guerre. »

Je compris, dès cet instant, que mon sort était lié à celui de cette unité, pendant la durée de l'opération, et que je devais coller à elle, m'intégrer. Sinon, je risquais ma vie. Pour les guérilleros qui, en face de nous, du sommet des arbres et de leurs trous individuels, surveillaient notre progression, prêts à faire feu, j'étais un Américain comme les autres, donc un ennemi. Et j'eus peur en pensant à cela, peur durant quelques minutes, de me faire tuer ici, bêtement, pour une guerre qui n'était pas la mienne.

Mais on s'habitue à la guerre comme au pire. Imitant le grand soldat noir que, près de moi, j'ai vu trembler quelques secondes après avoir été frôlé par une rafale et qui, malgré cela, se mit à tirer dans les frondaisons en serrant les dents, j'ai essuyé les objectifs de mes appareils et j'ai pris des photos.

Pour les guérilleros qui surveillaient notre progression, prêts à faire feu, j'étais un Américain comme les autres, un ennemi.

Les paillotes semblaient désertes. Prudemment, les GIs s'approchaient d'elles, se méfiant du moindre tronc d'arbre, du moindre objet anormal, de la moindre touffe d'herbe, par crainte du piège, des booby-traps, comme on les appelle ici. Les Vietcongs possèdent en ce domaine une technique parfaite : épieux de bambou coupants comme des lames de rasoir, cachés dans des trous, prêts à empaler le premier qui se laissera prendre ; obus de mortiers de 80 dont le détonateur est relié à une branche qu'il suffit d'écarter pour que tout saute ; arcs gigantesques constitués par de jeunes troncs courbés et bandés à l'aide d'une liane tressée sur laquelle on fixe un épieu de plusieurs mètres de long. Un pied s'accroche à une racine qui traîne sur le sol, la liane qui tient le tronc courbé se détend et l'épieu fend l'air à un mètre du sol. Il peut alors transpercer trois hommes marchant à la file indienne.

Toutefois, dans ce petit village situé à 30 kilomètres seulement au sud de Saigon, dans le district de Loc-Tanh-Trung, il n'y avait pas de piège. Chaque maison fut inspectée minutieusement. À les voir, on sentait que la panique s'était emparée de leurs habitants. Des bols pleins de riz et des baguettes traînaient sur les tables. Presque tous les foyers étaient allumés et sur certains l'eau contenue dans les bouilloires à thé était encore brûlante. Un peu partout, les soldats découvraient, à l'abri du regard, dans les buissons, au pied des arbres, à l'intérieur même des habitations, de profonds trous individuels ou des entrées de tunnels que les villageois avaient sans doute creusés pour se protéger tant bien que mal des attaques aériennes et terrestres.

Méthodiquement, un jeune caporal blond dégoupillait des grenades offensives et les jetait dans chacun des trous qu'on lui signalait. Il ne voyait pas le résultat obtenu. Personne d'ailleurs ne le voyait. La grenade, en explosant à l'intérieur de la terre, faisait un bruit mat, et le trou se rebouchait tout seul. À l'époque, je m'étais rassuré, en me disant que de toute façon il ne devait y avoir personne de caché puisque nous n'entendions aucun cri. J'eus plus tard une preuve du contraire.

En effet, quinze jours après cette opération, je suis parti pour le Cambodge et, sous le couvert des autorités khmères, je suis allé dans la province de Svay-Rieng visiter le village vietnamien de Ba-Thu, situé à l'intérieur du territoire cambodgien, à quelques mètres à peine de la frontière sud-vietnamienne. Parce que Ba-Thu servait, soi-disant, de refuge au Vietcong, les Américains l'ont attaqué exactement de la même manière que cette compagnie du 2e bataillon de la 25e division d'infanterie a attaqué l'agglomération du district de Loc-Tanh-Trung. Tous les bananiers, les bambous et les palmiers avaient été fauchés ou profondément marqués, à hauteur d'homme, par les balles des mitrailleuses « 7,62 ». Il ne restait des six paillotes brûlées par les roquettes que des poutres noircies. Sans doute, les fantassins US, débarquant à Ba-Thu en faisant cracher leurs armes ne trouvèrent-ils personne pour les accueillir. Moi, quand je suis arrivé, toute la population était dehors : des centaines d'enfants, de femmes, de vieillards. J'ai voulu m'approcher d'un groupe de petites filles. Elles se sont enfuies en criant d'effroi. Le chef du village, gêné, m'a dit : « Que voulez-vous ? Elles vous prennent pour un Américain. »

Un petit garçon, en me voyant, s'est caché en pleurant derrière les jambes de sa mère. Une femme d'une quarantaine d'années s'effondra en larmes lorsque je passai devant elle. Le chef me prit par le bras et me montra des trous individuels creusés dans le sol.

J'ai voulu m'approcher d'un groupe de petites filles. Elles se sont enfuies en criant d'effroi.

« Quand les Américains sont venus, ils ont jeté des grenades là-dedans. Les deux fils de cette femme étaient cachés au fond. Ils sont morts d'un seul coup, sans un cri. Une jeune fille de 20 ans et un homme de 40 furent également tués lors de cette expédition. Et les habitants de la localité sont encore sans nouvelles des dix hommes que les Américains en partant ont emmenés dans leurs hélicoptères. »

Un mutisme de pierre

Ba-Thu était-il un repaire vietcong ? Je ne suis pas, faute de preuves, en mesure de donner un avis formel. J'ai bien été étonné par la présence de trous individuels, de bunkers de terre, et aussi par le fait que parmi tous les villageois qui m'entouraient il n'y avait pratiquement pas de jeunes entre 15 et 30 ans. Mais l'officier supérieur khmer, qui m'accompagnait, devinant sans doute ma pensée, précisa : « Ba-Thu avait déjà été bombardé par la chasse sud-vietnamienne, il y a deux ans. Les gens ont cru bon d'édifier des ouvrages de protection, pour prévenir d'éventuelles récidives. Quant aux jeunes, ils sont dans les champs. »

Au milieu de ma compagnie, dans le secteur de Loc-Tanh-Trung, je n'avais pas ressenti, comme à Ba-Thu, l'horreur de l'action menée contre cette petite agglomération du delta. Je ne l'avais pas ressentie parce que, finalement, j'étais du côté de l'attaquant. Je ne prenais pas conscience des dégâts et des drames que nous pouvions susciter ; comme je l'ai dit plus haut, je ne croyais pas vraiment à ce moment que les trous pouvaient cacher des êtres humains, et je trouvais même, à l'époque, assez sympathique le caporal blond aux grenades, frondeur comme un poulbot new-yorkais.

Et puis, le capitaine ne m'avait-il pas assuré que ce village était le refuge d'un bataillon vietcong ? J'ai cru, au début de l'attaque, que l'engagement allait se dérouler entre soldats : américains d'un côté, vietcongs de l'autre. Or, ma première surprise eut lieu quand, d'une maison, je vis sortir quatre vieillards tenus en joue par un GI. Maigres, petits, d'aspect chétif, ces hommes n'avaient pas du tout l'air de combattants. Ils s'étaient cachés au milieu des tas de paddy qui, devant chaque paillote, séchaient au soleil. Tous quatre avaient les cheveux gris, le visage buriné par les saisons et la fatigue, sillonné d'innombrables ridules. Au menton de l'un d'eux s'étiraient quelques poils grisâtres et épars qui, chez les Vietnamiens, glabres jusqu'à l'aube de la vieillesse, suscitent le respect et sont un peu comme le symbole de la sagesse.

Le capitaine les fit venir devant lui. Je remarquai alors que les genoux de ces quatre vieux paysans s'entrechoquaient. Ils devaient avoir terriblement peur. L'officier leur fit lier les mains derrière le dos, puis appela l'un des militaires vietnamiens qui accompagnent toujours les patrouilles ou les unités américaines durant les opérations : « Diem, interroge-les. »

Pendant plus d'une heure, le milicien, d'une voix rude et en les secouant, questionna les quatre hommes : « Où sont-ils cachés ? Allez, parle, ou on te tue ! »

Aucun des vieillards n'ouvrit la bouche. Avec difficulté, car leurs mains étaient toujours liées derrière leur dos, ils s'assirent en tailleur et s'enfermèrent dans un mutisme de pierre. Le nommé Diem ne put pas briser ce silence, même en agitant son colt sous le nez des ancêtres, qui paraissaient beaucoup plus las et offusqués que haineux.

Nous étions à peine parvenus à la sortie du village qu'un feu nourri nous accueillait. « Stop. Tous à plat ventre. »

Un GI, qui venait juste de sortir de la paillote où furent découverts les quatre prisonniers, brandit deux machettes, aux lames scintillantes, et deux bols en porcelaine jaunie. « A good souvenir ! »

L'un des vieillards tenta de se dresser et de protester. Ces objets devaient lui appartenir. L'Américain se retourna et cria : « Shut up, bloody bastard ! » Désemparé, l'homme tourna la tête dans tous les sens, puis me voyant assis à quelques mètres de lui, à peine, en train d'essuyer les objectifs de mes appareils de photo, il s'approcha doucement de moi en se traînant sur le derrière et me tendit ses deux mains liées. Il agita la tête de haut en bas dans une mimique suppliante. Jamais, au cours d'un reportage, je ne fus aussi bouleversé. Je lui désignai du doigt Diem et tous les soldats en armes qui nous entouraient, mais il insista. Vainement, j'essayai de lui faire comprendre que j'étais journaliste, que je ne pouvais rien pour lui... Diem interrompit notre dialogue muet en ordonnant au Vietnamien de regagner sa place.

Durant ce temps, les fantassins, tout heureux de ce répit, s'étaient installés contre les talus et dévoraient avec appétit les boîtes de dinde, de poulet aux nouilles ou de jambon-haricots de leurs rations C. Enfin, le capitaine, las d'attendre, donna le signal du départ. « Allons, en route. Diem, emmène-les. On verra ce qu'on en fera à l'arrivée. »

Nous étions à peine parvenus à la sortie du village qu'un feu nourri nous accueillait. Tout près de moi, je vis le porteur d'un fusil-mitrailleur tomber, atteint d'une balle à la cuisse. (Un hélicoptère vint le chercher peu après.) Les Vietcongs s'étaient mis en embuscade dans deux bosquets, de part et d'autre de la piste. « Stop. Tous à plat ventre. »

Les deux bosquets ne furent occupés que tard dans la soirée. Il n'y avait que des bunkers vides, dont plusieurs étaient tachés de sang. Mais pas un corps, pas une arme ne furent découverts.

S'emparant du micro d'une des quatre « wireless » constamment en contact avec le PC de Rach-Kien, le commandant de la compagnie donna les coordonnées des deux bosquets et, une minute plus tard, les obus de 105 et de mortiers de 80 se mirent à pleuvoir à moins de 50 mètres de nous, au rythme d'un toutes les quatre secondes, sur ces objectifs. Le feu d'artillerie dura plus de deux heures sans interruption. Au moment où l'officier ordonna à trois de ses sections de partir à l'assaut, j'étais persuadé qu'une fois arrivés sur les positions adverses les GIs ne trouveraient que des cadavres déchiquetés gisant près de leurs bunkers. Quelle ne fut pas ma stupéfaction en entendant les rafales que déclencha le départ de la vague d'assaut. Là encore, quatre soldats tombèrent dans la rizière, blessés aux hanches et aux jambes.

Les deux bosquets ne furent occupés que très tard dans la soirée. Il n'y avait que des bunkers vides, dont plusieurs étaient tachés de sang. Mais pas un corps, pas une arme ne furent découverts. Avec seulement quatre vieillards prisonniers, nous devions quitter le village sans qu'il ait livré ses secrets.

Quant aux blessés, comme pour le premier, cinq minutes seulement après leur blessure, un hélicoptère vint les chercher, en se posant au cœur même de la bataille. Je vis des balles traverser sa coque. L'un des GIs, tout heureux de quitter ce lieu, lança à ses compagnons d'armes : « I've got the right wound. See you later… in California ! »

Vingt-cinq minutes plus tard, les quatre hommes étaient installés dans une confortable chambre d'hôpital, à Saigon. Voilà de quoi faire rêver un ancien du corps expéditionnaire français qui serait tombé dans une embuscade, quelque part dans l'un de ces virages pourris de la « rue sans joie ».

Toute la nuit comme nous marchions sur les diguettes des rizières en direction de notre QG, nous avons été harcelés par des tireurs qui se jouaient de l'obscurité. Deux fantassins de la colonne tombèrent et celui qui me précédait poussa soudain un cri rauque qui se transforma très vite en un hurlement strident. Son pied venait de glisser dans une chausse-trappe piquée de bambous acérés. J'eus, malgré la peur qui me saisira le ventre, tout le loisir de me demander, au cours de cette longue marche, quelle fut l'utilité d'une opération de ce genre. N'avait-elle pas suscité un peu plus de haine chez ces gens qui avaient dû réapparaître dans leurs paillotes, aussitôt après notre départ ?

Des cyclistes freinent brusquement, courent, sautent dans les trous individuels et rabattent le couvercle de ciment sur leur tête.

Et en contemplant les silhouettes courbées des quatre vieux, coupables seulement d'être Vietnamiens, je songeais qu'il existait dans le delta du Sud-Vietnam des centaines et des centaines de villages en tous points identiques à celui que nous venions de quitter et que, de ce fait, la « pacification » risquait d'être longue, très longue… interminable !

« Les pirates »

7 h 30 du matin. Alerte. La sirène gémit sur la ville. Je saute du lit. Depuis 1944, c'est la première fois que j'en entends une vraie, pas celle pour rire des jeudis midi. Je jette un coup d'œil par la fenêtre. Des cyclistes freinent brusquement, posent leur vélo contre les arbres, courent, sautent dans les trous individuels et rabattent le couvercle de ciment sur leur tête. Un haut-parleur crie : « May Bay My… May Bay My » (avions américains) puis d'autres phrases que je ne comprends pas. Sur les toits, je vois des canons de DCA, des mitrailleuses se dresser et pivoter. Des camions Molotov, bondés de militaires casqués qui vont prendre leur position de combat, foncent dans les rues soudain désertes. Une femme de ménage frappe à ma porte. « Maolen, maolen (vite, vite) aux abris. »

Je sors sans avoir le temps de lacer mes chaussures. Dans le couloir, un spectacle cocasse m'attend : Russes, Allemands de l'Est, Japonais, Chinois se ruent dans les escaliers en direction des abris. Les uns sont torse nu, en caleçon. D'autres, surpris par l'alerte alors qu'ils étaient sous la douche, n'ont eu que le temps de se passer autour de la taille une serviette-éponge. Un correspondant de presse soviétique court en enfilant un peignoir de bain, la moitié de son visage est rasée, l'autre encore couverte de mousse. Dans le hall, la réceptionniste a coiffé sa longue chevelure d'un casque de liège orné de papillons de tissu vert, jaune et rouge. Camouflage paraît-il efficace. Elle porte un uniforme vert kaki et tient dans la main un fusil. Elle s'est placée devant la porte tournante et canalise la meute inénarrable des journalistes et camarades étrangers vers les abris auxquels on accède par une petite porte située à droite du bar. Les deux timides barmaids de la veille portent aussi la même tenue. Elles jaillissent de leur univers de bouteilles au petit trot, l'une tenant un fusil, l'autre brandissant une mitraillette tchèque. Elles sont suivies par toutes les serveuses qui ont également troqué leur tablier blanc contre la toile écrue des uniformes et leur plateau contre des armes à feu.

L'une après l'autre, les camarades serveuses combattantes sont absorbées, comme les maillons d'une chaîne, par les battants de porte qui tournent en grinçant. Des Japonais bardés d'appareils photographiques, de téléobjectifs, de caméras, de micros, débouchent en trombe des escaliers. La réceptionniste s'efface de nouveau. Je me glisse dans leur sillage. Sur le pas de la porte, trois Volga les attendent.

— « Puis-je aller avec vous ?

— OK. »

Un Vietnamien sort de l'hôtel et m'apporte un casque russe.

— « Je vous accompagne », me dit-il.

Il me tend la main.

— « Toan, du protocole. J'ai pour mission de faciliter votre travail. Comme vous prenez aussi des photos, vous aurez dès demain une voiture à votre disposition à chaque alerte. »

Partout, des haut-parleurs

Le chauffeur, courbé sur son volant, effectue un dérapage contrôlé autour du grand Opéra d'Hanoi dont l'architecture rappelle un peu l'Opéra de Paris. Des camions sont garés sous les camphriers et les manguiers géants ; contre les troncs, des grappes de vélos. Au niveau du sol, par les couvercles entrebâillés des abris individuels, des yeux anxieux scrutent le ciel. Crissement de pneus. Les trois Volga stoppent près d'une haute digue. Ce sera désormais mon poste d'observation. Les « mitrailleurs » japonais escaladent les remblais et installent, tout à côté des ouvriers d'une glacière voisine qui viennent de prendre leur position de combat dans des tranchées dominant d'un côté le fleuve Rouge et de l'autre une partie de la ville, leurs batteries à eux : caméras sur pied, téléobjectifs, micros, le tout pointé vers le ciel. Nous dominons les eaux du fleuve ocre et limoneux d'une bonne vingtaine de mètres.

« Quand elles monteront, m'apprend Toan, elles arriveront jusqu'à nos pieds et alors il nous faudra défendre vigoureusement cette partie de la ville qui risque de devenir l'un des objectifs principaux des pirates US. Si la digue cède durant les hautes eaux, la ville est engloutie. »

Il a dit « pirates », sans haine. Ici « Giac My » est sur toutes les lèvres, dès que les avions surgissent de l'horizon.

Pour les Vietnamiens, les pilotes qui violent leur ciel dix fois, vingt fois, cent fois par jour, ne sont pas des ennemis classiques, des combattants reconnus. La guerre n'a pas été officiellement déclarée entre les États-Unis et la République démocratique du Vietnam. Pas de déclaration de guerre, pas d'armée adverse légale. Ici, l'amiral commandant la 7e Flotte n'est qu'un corsaire et les 100 000 hommes qu'il a sous ses ordres de vulgaires forbans... des pirates...

Du haut-parleur accroché à une paillote située en bordure du fleuve à proximité de la station d'accostage du bac qui, à 800 mètres en aval du pont Doumer, fait la navette entre la capitale et les faubourgs de Gia-Lam, s'échappe une voix de femme qui parle sur le ton d'une speakerine d'aéroport annonçant l'arrivée d'un vol.

— « Que dit-elle ? demandé-je à Toan.

— Elle donne à la population la position des avions pirates US. En ce moment, ils sont encore à 40 kilomètres de la ville. Ils vont être là dans quelques secondes.

— Il y a beaucoup de haut-parleurs comme ça ?

— Dans chaque rue, chaque place publique, chaque avenue. Même chez eux, les gens sont informés par la radio qui, à la moindre alerte, interrompt ses programmes et se branche sur ce réseau. »

Toan vient à peine de terminer sa phrase quand de la ville jaillit le tonnerre. Hourvari infernal où s'entremêlent les rafales sèches de mitrailleuses et le grondement sourd des batteries de DCA. Des myriades de points incandescents éclatent en corolles de fumée noire.

Pas de déclaration de guerre, pas d'armée adverse légale. L'amiral commandant la 7e Flotte n'est qu'un corsaire et les 100 000 hommes qu'il a sous ses ordres de vulgaires forbans...

— « May Bay My ! », crie le commandant de la section d'ouvriers miliciens en tendant son drapeau dans la direction du fleuve Rouge.

Au ras des flots comme des dauphins argentés, deux F 105 passent à la vitesse de l'éclair. Ils sont déjà loin mais, à côté de moi, les jeunes ouvriers et ouvrières, l'œil rivé sur leur ligne de mire, continuent de tirer comme des forcenés dans la direction indiquée par le drapeau, qui est celle du pont Doumer. Là-bas, la DCA est terriblement compacte. Elle tisse une toile sombre avec ses aiguilles de feu qui semblent venir s'écraser contre la voûte céleste. Six autres jets volent très haut, les ailes perpendiculaires au sol pour éviter les obus. Ils amorcent un piqué mais dans leurs caissons blindés les défenseurs du pont Doumer qui sauteront avec l'édifice si celui-ci est atteint, les mains crispées sur les poignées de leurs armes, resserrent leur tir.

Soudain, l'avion de tête fait un écart, bascule, vire sur le dos, tombe en tournoyant. Un point noir gicle du cockpit, un parachute se déploie. Les cinq autres appareils se cabrent et grimpent en chandelle. Ils ont déjà disparu dans les nuages, quand le premier se désintègre, de l'autre côté du fleuve, dans d'éblouissantes lueurs rougeâtres. Des bombes éclatent derrière moi, au loin, dans les quartiers périphériques de la ville. La voix du haut-parleur me parvient par bouffées, dans ces millièmes de seconde qui séparent deux départs d'obus. Les jets sont déjà loin mais la ruche qu'ils ont dérangée s'agite toujours avec frénésie.

Hier, Hanoi était une ville paisible, trop sans doute pour l'être vraiment. Il a fallu cette alerte pour que je m'aperçoive que tout cet enchevêtrement de toits est une véritable carapace de fer et de feu, que derrière tous ces visages de passants, d'ouvriers, d'étudiants, d'enfants même, se cache un soldat décidé à défendre jusqu'à la mort quelques mètres carrés de territoire.

LES RUSSES À PRAGUE

Par une nuit d'août, les loups sont entrés en Tchécoslovaquie. Pour mater Prague la rebelle et ses bergers égarés. Le sang a coulé. En pleurs, Gallina, militante communiste, ne peut croire que le grand frère russe ait osé ce crime.

MICHEL CROCE-SPINELLI
« PRAGUE, L'ÉTÉ DES TANKS »,
ÉD. CLAUDE TCHOU, 1968

Dans la nuit du mardi 20 au mercredi 21 août 1968, vers 3 heures du matin, réveillé par des passages d'avions à basse altitude, je pense vaguement à des manœuvres et me rendors. Depuis la fin des pourparlers de Bratislava, les gens ici ont complètement écarté la possibilité d'une invasion soviétique.

5 h 30. Un bruit très violent de marteau-piqueur. Il me faut une bonne demi-minute pour commencer à me poser des questions et réaliser qu'il s'agit en fait de tirs d'armes automatiques.

La place Venceslas est déjà bondée de gens. Des jeunes courent. Des camions passent, bourrés de monde, sur lesquels on a fixé les drapeaux tchèques et inscrit à la craie les noms de Svoboda et Dubček. Noyés dans cette foule, se frayant un chemin comme ils le peuvent, des véhicules militaires chargés de parachutistes à béret rouge et des chars d'assaut remontent vers le musée.

Ce sont les Russes ! En fait, tous les tramways et les autobus de la ville se sont arrêtés là où ils se trouvaient dès que la nouvelle a été connue, déversant dans la rue leurs passagers qui, en une sorte de cohorte hors d'elle-même, ont tous convergé vers la place Venceslas.

> C'est le vacarme infernal, l'odeur de poudre et de graisse chaude, la fumée, les cris. La douche de feu, de mort aussi.

Foule, des femmes en larmes, un cafouillage extraordinaire de véhicules civils et de blindés russes qui patrouillent sans arrêt. Ils garderont leur tourelle ouverte jusqu'à 8 h 30. En bruit de fond, une mitraillade, très forte, très proche, derrière le musée, du côté de la Radio. Mais il est impossible de dépasser le musée. Des soldats soviétiques l'interdisent. Déjà, des rumeurs fantastiques circulent. On se battrait à la Radio. Il y aurait déjà six morts.

Une Marseillaise en minijupe

6 h 5 : une jeune fille, dix-sept ans. Je me rappelle seulement une poitrine agressive sous un chandail collant. Une minijupe extraordinairement courte, et le drapeau qu'elle tend à bout de bras au-dessus de sa tête. Drapeau tricolore, drapeau tchèque, zébré de traînées sanglantes. « Nous l'avons trempé dans le sang tchèque », m'explique-t-on. Et le défilé, le premier défilé de la journée, commence à s'organiser derrière cette Marseillaise anonyme en minijupe. Trois à quatre mille personnes qui tiennent toute la largeur de la Venceslas. Accalmie sonore, sauf quelques rafales de pistolets-mitrailleurs, lointaines.

Sur la place Venceslas, la tension monte, l'exaltation plutôt. Les camions, les scooters, les voitures tchèques roulent de plus en plus vite, phares allumés, klaxonnant sans arrêt. La foule crie, hurle, siffle, tend le poing et crache vers les Ilyouchine qui traversent le ciel et les chars qui, eux aussi, ont augmenté leur allure.

Hurlements d'une sorte de joie triste lorsque passe un blindé, tourelle fermée, surchargé de drapeaux tchèques. Dans un vacarme infernal, il fonce à quarante kilomètres à l'heure, comme s'il voulait se débarrasser des quatre jeunes Tchèques qui se cramponnent à sa tourelle close en agitant leur drapeau. Les Russes ne répondent ni aux crachats ni aux injures. Mais il est évident que ça ne va pas durer. Trop de jeunes gens engluent de trop près les T54, terrifiants mais sourds et aveugles dans cette cohue.

Et, peu après 9 heures, c'est le vacarme infernal, l'odeur de poudre et de graisse chaude, la fumée, les cris, le piétinement de ceux qui s'enfuient. C'est le tir d'intimidation, de dispersion. La douche de feu, de mort aussi. Trois blindés ont pris la Venceslas en enfilade et tirent de toutes leurs mitrailleuses sur la façade du musée.

La Venceslas vide pour quelques minutes. La foule, qui se reforme peu à peu. Immobile, cette fois. Grondement des chars, qui se mettent en formation sur les trottoirs. Deux cars de la Télévision sont en position devant l'hôtel Yalta. Les gens se groupent autour des récepteurs de contrôle pour voir ce que les caméras sont en train de filmer. Les cars, peu à peu, deviennent des panneaux d'affichage. On y colle un exemplaire de tout ce qui arrive, jeté à la volée sur le trottoir par des scooters, des camions. Il y a des photos, celle de Svoboda ; des tracts, les journaux *Rude Pravo*, *Zemelske*, *Novi Myr*. Les gens s'attroupent, lisent, relisent, se disputent les exemplaires, se ruent sur tout ce qu'on distribue avec une incroyable avidité. Et déjà fleurissent les transistors, les petits à l'oreille, les gros calés au creux du bras.

Dès 10 heures du matin, commence la grande offensive du peuple tchèque. Les chars, désormais immobiles, chacun d'eux est entouré par vingt, trente, cinquante Pragois de tous âges, citadins en chemisette d'été et sandalettes, dérisoirement démunis à côté de ces mastodontes de cinquante tonnes, leurs armes, leur acier, leurs crochets, leurs chaînes, leurs câbles. Civils au poing dressé, hurlant et gesticulant tous en même temps, le cou tendu vers les soldats là-haut perchés, pas rasés, pas lavés, et qui n'ont pas dormi. Tankistes en combinaison noire, vautrés sur les blindages, bidasses à tête blonde et rase, deuxième classe de dix-huit ans avec leur barda et leurs bottes crasseuses, leur mitraillette à camembert en travers de la poitrine.

Dialogue de la peur

« *Okupanti !* », hurle un gars. « Staline, Staline ! », martèle une femme. L'on comprend qu'elle parle du socialisme démocratique, et de Dubček. Et les soldats essaient de comprendre le mauvais russe gueulé par dix bouches à la fois, et tentent de répondre ou bien se mettent à fumer. Dialogue de sourds à l'ombre des canons. Entre un peuple vaincu, impuissant une fois de plus et humilié, et des bidasses qui se réfugient derrière les ordres reçus.

Dialogue de la peur, baignant dans un bain de peur. Les tankistes, furtivement, surveillent leurs arrières et contiennent la foule, face aux chars. Et, lorsqu'en bas de l'avenue un blindé se met en route, les dialogues cessent tout à coup, les visages des civils se tendent, leurs corps se raidissent et tous les yeux cherchent le porche, l'arbre qui… si jamais ça tire…

Une femme, les mains pleines du cambouis de tous les chars auxquels elle s'est accrochée, pleure en serrant sous son bras un morceau de pain enveloppé de plastique. Elle est professeur de français.

— « Que peut-on faire pour vous aider ? »

— Chez nous, il y a un proverbe : quand un ami s'en va, on lui dit : “Tiens-moi le pouce.” Eh bien, tenez-nous le pouce. »

Engueuler les Russes, c'est tout ce qui reste. Et c'est ainsi que ce sera pendant cinq jours, avec bientôt, en plus, les tracts, les graffiti, les posters, les affiches sur tous les murs, les badges et les couleurs nationales crêpées de noir à toutes les boutonnières, les statues des héros nationaux couvertes de fleurs. Et la radio, bien sûr. Dès la première matinée, cette résistance passive fondée sur l'unanimité de quatorze millions de citoyens est en place.

12 heures. À l'hôtel. La femme, chef de mon étage, a réuni toutes les femmes de chambre et leur fait observer deux minutes de silence. Le visage crispé, elles pleurent.

Venceslas, mercredi 21 toujours, 16 h 30. La grande manifestation commence. Ils sont 6 000 environ. Totalement silencieux, massés dans le haut de la place, derrière un front de drapeaux tchèques ensanglantés, tenant toute la largeur de l'avenue. Devant eux, l'avenue, vide, muette, inerte. Ciel noir et gris, bas, écharpes de pluie, l'air saturé d'humidité, façades grises baignées dans un mauvais jour ocre. De grosses gouttes commencent à tomber. La manifestation frémit, s'ébranle. Elle a démarré.

En bas de l'avenue, barrant la Venceslas et ses débouchés vers Narodny et Prikope, les chars. Un mur. Entre eux et le front du cortège silencieux qui descend inexorablement, trois cents mètres d'asphalte déserts. Du haut de sa tourelle un tankiste fait signe de la main : « On ne passe pas. » Ça n'est pas un ordre, pas une menace, plutôt une supplication. « Restez où vous êtes. »

La foule à quelques mètres. Une rafale qui n'en finit pas. Le tankiste tire, tire. Le cortège est sur les chars, s'infiltre entre les chars, a franchi le barrage. Le mitrailleur tire toujours.

Je ne me rappelle plus le tankiste, seulement sa main qui fait : « Arrêtez, arrêtez ! » Son angoisse est visible. Mais les drapeaux et la foule derrière continuent à descendre. Le tankiste dans sa tourelle, le torse seul émergé, la mitrailleuse qui bouge. La foule à quelques mètres. La mitrailleuse cabrée vers le ciel. Une rafale qui n'en finit pas. Le tankiste tire, tire. Le cortège est sur les chars, s'infiltre entre les chars, a franchi le barrage. Le mitrailleur tire toujours. Les autres blindés sont restés silencieux, me semble-t-il. Le cortège est passé. À présent, les gens courent vers Narodny, s'égaillent dans les ruelles et replient leurs drapeaux pour courir plus vite.

Le tankiste a cessé de tirer, il baisse les bras et se met à pleurer. Il a dix-huit ans. La brume froide s'est transformée en pluie. Le ciel est si sombre qu'il fait presque nuit. Soir d'automne et, pourtant, il n'est que 18 heures et nous sommes le 21 août. Tous les gens sont dans la rue, et cependant la ville est comme désertée, figée dans son cataclysme. Dans les grandes avenues qui mènent vers la banlieue, des piétons muets font du stop au ralenti. Tramways et bus stoppés, boutiques fermées, fenêtres closes.

Ville en état de choc, en état de siège. Les ponts, les quais, l'Opéra, les grandes artères du centre ; là, partout, des chars, des canons légers. De la DCA et des soldats russes. Immobiles sous la pluie, ils semblent n'avoir rien à manger, ni à boire, ni à fumer. Ils n'ont pas pu se laver. Toute la journée de jeudi, ils resteront dans le même état et n'apparaîtront rasés, vêtus de frais, que vendredi. Ils vont dormir dans leurs chars, dans leurs camions, dans des conditions d'inconfort étonnantes. Personne ne leur portera un morceau de pain ou un verre d'eau...

Immobiles sous la pluie, les Russes semblent n'avoir rien à manger, ni à boire, ni à fumer. Ils n'ont pas pu se laver.

Tous les blindés sont équipés de réservoirs d'essence supplémentaires. Deux touques de deux cent quarante litres chacune, fixées sur la plage arrière, sans protection ni blindage. Chacun d'entre eux porte ainsi sur le croupion une véritable bombe qui le rendrait terriblement vulnérable en cas de combats de rue. Ce qui semble indiquer – tout comme l'absence d'intendance pour les journées de mercredi et de jeudi – que les Russes s'attendaient à être bien accueillis et croyaient sincèrement n'avoir à mettre au pas qu'une toute petite fraction de la population.

20 heures. Autour de la maison de la Radio. Tout le quartier est quadrillé par des chars : ici, on s'est battu ce matin. Trois carcasses de

tanks incendiés sont encore visibles à vingt mètres de la maison de la Radio.

Il y a des autobus incendiés aussi, deux comme laminés par les chars, Les Tchécoslovaques m'affirment que six chars russes ont été incendiés ce matin entre 6 et 7 heures, au moment où les troupes ont investi la Radio. Trois carcasses auraient donc déjà été enlevées. Ils confirment aussi que trois jeunes Pragois ont été tués dans l'engagement.

D'après eux, les chars qui ont brûlé ont été coincés devant la Radio par des barricades qui les ont empêchés de manœuvrer. L'une d'elles est encore visible, formée de deux tramways brûlés. Puis les chars auraient été submergés par des jeunes, les uns discutant avec les équipages pendant que les autres perforaient les réservoirs supplémentaires et y mettaient le feu. D'une des fenêtres de la maison de la Radio, un Tchèque armé d'un haut-parleur harangue trois cents de ses concitoyens massés dans la rue. Il leur fait des commentaires politiques, ou leur transmet des nouvelles et des déclarations que cette même Radio – dont les bâtiments sont occupés mais qui continue d'émettre clandestinement – est en train de diffuser.

Les Russes ne disent rien, ils laissent faire. L'état-major, semble-t-il, n'avait pas prévu cela…

La radio, âme d'un pays occupé

22 heures. La Venceslas. Cinquante jeunes juchés sur la statue du premier roi de Bohême. Une botte et un pantalon noir de femme taché de sang, un drapeau sanglant ont été rassemblés au pied de la statue avec un bouquet de glaïeuls. Sans doute, ce qu'il reste d'une autre Marseillaise anonyme qui n'était pas en minijupe. Déjà, les slogans sur le socle : « La vérité l'emportera », et en russe : « Soldats, allez donc vous balader chez vous. » *Pravda*, vérité, *svoboda*, liberté, les seuls mots tchèques qu'un étranger apprenne d'emblée.

Mais, il faut rentrer écouter la radio. Cette radio qui, pendant cinq jours, sera la conscience, l'âme et aussi la seule institution de ce pays occupé, paralysé, et dont les dirigeants se sont volatilisés.

Gallina n'a pas de transistor. Rien qu'un vieux poste à lampes, immense et détraqué, qu'elle ne sait pas faire marcher. Ses enfants ont bricolé des antennes dans lesquelles on se prend les pieds. Gallina a passé toute la nuit de l'invasion suspendue à ce poste. Elle était en train de parler politique avec ses fils ; elle essayait de les persuader qu'il était impensable que les Russes interviennent physiquement après Bratislava. Il était 2 h 30 du matin. Le téléphone avait sonné. C'était sa sœur… « Les Russes sont là, prends la radio », avait-elle dit en pleurs et elle avait raccroché.

Quelque chose, depuis, s'était effondré dans l'univers de Gallina. La vie l'avait pourtant habituée aux épreuves, aux épurations, à l'avilissement. Sa propre dégradation d'abord, confinée dans un emploi anonyme, et celle de son père, décédé sans articuler un mot, jamais remis de sa subite destitution parce qu'il était juif et que Slansky l'était aussi.

Je revois Gallina, sanglotant sur son fourneau en battant l'omelette. Ses cheveux sans couleur, qui pendaient sur son visage, sa robe en tire-bouchon, sa panique errante entre les deux grandes pièces d'HLM où ils vivaient à cinq.

« Vous n'êtes pas anticommuniste, n'est-ce pas ? m'avait-elle demandé d'emblée sur le seuil en m'ouvrant la porte. Parce que aujourd'hui, aujourd'hui surtout, je ne pourrais pas recevoir quelqu'un d'anticommuniste chez moi. »

Il y avait une telle supplication dans sa question que, de toute façon, il m'eût été impossible de répondre autre chose que ce qu'elle attendait. Il y avait un tel désarroi sur son visage, admirable visage slave, large avec des méplats aux pommettes. Il y avait une lumière, une capacité à tout endurer, une générosité surtout.

Gallina était membre du PC depuis plus de vingt ans. Son père l'avait été, son mari aussi. Ce soir-là, au lendemain de l'invasion, jusqu'à 2 heures, elle est demeurée inabordable, perdue dans son écoute radio, somnolente, comme égarée, et ne pouvant s'empêcher de répéter pour elle-même ce que disaient les speakers.

Extraordinaire mélange que cette Radio Prague libre. On y entendait pêle-mêle et sans interruption des renseignements pratiques : « Vous pouvez acheter du pain à tel endroit », des appels au calme, aux donneurs de sang, aux ouvriers de Vysocany pour qu'ils se rendent au travail le lendemain, coûte que coûte, des commentaires politiques qui allaient tous dans le même sens : l'orthodoxie socialiste de Dubček, la capacité du pays à maintenir l'ordre lui-même.

Et, soudain, Gallina tressaillait. C'était l'allocution du général Svoboda, puis, la lecture reprenait des motions, des pétitions adressées de tous les coins du pays par les syndicats, la Fédération des combattants antifascistes, les employés de l'Institut des matières premières minérales de Kutna Hora, le personnel électrotechnique de l'École supérieure de technologie. Et, brusquement, Gallina se mettait à rire. La Radio donnait un échantillon des informations diffusées par les Russes. On y parlait de fraternisation dans les rues de Prague malgré les actions de quelques provocateurs, du soutien apporté par mille manifestants défilant à Londres. Puis c'était une musique de Mozart, lente et belle, suivie par une voix différente qui reprenait : « Ici Usti » ou « Ici la Slovaquie, nous relayons Prague. »

« Nous voulions seulement un communisme non inféodé. Ne pas être réduits en esclavage sous prétexte de socialisme… Nous voulions la liberté individuelle, la liberté d'expression. »

Gallina

« Ça va recommencer comme avant ! »

À 2 heures du matin, les speakers annoncèrent qu'ils allaient prendre du repos et Gallina refusa d'éteindre le poste pour être sûre d'être réveillée à 6 heures par la première émission. « Si vous voulez, nous pouvons parler un peu », me proposa-t-elle.

— « Est-ce que le communisme a apporté à la Tchécoslovaquie quelque chose que n'aurait pu lui donner une démocratie bourgeoise à la Beneš ? »

Elle laisse tomber sa tête sur sa poitrine, comme si elle allait s'endormir, avale sa salive plusieurs fois.

— « Je voudrais d'abord vous parler de mon communisme à moi. Voyez, nous avons souffert de… du régime de Novotny. Tous les intellectuels ici ont souffert. Et pourtant, chaque fois que nous sommes allés à l'étranger, mon mari et moi, nous sommes revenus en disant que, vraiment, nous ne pourrions plus vivre en régime capitaliste… »

Elle pleure. Pendant deux bonnes minutes, elle ne peut prononcer un mot. Puis, parvenant à contenir ses larmes : « Pour moi, le communisme, c'est d'abord de meilleurs rapports entre les hommes, c'est l'impression de participer à une œuvre commune, de travailler pour la collectivité… Et non pas chacun replié sur soi-même, vivant pour soi-même comme chez vous. Alors… Je ne peux pas croire que les Russes ont fait ça, qu'ils sont là. »

À nouveau, son visage ruisselle, mais, cette fois, elle me fait face, continue sur sa lancée, larmes ou pas. « Ce n'est pas vrai que notre PC était contre-révolutionnaire. Nous voulions seulement un communisme non inféodé. Ne pas être réduits en esclavage sous prétexte de socialisme… Nous voulions la liberté individuelle. Oui, la liberté d'expression et la réhabilitation de tous ceux qui ont été mis en prison, et pas seulement de ceux-là. Ça, c'est… comment dirais-je, le plus voyant. Mais, il y a aussi tous ceux qui n'ont plus le droit d'exercer leur métier, les ingénieurs devenus manœuvres, les professeurs garçons de bureau… Alors, tout ça, c'était fini. Maintenant ça va recommencer comme avant ! »

Elle est recroquevillée sur son lit, un grand châle sur ses épaules, cadavérique et grelottante. Elle n'a plus de larmes. Un de ses fils s'est endormi dans le fauteuil, bouche ouverte ; elle le réveille et lui dit d'aller se coucher, comme à un enfant.

« Les Russes… J'ai été en cure à Karlovy Vary. Là-bas, j'ai rencontré un directeur d'usine, russe, un "apparatchik". Il me disait tout le temps que nous les haïssions. Ce n'est pas vrai. Nous n'aimons pas les Polonais, oui ; c'est une vieille histoire. Mais pas les Russes. Demandez aux gens, même maintenant. Pour nous, c'est la grande sœur slave. Il était horrifié par nos journaux. Il disait que sans la censure c'était la porte ouverte à la contre-révolution, que nous voulions quitter le Comecon, le Pacte de Varsovie. Enfin, il exagérait. Ils sont un peu bornés, ces Russes ! D'un autre côté, il n'avait pas complètement tort. Un jour, il m'a montré un de nos journaux. Je crois que c'était *Literarni Listy*. Bref, il y avait une caricature qui représentait une femme sur le dos, prête à faire l'amour, quoi ! Et un char russe marqué "socialisme" s'avançait vers elle. La légende disait : "Chéri, tu y vas un peu fort !" Enfin, c'était ignoble, ce dessin, je le reconnais. Alors, lui, le Russe, il m'a dit : "Comment voulez-vous que nous tolérions ça ? Il faut remettre de l'ordre." »

Dehors, dans la nuit, éclate soudain une mitraillade. Les traçantes rouges sillonnent le ciel. Gallina, à chaque détonation, se tasse un peu plus sur elle-même, veut qu'on éteigne la lumière, puis ne veut plus. Sous nos fenêtres, les soldats russes arrachés à leur sommeil s'extraient péniblement de leurs camions dans un bruit de bottes et d'armes entrechoquées et vont prendre position derrière les arbres. Fin de la canonnade au bout de dix minutes.

« Maintenant je vais essayer de répondre à votre question. » Elle allume une gitane et me propose une de ses cigarettes cubaines. « Le bilan ?... Le bilan, oui, c'est vrai que par rapport à l'Autriche nous avons du retard. Un an, peut-être plus. C'est vrai qu'il y a toujours des injustices, que les énergies et les compétences sont toujours mal employées, que les rendements sont trop faibles. C'est vrai que... »

Dehors, la nuit, le silence cette fois, le bruit de la pluie et rien que ce bruit-là. Gallina immobile, hagarde, vidée. Et comme je me retirais elle eut un sursaut : « Moi qui voulais aller en France, c'est fini, tout ça ! Ça va se fermer. Tout va recommencer... »

Chasse aux journaux et aux tracts

Vendredi 23 août, troisième jour d'occupation. Le mot est revenu dans la langue, fleurit sur toutes les pancartes. La Radio a même passé cette consigne : « Ne collaborez pas avec les occupants, ce serait une trahison comme ça l'a été autrefois. » Les Russes commencent à faire la chasse aux transistors, aux porteurs de tracts, aux distributeurs de journaux. Mais sans conviction et toujours sans consigne précise. Cela dépend des officiers et de l'humeur du moment. De la même façon, pour le dialogue « permanent » avec les civils. Certains chars sont isolés par un cordon de soldats baïonnette au canon ; d'autres, au contraire, assiégés en permanence par les Pragois.

« Vos jeunes sont mal tenus, ils ont les cheveux longs, ils sont sales, ils n'ont pas l'air de travailler. »

Un officier russe à une Pragoise

Entendu cette palabre entre une femme d'une quarantaine d'années, employée dans un ministère, parlant couramment le russe, et un officier. « Vous ne comprenez donc pas que nous sommes venus vous protéger contre les revanchards allemands qui manœuvrent sur la frontière des Sudètes et à qui vos contre-révolutionnaires auraient ouvert vos frontières ? », s'énerve d'emblée le Russe. « Chez nous, il n'y a pas de contre-révolutionnaires, réplique la femme. Simplement des vrais communistes qui veulent la démocratie, pas la dictature ! »

> « Voyez bien que tout le monde ici est contre l'invasion. Ni le Parti ni le socialisme n'étaient en danger… »
>
> Une Pragoise à un officier russe

— « Vous êtes communiste ? demande l'officier.

— Oui, je suis inscrite au Parti. J'ai ma carte », dit la femme. Mais elle ne la montre pas. Aussitôt le ton baisse. Une sorte d'intimité s'instaure entre eux, comme si les cinquante civils tchèques qui les entourent n'existaient pas.

— « Et vous, une communiste, vous ne comprenez donc pas que nous sommes venus vous libérer ? »

La femme se retourne vers ses compatriotes pour traduire. La phrase se perd dans un tollé ricanant et excédé.

— « Voyez bien que tout le monde ici est avec Dubček et Svoboda, contre l'invasion. Ni le Parti ni le socialisme n'étaient en danger… »

Tout le monde parle alors en même temps pour développer avec elle les thèmes sur la souveraineté de la Tchécoslovaquie, sa capacité à maintenir l'ordre, etc. Sans logique apparente ou, plutôt, parce qu'il poursuit la sienne propre, l'officier redevenu conciliant concède : « Effectivement, les contre-révolutionnaires ne sont qu'un dixième de la population environ. »

L'officier, à présent, raconte qu'il habite à Odessa, que ses enfants lui manquent et qu'il a fait monter deux gamins de Prague sur son char. Lesquels, après avoir examiné attentivement l'engin, ont décampé en le traitant de fasciste. Un silence satisfait accueille la fin de l'histoire, mais l'officier a l'air tellement bouleversé que personne ne rit. Lorsque la femme se plaint des difficultés de ravitaillement dues à l'invasion, la générosité slave reprend le dessus.

« C'est vrai que vous n'avez plus de pain ? » Il fouille dans son sac. Des cigarettes russes, des conserves de poisson russe, du chocolat russe. Il extrait une demi-boule de pain noir et veut absolument la lui offrir. Refus. Puis, il raconte que ce n'est pas drôle pour lui non plus. Il n'a pas dormi dans un lit depuis deux mois car, durant ce temps, il bivouaque dans les forêts de l'Allemagne de l'Est. Devant l'indifférence de son auditoire, il se cabre, énumère mécaniquement en martelant avec son poing les péchés tchèques :

« Vos jeunes sont mal tenus, ils ont les cheveux longs, ils sont sales, ils n'ont pas l'air de travailler.

« Vous n'avez pas tenu les engagements que vous aviez pris à Bratislava. Et c'est parce qu'il a supprimé la censure que votre Parti n'a rien pu faire pour redresser la situation. C'est pour vous aider à le faire que nous sommes ici.

« Et tous les communistes approuvent la libération de la Tchécoslovaquie par ses alliés du Pacte de Varsovie. »

Le Russe est obligé de hurler pour couvrir le brouhaha.

« Les Polonais, eux aussi, ont eu des difficultés, mais ils ont su y faire face et tenir leurs engagements. »

La dame évoque la Roumanie, que l'officier balaie d'un revers de la main. « C'est du point de vue économique que la Roumanie veut prendre ses distances ; ça n'a pas la même importance », dit-il. Il affirme avoir assisté à des conférences du Comecon au cours desquelles il a toujours entendu les Roumains dire non.

La femme déploie son *Rude Pravo* et lui lit la résolution du congrès clandestin du PC tchèque. Lorsqu'elle arrive au passage souligné : « La Tchécoslovaquie socialiste n'acceptera jamais un régime d'occupation militaire ou un pouvoir collaborateur local s'appuyant sur la force des occupants », il lui arrache le journal des mains pour lire de ses propres yeux. Puis le lui rend et, rassuré : « Ça ne peut pas être un Congrès de vrais communistes qui a dit des choses pareilles. »

Lorsque la femme lui lance enfin : « Ce n'est pas parce que la Russie est pauvre qu'il faut que nous le soyons aussi ! », il se met en fureur. Mais la femme lui tient tête. Elle a vécu à Sébastopol pendant deux années. Elle affirme que certaines femmes de chambre, dans les hôtels, ne gagnent que trente roubles par mois, et conclut : « Ici, nous n'avons pas de salaire inférieur à quatre-vingt-dix roubles. » Soudain las, l'officier se contente d'affirmer :

— « Eh bien, moi, je vis très bien chez moi.

— Alors, retournez-y », lui répond la femme.

Et l'autre, démoralisé, se prend la tête dans les mains :

— « Mais vous n'avez donc rien compris ? »

LA PAIX N'EST PAS POUR DEMAIN

C'était il y a quarante-deux ans, Nasser était encore en vie, Moshe Dayan aussi qui parlait de créer des « faits accomplis » dans les territoires qu'on disait encore seulement « contrôlés ». Henri Amouroux, avec bienveillance mais lucidité, décrit le cycle infernal dans lequel s'installe Israël, et prévoit de longues années de guérilla…

HENRI AMOUROUX
« SUD-OUEST »,
12 AU 14 NOVEMBRE 1968

« Bakacha radio, s'il vous plaît… » Il est six heures et six secondes.

Dans le taxi collectif qui me conduit de Tel-Aviv à Jérusalem, un passager rappelle à l'ordre le conducteur qui semblait oublier l'instant sacré de l'émission.

Du réveil au sommeil, les Israéliens vivent ainsi à l'écoute d'un bulletin d'information dont ils attendent placidement plus de mauvaises que de bonnes nouvelles. Voici vingt ans que cela dure.

« Bakacha radio… » Attentats, mobilisation, guerre, victoire, attentats à nouveau… « Bakacha radio. » Nous grimpons vers Jérusalem. Sur le bord de la route, il y a toujours les carcasses de cinq ou six véhicules incendiés par les Arabes en 1948. Ils sont pieusement entretenus, repeints au minium, couronnés de fleurs. Comme les blancs cimetières militaires, ils rappellent à ceux qui seraient tentés de l'oublier qu'Israël, né du sacrifice, maintenu grâce aux sacrifices, ne peut survivre que par le sacrifice.

En apparence, tout est paisible. Israël 1968, ce n'est ni le Vietnam ni même l'Algérie. Après un attentat plus audacieux que les autres, le *Jerusalem Post* titra bien : « La ligne du front passe par Tel-Aviv », mais il ne s'agissait que d'une image journalistique, d'un épouvantail à touristes. Ce qui frappe tout d'abord, ce ne sont pas les trois ou quatre « accrochages » quotidiens, « accrochages » que l'on apprend par la radio, mais l'intensité de la vie, le nombre des soldats, l'importance des symboles, la facilité des comparaisons avec ce monde arabe jusqu'à présent fermé aux Juifs par d'hermétiques frontières, l'intransigeance et l'orgueil d'une population « dopée » par la réprobation des nations plus encore que par la victoire de ses armes.

C'est mon huitième reportage en dix-sept ans. J'arrive toujours par le même ciel. Je passe toujours par les mêmes routes. Et je traverse les mêmes villes. Mais, de voyage en voyage, Israël se transforme comme se transforme un enfant. Grandit, s'étoffe, prend du poids. Ce que vous avez vu bourgade est devenu cité. Les maisons comme les usines poussent partout. Après la crise économique qui précéda la guerre des Six-Jours – crise où certains ont d'ailleurs cherché quelques-unes des racines de la guerre –, le pays tout entier est reparti. La vie y est dure. Sans indolence. Les impôts amputent largement les salaires. L'armée mange les jours des citoyens. On s'endette. On travaille. Le niveau de vie est beaucoup plus élevé que dans tous les pays arabes. Mais cette supériorité se paie cher.

On va. On vient. Dans ce tout petit pays, des milliers de Juifs, errant pour les affaires et le plaisir, roulent d'une frontière à l'autre. Roulent sur des routes bordées d'arbres. Il n'y a que le vent qui ait le droit ici d'abattre un arbre. Ils sont l'orgueil d'un État qu'ils délimitent beaucoup plus exactement qu'un barbelé ou une borne. Ils expliquent Israël comme le désert explique le monde arabe. Expliquent la psychologie et les victoires des Israéliens comme le désert explique la psychologie et les défaites des Arabes. Sur cette terre où rien ne pousse spontanément, l'arbre est effort, constance, ingéniosité, amour.

De Jérusalem à Jéricho, quelques dizaines de kilomètres. Mais le désert commence sitôt quittés les faubourgs de la ville. Plus d'arbres, plus de champs, plus de vergers, plus de villages. Une seule route qui chevauche des collines râpeuses, bilieuses, brûlées. Encore, le mot colline est-il trop féminin pour évoquer ce paysage haché, tourmenté, aride.

Voilà, c'est un morceau de l'ancienne Jordanie. Il n'est pas besoin de poteau frontière pour le dire. L'œil devine. Comme l'œil devine que le plateau du Golan, qui domine brutalement le lac de Tibériade, que le plateau du Golan d'où les regards, et aussi les canons, plongent sur les verdoyants kibboutzim, appartenait à la Syrie. Là encore, pas un arbre, peu de champs, à l'exception des champs de mines.

Sur le Golan, pas un arbre, peu de champs, à l'exception des champs de mines. Mais partout des bunkers et des barbelés. Un paysage d'une effroyable rigueur, d'une monotone tristesse.

Un paysage d'une effroyable rigueur, d'une monotone tristesse, une route comme posée à la limite du ciel et de la terre sur ce plateau incongru qui est un peu comme une passerelle au-dessus de deux civilisations. Pas un arbre. Mais partout des bunkers et des barbelés. Une espèce de ligne Maginot miniature, un balcon guerrier jadis peuplé de soldats qui fouillaient de la jumelle et menaçaient du fusil les kibboutzim d'où les hommes partaient pour les champs et, pour l'école, les gosses.

On ne comprend rien à la situation non plus qu'au véritable rapport des forces si l'on ne va pas sans cesse ainsi du cultivé à l'aride, du vert au fauve.

Les Israéliens et les Arabes préparent également la guerre mais je ne crois pas qu'il existe une seule position fortifiée en Israël. Les blés, les orangers et les hameaux collent étroitement aux frontières. Pas un pouce de terre à perdre. Mais les Israéliens préparent aussi la guerre en multipliant les champs, donc les villages, donc les routes, les routes sur lesquelles circulent les autobus de la paix et les chars d'assaut de la guerre. Les Israéliens préparent aussi la guerre en travaillant un sol auquel ils ont redonné une légende. Ceux qui ont débarrassé les collines de Galilée de leur masque de pierre, ceux qui ont cultivé les sables du Néguev, ceux-là savent pourquoi ils se battent. Les Israéliens préparent aussi la guerre en bâtissant des écoles, en traquant l'analphabétisme, en hissant des hommes, arrivés de tous les pays du monde, au niveau des meilleurs Européens.

La guerre est affaire d'intelligence, d'infrastructure, de qualité industrielle, plus que de gros bataillons, de stocks rapidement immobilisés, d'armes modernes abandonnées à des cerveaux moyenâgeux. Les raisons des victoires d'Israël sont inscrites sur le sol, dans les âmes, plutôt que dans le livre des statistiques.

Devenus Israéliens, ces juifs, qui n'aimaient pas la terre, les voilà comme possédés d'une frénésie de labourage-pâturage. Sur le plateau du Golan, ils ouvrent des tranchées pour enfouir des tuyaux d'irrigation, labourent, installent des kibboutzim. Le passé, le présent, l'avenir coexistent. Le passé, ces chars russes incendiés, et ces camions pattes en l'air. Le présent : les soldats qui marchent à pas comptés sur le fossé, l'œil à la recherche des traces laissées par les saboteurs arabes. L'avenir : ce type qui herse un interminable labour avec, autour de lui, une auréole de poussière blonde.

L'armée comme unique sauvegarde

Ce type qui herse appartient à un kibboutz-frontière, récemment implanté en territoire « contrôlé ». Les kibboutzim, qui ont fait si longtemps partie du folklore et du romantisme d'Israël, se sont, avec le temps, enrichis, embourgeoisés, transformés. Les touristes n'y vont plus pour avoir peur, pour dormir mal à l'aise sur un lit de camp, pour vivre une ou deux journées d'expérience communautaire, au milieu de garçons torse nu et de jeunes femmes toutes habillées en garçons. Différents de ce qu'ils étaient voici quinze ans, les kibboutzim ont gardé cependant leurs vertus essentielles. Et ils attirent toujours. Il y a beaucoup de nouveaux venus en Israël. Des jeunes qui sont venus comme aspirés par les succès de David sur Goliath. Qui vont travailler dans les kibboutzim comme d'autres, en France, ont grimpé sur les barricades de mai. Et y restent. En septembre, tous les records d'immigration ont été battus depuis 1965. Quatre mille arrivants, dont 800 Américains, 500 Français, 170 Anglais. Presque plus de réfugiés, d'expulsés, de sans-toit, mais des gens qui ont choisi.

On va. On vient. À chaque carrefour, à chaque arrêt d'autobus, cinq ou six soldats en armes. Ils arrêtent les voitures. Ne contrôlent rien du tout. Ils s'en fichent. Ce ne sont que des auto-stoppeurs qui vont chez papa-maman ou rejoignent leurs cantonnements. Dans aucun pays on ne voit pareille densité de soldats. Oui, beaucoup de soldats. Partout. Mais pas de militaires au sens strict, guindé et un peu inquiétant du mot. Une armée légèrement débraillée, bon enfant, peu conformiste, mais terriblement efficace. Une armée adulée. Plus de sept cent mille personnes ont visité l'exposition militaire organisée à Tel-Aviv. Sept cent mille personnes : le tiers de la population. Imagine-t-on seize millions de Français visitant une exposition quelle qu'elle soit ?

Mais l'armée est l'orgueil d'un peuple dont elle demeure l'unique sauvegarde. Israël ne peut pas s'offrir le luxe de perdre une bataille. Toutes les guerres livrées depuis vingt ans ont donc été autant de guerres gagnées par des armées de citoyens-soldats, conduites par des généraux jetés à la retraite dès leur quarante-cinquième année, par des généraux à qui leur jeunesse autant que l'exiguïté du pays donnent toujours le sens de la manœuvre offensive rapide, brutale et décisive.

Le dogme de l'invincibilité existe. Et celui de l'infaillibilité a des adeptes.

Trois victoires en vingt ans. Comment les âmes ne seraient-elles pas bouleversées ? On me dit que les soldats ne sont pas atteints par le cancer de la violence gratuite, qu'ils agissent en techniciens lucides et non en amateurs grisés, que des témoignages, bientôt traduits, vont prouver l'innocence de leur cœur.

Je le crois, mais enfin il me semble que, d'année en année, le complexe de supériorité gagne ici du terrain. Comment pourrait-il en aller autrement ? La victoire elle aussi altère les cœurs. Trois victoires, trois victoires rapides, sur des peuples plus nombreux, mieux armés, soutenus, à deux reprises, par l'URSS. Quel terrible coup de fouet pour le nationalisme, l'intransigeance, l'orgueil !

Les âmes font la roue. Les sensibilités exacerbées ne supportent aucune critique. L'intelligence mesure exactement les périls, mais de trop grands triomphes, parfois, étouffent l'intelligence. Le dogme de l'invincibilité existe. Et celui de l'infaillibilité a des adeptes. Installés sur un territoire dont ils ont reconquis les plus glorieuses frontières, indifférents aux votes de l'ONU, aux conseils de modération des amis, aux menaces des ennemis, fiers de la plus modeste réalisation comme du paysage le plus banal, exaltant le label « Israël », dans un pays où la propagande est à la fois inexistante et quotidienne, se jugeant et se voulant fondamentalement différents, abordant tous les problèmes, ceux de l'occupation et des rapports avec les Arabes comme les autres, avec un œil neuf et le refus des références, les Israéliens sont durement, fortement installés dans leur victoire.

Tout de même, il arrive que l'anxiété pointe derrière l'assurance.

« Ah ! me dit un ami, ce n'est pas facile d'être juif ! » Est-il plus facile d'être arabe ?

Résitance et répression, le cycle infernal

Odeurs. Mouches sur la viande. Sur le poisson. Sur les ânes. Mouches sur le visage. Sainte Jérusalem. Odeurs. La rue est un torrent indifférent à ce qu'il charrie. Arabes et juifs, bonnes sœurs et curés se frôlent, se coudoient, se côtoient. Odeurs. Femmes dont seul l'œil dépasse des linges qui les enveloppent. Femmes en short. Troupes de pèlerins. Troupes de galopins. Odeurs. Les boutiques éclatent de couleurs brutales. Triomphe du plastique. Rouge, vert, bleu. À longs pas, des juifs vieux, barbus, chevelus, se dirigent vers le Mur des lamentations. Comme endormis sur la tétine du narguilé, des fumeurs arabes accroupis bordent les murs. En français, en anglais, en allemand, un gosse hurle : « Ici c'est la quatrième station, la quatrième station, la... » Sainte Jérusalem. Trois religions et mille odeurs prisonnières entre les vieilles murailles des croisés. Ville toute en marches. Cafés d'où surgit, comme une affirmation de virilité, le claquement sec des dominos. Clochers d'où tombe l'appel à la prière.

Au cœur de la Jérusalem réunifiée par Israël chante, hurle, gémit la radio du Caire, de Damas...

Et sur les masses humaines, envoûtante, irritante, jamais calmée, la radio arabe avec ses aigres musiques, ses conseils de sabotage, ses appels au soulèvement. Au cœur de la vieille ville, de la Jérusalem réunifiée par Israël chante, hurle, gémit la radio du Caire, de Damas ou d'Amman. Personne ne songe à la faire taire. Le Caire ne sera pas la BBC de 1940-1944. Aucune interdiction, inutile d'ailleurs, et qui donnerait aux mensonges le même poids qu'aux vérités.

Qu'Israël soit dénoncé en Israël n'irrite pas les Israéliens. Ils n'ont jamais souhaité se faire aimer du million d'Arabes conquis en juin 1967. Impitoyables pour le sabotage, ils admettent la critique verbale, admirable soupape de sûreté à condition que les mots ne se transforment pas en actes. D'entrée de jeu, ils savaient qu'une résistance s'organiserait. Ils entendent en limiter la portée, la canaliser, la dissoudre de l'intérieur. Éviter qu'elle ne prenne trop d'extension pour éviter de faire de trop nombreux martyrs, puisque l'exemple des martyrs, toujours, est contagieux.

Pourront-ils gagner leur pari ? Israël est paisible, je l'ai dit. Mais il n'en va pas tout à fait de même de ces territoires que les uns disent « occupés », les autres « libérés » ou « contrôlés » : les rapides accrochages, les petits attentats, les manifestations populaires, sans mettre en péril l'armée et l'économie israéliennes, font des victimes toujours plus nombreuses. Depuis la fin de la guerre, en quinze mois, 233 Israéliens ont été tués, 873 blessés. Ces chiffres peuvent paraître de faible importance. En réalité, ils représentent le tiers des pertes subies, durant la guerre des Six-Jours. Enfin, il ne faut jamais oublier que pour ce pays à la population réduite, chaque homme tué équivaut à vingt-cinq morts français. À l'échelle de la France, 233 tués, cela représente 5 825 morts français. En quinze mois de guerre d'Algérie, nous n'avons jamais perdu autant de monde. Fait plus inquiétant : le nombre des morts augmente de mois en mois. Vingt-huit tués israéliens dans les sept premiers mois qui ont suivi la guerre. Près de deux cents pour les sept autres mois.

La défaite de juin 1967 est peu à peu oubliée par ceux-là mêmes qui l'ont subie. Elle n'est plus considérée que comme un accident de parcours, un revers provisoire dont Nasser fera appel.

De nombreux Arabes quittent les territoires « contrôlés ». Qu'ils estiment n'avoir plus aucun rôle à jouer sur une terre où, au mieux, ils seront toujours les « seconds », qu'ils ne puissent supporter les rigueurs morales de l'occupation, qu'ils recherchent un travail mieux adapté à leur mentalité, ils franchissent quotidiennement les deux ponts ouverts en permanence sur le Jourdain.

L'énorme poche de Gaza se vide doucement à la cadence de 3 000 personnes par mois. Il n'y a plus grand monde dans le camp de réfugiés de Jéricho que j'avais connu surpeuplé. Et Kuneitra, sur le plateau de Golan, n'est qu'une ville morte, aux magasins crevés par les explosions de plastic, aux devantures arrachées, aux rues désertes. Où 20 000 personnes habitaient, 120 demeurent encore.

Les Israéliens sont heureux de ces départs qu'ils facilitent, qu'ils précipitent aussi. Les problèmes diminuent en même temps que le chiffre de la population Mais enfin, c'est une minorité qui s'en va. Il n'est plus question de grand exode comme en 1948. Et ceux qui restent – les plus nombreux – ne font guère mystère de leurs sentiments.

Un Français ici est toujours un interlocuteur favorisé. En hochant la tête, les Israéliens lui déclarent qu'ils savent bien que le peuple français désapprouve : l'attitude de ses dirigeants et le refus de livraison des Mirage. En souriant, les Arabes le félicitent d'être dirigé par « leur grand ami » le général de Gaulle. « Remerciez-le pour nous », ajoutent-ils, comme si le Général était d'une rencontre aisée…

Ils parlent. Ils parlent. Dans des villes et des villages truffés de mouchards, les Arabes s'expriment avec une fureur verbale qui amuse, déconcerte, puis inquiète à la fin. Le service secret israélien doit accumuler des milliers de fiches, détruire des dizaines de réseaux. Mais il est si bon de s'abandonner à l'éloquence et de croire que le verbe se fait acte.

— « Le terrorisme, monsieur ? Le terrorisme, ça ne fait que commencer. Every day, every day, chaque jour, chaque jour, il y a des sabotages. Mais ce n'est rien encore. Rien. Attendez. Les terroristes, ah, ah ! Les terroristes, comme on dit, comme on disait chez vous pendant l'Occupation, n'ont fait que pincer légèrement (il saisit la peau de ma main entre deux doigts et vrille fortement), mais ils seront toujours plus nombreux, plus forts, plus actifs.

— Enfin, n'existe-t-il aucune possibilité d'entente ?

— Aucune. Les gens d'ici (ici c'est une petite ville en Cisjordanie) préfèrent vivre occupés un an, deux ans, cent ans. Ils ne renonceront jamais à la guerre de reconquête.

— Tout de même, il y a bien des Arabes qui travaillent pour Israël ?

— Oui. Et ils sont nombreux. Vous appelez ça les collaborateurs, en France ?… Mais, pour nous la véritable collaboration, ce n'est pas de gratter du papier dans une administration sous contrôle israélien, ou de porter des pierres sur les routes. C'est de livrer des informations ou des hommes. Ceux qui trahissent vraiment sont connus, surveillés, suivis à la trace. Il arrive quelquefois, les imbéciles, qu'ils aillent à Amman. Comme s'ils avaient la conscience tranquille ! Alors (il porte la main à sa gorge) couic, on ne les revoit plus. »

Que peut, que veut une « résistance » dont les cadres sont formés en Algérie, dont les troupes sont entraînées en Syrie, basées en Jordanie, endoctrinées suivant des mots d'ordre en provenance d'une Égypte au prestige redoré ? La défaite de juin 1967 est peu à peu oubliée par ceux-là mêmes qui l'ont subie. Elle n'est plus considérée que comme un accident de parcours, un revers provisoire dont bientôt Nasser fera appel. Car Nasser demeure le leader des foules arabes, les catastrophés égratignent à peine sa légende. Que l'Égypte perde toutes les guerres n'a pas d'importance aux yeux de peuples qui ont du temps, de la vie et de la mort une autre idée que nous.

Il existe d'ailleurs deux « résistances ». La résistance d'Amman ou de Damas, comme il y avait, si l'on veut tenter une imparfaite comparaison, la résistance de Londres. Elle prend en charge les émissions de radio, la fabrication de tracts, l'envoi de commandos de sabotage assez régulièrement accrochés et détruits, mais régulièrement reconstitués, car ni les armes, ni le matériel humain, ni le courage ne font défaut.

Et puis la résistance « autochtone », celle qui naît et se développe anarchiquement. On peut écrire cependant, sans peur d'erreur, que les réfugiés des camps de Gaza sont plus « résistants » que les bourgeois et les commerçants de Jérusalem, que les paysans sont, moins que les citadins, sensibles aux propagandes. On peut écrire également que la résistance est affaire de jeunes et d'intellectuels. Le général Dayan a déclaré récemment que seuls 4 % des terroristes capturés étaient des analphabètes. Dans la liste des personnes arrêtées, les mots « médecin », « professeur » « étudiant » reviennent de plus en plus fréquemment. Le responsable de l'attentat d'Hébron, qui fit 47 blessés, est un lycéen de 17 ans. Ce sont plusieurs centaines de lycéennes qui ont manifesté à Naplouse le 14 octobre. C'est une institutrice de 22 ans qui transportait, dans une valise à double fond, des tracts et des armes en provenance d'Amman. Et si un salon de coiffure de Naplouse servait de centre d'entraînement pour l'usage des armes à feu, ce sont des lycéennes de 16 à 18 ans qui venaient s'entraîner…

Ce n'est pas l'Algérie. Pas encore. Mais bien des signes révèlent une lente évolution. Les « résistants », les « terroristes », dont le caractère, la technique et jusqu'à la morale politique ont, me semble-t-il, beaucoup évolué depuis juin 1967, ne jouent plus la carte impossible de l'effondrement, de la disparition, même de la défaite d'Israël. Ils savent, et leurs conseillers le savent, qu'ils seront, pour l'instant et pendant très longtemps, régulièrement battus sur le terrain. Pour eux donc, ni Austerlitz ni Diên Biên Phu en prévision. Mais la guerre révolutionnaire des faibles contre le fort. Contre le fort que l'on exaspère, que l'on pousse à commettre des actes de représailles lourds de conséquences psychologiques et politiques.

Il s'agit avant tout de « faire prendre conscience » aux populations occupées qu'elles vivent le drame de l'occupation. Le peuple est l'enjeu que se disputent les belligérants, les « résistants » arabes tentent de l'entraîner dans des manifestations de plus en plus nombreuses : dépôts de couronnes patriotiques dans le cimetière musulman de Jérusalem, grèves de commerçants, grèves d'enseignants, rassemblements de jeunes et particulièrement de jeunes filles qui construisent des barrages sur les routes, lapident les touristes, hurlent : « Nous voulons Nasser. Israéliens, partez. »

De leur côté, les Israéliens, sortant de leur indifférence première, déléguant Dayan auprès des notables arabes, expliquant, ce qui est vrai, que le niveau de vie des Arabes de Nazareth, citoyens israéliens depuis vingt ans, est beaucoup plus élevé que celui des Arabes de Jéricho, de Damas, d'Amman ou du Caire, manient la carotte et le bâton.

Ils se sont gardés jusqu'à présent de toute exécution capitale, mais comment éviter les représailles ? L'auteur d'un attentat – même s'il s'agit d'un gamin – voit ainsi sa maison (ou celle de son père) plastiquée puis rasée. Des villages sont frappés de punitions collectives. Le couvre-feu est imposé sur de vastes territoires. Les parents sont rendus responsables des actes de leurs enfants. Les boutiques des grévistes les plus obstinés définitivement fermées. Les peines qui frappent les détenteurs d'armes s'élèvent et récemment, après un attentat commis à Tel-Aviv, la foule juive, immédiatement désapprouvée par le gouvernement, s'est abandonnée à de malheureuses ratonnades.

Chaque manifestation violente provoque un châtiment générateur de haine. Ainsi, Israël est-il entraîné dans le cercle infernal que les Français connaissent bien.

Certes, pour l'instant, tout demeure encore limité sur le terrain comme dans les âmes. Et les Israéliens de 1968 ne réagissent pas comme les Français ont réagi, en 1962, face au problème algérien.

Une guérilla permanente

Israël demeure un bloc moral presque sans fissure, un pays habité d'hommes au nationalisme trop neuf pour qu'ils doutent du bien-fondé de leur cause ; mais si l'occupation dure, si la répression se fait plus rude pour répondre à une résistance plus rigoureuse, je ne suis pas sûr que les choses ne changent pas insensiblement…

Sur les chemises blanches de quelques étudiants israéliens qui manifestaient récemment en faveur d'un camarade arabe prisonnier, on a pu voir fleurir cette inscription, naguère impensable : « Nous sommes tous des Arabes palestiniens. »

L'œil unique brillant plus encore d'émotion que de joie, Dayan s'immobilise un instant devant le Mur des lamentations. La bataille pour Jérusalem est à peine terminée. Sur un morceau de papier, le ministre de la Défense d'Israël écrit quelques mots, puis glisse son placet entre deux pierres, qui, voici trois mille ans, soutenaient le temple du roi Salomon. La prière de l'homme de guerre dit simplement : « Lu yehi shalom al kol Israël. (Que la paix règne sur tout Israël.) »

Israël demeure un bloc moral presque sans fissure, un pays habité d'hommes au nationalisme trop neuf pour qu'ils doutent du bien-fondé de leur cause.

La paix. Quelle paix ? S'agit-il de cette paix instable, précaire, traversée de crises guerrières qu'Israël connaît depuis vingt ans ? De cette fausse paix à laquelle, nerveusement et psychologiquement, tout le monde paraît si bien habitué ? Ou bien de l'impossible paix dont rêvent les mères ? La paix, c'est-à-dire, aux frontières, des douaniers et non plus des soldats, la possibilité d'aller passer le sabbat à Beyrouth ou à Damas, le commerce libre, les kibboutzim sans gardes, les journaux sans récits d'attentats ?

Cette paix, malgré tous les petits papiers de supplication dont, depuis plus d'un an, sont fourrées les pierres du Temple, cette paix à l'occidentale, l'aube en est encore fort lointaine.

Pour les Arabes, la paix véritable signifierait, en effet, l'acceptation morale d'une triple défaite. Signer avec Israël, c'est renoncer pour longtemps à la guerre de reconquête, c'est-à-dire, sur le plan de la politique intérieure, se priver d'un puissant moyen de mobilisation des masses. Ouvrir les frontières admettre la concurrence, la libre circulation des citoyens, c'est condamner à l'effondrement les systèmes économiques et sociaux qui régissent le monde arabe.

Pour les Israéliens, la paix véritable signifierait l'évacuation partielle de territoires qui garantissent la survie de l'État mieux qu'une garantie internationale.

Il faut avoir circulé dans le pays avant la guerre des Six-Jours pour comprendre la réaction des Israéliens lorsqu'on leur parle de revenir aux frontières anciennes, c'est-à-dire au temps où Tel-Aviv était à quatorze kilomètres des canons, Jérusalem à cinq cents mètres des fusils jordaniens ! Le corset qui serrait Israël a éclaté. La nation s'est donné de l'air, elle a conquis des terres qui, jadis, constituaient les bases de départ des armées ennemies ; qu'elle y ait aujourd'hui quelques ennuis lui paraît presque négligeable en comparaison du temps et de l'espace militairement gagnés.

Voici à la suite de conversations et de lectures, voici donc reconstituées les « concessions » sur lesquelles seraient d'accord, à Tel-Aviv, « colombes » et libéraux, concessions qui, sans doute, finiraient par rallier la majorité des suffrages.

Mais le temps qui passe, les attentats qui se multiplient, les menaces qui se précisent, rendent de plus en plus difficile la position des « diplomates », de plus en plus aisée la position des intransigeants, de ceux qui affirment avec Dayan qu'il faut, pesez bien les mots, « sans proclamer formellement l'annexion des territoires occupés, créer des faits accomplis dans ces régions libérées ».

Fait accompli, j'imagine, l'installation de kibboutzim en plein milieu arabe, l'implantation de juifs dans des villes dont tous les juifs avaient disparu. En terre occupée, ils ne sont encore que quelques centaines, mais dans un an, dans deux ans, leur présence augmentée posera de nombreux, d'insolubles problèmes.

Au bénéfice de l'histoire et de la religion, Israël crée, de jour en jour, des phénomènes politiquement irréversibles.

Alors que l'on a gagné toutes les guerres, comment chasser ces hommes de villes liées à l'histoire juive ? D'Hébron, où furent ensevelis Abraham, Isaac, Rébecca, Lia et Jacob, de Jéricho, que 345 Juifs repeuplèrent au retour de la captivité à Babylone, comment les chasser de maisons fraîchement bâties et de champs fraîchement labourés ?

Nul d'ailleurs ne songe ici à renoncer véritablement aux territoires « contrôlés ». Tandis que les membres du Mouvement pour le Grand Israël, s'opposant à la restitution de la moindre parcelle de terre biblique, prêchent l'installation de nombreuses colonies juives, les plus modérés des Israéliens envisagent une solution de neutralisation partielle, étant entendu, suivant les mots de Lévy Eshkol, président du Conseil, que le Jourdain constituerait toujours « la frontière de sécurité » de l'État, c'est-à-dire, pour parler clair, qu'il demeurerait placé sous la surveillance de l'armée israélienne.

Un « cordon sanitaire » ayant été établi, cordon sanitaire isolant les « bons » des « mauvais », empêchant la contagion des propagandes et le passage des armes, Israël serait alors indifférent à la voie politique que suivraient les populations arabes contrôlées, populations qu'il n'est en aucun cas, pour l'heure, question d'intégrer (...).

De très vieux échos bibliques

Le Sinaï démilitarisé, la Jérusalem des religions placée sous statut spécial, le Golan annexé, un nouvel État baptisé « Palestine », constitué de la Cisjordanie et de la zone de Gaza, pourrait naître, vivre et se développer à l'ombre de l'étoile de David. Ce protectorat, je ne trouve pas un meilleur mot, serait naturellement désarmé, sa sécurité étant assurée par les soldats d'Israël, plus personne, depuis la terrible volte-face de 1967, plus personne n'ayant confiance en l'ONU.

Fait accompli, j'imagine, cette marche de trois jours pendant laquelle, en avril dernier, 13 000 soldats et 7 000 civils israéliens prirent massivement, physiquement, mystiquement possession de cités et de vallées, de déserts et de jardins dont le nom, en leur cœur, éveillait de vieux, vieux, très vieux échos bibliques.

Au bénéfice de l'histoire et de la religion, Israël crée, de jour en jour, des phénomènes politiquement irréversibles.

Alors la guerre ? Nasser, le 24 juillet : « Pas de traité de paix avec Israël, pas de reconnaissance d'Israël, pas de négociations avec Israël et pas de marchandages au sujet du territoire et du peuple palestiniens. » Dayan, le 16 octobre : « Nous devons nous préparer activement à une nouvelle guerre. »

La guerre. Shimon Peres, qui fut ministre de la Défense nationale, me dit qu'actuellement les Égyptiens ont, grâce à l'aide soviétique, retrouvé 90 % de l'armement qu'ils possédaient avant leur défaite, et que, dans huit mois, ils seront à 150 % de 1967. Les Israéliens, de leur côté, ont porté à trois ans le service militaire, doublé le chiffre de leurs fabrications de guerre, remplacé les Mirage qui ne viendront plus de France par les Phantom qui vont arriver des États-Unis.

Tous les pays du Proche-Orient sont entraînés dans une triple escalade : militaire, psychologique, politique. Le mouvement El Fath se renforce : Israël songe à isoler la Jordanie par une ligne électrifiée, un barrage semblable à ce qui fut, entre Algérie et Tunisie, la ligne Morice. Les attentats se multiplient : Israël recense les « bons » Arabes, fournit des armes aux bédouins, encourage les maires arabes à promettre de fortes récompenses pour tout « terroriste » arrêté sur dénonciation.

Les canons égyptiens tirent par-dessus le canal de Suez : Israël riposte par un fulgurant raid de commandos héliportés.

La guerre… Le mot est répété, amplifié. Il a les mêmes vertus en Israël qu'en Jordanie. Il soude les populations, durcit les âmes, fait oublier les impôts très lourds, les sacrifices et les soucis quotidiens. La guerre… Chacun bat également le tambour pour alerter ses alliés, récolter des crédits et des armes.

Mais quoi, pas plus que la paix, la guerre n'est pour demain. C'est une opinion personnelle ? Comment pourrait-il en aller autrement ? S'agissant de nations plus que d'autres soumises aux passions tout peut effectivement changer en quelques instants. Mais il me semble que pendant deux ou trois ans encore le Proche-Orient, ne connaissant ni guerre ni paix, vivra dans un état permanent de guérilla, les coups de boutoir israéliens succédant aux attentats les plus audacieux, le calme relatif à la relative fébrilité.

Voici quelques raisons à l'appui de ma thèse. Tout d'abord, les armées arabes, même matériellement reconstituées, ne doivent guère être différentes des armées arabes de 1948, 1956, 1967. Or la guerre moderne plus que jamais est affaire de techniciens, de radaristes, de mécaniciens, au moins autant que de soldats courageux. S'ils ne manquent pas de vertus guerrières, les Arabes sont cependant hors d'état, fût-ce avec l'aide soviétique, de compenser en quelques années leur infériorité technique, stratégique, intellectuelle.

Mais la guérilla ? C'est l'arme des pauvres, une arme redoutable, capable, on l'a vu au Vietnam, en Algérie, de mettre en échec les troupes les mieux armées, les divisions les plus modernes.

Certes, mais pour s'épanouir la guerre révolutionnaire réclame du temps, des bases amies où se ravitailler et se réfugier, la complicité de la population.

Jusqu'à présent le temps a fait défaut aux dirigeants du Fath et des autres organisations clandestines. Les bases où les terroristes peuvent trouver secours et refuge ne manquent pas : Égypte, Jordanie, Syrie. Mais, contrairement à ce qui s'est passé au moment du conflit algérien, Israël a décidé une fois pour toutes de ne respecter aucun sanctuaire. Le droit de poursuite étant permanent, chaque fois que la guérilla se développera dangereusement, Israël fera tomber la fièvre en attaquant brièvement et brutalement le pays qu'elle jugera complice.

Quant à la population, enjeu de la lutte quotidienne, elle n'a pour l'instant franchement basculé ni d'un côté ni de l'autre. Sans doute est-elle sentimentalement assez proche des « résistants ». Et la chose se comprend. Mais elle est pénétrée d'espions, travaillée par des forces et des influences diverses étroitement surveillées par une armée et une police qui ne badinent pas. Face aux occupés, Israël joue trois cartes à la fois : celles de la sévérité, de l'intelligence et du progrès social. Mais l'homme ne vit pas seulement de pain et il est possible que les Arabes des territoires contrôlés préfèrent la lutte patriotique au mieux-être social. Seul le temps permettra de savoir vers quoi, finalement, penchent leurs cœurs.

S'il est improbable que les nations arabes, toujours désunies, toujours rivales se lancent prochainement dans une guerre perdue d'avance, il n'est pas vraisemblable qu'Israël, ayant acquis assez de terrain adverse pour manœuvrer à sa guise, entreprenne une nouvelle guerre préventive.

L'homme ne vit pas seulement de pain et il est possible que les Arabes des territoires contrôlés préfèrent la lutte patriotique au mieux-être social.

Le statu quo donc ? Pour quelques années du moins. La disparition de Nasser (que l'on dépeint un peu partout comme sérieusement malade) serait sans doute capable de modifier les choses sans que l'on puisse dire dans quel sens.

Et cependant, tous les peuples du Proche-Orient ont besoin et soif de paix. Mais les Arabes sont prisonniers de leurs défaites, les Israéliens de leurs victoires, tous de leurs haines, idées reçues, parti pris. De leurs alliés, de leurs amis.

Car pour l'instant car pour longtemps, Russes et Américains, qui surveillent la partie, entretiennent le feu, en limitent les dégâts, ne veulent, ne peuvent ni abandonner leurs protégés ni, à leur place, s'affronter durement…

C'est un assez prodigieux spectacle qu'offre le Mur des lamentations. Pour dégager ce qui fut, voici près de trente siècles, l'esplanade du Temple, les Israéliens ont jeté bas, rasé, liquidé plusieurs dizaines de maisons. Au fond de ce trou ouvert en pleine chair arabe : le Mur. Des pierres. Énormes. À peine grignotées par le temps. Des pierres avec, ici et là, quelques mousses suspendues et des plaques d'herbes.

Face au Mur, toute une agitation d'hommes à longue redingote noire, d'hommes barbus, puissamment chevelus, chantonnant, arpentant, se balançant, baisant les pierres saintes, d'hommes dont la foi étonne et bouleverse, comme étonne et bouleverse toute foi crûment offerte, d'hommes qui ajoutent aux milliers de petits papiers glissés, coincés, serrés entre les pierres, le papier qui porte leur vœu.

Si l'on pouvait lire toutes ces prières et celles-là même que le temps, déjà, a effacées, sans doute trouverait-on, sur la plupart d'entre elles, les mots de Dayan : « Que la paix règne sur Israël. » Et moi aussi, d'une autre nationalité, d'une autre religion, d'un autre horizon, moi aussi pour tous j'ai demandé la paix. Sans trop y croire, hélas !

COMMENT JE ME SUIS INVITÉ AU DÎNER DES ROIS

Victor Franco parvient à s'introduire au camp du Drap d'Or, où se tiennent les réjouissances du 2 500e anniversaire de la monarchie perse. Il boit le thé avec des monarques, bavarde avec des présidents. Déguisé en extra, il assiste même aux agapes impériales, avant de prendre la poudre d'escampette.

VICTOR FRANCO
« LE JOURNAL DU DIMANCHE »,
17 OCTOBRE 1971

Mercredi 13 octobre 1971, à Chiraz, la ville des roses et des poètes. La révolte gronde chez les journalistes accourus du monde entier pour les festivités du 2 500e anniversaire de la monarchie perse dans les ruines de Persépolis. Nous devions quitter dès 8 heures la cité universitaire où nous étions logés, mais à 9 heures, entassés dans les cars, nous attendons encore le signal du départ. Pendant ce temps, les responsables iraniens en charge de la presse s'échinent à vouloir nous mijoter un programme touristique : visite des tombeaux des rois, déjeuner au barrage Cyrus, « le troisième de l'Iran ». Nous répondons que notre mission est bien précise : « couvrir » les manifestations du camp du Drap d'Or, où doivent se retrouver quelque soixante têtes couronnées et autres potentats. Les gentils organisateurs s'offusquent de notre ingratitude…

Finalement, après avoir tempêté, palabré, menacé, notamment d'une grève des stylos et des caméras, nous obtenons gain de cause : direction Persépolis par la route d'Ispahan qui s'enfonce brutalement dans le désert. Une bonne heure à travers un plateau immense et tourmenté, tellement vaste et vide que tout ce qui s'y trouve paraît démesuré.

La route ne va pas plus loin. Persépolis, c'est une falaise qui barre le haut plateau, contre laquelle s'adosse une terrasse de plusieurs hectares faite de blocs de pierres si massifs qu'ils semblent avoir été équarris par des géants. Les Iraniens appellent cette terrasse le « trône de Djamchid », roi mythique, dont le trône était posé sur un socle gigantesque, porté sur l'épaule par des démons géants. En ce lieu, il y a vingt-cinq siècles, s'élevait le palais de Darius, Xerxès et Artaxerxès, incendié et saccagé par Alexandre le Grand au lendemain d'une nuit d'orgie.

À peine venions-nous de terminer la visite des vestiges de l'art achéménide qu'une silhouette familière avance à grands pas vers les tribunes construites pour la parade. C'est le Shah en personne. Il marche tellement vite que ses gardes du corps trottinent derrière lui pour ne pas être distancés. Sa Majesté grimpe alors sur la tribune de presse, regarde autour de lui l'air satisfait et saute à terre. Réflexe collectif : malgré nos gentils organisateurs et les policiers, nous nous précipitons vers le souverain, le rattrapons bientôt, l'entourons. Les gorilles s'affolent, mais l'Empereur sourit : « Ce n'est qu'une répétition, explique-t-il dans un français parfait en désignant les danseurs en costumes régionaux évoluant au pied des ruines. Je ne sais pas encore s'ils vont apparaître avant ou après le défilé. »

— « Quel est donc votre principal souci, Majesté ?

— Il y a toujours des imprévus. »

Je me trouve à vingt centimètres du visage impérial. Question :

— « Majesté, on a parlé de nuages entre la France et l'Iran, à propos de l'absence du Président Pompidou aux festivités de Persépolis.

— Non... Hier, à Pasargade, vous avez vu ce vent qui s'est brusquement levé pendant mon discours. Il a soufflé si fort qu'il a balayé tous les nuages... Et maintenant, il fait beau.

— Quelle est la signification réelle des fêtes de Persépolis ?

— Afficher la solidarité universelle.

---

42 camions et 120 avions transportèrent les arbres, le gazon, les meubles, les toiles de tente, les salles de bains, les draps et les serviettes, les cuisinières de Maxim's et jusqu'aux clous.

Prouver surtout que, dans quelques années, l'Iran sera un pays avancé, avec des lois sociales et une économie solide. Nous sommes une nation en marche. Nous serons devenus, après le Japon, qui a tout de même cent millions d'habitants, le pays d'Asie le plus avancé. »

Rappels nécessaires. Voici un an, lorsque fut prise la décision d'organiser les fêtes de Persépolis, la première question sensible qui se posa fut la réception des invités. À Persépolis, il n'y avait qu'un désert. Comment offrir au gratin de la planète un hébergement à la fois digne de leur rang et confortable ? Certainement pas à Chiraz, distante de quatre-vingts kilomètres. On émit d'abord l'idée de construire un hôtel au pied de l'ancien palais des premiers souverains perses. Mais un petit bonhomme de soixante-dix ans, qui ne se décidait pas à prendre sa retraite, entra alors en scène. Pierre Delbee était le président d'honneur de la maison de décoration Jansen. Un hôtel, c'est classique, expliqua-t-il au Shah. Pourquoi ne pas reprendre l'idée du camp du Drap d'Or imaginé par le roi de France, François Ier, pour accueillir Henri VIII d'Angleterre ?

Sous la direction du PDG de Jansen, Pierre Deshays, et de Pierre Delbee, des dizaines de techniciens et d'ouvriers français – ils furent jusqu'à 400 – prirent possession d'un terrain vaste comme quatre fois et demie la place de la Concorde. Trois puits furent creusés pour assurer au camp un minimum de 500 000 litres d'eau par jour, 300 téléphones intercontinentaux installés, de même qu'un groupe électrogène mobile susceptible de relayer la centrale de Chiraz en cas de panne. En outre, dix-huit kilomètres de routes intérieure furent aménagées, un héliport construit, des milliers de sapins plantés, tandis que, près de Paris, le pépiniériste Truffaut « préparait » les fleurs : 50 000 œillets d'Inde, 3 000 chèvrefeuilles, 1 500 octadinia de Mandchourie et des milliers de pétunias.

Pour transporter le matériel depuis la France, une navette routière s'établit sur les 7 000 kilomètres séparant Paris de Persépolis et un pont aérien fut jeté entre Le Bourget et Chiraz. Au total, 42 camions à remorque et 120 avions militaires transportèrent les arbres, le gazon, les meubles, les toiles de tente, les salles de bains, les draps et les serviettes, les gravures destinées aux parois des tentes, les cuisinières de Maxim's et jusqu'aux clous.

Pourquoi avoir fait appel aux industriels et artisans français ? Depuis des siècles, les Perses considèrent que tout ce qui est beau, brillant, intelligent en Occident porte le label français. Mieux : tous les Occidentaux, qu'ils soient authentiquement Français ou Hollandais ou Américains, sont désignés collectivement sous le vocable de « Farangis ». Dans toutes les familles bourgeoises, on se pique de parler la langue de Voltaire.

« Et vous auriez voulu que nous fassions appel à d'autres pays que le vôtre ! », s'est exclamé Reza Shah Pahlevi.

Cent mètres carrés personnalisés

Jeudi 14 octobre, 11 heures du matin. Sous la conduite d'une compagnie de gorilles nous menaçant sans cesse d'arrestation si nous allions « trop loin », nous visitons, enfin, le fameux camp du Drap d'Or.

Cinquante tentes couleur sable, à lambrequins bleus, s'étalent sur le plateau en contrebas du palais antique. Pierre Delbee les a disposées de part et d'autre des cinq branches d'une étoile. L'Iran, nous explique-t-on, est le pays où l'on attache une signification magique aux nombres. « Cinq » est un chiffre de bon augure. La disposition en étoile a permis aussi de résoudre la délicate question du protocole, chacun des invités pouvant prétendre au titre de l'ancienneté, de la noblesse ou de la puissance, avoir préséance sur son voisin.

Vues de l'extérieur, les cinquante tentes se ressemblent. Elles ont une dimension identique – cent mètres carrés – mais de l'intérieur, elles diffèrent les unes des autres. La Chahbanou a voulu que chaque installation soit « personnalisée ». Ainsi, même les draps et les serviettes de bain sont assortis aux personnalités qui les occuperont.

« Je ne demande qu'une chose, a insisté Farah, que le linge de maison soit de couleur. Cela donnera un petit air de vacances. » Chaque appartement comporte un salon, deux chambres à coucher, deux salles de bains, une chambre de domestique et une… kitchenette entièrement équipée. Certains, dans l'entourage de l'impératrice, se sont étonnés que chaque tente en soit dotée.

— « Majesté, lui a-t-on fait remarquer, les invités pourront recourir à tout moment aux services des cuisines de Maxim's qui fonctionneront nuit et jour.

— Sans doute, mais si l'un d'eux éprouve l'envie de vouloir cuire lui-même quelque chose… Mettez donc une cocotte-minute dans chaque cuisine. »

Après le déjeuner, je fais un saut à l'aéroport de Chiraz pour voir débarquer les premiers chefs d'État. Soudain un avion surgit dans le ciel. Un ordre retentit : « Hissez les couleurs de la Thaïlande ! » Mais, c'est le président du Lesotho, petite république d'Afrique australe, qui descend l'échelle de coupée. Affolement des officiels, qui fouillent fébrilement dans une caisse, extirpent enfin le pavillon du Lesotho et amènent les couleurs du Siam. Un peu plus tard, quand la délégation polonaise se présente, la fanfare militaire attaque imperturbablement le… « Deutschland über alles ».

Autre scène burlesque, mais cette fois à l'hôtel Darius, près de Persépolis, où sont logées les suites des chefs d'État. Un homme qui ressemble à s'y méprendre à André Malraux entre dans le hall. Aussitôt, les représentants du protocole se précipitent : « Monsieur Malraux… Monsieur le ministre… » Un des responsables du spectacle de « son et lumière » fend la foule à grands coups de coude, bredouille : « Monsieur le ministre, j'ose espérer que vous nous ferez l'honneur d'assister à notre “son et lumière”. » Alors le sosie de l'auteur de *L'Espoir*, un tantinet excédé, lâche avec un terrible accent texan : « What's the matter with Malro ? Who's this guy ? I'm James… » Renseignement pris, il s'agit d'un proche collaborateur de Spiro Agnew, le vice-président des États-Unis.

Jamais, dans un périmètre aussi réduit, je n'ai vu autant de beau linge. Tout ce joli monde s'interpelle bruyamment.

Tout à l'heure, M. et Mme Jacques Chaban-Delmas ont effectué une arrivée discrète à Persépolis. La presse française les guettait devant le podium où les souverains iraniens accueillent les rois et les présidents. Mais, selon l'usage, le Premier ministre et son épouse ont été conduits directement de l'aéroport à leur tente, plantée dans l'allée « Océanie ». Chaban est soucieux, à cause de la grève du métro de Paris : « Je suis, nous dit-il, comme un oiseau sur la branche, suspendu au téléphone depuis ce matin. Si ça ne s'arrange pas, je repars ce soir, après le dîner de gala. J'ai prévenu les Iraniens, qui ont accepté de garder mon avion à Chiraz. » Il apprendra, soulagé, que l'ordre de reprise de travail a été donné.

En quittant le Premier ministre, un officier iranien nous demande de le transporter jusqu'à l'entrée du camp. Il faut libérer une place. J'offre la mienne. « T'inquiète pas ! On revient vite te chercher », promettent mes chers confrères.

Heureusement, personne n'est revenu ! Je décide de rester à l'intérieur du camp le plus longtemps possible – et d'« explorer » discrètement les lieux. Chaque fois que j'aperçois le « camion-balai » des journalistes (ils n'ont droit qu'à trente minutes de présence), je me recroqueville.

Chemin faisant, j'arrive devant la tente numéro 2, allée Asie, celle du roi Baudoin et de la reine Fabiola. À tout hasard, je demande à leur dame de compagnie, Mme Hedayat :

— « Leurs Majestés pourraient-elles me recevoir ?

— Elles ne sont pas encore là. On les attend d'un instant à l'autre.

— Je patienterai », dis-je.

En attendant, je vois arriver la Rolls pourpre des souverains iraniens. Le Shah et la Chahbanou déposent le roi du Népal dans ses appartements. Puis, une des voiturettes électriques jaunes utilisées par les maîtres d'hôtel de Potel et Chabot s'arrête devant la numéro 2. Suivie, à nouveau, par la Rolls impériale à bord de laquelle les souverains belges ont pris place. Le service d'ordre se précipite, ordonne au maître d'hôtel de déguerpir. C'est alors que l'impératrice m'aperçoit. « Encore vous ! » me lance-t-elle, sans autre commentaire.

Jamais, dans un périmètre aussi réduit, je n'ai vu autant de beau linge. Voici qu'apparaissent Juan Carlos (qui n'est pas encore roi d'Espagne), le roi Constantin et la reine de Grèce. Tout ce joli monde s'interpelle bruyamment. C'est au tour d'Hussein et Mouna de Jordanie de se découvrir. « Entrez prendre un verre », suggère Baudouin. J'en profite pour réitérer ma demande auprès de Mme Hedayat. Réponse du roi des Belges : « Vous êtes le bienvenu ! »

J'entre timidement dans le salon en serrant mon béret, mais me retire après les formules de politesse, car Belges et Jordaniens semblent avoir des choses « de la plus haute importance » à échanger. Toutefois, je reste dans les parages. Hussein et Mouna vont maintenant quitter leurs hôtes, et s'apprêtent à regagner leur tente. Je me précipite et les interpelle en arabe :

— « Malek (roi) Hussein, puis-je te parler un instant (en arabe, le tutoiement n'est pas familier) ?

— Qui es-tu ? Tu parles l'arabe ?

— Oui, je l'ai appris en Syrie.

— Tu devrais plutôt venir me voir à Amman. Tiens, je t'invite. À ton retour en France, va voir mon ambassadeur. Il s'occupera de tout. »

> **Chez Tito, on me répond poliment : « Son Excellence fait la sieste. Repassez tout à l'heure. »**

Un tablier comme précieux sésame

On m'a totalement oublié. À force de me voir traîner partout, les gorilles ne peuvent imaginer que je sois un intrus. Profitons donc de ces instants bénis pour rendre visite à d'autres rois. Par qui commencer ? Tiens, le roi Mahendra du Népal. Il m'offre le thé. Ensuite, je salue le Négus d'Éthiopie qui me présente Lulu, un chihuahua qui ne le quitte jamais. Ingrid du Danemark me propose, également, une tasse de thé. Plus loin, je taille un bout de gras avec Yang Di Petuan, le roi élu de la Malaisie, le président Yahia Khan du Pakistan et Giri l'Indien, son ennemi intime et néanmoins voisin. Chez Tito, on me répond poliment : « Son Excellence fait la sieste. Repassez tout à l'heure. »

Il est maintenant 18 heures. Me voici derrière la tente d'apparat, en face des cuisines. Puisque c'est mon jour de chance, pourquoi ne pas tenter d'assister au souper des rois ? J'échange quelques banalités avec les maîtres d'hôtel de Potel et Chabot et avec Gilles Sauzède, leur général de 37 ans. Ensuite, avec une belle assurance, j'entre dans les vestiaires du personnel. Coup d'œil circulaire ! J'aperçois un serveur qui retire son tablier blanc et l'accroche à un portemanteau. À peine a-t-il le dos tourné que je m'empare du tablier et le revêts. Précieux sésame. Je ramasse aussi deux serviettes, sors des communs et pénètre carrément dans les cuisines en me faufilant au milieu d'un groupe de serveurs. « Hé ! l'extra ! dit l'un d'eux, prends ces assiettes et suis-moi. »

La pile atteint bien cinquante centimètres de hauteur et le serveur marche presque en courant. Pourvu que je ne casse rien.

Je me trouve à présent dans les coulisses avec une vue imprenable sur la salle du banquet. J'avise une desserte, et vaillamment entreprends d'astiquer les couverts.

— « Mais qu'est-ce que tu fais donc ? s'exclame un maître d'hôtel.

— Ces couverts sont absolument dégueulasses ! Regarde ma serviette : elle est déjà toute noire !

— C'est vrai ! C'est de l'argenterie qui sort d'usine, et les Iraniens n'ont pas pensé à les laver. »

Soudain, un gorille s'approche de moi. Il reste planté un très long moment à mes côtés. Il ne faut surtout pas que je panique. J'astique de plus belle.

Soudain, un gorille s'approche de moi. Il reste planté un très long moment à mes côtés. Il ne faut surtout pas que je panique. J'astique de plus belle. Enfin, l'importun disparaît. Combien de temps vais-je tenir avant le flagrant délit ? Déjà, trois maîtres d'hôtel me dévisagent et se mettent à pouffer de rire : ils m'ont reconnu, c'est sûr. La nouvelle se répand dans les coulisses. Bientôt, tout le personnel français est au courant de la supercherie. Il sait qui je suis et devient spontanément mon complice. Mais on m'avertit : « Te fais pas d'illusions. Les poulets vont venir ratisser juste avant le dîner. Méfie-toi surtout de ceux qui sont habillés en maître d'hôtel : livrée bleue de la cour d'Iran. »

J'en profite pour jeter un coup d'œil dans la salle à manger. Farah y est justement en train d'inspecter une ultime fois le dispositif. Je bats précipitamment en retraite, car si la Chahbanou me revoit encore… Les musiciens viennent d'arriver. Je les entends régler leurs instruments. Près de chaque couvert, il y a un menu relié de satin bleu et un briquet en or de chez Cartier.

« Si c'est pas une honte ! »

Les réjouissances vont débuter. L'orchestre attaque un air qui paraît bien lugubre pour ces agapes festives. Les tables, excepté celle d'honneur, se garnissent. Il y a beaucoup d'uniformes, beaucoup de décorations, beaucoup de fourragères. D'un coup de menton, un maître d'hôtel me désigne la Bégum : « Vise ses cailloux… »

On joue maintenant du Mozart. La procession des têtes couronnées s'ébranle. Ouvre la marche le Shah, offrant son bras à la reine du Danemark, puis la Chahbanou avec le Négus. Chaque convive de la table d'honneur se dirige vers sa chaise derrière laquelle se tient un colonel voire un général iranien qui lui sert d'aide de camp à Persépolis. Pour les reines et les princesses, ce sont les dames d'honneur qui jouent ce rôle. Bientôt, en un ballet parfaitement réglé, les maîtres d'hôtel brandissent à bout de bras le premier plat : des œufs de cailles aux perles de Bandar Pahlevi (tartelettes garnies d'une couche de caviar blanc, avec par-dessus quatre œufs de cailles surmontés d'une couche de crème blanche). Je salive, tandis qu'un incessant va-et-vient s'établit désormais entre les cuisines et les convives. Tous ne semblent pas apprécier à leur juste valeur les barquettes aux œufs de cailles, certains se contentant de racler le caviar du fond, repoussant le reste de la garniture. « Si c'est pas une honte ! », s'indigne un maître d'hôtel. De même, la mousse de queues d'écrevisses sauce Nantua – que j'ai trouvée délicieuse – ne fait pas l'unanimité. Les plats sont presque tous revenus intacts à la case départ.

Dans la salle, le roi du Lesotho se cure méthodiquement les dents, Farah papote avec le Négus, Frédéric de Danemark promène sans arrêt son regard fatigué de bon vieux héros de western. Le prince Rainier, quant à lui, semble fasciné par les lustres qui s'agitent. Le responsable de la climatisation semble plutôt inquiet.

« Vaudrait peut-être mieux que je stoppe la clim', murmure-t-il. Mais très vite, ils vont tous étouffer. » Finalement, on diminue la vitesse d'un cran ou deux et l'agitation du plafond s'apaise.

Mais voici que l'heure de vérité approche et avec elle le gorille attaché à la protection du roi Baudouin. Il est maintenant déguisé en maître d'hôtel. Il me dévisage des pieds à la tête. Je lui adresse un salut amical, tout en étant persuadé qu'il va me dénoncer. Il s'approche lentement, au moment où les convives attaquent le paon à l'impériale. Avec ses mains, il mime des jumelles placées devant les yeux :

— « Vous, Belge, me souffle-t-il. Police belge.

— Chut !

— Ah ! Vous protection Majesté belge. »

Je place un doigt sur ma bouche.

— « Moi vous dire comment ça va. Majesté Monsieur mange beaucoup. Majesté Madame pas manger beaucoup. »

D'un sourire niais, je le remercie pour tant d'attention. L'alerte, tout de même, a été chaude. Lorsqu'un nouveau gorille apparaît dans les coulisses, je suis convaincu que mon heure est arrivée.

— « Vous photographe ou domestique ?

— Non. Juste donner coup de main.

— Ah ! bon. »

Cette fois, je décide qu'il est plus prudent de disparaître. Un dernier coup d'œil dans la salle : on n'a pas l'air de s'y amuser beaucoup. Rainier a toujours les yeux rivés au plafond, Mme Chaban-Delmas est toujours en grande conversation avec le sultan de Bahreïn. J'attends le passage de la ronde puis je file discrètement, passe devant le gorille en faction. Dans les vestiaires, je me débarrasse de ma blouse, retire mon faux nez et m'en vais d'un pas tranquille. Charmante soirée !

UN MOUROIR À LILLE

Ce reportage sur l'hospice de Lille, rendu possible grâce à la complicité de l'association des Petits Frères des Pauvres, fit scandale lors de sa publication et amena le maire de Lille, Pierre Mauroy, à faire transférer immédiatement les « patients » dans d'autres établissements. Entièrement restauré et classé monument historique, l'hospice est aujourd'hui devenu un bel hôpital.

CHRISTINE CLERC
« LE POINT », 19 MARS 1973

Le décor correspond tellement à l'image caricaturale des paysages du Nord que l'on a peine à y croire. Tout y est : un ancien canal, une avenue déserte bordée d'arbres gris, un terrain vague, la brume. Et, dominant ce monde du silence, à cinq minutes de la gare de Lille et de son centre animé, une imposante façade de pierres grises, sobre architecture du XVIIIe siècle : l'hospice général de Lille.

Ici, vivent à l'abri des néons, des décibels, des remous politiques et des scandales, 550 personnes : débiles, malades mentaux, vieillards. Mais on comprend vite pourquoi cet établissement a servi de décor aux scènes d'emprisonnement et de tortures du film *L'Aveu*, de Costa-Gavras. Il suffit d'arpenter les couloirs – immenses, glacials – du premier étage. Cinq mètres de hauteur sous le plafond voûté. Un sol pavé, les célèbres pavés du Nord, ceux que l'on trouve dans les vieilles ruelles et les « courées », entre lesquelles suintent des rigoles brunes.

Et puis, l'odeur. Une odeur d'étable, âcre, suffocante. Les hautes fenêtres que l'on ouvre même en hiver, les courants d'air qui font frissonner même en été n'y font rien. Elle s'est installée pour toujours entre ces murs épais. Franchie une herse – tous les dix mètres le couloir est barré d'une herse de bois ou de fer – on entre dans « la salle des mentaux ». Et d'un seul coup, on bascule dans un autre monde. C'est un film néoréaliste italien d'après-guerre. Ou bien cela se passe dans quelque Orient misérable. À peine a-t-on fait quelques pas dans la salle démesurée, meublée en tout et pour tout d'une longue table de bois brut, que des êtres – une centaine environ – au crâne presque rasé, vautrés sur des bancs devant un poste de télévision gueulard, les pieds dans des mares d'urine, se mettent à bouger. Tenant d'une main leur pantalon de toile kaki sans cordon, ils se dandinent vers vous, en marmonnant des syllabes étranges.

D'escaliers sombres en couloirs pestilentiels – il n'y a, par salle, qu'un seul WC, souvent bouché, et une demi-douzaine de lavabos écaillés –, l'horrible devient très vite monotone.

Un régime pénitentiaire

« N'ayez pas peur, prévient le directeur en les écartant, ils ne sont pas méchants. » Au fond, c'est leur dortoir. Des lits de fer alignés les uns contre les autres, si nombreux qu'on les croirait multipliés à l'infini par une glace. Un peu plus loin, la salle des « punis », peuplée seulement d'une vingtaine de lits. « On les enferme là, explique le directeur. Comment faire autrement quand, dans une salle où dorment 40 personnes, un vieux rentre saoul ? » Le seul puni de la semaine est allongé, les yeux rivés au plafond, perdu dans on ne sait quel songe ou quel souvenir. C'est un vieux qui, précisément, avait trop bu : il a tenté d'étrangler son voisin.

L'alcoolisme constitue le problème majeur des hospices. Rien d'étonnant quand on sait que le « Café du Vieux Canal » est le seul but de promenade possible entre les heures des repas (11 h 30 et 17 h 30), et le ballon de gros rouge à 40 centimes, le seul moyen d'évasion accessible : la plupart des vieux entrent à l'hospice démunis, ils ne touchent que 50 francs d'argent de poche par mois.

D'escaliers sombres en couloirs pestilentiels – il n'y a, par salle, qu'un seul WC, souvent bouché, et une demi-douzaine de lavabos écaillés –, des salles de femmes à l'entrée « strictement interdite aux hommes » aux salles de valides et à l'infirmerie, l'horrible devient très vite monotone. Partout, les mêmes hauts plafonds noircis, les mêmes murs jaunes, les mêmes longues fenêtres à petits carreaux par où filtre la pâle lumière de la cour intérieure.

Dans chaque salle, de part et d'autre du gros poêle de fonte qui trône au milieu, entouré d'un grillage, les mêmes lits alignés. Entre chaque lit, une chaise étroite. Et sur la chaise, un vieux ou une vieille. Tous étonnamment ressemblants. Vêtus de toile bistre ou grise et d'un gros gilet de laine, les cheveux raides coupés au bol, ils sont assis, les mains sur les cuisses, le regard fixe. Les multiples petits événements de la vie commune – le café au lait de 15 h 30 qu'on sert à la louche, la femme qui hurle d'une voix éraillée : « Une cigarette ! Une cigarette ! », celle à qui l'on doit remettre de force sa chemise de coton car elle veut à tout prix se déshabiller... – rien ne semble les sortir de leur torpeur. Pensent-ils seulement à quelque chose ? Ont-ils un âge ? Portent-ils seulement un nom ? Sont-ils enfin des êtres humains ?

Assis sur leur chaise percée à longueur de journée, ils se laissent lentement gagner par la mort.

Des vieux abandonnés, cela suffit. Entrés à l'hospice à la demande de l'hôpital parce qu'il fallait « désencombrer » le service spécialisé où ils avaient été opérés ou soignés. Ou bien chassés de chez eux parce qu'ils ne payaient plus leur loyer. Ou « riches », cela arrive (une fois, on a retrouvé 70 000 francs sous le matelas d'une « grand-mère »), mais seuls et handicapés par un méchant lumbago.

Alors, assis sur leur chaise percée à longueur de journée, ils se laissent lentement gagner par la mort. Ils n'ont plus, semble-t-il, ni curiosité, ni intelligence, ni coquetterie, ni pudeur.

Hors du monde des vivants

On se persuaderait vite que la vieillesse est bien un sinistre naufrage, si l'on ne se souvenait alors d'une grand-mère qui a décidé, à 75 ans, d'apprendre l'anglais, d'un chef d'entreprise qui, à 81 ans, submerge chaque matin ses collaborateurs d'idées nouvelles, et d'un célèbre pianiste, Arthur Rubinstein qui, à 83 ans, parcourt le monde de récital en récital.

En vérité, le naufrage n'est ni inéluctable ni irrémédiable. À Grenoble, où une équipe de médecins a créé, il y a une dizaine d'années, un service d'hospitalisation à domicile et un réseau de « clubs du 3e âge » gérés par les personnes âgées elles-mêmes, des centaines de vieux ont rajeuni ; ils ne pouvaient plus se baisser pour lacer leurs souliers : ils partent, à 70 ans, en stage de ski, et vont chaque semaine à la piscine. Elles étaient vêtues de noir et de pantoufles pour la vie, les voilà qui se pomponnent, se maquillent, font de la gymnastique pour retrouver démarche souple et ventre plat.

Même ceux de l'hospice de Lille, et leurs milliers de semblables – entassés dans les hospices d'Ivry ou de Nanterre, mêlés aux jeunes débiles et aux schizophrènes dans celui de Saint-Étienne, privés de pantalon pour avoir bu ou enfermés pour avoir tenté de rejoindre leur conjoint à Nancy, Chartres et ailleurs –, oui, même tous ceux-là, abêtis par un régime qu'il faut bien qualifier de pénitentiaire (réveil à 5 h 30, et couvre-feu à 18 heures), même les incontinents, les gâteux (mais qui ne le deviendrait après quelques mois de ce régime, avec la mort comme seule évasion possible ?) pourraient encore mener une vie normale.

Le visiteur qui hâte le pas, pressé de retrouver l'air libre et des visages d'enfants, le soupçonne déjà : sur son passage, les clins d'œil, les petits appels de la main sont autant de signes.

Voilà trois ans, à Lille précisément, une équipe de jeunes, filles et garçons, étudiants pour la plupart et membres de l'association des Petits Frères des pauvres, en a fourni la preuve. En rendant visite deux fois par semaine aux « petits vieux » de l'hospice, ils ont découvert la détresse, l'intelligence, le cœur – parfois la haine – cachés derrière les visages uniformes.

L'été suivant, les Petits Frères ont organisé des vacances : dix jeunes avec quarante vieux pendant quinze jours dans un hôtel tout blanc sur une plage de la Manche. « Ce fut une incroyable transformation, raconte l'un d'eux, Patrick Fournier, 22 ans, étudiant en médecine, un grand garçon bouclé à col roulé. Les femmes achetèrent des robes à fleurs, devinrent gaies, bavardes. » Mais trois jours après le retour à l'hospice, elles sombraient de nouveau.

Alors, les Petits Frères décident de lancer une campagne. Ils alertent le directeur du Centre hospitalier régional, dont dépend l'hospice. En mai 1972, ils publient un livre blanc « Vivre à l'hospice » et couvrent les murs de la faculté de Lille d'affiches représentant des vieux derrière des barbelés. La réaction est vigoureuse. Le directeur du CHR parle de diffamation et de « visées électoralistes » et interdit aux Petits Frères l'entrée du club qu'ils animaient à l'hospice.

La municipalité, elle, refuse d'intervenir avant les élections. La CGT, à laquelle adhère une partie du personnel, demande au directeur de porter plainte contre les Petits Frères, qui sont « allés trop loin dans la démagogie » et ont « porté atteinte à la réputation » des quelque 140 agents et aides-soignantes de l'hospice. Le dévouement de ceux-ci n'est pourtant pas en cause. Il suffit, pour le mesurer, de lire dans le journal de bord de la garde de nuit cette petite phrase : « Madame S. changée 5 fois »…

Mais l'indifférence des pouvoirs publics est largement partagée par la population. Pis : à chaque départ en vacances, des centaines de Français abandonnent leurs vieux parents à l'hôpital – pour ne plus jamais les y reprendre.

En remplaçant les salles communes par des chambres particulières et les hospices par des maisons de retraite au milieu de parcs, améliorerait-on beaucoup leur sort ? « Dans une maison de grand luxe où le revenu mensuel des retraités varie de 3 000 à 10 000 francs, atteste le responsable d'un Groupe d'études et de recherches pour les personnes âgées créé par les Petits Frères des pauvres nous avons rencontré des gens qui s'ennuyaient autant qu'à Lille. »

Car le vrai drame de la vieillesse, outre l'inconfort matériel, la promiscuité et la misère pour le plus grand nombre, c'est d'être rejeté hors du monde des vivants. À l'hospice de Lille, il a fallu sept ans pour qu'on s'aperçoive qu'une vieille femme réputée amnésique ne l'était pas : personne ne lui avait jamais adressé la parole.

GOODBYE VIETNAM !

Le 29 mars 1973, tout le corps expéditionnaire américain a définitivement quitté le Vietnam. Sans tambour ni adieu. Le temps des croisés est fini. L'opinion américaine est lasse de cette « sale guerre » qui a entraîné la mort de cinquante mille GIs. Pour les Vietnamiens, la parenthèse se referme.

JEAN-CLAUDE POMONTI
« LE MONDE », 28 MARS 1973

Accoudé à son bar, le colonel américain attendait. Quoi ? Il n'en savait rien. Une bouteille de champagne à la main – du rosé de Californie – et, dans ses yeux bleus et ternes, la nostalgie d'une Suédoise. Blonde et plantureuse, répétait-il. Il en rêvait à haute voix, entre deux claquements de langue. Le vin trop pétillant tiédissait. Le ventilateur ne brassait qu'un air chaud de fin de saison sèche. Barbelés et cocotiers, le petit bourg subissait la torpeur de midi. Le cou luisant de sueur, l'officier, conseiller du chef de la province, s'excusait : « Il ne se passe plus rien par ici… Vous n'auriez pas dû vous déranger. » Saigon se trouvait à une trentaine de kilomètres à peine. Un peu à l'écart, sur un coin de table, un Noir un peu efféminé se murait, en transpirant, entre des colonnes de chiffres. Les tableaux éculés de la pacification. La vieille servante vietnamienne n'avait rien proposé. Sans un mot, sans un regard, elle avait abandonné sur la table, au passage, quelques bols de soupe chinoise. À prendre ou à laisser. Elle viendrait les ramasser une demi-heure plus tard, à moitié vides. Un rite. Le colonel en avait lui-même renoncé à hausser les épaules. Il se raccrochait à un autre monde. Par ici, il ne se passait plus rien. Du moins pour lui.

C'était en mai 1972. Moins d'un an plus tard, les Vietcongs ont attaché leurs petits drapeaux à étoile jaune au faîte des arbres de plusieurs hameaux du voisinage. Ils étaient finis, balayés, écartés d'un geste. Ils sont revenus, la nuit, comme prévu. Le colonel n'est plus là. Il s'est enfui dans ses souvenirs. À temps. Il les ignorait, ne voulait pas les voir. Il ne les a pas vus. Une date a été retenue. Le 29 mars 1973, soixante et un jours après la proclamation du cessez-le-feu, tous les uniformes américains auront disparu du Vietnam. Il ne restera alors plus que des attachés militaires, des experts en civil et des colonels en retraite, en chemisette et en cravate, cette race qui, à Saigon, s'enrhume à l'abri des climatiseurs.

Un point final à ce qui a trop duré ? Le rêve était devenu un cauchemar, les aventuriers des drogués. Une Amérique, une certaine Amérique, amère, découragée, sans illusions, passive, s'en retourne chez elle où l'attendent les cocktails pour anciens combattants. Sans au revoir ni adieu. La Bannière étoilée est amenée. Pas même piteusement. Fatalement. Quant au sort de ceux qui restent derrière, c'est leur affaire.

Une Amérique amère s'en retourne chez elle où l'attendent les cocktails pour anciens combattants.

À Da Nang, ce soir-là. Il faisait bon. L'homme avait tiré un fauteuil hors de sa chambre et s'était installé sur le pas de la porte, dans la cour de l'hôtel. Torse nu, culottes courtes et sandales, front dégarni et début de couperose, au moins la cinquantaine, il sirotait une bière en boîte tout en regardant défiler les clients et, surtout, en espérant que l'un de ces Occidentaux lui ferait l'aumône d'une bavette. Assise à ses côtés, sur une marche, sa compagne vietnamienne jacassait avec la voisine, sans faire attention à lui. Dans le bistrot du coin, les derniers Français de Da Nang s'étaient réunis autour d'un martini et d'une belote. Soir de bouillabaisse. Le Texas ? Oui, bien sûr, il y pensait. Il y était retourné, d'ailleurs, après un premier séjour de trois ans à Saigon. « Mais, que voulez-vous, je n'ai pas pu m'y refaire. » Il avait donc rempilé comme cadre d'une société d'import-export. Pour trois ans, jusqu'en 1976. Et après ? Après, il verrait bien. Les Vietnamiens ont beau être malins, menteurs, voleurs et peu consciencieux – « On ne peut jamais leur faire confiance » –, il aviserait plus tard. « Quand même, le pays est attachant. » Un temps. « Et puis, à Dallas, ce n'est pas facile de trouver un job. » Sur le pas de sa porte, il continuerait de prendre le frais.

« La paix dans l'honneur »

Mais alors, que reste-t-il à l'heure du grand départ, à l'heure de « la paix dans l'honneur », des conquérants du début ? Voilà dix ans, il y avait eu les experts et les conseillers militaires, Américains bien tranquilles, architectes ambitieux de la guerre sans fusils. Et puis les bérets verts, élèves de la contre-guérilla héliportée, mi-légionnaires mi-aventuriers. Puis les Marines, gueules cassées qu'on avait débarquées sur cette grande plage de Da Nang, fleurs au cou.

Jamais présence militaire étrangère n'aura été si massive, jamais son retrait n'aura passé si inaperçu.

Et puis, la First Cav, élite de l'élite, paras des Temps modernes. Et puis, pêle-mêle, les cratères de bombes de B-52, des villes détruites pour les sauver, des millions de réfugiés et de « personnes déplacées », My-Lai, quarante-cinq mille cadavres de GIs, des centaines de milliers de blessés, des centaines de prisonniers humiliés, la honte et la colère de l'Amérique. La « sale guerre ».

Le 7 mai 1954, les Vietminhs avaient hissé leur drapeau sur le PC du général de Castries à Diên Biên Phu. Dix semaines plus tard, le 21 juillet, la première guerre d'Indochine prendrait fin avec la signature, à Genève, de conventions d'armistice. Le commandement des forces françaises en Indochine ne serait dissous que le 28 août 1956 et, en traversant une dernière fois Saigon, ses troupes seraient applaudies par la foule alors que le régime de Ngô Dinh Diêm avait déjà amorcé sa campagne antifrançaise.

La deuxième guerre d'Indochine se termine autrement. Le 30 mars 1968, à la suite de l'offensive du Têt, le président Lyndon B. Johnson, la mine défaite, avait proposé l'ouverture de négociations. Il faudra alors attendre presque cinq années ensanglantées pour qu'un cessez-le-feu soit proclamé, le 28 janvier 1973. Dans les deux mois qui ont suivi, les derniers contingents du corps expéditionnaire américain ont été rapatriés. Les Français ont perdu leur guerre à Diên Biên Phu, du moins peuvent-ils se raccrocher à ce nom. Les Américains ne savent pas trop où ni comment. Peut-être nulle part, peut-être un peu partout. Les Vietnamiens n'affichent que leur indifférence. Ni tambours ni cris hostiles. Même l'antiaméricanisme ne semble plus les intéresser.

Jamais présence militaire étrangère n'aura été si massive, jamais son retrait n'aura passé si inaperçu. Pourquoi donc ? Aux yeux du public américain, l'existence du Vietnam date, en fait, du jour où de jeunes Américains ont commencé à y mourir. Aujourd'hui, alors même que ses prisonniers de guerre lui sont rendus, le Vietnam s'apprête à sortir de son champ de vision. Ce pays redevient ce qu'il était auparavant – un problème de politique étrangère, l'affaire d'Henry Kissinger après celle de Foster Dulles. Ce n'est plus l'obsession de Babitt.

Ni rancœur ni plaisir. Le départ des soldats américains rectifie une erreur, il n'est donc pas à débattre.

Pour les Vietnamiens, la parenthèse se ferme également. L'ordre des choses se rétablit, comme ils s'y attendaient. Leur curiosité s'est détournée, petit à petit. Ce qui les attire ou les préoccupe, ce ne sont pas ceux qui s'en vont mais ceux qui reviennent. « It's all over », titrent les journaux américains. De grandes manchettes. Pour les Vietnamiens, c'était trop inéluctable pour qu'ils s'en étonnent. Ils en sont déjà à scruter l'étape suivante et, quand Hanoi s'interroge encore sur les ambiguïtés de la diplomatie américaine, l'opinion publique, dans le Sud, ne le fait même pas. Ni rancœur ni plaisir. Le départ des soldats américains s'inscrit dans l'ordre des choses : il rectifie une erreur, il n'est donc pas à débattre.

Ceux qui restent – par milliers et peut-être même par dizaines de milliers – en portent témoignage. Conseillers militaires déguisés en civils, diplomates venus jeter un dernier coup d'œil sur leur espérance déçue, employés qui ne se résignent pas à tirer une croix, agents secrets à leur affaire dans les intrigues de fin de guerre, sous-produits de corps expéditionnaire, liquidateurs désintéressés et bas-fonds plus ou moins véreux, ce ne sont plus les croyants du début prêts à bousculer le paysage, à refaire l'environnement, à remodeler la société. Les intransigeants sont partis, le temps des croisés est fini. Ceux qui restent, produits d'une grande ambition déchue, se font plus discrets, plus accommodants. Banquiers et hommes d'affaires viennent voir, tout en gardant leurs distances.

Les autres – barbes mal rasées des hôtels-maisons de passe de Da Nang et Saigon, dysenteries mal guéries et familles mal faites – demandent déjà un sursis, un sursis après l'autre. Que leur Vietnam survive un peu. Ils souhaitent se fondre dans le paysage. Amér-asiates, déracinés, ils vivent au jour le jour. La pacification est rebaptisée reconstruction, cela les arrange. Il y aura donc encore quelques emplois, quelques profits, quelques amis. Un petit monde se recroqueville sur lui-même. Un monde marginal. Et si la cause n'était pas encore entendue ? Voilà l'espoir auquel il se raccroche. Et après ? Après, on verra bien.

Obstinés avec ardeur

Après le 29 mars 1973, le président Nixon peut toujours relancer des raids aériens. Mais à une condition : ne pas perdre trop de pilotes. Or, y compris dans les zones vietcongs, la DCA se renforce, le « comité d'accueil » se met en place. L'armée américaine a été dépêchée au Vietnam pour casser un mouvement révolutionnaire : elle n'a pas atteint cet objectif. Des combats d'arrière-garde n'y changeront sans doute pas grand-chose. On s'en doute à Washington, surtout depuis les raids de décembre 1972 sur Hanoi et Haiphong. Ces derniers n'ont pas fait changer d'avis les Nord-Vietnamiens. Les bombardements aériens peuvent avoir un impact sur la situation militaire à condition qu'ils soient réguliers et massifs, donc à condition que des pilotes soient de nouveau faits prisonniers par l'adversaire. C'est un risque de Nixon ne prendrait pas sans y avoir réfléchi.

L'antiaméricanisme spontané n'est pas près de redescendre dans la rue. Il se situe à un autre niveau, celui du mépris pour la violence, l'arme des faibles.

Cette conclusion, le public vietnamien l'a tirée le premier. Il a même été étonné que les Américains s'obstinent avec tant d'ardeur. Fatalisme ou espoir, il se prépare aux réajustements inévitables. Un beau jour, moyennant une indemnité, c'est le licenciement. On s'y attend trop pour réagir. Comme la servante du colonel amoureux de la Suède. Elle a pris sa dernière paie sans manifester le moindre sentiment. Elle a regagné son compartiment où, veuve, elle régente une tribu. Autrefois, elle avait compté sur son fils aîné pour assurer ses vieux jours. Il a été tué en opération. Elle a recueilli sa belle-fille et ses trois petits-enfants. Avec quelques économies, une maigre pension et peut-être l'aide d'un gendre débrouillard, elle pourra continuer à s'en tirer, en vivant chichement.

Elle ne se révolte pas. Tout cela était écrit. Il y a longtemps qu'elle ne voyait plus son colonel, se contentant de le nourrir et de le servir. La séparation n'était plus à faire, et ce dont elle s'est occupée pendant cinq ans lui est déjà sorti de la tête, comme les quelques mots d'anglais qu'il lui avait bien fallu assimiler au début. Elle n'est même plus sûre d'avoir rencontré cet officier américain, et s'il lui arrivait demain de le croiser dans la rue, elle ne le remarquerait sans doute pas. Elle avait même perdu l'habitude de le regarder.

« Comment savoir si c'est lui ? Vous savez, ils se ressemblent tous. » C'est, en substance, ce que les survivants du massacre de My-Lai avaient répondu quand on leur avait présenté le lieutenant Calley, le principal accusé. Non, ils ne le reconnaissaient pas. Prudents ? Bien sûr ! Au Vietnam en guerre, on ne dit ni oui ni non, on écoute. Mais leur réponse avait également une autre portée. Il y a longtemps que, eux aussi, ils n'attendaient plus rien de ce système dont Calley n'était que le pur produit.

À My-Lai, un lieutenant américain n'avait pas perdu une bataille mais l'Amérique avait sans doute perdu la guerre. Les Américains ne sont ni bons ni méchants. Ils ont tort parce qu'ils se sont déplacés, voilà tout. Westmoreland, Cogny, Abrams, de Lattre : qui se souvient, au Vietnam, de ces noms qui ont fait le tour du monde ? Une minorité d'initiés. Le reste ne se rappelle que Khe-Sanh, Kontum, My-Lai, Quang-Tri, An-Loc. Des noms de lieux, de ruines, de cimetières… Enfants, oncles, cousins, amis, ils ont disparu là-bas. Morts pour quelle patrie ?

« À bas les Américains ! » Ce cri-là a retenti autrefois quand les États-Unis voulaient trop ouvertement forcer le destin. En décembre 1972, lorsque Nixon a voulu de nouveau imposer sa volonté chancelante en bombardant Hanoi et Haiphong, beaucoup de Sud-Vietnamiens n'avaient que leur pitié à exprimer. Ils avaient honte pour lui. L'antiaméricanisme spontané n'est pas près de redescendre dans la rue. Il se situe à un autre niveau, celui du mépris pour la violence, l'arme des faibles. Collaborateurs ou adversaires, victimes ou profiteurs, les Vietnamiens semblent avoir déjà d'autres chats à fouetter que de tirer la leçon, si évidente, d'une vingtaine d'années de leur histoire. L'Amérique, en 1973, ce n'est ni l'ennemi ni l'ami. C'est tout simplement un monde qui se situe de l'autre côté du Pacifique et qui se fait à cette réalité. Que ses enfants y retournent déçus ou satisfaits, brisés ou épanouis, les Vietnamiens ne s'y arrêtent même pas. Si chacun reste chez soi, les relations finiront par se normaliser. Malgré les ambiguïtés de cette fin de guerre, le 29 mars constitue donc un grand pas dans ce sens.

Ce jeudi-là, ils seront donc partis, avec plus de deux millions de médailles (plus que pendant la Seconde Guerre mondiale, dix fois plus qu'en Corée), avec leurs prisonniers et leurs cinquante mille cercueils, leurs milliers d'avions et d'hélicoptères, sans un mot sur ce qu'ils avaient voulu faire. Faut-il que les Vietnamiens y ajoutent un commentaire ? Toujours à mi-chemin entre la guerre et la paix, ils ne se sont même pas retournés. L'armée des États-Unis laisse derrière elle un paysage bouleversé. Pour quoi faire ? De guerre lasse, personne n'a envie de soulever la question. Quand on ne parle pas le même langage, on finit par se taire. On finit même par s'éviter.

LES TUEURS SONT VENUS EN TAXI

Beyrouth, un soir d'avril 1973. Un vrai polar se joue à l'heure de la sortie des cinémas. Rien n'y manque : espions, commandos, bombes… C'est en fait, de la part d'Israël, un acte de guerre d'une rare violence qui va provoquer la chute du gouvernement libanais et la mort de trois dirigeants palestiniens.

JOSETTE ALIA
« LE NOUVEL OBSERVATEUR », 1973

Dans le hululement des sirènes d'alarme, les pétarades des motos, les incantations des haut-parleurs, les coups de klaxon des voitures, les chants des prières, sous le soleil qui fait lever la poussière et briller le satin des drapeaux, Beyrouth enterre ses morts. Ou plutôt les morts palestiniens victimes du raid israélien du lundi 9 avril.

Il y a dans cette foule les Libanais de la rue, les petits, les pauvres – les riches roulent plus haut, sur le pont, dans des Mercedes qui filent vers le bord de mer. Il y a aussi, accrochés aux portières de leurs grosses voitures cabossées, des fedayins qui brandissent leurs mitraillettes, crient vengeance et s'ouvrent à grands coups de klaxon un chemin dans la masse humaine. Mais pas l'ombre d'un policier, pas le moindre uniforme libanais, pas de représentants du gouvernement. Le Liban officiel est ailleurs, rassemblé prudemment du côté du cimetière. Pas question de faire se rencontrer – fût-ce pour un enterrement – ces deux mondes. Le contact pourrait être explosif. À côté de moi, sur le balcon, une voix murmure : « Lorsqu'ils arriveront, ne restez pas au bord, il y aura sûrement des coups de feu tirés en l'air. »

Justement, ils arrivent. Dans un grand remous, on voit soudain flotter le premier cercueil, ballotté sur une mer de mains tendues. Puis quatre, cinq, six cercueils suivent, recouverts de drapeaux palestiniens, tirés et portés par cette marée humaine où on distingue le surplis d'un curé, les barbes des popes, les turbans blancs des cheiks, noyés dans les tenues léopards des fedayins qui essaient tant bien que mal de frapper en mesure leurs cymbales. Dans le tintamarre s'élèvent aussi des cris de colère : « Où était la sécurité libanaise ? Où étais-tu, armée du Liban ? »

Bonne question. En ce soir du 9 avril où étaient l'armée, la police, le chef d'état major, les responsables libanais ? Ils étaient au cinéma. Et comme tous les bons bourgeois beyrouthins ils rentraient paisiblement chez eux en voiture, en longeant la corniche de Ramlet el Daïda, vers une heure du matin. S'ils avaient jeté un coup d'œil sur leur droite, ils auraient certainement vu une vedette militaire inconnue se découper sur la mer. Mais quel Libanais sensé regarderait la plage au début d'avril, autant dire en hiver ?

Deux mètres en contrebas, des Israéliens qui viennent de débarquer pensent qu'il y a encore beaucoup de circulation là-haut, sur la route. Ils tirent leurs canots pneumatiques sur le sable. L'eau a son bruit de nuit, clapotant et doux. La lune, presque pleine, fait briller le sable blanc. Le petit mur de pierres qui borde la corniche n'a que quarante centimètres de haut. Et si quelqu'un se penchait ? Mais personne ne passe. Pour ne pas sauter directement sur le trottoir sous la lumière crue des réverbères, les Israéliens longent la plage sur quelques mètres. Ils atteignent un hôtel abandonné qui vient d'être vendu. Ils se regroupent au pied d'un unique palmier. En file indienne, ils grimpent un sentier sableux et débouchent enfin sur une petite esplanade légèrement en retrait.

Six gros taxis sont rangés le long du trottoir. Les six moteurs tournent et, derrière les volants, six hommes attendent.

Beyrouth leur saute au visage. C'est très beau Beyrouth la nuit. C'est scintillant de lumières étagées, c'est un velours bleu sombre, un parfum de fruits mûrs. Ici, règne la douceur de vivre. Ici, on ne mesure pas le temps qu'on prend pour ses plaisirs. Mais ici, c'est aussi pratiquement le cœur de la capitale. En face d'eux, de l'autre côté de la rue, dans un immeuble à porche de marbre, les vingt-huit Israéliens peuvent voir briller les enseignes d'un restaurant et de deux grands hôtels. Pas question de s'attarder…

Une longue plongée à minuit

Six gros taxis sont rangés le long du trottoir. Des taxis de location, tout simplement. Les six moteurs tournent et, derrière les volants, six hommes attendent. Ils ne sont pas du tout inquiétants, ils ont l'air de touristes prospères. D'ailleurs, ils sont touristes.

Le portier de l'hôtel « Sands of Lebanon » a l'habitude des Anglais originaux. Le 6 avril dernier, lorsqu'il a vu arriver Andrew Wishlaw – un blond-roux à moustaches, vêtu d'un blazer bleu marine, d'un pantalon gris et d'une cravate club – il a tout de suite reconnu le client qui devait venir de Rome et pour lequel la Panam avait réservé une chambre. Le « Sands » n'est pas un hôtel très luxueux mais il a un avantage : on peut y louer des chambres-bungalows qui donnent directement sur la plage d'Ouzai. Justement Monsieur Wishlaw voulait pêcher et il aimait la mer : on l'a donc installé là. Mais le « Sands » a un inconvénient : il est un peu loin de la ville. Pour plus de commodité, Monsieur Wishlaw souhaitait une voiture. On lui a aimablement donné l'adresse d'Avis, en même temps que celle d'un magasin de matériel pour la pêche sous-marine.

Le même jour, dans l'après-midi, sont arrivés deux autres clients, eux aussi attendus. Dieter Aldnoder, un Allemand qui venait de Francfort, et un Belge, Gilbert Rimbert. On ne pouvait plus donner au Belge une chambre sur la plage mais il a très bien compris et il a accepté une chambre dans l'hôtel. Tous les deux ont loué aussi des voitures. De bons clients en somme. Distingués, dit le portier qui a l'œil. Un peu seuls peut-être : lundi, vers sept heures du soir, après trois jours de vacances, ils lient tous connaissance au bar, où Wishlaw très heureux montrait sa combinaison de plongée neuve. Il irait le soir même pêcher vers minuit, expliquait-il très haut. De fait peu après minuit, Monsieur Wishlaw avec sa combinaison, ses palmes et son masque, s'est enfoncé dans l'eau. Longue plongée ! Il n'est plus jamais ressorti. Tout comme ont disparu, la même nuit, Monsieur Aldnoder et Monsieur Rimbert. On a retrouvé, le lendemain, leurs costumes bien rangés, leurs trousses de toilette, leurs pyjamas dans le lit et leurs valises presque vides.

Les mêmes disparitions mystérieuses se produisaient au même moment dans deux autres hôtels, au « Coral Beach » tout proche de Ramlet el Daïda, et à l'hôtel « Atlantic » situé dans un immeuble qui domine la corniche et la mer. Un Anglais, George Eldret, et un Belge, Charles Boussard, logeaient au « Coral Beach » et avaient chacun loué une voiture. À l'« Atlantic », un

Anglais, Monsieur Massey, s'inquiétait beaucoup du temps qu'il ferait et il avait, lui aussi, loué une voiture. Un peu plus loin, un étrange Indien s'était offert le 6 avril un somptueux appartement avec vue panoramique, qu'il avait payé le prix fort – 25 000 livres libanaises – pour un an et qu'il avait sommairement meublé d'un lit et de quelques chaises. Bien évidemment, c'étaient messieurs Wishlaw, Aldnoder, Rimbert, Eldret, Boussard et Massey qui en cette nuit étrange attendaient dans les taxis les Israéliens surgis de la plage.

Lorsque les six voitures démarrent sans hâte excessive, il est exactement une heure moins cinq. Presque tout de suite, le groupe se scinde en deux : trois voitures se dirigent à droite vers la colline, les trois autres s'enfoncent au cœur de la cité, à gauche. Les « touristes » conduisent d'une main sûre. Ils connaissent bien Beyrouth – ce n'est pas la première fois qu'ils y viennent. En Israël (car ils sont tous, faut-il le préciser, israéliens) cette opération « taxis » a été imaginée et montée depuis longtemps. Elle fait partie d'une série d'actions que le général Tsvi Zamir a personnellement mises sur pied et qui ne concernent pas seulement le Liban mais aussi la Syrie et l'Égypte. Projets à la James Bond, certes, mais extrêmement précis.

Les six chauffeurs israéliens conduisent à la libanaise : départ sur les chapeaux de roue, priorité aux carrefours plus ou moins respectée, feux rouges tombés en désuétude dès huit heures du soir. Un style qui ne s'improvise pas. En cette affaire d'ailleurs rien n'est improvisé. Les hommes choisis parlent l'arabe (même l'Anglais Wishlaw) et les objectifs fixés aux deux groupes ont été étudiés pendant des mois par les meilleurs agents israéliens dont Cohen Baruch, tué par les Palestiniens en février à Madrid. D'ailleurs, cette préparation a été presque trop longue, maintenant il faut passer à l'action sous risque de fuite. Ce lundi 6 avril était une date limite.

Les voitures se séparent. Les trois Buick qui ont tourné à gauche traversent le quartier résidentiel, empruntent la rue Charles-de-Gaulle, passent devant le quartier général des Forces libanaises et s'arrêtent tranquillement, cinquante mètres plus loin, rue de Verdun. À cette heure, la rue est calme et sent l'eucalyptus. Devant l'entrée de verre d'un immeuble moderne, le fedaï de garde est assis sur une chaise, sa mitraillette sur les genoux. Son copain est accroupi par terre. Ils sont en faction, ici, tous les soirs depuis deux ans. Ils voient arriver trois grosses voitures. Deux groupes de jeunes gens en sortent. « Des hippies, pense le fedaï, ils vont sans doute chez le décorateur du cinquième. » Il a l'habitude de voir passer, tard le soir, des filles et des garçons aux cheveux longs et en jeans. Ce soir, certains d'entre eux portent des longs trench-coats blanc sale. Il ne fait pourtant pas froid.

Un synchronisme parfait

Il est presque une heure. Là-haut dans les immeubles les « hippies » s'arrêtent devant trois portes. Au sixième étage, celle d'Abou Youssef, quarante-trois ans, responsable du secteur politique de l'Organisation de libération de la Palestine (OLP) qui aurait préparé l'assassinat du Jordanien Wasfi Tall au Caire et l'opération « Septembre noir » à Bangkok. Dans l'autre immeuble, ils s'arrêtent au deuxième étage chez Kamal Adwan, membre du Fatah, nouveau responsable de toutes les activités palestiniennes dans les Territoires occupés. Puis, ils grimpent au troisième étage chez Kamal Nasser, porte-parole de l'OLP, qui venait de déménager du quatrième au troisième depuis moins de deux mois.

Cela aussi les Israéliens le savent. Ils posent sur les portes des charges de plastic et regardent leurs montres : 1 h 05. Au même instant, dans les trois appartements les trois chargent explosent en un synchronisme parfait. Les faux « hippies » se ruent à l'intérieur. Ils mitraillent à bout portant Kamal Nasser qui est déjà couché. Ils abattent Kamal Adwan qui parlait avec sa femme et qui, avant de mourir, a le temps d'attraper sa kalachnikov et de tirer sur deux des assaillants. Ils suppriment, enfin, Abou Youssef et blessent sa femme pendant que ses deux fils s'enfuient – l'un se cache à côté, l'autre glisse par la fenêtre le long d'un tuyau jusqu'au cinquième étage où des prêtres italiens le cacheront. Les gardes palestiniens qui se précipitent dans l'escalier sont eux aussi mitraillés et blessés.

En bas, les deux équipes se retrouvent aussitôt. La troisième voiture les attend. Dans les immeubles on crie. Une brave dame a cru entendre parler une langue étrangère. Le russe ? Pas une seconde, elle ne pense à des Israéliens « en plein Beyrouth comment y croire ? ». La fusillade, pourtant, a attiré l'attention au quartier général des forces de sécurité, tout proche. On envoie la brigade 16 pour voir « ce qui se passe chez les Palestiniens ». Il est 1 h 15. La brigade 16 est accueillie à coups de mitraillette, deux policiers sont tués. À 1 h 18, deux autres voitures de police dépêchées en renfort tombent, elles aussi, dans le piège : neuf policiers sont grièvement blessés. À 1 h 20, un officier de police libanais demande une ambulance : « J'ai des blessés, je ne sais pas qui tire. »

Au quartier général, la confusion est totale. De partout, arrivent des appels téléphoniques pour signaler des coups de feu ou des accrochages. Un garage vient de sauter à Dora, en banlieue. Trois morts. Un garage du Fatah est dynamité à Saïda. Enfin, les voisins du siège principal du Fatah, à Oudaï, viennent d'entendre une formidable explosion. À 1 h 30, l'officier de police qui est toujours rue de Verdun téléphone : « C'est terminé. Les criminels sont repartis dans trois voitures. » Et la brigade 16 confirme « un incident entre fedayins ».

À 1 h 40, pourtant, une vraie bataille fait rage au siège du Front pour la libération de la Palestine (FPLP). Les occupants des trois autres voitures sont devant l'immeuble du Front. Arrivés devant les gardes ils ont tiré des revolvers équipés de silencieux et les ont abattus. Mais avant de mourir un des gardes a pu tirer un coup de feu en l'air qui a donné l'alarme. Aussitôt, surgissent d'autres Israéliens en tenue de commandos palestiniens. Ils lancent des grenades fumigènes vers les étages supérieurs et envahissent le premier étage. Ils cherchent des documents. Attaque repoussée car il y a encore, à cette heure au siège du Front, quelques fedayins armés. « Vers 1 h 20, dit un des assiégés, j'ai téléphoné à l'OLP pour leur dire que nous étions attaqués par des Israéliens et demandé qu'on prévienne le Premier ministre libanais. » Mais, une énorme explosion lui arrache le téléphone des mains. Les Israéliens viennent de plastiquer les piliers du premier étage et ceux du rez-de-chaussée. L'immeuble s'effondre. Cinq morts chez les Palestiniens. Les Israéliens emportent deux cadavres.

L'opération n'aura duré, à terre, que trente-cinq minutes. Pertes : deux morts. Profits : immenses.

À 1 h 50, le général Ghanem, prévenu par Saeb Salam, chef du gouvernement libanais, met l'armée en alerte, mais c'est seulement à 2 h 10 que le premier char libanais arrive rue de Verdun. Trop tard ! Les

Israéliens sont tous repartis à 1 h 30. À 1 h 45, une patrouille libanaise de routine qui ignore tout de l'affaire s'étonne de voir sur la corniche six gros taxis vides garés en file. Un des coffres est taché de sang. Ils rentrent tranquillement faire leur rapport. À 2 h 30 seulement l'armée entreprend de boucler le rivage. Le marchand de fruits, qui à vingt mètres de la plage vend jour et nuit ses mangues, ses amandes fraîches et ses oranges, s'étonne de voir arriver des chars. Pourquoi les militaires l'obligent-ils à éteindre ses trois lampes à acétylène ? A-t-il vu un bateau ? Où ? Sur la mer. A-t-il entendu des bruits de mitrailleuse ? Il a entendu mais ça tire toutes les nuits du côté des camps palestiniens. S'il fallait s'occuper de ça !

L'opération « taxis pour Beyrouth » est terminée. Elle n'aura duré, à terre, que trente-cinq minutes. Mais quel bilan ! Sur la vedette israélienne qui gagne le large sous la protection des Phantom, le général David Elazar dresse le compte des profits et pertes. Pertes : deux morts. Profits : immenses. La résistance palestinienne a perdu trois de ses leaders et des documents secrets importants ont été saisis chez Kamal Adwan. Dès le lendemain matin, la radio palestinienne diffusait à ses militants en Israël la consigne « disparaissez tous, interrompez toute activité pour l'instant ». Surtout quel bénéfice politique ! L'opinion arabe sera ébranlée, l'opinion internationale séduite, les relations entre Palestiniens et Libanais encore plus tendues.

En effet, la crise intérieure libanaise, prévisible, éclate dès le lendemain. Saeb Salam exige du président Sleiman Frangié le limogeage du général Ghanem. Frangié refuse. Saeb Salam démissionne. Le Liban est sans gouvernement. Ce qui n'est pas grave. Mais, l'opinion libanaise commence à se demander si son armée et ses dirigeants n'ont pas, par une passivité concertée, facilité la tâche des commandos israéliens. On sait bien que, depuis septembre dernier, le mot d'ordre donné aux militaires est : « Pas d'histoires avec Israël. »

Mais de là à leur tenir la porte ouverte, il y a un pas que beaucoup de Libanais refusent de franchir, même si certains en ont un peu assez de ces Palestiniens qu'ils ont admirés au temps de l'espoir et qu'ils abandonnent maintenant au temps des épreuves. Car il faut bien le dire : cassé par les trois guerres de Hussein de Jordanie (septembre 1970, juin et juillet 1971), le mouvement palestinien, depuis près de trois ans, se cherche et ne se trouve plus. Du coup, la gauche leur reproche de ne plus jouer leur rôle catalyseur (ou compensateur), de « Vietnam arabe ». Les Palestiniens n'étaient-ils pas promis à l'héroïsme, destinés à sauver (seuls !) l'honneur arabe ? En perte de prestige, en manque de stratégie, les Palestiniens aujourd'hui sont plus seuls qu'ils n'ont jamais été.

COMMENT ISRAËL A FAILLI PERDRE LA GUERRE

Automne 1973. Sadate traverse le canal de Suez et menace Israël. À Jérusalem, l'heure est aux accusations. Cet article vaudra à son auteur – qui refusera de donner ses sources évidemment militaires – de graves ennuis. Jusqu'à ce que la commission d'enquête officielle confirme les faits.

JOSETTE ALIA
« LE NOUVEL OBSERVATEUR »,
10 DÉCEMBRE 1973

Glacé, terne, tout entier beige et gris, le désert égyptien en ces jours de décembre lève ses vents de sable. Aveuglés, gelés, nous attendons depuis quatre heures devant une fantomatique tente kaki. C'est ici qu'en principe on fabrique la paix. De temps en temps, deux silhouettes brumeuses sortent de la tente, se concertent sous le vent sifflant. Le général égyptien Abdel-Ghani el-Gamassi, plus grand, se penche vers le général israélien Aharon Yariv, plus petit. Que se disent-ils ? Les choses sérieuses ici se règlent en tête à tête. Ces dialogues dans un monde lunaire, cette difficile fraternité de combattants fouettés par le sable tourbillonnant... En plein Sinaï, au kilomètre 101, la paix ressemble à un mirage d'hiver tourné en film muet.

Mais à Genève, la semaine prochaine, quelle allure aura-t-elle ? Il faudra bien que les gouvernements s'engagent. Or, en Israël rien n'est prêt. Ni l'opinion encore traumatisée, ni les stratèges militaires qui n'ont pas de directives, ni les diplomates désenchantés qui ont vu le monde entier céder au chantage au pétrole, ni surtout l'équipe au pouvoir, ceux qu'on appelle ici le « triangle de ciment » : Golda-Dayan-Gallili.

Cependant le pays bouge. Dans la nuit du mercredi 28 au jeudi 29 novembre, au comité central du parti travailliste, Moshe Dayan a été accueilli par des sifflets, Golda Meir a été attaquée par les militants du Mapaï qu'elle dirige pourtant depuis quinze ans d'une poigne de fer. « Ils ont failli perdre la guerre, ils n'ont jamais préparé sérieusement la paix, ils entrent dans la négociation à reculons, ils sont vieux, rigides, incapables d'imaginer. Les laisser là serait un crime », dit un jeune travailliste.

Mais ils sont aussi de bons apparatchiks. Bien qu'ébranlé, le « triangle de ciment » tient toujours. Sur un vote à main levée, Golda a arraché une approbation contrainte. Les élections auront lieu à la date prévue, avec la même équipe. C'est comme si on avait demandé aux Français en 1944 de voter encore pour Daladier ou Paul Reynaud ! Mais quoi, il ne faut pas faire de peine à Golda. Ce pays déchiré, brisé, ira donc à Genève avec un gouvernement plus que contesté, mis en accusation publique. Or elle est finalement gagnée cette guerre. Et alors ? Et après ?

Après ? Sur tous les fronts, les soldats de Tsahal qui se sont durement battus se posent des questions. Au Golan, les bulldozers jaunes découpent les collines, défoncent les pentes, retournent de 180 degrés les périscopes qui sortaient des fortifications souterraines construites par les Soviétiques pour leurs alliés syriens. La montagne désormais tourne son visage offensif vers l'est, vers Damas qu'on peut presque voir à trente-cinq kilomètres de là, en bas. « Nous tenons toutes les hauteurs, explique un officier du haut de son fortin. Voyez, nous sommes en arc de cercle au-dessus de la Syrie. Inutile d'aller plus loin. Lorsque nos travaux seront terminés il sera difficile aux Syriens, en tout cas très coûteux, de regagner les positions perdues. »

Ici, c'est l'obsession : savoir qui est mort, qui est disparu, donc, peut être présumé prisonnier.

Pourtant, l'atmosphère dans les PC du Golan, où on boit du cognac pour se réchauffer, n'est pas triomphaliste. L'immense plateau que nous venons de traverser ressemble à un champ de ferrailles. Les carcasses de chars calcinés, décapités, noircis par les flammes, sont abandonnées au hasard. « Quatre hommes dans chaque char. Tous brûlés. Dans ces cas-là on n'en réchappe pas », commente sombrement l'officier de réserve qui m'accompagne.

L'odeur de la mort sur ce plateau du Golan est tenacement présente. Personne d'ailleurs ne veut l'en effacer. De loin en loin, dans les rocailles pourtant minées, des groupes d'hommes avancent prudemment. Ils cherchent quelque chose par terre. Quoi ? Des cadavres. Ici, c'est l'obsession : savoir qui est mort, qui est disparu, donc, peut être (« Mais est-ce un sort enviable ? ») présumé prisonnier. « Tant que les Syriens refuseront de nous donner des listes de prisonniers nous pouvons tout craindre, disent les Israéliens. Très souvent les plaques d'identité des soldats morts ont été arrachées. Pour les rendre anonymes, les nier, les effacer, pour que ces juifs détestés n'existent plus même dans la mort. » Alors on prélève les dents, les crânes. On s'acharne à leur rendre un nom, un visage. C'est plus qu'un devoir humanitaire ou même religieux, c'est le vrai, le seul combat. La dernière image que j'emporte du Golan conquis est celle de trois rabbins venus chercher des os, qui marchent dans des chemins défoncés, les pans de leurs jaquettes noires battant comme de sombres ailes…

À des centaines de kilomètres de là, en Égypte, les Israéliens découvrent un autre monde. « Où je suis ? Dans un merveilleux jardin, assis sous un manguier et je mange une orange. Mais non, idiot, les manguiers ne donnent pas d'oranges même en Égypte. Il y a une orangeraie plus loin, mal entretenue mais très belle. La terre est bonne. À part cela, nous repartons vers Ismaïlia… » Tel fut le premier rapport militaire envoyé par « Arik » Sharon, commandant la percée en Égypte, à Haïm Bar Lev, son chef d'état-major.

Sharon, nouveau héros, l'homme qui a su retourner la situation militaire, s'est forgé ici une stature politique. N'a-t-il pas gagné sur deux fronts, contre les Égyptiens et contre son propre état-major ? Il a mené « sa » guerre finalement à sa guise. Le Sinaï, il en connaît chaque pierre. En 1965 et 1967, il s'y battait déjà. Aujourd'hui commandant du Sinaï-Sud, il répète qu'il sait où passer pour traverser le canal de Suez : au nord du lac Amer, à la jonction des deux armées égyptiennes, face à l'oasis qui abritera ses premiers commandos. On lui répond que c'est une opération folle, risquée. Et alors ? Le risque, il adore. Pour lui la question est simple : Qu'est-ce qu'on attend ?

« Il faut leur rendre ce sable »

On attend depuis le 6 octobre que tout soit terminé sur le Golan. Dayan, inquiet, sent que là-bas la situation militaire risque de basculer. Sharon dans son PC de Mitla écume, injurie, téléphone à Dayan, aux ministres, à Golda Meir. Il veut traverser le canal et entrer en Égypte. Il le peut. Les ponts ne sont pas prêts ? Ils sont encore à El Arish ? Qu'on les fasse venir, bon sang ! Ils ne sont pas coupés aux dimensions du canal ? Il passera ses chars sur des radeaux à moteur. Il n'y a pas assez d'obus, assez de munitions pour le couvrir ? Chaque soir devant ses officiers qui dînent sous sa tente, il fulmine en ouvrant le colis quotidien de Lili sa femme, qui le sachant gourmand lui envoie des douceurs. « Ces idiots ne sont pas capables d'envoyer des munitions ou des tracteurs de chars et Lili, elle, arrive à m'expédier tous les jours son colis ! »

Mardi 16 octobre, à 2 heures du matin, il passe. Sans pont, sur les fameux radeaux – ce qui déroutera un moment le commandement égyptien persuadé qu'il ne peut s'agir d'une opération sérieuse. À 14 heures pourtant les Égyptiens comprennent. Un barrage d'artillerie coupera Sharon de ses arrières pendant plus de six heures. Ç'aurait pu être la catastrophe finale. Ce fut malgré tout la victoire de Sharon, la percée réussie, la descente vers Suez, l'arrivée en Égypte – cette Égypte que les Israéliens regardent depuis cinq ans de l'autre côté du canal et qui exerce sur eux une véritable fascination : ces oasis, ces longs roseaux, ces maisons de terre rose leur révèlent un pays plus africain, plus coloré que la Palestine blanche et verte.

Ils découvrent du même coup la diversité et l'immensité du monde arabe, le vertige du désert égyptien toujours renaissant, toujours présent derrière les palmes. « C'est trop grand ! dit un médecin militaire. Moi je croyais l'Égypte verte mais non ! C'est du désert à l'infini. Nous ne pouvons pas avaler tout cela. Il faut arrêter, leur rendre ce sable. C'est impossible à tenir… »

Au bord de la voie d'eau, qui coupe d'un trait bleu intense deux hautes murailles de sable, nous regardons prudemment, derrière la dune, s'opérer le ravitaillement de la troisième armée égyptienne encerclée. Les camions égyptiens conduits par les soldats de l'ONU viennent d'arriver. Les Égyptiens en rangs par quatre grimpent sur deux péniches de débarquement, traversent le canal et débarquent à nos pieds. Un soldat de l'ONU les fouille, un à un. Puis les Égyptiens s'avancent, déchargent les camions, rechargent les péniches. « Je n'avais jamais compris leurs histoires d'humiliation, dit un Israélien à côté de moi. Mais quand je m'imagine à la place des Arabes, obligés de venir chaque jour chercher leur nourriture sous les mitraillettes de l'ennemi… Non, ça je ne le supporterais pas ! » Il ajoute, montrant le drapeau égyptien qui flotte sur la ligne Bar Lev tandis que le drapeau israélien flotte sur les fortifications égyptiennes : « Quelle bêtise ! À quoi servent ces guerres ? Elles ne résoudront rien. »

Peut-être est-ce là finalement que se situe le grand changement. Depuis la grande crainte de cette dernière guerre, la morgue, le sentiment de supériorité, d'invincibilité, la croyance en la force, tout cela – en chaque soldat israélien sinon en Israël – est brisé. Chacun sait que cette guerre qu'Israël vient de gagner presque par miracle n'aura servi qu'à rendre plus clair un échec politique et que chaque kilomètre carré conquis en terre arabe ne fera plus désormais que compliquer le problème. C'est un fait, et un fait bouleversant, dont les répercussions ne font que commencer et risquent d'étonner.

Tous les rapports concordaient. Mais au sommet on ne les prenait pas au sérieux ou on ne voulait pas voir l'évidence.

Un tremblement de terre

« C'est bizarre, dis-je à Arieh Eliav, leader de la gauche du parti travailliste, vous vouliez une négociation, une conférence de paix. Et au moment où elle est imminente, vous nommez une commission d'enquête, vous cherchez des responsabilités internes. N'y a-t-il pas plus urgent à faire ?

« Nous venons de vivre un tremblement de terre. Tout s'effondrait et aucun de nos sismographes politiques n'avait fonctionné. Le sol s'ouvrait sous nos pieds, les Arabes arrivaient. Eh bien, en ce cas, la première réaction instinctive, c'est de fouiller les ruines. Pour retrouver quelque chose, savoir comment cela s'est passé. Vous pouvez me croire, je suis un spécialiste et j'ai dirigé dans le monde entier des équipes de secours après des séismes. Nous faisons comme les autres, nous fouillons nos ruines. »

Ce qu'on y trouve est étonnant. On découvre d'abord que les services de renseignement ont parfaitement fonctionné. Les Israéliens savaient tout : quelles unités faisaient mouvement, comment les commandos se préparaient à franchir le canal, selon quel plan se déroulerait l'opération. Ne manquaient que la date et l'heure. Depuis des semaines tous les rapports concordaient. Mais au sommet on ne les prenait pas au sérieux ou on ne voulait pas voir l'évidence.

En dressant le bilan militaire, glorieux et désastreux à la fois, on fait forcément le bilan politique. Et là, c'est la confusion, le déchirement, l'impasse.

Le vendredi 5 octobre à 10 heures du matin, se tient un conseil des ministres extraordinaire. Dayan interroge Elie Zeira, le chef des services de renseignement : ces bruits de bottes en Égypte, c'est quoi ? « Du cinéma ! » « Et s'ils essaient de franchir le canal ? » « Inconcevable », répond Zeira. Vingt-huit heures plus tard, la ligne Bar Lev était prise. Zeira tombera mais les officiers de renseignement protestent. Eux, ils ont fait leur travail. Mais les hauts responsables politiques ou militaires ont commis le même péché, le péché d'orgueil, disent-ils. À Richard Nixon qui demandait le 6 octobre « voulez-vous des armements ? », les chefs militaires avaient répondu : « Non, pas nécessaire. Nous liquiderons cela en moins de six jours, cette fois. » Or, lorsque les premiers « Galaxie » américains arrivent enfin à El Arish, le 15, l'armée israélienne en est à compter ses derniers obus.

La liste des imprévoyances est longue : les bidons d'essence qui devaient en cas d'attaque être déversés et enflammer le canal avaient été simplement siphonnés, au jour le jour, par des camions de passage. « Rien que pour cela tu mériterais une balle dans la tête ! », dira ensuite Dayan à Gonem, commandant du Sinaï. Les « Strella » égyptiennes, ces fusées individuelles antichars qui firent tant de ravages contre les chars israéliens, étaient longuement décrites dans des brochures en hébreu, qui ne furent jamais distribuées aux échelons opérationnels. Et les tankistes se firent descendre à trente mètres par des fantassins égyptiens apparemment inoffensifs mais armés de « Strella ». Sans parler des ponts trop longs pour le canal, des chars sans plate-forme porteuse, obligés de venir sur leurs chenilles du Néguev jusqu'à Mitla et arrivant déjà à demi usés…

Il y a plus grave. La stratégie elle-même est remise en cause. Fallait-il construire cette ligne Bar Lev ou, comme le demandait Sharon, miner les abords du canal en ne laissant derrière que des unités blindées légères mais mobiles ? Les huit cents jeunes gens de dix-huit à vingt ans qui se sont battus et dont beaucoup sont morts à l'intérieur des fortins étaient-ils délibérément sacrifiés ? On en discute avec fureur et amertume. Car en dressant le bilan militaire, glorieux et désastreux à la fois, on fait forcément le bilan politique. Et là, c'est la confusion, le déchirement, l'impasse.

En politique extérieure, l'arme du pétrole a montré son efficacité. Avant cette guerre on pouvait dire : « Nous tiendrons tête au monde ! » Maintenant, on sait que ce n'est pas possible sauf au prix d'un suicide. En politique intérieure, on ne voit ni relève ni alternative. À droite, le Likoud sous l'égide de Sharon n'a qu'une doctrine. Ne pas céder ! Se battre ! Mais pour quels territoires ? Pour quelle patrie ? Pour le « Grand Israël » du Nil à l'Euphrate ? Au sein du Likoud certains le pensent, sans oser le dire, mais l'idée folle progresse. La gauche devrait voir augmenter ses chances (bien qu'on reproche inconsciemment aux « super colombes » d'avoir eu raison trop tôt) à condition de changer le parti travailliste trop discrédité. Or les « colombes » du parti ont mené l'offensive contre les vieux caciques et même contre Golda. En vain. La leçon est amère : aucun changement sur le fond n'est possible si on ne change pas tout le système. Mais cette révolution, comment la réaliser assez vite et assez complètement alors que la paix est aux portes et que Genève est pour demain ?

On le voit, ce sont les représentants d'un pays troublé, ébranlé, angoissé, que les Arabes auront devant eux à Genève. Le dire clairement n'est pas l'accabler, au contraire. « J'ai découvert une chose étrange en parlant avec les Égyptiens, dit un des négociateurs israéliens. C'est qu'ils ont de nous une image effrayante, ils nous voient comme des arrogants, des dévoreurs de territoires. S'ils savaient ! » Une des rares bonnes nouvelles : des deux côtés, les stéréotypes vont peut-être changer…

DE LA BROUSSE AUX BIDONVILLES

Ils quittent l'Afrique et débarquent par petits groupes, le plus souvent clandestinement, en France, l'ex-puissance coloniale. Originaires du Mali, de la Mauritanie et du Sénégal, ce sont les « nouveaux » travailleurs immigrés. Dans la solitude et la détresse, ils rêvent d'Eldorado. Jean-Claude Guillebaud a refait avec eux ce « grand voyage ».

JEAN-CLAUDE GUILLEBAUD
« LE MONDE », MAI 1974

Golmy (Sénégal oriental). « Comment va Paris ? » Accroupis sous le grand ficus, les « Parisiens » de Golmy accueillent chaleureusement l'étranger recommandé par les « frères ». Femmes en boubous, notables, marabouts, captifs et griots, toute la population est venue aux nouvelles. Un crépuscule tiède est tombé sur le fleuve. Sur la place centrale, les boulangers ont planté leur étal pour le « pain du soir ». Les derniers troupeaux remontent vers la brousse, conduits par de longs Peuls nonchalants.

Les « Parisiens », immigrés entre deux voyages, OS de chez Renault redevenus pour quelques mois paysans sénégalais, jouent les interprètes pour une foule bavarde qui se bouscule dans l'obscurité. La tradition soninké veut que l'on introduise chaque conversation par une longue litanie de formules de politesse. La première est immuable : « Comment va Paris ? »

Paris ! À Golmy, des enfants aux vieillards, tout le village ne connaît de la France qu'une seule adresse : 156, rue Léon-Maurice-Nordmann. Là-bas, au « foyer » du XIIIe arrondissement, vivent la plupart des « frères » émigrés. Le « 156 », c'est l'annexe parisienne de Golmy, le village-bis. Et Golmy, au cœur du pays soninké, est un village témoin. Deux mille habitants : trois cents émigrés en France. Lorsque l'un d'eux revient, un frère de la même famille part aussitôt le remplacer. Ici, pas une maison qui n'ait « son » Parisien, pas un adulte de 25 ans qui n'ait

« fait » la France au moins une fois. Quant aux jeunes impatients sortis de l'école après le CM2, ils iront bientôt « à la production » comme les anciens.

À Golmy, 58 % des hommes actifs sont en France. Chacun envoie en moyenne 17 228 francs CFA par mois à sa famille.

À Golmy, toute la vie communautaire dépend étroitement de l'émigration. À elle sont accrochés les mythes, les rêves et déjà les légendes. Le village entier vit au rythme du courrier hebdomadaire et des « mandats » Chaque mois, la poste de Bakel, chef-lieu du département, reçoit 40 millions CFA (le franc CFA vaut 0,02 FF), envoyés de Paris. À Golmy, 58 % des hommes actifs sont en France. Chacun d'eux envoie en moyenne 17 228 F CFA par mois à sa famille. Au-delà même de Golmy, les « mandats » font vivre toute la société soninké des bords du fleuve.

Les villages voisins, qu'ils soient au Sénégal, au Mali ou en Mauritanie, connaissent une situation comparable. En 1965, par exemple, 56 % des hommes adultes du village de Tuabu avaient émigré ou se trouvaient encore à l'étranger, dont 40 % en France.

Ainsi, perdu dans l'immense continent africain, le petit peuple soninké de la haute vallée du fleuve (600 000 personnes), à cheval sur trois pays, fournit-il à lui tout seul de 70 à 80 % des travailleurs noirs en France. Et ne survit que par eux.

Paradoxe ? Pour expliquer une situation aussi étonnante, il faut en appeler à l'économie, mais aussi à l'histoire.

Une terre oubliée

Isolé à 700 kilomètres de Dakar, loin de la mer et des grandes voies de communication, d'un accès difficile, le Sénégal oriental est une terre oubliée. Pour un fonctionnaire sénégalais, un poste à Bakel est une punition. À Dakar, peu d'études sérieuses ont été entreprises sur cette région lointaine, même à l'Institut français d'Afrique noire. Et Paul Pélissier, lui aussi, dans son ouvrage sur les paysans sénégalais, peut écrire en introduction : « Quel que soit son avenir, l'immense territoire couvert par le Sénégal oriental pouvait sans difficulté être tenu en dehors de notre champ d'enquête, en raison de sa densité de population dérisoire et de son économie léthargique. »

Voici pour le contexte. Citoyens marginaux, tenus à l'écart de la monoculture de l'arachide, quasi-unique source de numéraire pour le paysan du Sénégal, les Soninkés sont confrontés depuis plusieurs dizaines d'années au même problème : trouver de l'argent. Pour acheter les produits manufacturés, les tissus ou les tôles de la maison, pour payer les impôts, la dot d'une fiancée ou le voyage à La Mecque. Ici, les modestes cultures de mil, de maïs ou d'arachides suffisent à peine à la consommation courante. Elles ne sont d'ailleurs possibles que trois mois par an dans cette région torride. Une fois pendant la décrue, sur les berges du fleuve fraîchement inondées. Une autre fois à l'hivernage. Si toutefois, il pleut. Ce qui n'est pas le cas depuis deux ans. Lorsqu'une infime partie de ces récoltes, familiales est commercialisée (15 F CFA le kilo de mil !), elle ne suffit pas à procurer l'argent nécessaire. Depuis longtemps la vie en autarcie est donc impossible à Golmy. « Alors, que pouvons-nous faire ? Comme il n'y a pas de travail possible au village, il nous reste à partir », dit un « Parisien ».

Citoyens marginaux, tenus à l'écart de la monoculture de l'arachide, les Soninkés sont confrontés depuis plusieurs dizaines d'années au même problème : trouver de l'argent.

À Golmy comme dans les villages voisins, l'émigration est une vieille tradition. Elle remonte, au XIe siècle. Les Soninkés de l'empire du Galam assuraient alors le commerce de l'or et de la gomme, de l'ivoire (et des esclaves) avec les Maures Douïach à travers le Sahara. Grande période de prospérité où certaines familles soninkés pouvaient régner sur plusieurs villages. Au XIXe siècle, hélas !, les colons français qui ont fait de Bakel une ville fortifiée, un point de pénétration vers le Mali et l'Afrique de l'Ouest, monopolisent tous ces commerces à leur profit. Créée en 1824, la Compagnie de Galam fait des affaires.

Plus tard, le développement de l'arachide, qui commence à être exportée en 1850 sur la demande des négociants bordelais, se concentre dans la région du Siné-Saloun ou la basse vallée, et abandonne définitivement le peuple soninké aux souvenirs pâlis de sa prospérité. Privé de ressources, celui-ci doit chercher ailleurs de quoi survivre. D'abord, à l'intérieur du pays, les « navetanes » (ou travailleurs saisonniers) s'en vont « faire la graine » vers Saint-Louis, Linguère, ou Kaolack. Les salaires récoltés sur les plantations seront envoyés au village. Dès le début du siècle, les Soninkés fournissent également de forts contingents de « tirailleurs sénégalais » à l'armée française et de « laptots » (matelots) à la marine marchande. À Golmy, il est bien rare aujourd'hui de trouver une famille dont un grand-père ou un oncle n'ait pas « fait » l'armée ou navigué de Bombay à Shanghaï sur les gros cargos des compagnies coloniales. Les « julas » (commerçants) soninkés essaimèrent aussi dans toute l'Afrique de l'Ouest pour vendre la noix de kola ou trafiquer sur l'or.

Trafic moins connu, quoique fort important, pour la région du fleuve, celui des diamants à partir du Zaïre. Là encore, dans les années 1950, les « julas » soninkés sont au premier plan. Engagés dans les mines de Kinshasa, créant de véritables filières interafricaines, quelques-uns s'enrichissent. La plupart assurent simplement l'entretien de la grande famille demeurée sur le fleuve. La guerre du Congo, puis l'indépendance, viennent Interrompre ce commerce particulier. À partir de 1968 et jusqu'en 1971, le général Mobutu Sese Seko entreprend d'ailleurs d'expulser du Congo tous les « julas ». Parmi eux, bon nombre de Soninkés qui, perdant tous leurs biens, prendront alors le chemin de l'émigration vers Paris.

« On peut dire en effet que, pour certains Soninkés, l'émigration vers l'Europe a pris le relais de tous ces commerces intérieurs à l'Afrique, reconnaît le professeur Papa Kane, originaire de Golmy et enseignant à Dakar. La répression des trafics au Congo-Zaïre a réduit beaucoup de "julas" au chômage. Certains d'entre eux se sont simplement reconvertis à Paris comme manœuvres ou balayeurs. En attendant mieux. »

Talibés et « captifs »

C'est en 1959-1960 que les premiers grands départs ont lieu vers la France. En 1960, le village de Golmy compte déjà quarante émigrés. Une petite communauté est installée à Rouen, le reste à Paris. D'année en année, toute la vie du village va se réorganiser totalement en fonction de ces

« voyages parisiens » qui durent deux ou trois ans. La France paraît encourager à l'époque ces arrivées massives de travailleurs noirs. « Lorsque l'affaire algérienne nous priva momentanément d'une partie de la main-d'œuvre nord-africaine, on fit appel aux Noirs. Des entreprises recrutèrent directement à Saint-Louis, Dakar et Kayes, grâce à une propagande prometteuse » (*Esprit*, avril 1966).

Ajoutés aux impératifs financiers et aux traditions propres aux Soninkés, quantité de facteurs moins connus peuvent d'ailleurs jouer leur rôle dans ces départs volontaires. Quelques « captifs » chercheront à gagner sur les chantiers parisiens de quoi racheter leur liberté aux nobles du village. (Plus de 60 % de « captifs » parmi les émigrés.) De la même façon, des « talibés » (élèves du marabout) rembourseront leurs longues études coraniques. Pour quantité de jeunes, en outre, le « départ en France » est une grande aventure qui apportera prestige et respectabilité.

Paradoxalement, l'école, en suggérant l'image d'une autre vie possible, aiguise cette soif de départ. Elle est enfin vivement encouragée par les familles. Dans les maisons de Golmy, le montant du « mandat » mensuel reçu de Paris est un signe extérieur de réussite familiale. « Il suffit d'ailleurs qu'un garçon se prépare au voyage pour que son entourage change de comportement à son égard, dit un écolier. Il est déjà mieux considéré. Bien des parents poussent même les enfants à quitter l'école pour aller travailler en France. »

Dans la région du fleuve, une immigration au second degré est venue combler les vides. Bambaras ou Kassonkés, originaires du Mali, sont employés comme journaliers agricoles.

Savent-ils réellement ce qui les attend, ces jeunes candidats au voyage ? Les filières clandestines, les taudis parisiens, les cadences et les poubelles du petit matin, les expulsions policières et les grèves des loyers… Bien souvent, les « anciens » revenus au village ne racontent pas toute la vérité sur Paris. Question de prestige. « D'ailleurs, même si l'un d'entre eux commence à le faire, dit un Golmien, sa seule apparence extérieure lorsqu'il arrive de Paris est un encouragement au départ pour les plus jeunes. S'il insiste en essayant de noircir le tableau, on l'accusera de vouloir écarter des concurrents. »

Le départ d'un aussi grand nombre d'adultes bouleverse naturellement l'économie du village. Les travaux des champs pendant l'hivernage – la saison des pluies – souffrent d'un manque de bras, des cultures sont abandonnées. La garde des troupeaux, laissée aux femmes, se révèle elle aussi difficile. Alors, à Golmy comme dans toutes les communautés de la région du fleuve, une immigration au second degré est venue combler les vides.

Des Bambaras ou Kassonkés, originaires du Mali, sont désormais employés comme journaliers agricoles. Golmy en compte une bonne trentaine installés en bordure du village, dans des « bidonvilles » de paille et de bambou et payés 250 F CFA (5 F) par jour sur les mandats reçus de Paris. À Diaguili, il y a au moins un Malien par famille, certaines en emploient sept ; solides travailleurs, eux aussi ont laissé femmes et enfants au Mali et doivent prélever sur leurs gains de quoi « faire un mandat ».

Ce sont les sous-immigrés de Golmy, le « Lumpenproletariat » du village, considérés avec une vague condescendance par les Soninkés et pris parfois comme boucs émissaires. Pendant la saison sèche, les « Maliens » de Golmy se spécialisent dans la fabrication de nattes qu'ils iront vendre au marché de Bakel. De la même façon, la garde des troupeaux est confiée à des Toucouleur qui seront payés grâce à l'argent des émigrés. Des Maures, dont les tentes sont plantées à l'entrée de Golmy, assurent enfin le transport du bois, la fabrication de briques d'argile ou la récolte du « pain de singe » (le fruit du baobab).

De maison en maison, l'« étranger » venu de Paris a fait la tournée traditionnelle, distribué lettres et mandats. Le chef du village et les notables lui ont souhaité « bienvenue et longue vie ». Quelques jeunes ont déjà demandé cinquante fois si, à Paris, « il y avait vraiment beaucoup de bars, de fêtes et d'argent facile... » Puis, l'appel du marabout est tombé avec la nuit sur les venelles emmêlées de Golmy qui tournent entre les cases de terre ocre. Au pied du ficus, les palabres continueront tard dans la nuit.

Quelques jeunes filles, encouragées par l'obscurité, se s'ont mises à psalmodier des chansons qui parlent de voyages. Et de Paris...

La nouvelle « traite » des Noirs

Dakar. Tout commence à Niaye Thioker. Ce n'est pas un quartier comme les autres. Entrelacs de ruelles poussiéreuses, capharnaüm de planches et de cartons, mini-bidonville au cœur de Dakar grouillant d'enfants et dominé par l'immeuble insolent du milliardaire sénégalais Kebé. Ici sont agglomérées ce que les Soninkés appellent « les grandes chambres ». Maisons communes des gens du fleuve, annexes traditionnelles des villages du Goye et du Guidemaka en pleine capitale. Golmy occupe la sienne depuis une quarantaine d'années. Diaguili également. D'autres villages, trop petits et trop pauvres, se sont groupés pour entretenir une « chambre » avec l'aide financière des émigrés. Niaye Thioker, vieux fief soninké, présente une étape obligatoire sur la route de l'émigration.

Le jeune voyageur parti du fleuve sur les « taxis-brousse » et le train Bamako-Dakar y trouvera pour 50 F CFA (1 F) par jour le gîte, le couvert et surtout les multiples secours de la grande solidarité africaine. À la « chambre », le véritable village est reconstitué (comme à Paris) avec ses règles, son administration et sa boîte postale. Rendez-vous des « Golmiens » travaillant à Dakar, des lycéens et des parents de passage, la « chambre » est un trait d'union entre le fleuve là-bas et le « foyer » parisien. Golmy-Dakar-Paris : toute l'émigration s'organise autour de ces trois pôles entre lesquels circulent une infinité de nouvelles, de mandats et de recommandations.

« L'émigration des Soninkés apparaît donc comme une aventure organisée non par les gouvernements mais par les Soninkés eux-mêmes. » Peut-être. Disons plutôt qu'à la toute-puissance des trafiquants internationaux spécialisés dans la « chair humaine » répond l'organisation communautaire des Soninkés fondée sur la cohésion de la famille et du village. De tous les malheurs qui l'attendent sur la route de Paris, l'émigrant sait donc à l'avance qu'il ne connaîtra jamais le pire : la solitude.

De tous les malheurs qui l'attendent sur la route de Paris, l'émigrant sait qu'il ne connaîtra jamais le pire : la solitude.

Pour l'instant, ils sont une vingtaine à la « grande chambre » qui attendent un premier départ. Jeunes pour la plupart (17 ans !), ils ont quitté Golmy quelques mois auparavant. Le marabout du village leur a prodigué tous les vieux rites auxquels on croit encore sur le fleuve, même s'ils font aujourd'hui sourire les « Parisiens » et les étudiants. Il faut « laver des mauvaises langues et rendre invulnérables » ceux qui vont affronter Paris. Ils ont donc emporté, noués à la ceinture, quelques grigris de cuir contenant un verset du Coran. (Autant de services religieux qu'il faudra rembourser sur les premières paies parisiennes. Le marabout ne travaille pas pour rien.) Puis ils ont pris la route de Kidira d'où part le train. Le cœur battant, portant les espoirs de toute une famille. À la hauteur de Kounghani, ils ont dû jeter un dernier regard vers le fleuve où descend chaque matin une longue théorie de femmes, seau sur la tête. « Leur » fleuve !

S'ils le pouvaient, les jeunes émigrants prendraient simplement un aller simple au bureau dakarois d'Air Afrique puis, d'un coup d'aile de DC 8, se retrouveraient au Bourget. À quelques kilomètres du « 156, rue Léon-Maurice-Nordmann » où sont les frères. Il leur en coûterait un mois de salaire à Paris. Deux ou trois fois moins cher que par les filières clandestines. L'ennui, c'est que cette « voie légale » de l'émigration est interdite à ceux que les services de l'ONI appellent les « primo-arrivants ». Aux termes des lois sénégalaises et de la Convention sur la circulation des personnes signée par la France et le Sénégal en janvier 1964, le candidat à l'émigration désirant partir en France pour y exercer une activité salariée doit présenter un passeport muni d'un visa de sortie, un contrat de travail dûment visé par les deux ministères intéressés et des certificats médicaux. Il doit en outre pouvoir fournir des garanties financières concernant son rapatriement. Réunir légalement (et gratuitement) autant de pièces est quasiment impossible pour un « nouveau » plongé dans les maquis de l'administration sénégalaise.

Cette « traite des Noirs » arrange tout le monde, à commencer par les gouvernements intéressés.

Par contre, la réglementation – vaguement hypocrite – lui laisse une petite chance. S'il parvient jusqu'à Paris en se glissant à travers les mailles du contrôle douanier, s'il trouve ensuite un employeur complaisant (et intéressé), l'Office national de l'immigration lui permettra, après un humiliant contrôle médical, de régulariser sa situation. C'est la porte entrebâillée, le clin d'œil de l'aventure, le coup de poker toujours tentant. Cette ambiguïté explique que 90 % des Soninkés arrivent aujourd'hui en France par des voies clandestines après avoir obligatoirement enrichi la grande mafia des trafiquants.

Cette « nouvelle traite des Noirs » périodiquement dénoncée sur le mode sentimental est un « scandale » qui – à la vérité – arrange tout le monde, à commencer par les gouvernements intéressés. « L'immigration clandestine elle-même n'est pas inutile car, si on s'en tenait à l'application stricte des règlements et accords internationaux, nous manquerions peut-être de main-d'œuvre », déclarait, en 1966, M. Jeanneney, alors ministre du Travail. Les autorités sénégalaises, pour leur part, arrêtent de temps en temps un petit fonctionnaire accusé de corruption. Un conseiller du président Senghor possède actuellement dans ses tiroirs quelques dossiers de dénonciation contre les « trafiquants ». Mais, à Dakar, pas question de montrer trop de zèle dans la répression. L'émigration, qui diminue le taux de chômage et rapporte des devises à l'économie, est une « bonne affaire ». « D'ailleurs, peut-on arrêter un torrent comme celui-là avec le dos de la main ? », soupire un proche du président.

Les immigrés eux-mêmes, s'ils se plaignent volontiers des trafiquants, répugnent à dénoncer trop ouvertement les filières qui représentent leur dernière chance d'atteindre Paris. Même dans les ouvrages publiés par les Africains sur le sujet, on ne trouve guère d'informations précises concernant les réseaux clandestins. Ce n'est pas un hasard. « Ne donnez pas trop de détails sur les filières, nous disait un immigré. Vous nous gêneriez beaucoup en prétendant nous rendre service. » Chez les Soninkés, enfin, la nuance qui distingue l'entraide du trafic n'est pas toujours aussi nette qu'on le croit. La « traite des Noirs » a un bel avenir.

Les jeunes « Golmiens » vont rester plusieurs mois à la « chambre » de Dakar avant de trouver une « occasion » pour Paris. Quelquefois l'attente durera un an. Le premier obstacle à surmonter n'est pas le moindre : réunir assez d'argent. Un voyage clandestin coûte en effet de 3 000 F à 6 000 F. Certains Soninkés, après avoir été refoulés plusieurs fois, ont pu dépenser jusqu'à 10 000 F pour atteindre la France.

« Cette somme est considérée comme un investissement par la famille de celui qui part, dit un Africain. Pas question bien sûr de pouvoir l'économiser en travaillant à Dakar. Il y a beaucoup trop de chômeurs et, de toute façon, le salaire moyen d'un manœuvre ne dépasse pas 10 000 F CFA. Il faut compter sur les frères de Paris. »

Pour tous ceux qui n'ont pu obtenir de papiers (même faux), le seul chemin est le labyrinthe international des « filières », qui développe ses ramifications sur une quinzaine de pays.

C'est à la boîte postale de la « chambre » qu'arriveront les mandats destinés à financer le départ d'un nouveau. Les membres de sa famille déjà en France prendront ces frais à leur charge, à plus forte raison si le nouveau part remplacer un ancien. Tous les pensionnaires d'un foyer originaires du même village pourront également se cotiser pour avancer la somme nécessaire. Elle sera remboursée, plus tard, par le jeune devenu « productif ». Ainsi, avant même d'avoir quitté Dakar, le candidat au départ dépense-t-il les premiers mois d'un hypothétique salaire parisien. Payer, encore payer, c'est d'ailleurs ce qu'il s'apprête à faire pendant des semaines jusqu'à la « Terre promise » qui ressemble aux pavés de Paris. Tout au long du voyage, une foule d'intermédiaires s'apprêtent, en effet, à partager le bénéfice de l'« investissement » soninké. Et, pour commencer, à Dakar même.

Passeports en location

Un groupe de grands commerçants soninkés ou ouolofs ayant pignon sur rue sert de relais obligatoire entre les candidats au départ et les grandes compagnies de transport ou l'administration. « Un commerçant arrive à la "chambre" et dit à ceux qui veulent partir : moi, je peux vous obtenir les pièces nécessaires et les billets. Je m'occupe de tout mais il me faut 150 000 F CFA (3 000 F). » Avec cet argent il achètera le fonctionnaire chargé de délivrer les papiers et prélèvera ses « honoraires ».

Plusieurs cas peuvent se présenter. Parfois, il s'agira simplement de payer quelques « bakchichs », faute desquels les démarches officielles se perdraient dans les ténèbres bureaucratiques. Mais, bien souvent, à défaut de pouvoir obtenir des papiers en règle, il faudra en acheter des faux. Le trafic de passeports gambiens ou guinéens est florissant à Dakar. Pour d'innombrables petits fonctionnaires sous-payés, il permet de boucler les fins de mois difficiles. Visés par un consulat mauritanien, marocain ou espagnol, ces passeports sont « loués » 50 000 F CFA et « tournent » en permanence entre Dakar et Paris.

« On a pu constater qu'un passeport avait servi le 21 janvier 1968 dans le sens Dakar-France. Ce même passeport resservait le 31 janvier 1968 dans le même sens. Entre-temps, on ne l'avait vu repasser ni au port ni à l'aéroport. Enfin, il refaisait un troisième voyage, le 27 février 1968, sans qu'on l'ait vu revenir. En deux mois, d'octobre à décembre 1964, on avait également repéré seize trafics de cartes d'identité. »

Les contrats de travail font également l'objet d'un fructueux commerce. Au moment de l'indépendance, 800 contrats furent acheminés vers Dakar à des prix raisonnables. L'émigrant illettré partant avec un faux passeport dont on a seulement changé la photo s'expose, sans le savoir, à bien des difficultés. On a pu voir ainsi plusieurs Africains bloqués à Irun, incapables d'aller récupérer le mandat envoyé – sous leur véritable nom – à la poste espagnole. D'autres ont été refoulés de Marseille, simplement parce que la profession inscrite sur le (faux) passeport ne correspondait pas à celle du (faux) contrat de travail.

Toutes ces raisons expliquent qu'à la voie directe les émigrants préfèrent le labyrinthe international des « filières », lequel développe ses ramifications sur une quinzaine de pays. Pour tous ceux qui n'ont pu obtenir de papiers (même faux), il n'y a pas d'autres chemins.

Fort bien renseignés, disposant d'une organisation très souple, les trafiquants savent toutefois s'adapter aux circonstances et passer d'une filière à l'autre au gré de l'actualité. La structure des réseaux est donc en perpétuel mouvement. Le plus ancien et le plus puissant passe par le Maroc et l'Espagne. Selon le moyen de transport utilisé (bateau jusqu'à Agadir, Casablanca ou Bilbao ; avion jusqu'à Las-Palmas, Madrid-Barajas ou Barcelone), il possède ses étapes traditionnelles où les « Parisiens » ont l'habitude d'envoyer des secours : l'hôtel Lincoln à Casablanca, l'hôtel

Los-Arcos à Barcelone, le bar Patxi à Irun.

Les autorités espagnoles délivrent aux Africains des visas de transit valables huit jours ou un mois. À partir d'Irun, des passeurs basques conduisent – en les détroussant parfois – les Africains à travers la montagne par les cols de Lizarieta, Etchalar ou Dantcharia. « Tu marches tout droit, c'est la France. » Passer la frontière n'est pas toujours facile. Le centre d'accueil créé à Hendaye pour aider les immigrés arrivant démunis et affamés estime que cinq à six cents d'entre eux ont été refoulés en 1972. De nombreux Africains bloqués en Espagne sont utilisés sur les chantiers de l'autoroute Hendaye-Béhobie ou secourus par Caritas Espanola.

Cependant, de l'aveu même des immigrés, l'importance de cette « filière espagnole », rodée jadis par les clandestins portugais, a beaucoup diminué.

Il en va ainsi pour Marseille, où les Africains débarquaient des bateaux des compagnies de navigation assurant la ligne de Dakar. À bord des navires, un cuisinier ou un marin du « réseau » assurait contre 25 000 F CFA le débarquement discret des clandestins avec la complicité d'un fonctionnaire du port prévenu par télégramme. En janvier 1973, sur quarante et un Africains débarqués un jour à Marseille, cinq seulement ont été refoulés. L'interruption récente de la ligne Dakar-Marseille par le paquebot *Ancerville* (qui a fait son dernier voyage le mois dernier) risque de minimiser encore l'importance de cette filière.

La « voie italienne », malgré plusieurs arrestations de passeurs, paraît, elle, fonctionner encore convenablement. Rassemblés à Rome et surtout à Milan, les immigrés sont acheminés sur Paris par un groupe de chauffeurs de taxi italiens. Le voyage coûte 150 000 lires par personne. « Le type sans argent peut se faire amener à crédit jusqu'à Paris, raconte un immigré. Dans ce cas, on lui confisque sa carte d'identité jusqu'à ce qu'il puisse rembourser. »

Dans tous les cas, les Africains « en chemin » sont des victimes toutes désignées pour les escrocs, les voleurs, les racketteurs. On connaît mille exemples : émigrés abandonnés dans la montagne, passeurs qui disparaissent avec le prix du voyage, garçons renvoyés de frontière en frontière jusqu'à ce qu'un douanier consente à fermer les yeux. « Vous ne vous rendez pas compte, raconte un jeune Sénégalais, que le type qui s'embarque à Dakar sous la conduite d'un trafiquant ne sait absolument rien de ce qui l'attend. Ni son point d'arrivée, ni la durée du voyage. On lui a simplement dit : à la descente de l'avion, Untel s'occupera de toi. Or, bien souvent, Untel n'est pas au rendez-vous. »

Vues de Golmy, les rues s'annonçaient moins froides, les Français moins racistes, les CRS moins nombreux…

Avec le temps pourtant, les Soninkés ont appris à se défendre. Malgré la densité des réseaux, on voit venir de plus en plus d'Africains qui tentent individuellement leur chance, par des moyens les plus rocambolesques. Certains ont pu forcer les contrôles au Bourget et disparaître dans Paris ; faire un détour par La Mecque, faux pèlerins qui profiteront d'une escale à Paris pour s'éclipser ; s'engager dans une (fausse) troupe folklorique africaine qui dansera publiquement de frontière en frontière ; monter en passager clandestin sur un bateau, etc.

Le voudrait-on qu'on ne pourrait jamais boucler toutes les frontières françaises.

Au bout d'un si long voyage, après d'épuisantes semaines, voici le 156, rue Léon-Maurice-Nordmann. C'est un portail rouillé donnant sur une petite rue tranquille. Il ouvre sur un « foyer » insalubre où deux cents « Golmiens » attendent le « petit frère ».

Accéder au statut de Parisien

Paris n'est pas très ressemblant. Vues de Golmy, les rues s'annonçaient moins froides, les Français moins racistes, les CRS moins nombreux, les emplois moins rares… Le « nouveau » fraîchement débarqué au foyer, lâché sans préparation dans la ville, risque d'y rencontrer davantage de désillusions que de bonnes surprises. Triste métro. Cruelle petite voix xénophobe, entendue partout dans Paris, retrouvée dans les journaux, et de Saint-Ouen à Boulogne-Billancourt. Les premières semaines d'un Soninké à Paris ne sont jamais très roses.

« Je ne comprenais pas le français, raconte l'un d'eux. Je ne savais pas lire. Alors, les premiers jours, je ne suis promené avec un camarade qui m'expliquait : ici c'est l'usine, là l'autobus pour le foyer, etc. À Golmy, les anciens répétaient toujours : si tu ne parles même pas français, tu n'as aucune chance, mon vieux, je me suis quand même débrouillé. »

Imagine-t-on ce que peut vivre un garçon de dix-neuf ou vingt ans, arraché à son village et à son fleuve, bloqué de longues semaines à la « chambre » de Dakar, ballotté de filière en filière et finissant par échouer – clandestinement et inconnu – au « 156, rue Léon-Maurice-Nordmann » ? Première urgence qui tournera vite à l'obsession : trouver du travail, envoyer enfin le premier mandat à Golmy, accéder au statut respectable de « Parisien ». Ce n'est pas rien.

Venu clandestinement, résident « irrégulier », le nouveau reste à la merci de tous les exploiteurs, du moindre contrôle de police. Impossible de légaliser sa situation sans contrat de travail ; difficile de trouver du travail sans être en règle avec l'ONI. Le cercle est bien vicieux. Une seule chance de pouvoir le briser : trouver l'employeur « complaisant » qui acceptera de remplir la fameuse carte verte. Tous les immigrés la connaissent. Elle coûte 75 F et permettra au clandestin d'entrer officiellement dans le circuit de l'immigration. « Normalement, raconte un Soninké, les 75 F sont à la charge de l'employeur. Mais, en général, il nous les retient sur le premier salaire. Et puis, au début, on ne peut guère espérer gagner plus de 3,75 F où 4 F de l'heure. Pour un nouveau, c'est à prendre ou à laisser. »

Longues recherches, difficile porte-à-porte. Petites annonces, téléphone, déceptions multipliées... Cette première quête d'un travail peut durer des semaines ou des mois. Les illusions entretenues au village en prennent un coup. Quoi, c'est ça l'Eldorado ? Certains Soninkés ont attendu un an leur premier emploi. « Un garçon de Golmy a d'abord cherché pendant six mois à Paris. Puis, il est parti à Rouen quatre autres mois. Il en est revenu, toujours chômeur. » Nombreuses sont en effet les entreprises qui répugnent à engager un nouveau, pour lequel quantité de formalités seront nécessaires. Personne, au demeurant, ne peut prévoir quels seront les résultats du contrôle médical exigé par l'ONI. D'un trait de plume, le médecin de service peut renvoyer dans son village le postulant jugé « inapte au travail ». Il peut aussi condamner le nouveau à passer plusieurs semaines en sanatorium ou à l'hôpital. Humiliante épreuve, « manque à gagner » catastrophique pour les familles et que redoutent tous les Soninkés.

Pour corriger l'arbitraire toujours à craindre d'une telle visite, certains immigrés se font examiner au préalable – et à leurs frais – par un médecin privé. Son diagnostic pourra être invoqué ultérieurement. « La plupart des démarches que les Africains nous demandent d'effectuer concernent cette fameuse visite médicale », constate une assistante sociale du XXe arrondissement. La France n'est indulgente pour les clandestins qu'à une seule condition : qu'ils soient robustes et productifs.

Les premiers mois à Paris seraient difficilement supportables si le nouveau était seul. Ce n'est jamais le cas. En France, comme au village ou à la « chambre » de Dakar, la solitude n'existe pas chez les Soninkés. À des milliers de kilomètres du fleuve, le village est bien reconstitué avec ses coutumes, son entraide, sa hiérarchie rigoureuse. Certes, au « 156 », le foyer est misérable, exigu, surpeuplé, « insalubre » comme dit l'administration. Mais il forme une communauté vivante et solidaire. Le foyer est un phalanstère. Dans Paris, où se croisent aveuglément toutes les solitudes du monde, les égoïsmes, les agressivités refoulées et les hargnes recuites, le témoignage silencieux des Soninkés mériterait d'être mieux compris.

Un étudiant sénégalais a effectué une longue et riche enquête sur ce sujet parmi ses frères d'Afrique. Les propos qu'il rapporte sont « vexants » pour notre petit complexe de « surdéveloppés ». Ainsi cet immigré qui évoque l'« individualisme déconcertant », l'« absence de solidarité » découverts à Paris, et qui ajoute : « Avant de venir ici, je n'avais jamais imaginé qu'une société puisse devenir un tel assemblage d'individus enfermés chacun dans son moi. En Afrique, la liberté n'a pas la même signification. »

« Avant de venir ici, je n'avais jamais imaginé qu'une société puisse devenir un tel assemblage d'individus enfermés chacun dans son moi. En Afrique, la liberté n'a pas la même signification. »

Dès son arrivée au foyer, et jusqu'à ce qu'il soit intégré au cycle de la production, le nouveau est entièrement pris en charge par la communauté. Au « 156 » vivent en permanence une bonne vingtaine de « sans-travail ». Chaque ancien cotise obligatoirement à une caisse commune grâce à laquelle deux femmes amenées du village font la cuisine africaine. La table est ouverte à tous. On y mange le tebou diem (riz au poisson) ou le lakh lalo. Les repas ont un goût d'Afrique. Cela compte.

Une île africaine posée dans Paris

Chaque premier lundi du mois, une réunion est organisée au « 156 » pour examiner les problèmes du village. Secours à envoyer, investissements collectifs, décisions à prendre, décès à annoncer, etc. Ce jour-là, un délégué est même désigné pour aller à Rouen, où vit une petite colonie de Golmiens. Ils se réuniront eux aussi, en liaison étroite avec les « Parisiens ». En outre, si quelques frères n'habitent pas au foyer, un « captif », dont c'est la fonction et qui reçoit pour cela un lot de tickets de métro, fera la tournée des chambres et battra le rappel des isolés. Rue de Charonne, toutes les pièces d'un foyer sont occupées chaque dimanche par les réunions des différents villages du fleuve.

Là-bas, à Golmy comme ailleurs, aucune décision importante ne saurait être prise sans consultation des « Parisiens ». Ils font vivre les villages, entretiennent les familles et, logiquement, ce « pouvoir économique » s'accompagne d'un « pouvoir politique » considérable. D'autant plus important d'ailleurs que les émigrés, frottés à la civilisation technicienne, représentent déjà, à l'intérieur de leurs régions respectives, une force de contestation qui ébranle (modestement) les structures de la vieille société soninké.

Entre les « Parisiens » et les vieux du village, des conflits pourront naître au sujet de telle ou telle dépense collective (une mosquée ?) jugée somptuaire pour ceux qui, à Paris, connaissent le prix de l'argent épargné. Mais ces désaccords – ordinairement tranchés par Paris – vont rarement très loin. Le « foyer » parisien, en effet, n'est pas une colonie autonome, détachée du village. Il en est le prolongement parfait, le pseudopode poussé jusqu'en terre étrangère. Le plus ancien y fait office de chef de village mais la hiérarchie reconnue sans discussion par tous les émigrés recouvre celles des familles d'origine.

Ainsi, bien que certains étudiants « contestataires » s'en indignent, la distinction entre nobles et captifs survit-elle au grand voyage. La société soninké, féodale et esclavagiste, sauvegarde ses structures jusqu'aux bords de la Seine. La plupart du temps, les « captifs » assureront les gros travaux, la vaisselle, la cuisine, sans que quiconque y trouve à redire. Nombre d'entre eux prélèveront même sur leur salaire la part qui revient au « maître » resté au village. De la même façon, lorsqu'un comité de gestion se constitue dans un foyer, il est pris en main par les fils de nobles ou de notables. Malheur aux intellectuels africains qui, pleins de bonne volonté militante, s'efforcent de corriger ces injustices. La société soninké, pétrie d'islam, est profondément conservatrice, intégriste même.

Loin de ses parents, de ses femmes et de ses enfants, le « Parisien » ressent cruellement son exil.

Mais la vie communautaire va plus loin encore. Le « 156 », comme les autres foyers, c'est une île africaine posée dans Paris. Au retour de l'usine ou du chantier, on y porte le boubou, on y conduit interminablement les mêmes palabres que sur les bords du fleuve. Les événements du village, la sécheresse, les problèmes de famille, font l'objet de longues discussions. Loin de ses parents, de ses femmes et des enfants qui grandissent sans lui, le « Parisien » ressent cruellement son exil. L'évocation quotidienne du village se charge de nostalgie.

Souvent, un petit artisanat est reconstitué à l'intérieur du foyer. Rue Bisson, par exemple, travaillait en sous-sol une équipe de tailleurs africains, fournisseurs attitrés des « anciens » retournant au pays. Les boubous « made in Paris » feront impression au village. Des cordonniers, forgerons, bijoutiers, ont installé leurs échoppes ici ou là dans les « garnis ». Au « 156 », quelques femmes d'Immigrés ont monté une sorte de restaurant africain servant, pour un prix modique, des plats traditionnels. En extra.

L'islam, enfin, cimente – comme au village – la communauté du foyer. À défaut de mosquée, chaque « garni » possède sa salle de prière. C'est en général la pièce la mieux entretenue et la plus propre. Quelquefois un « marabout » s'est installé à demeure. « En parasite », disent les étudiants. (Au « 156 », le marabout de Golmy vient régulièrement en visite pour quelques semaines.) Les fêtes religieuses – Tabaski notamment – sont scrupuleusement célébrées. Bien rares sont les immigrés qui, dévergondés par la grande ville, rejetteront les principes du Coran, commenceront à boire de l'alcool ou à consommer du porc. « Devant les autres, ils n'oseraient jamais le faire », dit un Golmien.

> **La communauté n'est pas un simple refuge au milieu d'une France hostile et volontiers méprisante. Elle exerce sur ses membres un contrôle social et religieux d'une grande rigueur.**

La communauté n'est pas un simple refuge au milieu d'une France hostile et volontiers méprisante. Elle exerce sur chacun de ses membres un contrôle social et religieux d'une grande rigueur. L'immigré, malgré Paris, n'échappera pas à l'emprise soninké. Le souhaite-t-il vraiment ? Est-il venu en France pour rompre avec l'Afrique et s'« occidentaliser » ? S'agit-il pour lui – paysan du fleuve – de s'intégrer à la société française ? Certainement pas. Il n'est « à la production » que pour deux ou trois ans d'affilée, jamais plus. Économiser le plus d'argent possible, à n'importe quel prix, tel est bien le but réel du « grand voyage ». À celui qui céderait aux tentations du confort et du gaspillage occidental, les anciens rappelleraient vite ce devoir essentiel.

Le travailleur soninké à Paris, durant tout son séjour, se trouve comme enfermé entre des parenthèses africaines. Protectrices, elles sont aussi très contraignantes et bloquent souvent la moindre tentative d'émancipation individuelle. L'immigré n'a jamais la libre disposition de son propre salaire. Dans ce foyer de la banlieue parisienne, la communauté soninké s'est opposée à ce que certains jeunes suivent des cours de formation professionnelle « inutiles et coûteux ». Exactement comme au village les parents voient encore d'un mauvais œil tel fils poursuivre des études en renonçant, pour un temps, à devenir « productif ». Les étudiants africains s'en désolent.

Cette stricte organisation communautaire des Soninkés permet de comprendre « de l'intérieur » la plupart des scandales qui attirent périodiquement l'attention sur les tristes « bidonvilles verticaux » disséminés dans Paris et qui font encore la fortune des « marchands de sommeil ». L'histoire du « 156 » – foyer des habitants de Golmy – est un bon exemple, une sorte de modèle.

À la merci d'un marchand de sommeil

Avant 1969, les Golmiens occupaient deux immeubles gérés par un Nord-Africain. Avec l'augmentation de la communauté, ils devinrent rapidement exigus. C'est alors qu'intervint le « marchand de sommeil », M. T..., un Guinéen. Il proposa aux Golmiens de les héberger dans un vieil entrepôt de la rue Léon-Maurice-Nordmann dont il était lui-même devenu locataire. 256 Africains s'y installent en 1969 (pour cent cinquante places autorisées). Les loyers rapportent alors au « marchand de sommeil » 21 400 F par mois. (Un autre taudis qu'il « gère » rue de Bisson lui procure sensiblement la même somme. Au total, 5 millions d'anciens francs de revenus mensuels !)

Au « 156 », le foyer mal entretenu et surpeuplé devient vite invivable, dangereux même. Les Golmiens réclament à plusieurs reprises à leur gérant un minimum de réparations et d'améliorations. En vain. Celui-ci se dérobe et se contente d'encaisser les loyers. Alors, en mai 1971, la communauté décide de lancer une grève des loyers. Elle permettra aux locataires de faire d'étranges découvertes. Le gérant irascible n'a plus le moindre droit au bail, résilié depuis un an. Le véritable propriétaire n'a pas touché un sou depuis longtemps, etc. « Jusqu'alors, on ne connaissait même pas la situation exacte de T... par rapport à l'immeuble », dit un Golmien.

T..., qui entretient de bonnes relations avec la police (protégé par elle ?), déclenche cependant une épreuve de force, brandit des armes devant ses locataires, menace. Des bagarres éclatent à l'intérieur du foyer. Des cars de CRS sont dépêchés sur les lieux. T... porte plainte le 4 octobre 1972, et quatre Golmiens sont inculpés. Trois seront condamnés à 200 F d'amende avec sursis, le quatrième acquitté. Mais le « marchand de sommeil » affronte à cette époque une révolte analogue dans son deuxième foyer de la rue Bisson. Prudent, il finira par disparaître dans la nature.

L'immigration sert d'abord nos intérêts de nantis. En fournissant à l'économie ce qu'il faut de « soutiers » bon marché et dociles.

La Ville de Paris, qui a racheté l'immeuble, souhaite en effet pouvoir le récupérer en expulsant les locataires. Difficile de le faire toutefois sans provoquer un nouveau scandale, puisque rien n'est prévu pour le relogement. Le « 156 », comme des dizaines de foyers semblables, se trouve donc en sursis. Et les Golmiens sont inquiets. Délibérément, en effet, la Préfecture de Paris, qui procède à des expulsions au fur et à mesure que de nouveaux foyers sont construits, s'efforce de diviser les communautés pour « faciliter leur intégration ». Au surplus, les foyers neufs de la Ville de Paris ou de la Sonacotra appliquent des règlements sévères. Pas de visites passé 22 heures, hébergements clandestins interdits, etc. Ces directives s'inspirent pour une grande part de considérations politiques. Formant bloc, totalement solidaire, la communauté africaine d'un foyer pourra toujours résister à l'administration, défendre ses droits, devenir un « foyer d'agitation ». Toutes choses que la police française tolère difficilement. Mais réalise-t-on qu'en intégrant ainsi de gré ou de force les Soninkés dans des structures « normales », on pulvérise toute une organisation, on met en échec la grande solidarité africaine qui, seule, rend possible l'immigration ? Dont la France se sert.

Tous les conflits qui éclateront demain dans tel ou tel foyer africain procéderont de la même ambiguïté. Tour à tour exploités par les entreprises, « secourus » par les bonnes œuvres, récupérés et utilisés par l'extrême gauche, flattés aujourd'hui, méprisés demain, les Soninkés ne sont pas souvent écoutés d'une manière désintéressée. Alors, bien des portes de foyers se ferment devant l'étranger, qui ne sait pas toujours pourquoi. « Comprenez, dit un immigré, les apitoiements et les pleurnicheries ont peut-être joué un rôle utile autrefois. Mais tout cela tourne au folklore. Qui s'intéresse à nos vrais problèmes ? »

Un circuit fermé

On ne revient pas sur une démonstration faite cent fois. L'immigration sert d'abord nos intérêts de nantis. En fournissant à l'économie française ce qu'il faut de « soutiers » bon marché et dociles. Comme les Maghrébins, les Yougoslaves, les Turcs ou les Portugais, les Soninkés font leur part de « charbon ». C'est le côté, scandaleux mais « positif » (pour nous) de la médaille. La colonisation continuée sous un autre masque.

Mais qui connaît son revers ? Quel bénéfice les Africains tirent-ils réellement de leur esclavage consenti, désiré même ?

Des chiffres. Chaque année les trois pays d'où viennent les Soninkés (Mali, Mauritanie, Sénégal) reçoivent 15 milliards de francs CFA de mandats postés à Paris, Lille, Dunkerque, Bordeaux. À elle seule, la poste de Dakar distribuait, dans le mois de septembre 1972, 60 millions de francs CFA venus de France. Celle de Bakel, au Sénégal oriental, une quarantaine, chaque semaine, à l'heure du courrier, on s'y bouscule dans un désordre impatient. À quoi servent ces millions ?

À faire vivre tout le pays soninké, bien sûr. Du Sénégal oriental au Goidemaka mauritanien, tout le long du fleuve... Grâce aux « mandats », des régions entières, oubliées, délaissées, survivent artificiellement, comme suspendues au-dessus d'un sous-développement absolu.

Si l'immigration s'arrêtait brusquement, si tous les Soninkés retournaient en Afrique (hypothèse d'école), quel bilan pourrait-on faire de tant de sueur et de peine vagabondes ? Quelle est la part productive de ces salaires si durement épargnés ? Elle est dérisoire.

Des régions entières survivent grâce aux « mandats », comme suspendues au-dessus d'un sous-développement absolu.

Il faut raconter deux petites histoires. À Diaguili (Mauritanie), gros village de 7 000 habitants perché sur la rive escarpée du fleuve Sénégal, deux bâtiments « en dur » dominent les cases et les maisons de pisé entremêlées sur un espace minuscule. Toutes deux sont des produits directs de l'émigration des « investissements » collectifs.

Le premier bâtiment est une mosquée. Magnifique avec ses deux minarets de béton, son mur d'enceinte joliment dentelé et ses portes à grands battants.

Sa construction a coûté plusieurs dizaines de millions CFA. Chaque émigré a versé pour elle l'équivalent de 1 500 francs, plus d'un mois de salaire. Or le village ne possède aucun puits (on boit l'eau du fleuve), pas de vrai dispensaire ni de médicaments, son école est un taudis branlant et tous les habitants ne mangent pas à leur faim. Diaguili comptait déjà neuf mosquées ! Ce sera la dixième. Plus grande et plus belle que les autres. À Diaguili, le ciel est toujours plus important que la terre.

Certes, bien des émigrés ont renâclé devant ce projet dispendieux. Ils ont fait timidement valoir l'urgence prioritaire de quelques autres investissements. En vain.

L'assemblée du village (aux mains des vieux et des marabouts) a tranché. Sur l'autre rive, les villages sénégalais fouettés par l'exemple s'apprêtent à relever le défi. Golmy, par exemple, d'où l'on aperçoit sans plaisir la mosquée concurrente. Quant au dispensaire de Diaguili, il attendra… Pour lui, les émigrés ont déjà déposé 4 275 000 F CFA à la banque de Nouakchott. Mais son éventuelle construction suscite déjà des polémiques au village. « Pourquoi un dispensaire ? disent les notables. En avions-nous autrefois ? » La décision n'est pas acquise.

Exploités de Dakar à Billancourt, les émigrés soninkés butent donc dans leur propre village sur le conservatisme inquiet d'une société féodale qui se sent menacée dans ses valeurs essentielles. Et la petite poignée de lycéens ou d'étudiants qui rêve de révolution est aussi populaire qu'un groupe de maoïstes place Beauvau.

Le deuxième bâtiment, maison à étage et balcons, style néocolonial, appartient à M. D., seul « capitaliste » du village, puissance financière redoutée – et donc courtisée – par les notables. Or, en 1960, M. D. n'était rien de plus qu'un petit boutiquier comme il en existe tant à Diaguili. Sa fortune, il la doit entièrement à l'émigration. L'émigration des autres, cela va sans dire.

Jadis en effet, après un voyage de six mois à Marseille, M. D., astucieux et phraseur, est entré à Diaguili pour devenir le « banquier » des émigrés. Ceux-ci, lorsqu'ils sont en France, ne savent pas toujours à qui envoyer l'argent qu'ils souhaitent épargner. À la famille ? Le capital fondrait vite entre les mains d'une multitude d'ayants droit. À la banque ? Peu d'émigrés en ont l'usage. Alors, quelques commerçants comme M. D. ont « accepté » de prendre de grosses sommes en dépôt. Sous leur responsabilité. Souvent ils se chargent même de fournir aux familles des « mandants » les sacs de riz ou les produits nécessaires au quotidien. En se payant sur le capital. Au prix fort.

M. D. avait ainsi rapidement conquis une position de quasi-monopole à Diaguili en matière de finances locales. Plusieurs centaines d'émigrés (Diaguili en compte deux mille) lui envoyaient chaque mois quelque 10 ou 15 millions CFA. « Banquier » avisé, il jugea vite que laisser dormir un si gros capital n'était guère rationnel. Avec l'argent des émigrés, M. D., spéculateur imaginatif, fit des affaires. Il en fit même beaucoup. Prêts usuraires, commerce de l'or à La Mecque, trafic varié… Il est aujourd'hui le maître du village. Ses quatre femmes (les plus jolies) font des jaloux. Et tous les émigrés floués, même s'ils ont pu récupérer leurs dépôts (ce n'est pas toujours le cas), n'ont pas encore compris qu'il était plus sage d'ouvrir quelque part un livret de caisse d'épargne.

Une vie en pointillé

Pour perpétuer ce petit scandale africain une multitude de forces ont joué. Habitudes, traditions, pression sociale diffuse, naïvetés... L'injustice de l'émigration – criante à Paris – se prolonge ainsi jusque dans les villages et donne naissance à une nouvelle classe de profiteurs.

Quantité d'anecdotes semblables peuvent être recueillies le long du fleuve dans chaque village. Le metteur en scène sénégalais Ousmane Sembène a montré dans un film (*Le Mandat*) comment l'argent d'un émigré envoyé en Afrique s'évaporait en quelques instants entre les mains d'une multitude de parents, cousins, quémandeurs ou aigrefins.

L'immigration est un système clos qui entretient lui-même sa propre justification.

Que va rapporter à Golmy notre « Parisien » de la rue Léon-Maurice-Nordmann ? Dans le meilleur des cas, après avoir fait vivre sa famille durant son séjour en France, après avoir souscrit aux mille et une obligations de la solidarité africaine et à condition d'avoir mené à Paris une vie de « gourou », il ramène au village 600 000 ou 700 000 F CFA. Que va-t-il en faire ? Quelques tôles pour couvrir la maison, un transistor (grâce aux émigrés, les villages en sont remplis), deux ou trois « gadgets », une dot pour la fiancée que l'on a généralement « retenue » par la première lettre envoyée de Paris... Enfin, pendant le séjour au village, l'entretien de la famille suffira à grignoter ce qui reste du capital.

Alors, au bout de quelques mois, revenu à son point de départ, c'est-à-dire au degré zéro de la pauvreté, le « Parisien » n'aura d'autre ressource que de repartir vers les poubelles de Paris ou les chaînes de l'île Seguin. Indéfiniment. La plupart des immigrés que l'on rencontre dans les « garnis » en sont à leur quatrième ou cinquième voyage. Les Soninkés vivent en pointillé. L'immigration est une mécanique en circuit fermé, un système clos qui entretient lui-même sa propre justification. Mieux, qui la renforce un peu plus chaque année. De deux manières.

Les structures de la société soninké et celles des pays industrialisés – adaptées comme on a pu le voir à l'émigration – interdisent à l'émigré de ramener de France, outre quelques économies, ce qu'il pouvait y avoir de moins mauvais dans nos sociétés techniciennes (formation professionnelle, alphabétisation, émancipation). Étrangement complices d'un même conservatisme, les intérêts de notre économie (avoir des « esclaves » sous-qualifiés et sous-payés) et ceux du féodalisme soninké (maintenir intacts les comportements traditionnels) obligent l'émigrant à vivre son séjour en France en véritable somnambule. Sans la moindre chance d'évolution individuelle.

« Tout de même, nous disait ce lycéen mauritanien rencontré au bord du fleuve, quelques émigrés reviennent de Paris en militants formés. Ils sont un facteur de progrès. » Voire ! Sur le plan professionnel les « Parisiens » chanceux, qui ramènent au village un CAP d'ajusteur ou de fraiseur, trouvent-ils sur place, en Afrique, les structures industrielles capables d'utiliser leur compétence ? Sûrement pas. Sur le plan politique, les quelques émigrés formés par les luttes syndicales en France pourront effectivement nouer ici ou là, dans les villages, des alliances de fait avec les intellectuels révolutionnaires. On verra peut-être éclater en Afrique des conflits dans lesquels les « Parisiens » auront joué un rôle. Déjà, sur le fleuve, les émigrés se risquent à prendre la parole dans les assemblées villageoises, mais rarement. Et timidement.

La plupart des émigrés réendossent en retournant sur le fleuve la défroque qu'ils y avaient – provisoirement – abandonnée. Celle d'un paysan sénégalais ligoté par toutes les contradictions connues du sous-développement.

Tant de pesanteurs jouent en effet dans la société soninké ! Tant de replis frileux vers la tradition et vers l'islam ! Tant de réticences devant notre « modèle » de civilisation, qui d'ailleurs n'a plus très bonne mine ! La plupart des émigrés réendossent en retournant sur le fleuve la défroque qu'ils y avaient – provisoirement – abandonnée. Celle d'un paysan sénégalais ligoté par toutes les contradictions connues du sous-développement.

M. Sally Dongo, président de l'Union générale des travailleurs sénégalais, répète volontiers sur un ton pessimiste : « La solution est aussi en Afrique. » Certes. Cette immigration est-elle autre chose qu'un petit morceau de tiers-monde apporté jusque sous nos yeux ? Qui s'en offusque ?

CINQ JOURS DANS L'AGONIE DE SAIGON

30 avril 1975. Les hommes du Nord-Vietnam entrent dans Saigon. C'est la fin d'un conflit de trente ans. Le drapeau rouge flotte désormais sur toute l'Indochine. Chronique heure par heure des dernières convulsions de la cité déchue, publiée à l'occasion du dixième anniversaire de la chute de la ville.

YVES-GUY BERGÈS
« VSD », AVRIL 1975

Cinq jours auront suffi pour que bascule dans un monde meilleur la Sodome vietnamienne. Cinq jours pour que le Saigon d'hier se décompose et se recompose un nouveau visage. Cinq jours de jeu fou, de kermesse inquiète et curieuse, durant lesquels le carrousel des Honda n'a jamais cessé de vibrionner autour des hélicoptères américains, puis des chars soviétiques. Cinq jours de tempête pour effacer le Sud, détruire ses illusions, emporter les dollars, anéantir une armée, un régime, une administration, ventiler Thieu à Taipeh, atomiser la « troisième composante », humilier l'Amérique et déposer la France à côté de ses rêves. Cinq jours pour que se referme définitivement le livre rouge de la guerre d'Indochine commencé trente ans plus tôt.

Extraordinaire Saigon : ville femelle imprévisible, aussi vite affolée que calmée, se livrant totalement à l'instant ; ville chatte se refusant et se donnant avec la même ardeur, se roulant pour mieux les désarmer aux pieds de ses libérateurs. Cité d'insectes entêtés, fourmis chargées de butin tourbillonnant en une noria échevelée autour des lucanes impérialistes ou des scarabées communistes. Sans panique, sans enthousiasme, mais avec un fantastique appétit de vivre qui ne perd rien de l'événement, harmonise l'amour et la guerre, le sacrifice et le pillage, l'héroïsme et la lâcheté.

Le Saïgonnais d'aujourd'hui s'est greffé deux roues aux membres postérieurs. À la place du cœur, il possède un moteur de 50 cm^3. Saïgonnais d'adoption, j'ai fait comme tout le monde : afin de mieux saisir la clé du spectacle, l'accord intime de toutes choses, j'ai enfourché un cyclomoteur prêté par un ami sud-vietnamien. Voici, telle que je l'ai vécue, la chronique de la fin d'un monde.

Dimanche 27 avril

« Faites attention au lépreux : il s'agrippe. Surtout vous qui avez l'air d'un Américain ! » M. Bonnelli, propriétaire depuis quarante ans du café L'Impérial, rue Tu-Do (ex-Catinat), a raison. C'est vrai, l'insistance des mendiants et des mutilés s'est accrue. Ils sentent l'orage. Mais à part cela, rien n'a changé depuis mon dernier séjour. L'armée libératrice n'est plus qu'à 20 kilomètres de la capitale, mais qui s'en soucie ? La vie quotidienne continue imperturbablement, bien trop absorbante.

Les personnages habituels grouillent, avec leurs accessoires : ballet des Honda, des cyclos, des taxis (les increvables 4 CV). Le trottoir appartient aux marchands de soupe chinoise, aux prestidigitateurs du « You change money ? », à la grande braderie des surplus américains, sur lesquels la police perçoit sa dîme. Rue Tu-Do, quelques filles écervelées s'obstinent à racoler l'étranger de « Hey, honey ! » périmés. Au troisième balcon du Ciné Eden, on peut encore trouver, pour 500 piastres, gamines ou garçons à peine différenciés qui harmonisent sans complexes leurs besoins d'argent et de caresses. Au marché aux voleurs, disques et revues « made in USA » sont en solde. Devant l'hôtel Caravelle, la fillette au moignon brandi, attendrissante, si elle n'avait pas ce petit visage fripé de mégère aux yeux durs, est à sa place.

L'agonie de Saigon se déroule sans anesthésie, Au Givral, les intellectuels embourgeoisés continuent à commenter Soljenitsyne. Les drapeaux jaunes à trois bandes rouges sont encore sur tous les murs. Des enfants aux pieds nus vendent les sept quotidiens que « Thieu et sa clique » n'ont jamais osé interdire. Les militaires débraillés circulent en riant, emmêlant fusils et guitares. Simon et Garfunkel, les Beatles, sont dans l'air, La Cafeteria est pleine de faux hippies trop coquets, sirotant des Cokes. Au Mini-Rex, on joue *La Maison du diable*, au Vin-Loi, *Le Grand Bazar*. On fait comme si… Les déchets du libéralisme, les résidus de l'américanisation sont encore en liberté, insouciants et tranquilles.

Quelques fissures cependant dans ce mur d'inconscience : au marché, on ne trouve plus ni fraises de Dalat ni crevettes de Vung Tau.

Les écoliers, désœuvrés, ont été mis prématurément en vacances. Les bobards courent les rues : mort du général Giap, coup d'État à Hanoi, que sais-je ? À la cathédrale, catholiques et bouddhistes unissent leurs prières pour la paix. Au consulat des États-Unis, devenu une sorte de Reno à l'envers, on marie à la chaîne. Les boutiques chics du centre de la ville ont les stores baissés : les propriétaires et leurs familles sont déjà à l'aéroport, prêts à être évacués. Les prix montent. Le dollar s'échange à 5 000 piastres (cours officiel : 755).

Les boutiques chics ont les stores baissés : les propriétaires et leurs familles sont déjà à l'aéroport, prêts à être évacués.

Les Chinois vendent les bateaux par cabines, comme des promoteurs immobiliers. Les parents d'une jeune avocate me proposent un million d'anciens francs pour épouser leur fille, qui aurait ainsi son visa de sortie. À l'ambassade de France, l'ambassadeur fait surélever les murs du parc, non pour protéger ceux qui voudraient se placer sous sa protection mais pour les dissuader d'y entrer. Rue Le-Loi, les promeneurs prudents, redoutant un attentat vietcong, passent au large de la statue des Deux Soldats, provocant symbole de l'amitié américano-vietnamienne. À la terrasse du Continental, PC des journalistes étrangers qui ont choisi de rester pour ne pas manquer le dernier acte, on attend les trois coups.

Lundi 28 avril

Les voilà : à 4 heures du matin, trois roquettes sont tombées sur Saigon. L'une d'entre elles sur l'hôtel Majestic, à la verticale de ma chambre. Elle a tué un policier de garde, et projeté tout autour de l'hôtel des tôles et du verre brisé. À l'aube, les courageux qui font leur culture physique sur le golf miniature longeant le port viennent contempler le spectacle. Le climat s'alourdit. Je décide d'aller à l'aéroport de Tan-Son-Nhut, assister au départ des Vietnamiens compromis avec les Américains. Par chance, en chemin, je tombe sur un convoi qui en amène quelques centaines vers l'héliport : six autobus kaki qui servaient naguère au transport des employés des bases. Le convoi, précédé de jeeps armées, est pris dans un embouteillage. Des Marines américains aux carrures impressionnantes, casqués et en gilet pare-balles, montent la garde aux portières, revolver au poing. À l'intérieur des cars, derrière les grilles antigrenades, on aperçoit les « sauvés », silencieux, déjà coupés du monde.

Dehors, une volée de Honda, de voitures d'où descendent des femmes en pleurs, brandissant des papiers sous le nez des Marines. Ceux-ci les repoussent : « Go to embassy », répètent-ils. Elle est fermée. Il est trop tard. Familles séparées. Regards en larmes. Des jeunes en âge du service militaire, qui n'ont pu obtenir leur visa, voient partir leurs parents, sans doute pour toujours. Des doigts qui se glissent à travers les grilles, des mains qui s'effleurent…

Les Marines remontent dans les jeeps. Les cars s'ébranlent vers l'aire d'embarquement. J'assiste alors à des scènes étonnantes : debout sur la selle des Honda, des garçons s'accrochent aux grilles de protection, essaient de les arracher, tombent, manquent passer sous les roues, perdent sandales et baluchons, courent, recommencent, tentent à toute force de monter à bord. Dernier arrêt avant l'aire d'embarquement : ceux qui ne partiront pas tambourinent à coups de poing contre les portières, hurlent qu'on leur ouvre. Les autres, honteux, restent cois. Un cordon de parachutistes vietnamiens, M 16 à la main, stoppe les voitures accompagnatrices, le flot des Honda, ne laissent passer que le convoi. Certains s'obstinent, démarrent en trombe, essayant de couper à travers les terrains vagues encombrés d'ordures, qui dégagent une puanteur étouffante. Alors les paras tirent. En l'air, sur les pneus, n'importe où.

La longue nuit commence, criblée d'explosions, déchirée par les balles traçantes. Des incendies rougeoient au loin. Dans le ciel, les hélicoptères américains donnent leur soirée d'adieu.

Au retour, à Saigon, la foule est toujours aussi dense, mais tendue, nerveuse. Quelque chose est brisé. Les cinémas sont fermés. Le couvre-feu est proclamé. La rumeur s'amplifie : les libérateurs ne seraient plus qu'à quelques kilomètres. En fin d'après-midi, les lourdes pluies de mousson s'abattent sur la ville, mêlant, comme au Biafra, le tonnerre au bruit du canon. De loin en loin, les sourdes explosions des roquettes. Vers 18 heures, de longues rafales d'armes automatiques semblent venir de partout, La circulation n'en est pas affectée : simplement, sur le boulevard qui longe le port, les cyclistes appuient un peu plus fort sur les pédales, les autobus foncent, les femmes aux chapeaux coniques courent en poussant les chariots sur lesquels elles ont hâtivement empilé ce qu'elles proposaient tout à l'heure sur le trottoir,

La longue nuit commence, criblée d'explosions, déchirée par les balles traçantes. Des incendies rougeoient au loin. Dans le ciel, les hélicoptères américains donnent leur soirée d'adieu. Revenus en force, aussi nombreux qu'en 1968, ils battent l'air de leur ronde incessante, se répartissant les tâches : les gros Chinook ramassent les évacués à Tan Son Nhut et sur le toit de leur ambassade, les fins Cobra acrobatiques prêts à les protéger de toute leur puissance de feu.

Mardi 29 avril

6 heures. De la fenêtre de ma chambre, au troisième étage du Majestic, je découvre le port dans toute son étendue. Toute la nuit, un petit peuple affolé, sans doute conditionné par la propagande impérialiste, s'est dirigé vers les bateaux. La vue plongeante accentue l'impression de fourmilière. Sans bruit, sans cris, naturellement, s'écoulant comme d'un sac crevé, un riz noir humain converge vers les passerelles. De petits groupes de militaires casqués, fusil au poing, sont là pour l'empêcher de les atteindre. Ils tirent en l'air. En vain. Avec obstination, les fuyards les contournent, les débordent comme un filet d'eau butant sur un obstacle. Alertés, des half-tracks font mouvement vers les points chauds.

Peine perdue : les grains de riz s'empilent toujours, traînant derrière eux ballots et vélomoteurs, enfants et machines à coudre. Sous mes yeux, se déroule à nouveau le spectacle que j'avais vu quinze jours plus tôt, à Paris, à la télévision : Da Nang, Nha Trang. Mais, cette fois, c'est la folie : ces bateaux ne passeront jamais, le fleuve est coupé depuis longtemps.

Ce matin, Saigon a cette odeur de poivre et de poudre qui vous maintient les nerfs tendus. Canon et tonnerre se sont mêlés toute la nuit. Le téléphone ne fonctionne plus. Des fumées montent de la banlieue. On se bat à Tan Son Nhut. Dans la rue, toujours des Honda, mais les trottoirs s'emplissent d'images inhabituelles : soldats déserteurs, le regard sombre, la démarche traînante ; femmes épuisées soutenant dans leurs bras un petit corps aux yeux clos. Dans le ciel, les hélicoptères se font plus rares, Un silence pesant s'abat sur la ville, qui tourne comme du lait. La rue appartient désormais aux réfugiés. Les habitants restent chez eux. De-ci, de-là, un barrage : de très jeunes miliciens contrôlent les papiers, le doigt sur la détente de leur carabine US. Quelques Américains circulent encore : derrière les glaces brunies de leurs longues voitures climatisées, on les voit causer dans leurs talkies-walkies.

Ce matin, Saigon a cette odeur de poivre et de poudre qui vous maintient les nerfs tendus.

Mais les hôtels, magasins, services de l'armée américaine sont déjà désertés, abandonnés avec tous leurs trésors. Alors, vers 10 heures, soudain, comme si la population s'était donné le mot, partout en même temps, le pillage commence. Et, toute la journée, bravant un couvre-feu aussi délibérément violé que les accords de Paris, Saigon va être une ville folle, surréaliste, où des bureaux à roulettes croiseront comme ils peuvent des matelas à pédales dans un gymkhana improvisé. Une ville sans feux rouges, ayant oublié ses sens uniques, sans droite ni gauche, où l'indiscipline naturelle des Saïgonnais va s'épanouir avec une sorte de jubilation résignée. Les roquettes n'y font rien. Explosées ou pas, on en contourne les impacts. Chaque bureau, chaque appartement américain devient une mine à ciel ouvert, une pochette-surprise géante dans laquelle la foule réapparue choisit selon ses goûts et ses besoins. Les enfants, surtout, s'organisent, On s'acharne pour desceller les climatiseurs. Coussins, tapis et literie sont balancés par les fenêtres. Les bureaux partent d'un côté, les tiroirs d'un autre. Quatre gosses chargent sur un scooter un énorme réfrigérateur. Deux femmes font rouler sur des casques abandonnés un coffre trop lourd. Un gamin de 10 ans et une vieille criarde se battent pour un appareillage de douche.

C'est un jeu. Chacun s'en va, fier, avec son butin. Des bourses d'échange s'improvisent : un lampadaire en cuivre doré contre un transistor, un fauteuil roulant contre une cuisinière électrique, un projecteur de cinéma contre dix bouteilles de whisky. La police laisse faire. Les soldats, eux, participent, liés au peuple par la même indiscipline. Bientôt, toutes les rues de Saigon sont transformées en circuits dadaïstes : trois scouts défilent, portant chacun un ventilateur de plafond : une énorme armoire métallique, d'où dépassent quatre pieds nus, titube entre des faisceaux mixtes de fusils et de portemanteaux. On voit passer des vélomoteurs carénés avec des abat-jour. Deux déserteurs hilares se drapent dans la Bannière étoilée récupérée à l'ambassade américaine. L'image d'un cyclo tué par une roquette se multiplie dans un miroir brisé ; sans le voir, des enfants ramassent autour de lui des cigares dispersés dont certains baignent dans le sang. Les voitures abandonnées sont méticuleusement dépiautées : il ne faut guère plus de deux heures pour transformer la mieux équipée des Cadillac en carcasse de langouste.

Mercredi 30 avril

7 heures. De ma fenêtre d'en haut, je vois les quais, déserts, seulement parcourus par deux abbés, un chien errant et un cyclo-pousse. Les bateaux, surchargés, n'ont pas bougé, Les half-tracks ont quitté le golf miniature. Les derniers hélicoptères se sont tus : toute la nuit, projecteurs braqués, ils ont ramassé sur les toits ceux qui les appelaient à l'aide. Un magnifique soleil éclaire de lames dorées la rivière de Saigon. Le silence de la guerre pèse sur la ville, seulement interrompu par l'alternance des chants d'oiseaux et des explosions sourdes.

Il n'y a plus qu'à attendre. On sait qu'« ils » arrivent, et on souhaite désormais qu'ils arrivent le plus vite possible. Je sors. Je remonte à pied la rue Tu-Do jusqu'au Continental. Plus de miliciens, pas de soupe chinoise. Les rues adjacentes, habituellement si animées, sont désertes. Mais, des trottoirs, monte un râclement continu : juchées sur des escabeaux, des silhouettes s'empressent de gratter les drapeaux sud-vietnamiens peints sur les murs de chaque maison. D'autres, furtives, s'acharnent à faire disparaître tous les « My-Viet » qui, hier encore, célébraient la collaboration américaine. Toutes les boutiques sont fermées. Dans les cours, les filles changent de tenue, les garçons coupent entre eux leurs cheveux trop longs. Les enseignes, « Steam Bath Massage », « Blue Diamond »,

« Black Jack », ont déjà l'air de vestiges archéologiques.

8 heures. De Tan Son Nhut, par la rue Cong-Ly, arrivent des cohortes de soldats débandés, mi-militaires mi-civils. En me croisant, ils m'insultent : « You fucking American ! » L'un me demande avec insistance mes appareils photo. Heureusement, il n'a pas d'arme. Les bruits courent : Tan Son Nhut serait pris, onze avions auraient été détruits au sol. Ce que l'on redoute le plus, ce sont les combats de rue, bien sûr, mais aussi le sac de la ville. Je retourne au Majestic.

9 heures. On vit à l'écoute de la radio. Les nouvelles se heurtent, s'entrechoquent. Le président Tuong, ce vide qui remplaçait Thieu, est parti. Le GRP refuse « Minh et sa clique », exige le démantèlement de la police, de l'administration, de l'armée de l'ancien régime. En bas, contre les grilles du Majestic précipitemment fermées, s'accumulent les soldats sudistes. Ils sont vautrés sur les marches. Certains, qui ont trouvé des bouteilles, y cherchent de quoi calmer leur panique. S'ils décidaient d'investir l'hôtel ? S'ils allaient tirer ? Pas du tout, C'est, comme à Da Nang un mois plus tôt, à un pitoyable spectacle de strip-tease que l'on assiste. Casques, treillis, chaussures, grenades et fusils sont jetés au loin, lancés dans le fleuve, abandonnés sur les trottoirs.

En sortant, des soldats en caleçon m'agrippent, me supplient de leur donner des pantalons civils.

10 heures. Le « gros Minh » a dit oui : il remet tous les pouvoirs aux mains du GRP. Cette « troisième force » dont la presse faisait des gorges chaudes, on n'aura pas eu le temps de la voir passer ! La fin approche. Mieux vaut rejoindre les autres journalistes, qui se trouvent tous au Continental, à trois cents mètres. En sortant, des soldats en caleçon m'agrippent, me supplient de leur donner des pantalons civils.

10 h 30. Un 14 Juillet d'avant-guerre : c'est le visage incongru, émouvant que Saigon, maquillée de drapeaux bleu, blanc, rouge soudains sortis de partout, s'apprête à présenter à ses libérateurs. La rumeur publique prête au gouvernement français de bonnes relations avec Hanoi, d'où ce masque de fête en forme d'exorcisme, Scrupules ? Prudence ? On n'a pas encore osé sortir les drapeaux du GRP qui, pourtant,

sont prêts dans leurs cachettes. Mais la ville est vide. La perspective des grands axes ressemble à celle des Champs-Élysées le 15 août. Ces incorrigibles Saïgonnais, menacés dans leur genre de vie, culpabilisent et se terrent dans leurs maisons. Seuls quelques jeunes motorisés continuent à tourner inlassablement, la curiosité l'emportant sur l'inquiétude.

11 h 15. Un étrange climat fait de peur et d'excitation contenue envahit la capitale sudiste. Les combats se rapprochent. Des fusillades éclatent en banlieue. Les bourgeois se barricadent. La ronde des Honda continue. Plus tard, j'apprendrai que certaines unités du Sud ont eu un comportement héroïque. Des paras, des Marines se sont fait tuer jusqu'au dernier. Des officiers, plutôt que de se rendre, se sont logé une balle dans la tête. Un commandant, qui avait servi dans l'armée française, explique à ses hommes avant de se suicider : « Aujourd'hui, 30 avril, c'est l'anniversaire de Camerone. Il faut un Camerone pour un peuple. Nous autres, Vietnamiens, n'en avons pas. Cette bataille est perdue pour nous mais, si vous mourez dignement, votre exemple servira un jour au Vietnam tout entier, même aux communistes ! »

12 heures. Tout va très vite à présent. La radio n'émet plus. Mais le téléphone fonctionne à nouveau. Chez les Français, d'Air France à l'ambassade et de Denis Frères aux BGI, on « les » signale rue Cong-Ly, rue Phan-Din-Phung, près du palais. Les combats, apparemment, ont cessé. Un silence de plomb écrase Saigon vaincue. Je tente une sortie en vélomoteur. Dehors, plus un policier, plus un soldat du Sud. Des FM intacts gisent, renversés, aux coins des rues. Partout, les panoplies maudites jonchent le sol. Dans un tas de hardes militaires, abandonnées près du Rex, un unijambiste cherche une chaussure droite. Les abords de l'ambassade américaine, hier encore assiégée de fuyards paniqués, sont déserts. La pelouse est constellée d'archives dispersées. Machinalement, je jette un coup d'œil vers le toit : cous tendus, scrutant le ciel, des hommes, des femmes, des enfants, serrés les uns contre les autres, sont encore là, muets, immobiles, espérant encore un hélicoptère qui ne se posera jamais plus.

12 h 30. « Ils » sont là, derrière la cathédrale. Sur des chars, ou dans des camions camouflés de branchages. Bien reconnaissables à leur casque de latanier, à leur regard étonné et au drapeau rouge et bleu, frappé d'une étoile jaune, hier encore interdit et qui se déploie

à présent à côté des banderoles couvertes de slogans de Thieu que l'on n'a pas eu le temps d'enlever. Ils sont là groupés, timides, souriants, attendant qu'on fasse la libération de Paris qu'on leur avait promise, tellement incroyables en ces lieux que les inévitables Honda qui continuent leur ronde ne s'enhardissent que peu à peu. Ceux que naguère on appelait les « vietcongs ». Ces frères du Nord venus libérer le Sud au nom du Grand Oncle Hô Chi Minh.

Dès les premiers tirs, j'ai abandonné ma Honda pour m'abriter dans la première maison venue.

Et face à eux, pour l'instant, il n'y a que nous : la centaine de journalistes étrangers qui n'a pas voulu manquer ce rendez-vous avec l'Histoire. Au premier rang, caméras sur pied, au coude à coude, les équipes américaines des chaînes concurrentes CBS et NBC. Impassibles, négligeant les avertissements cent fois répétés la veille par Radio Hanoi (« Les étrangers n'ont rien à craindre, mais tous les Américains doivent partir »), ils choisissent leurs plans comme s'il s'agissait d'un match de base-ball : « Hey, Joe, get me this guy over there ! » Avec un terrible accent que les vainqueurs n'identifient guère puisque, ne pouvant imaginer qu'on puisse ainsi braver les ordres, ils les saluent en les dépassant d'un aimable : « Oh ! Ruskies ! »

15 heures. C'est en ordre, lentement, dans un grondement de chenilles, que l'implacable rouleau compresseur des escadrons blindés écrase la grille du palais présidentiel et dispose ses chars sur les pelouses. Nous les suivrons. Investissement des bureaux. Cohue. Recherche des responsables. Proclamations exaltées. Des militants, à présent, se mêlent aux militaires. Des portraits de l'oncle Hô surgissent de partout. L'atmosphère se réchauffe. Quelques enthousiastes embrassent les libérateurs. Autour des chars, les Honda s'arrêtent.

Des jeunes s'enhardissent : le dialogue s'engage, prudent, difficile : différence d'accents, différence de mentalités. Une langue commune ? D'accord mais, à part cela, aussi peu de points communs que pourraient en avoir des pieds-noirs et des Québécois.

15 h 30. Baroud d'honneur inattendu. Une mitrailleuse lourde, jusque-là dissimulée sur le toit

du palais, prend en enfilade une colonne de chars que je remontais en vélomoteur. Des branches d'arbre s'abattent sur ma tête. Les blindés, calmement, reculent, se placent en chevrons : les tourelles pivotent, les canons se dressent et quelques coups de semonce font taire les derniers héros. Dès les premiers tirs, j'ai abandonné ma Honda pour m'abriter dans la première maison venue. L'algarade terminée, je m'aperçois que deux « bo-dois » ont relevé ma machine et s'apprêtent à la remettre en marche. Je me précipite et tente de la leur arracher. Discussion, palabres. L'un veut bien me la rendre, l'autre pas. J'insiste. Finalement, le plus sage convainc son camarade. Encore peu habitué au changement de régime, je le remercie d'un sincère : « Thank you ! You number one ! »

La paix, enfin… Mais l'événement est trop grave, trop lourd pour qu'on puisse s'y habituer en quelques heures.

16 h 30. La population se rassure. Les curieux mettent le nez aux fenêtres. Autour des « libérateurs », les cercles se font plus denses. On regarde mieux leurs visages : jeunes, très jeunes parfois, bronzés, un peu étonnés, comme étourdis d'avoir enfin gagné. Pour la victoire, on leur a donné des tenues propres un peu trop larges, vert foncé. Aux pieds, ils portent les célèbres sandales taillées dans des pneus usagés. Eux aussi se dégèlent. On en voit à présent monter à bord des camionnettes des résistants de la dernière heure qui, brassard exhibé et bannière révolutionnaire déployée, remontent à toute vitesse les sens interdits. À l'hôpital Grall, les médecins français font merveille. Toute la journée, ils ont reçu indifféremment les blessés des deux armées. Seule exigence : laisser toute les armes au vestiaire, à gauche en entrant. Trois cents fusils seront ainsi récupérés et remis aux nouvelles autorités.

Derrière chaque ambulance, la foule fonçait pour chercher refuge, s'entassait contre les grilles. Un officier de Hanoi portant dans ses bras un enfant dont les jambes avaient été écrasées par un char, a dû tirer en l'air pour se frayer un chemin. À l'hôpital de Gia-Dinh, le groupe de Médecins sans frontières a traité plus de cinq cents blessés en deux jours, en pleine bataille, sous les tirs de roquettes. Le médecin militaire du GRP qui viendra les relayer les félicitera : « Bravo, vous avez bien servi le peuple vietnamien. »

18 heures. Regagnant ma chambre à l'heure du couvre-feu, je constate que les bateaux se sont vidés. Sur la pelouse du golf miniature, les chars russes ont remplacé les chars américains. Mais c'est entre Vietnamiens que la guerre s'achève. La paix, enfin… Mais l'événement est trop grave, trop lourd pour qu'on puisse s'y habituer en quelques heures. On y pensera plus tard. Cette nuit, seule compte la fraîcheur qui monte de la rivière. Et le silence, seulement rompu par les geysers jaillis d'un dépôt de munitions qui flambe au bout d'un ponton : les caisses sautent les unes après les autres, prolongeant en feu d'artifice cette journée historique.

La fête, attendue, préparée toute la nuit par les écoliers, les étudiants rassemblés par les troupes libératrices. Des portraits d'Hô Chi Minh partout. Les communiqués victorieux placardés sur les portes : « La clique des valets américains a été anéantie et l'administration rendue au peuple. Les traîtres doivent être dénoncés : ceux qui le feront seront récompensés ; ceux qui, le sachant, se tairont, seront punis. »

Les rues ont repris leur aspect habituel. Les Honda tournent. Les soupes fument au bord des trottoirs. Le temps est clair. Les esprits tranquilles : il n'y a pas eu de règlements de comptes, personne encore n'a été inquiété. Des hommes défilent derrière leur drapeau, ils se disent prêts à collaborer avec le nouveau régime. Seul élément nouveau : les haut-parleurs fraîchement installés diffusant sans interruption une musique séraficomilitaire bourrée de décibels, qui plonge la ville dans un bain de pureté tout à fait insolite.

Nous sommes isolés du monde. La liberté de la presse a été solennellement rétablie mais tous les journaux simultanément suspendus. Depuis hier, télex et téléphones sont coupés. Sans doute par habitude, les autorités se sont installées au Majestic. Très corrects, les « petits hommes verts » ont un comportement exemplaire. Mais ambigus sont les rapports entretenus avec les anciens valets de l'impérialisme et subtiles leurs relations : dans la rue, les jeunes « libérateurs » sont choyés. On ne les redoute plus, on le gâte. Les tailleurs ont pris leurs mesures. On leur vend des piastres locales afin qu'ils puissent s'offrir de petits cadeaux : des montres, des transistors, des lunettes noires. Quand ils s'aventurent dans les restaurants, ils font preuve d'une charmante simplicité, saluant la compagnie d'un timide « Hello ! », gentils et empruntés comme autant de Mireille Mathieu en uniforme.

Au fond des cours, on s'adapte : dans le tissu jaune de l'ancien drapeau, on découpe les étoiles du nouveau (six par unité). Il n'aura pas fallu vingt-quatre heures pour que celui-ci fleurisse partout, remplaçant le drapeau français, vite perçu comme une maladresse. La palme de la courtoisie revient cependant à un artisan saïgonnais, qui tient boutique face au Continental. Cet homme fabrique à des prix intéressants des sandales Hô Chi Minh ultra-solides. Il en vend beaucoup. Au Nord vainqueur, le Sud apporte son astuce, Saigon est morte. Hô Chi Minh-Ville va naître. Pour préparer la population au baptême, les haut-parleurs matraquent avec persévérance : « Rien n'est plus beau que l'indépendance et la liberté. Afin d'être digne de porter nom du Grand Oncle, notre ville doit être une cité révolutionnaire, civilisée, propre, saine et joyeuse. »

UN MOIS AVEC LES REBELLES DU TIBESTI

Dans le désert du Tibesti, deux Français, Françoise Claustre et Marc Combe, sont détenus depuis plus d'un an par la rébellion du nord du Tchad. Guérilleros en haillons, ils exigent une énorme rançon et des armes. Pour la première fois, un journaliste a pu les approcher.

THIERRY DESJARDINS
« LE FIGARO », 5 ET 7 MAI 1975

« Nous avons exécuté le commandant Galopin comme nous l'avions annoncé. Il a été fusillé par un peloton de combattants révolutionnaires du Frolinat au jour et à l'heure dits, le 4 avril à 10 heures. Il était en uniforme, mais il n'avait ni ses galons ni son képi. Avant d'être passé par les armes, il a, une nouvelle fois, comme au cours de son procès en janvier dernier devant un tribunal populaire, reconnu qu'il avait bien été le numéro deux du service de répression de Tombalbaye et qu'il avait ainsi arrêté de nombreux révolutionnaires. Il a ajouté qu'il avait fait là son métier. Il a aussi révélé, sans doute pour se venger de l'abandon de ses amis d'hier, que l'assassin de M. Outel Bono, opposant tchadien tué à Paris, était un certain Léon Hardy, Français, ancien garde du corps de Bokassa et ami de Gourvenec, autre ancien officier français, chef de la Gestapo de Fort-Lamy. Puis Galopin a demandé sa bible. Il l'a lue quelques instants et à 10 heures il tombait sous les balles de la justice révolutionnaire. Nous l'avons enterré décemment quelque part au Tibesti. Ses affaires personnelles seront rendues ultérieurement à sa famille. »

L'homme qui me parle ainsi s'appelle Hissène Habré. Il est le chef de la rébellion du nord du Tchad. Il a 32 ans. Grand, mince, il ressemble un peu à Lumumba avec une petite barbiche qu'il tiraille continuellement et il se prend pour le futur Mao Tsé-toung de l'Afrique. Aujourd'hui, avec 850 hommes en armes, il contrôle presque tout le nord du pays. À l'exception de quatre postes militaires : Zouar, Bardaï, Fada et Faya-Largeau.

Il est le maître du Tibesti, du Borkou, de l'Ennedi, le fameux BET d'antan, un territoire grand comme les deux tiers de la France mais qui n'est qu'un désert atroce de montagnes pelées, de montagnes volcaniques, de dunes infernales. Il règne sur une population de 60 000 nomades, quelquefois à moitié sédentarisés dans de rares palmeraies aux noms inconnus : Zouï, Eydimbi, Ybbi-Bou, Gouro, Ngourri, Yarda. Il est à la fois chef d'une bande de brigands, président d'un État révolutionnaire désertique et autonome et sultan de quelques oasis.

Un chantage odieux et inacceptable

Le monde entier ignorerait pourtant son combat si, il y a maintenant plus d'un an, le 21 avril 1974, il n'avait enlevé à Bardaï trois otages européens : deux Français, Mme Claustre, archéologue et femme d'un haut fonctionnaire de la coopération en poste alors à N'Djamena (ex-Fort-Lamy), M. Marc Combe, coopérant technique, et un Allemand, le Dr Steawen, médecin installé depuis sept ans à Bardaï. Après quarante jours de négociations, l'Allemand, neveu du président Heinemann, il est vrai, était libéré contre 4 millions de francs en vieux billets et la publication d'un communiqué à la radio allemande.

**Il y a un an,
les rebelles exigeaient
en tout et pour
tout la publication
d'un manifeste,
la libération de quelques
prisonniers politiques
et un peu d'argent.**

Du côté français, au contraire, on a joué de malchance et on a surtout accumulé les maladresses. Certaines furent même criminelles : on a, par exemple, fait bombarder des palmeraies rebelles par l'aviation française pendant les négociations. On a surtout décidé, en juin dernier, d'envoyer le commandant Galopin comme négociateur à un moment où la discussion traînait en longueur. Or, Pierre Galopin, officier français, avait été affecté, au titre de la coopération, dans les services de la police politique de Tombalbaye. Était-ce d'ailleurs bien là la place d'un officier français ? On affirme maintenant que des dizaines de prisonniers politiques sont morts sous la torture dans les geôles de Fort-Lamy. Quoi qu'il en soit, le charger de rencontrer des rebelles qui le considéraient comme un criminel de guerre, c'était le condamner.

Quand on apprend que ce sont les mêmes responsables français qui ont envoyé le commandant Galopin à la mort qui sont aujourd'hui encore chargés d'obtenir la libération de Mme Claustre et de M. Combe on ne peut qu'être très inquiets et d'autant plus que, bien sûr pendant ces mois interminables, les exigences des rebelles sont devenues de plus en plus difficiles à accepter. Aujourd'hui ils demandent, pour libérer ces deux Français parfaitement innocents, 4 millions en armements et 6 millions en matériels divers (jeeps, vêtements, chaussures, ronéos, livres de classe, etc.) et argent liquide.

Le gouvernement peut-il donner à une bande de rebelles, actuellement armés de vieux fusils plus ou moins de chasse, 1 000 fusils d'assaut ultra-modernes, des milliers de grenades incendiaires, des mortiers de 81 et de 60 mm, des mitrailleuses lourdes et légères, des lance-roquettes antichars, bref tout un arsenal qui peut entraîner la mort de milliers de Tchadiens « simplement » pour sauver deux de ses ressortissants ? Le chantage est odieux et inacceptable. Or, il y a un an, les rebelles exigeaient en tout et pour tout la publication d'un manifeste, la libération de quelques prisonniers politiques (détenus, hélas par Tombalbaye, ce qui bloquait tout) et un peu d'argent.

Si dans un mois Hissène Habré n'a pas reçu le « matériel », il est parfaitement capable de faire exécuter froidement une femme de 37 ans et un homme de 28 qui, depuis plus d'un an, vivent un atroce cauchemar dans un décor infernal et une angoisse qu'on peut imaginer.

Il m'a fallu, ai-je besoin de le dire, surmonter bien des difficultés pour rejoindre dans leurs grottes Hissène Habré et ses hommes. Et, c'est vingt-quatre heures après l'avoir enfin trouvé, le 11 avril, qu'il m'a annoncé qu'il avait fait fusiller Pierre Galopin quelques jours plus tôt. J'avoue que, sur le moment, j'ai voulu croire qu'il bluffait. Le lendemain il allait rencontrer sous un arbre, à douze kilomètres de Bardaï, les négociateurs français, MM. Puissant, du ministère de la Coopération, et Estrade, consul général de N'Djamena, auxquels devait d'ailleurs se joindre M. Claustre, le mari de l'otage.

Hissène Habré qui, depuis longtemps déjà menaçait d'exécuter un prisonnier, pouvait donc tenter d'impressionner ses interlocuteurs. Ceux-ci ne l'ont d'ailleurs pas cru quand il leur a annoncé l'exécution du commandant. Mais au cours du mois que j'allais passer à sillonner les « zones libérées » avec Hissène Habré, sans le quitter un seul instant, dormant à la belle étoile à même le sol, sous la même couverture que lui, mangeant dans la même écuelle les mêmes nouilles froides et pleines de sable, faisant chaque jour dans la même Land Rover sept à huit heures de piste, je devais, hélas, m'apercevoir que la version du bluff n'était pas possible.

Brutale et sauvage, mais logique

À Zouï, j'ai vu un rebelle qui arborait fièrement le képi noir à l'ancre de marine et aux quatre galons dorés de Pierre Galopin. Un peu plus loin, un autre combattant dormait dans le sac de couchage bleu du commandant. Enfin, arrivé à Gouro, Marc Combe que je retrouvais ici, reconnaissait aux pieds d'un de nos compagnons de route les chaussures de Pierre Galopin. À Zouï, d'ailleurs, où Combe avait vu Galopin vivant le 2 avril, on m'avait fait remarquer, sans un mot, un endroit où les cailloux venaient d'être fraîchement déplacés pour former une sorte de tombeau. Ajoutons qu'après avoir vécu ainsi pendant un mois avec Hissène Habré, l'avoir vu prier cinq fois par jour tourné vers La Mecque, avoir remarqué ses réactions brutales, sauvages parfois mais toujours logiques, je suis convaincu qu'il n'a pas pu monter un tel bluff.

« Si rien ne se fait ce mois-ci, elle va mettre fin à ses jours. »

M. Claustre, après avoir vu sa femme quelques heures le 21 avril

Il a fait exécuter Pierre Galopin parce qu'il le considérait comme un criminel de guerre, parce qu'il avait l'impression que Paris ne prenait pas au sérieux les menaces des rebelles, parce que son entourage l'accusait de ménager les Français sous prétexte qu'il a fréquenté la faculté de droit de Paris et Sciences-Po, parce que, enfin et surtout, l'autre branche du Frolinat, celle qui contrôle le sud du pays, avait exigé la tête de Galopin après un raid aérien organisé par l'aviation française, en novembre, dans la région d'Iriba et au cours duquel trente-cinq rebelles avaient été tués. Or Hissène Habré tente actuellement de devenir l'unificateur des deux armées du « Frolinat », la sienne, au nord, et celle que se partagent, au sud, Abba Siddick, l'homme d'Alger et Baghlali, le frère musulman du Tchad.

Je n'ai pas pu rencontrer Mme Claustre, malgré mes demandes réitérées, et pourtant j'ai appris plus tard que nous avions passé vingt-quatre heures dans des grottes voisines. Elle m'avait entendu arriver, avait tenté de me faire comprendre sa présence en laissant des traces près du puits, je n'avais rien vu. Mais M. Claustre, lui, a pu voir sa femme pendant quelques heures le 21 avril. Elle se porte, dit-il, aussi bien que possible après un an de détention dans ces conditions. Mais, nerveusement, elle est à bout. « Si rien ne se fait ce mois-ci, elle va mettre fin à ses jours », m'a affirmé M. Claustre, des sanglots dans la voix.

Le calvaire d'une femme

Il faut s'imaginer un instant ce qu'a pu être la vie de cette femme pendant maintenant plus d'un an. Vivant comme une bête dans des cavernes, au milieu des scorpions, des araignées géantes, des poux, avec comme seules richesses une couverture, une vieille boîte de lait en poudre pour garder son eau, une vieille boîte de cassoulet pour se laver, faire sa cuisine, boire, manger. Et puis, régulièrement, il faut changer de « résidence », faire cent, deux cents kilomètres à pied dans les rochers, dans le sable, dans les cailloux volcaniques et brûlants. L'hiver, l'eau gèle la nuit. Certaines caches de rebelles sont à plus de 2 000 mètres d'altitude. En ce moment, il fait plus de quarante degrés et on tourne autour des rochers pour suivre un peu d'ombre apaisante qui fuit. Plusieurs fois, j'ai cru moi-même m'évanouir de fatigue et de chaleur, après des kilomètres de route d'escalades, de vertige.

C'était la troisième fois que M. Claustre, au risque de sa vie, parvenait à rejoindre pour quelques instants sa femme. Chaque fois, il est arrivé avec un nouvel espoir. Il avait réussi, héros d'une incroyable histoire d'amour des temps modernes où la passion se mêle à l'argent, au trafic d'armes, à la politique révolutionnaire, au chantage, à mettre sur pied un accord qu'il croyait possible entre Paris et les rebelles. Et chaque fois, et cette fois encore, la bêtise, les maladresses, la lâcheté d'un côté, l'inconscience, l'arrogance de l'autre, la malchance, faisaient tout capoter à la dernière minute. Alors là, bien sûr, Mme Claustre éclatait, s'effondrait, demandait à ses gardiens de mettre fin à ses jours ou bien même les insultait.

C'est sans doute pour éviter qu'un journaliste, le premier à venir les voir, n'assiste au calvaire d'une femme, qu'ils m'ont empêché de rencontrer Mme Claustre. Après dix jours de voyage et à Gouro, petite palmeraie égarée dans les montagnes et les dunes, j'ai aperçu Marc Combe. Nous étions les deux seuls Blancs à cinq cents, peut-être mille kilomètres à la ronde, perdus au cœur de l'Afrique et je dois dire que j'avais un peu honte d'être là, « en visite », devant lui qui est en quelque sorte « l'esclave de la tribu ». Je venais de laver un peu de linge, accroupi près d'une source au mince filet d'eau. Il me regardait, fatigué, découragé, à côté d'une vieille tente de l'armée française, à l'ombre de laquelle j'avais installé ma couverture.

J'avais honte d'être là, « en visite », devant Marc Combe, qui est en quelque sorte « l'esclave de la tribu ».

— « Ça va ?

— Oui, et vous surtout ?

— C'est long, un an. On est le 20 avril aujourd'hui. Demain cela fera un an. Mais qu'est-ce qu'ils f… à Paris ? Steawen, lui, en quarante jours, c'était fait. Maintenant qu'il y a eu Galopin, le prochain c'est moi… »

Et puis nous n'avons plus rien dit de toute la soirée. Nous avons regardé les étoiles, le jeu des flammes dans le feu. Combe a mangé des nouilles au sable.

Il a pris le coup de main pour s'en faire une boulette avec les doigts. Moi, je n'avais pas faim. L'eau, dans la peau de chèvre, était plus tiède, plus écœurante que d'habitude.

L'épuisement nerveux de Marc Combe

Ce n'est qu'au bout de deux jours que Combe a commencé à me raconter sa vie de prisonnier. Ancien menuisier dans la région lyonnaise, mais habitué à l'Afrique par des séjours au Ghana et en RCA, il est un bricoleur-né qui peut, je l'ai vu, réparer le pont arrière d'une Land Rover sans lumière, dans le noir d'une nuit sans étoiles. Alors, il est devenu en quelque sorte le chef mécanicien de la rébellion.

Si Mme Claustre a pendant trois mois fait la classe aux gosses d'Ibby-Bou et si le commandant Galopin a servi de « conseiller technique » à Hissène Habré quand celui-ci a voulu commander des armes à la France, ils se sont, l'une et l'autre, morfondus d'ennui dans leurs différentes grottes et cavernes-cellules.

Au contraire, Combe, lui, a parcouru des milliers de kilomètres pendant son année de détention en tant que « chauffeur-mécanicien du président du conseil des forces armées du Nord », alias Hissène Habré. Il connaît toutes les caches d'armes, tous les arbres épineux sous lesquels sont abrités des fûts d'essence, tous les postes de garde, tous les raccourcis de ce paysage lunaire.

Marc Combe connaît toutes les caches d'armes, tous les arbres épineux sous lesquels sont abrités des fûts d'essence, tous les postes de garde, tous les raccourcis de ce paysage lunaire.

Un autre que lui n'aurait sans doute jamais tenu physiquement. Des heures de Land Rover à travers ce désert de cailloux vous brisent les reins. J'en ai fait l'expérience. Et le soir c'est encore sur des cailloux qu'il faut essayer de dormir. Combe, qui avait fait, pour son plaisir, le Ghana-Fort-Lamy à pied en suivant une caravane, a résisté. Mais c'est nerveusement lui aussi qu'il n'en peut plus, même si, comme il le reconnaît, il a toujours été bien traité par ses geôliers.

« Ils partagent tout avec moi. Quand ils ont des cigarettes, j'ai ma ration. C'est pour cela que, moi, je vis complètement avec eux. Les vivres que de temps en temps m'envoient les autorités françaises, je ne les utilise pratiquement pas. D'abord on m'expédie des conserves de porc pour que les rebelles, tous musulmans, ne me les volent pas. Or, moi non plus, je n'aime pas le porc… » J'avoue alors que c'est moi, le journaliste de passage, qui ai dévoré les pâtés pur porc de l'otage !

Plusieurs fois, Combe aurait pu tenter de s'évader. Il s'est souvent trouvé seul avec un ou deux combattants dans « sa » Land Rover, en plein désert et avec 400 litres de réserves d'essence.

« On s'arrêtait quand il faisait trop chaud et on dormait à l'ombre de la voiture. J'aurais pu prendre leurs armes, les liquider et filer. En deux ou trois jours, j'arrivais en Libye. Mais je ne pouvais pas le faire à cause de Mme Claustre et du commandant Galopin. J'ignorais où ils étaient. C'était les condamner. Et je savais que M. Claustre, mon ancien patron, se démenait pour moi. Je n'avais pas le droit.

— Qu'est-ce qui vous a le plus manqué ?

— Un lit au moins une nuit pour dormir. Et puis la liberté.

— Qu'est-ce que vous allez faire le jour de votre libération ?

— Je vais prendre un bain avec de la mousse et puis me faire frotter le dos par une jolie fille. J'y ai bien droit. Après, j'irai manger des quenelles de brochet, je suis lyonnais. J'ai d'ailleurs perdu quinze kilos cette année.

— Et après, quels sont vos projets ?

— Je n'y ai jamais pensé. J'irais bien à Java, les îles de la Sonde, Bornéo, Sumatra. Ça doit être chouette ces coins-là. Mais j'aime bien l'Afrique. Je reviendrai peut-être… Sûrement pas au Tibesti. Plus jamais le Tibesti… »

Finalement Marc Combe aura assez peu de souvenirs de son année au Tibesti : des centaines de milliers de kilomètres parcourus dans la pierraille et les dunes, une vieille Land Rover réparée des dizaines de fois et roulant à l'huile… d'olive, des soirées interminables à écouter Radio France Internationale, « programme destiné à l'Afrique », avec l'espoir qu'un jour on parlera des « otages de Bardaï », des nuits de cafard, d'angoisse et parfois d'une peur panique effroyable. Bref, des souvenirs qu'il voudra vite oublier. Sans doute comme Mme Claustre.

Mais, aujourd'hui, à l'heure qu'il est, Mme Claustre et M. Combe sont toujours prisonniers des rebelles et si dans un mois il ne s'est rien passé, si Hissène Habré n'a pas reçu son arsenal ou s'il n'a pas changé d'avis, l'un des deux peut être fusillé. Or on pourrait les sauver.

Des « hors-la-loi » ou des révolutionnaires ?

Mais qui sont donc ces rebelles du Tchad qui affirment avoir exécuté le commandant Galopin et menacent de tuer maintenant Mme Claustre et M. Combe, les deux autres otages français qu'ils détiennent, si Paris ne leur livre pas avant un mois un arsenal fantastique (pour 4 millions de fusils, de lance-roquettes, de grenades incendiaires, etc.), et 6 millions de matériel divers ?

Je viens de passer un mois avec eux à parcourir l'immense territoire qu'ils contrôlent et, à dire le vrai, je n'arrive pas très bien à les définir. S'agit-il d'une tribu, les Toubous, qui s'est soulevée parce que les gens du Sud, les hommes de Tombalbaye, les Sarahs, les persécutaient ?

S'agit-il d'un ramassis de hors-la-loi obligés à prendre le maquis et qui, aujourd'hui, se dissimulent derrière un vernis politique ? S'agit-il d'opposants au régime dictatorial de Fort-Lamy qui n'ont eu d'autre choix que de s'armer pour continuer leur lutte contre un régime fantoche mais soutenu à bout de bras par une absurde politique française, avec la Légion, l'infanterie de marine et l'aviation ? S'agit-il enfin, comme ils l'affirment eux-mêmes, d'un mouvement révolutionnaire, plus ou moins maoïste, qui veut régénérer l'Afrique ?

D'abord, qui est Hissène Habré, leur chef suprême ? Il a 32 ans. Il est très grand, presque squelettique, et fait penser à une panthère parce qu'il ne sait pas sourire et que son rire, terrifiant, a quelque chose d'un carnassier.

Il est le fils d'un berger nomade. Les Français l'avaient remarqué du temps de la colonisation car il était l'un des très rares petits fonctionnaires impossibles à corrompre ; ils avaient donc décidé de l'envoyer poursuivre des études à Paris. Il y a fréquenté la faculté de droit et Sciences-po. Avant de m'annoncer la mort du commandant Galopin il m'a parlé avec vénération de ses anciens maîtres, MM. Vedel, Duverger, Aron… De retour au Tchad devenu indépendant, il est au ministère des Affaires étrangères, puis sous-préfet. Mais la rébellion a déjà éclaté.

Le régime de Tombalbaye est catastrophique. Du point de vue économique, le Tchad s'effondre à vue d'œil depuis le départ des Français. Sur le plan politique, c'est encore plus scandaleux : les Sarahs ont pris possession de tout le pays ; ils font payer trois, quatre fois l'impôt aux misérables paysans ; à la moindre réaction des villageois, ce sont des brimades inqualifiables : on tond toutes les femmes de la palmeraie, on fait promener les hommes nus devant la population terrifiée, etc.

Le chef de la rébellion qui, de jacquerie spontanée, s'est rapidement transformée en mouvement politique, Abba Siddick, un médecin de très bon niveau qui a épousé une Française, s'est installé à Alger et reçoit de l'argent et des armes de la Libye et du Soudan. Tombalbaye demande alors à Hissène Habré d'aller voir Abba Siddick pour tenter une réconciliation. Hissène le rencontre et… passe chez les rebelles.

Quelques mois plus tard, la rébellion connaît une crise intérieure. En fait, il y a deux groupes de rebelles : la première armée qui contrôle le sud du pays, la région (relativement) riche du Tchad, et la deuxième armée qui, elle, contrôle les déserts du Nord, le Tibesti, le Borkou et une partie de l'Ennedi. Cette deuxième armée, qui a l'avantage d'être à la frontière libyenne, ne veut plus entendre parler d'Aba Siddick auquel elle reproche de mener la belle vie à Alger. Celui-ci demande donc à Hissène Habré d'aller négocier avec le chef des nordistes pour lui faire regagner le bercail. Ce dirigeant nordiste est un personnage assez extraordinaire. Il s'appelle Goukouni et est le fils de Derdeï, chef traditionnel politique et religieux du Tibesti. C'est un guerrier-né, comme on n'en rencontre que dans les romans d'aventures exotiques, à la fois grand seigneur du désert, hospitalier et redoutable. Mais, conscient que sa faible culture politique ne lui permet pas de faire le poids en face du docteur Abba Siddick, Goukouni propose à Hissène Habré de prendre la direction de cette deuxième armée à sa place ; Hissène, venu en négociateur, reste sur place et devient le patron de la rébellion du Nord.

Titres ronflants et lunettes noires

Depuis 1972 donc, Hissène Habré est le président du conseil de commandement des forces armées du Nord, le vice-président est Goukouni et le chef d'état-major – car on aime les titres ronflants ici – est un certain Adoum Togoï, ancien caissier de banque qui, dit-on à Fort-Lamy, est parti avec la caisse rejoindre la rébellion. Derrière ce triumvirat, Il y a une espèce de ministère avec commissaires « aux Finances et au Trésor », « à l'Éducation, à l'Enseignement, à l'Idéologie et à la Propagande », « à l'Administration populaire », à l'Encadrement et à la Mobilisation », « à l'Agriculture » et « aux Affaires extérieures ». Ce sont d'anciens instituteurs, d'anciens postiers, des employés de banque. Ils ont entre 25 et 30 ans. On les appelle « les intellectuels de la révolution ». Ils rêvent à Guevara, se prennent pour des feddayins palestiniens et sont convaincus qu'ils commencent ici une longue marche derrière le Mao Tsé-toung du continent noir qui va révolutionner l'Afrique.

On reconnaît facilement les responsables parce que, s'il n'y a ni galons ni uniforme dans cette curieuse armée, les chefs arborent toujours des lunettes de soleil et portent fièrement un attaché-case « Samsonite », symbole de leur autorité.

Aujourd'hui, Hissène Habré est maître absolu de tout le nord du Tchad. J'ai fait deux mille kilomètres avec lui en toute sécurité. Il est vrai que ces « provinces libérées » ne sont qu'un immense désert, sans doute l'un des endroits les plus laids du monde, un abominable amoncellement de pierres volcaniques, des énormes pierres ponces grisâtres qui se chevauchent sur des centaines de kilomètres, au milieu de montagnes pelées qui, parfois, dépassent les 3 000 mètres. Tout est sombre. C'est un paysage en négatif.

60 000 Toubous environ vivent sous l'autorité d'Hissène Habré, maître absolu de l'immense désert du nord du Tchad. Royaume misérable, armée de gueux d'une révolution naissante ?

60 000 Toubous environ vivent sous l'autorité d'Hissène Habré. Royaume misérable, armée de gueux d'une révolution naissante ?

Hissène Habré et ses « intellectuels » parlent de Mao, de Castro, de « la voie socialiste du développement des pays du tiers-monde », des « ripostes à apporter au néocolonialisme sous toutes ses formes ». Ils lisent Frantz Fanon et les ouvrages publiés chez Maspero.

Mais la troupe ? Il y a 850 hommes en armes environ. Ce sont des guerriers traditionnels, comme aurait pu en rencontrer Joseph Kessel, habillés en treillis plus ou moins dépareillés, le visage très noir enturbanné de voiles blancs, la poitrine bardée de cartouchières de cuir rouge, le poignard traditionnel accroché mystérieusement au coude, ne quittant jamais leur vieux fusil, un regard à la fois enfantin et redoutable, pouvant rire comme des gamins mais se mettant, même à l'exercice, à tirer comme des fous avec haine, avec joie.

En plus, bien sûr, ils ont une résistance physique à toute épreuve. Leurs déplacements sont calculés à un rythme sidérant : 90 kilomètres (à pied) avec cinq dattes et deux litres d'eau par homme et par jour, en plein désert, en pleins cailloux ! Mais pour cette troupe, la Révolution avec un grand « R », qu'est-ce que ça veut dire ? On ne le saura jamais ; ça veut, peut-être, dire régler des comptes avec les Sarahs, partir en guerre sainte contre les chrétiens ou les animistes du Sud, ou plus simplement encore, faire la guerre comme depuis toujours quand on est Toubou.

850 hommes en armes, c'est peu mais suffisant pour tenir ce désert et pour organiser de temps en temps une opération contre l'une des quatre villes (et ville est un bien grand mot) que conservent dans cette zone les autorités de Fort-Lamy, c'est-à-dire Bardaï, Zouar, Fada et Faya-Largeau.

On le voit, il ne s'agit pas vraiment d'une guerre au Tibesti. La grande « bataille historique » des forces armées du Nord reste celle du 21 avril 1974, à Bardaï, au cours de laquelle Hissène Habré en personne a pu s'emparer – par surprise – des trois otages européens, tuer deux officiers tchadiens et involontairement la femme de l'otage allemand, obtenir le ralliement des quarante gardes nomades de la garnison ainsi que celui du sous-préfet, ces Tchadiens ayant d'ailleurs surtout eu peur des représailles que pourraient prendre contre eux, pour venger les deux officiers sarahs tués, les autorités de Fort-Lamy.

C'est au cours de cette opération que les rebelles ont aussi pu s'emparer des trois véhicules qui constituent tout le parc automobile de la rébellion, trois Land Rover, dont deux sont aujourd'hui hors d'usage. Car cette armée est aujourd'hui encore fort mal équipée : quelques vieux fusils anglais ou italiens récupérés en Libye, quelques armes automatiques réservées à l'encadrement, prises au cours d'opérations ou achetées à des trafiquants, rien de plus.

Depuis l'opération de Bardaï, les rebelles sont « riches ». Les Allemands ont donné 4 millions en billets de banque pour obtenir la libération du Dr Steawen. Mais le « drame » d'Hissène Habré, c'est qu'il ne peut rien faire de cette fortune. J'ai vu cette rançon dans cinq vieilles valises, des tas de billets de marks et de francs français, bien rangés, dont Hissène, coupé totalement du monde dans son désert ne sait pas quoi faire depuis le 12 juin de l'année dernière. Et c'est pour cela d'ailleurs qu'il exige maintenant pour libérer les deux otages français, non plus de l'argent, mais des armes « livrées à domicile ».

On a longtemps cru que la rébellion tchadienne était soutenue à bout de bras par la Libye de Kadhafi. C'est faux. Du moins en ce qui concerne la deuxième armée. Les communiqués d'Hissène Habré se terminent toujours par ces trois phrases : « À mort le régime de Fort-Lamy, à mort la Libye, à mort Abba Siddick, le traître. » Hissène Habré ne me l'a pas caché : il a l'intention d'en découdre aussi avec l'armée libyenne !

Il est vrai que Tripoli – et on ne le sait pas toujours – a annexé purement et simplement une grande bande de territoire au nord du Tchad ; les troupes de Kadhafi occupent Aozou, l'une des plus importantes palmeraies du Tibesti. Le chef de l'État libyen n'a, en effet, pas hésité à ressortir un vieil accord… Laval-Mussolini dans lequel la France échangeait une partie du nord du Tchad, qu'elle donnait à la Libye italienne, contre un morceau de l'ouest de la Libye, qu'elle rattachait à l'Est algérien. C'était juste avant la guerre, et ce troc n'avait jamais été réalisé. Pourquoi Tripoli a-t-il voulu ainsi respecter (en partie) les signatures de Laval et de Mussolini ? Tout simplement parce qu'on a trouvé de l'uranium et du manganèse dans ce morceau de désert. Ceci explique cela.

Curieusement, Tombalbaye a laissé faire et n'a jamais protesté contre cette agression. Ajoutons que, en même temps, le généreux Kadhafi lui accordait une aide de 25 milliards de francs CFA et que, bien sûr, il s'engageait à ne plus soutenir les rebelles. Voilà pourquoi Hissène Habré est coupé du monde, même si parfois des caravanes clandestines arrivent de Libye avec un peu de ravitaillement.

Alors quel peut être l'espoir d'Hissène Habré ? Est-il condamné à rester indéfiniment dans les cailloux de ses montagnes désertiques ? Officiellement, aujourd'hui, le « patron » du Front de libération national du Tchad, le Frolinat, est toujours le Dr Abba Siddick. Je l'ai rencontré à Alger où il m'a affirmé qu'Hissène Habré était « un personnage peu recommandable, un agent double complètement brûlé qui n'avait en tout et pour tout avec lui qu'une quinzaine de partisans ». Le Dr Abba Siddick connaît donc fort mal la situation au nord du Tchad. Il est vrai qu'il n'est pas revenu à « l'intérieur » depuis bien longtemps, préférant mener son combat sur le front diplomatique entre Alger et Tripoli.

En fait, actuellement, la rébellion au Tchad se divise en trois : les Toubous d'Hissène Habré au nord, les guerriers d'un certain Baghlali, dangereux extrémiste musulman, qui tiennent le centre et l'est, et les troupes plus ou moins fidèles à Abba Siddick au sud. Mais Hissène Habré, avec ses otages et les armes qu'il espère obtenir pour les libérer, grâce aussi au fait qu'il contrôle parfaitement sa zone désertique compte ces jours prochains « renverser » Abba Siddick et devenir le secrétaire général du Frolinat. J'ai vu, chez lui, des envoyés de Baghlali auxquels il venait d'offrir la tête du commandant Galopin. Il semble donc que Baghlali soit sur le point de se rallier à Hissène. La campagne de dénigrement menée contre Abba Siddick, qui n'a pas hésité à retourner à Tripoli malgré l'occupation d'Aozou par les Libyens, pourrait bien attirer aussi dans le camp d'Hissène Habré certains combattants du Sud. Hissène deviendrait alors le maître de toute la rébellion du Tchad et ceux qui voient en lui le futur Mao Tsé-toung de l'Afrique commenceraient à triompher.

« Un personnage peu recommandable, un agent double complètement brûlé. »

Le Dr Abba Siddick à propos d'Hissène Habré

Quand, le 13 avril dernier, les militaires ont renversé Tombalbaye et que quelques jours plus tard le général Malloum, sorti de prison, a pris le pouvoir, certains observateurs, un peu naïfs peut-être, ont cru que « tout allait s'arranger ». Hissène Habré avait en effet demandé, parmi ses exigences pour rendre les otages, la libération dudit général Malloum. C'eût été trop simple ! Il avait demandé cette libération uniquement pour embarrasser les Français dans leurs rapports avec Tombalbaye. Hissène ne m'a pas caché son opinion du nouveau régime : « Ce sera du tombalbaysme sans Tombalbaye, ce sera pire qu'avant si c'est possible. Bien sûr que nous allons continuer notre combat. Ce que nous voulons, c'est instaurer un régime révolutionnaire à Fort-Lamy et qui soit un ferment révolutionnaire pour toute l'Afrique, pour tout le tiers-monde. »

Mao Tsé-toung ? Mais l'ancien étudiant de M. Aron n'a aujourd'hui comme royaume révolutionnaire qu'un désert, comme armée que 850 guerriers mal équipés et comme espoir que deux otages français qu'il veut monnayer. C'est peu.

LA FACE CACHÉE DE LA TERRE

Au terme d'un voyage d'une quinzaine de jours en Chine avec une délégation officielle, Pierre Veilletet a rapporté dans ses valises une certitude : « Pour le vieil et minuscule Occident, rien au monde n'est plus important que ce qui se passe là-bas. »

PIERRE VEILLETET
« SUD-OUEST », JUILLET 1975

Belle, avec son visage incliné, ses cheveux noirs tirés en une natte jusqu'aux reins, la jeune fille fouille dans un petit sac de toile. Elle en extrait du fil, une aiguille et entreprend de passer l'un dans le chas de l'autre. Elle n'est pas la seule. À la même table, des femmes, mais aussi des hommes tirent pareillement l'aiguille. Parfait alignement de têtes penchées sur leurs travaux de couture… Un ouvroir ? Non, c'est un bureau de poste. Très exactement la recette qui jouxte la gare de Pékin, et d'où le public expédie les colis de petit format. Au papier, coûteux et surtout fragile, les Chinois préfèrent les emballages de serviettes-éponges et de chiffons récupérés. On peut faire plus solide encore : un fort marteau est accroché à une ficelle. Dans une boîte, on trouve les clous qui vont avec. Et deux ou trois planches pour la finition…

Maintenant la jeune fille tire un petit bout de langue et calligraphie au pinceau l'adresse du destinataire. Une jolie frise d'idéogrammes sans un pâté. Satisfaite, elle range son encrier, son pinceau, son nécessaire à couture. L'opération a duré un bon quart d'heure. Elle se dirige vers le guichet.

Après tant de lenteurs anachroniques, on peut prévoir que l'enregistrement prendra le reste de la journée. En fait, la demoiselle des postes appuie sur un bouton, et la machine électronique délivre simultanément le poids, le prix de l'expédition et un reçu – pour un peu elle donnerait également l'âge du receveur principal… Le colis tombe sur un tapis qui l'achemine jusqu'au centre de tri. Là-haut, dans son cadre, le président Mao a un sourire d'assentiment.

La jeune fille à la poste avec sa longue natte et son aiguille face à l'opératrice électronique, je ne les appelle pas à la rescousse pour débuter sur un croquis pittoresque, mais parce que leur rencontre n'est pas fortuite. Elle donne l'image quotidienne et si étrangement contrastée d'un pays qui additionne ses bombes atomiques sur un boulier.

Dans les bureaux de poste, comme partout en Chine, les époques se télescopent. Près des distributeurs automatiques de timbres assez perfectionnés pour rendre la monnaie, on trouve des pots de colle... Certains centraux téléphoniques sont équipés d'un matériel très sophistiqué qui supprime tout écho sur la ligne. Mais à Shanghaï, dans le quartier Fongsing, il n'y a qu'une cabine publique pour vingt immeubles.

Et puisque nous avons eu l'occasion d'en étudier de près le fonctionnement en accompagnant une délégation officielle des PTT, autant commencer par le courrier et le téléphone chinois : après tout, ce n'est pas une si mauvaise préface que de se demander comment communiquent 800 millions de personnes.

Les jeunes ménages rêvent des « trois choses qui tournent » : la montre, la bicyclette, la machine à coudre.

Affranchie à dix-huit centimes (tarif unique), une lettre est distribuée dans la même journée à Pékin ; dans un délai de vingt-quatre heures à Shanghaï. Si le destinataire habite les hauteurs tibétaines, il patientera naturellement quelques jours supplémentaires. Les petites postières qui trottinent en socquettes blanches et les facteurs motorisés distribuent le courrier trois fois par jour, y compris le dimanche. La ville de Pékin compte 300 bureaux de poste (contre 51 en 1949) et convoie 700 000 pièces de courrier par jour, représentant un poids de 500 tonnes...

Une famille de Pékin expédie en moyenne 15 lettres par an. Dans le même temps un Français en reçoit une centaine ; et un Américain 300... (Mme de Sévigné ne renaîtrait certainement pas pékinoise. Si c'était le cas, on enverrait sans doute cette « lettrée » faire les foins, et je me demande si elle en rendrait compte sur un ton aussi primesautier...)

Pour le téléphone, nous n'avons obtenu que peu de chiffres précis, et sujets à caution : en ce domaine, les Chinois se montrent volontiers évasifs. Mentionnons toutefois : dans la province de Canton, 120 000 lignes pour 10 millions d'habitants ; dans le Kisngsou peuplé comme la France, 300 000 lignes ; et 200 000 lignes pour le grand Shanghaï (10 millions d'habitants). Dérisoire, même pour un infirme téléphonique comme l'est l'usager français… Le quart de l'humanité serait-il plongé dans le grand silence de la non-communication ? On entend d'ici rugir les prophètes du « péril jaune » : le voilà, le signe ! Le voilà bien ce régime qui broie les individus, empêche ceux-ci de communiquer… Ces chiffres sont une preuve à verser au dossier de l'accusation.

Pas de complot concerté

Pas si vite ! D'abord le téléphone – dont le réseau ne répond certes pas aux projets de développement économique que se sont assignés les Chinois – n'est pas un instrument domestique. Les jeunes ménages qui se montent rêvent des « trois choses qui tournent » : la montre, la bicyclette, la machine à coudre, mais jamais d'un téléphone.

Ici bibelot sonore des commodités bourgeoises, réceptacle des confidences individuelles convoité comme un appareil de première urgence, le téléphone n'est, là-bas, qu'un bien d'équipement collectif de seconde nécessité. En ville, on peut y accéder de loin en loin. Il est installé dans une cabine publique ou accroché dans quelque boutique, parmi les cigarettes, derrière des pyramides de melons. À la campagne, dans les communes populaires chaque brigade dispose au moins d'un appareil et la plupart des équipes en sont pourvues. Ce sont les « téléphones du peuple ».

On ne peut sérieusement prétendre qu'il existe en Chine un complot concerté pour entraver la communication. Les paquets que l'on présente ouverts avant l'expédition, cela existe en URSS, je ne l'ai jamais vu en Chine.

Si le volume du courrier est inférieur à celui des pays occidentaux, la lettre privée de particulier à particulier y domine encore ; tandis que chez nous ce sont les missives administratives, les plis d'affaires qui font nombre.

Paysans pour la plupart, les Chinois partagent l'existence des communes populaires où leurs familles sont le plus souvent intégrées en bloc à la communauté. Vivant ensemble dans la même cellule autonome, à qui écriraient-ils ?

L'écriture était un privilège de classe. Désormais, tous les jeunes y ont accès, mais chez certaines personnes d'âge, notamment à la campagne, il est trop tard.

L'écriture elle-même et sa multitude de signes ne sont pas faites pour simplifier les échanges. La seule expédition des télégrammes pose d'énormes problèmes de transcription chiffrée. On éprouve beaucoup de respect à l'endroit des postiers français capables de réciter la liste des départements assortis de leurs codes postaux. Mais sait-on que chaque demoiselle des PTT chinoises, préposée au télégraphe, doit connaître par cœur les… 4 000 idéogrammes usuels avec leurs équivalences chiffrées ? En cas de défaillance, un ordinateur, qui possède, lui, une mémoire de 12 000 caractères, vient à leur secours.

Ajoutez à ces difficultés pratiques un handicap historique. La Chine nouvelle est vraiment nouvelle : à peine une génération. Jusqu'à elle, l'écriture était un privilège de classe. Désormais, tous les jeunes y ont accès, mais chez certaines personnes d'âge, notamment à la campagne, il est trop tard. Le signe unique qu'elles savent tracer et dont elles paraphent leur existence, c'est celui, profond et toujours recommencé, du sillon labourant la terre.

À propos du sens qu'ils donnent aux communications, les Chinois disent : « L'ancienne société séparait, nous rapprochons. » Pour illustrer cette devise, ils citent l'exemple d'un héros postal. Il s'appelle Kung Pen-Yu ; c'est un échalas souriant, au jarret nerveux, qui, sa vie durant, a franchi des montagnes et des lacs gelés son sac sur l'épaule. Un film l'immortalise d'ailleurs dans ce rôle de marcheur infatigable, sorte d'aéropostale humaine, pionnier de la communication nouvelle. On y voit Kung Pen-Yu apporter dans les endroits les plus reculés le courrier et la pensée de Mao Tsé-toung. Facteur modèle, il délivre doublement les bonnes paroles…

On cite aussi à l'ordre du mérite la recette rurale de Tsé-Tchian où les receveurs aident les paysans à écrire. Et cette scène exemplaire : plusieurs facteurs se réunissent autour d'une lettre à l'adresse évasive. Grâce à une discussion collective puisant dans le dialecte marxiste-léniniste et au désir fervent de « servir le peuple », ils finissent par découvrir le destinataire.

Car il n'y a pas d'activité en Chine, fût-ce la délivrance d'une carte postale, qui ne renvoie à une vision globale de l'existence, qui ne trouve sa place dans l'organisation politique du monde. Tout est là. Refuser cette évidence – voici un pays socialiste qui le premier dans l'histoire des peuples tente d'accéder au communisme –, c'est refuser la Chine. C'est se borner à collectionner quelques « chinoiseries » pittoresques parmi les moins dérangeantes pour notre confort intellectuel. C'est, au fond, exorciser sa peur devant la vérité : un quart de l'humanité est révolutionnaire.

180 millions de citadins

Voici une de ces bizarreries dont la Chine est prodigue : ce pays où plus de trois habitants sur cinq sont agriculteurs, ce pays où le ferment révolutionnaire fut, et reste, rural plutôt que prolétaire, cette nation de paysans possède la plus importante population urbaine qu'un État ait jamais eue… On peut l'estimer à 180 millions de citadins. Une estimation du même ordre recense parmi les 150 métropoles millionnaires essaimées sur la planète environ 30 villes chinoises !

Villes sœurs : sans publicité, sans néons, villes si nettes qu'elles présentent quelquefois un petit air gourmé. Quelque chose de conventionnel que dissiperait heureusement l'agitation des rues.

Ces statistiques ne sont pas du tout un motif de fierté pour la Chine actuelle. Au contraire. Le pouvoir combat la croissance urbaine avec la même assiduité qu'il mit jadis à enrayer les épidémies. Pour des raisons économiques d'abord : les mégalopoles provoquent un déséquilibre de la consommation qui s'exerce au détriment de la campagne. Socialement, elles peuvent raviver la discrimination de classes, cette arrogance que les cités impériales bardées de remparts laissaient tomber sur le petit peuple extra-muros. Enfin, et peut-être surtout, il y a les justifications idéologiques : le désir de prévenir la formation de noyaux

« révisionnistes », difficiles à repérer dans l'anonymat urbain, et la crainte que la foule ne serve de bouillon de culture à la résurgence de tous les vieux microbes individualistes. Tandis que les communautés réduites favorisent la stricte application et l'épanouissement des principes de vie collective.

Toutes les villes du monde se ressemblent peu ou prou. Mais que les villes chinoises sont différentes. Leur singularité tient peut-être à ce que nous n'y retrouvons jamais le moule qui nous est familier : celui de la cité antique méditerranéenne. Sous la surcharge coloniale, puis les apports soviétiques, la ville chinoise montre une morphologie spécifique. Pendant plus de deux mille ans, elle a, en effet, été construite sur le même modèle : en plaine et près d'une rivière – puisque l'eau est l'élément fécondant – toujours ceinte de murailles et toujours ordonnée selon un plan carré, parce que dans la cosmogonie chinoise, la terre était carrée…

Villes sœurs : sans publicité, sans néons, villes si nettes qu'elles présentent quelquefois un petit air gourmé. Quelque chose de conventionnel que dissiperait heureusement l'agitation des rues. On ne sait d'ailleurs pas ce que foule veut dire tant qu'on ne s'est pas immergé dans la foule d'une ville chinoise. Reproduction exacte, à l'échelle humaine, de la fourmilière avec ses va-et-vient incompréhensibles, ses télescopages, son labeur trotte-menu et jusqu'à cette impression que donnent les piétons et les cyclistes les plus chargés de transporter – comme des fourmis – leurs maisons sur le dos… On voit des vélos plus lestés que des semi-remorques chavirer dangereusement mais réussir à s'ouvrir un passage au milieu de pelotons pourtant compacts. On voit moutonner à l'infini des vagues humaines toujours recommencées. Aucun doute, ils sont bien 800 millions…

Une fin d'après-midi, dans une rue de Shanghaï, j'ai cru soudain qu'une manifestation venait spontanément de se former. Elle progressait au coude à coude, massive et bruyante sous l'orage, mais, tous sourires dehors et sans pancarte. Ce n'était qu'une sortie de bureaux. Réglée avec l'emphase d'un « mouvement de foule » dans une superproduction…

De l'aéroport à l'entrée de Pékin, il y a 28 kilomètres. Mais pas de banlieue. Le voyageur peut difficilement croire qu'il approche d'une capitale de 5 millions d'habitants. Depuis la limousine solennelle et traînarde qui le transporte vers l'hôtel réservé aux

« amis étrangers », il découvre une campagne entretenue comme un jardin d'agrément : petits canaux longeant la route, haies taillées, saules et peupliers à l'alignement, quelques vignes fleuries et des bouts de rizière. Un paysage virgilien.

Puis, sans autre transition, un feu rouge. C'est Pékin… Au lieu de se laisser alourdir par un bourrelet de bidonvilles, la plupart des grandes cités chinoises sont ainsi serrées dans une ceinture maraîchère. C'est un moyen de s'assurer une réserve de vivres autonome mais également une façon presque symbolique d'inclure la campagne à l'intérieur du périmètre urbain et de ménager – souci constant – un guichet d'échange entre le monde rural et le monde citadin.

Pékin commence donc à cette frontière végétale où la campagne vient lécher les flancs de la capitale. Et Pékin étonne… Le jugement diffère selon qu'on a connu ou non la ville avant la libération. Les amants de l'ancienne capitale historique, surtout si le maoïsme les chiffonne, n'ont généralement pas de mots assez durs pour vitupérer les « déprédations » dont s'est rendu coupable ce régime de « barbares ». L'accusation porte sur la destruction de quelques-uns des vestiges du Pékin impérial, par exemple les P'ai-Lou et les remparts, jetés bas pour faciliter la circulation ; autant que sur la greffe incongrue de l'architecture soviétique dans le tissu urbain chinois.

Pékin commence à la frontière végétale où la campagne vient lécher les flancs de la capitale. Et Pékin étonne…

C'est vrai. De notre point de vue – c'est-à-dire d'un point de vue « esthético-décadent » –, l'attitude de la Chine nouvelle devant son patrimoine artistique paraît surprenante pour ne pas dire incohérente. Tantôt rageusement iconoclaste, comme pendant la Révolution culturelle, tantôt plus encline à la conservation un peu distante comme cela semble être aujourd'hui le cas, elle fait ici table rase d'un passé qu'elle exhume ailleurs. La doctrine fluctue, sans cesser d'alimenter la controverse théorique.

Les récifs de la capitale impériale

Mais, lorsqu'on y débarque pour la première fois, léger de tout bagage affectif, libre de souvenirs culturels, ces mutilations frappent moins que précisément la variété des richesses passées, ou, plus exactement, leur puissance évocatrice. Partout, au sein, de la capitale communiste, affleurent les récifs de la capitale impériale. Comme des signes obsédants. On comprend pourquoi les jeunes gardes rouges de la Révolution culturelle s'en sont pris à ces pierres usées. Tout un Pékin à demi enseveli palpite encore sous le badigeon frais, levant des armées de fantômes. On en surprend le passage dans le charme un peu émollient du Palais d'été, ou sur les dalles admirables qui mènent par degrés au Temple du ciel Un cylindre sans élan, coiffé de tuiles émaillées, mais la parfaite simplicité de ce lieu géométrique bouleverse. C'était ici l'observatoire de l'infini, l'empereur y entrait en conversation avec le ciel. Les forces populaires ont interrompu ce haut colloque où elles n'avaient pas part. Rien de plus poignant aujourd'hui, de plus significatif aussi que le silence du Temple du ciel à l'aube. Dans les jardins alentour, la gymnastique muette des Pékinois ressemble à une conjuration rituelle. Comme si, par ces gestes dessinés dans le vide, la Chine nouvelle voulait exorciser à jamais les esprits délétères abandonnés là par ses anciens maîtres et complices : l'empereur et le ciel…

On connaît des endroits au monde d'une grandeur comparable : Tehotihuacan, Versailles, Angkor, le Parthénon, pour ne citer que les grands classiques desservis par charters, mais aucun n'est aussi harmonieusement accordé à la mesure humaine que la Cité interdite de Pékin. Du palais impérial et de ses quadrilatères de remparts pourpres, de ce « centre idéal de l'univers » émane une beauté qui n'écrase pas. C'est le triomphe d'un équilibre, qui serait aussi incantatoire.

Dans ces immensités urbaines perce un défi : faire plus que l'empire.

Dans la salle de la nourriture de l'esprit, les Chinois en congé viennent rendre visite aux reliefs de la magnificence impériale. Ils défilent silencieusement devant les bijoux d'or et de diamant, les sabres d'apparat, les ivoires. On devine qu'ils pèsent ces richesses en bols de riz, en années de travail, en servage, et que les dynasties impériales ne sortent pas grandies de la balance. Telle est la densité de ces regards qu'on finit pas se sentir gêné devant ces Annapurna de jade ; par se détourner de ces trop belles nécropoles, et entrer dans le Pékin d'aujourd'hui.

Conçu pour abriter le pouvoir suprême, Pékin offre ces proportions hors du commun des capitales qui veulent d'abord honorer leurs institutions. Tout y est immense y compris le ciel, et inlassablement balayé. Ses boulevards larges comme des fleuves et les esplanades sahariennes appellent les manifestations populaires. Aux heures de pointe, les pelotons de bicyclettes noires, les camions, les autobus couinant et les longues colonnes de piétons peuplent ces espaces sans voitures ; mais la nuit les vide et n'en retient que de grandes traces laiteuses.

Dans ces immensités urbaines perce un défi : faire plus que l'empire. On m'explique ainsi que la superficie du palais de l'Assemblée du peuple est de quelques centaines de mètres supérieure à celle du palais impérial. Au milieu de la gigantesque place Tian'an-men se dresse l'obélisque aux héros du peuple, encadré par les immeubles officiels et les portraits géants de Marx, Engels, Lénine et Staline. Tournant le dos aux échelonnements de la ville impériale, l'effigie de Mao, seul, leur fait face, dévisageant l'esplanade dans l'axe de l'obélisque. Cette disposition laisse clairement comprendre que l'énergie magnétique s'est déplacée de quelques mètres et que désormais le nouveau centre idéal de l'univers tombe juste sous l'œil du président.

Dans ce concours architectural, le malheur a voulu que la jeune République chinoise fût aidée à ses débuts par les bâtisseurs soviétiques. On sait qu'ils n'ont pas le crayon léger…

Derrière ce Pékin du très grand nombre, dans ce qui reste de la ville tartare aux maisons basses grises et noires, subsistent des ruelles encombrées d'échoppes. Les charrettes à bras des marchands de primeurs et les cyclopousse s'y croisent difficilement. Gris et couleurs sous le soleil exact de la lumière décapante de l'été à Pékin. Foules encore, gesticulant autour des éventaires. Toutes ces boutiques, fort bien achalandées, sont des commerces d'État. Mais vendeurs et clients palabrent autour d'une pastèque comme si la concurrence était sauvage. Vieil atavisme marchand des Chinois ?

À Nankin, le collier du Yang-tsé

Nankin : c'est au sud-est de Pékin, sur les rives du Yang-tsé, la ville qui commande le passage stratégique de la Chine du Nord à celle du Sud. Tchang Kaï-chek y avait quelque temps installé le Kuomintang déjà vacillant. Sun Yat-sen y est inhumé sur une colline bleue.

Aujourd'hui, Nankin fait surtout la fierté de la Chine nouvelle pour ce pont de six kilomètres qu'en huit ans 6 000 travailleurs « ne comptant que sur leurs propres forces » ont jeté au-dessus des eaux limoneuses du fleuve. Partout reproduit, le pont de Nankin est regardé comme un « gros œuvre » qui aurait aussi accompli l'impossible grand œuvre ; victoire technique d'un peuple de paysans, principe réunificateur dans une nation longtemps divisée, collier enfin passé au cou du Yang-tsé sauvage.

Quoique comptant 2,5 millions d'habitants, quoique métropole d'une province peuplée comme la France et fortement industrialisée. Nankin a conservé un côté petite ville de province bien peignée. Les artères principales plus modestes qu'à Pékin ménagent des moments de répit presque silencieux. Ses cotonnades teintes sèchent aux fenêtres et des vélos nickel patientent à la porte des cinémas. Les allées sont désherbées de frais, les parcs embaumés et profonds. Nous apprenons le nombre d'aciéries, d'ateliers, d'instituts universitaires et d'hôpitaux que s'est donnés Nankin depuis la libération. Mais l'inventaire des arbres parle mieux à l'imagination : 24 millions d'essences diverses ont été plantés en moins de vingt ans. Je ne peux m'empêcher de songer aux avenues déplumées comme des cous de poulet, aux jardins qui meurent de pelade dans les villes de chez nous.

Shanghaï l'ouvrière

Shanghaï : la Babylone asiatique du siècle neuf. Le port d'attache des trafiquants harassés. Les plus grands bordels du monde où les filles-fleurs dénouent leurs chignons laqués. Et, sur les plus hautes terrasses, les officiers britanniques, habillés pour dîner, écoutent le premier jazz que diffuse un gramophone. Des profondeurs du port monte un nuage d'opium. C'était paraît-il, cela le Shanghaï des années 1930 et son romantisme faisandé.

Aujourd'hui, Shanghaï est une mégalopole de 10 millions d'habitants, l'une des dix plus grandes villes au monde. Et la capitale industrielle de la Chine. Purgée de ses turpitudes, des « rapaceries coloniales et des compradores ». De l'influence britannique ne subsistent que quelques hôtels, vastes caravansérails assoupis aux tuyauteries compliquées. On y borde les délégations étrangères.

Shanghaï effraie secrètement les Chinois eux-mêmes. Trop de monde. Un monolithe humain.

La seule chose qui n'ait sans doute pas changé ressortit aux éléments. Remonter le port pendant deux heures parmi les jonques aux ailes de tourbe : voici l'estuaire géant, la ligne de partage des eaux. Sous un ciel immense. Le Yang-tsé, vieillard aux bras assassins, continue d'y vomir les entrailles du pays. Un limon rose inonde la mer de Chine…

Ville modèle ? Non. Shanghaï effraie secrètement les Chinois eux-mêmes. Trop de monde, beaucoup trop. Un monolithe humain, sans les brèches aérées de Pékin. Sans rien de Pékin. À travers la plus grande variété de ses vêtements, son rythme de vie, son comportement, Shanghaï marque à l'endroit de la capitale d'infimes différences, qui traduisent peut-être un fond de rivalité. À Pékin, le pouvoir centralisateur. À Shanghaï, l'énergie industrielle et le ferment idéologique. D'ici partent généralement les mots d'ordre les plus durs ; ici, s'enracine la ligne politique la plus radicalisante. Les premiers feux de la révolution culturelle furent shanghaïens. De ce tumulte a émergé un militant ouvrier, Wang Hungwen propulsé numéro trois du parti, seul homme jeune (42 ans) dans la gérontocratie du pouvoir, dauphin possible de Mao. Un jeune, un citadin, un ouvrier. Tout l'inverse du dirigeant en cour à Pékin. Shanghaï l'ouvrière. Savoir ce qui est en maturation au fond du plus grand réservoir prolétarien de Chine ?

La Marseille chinoise

Canton : plus ouverte que les cités de l'intérieur à la pénétration étrangère. Canton est d'abord une ville du Sud. Un peu la Marseille chinoise avec en plus quelque chose des torpeurs louches de Macao. La nuit est étouffante. Canton tire ses bat-flancs sur le trottoir et dort à la belle étoile. Marchant sous les arcades qui s'écaillent, derniers vestiges de l'ornementation coloniale, je passe au milieu de corps allongés. Des vieillards au teint de jade tirent goulûment sur leur cigarette, comme jadis ils suçaient sans doute les pipes de bambou qui font rêver. Les portes ouvertes laissent entrevoir des intérieurs au dépouillement monacal : blancheur chaulée des murs, mobilier de rotin, familles serrées autour du ventilateur et du thermos de thé. Une ampoule nue jette sur cette scène un éclairage à la

Le Nain. On cherche machinalement un crucifix. C'est le chromo du président qui luit dans la pénombre.

Pas un souffle d'air, sinon près de la rivière des Perles, où s'agite le peuple obscur des sampans. Canton se couche très tard. Les petits ateliers s'activent encore. Et partout dans la nuit résonne le claquement des cartes et des pièces d'échecs que tout un peuple joueur frappe inlassablement sur le sol.

Le plus grand magasin du monde

Hong Kong. Ayant déjà séjourné sur ce rocher victorien, enfoui sous le béton et tous les vices du monde, j'en avais subi la fascination interlope. Mais, lorsqu'on y accède après quinze jours de vertu communiste par le poste frontière de Lo-hu, pont de poupée posé sur un ruisseau, Hong Kong ressemble mieux à ce qu'il est : le plus grand magasin du monde où l'Occident remplit ses Boeing comme des chariots de supermarché.

On m'avait dit : « C'est le vestibule de la liberté, vous vous sentirez soulagé. » Voici donc les premières images du monde « libre » : à la douane, un poster de la reine Élisabeth II d'Angleterre regardant la Chine avec l'air de dire à 850 millions de révolutionnaires : « Vous reprendrez bien une tasse de thé. » Dans le train, avant même qu'il ne s'ébranle, un marchand ambulant de whisky et de chewing-gum. Et après les premiers mètres, tout contre la voie ferrée, un cimetière de voitures…

LE DERNIER REMPART DU SHAH

Reclus dans son palais de Niavaran, le Shah apparaît désemparé face à la révolte populaire. La rue a pris le pouvoir tandis que l'ayatollah Khomeyni attend son heure. La nomination d'un Premier ministre ne changera rien à l'affaire. La révolution islamique est en marche.

BERNARD ULLMANN
« L'EXPRESS », 11 NOVEMBRE 1978

Les courtisans et le pouvoir civil à la botte ; les libertés en veilleuse, du moins ce qu'il en restait ; l'ordre rétabli coûte que coûte, et l'on n'hésitera plus, cette fois, à tirer ; des décrets militaires qui sabrent, à gauche et à droite, les fauteurs de troubles et n'épargnent même pas les dignitaires les plus compromis de l'ancien régime, sacrifiés à l'émeute et au grondement populaire… La loi de fer de l'armée iranienne, la plus puissante du Proche-Orient, s'est abattue, le 6 novembre, sur l'empire de Shah Reza Pahlavi. Ni putsch ni pronunciamiento : l'arbitre militaire parvient légalement au pouvoir, requis par un monarque pressé par l'émeute. Mais combien de temps le gardera-t-il ?

« Je ne souhaite, croyez-moi, qu'une chose : rendre le plus tôt possible à un gouvernement civil la place qui lui revient… » Ce lundi 6 novembre, sur leurs écrans de télévision, les Iraniens écoutent la première proclamation de leur nouveau Premier ministre, le général Golam Reza Azari. Un visage inconnu, pour la plupart, l'instant auparavant. Et un homme dont ils savaient, en fait, bien peu de chose.

Il apparaît en grand uniforme, chamarré de décorations, les traits impassibles. La voix est métallique, habituée au commandement. Mais les propos qu'elle tient se veulent rassurants : il n'est pas question – le général insiste – de régime militaire. Il est là seulement pour rétablir l'ordre, la sécurité, le ravitaillement, bref, remettre la machine en route. Le gouvernement Charif Emami ayant démissionné, il a déféré aux ordres du souverain en prenant la suite. Afin de dénouer une situation de jour en jour plus dramatique pour le pays. Et d'occuper provisoirement le vide ainsi créé.

« Il a une tête à la Pinochet », s'exclament déjà des opposants. La comparaison est pour le moins prématurée, même si les rares notices biographiques le concernant sont plutôt avares de détails. C'est un militaire type, qui a fait une honnête carrière, et n'a guère intrigué dans les antichambres du Palais. Et semble même nourrir une certaine méfiance à l'endroit des paladins. À 61 ans, il n'a été ni aide de camp de l'empereur, comme le nouveau ministre de l'Intérieur, ni commandant de la Garde impériale. Se contentant, dans une obscurité relative, de franchir un à un tous les degrés de la hiérarchie : depuis l'Académie militaire de Téhéran, dont il sort en 1932, jusqu'au poste de chef d'état-major général, où lui parviendra l'appel du Shah. Les autres membres de la nouvelle équipe ont suivi, eux aussi, des carrières sans histoire, à l'image de cette armée suréquipée, enfant gâtée du régime, mais restée jusqu'à présent à l'écart des subtiles péripéties de la politique du Palais.

Après l'événement, comme toujours, chacun prétend l'avoir prédit. « Il ne reste que deux solutions possibles : le départ du Shah ou le recours aux militaires », me confiait, quelques heures plus tôt, l'un des leaders du Front national, M. Mehdi Bazargan, assez proche des chefs religieux. La deuxième hypothèse était la bonne : les trois journées noires de Téhéran avaient préparé la voie à l'armée.

L'armée est prête à intervenir. Les étudiants jettent des pavés. Tout à coup, des rafales d'armes automatiques. On traîne des morts et des blessés à l'intérieur de l'enceinte de l'université.

L'émeute après le bain de sang étudiant

Elles laissaient un Shah désemparé, reclus dans son palais de Niavaran, dont les événements de la rue avaient sérieusement entamé la détermination, la combativité. Les généraux, dans ces circonstances, ont-ils délibérément laissé « pourrir » la situation, dans l'espoir d'être appelés à la redresser ? Ont-ils dicté leurs conditions au Shah, avec les formes d'usage, en appuyant leur argument sur le malaise grandissant de l'armée ? Le recul manque encore pour épiloguer et conclure. Les faits restent néanmoins troublants.

Le samedi 4 novembre, c'est l'affrontement entre les étudiants et les soldats. Depuis des semaines, sur le campus de l'université de Téhéran, c'est la Sorbonne de Mai 1968 ou la Révolution culturelle chinoise : affiches incendiaires, effigies de l'ayatollah Khomeyni, caricatures injurieuses contre le Shah tapissent les murs. À l'intérieur, les étudiants palabrent interminablement. Beaucoup de professeurs, et le recteur, M. Abdellah Chaibani, qui démissionnera par la suite, sympathisent avec eux.

Ce samedi matin, pourtant, les étudiants vont sortir de leur campus. Un cortège remonte l'avenue Shah Reza, la principale artère est-ouest de la capitale, ne provoquant, au début, qu'un embouteillage monstre et un concert d'avertisseurs assourdissant. Les étudiants veulent aller saluer chez lui l'ayatollah Taleghani, qui vient de sortir de prison. Mais l'armée est prête, cette fois, à intervenir. Les soldats lancent d'abord des grenades lacrymogènes, puis tirent en l'air. Les étudiants jettent des pavés. Tout à coup, des rafales d'armes automatiques. On traîne des morts et des blessés à l'intérieur de l'enceinte de l'université. Des centaines d'étudiants déchaînés commencent à s'en prendre aux banques, aux magasins, à brûler des véhicules, à ériger des barricades de bric et de broc. Ils brandissent la chemise sanglante d'un des nouveaux martyrs. L'idée d'un autre « bain de sang », semblable à celui du vendredi noir du 22 septembre, surexcite les esprits. Ce n'est encore qu'une répétition générale de ce lendemain, dimanche, où Téhéran est livré à l'émeute.

Dès le matin, les manifestants, tous jeunes, se regroupent autour de l'université. Ils bloquent la circulation et invitent les conducteurs, coincés dans leur voiture, à allumer leurs phares, à klaxonner une sorte de mélopée sur trois notes, à lever le poing ou à saluer du V de la victoire. Au début, la troupe réagit. Elle tente de tronçonner le cortège pour éviter la paralysie des principales artères du centre.

Mais, brusquement, au début de l'après-midi, les gros chars Chieftain, avec leur canon de 105, les camions bourrés de soldats casqués abandonnent les points stratégiques où ils avaient pris position. Sur ordre, évidemment. On ne les reverra plus de la journée. Les « casseurs » peuvent s'en donner à cœur joie. Le choix de leurs objectifs paraît néanmoins sélectif. Il doit correspondre dans leur esprit aux préceptes et aux interdits de l'ayatollah Khomeyni, dont la photo, accrochée à des perches improvisées, est omniprésente. Méthodiquement, les vitrines sont éventrées à coups de barre de fer. Les grilles sont arrachées, des camions, des autobus à impériale incendiés. Les débris s'accumulent. On y met le feu. Une âcre odeur de carton, de caoutchoucs brûlés s'étend sur la ville.

Pas d'ivresse de pillages, mais une volonté systématique de détruire certains symboles détestés.

En fin de journée, du haut de la terrasse du Park Hotel, où résident la plupart des correspondants étrangers, on dénombre une soixantaine de foyers d'incendie. Le Park Hotel, on ne sait pourquoi, est épargné. Quatre autres palaces sont dévastés par les flammes. Une bonne centaine de banques sont mises à sac. Des cinémas, des cabarets, symboles de la dépravation occidentale, sont détruits. Des supermarchés, des commissariats de police sont incendiés. Les vitres de la compagnie israélienne El Al sont démolies aux cris de « Allah est grand ! ». Mais aussi celles de l'Aeroflot soviétique, de la Pan Am et de la British Airways, parce que, sans doute, leurs gouvernements passent pour être favorables au Shah. Les lignes saoudiennes et irakiennes ne sont pas épargnées non plus. Air France échappe à la vindicte populaire, ses bureaux sont même fleuris, puisque l'ayatollah Khomeyni a trouvé refuge en France. Même si cet asile politique a été accordé plus sous la pression intéressée du Sdece que sous celle du Quai d'Orsay.

C'est le grand défoulement. Pas d'ivresse de pillages, mais une volonté systématique de détruire certains symboles détestés. L'ambassade de Grande-Bretagne, où résida Winston Churchill pendant la conférence de Téhéran, en 1943, est attaquée, ses vitres sont brisées. Celle des États-Unis ne doit le salut qu'à une protection renforcée de l'armée. Les immeubles du ministère de l'Information, de la Savak, la fameuse police secrète du régime, brûlent. Et pourtant, miraculeusement, on ne parle ni de morts ni de blessés.

À la nuit tombée, c'est l'apogée. Le triomphe éphémère de cette émeute qui commençait à ressembler à une révolution. À l'intérieur de l'université, la statue du Shah en uniforme, fier, dominateur, le monarque des jours fastes du règne, est renversée, barbouillée de peinture, coiffée d'un voile comme une femme, et même d'un pneu, mise à bas par des chaînes passées autour du cou comme pour la décapiter. On la traîne dans la rue, la tête enfin cède, et se détache sous les acclamations de la foule.

Triomphe de courte durée. À la tombée du jour, dimanche soir, un communiqué annonce que la loi martiale sera appliquée à la lettre. L'ordre de tirer pourra être donné sur tout rassemblement de plus de trois personnes. Le lendemain matin, les habitants de Téhéran peuvent constater l'étendue des dégâts. Dans les banques, au milieu des débris de verre, des employés consciencieux fouillent des papiers épars. L'inquiétude se lit sur tous les visages. L'armée est revenue, et en force. Du haut d'un half-track, des soldats mettent en joue des photographes de presse. On entend sporadiquement des rafales de mitrailleuse et même des coups de canon. Tout le quartier de l'université est quadrillé, le campus totalement évacué, les grilles sont verrouillées. La fête est finie.

Elle n'aura été qu'une émeute, non une insurrection. Car la masse de la population n'a pas suivi. Elle est restée à ses fenêtres, sur ses terrasses, contemplant le spectacle. Applaudissant parfois. Se lamentant aussi. Demeurant au total simplement « attentive ». Pourquoi ? D'abord, parce que, hormis Khomeyni, dont l'image suscite l'enthousiasme, mais qui n'a jamais songé à prendre le pouvoir pour lui-même, la révolte n'a pas de tête connue. Et son programme reste nébuleux.

La révolte contre un capitalisme sauvage et une corruption scandaleuse a soulevé une jeunesse prête à trouver dans un puritanisme religieux un remède aux maux de l'Iran.

La peur est revenue

Qu'est-ce, en réalité, que cette « République islamique » dont rêve le vieux prédicateur exilé depuis quinze ans ? Un retour de cinquante ans en arrière, une théocratie avec séquestration des femmes et fermeture des usines, comme le prétendait la propagande officielle ? Sans doute pas. Mais les préceptes du Coran, d'abord de stricte moralité, ne suffisent pas à régir un pays moderne déjà hautement industrialisé. La révolte contre un capitalisme sauvage, contre une spéculation et une corruption scandaleuses a soulevé une jeunesse prête à trouver dans un puritanisme religieux, même teinté de xénophobie et d'antisémitisme, un remède aux maux de l'Iran. Elle a trouvé un écho chez les petits commerçants du Bazar et les paysans ruinés par les importations massives de produits agricoles étrangers. Mais ce refus global, presque viscéral, d'une civilisation à l'occidentale ne constitue pas un programme politique.

Les dirigeants de la gauche non communiste, conscients des problèmes formidables qu'ils auraient à affronter, ont été incapables de se mettre d'accord sur la simple tactique à adopter. Le porte-parole du Front national, M. Karim Sandjabi, venu à Paris, s'est finalement soumis aux exigences de l'ayatollah Khomeyni. Là a peut-être été le véritable tournant politique de la crise. En décrétant lui aussi « sans bases légales et légitimes » la monarchie des Pahlavi, le secrétaire général du Front national coupait les ailes à tout gouvernement de coalition constitutionnelle. M. Ali Amini, qui s'employa en vain, durant des semaines, à le mettre sur pied, ne s'y est pas trompé. « Un changement de régime dans les circonstances actuelles est impossible. Ce serait un saut dans l'inconnu », déclarait-il au lendemain de la formation du gouvernement militaire.

Le vieux leader libéral, retranché dans sa superbe villa de Chemiran, loin des tumultes de la capitale, se considère toujours comme le seul capable de rassembler les oppositions raisonnables. Il poursuit inlassablement ses consultations, commencées à la fin d'octobre, après sa rencontre avec le Shah. Écarté du pouvoir il y a seize ans, il prétend croire aujourd'hui à la sincérité du monarque. Et aussi à celle des militaires, dont le gouvernement, selon lui, ne durera guère plus de quelques mois. Après quoi, fidèles serviteurs du souverain, ils retourneront dans leurs casernes.

Cet optimisme, les dirigeants de la gauche ne le partagent pas. Parce que, d'abord, la peur est revenue en Iran. Sans tarder, les autorités militaires ont procédé à des arrestations. Pour commencer, des journalistes et des universitaires. Puis des personnalités politiques. À vrai dire, plus compromises avec le régime qu'avec l'opposition, aux yeux de laquelle elles font même figure de coupables. Ensuite, parce que les événements de dimanche ont laissé transpercer une volonté délibérée de brouiller les cartes. Pour la gauche, les pires dévastations de cette journée d'émeutes pourraient être l'œuvre d'agents de la Savak ou de l'étranger. Le Shah, dans son discours de lundi, n'a-t-il pas parlé lui-même de « provocateurs » qui ont détourné « la révolution de sa voie » ?

L'autocritique inimaginable du Shah

Le désarroi, en fait, gagne les rangs de l'opposition. Faute de mieux, on se refuse à condamner sans appel les velléités libérales du souverain, ou à considérer comme définitive l'instauration du pouvoir militaire. Certains citent un précédent : en 1953, après la chute de Mossadegh, le Shah, de retour d'exil, fit appel à un militaire pour former le gouvernement, le général Zahedi. Au bout de quelques mois, le Shah lui demanda de se retirer « loyalement ». Ce qu'il fit, sans hésitation. Mais, rappellent aussi certains opposants, le Shah en profita pour instaurer un pouvoir sans limites. Les circonstances et surtout le pays ont bien changé depuis lors, mais le Shah lui-même a-t-il changé ?

Tous ceux qui l'ont approché ces derniers temps ont été frappés par la transformation à vue du souverain. Au lendemain de l'émeute, les Iraniens, étonnés, l'ont entendu, le visage défait, s'exprimant sur un ton monocorde, se livrer devant eux à une véritable autocritique. Un acte de contrition inimaginable il y a encore quelques semaines. Mais que cache ce repentir ? Politicien avisé, le Shah pourrait fort bien, disent certains, utiliser le paravent militaire pour préparer son retour en force, toutes leçons oubliées. À moins que ce ne soit l'avènement d'un empire libéral.

Les premières mesures du gouvernement militaire donnent à penser. Elles n'ont pas épargné les plus fidèles serviteurs du régime, qui se retrouvent en prison : comme l'ancien Premier ministre Amir Abbas Hoveyda, l'ancien chef de la Savak, le général Nasiri, et l'ancien ministre de l'Information, Darius Homayun, l'inspirateur, en janvier dernier, de la campagne de presse contre Khomeyni, qui fut le véritable détonateur de la révolte. Est-ce une exigence des militaires ou un geste du Shah en direction de ceux qu'il veut rallier ? Quels que soient les calculs des uns et des autres, ce n'est pas de tardives demi-mesures qu'il faut attendre la réconciliation du peuple et du trône. Alors que la faillite économique guette le pays, qui avait pris goût à la prospérité, le régime doit tenir compte d'une échéance toute proche : dans les premiers jours de décembre débute le grand deuil chiite où s'expriment traditionnellement recueillement populaire et fanatisme religieux. Les intentions, très vite, devront être claires.

LES MUCHACHOS DE LÉON

Dans la ville à feu et à sang, comme dans tout le Nicaragua, des soldats de 17 ans se battent en riant. « Nous aussi nous prenons la Bastille », proclament-ils avec une belle assurance. En route avec ces jeunes insurgés sur les sentiers de la guerre civile.

HERVÉ CHABALIER
« LE MATIN », 24 JUIN 1979

Un cimetière aux tombes éclatées par les obus des mortiers, une avenue déserte. Sur le trottoir, trois cadavres qui finissent de brûler. Trois guardias, le casque lourd intact. Ainsi entre-t-on dans Léon, par la route de Managua. Surgis de je ne sais où, quatre muchachos nous braquent avec leurs armes, des Fal et un Goral. Nous crions : « Periodistas franceses ! » (« Journalistes français »). Ils baissent leurs fusils, sourient, vérifient nos cartes de presse. Le chauffeur qui nous a conduits me demande l'heure : 9 h 30. « Non, réplique un guérillero, ici c'est 8 h 30. Nous, nous marchons à l'heure solaire, pas à celle de Somoza. »

Le « Chino » – ses traits bridés expliquent son pseudonyme – arrive. Il dit : « Nous sommes en train d'écraser Somoza, nous tenons toute la ville. » Le Chino était étudiant à Managua en 1972. Le tremblement de terre a englouti tout ce que possédait sa famille. Alors il est parti pour Matagalpa et a vendu des brochettes de viande grillée au marché. Puis il a rejoint le front sandiniste. Il accepte de nous guider vers le centre de la ville. À un barrage – un mur de pavés –, il nous confie à un autre « compa ». Ils s'appellent tous ainsi, par cette contraction du mot « compañero ».

Rafales de mitrailleuse, tirs de mortier. Pour une ville libérée, Léon, deuxième agglomération du Nicaragua, paraît bien agitée. Le « compa », turban rouge sur la tête, explique : « Il reste encore sept guardias au "comando" (la caserne) du centre de la ville. Nous ne voulons pas le détruire pour récupérer des armes qui s'y trouvent, nous préférons l'assiéger. » Des mortiers sont tirés du fortin que la guardia occupe à deux kilomètres de Léon vers l'ouest. Une cinquantaine d'hommes, ravitaillés tous les jours par hélicoptère, vivent à l'abri sur un piton rocheux. Les obus tombent un peu au hasard. Mais la population n'hésite pas à sortir dans la rue. Elle en a pris l'habitude. Des enfants pieds nus chahutent, courent. Des balles sifflent. Des femmes, la jupe courte, le ventre rebondi à force de grossesses mal suivies et d'une nourriture à base de haricots rouges et de féculents, marchent en rasant les murs et portent sur la tête de grosses bassines en émail.

Les garçons et les filles, coiffés de casquettes larges comme celles que portent les Jamaïcains, de feutres de cow-boy, de bonnets toujours colorés avec des insignes, des décorations, poussent des brouettes pleines de munitions. Ils déménagent le centre de police n° 21 pris la veille par les sandinistes. Les voitures marquées FSLN avec des bouts de ruban adhésif noir passent à toute vitesse, les pneus crissent, les freins gueulent. Le « comando » n'est pas loin. Les jeunes, à l'affût aux coins des rues, déclenchent des rafales sporadiques. Des poches de la chemise de José, responsable du secteur, dépassent une brosse à dents et un tube de dentifrice. « Nous avons demandé aux guardias de se rendre. Mais ils refusent. Nous supposons que Pablo Aguilera se trouve parmi eux. C'est un "verdugo" (un bourreau), un sergent de la guardia qui a torturé beaucoup de militants et sait ce qui l'attend. »

« Ils nous tuent à coups d'avion »

« El avion ! el avion ! » Il est 10 heures. D'un coup la rue se vide. Le vrombissement se rapproche. Le vieil Hercules survole la ville en larges ronds. Nos guides ont disparu. Nous voici contraints de jouer aux quatre coins pendant une heure. L'avion possède une mitrailleuse de 50 mm et, lorsqu'il va tirer, il s'incline sur l'aile. Selon sa position, nous courons d'un côté à l'autre de la rue, protégés par les murs des maisons. Beaucoup de balles, mais peu d'efficacité. Les gens, d'ailleurs, ne s'affolent plus. Ils ont ouvert leurs portes. Ils savent maintenant que cet oiseau de mort n'est pas un « doble cola » (une double queue), un push-pull, cet appareil israélien dont l'hélice se trouve à l'arrière et qui lance roquettes et bombes.

En cette période de saison des pluies, les orages éclatent très fréquemment et les nuages noirs empêchent les avions de décoller et de voler. Ainsi, entre deux éclaircies, Léon vit et tient.

Une courte trêve. En voici deux, des push-pull. C'est ainsi tous les jours. Le plus souvent, de 7 heures le matin à 10 heures le soir. Nous entrons dans une maison. Les murs de brique ne résisteront pas si la roquette frappe de plein fouet. Chacun le sait ici. Dans le salon, le grand-père ne se balance plus sur son rocking-chair. La petite fille se colle contre ses jambes. « Tengo miedo, abuelo » (« J'ai peur, pépé »). Deux femmes debout, les bras ouverts, prient face à un « chromo » qui représente le Christ. Un hibiscus, collé au mur avec du scotch, fleurit l'image. La plus vieille se lamente : « Ils nous tuent à coups d'avion. » Un muchacho à béret rouge, il n'a pas 17 ans, entre dans la pièce, une carabine 22 long rifle à la main : « Nous n'en serions pas là si nos parents s'étaient un peu plus battus, s'ils n'avaient pas accepté la dictature. »

Chacun se tait lorsque le moteur du push-pull accélère. Cela veut dire qu'il pique, qu'il va donc lancer une roquette. Lorsqu'elle a explosé, les langues se délient et tous racontent qu'à une madra ou une madra cuadra (une cuadra est un pâté de maisons, les rues de Léon comme celles de Managua sont tracées au cordeau, à l'américaine), toute une famille a été tuée. Cette guerre n'épargne pas la population. C'est toujours ainsi quand il s'agit d'une guerre civile qui se déroule dans une ville.

Si la mort vient du ciel, le salut aussi. En cette période de saison des pluies, les orages éclatent très fréquemment et les nuages noirs empêchent les avions de décoller et de voler. Jamais je n'ai tant souhaité que les éléments se déchaînent ! Ainsi, entre deux éclaircies, Léon vit et tient.

Les environs du « comando » mis à part, la circulation est libre dans cette ville située à 90 kilomètres au nord de Managua. Tous les cent mètres s'élèvent des barricades tenues par une demi-douzaine de muchachos. Maintenant, des fractions de barricades ont été démolies pour que les voitures puissent rouler d'un quartier à l'autre : « Tu vois, m'explique un "compa", Somoza a voulu que le centre de la ville soit pavé et non bitumé, à cause de ses affaires. Les pavés rapportent plus. Aujourd'hui, il doit le regretter. » Les murs ont la parole partout : « Viva Sandino, viva la insurreccion ! » Plus d'électricité, sauf dans le quartier nord-est. Plus de téléphone. Le front l'a coupé pour que les indicateurs éventuels ne puissent diriger les guardias qui tirent des mortiers. Comme en septembre, c'est Léon qui cette fois encore a donné le signal du soulèvement dès le 3 juin. Elle est combative depuis toujours, Léon.

Et puis, les rapports avec les somozistes ont toujours été conflictuels. C'est à Léon que fut assassiné en 1956 le père du président actuel, Anastasio Somoza, alors qu'il occupait cette même fonction. Le front occidental du FSLN a pris d'ailleurs le nom de celui qui l'exécuta (Rigoberto Lopez Perez). C'est à Léon aussi que naquit Anastasio Somoza.

La ville, même après la défaite de septembre, n'a jamais pu être totalement contrôlée par la guardia. À l'est, les quartiers Pochote, San Felipe, Saragossa, El Coyolar, la Hermita ont servi de bases au front sandiniste. À partir de ces « barrios », les sandinistes ont déclenché l'offensive de juin.

L'opération devait se dérouler en cinq phases, plus ou moins simultanées, selon Dora Maria Tellez alias « Patricia » alias « la Dos », chef militaire et politique du front occidental après avoir été l'une des responsables de la prise en otage de la Chambre des députés à Managua le 22 août 1978. Les cinq phases étaient les suivantes : la prise du poste de police 21 et du « comando » d'abord ; l'occupation de l'aéroport de Léon et la préparation d'embuscades sur la route de Managua pour empêcher l'arrivée par terre ou par air de renforts de guardias ; l'assaut contre la Banque centrale ; le siège du fortin ; et enfin la mise sur pied d'une force mobile, force d'appui ou de diversion selon les cas.

Le programme, mis à part la prise du « comando », a été à peu près respecté. Tout a failli rater pourtant le 2 juin, dans le quartier de Sutiava où des sandinistes s'apprêtaient à déterrer des armes cachées dans le patio d'une maison. Les patrouilles de la guardia commençaient à perquisitionner au même moment le secteur. Il fallut que les jeunes, les muchachos, sortent dans la rue avec leurs pistolets et leurs fusils de chasse à canon scié pour faire diversion, entraîner la guardia vers d'autres lieux, l'affronter, puis la stopper. Une averse de pluie – encore elle – d'une intensité exceptionnelle donne un coup de pouce décisif aux guérilleros. La guardia était intervenue sur renseignement. Pourtant, depuis deux bons mois, les sandinistes avaient éliminé plusieurs dizaines de « orefas » (indics), le plus souvent des chauffeurs de taxi, pour éviter pareille mésaventure.

Un choc psychologique

Le 3 juin, durant la nuit, l'opération commence. Les différents objectifs, sauf le « comando » et le poste de police 21, sont atteints. Combat d'une totale violence, revers de part et d'autre, contre-offensives. Les batailles les plus dures se déroulent autour de la cathédrale. Une église superbe, d'un pur style colonial. L'un des plus beaux monuments du genre en Amérique latine. Elle a souffert, la cathédrale : portail brûlé, tapis et fresques détruits. La sépulture du poète moderniste Ruben Dario – qui vécut longtemps en France et écrivit les inoubliables *Chants de vie et d'espérance* – qui s'y trouve est intacte. Face à la cathédrale, autour du parc, deux positions de la guardia : l'immeuble de la Sécurité sociale et le théâtre. Le docteur Salvador Marine (43 ans) habite sur cette place. Il est resté bloqué chez lui durant dix jours. Prévoyant, il avait des provisions. Mais sa voisine et ses trois enfants n'ont rien eu à manger, vraiment rien du tout, pendant quatre jours. Le vendredi 16 à 15 heures, la guardia décrochait de la Sécurité sociale. Et, le 18, du poste de police 21.

Dès le 3 juin, la population a commencé de son côté à dresser des barricades, puis à ouvrir ses maisons aux combattants, à leur fournir de la nourriture et à leur prêter des voitures. Pour barrer la piste de l'aéroport, plus de deux cents personnes, n'appartenant pas au front, ont accouru et sorti des hangars les quelques coucous restés. Les sandinistes ont récupéré dans la tour de contrôle de l'aérogare deux postes émetteurs de forte puissance. Mais c'est vendredi, lorsque le gros des guardias évacue le « comando » que les sandinistes ont mesuré leur force. Ce jour-là, le général Gonzalo Ebertz, dit « Vulcano », une grande figure du somozisme armé, le meilleur spécialiste de la lutte antiguérilla, lui qui pourchassait inlassablement les maquisards dans les montagnes et avait réussi de nombreuses opérations contre le front Sud des sandinistes, abandonne le « comando ». Il laisse une poignée d'hommes dans la place et sort avec trente guardias et leurs familles. « Pour protéger leur retraite, deux automitrailleuses, un véhicule blindé, un char du type Sherman, et un bouclier humain, explique Ariel, un guérillero qui se trouvait en embuscade ce jour-là dans les parages. Les femmes et les enfants entouraient les guardias qui marchaient dans la rue, espérant ainsi se protéger de nos tirs. » Ebertz fut malgré tout atteint au thorax et aux jambes. Grièvement blessé, il se trouve à l'hôpital de Miami. L'impact de cette reculade de la guardia a produit un choc psychologique sur toute la ville.

Le drapeau rouge et noir, les couleurs sandinistes, flotte maintenant sur l'immeuble de la Sécurité sociale et bat le fronton où s'inscrit en lettres géantes : « Somoza presidente ». Voilà la fierté des muchachos qui nous escortent maintenant et qui nous demandent de prendre des photos.

Dans un coin du PC, deux guitares posées contre un sac bourré de casques pris sur les guardias tués.

Al Calbarito, un quartier périphérique du Sud. C'est « Umanzor » qui le commande (20 ans, deux ans d'études supérieures). « En probation, dit-il. Si je commets la moindre erreur, si je maltraite un prisonnier, si je tire sur la guardia qui se rend, je repars à la base. » Dans son PC, une vaste maison vide, quelques couvertures. Quatre jeunes y dorment et, dans un coin, deux guitares posées contre un sac bourré de casques pris sur les guardias tués. Dans une maison voisine, une vingtaine de jeunes recrues marchent au pas, sur place. Je n'ai jamais compris en quoi cela pouvait être utile et ici, dans cette guerre de partisans, encore moins.

Au « barrio » du Calvaire, un autre poste sandiniste, autour duquel pleuvent les obus. Les guérilleros se reposent dans des hamacs. Ils râlent, ils ont récupéré deux mitrailleuses de 30 mm et une de 50 mm sur l'ennemi. Mais l'état-major sandiniste les leur a confisquées. La pénurie en armes, tous la ressentent. La semaine dernière, le FSLN en a reçu. Un joli coup : le ministre de l'Économie du Nicaragua, Landon Velazquez, un milliardaire, possède une piste d'aviation privée à Poneloya, la station balnéaire chic du pays, sur le Pacifique, à 19 kilomètres de Léon. Les sandinistes l'ont investie le temps qu'un avion bourré de munitions et de fusils-mitrailleurs s'y pose. La guardia les a détectés. Mais le déchargement a pu se faire à temps et les sandinistes ont fait sauter l'appareil avant que les soldats de Somoza ne s'en emparent.

« Vous voyez, ici, il n'y a pas de mercenaires, comme dit Somoza, mais rien que des gens du peuple. »

Le quinquagénaire qui habite le PC de l'unité du Calvaire désigne du doigt tous les combattants qui l'entourent : « Vous voyez, ici, il n'y a pas de mercenaires, comme dit Somoza, mais rien que des gens du peuple. »

Les trois tendances du FSLN, les prolétaires (minoritaires et marxistes), le GPP (Guerre populaire prolongée, plus radicaux) et les Terceristas (les moins sectaires) coopèrent totalement à Léon. Voici Ariel, qui dirige en second l'un des groupes qui occupent le centre de la ville. Installé dans les locaux du consulat d'Allemagne fédérale, il me dit : « J'ai rejoint le front en septembre. Se battre était la seule voie. Somoza parle de communisme, moi je suis chrétien, très croyant et pratiquant. » Sur son béret noir, une broche : la Vierge.

— « Ça ne vous pose pas un problème de conscience de vous battre avec des armes, de tuer, en tant que chrétien ?

— L'Église, sous Paul VI en particulier, a estimé que si les moyens légaux avaient été utilisés pour se défaire d'une tyrannie, alors l'insurrection armée est admise. Dans le cas du Nicaragua, la bonne question serait : est-il possible de ne pas prendre les armes contre le régime quand on est chrétien ? »

Cent vingt familles ravitaillées

Le MPU (Mouvement populaire unifié), structure de masse du front, s'occupe lui de l'organisation des civils. Il anime les comités d'action populaire et les centres de défense civile (CDC). Dans le quartier du Calvaire, Oscar Gardas Melendes (38 ans, chef de travaux) dirige les douze personnes du CDC qui assurent le ravitaillement des cent vingt familles du secteur. Un organisme central l'approvisionne tous les huit jours. Il distribue des « papas » (pommes de terre), de la farine, du sucre, du maïs, de la viande, de l'huile et du beurre.

> **« Se battre était la seule voie. Somoza parle de communisme, moi je suis chrétien, très croyant et pratiquant. »**
>
> **Ariel, dirigeant en second d'un groupe**

« Léon possède des stocks pour quinze jours. » Seul véritable problème : le lait pour les enfants. Les quatre premiers jours de l'insurrection, les canalisations d'eau potable ont sauté mais par chance la pluie (toujours elle) n'a pas cessé. L'essence manque aussi. Les sandinistes possèdent toutes les clés des stations-service de la ville et réservent le carburant pour leurs opérations militaires. Oscar s'occupe aussi de l'église transformée en refuge pour les enfants mis à l'abri des bombardements. Dans une nef latérale, j'ai vu, sous une immense statue du Christ crucifié et de Marie Madeleine, une demi-douzaine de nourrissons posés sur des couvertures à même le sol. Évidemment, à Léon comme ailleurs, les bourgeois s'en sortent mieux. En allant chez Simon Pedro Pereira, avocat de la Nicaragua Sugar State, une grosse entreprise qui n'appartient pas à Somoza, comme il me l'a indiqué plus tard, des muchachos m'ont interpellé à une barricade :

— « Tu es un gringo (un Nord-Américain) ?

— Non, un Français.

— Nous aussi, nous prenons la Bastille ! » Et ils ont ri très fort.

Chez don Pereira, c'est luxueux : café expresso, petites tasses de porcelaine et cuillers d'argent. N'empêche, il raconte que les sandinistes ont un bon idéal patriotique, qu'ils se sont très bien tenus à Léon avec la population, qu'ils ont eu l'honnêteté d'accepter un gouvernement véritablement représentatif et capable de reconstruire l'économie du pays. Ça l'inquiète beaucoup, l'avenir économique du pays, M. Pereira. Les graines de coton (le coton rapporte, l'essentiel des devises) n'ont pas été semées ni en mai ni en juin : pas de récolte cette année. Quant à la coupe de la canne à sucre, elle se fera, peut-être, mais la sécurité des raffineries n'a pu être assurée, alors !

Démocrate libéral, son antisomozisme se renforce quand il écoute la radio nationale qui affirmait – j'étais présent – que la guardia contrôle Léon et que tout y est calme. Alors que manifestement c'est une contre-vérité. Son opposition au régime s'est durcie quand il voit des enfants, ses voisins, mutilés pour toujours par des éclats d'obus.

Lorsque nous quittons Léon, la tête pleine de récits de massacres, d'exécutions sommaires commises tout au long de ces derniers mois par la guardia, lorsque nous sortons de la ville après quarante-huit heures passées parmi les insurgés, notre voiture et notre chauffeur ont disparu. Il a pris peur et s'est enfui… La route est toujours aussi déserte, un avion mitraille, lance des roquettes. Nous attendons, planqués à deux pas. Quatre heures passent. Une voiture enfin, avec deux journalistes mexicains. Ils nous embarquent. Merci à eux. Léon continue à lutter.

LES MADONES DES THÉS DANSANTS

Pas toujours très jeunes, pas toujours désirables, on les trouve de cinq à sept dans des établissements aux noms évocateurs. Des veuves, des célibataires « prolongées », des femmes mal mariées à la recherche de l'âme sœur ou de sensations fortes. Rencontre avec Geneviève, une habituée du « Royal Lieu ».

HERVÉ CHABALIER
« LE MATIN », 1er FÉVRIER 1979

Le plus gêné des deux, c'est moi. Elle ondule tranquillement son ventre contre le mien, joue du piano sur ma nuque, sa mèche de cheveux platine me chatouille l'œil gauche, le « Guerlain » de sa peau viole les pores de la mienne. Mais comment vais-je m'en sortir ? Je chavire, j'implore la boule, mosaïque de miroirs, qui tourne et lance des gerbes d'étoiles au plafond du dancing. Moi qui danse si mal ! Et en plus la dame que je tiens du bout des doigts dans mes bras est, enfin…, assez âgée. Et ce maudit orchestre qui maintenant se met à jouer *Allô maman bobo*, arrangé façon sirop de groseille. Là c'est « too much ». Un ange passe, il s'appelle Sigmund.

Bien fait. Drôle d'idée cette enquête sur les thés dansants de cinq à sept, moi qui ne danse que rarement, et toujours tard la nuit, lorsque trente-six breuvages – et jamais du thé – ont dégrippé les boulons qui verrouillent mon crâne et mes articulations, moi qui me détourne des quinquagénaires et me retourne sur les Lolita. C'est la faute à *Pariscope*. Depuis longtemps je feuillette les pages de la fin, celles où Julia, Lise, Citronnelle et des dizaines d'autres vantent leurs qualités de masseuses, leurs bains à remous et aux algues. Un jour, comme un nez au milieu de la page, j'ai lu : « Lundi, mardi, vendredi, 16 heures, thé dansant, Adison Square Garden », et plus bas « Royal Lieu, thé dansant 16 h 30 », et à côté, « La Coupole, thé dansant », encore.

La Coupole… bien sûr ! C'était en 1964 ou 1965. Avec Xavier, un copain de la Sorbonne, nous avions enfilé nos blazers bleu marine, aux coudes si fatigués que le moindre nouveau frottement pouvait être fatal. Cravatés et blanchis, nous étions donc allés, entre un ampli de Victor-Louis Tapié sur la guerre de Trente Ans et un meeting de l'Unef, au thé dansant de la Coupole parce que « des-vieilles-rombières-bourrées-aux-as-cherchent-des-jeunes-et-leur-filent-du-pognon ». Le thé de la Coupole occupait alors une bonne place dans la mythologie de l'étudiant parisien moyen, donc fauché. Nos vingt ans paralysés, incapables même de lancer le moindre regard aguicheur, nous avions préféré battre en retraite au bout de dix minutes. Tant pis pour l'argent de poche. Ma carrière de gigolo s'achevait là, aux prémices !

Résurgence d'une simple frustration, ou curiosité maladive, voire malsaine, en tout cas m'y revoici dans un thé dansant, celui du Royal Lieu, une institution, au 2, rue des Italiens, Un porche rococo, et un néon bleu qui cligne et fait de l'œil à l'immeuble voisin, celui du très puritain journal *Le Monde*, qui n'en rougit pourtant pas !

Elle s'appelle Geneviève, ma cavalière du Royal. Son nom, elle me l'a susurré, ne se moquant même pas de la banalité de ma première question. C'était juste à la fin d'un slow – d'ailleurs c'est toujours comme ça, on commence quand ça finit – une chanson méthode Coué : « Aime l'amour, aime la vie ; aime la vie, aime l'amour. » Pepito, celui de mis amores – un, deux, trois ; un, deux, trois –, a séparé nos corps.

Claude Philippe et son quartet, l'orchestre du Royal, procède toujours ainsi, il accélère en fin de parcours, saucissonne sa prestation en tranches de dix minutes séparées par des mi-temps éclairs. Cette programmation à contre-pulsions, casseuse de libido et castratrice mise à part – dans nos « boums » *Rock around the clock* précédait toujours *Only you* –, la pièce qui se joue sur la piste du Royal ressemble étrangement aux surprises-parties de mon adolescence. Ces effleurements ralentis, image par image, ces pressions, ces bouches qui glissent des cheveux aux tempes, des tempes aux lobes, puis finissent par se télescoper du bout des lèvres… À cinquante ou soixante ans, comme à quinze : le flirt. Attendrissant. Des veuves, des célibataires « prolongées », des femmes mal mariées, et tant d'autres inclassables, pour toutes l'aventure commence là. Et pour beaucoup, ce flirt c'est toute l'aventure. Parfois un couple s'éclipse de la piste centrale, s'enfuit sur la pointe des pieds dans une seconde salle plus noire pour corser les étreintes (oh ! pas bien loin !) et… retrouver ses rides. Elle swingue cha-cha Geneviève.

Réalistes, indécises ou audacieuses

Des femmes, par deux, parfois seules, très rarement en compagnie d'un homme, continuent d'arriver. Elles descendent l'escalier comme les passagères d'un paquebot invitées à la table du commandant. Elles passent sous les halos roses et jaunes d'appliques qui diffusent la « bonne » lumière : suffisante pour repérer, trop faible pour détailler. « Une lumière qui gomme les années », me dira plus tard Geneviève. Il y a les réalistes, celles qui se drapent avec chic dans du jersey ou du satin, qui camouflent leur âge par l'élégance et soulignent leur poitrine d'un « cœur croisé », il y a les indécises, comme Geneviève, qui portent le pantalon, mais en latex, ou en velours, ample avec des pinces aux hanches pour éviter que le tissu ne colle un ventre déjà trop rebondi, ou une chair trop molle. Il y a enfin les audacieuses, cheveux en macarons sur les oreilles, ou tressés en deux nattes, pantalons de cuir ou salopettes… petites filles au seuil du troisième âge.

Les halos roses et jaunes d'appliques diffusent la « bonne » lumière : suffisante pour repérer, trop faible pour détailler.

La plupart sont des habituées. Elles se regroupent entre copines, papotent autour d'une tasse de thé. Pas Geneviève, elle boit du rhum-Coca, « parce que ça rend hilare »… Elle fume beaucoup aussi. Moi, toujours aussi ballot : « Vous venez souvent ici ? »

Elle : « Oui, mais j'ai des circonstances atténuantes ! »

Moi : « Parce que c'est une faute de venir ici ? »

Elle : « Oh ! quand même, c'est un peu la descente en enfer. Vous savez, j'habite dans le quartier alors évidemment l'après-midi… »

Moi : « Voilà les circonstances atténuantes ? »

Elle : « Oui ».

Moi : « Mais vous aimez ici ? »

Elle : « C'est une boîte magique. On peut flirter. La lumière est douce, la musique aussi. Je me trouve bien. »

> **« Je viens chercher des sensations physiques, même légères. Et puis croiser le regard d'un inconnu dans un climat ouaté. »**
>
> **Geneviève**

Ainsi a commencé mon vrai premier dialogue avec Geneviève. Ses yeux, sous l'effet du rhum-Coca, brillaient. Elle parlait vite et souvent. J'ai eu l'impression qu'elle s'éclatait vraiment... En plus, je l'intéresse, parce que je suis un inconnu. Ça l'intrigue ça ; ça l'excite : « Je viens chercher des sensations physiques, même légères. Et puis croiser le regard d'un inconnu dans un climat ouaté. » Évidemment, nous avons joué à qui êtes-vous : « Ne me dites rien, ne me mettez pas sur la voie, je veux deviner. Ça ne presse pas, c'est tellement bon de ne pas savoir dans les bras de qui on se trouve... Un médecin ?

— Ah non !

— Un policier ?

— Bien pire que ça.

— Un truand ?

— Enfin...

— Mesrine ! »

Là j'ai éclaté de rire franchement. Mesrine, les journaux l'écrivent, tout le monde croit le reconnaître en ce moment aux quatre coins du pays. Et Geneviève, je le sens, en serait toute titillée si j'étais Mesrine. Le grand frisson, enfin. Ce Mesrine, il les fait toutes et tous rêver, ma parole. Une amie prostituée rue Saint-Denis m'a affirmé l'autre jour que depuis un mois une bonne dizaine de types lui avaient fait le coup du « Je suis Mesrine », et pas pour rigoler...

Elle ne saura pas, enfin pas cette fois, qui je suis Geneviève. Au fond, elle s'en fiche pas mal. Ce qui lui plaît au Royal Lieu, c'est cette plongée dans l'anonymat. Elle s'y enferme comme une enfant qui se cache dans un placard ou dans les WC pour jouer à touche-pipi avec un petit copain. « Ici, je ne me sens pas coupable. Dehors, c'est la froide réalité. » Jardin secret, monde cloisonné, étanche : les femmes qu'elle y côtoie, elle ne les voit jamais au-dehors, ne les fréquente pas. Ce périmètre rond, cette piste, ces murs tapissés de cuir ou de velours molletonné, les garçons qui la saluent, les hommes qui la chahutent, la baratinent, la musique, les odeurs, tout cela elle le range dans un tiroir de son cerveau, celui qui porte l'étiquette « fantasmes, plaisir, encanaillement »...

« Ici, je ne me sens pas coupable. Dehors, c'est la froide réalité. »

Geneviève

Elle tient à sa tranquillité, Geneviève. Lorsqu'elle ouvre ce tiroir, elle s'entoure de toutes les garanties possibles, prend les dispositions nécessaires, fait en sorte que ses virées au Royal ne viennent pas bouleverser l'ordre de sa vie, de l'autre vie, celle d'une gentille épouse qui attend son affaire d'homme, sagement, à la maison. Faites de la dentelle, faites de l'aquarelle, de la pâtisserie, de la tapisserie... Elle tricote un long châle de mensonges qui se déferait tout d'une fois, si le moindre accroc venait rompre une maille. Alors, elle se surveille, sans relâche, pour ne pas se couper, ne pas laisser naître dans la tête trop pleine de son mari le soupçon.

La seconde fois que nous nous sommes rencontrés, un lundi (un bon jour pour les coiffeuses et les vendeuses, paraît-il), elle m'a donné un téléphone, pas le sien, celui de sa sœur, une aînée complice de ses « fugues vespérales ». Elle m'a dit simplement : « C'est à cause de mon mari, il ne sait pas. Moi, je l'aime finalement. Je ne viens pas ici pour le tromper, mais il ne pourrait pas comprendre que je sois sous le charme de cet endroit. » Le Royal, ses us, ses coutumes et ses clients l'ont, au sens originel du terme, enchantée. Geneviève au pays de la séduction.

Et pour ne pas le perdre, ce petit pincement au ventre qu'elle éprouve chaque fois en s'installant à sa table du Royal, elle triche. Elle s'habille comme pour aller faire du shopping, elle dit « comme une assistante sociale ». « Si jamais je rentre après lui, mes vêtements ne peuvent pas lui laisser imaginer un seul instant que je viens de danser. » Comme « les maris aiment bien laisser le matin leurs femmes, l'aspirateur en marche, et les retrouver le soir le plumeau à la main », il lui arrive, entre midi et deux heures (après, elle prend le temps de se préparer pour le Royal), de cuisiner à toute allure un gros gâteau au chocolat. Au moment de dîner, elle le sort du four, le porte à table, et lance fièrement à son seigneur et maître : « Mon travail de l'après-midi » (...)

Chacune sa place, comme à l'église

L'escouade de garçons qui d'ordinaire me sautaient dessus dès mon arrivée pour m'installer d'office à une table et encaisser 25 F (tarif de la première boisson obligatoire qui tient lieu de droit d'entrée) avant même que le verre ne fût servi, s'est écarté et m'a souri. Le personnel reconnaissait enfin en moi un client fidèle. J'en étais, il est vrai, à ma cinquième visite en quinze jours. Les habitudes se prennent vite au Royal.

Les femmes y ont leur place comme à l'église. Immuables. Au bord de la piste, les vraies mordues de la danse, les fanas des danses qui finissent en o : mambo, boléro, tango, paso. Celles qui « s'en paient une », comme d'autres s'offriraient un tour de grand huit à la Foire du Trône, et qui en retirent autant de vertiges. Celles-là aiment avant tout danser pour danser. Le reste les intéresse, éventuellement. Les tables s'ordonnent par rangées en rond. Les dames plus friandes de « contacts » s'installent de préférence de part et d'autre d'une allée qui suit la courbe de la salle, une sorte de périphérique où vont et viennent les hommes qui espèrent, draguent, invitent. Enfin, le long des murs, des loges, légèrement surélevées, occupées par celles qui veulent bavarder avec leurs amies, ou préfèrent n'être point trop visibles et exposées pour ne pas affronter les avances répétées des quêteurs d'aventures.

La table de Geneviève se trouve dans le coin d'une loge. Depuis cinq ans, elle vient régulièrement au Royal. Sa place, elle a mis du temps pour la choisir, mais c'est le meilleur point d'observation. D'un regard, elle contrôle la descente d'escalier par où arrivent les clients, les trois passages qui permettent d'accéder à la piste noire, celle des « peloteurs », l'orchestre bien sûr, la piste principale et la plupart des tables. En plus, un poteau bien placé lui permet de se cacher si elle reconnaît un importun. En deux mois, nous ne nous sommes donné rendez-vous qu'une seule fois. Geneviève n'aime pas les rencontres programmées. Elle veut croire, et tente de laisser croire, qu'elle ne vient ici que sur un coup de tête : « Il pleut ; une mauvaise nouvelle ; mon mari a été désagréable… Hop ! je quitte mon tablier et me voici. » En fait, les huit fois où je suis allé, au hasard, au Royal, elle s'y trouvait. Mais Geneviève culpabilise, alors elle se comporte comme ces alcooliques qui prennent un deuxième, un troisième, un énième verre en disant : « Normalement, je ne bois pas, mais aujourd'hui ça ne va pas, alors un petit coup… » et n'arrêtent jamais de s'imbiber.

Ce jour-là, j'ai regardé un peu trop longtemps sûrement une autre dame, sa démarche me plaisait et dans ce clair-obscur elle ressemblait à une chanteuse d'opéra. Geneviève, assez sèchement, a interrompu mon voyage : « Vous avez repéré votre grand-mère ? Si vous voulez une femme pour coucher, je vous en trouverai une, une vraie. » Geneviève ne couche pas, elle : « Je n'ai pas envie de servir de paillasson à qui que ce soit. » Elle se contente d'« allumer », adore danser pour sentir qu'elle ne laisse pas son partenaire indifférent et exulte intérieurement lorsqu'il la complimente. Bref, Geneviève vient au Royal pour se mettre à l'épreuve. Il lui suffit de séduire. Être conquise ne l'intéresse guère. Elle préfère les copains aux amants. (À vrai dire, ça tombait bien.)

Difficile, elle prétend l'être. Au tout début, je l'ai longtemps observée, en douce, sans qu'elle me voie. Il suffit de regarder comment chaque femme se comporte quand un homme vient l'inviter pour deviner déjà un peu qui elle est. Normalement au Royal, les invitations se font par vagues, lorsque s'achève une série et que la nouvelle va commencer. Les lumières donnent un tout petit peu plus de clarté, histoire d'éviter aux uns et aux autres de trop grossières erreurs de choix. Il se passe alors dans ce suave dancing une révolution. Au pas de charge, les hommes (la plupart ont entre quarante et cinquante-cinq ans) donnent l'assaut ; les plus malins se placent debout près de la table occupée par celle qu'ils ont élue et à la première mesure de musique (surtout pas avant, ça ne se fait pas), ils prononcent les trois grands mots, le sésame : « Voulez-vous danser ? »

Rite imperturbable. Si c'est oui, tant mieux, sinon le malheureux éconduit ne se vexe pas, il tente sa chance ailleurs. J'en ai vu un qui prenait en enfilade une rangée et invitait les unes après les autres les dames, toutes, systématiquement. Quand il est arrivé devant Geneviève, elle lui a répondu : « Moi, je ne veux pas danser, mais il en est resté une sous la table, demandez-lui… »

VRP, avocats, commerçants…

Elle a de l'humour, Geneviève. Cet après-midi-là, peut-être parce qu'elle était en forme (son mari venait de partir pour quelques jours en province, elle pouvait donc se dispenser de monter « un scénario »), elle m'a parlé de la clientèle masculine du Royal. D'abord – tant pis pour mes fantasmes d'étudiant – des messieurs qui viennent pour trouver une dame plus âgée et leur offrir leur verdeur (ou ce qu'il en reste) moyennant finance, il n'y en a pas, ou si rarement.

De « barbots » point, donc. Mais surtout des membres de professions libérales, des chefs de service pouvant quitter leur bureau dans l'après-midi sans en rendre compte, des VRP, des commerçants aussi. Certains ne viennent qu'après six heures, à la sortie du travail. Ils déposent leur serviette de skaï au vestiaire et descendent sur la piste se « relaxer » avant de retrouver les affres du foyer.

Il y a Marcello, impénétrable, les cheveux au carré comme un lit de légionnaire. Ses bajoues molles lui donneraient un air de bouledogue s'il n'y avait ses yeux de braise qui font de Marcello l'un des tombeurs du Royal. Il faut le voir draguer : il passe, plante ses yeux sur une dame, la regarde intensément, longtemps, ne dit mot et repart : cinq pas. Au cinquième, il se retourne pour voir l'effet produit par ses rayons laser. Si la dame a tourné la tête dans sa direction, alors il revient pour concrétiser.

Il y a aussi James, élégant, américain, anglais ou belge, plus personne ne sait trop, qui a choisi de vivre à Paris parce que « c'est la seule ville au monde où il y ait quatre thés dansants ! ». Voici l'« avocat », qui allie travail et plaisir. Il recrute l'essentiel de sa clientèle au Royal, parmi les mal mariées. Il lui arrive souvent, à la fin d'une danse-confession, après que sa partenaire lui a raconté toutes les difficultés de sa vie conjugale, de présenter sa carte professionnelle en disant : « Pour divorcer, venez me voir. » Beaucoup y sont allées, l'avocat prospère. Geneviève m'affirme que quelques célibataires endurcis ne viennent ici que lorsque leur femme de ménage les a quittés, pour trouver une intérimaire : « Pour trente balles, c'est économique. » D'autres, comme Pierre, VRP, passent au Royal, selon Geneviève, « pour lever une petite et l'emmener en voyage. Mais Pierre, pour rien au monde, ne voudrait se séparer de sa femme ».

Pourtant la clientèle du Royal n'est plus ce qu'elle était, « alors là-dessus pas de discussion ». Normalement, au Royal, pour entrer, il faut porter cravate et veston, au moins un col roulé blanc. Je suis passé avec un simple foulard autour du cou, le cerbère a tiqué mais n'a rien dit. Le prix du sang nouveau dans un type d'établissement, les thés dansants, qui semble en manquer. D'ailleurs, Geneviève, « qui n'est absolument pas raciste », regrette que des Noirs puissent venir y danser. Le sous-patron du Royal s'appelle M. Fernand, large et sympathique. S'il pouvait raconter le quart des histoires qu'il connaît après plus de trente-trois ans de bons et loyaux services au Royal ! Quand Geneviève a protesté contre « l'invasion » de Noirs, il a répliqué : « Faut bien manger, les factures c'est moi qui les paie, leur argent vaut le vôtre. »

Il y a trente ans existaient une trentaine de thés dansants à Paris. Il n'en reste que quatre, hantés par les mêmes gens qui luttent contre un ennemi commun : l'ennui et la peur de vieillir.

Il y a trente ans existaient une trentaine de thés dansants à Paris. Aujourd'hui, il n'en reste que quatre. En 1922, les femmes manifestaient leur différence, voire leur indépendance, en allant, seules, ou avec des amies, l'après-midi dans des salons de thé. « De véritables volières », selon M. Fernand. « Et si on les faisait danser ? » s'est dit un jour le directeur de l'un de ces salons. Des danseurs professionnels – mondains – furent engagés, ainsi commença la grande époque des thés dansants. Avec ses hauts lieux (le Claridge, le Mimi Pinson) et ses cracks (Ray Ventura, Fred Adison) et l'arrivée d'orchestres américains et argentins. « Maintenant la femme travaille, regrette M. Fernand, alors la clientèle l'après-midi se raréfie. Allez ailleurs, vous verrez, c'est pareil. » Exact. La Coupole vieillotte garde le charme des lieux désuets et le dernier véritable orchestre de tango, chemise blanche et foulard rouge (mais les « vaqueros » sont fatigués) ; l'Adison Square Garden, une boîte de nuit moderne, utilisée comme thé dansant l'après-midi, n'a, lui, en revanche aucun charme. La clientèle du Sheraton tout proche, la sono trop bonne, l'éclairage trop psychédélique, ôtent sa chair à ce grand monument rétro que doit être un thé dansant.

« Elles veulent rester dans le coup »

Mais, à peu d'exceptions près, les thés dansants sont hantés par les mêmes gens qui luttent contre un ennemi commun : l'ennui et la peur de vieillir. Geneviève m'en a souvent parlé indirectement. Les cinés du quartier de l'Opéra, elle les fait tous et épuise vite les films visibles ; l'autre jour, elle se préparait à regarder la TV l'après-midi : patatras, ils donnaient *Si Paris m'était conté*. Elle l'avait déjà vu trois fois. Alors elle a téléphoné à sa sœur pour aller ensemble au Royal. Voilà comment j'ai rencontré la sœur.

> « Maintenant la femme travaille, alors la clientèle l'après-midi se raréfie. Ailleurs, c'est pareil. »
>
> M. Fernand, sous-patron du Royal Lieu

Elle a dû être très belle la sœur de Geneviève. J'ai compris beaucoup de choses en voyant son émoi, ses rougeurs, tout le trouble qui s'est emparé d'elle lorsque cet après-midi-là, un homme aux tempes grisonnantes mais qui portait très beau, l'a invitée à danser. Ce sourire, cette façon de fermer les yeux pour déguster le moment, tout dans son visage disait avec ravissement : « Alors, mais je plais donc encore… »

Claude Philippe, le chef d'orchestre du quartet, chante un morceau qui répète : « J'ai seize ans. » Il dit aussi que les clientes, les plus âgées d'ailleurs, viennent protester si d'aventure il oublie de jouer quelques jerks. « Elles veulent absolument rester dans le coup… » Un maître d'hôtel de la Coupole m'a affirmé : « Les femmes qui viennent ici, elles ont besoin qu'on les accompagne à un moment de leur vie. » Et M. Fernand trouve que les thés dansants les aident à ne pas vieillir. « Elles se maquillent, elles se pomponnent ; tant qu'elles pensent pouvoir plaire, elles ne se laissent pas aller. »

La dernière fois que j'ai vu Geneviève, sa sœur était là. Nous avons échangé nos adresses… Ni elle ni sa sœur ne pouvaient lire les lettres que je venais de griffonner sur un bout de papier. « Il fait beaucoup trop noir », a dit la sœur. « C'est trop sombre pour lire », a dit Geneviève. Ni l'une ni l'autre n'ont voulu m'avouer qu'elles devraient porter des lunettes. Au fait, je ne me souviens pas avoir vu une seule femme à lunettes dans les thés dansants.

COMMENT JE N'AI PAS INSISTÉ POUR RENCONTRER KLAUS BARBIE

Citoyen bolivien, il coulait des jours tranquilles à La Paz. Jusqu'au jour où Klaus Altmann, alias Klaus Barbie, fut démasqué. Victor Franco est prié par sa rédaction de retrouver l'ancien chef de la Gestapo de Lyon. Mais, prévenu du danger de l'entreprise, il juge prudent de renoncer.

VICTOR FRANCO

INÉDIT, 1979

L'hôtesse de la Lloyd Boliviana m'a réveillé juste avant l'atterrissage. J'ai découvert alors la Bolivie comme Tintin débarquant sur la Lune. Une platitude givrée balayée par un vent glacial. Pas un arbre, pas un brin d'herbe, pas un bruit. J'étais transi et quelque chose de bizarre se passait en moi. Mon cœur s'affolait, le sang me brûlait les tempes, mes oreilles bourdonnaient.

Nous n'étions que trois passagers embarqués dans le DC 9 à Lima : une dame brune, un grand dégingandé et moi. Au bas de la passerelle, la dame a saigné du nez ; les yeux couleur brique, le grand dégingandé s'est soudainement mis à battre l'air de ses immenses bras. Un type en uniforme s'est approché de moi : « Veux-tu de l'oxygène ? » J'avais de plus en plus mal et personne ne m'avait prévenu que le « sorroche », ce mal de l'Altiplano, frappe à cette altitude : « Bienvenue à La Paz El Alto. 4 200 mètres. »

L'hôtesse m'a entraîné jusqu'à la soute, sous le ventre de l'avion :

— « Prenez vos bagages.

— Où sont donc les porteurs ?

— À la messe, señor.

— La messe ! Quelle messe ?

— Vous avez oublié qu'aujourd'hui, c'est Corpus Christi. Une grande fête, señor ! »

J'ai traîné mon sac pendant une centaine de mètres, en m'arrêtant tous les trois pas pour reprendre mon souffle. À l'immigration, un flic a jeté un coup d'œil distrait sur mon passeport avant de me proposer en chuchotant : « Quieres oxigeno ? » Il m'a montré du doigt la passagère qui saignait. Elle était allongée sur une banquette en moleskine, les yeux révulsés, un masque inhalateur sur le visage : « L'altitude, señor. »

À la douane, un autre fonctionnaire en uniforme m'a pris dans un coin. Je l'ai arrêté net : « Je ne veux pas d'oxygène ! » Un chauffeur de taxi indien s'est précipité en s'égosillant :

— « Yes… yes… yes… !

— Hôtel ?

— Yes… yes… ! »

L'Indien s'est signé et a démarré en trombe, direction La Paz, située trois cents mètres en contrebas. Mais pour atteindre la capitale par la route, il y a seize kilomètres de lacets vertigineux. Un énorme cirque lunaire dont les rebords brutalement déchiquetés dominent un énorme ravin ouvert au flanc du haut plateau barré en face par un géant glacé de 6 500 mètres, l'Illimani.

Au détour d'un lacet, La Paz m'a sauté au visage dans une dégringolade de bâtisses ocre et cubiques vissées aux flancs du ravin. Nous avons débouché sur une vaste esplanade, dominée par une église à la façade tarabiscotée, au milieu d'une multitude de gens endimanchés, hommes en complets européens, dames en tailleur, demoiselles en minijupes, Indiens en ponchos, militaires en grand uniforme, et ô surprise !, des marins. Mais oui, des marins en Bolivie, alors que le pays est totalement enclavé.

Nous nous sommes frayé un passage au milieu d'une foule de danseurs gantés de blanc et coiffés d'un bonnet de fourrure, costumes brodés de perles et clochettes au cou qui se déhanchaient et tournoyaient sur eux-mêmes au rythme de fifres, flûtes et guitares.

Le chauffeur a lâché son volant pour se tourner vers moi et s'écrier :

— « Corpus Christi, yes… yes… yes ! »

« File à La Paz, c'est pas loin »

Il fallait maintenant que je retrouve Klaus Barbie. La veille, j'étais encore à Montevideo, à la recherche des Tupamaros, guérilleros urbains du Mouvement de libération nationale. J'avais réussi à établir un « contact » par l'intermédiaire d'une jolie Uruguayenne, quand Paris m'a appelé :

— « Oublie les Tupamaros et file en Bolivie.

— Pourquoi ?

— Barbie se cache à La Paz sous le nom de Klaus Altmann.

— Et mon enquête sur les Tupamaros ?

— Oublie. Ça n'intéresse personne. File à La Paz et envoie-nous le plus vite possible ton premier papier. C'est pas loin. »

« Pas loin » ! Je savais par expérience que les rédacteurs en chef ont du mal avec la géographie. La Bolivie, c'est là-bas, tout en bas sur la carte. Ils ne sauront jamais qu'il faut d'abord prendre l'avion pour Buenos Aires, attendre patiemment une correspondance pour Lima aux horaires indéfinis, changer encore une fois pour atterrir en pleines festivités du Corpus Christi, à près de 5 000 mètres d'altitude.

« Ah ! el señor Altmann… Il y a quelques semaines encore, il ressemblait à un homme d'affaires sans souci. »

Il restait à débusquer Klaus Barbie, alias Klaus Altmann. Comment et où ? J'ai commencé par feuilleter l'annuaire de téléphone local. Je suis tout de suite tombé sur un certain Romulo Chavez, journaliste pigiste, occasionnellement informateur du correspondant de l'Agence France-Presse à Lima.

Moins d'une heure plus tard, le confrère bolivien m'attendait au bar du « Sucre Palace » devant une bouteille de scotch sévèrement entamée. C'était, semble-t-il, un bon vivant au visage rond qui riait fréquemment, même si la conversation prenait un tour grave. Je me suis installé en face de lui. Pour discuter sérieusement, pas trop de monde autour, c'était idéal. Les lumières étaient tamisées et Salvatore Adamo chantait de douces mélodies en espagnol.

Le garçon est arrivé avec un deuxième verre et de la glace.

— « Je suppose que vous êtes sur notes de frais, a commencé par dire Chavez. On peut donc garder la bouteille.

— On m'a conseillé de ne pas boire à cause du sorroche. »

Il est parti d'un gros éclat de rire en se renversant en arrière dans son fauteuil.

— « C'est ce que racontent les médecins, mais une bonne cuite, c'est magnifique. Bon, soyons sérieux ! Que voulez-vous savoir ?

— Barbie.

— Ah ! el señor Altmann… Il y a quelques semaines encore, el señor Altmann ressemblait à un homme d'affaires sans souci, et il n'en avait vraiment aucun.

— Mais maintenant, la France demande son extradition.

— Il s'en fout ! Les Boliviens ne le livreront jamais, il le sait. La preuve : malgré les pressions de Paris, il n'a rien changé à sa vie quotidienne. En apparence seulement. Il continue à faire du tennis, du golf et du karaté. Il se montre encore dans les clubs chics. Il fait parfois un saut dans son bureau de gérant de la "Transmaritima Boliviana Limitada", à deux pas d'ici. Mais méfiez-vous ! Klaus Altmann s'attend à quelque chose de violent. Il ne s'en cache pas. Vous ne le verrez jamais seul, mais toujours accompagné par quatre anges gardiens puissamment armés. Depuis que l'on reparle de lui, il ne dort jamais deux nuits de suite à la même adresse.

— Il a peur d'être assassiné ?

— Pourquoi pas ?

— Mais par qui ?

— Depuis l'enlèvement et la pendaison d'Eichmann par le Mossad (les services israéliens), tout peut arriver. Le moindre visage inconnu l'inquiète. »

Romulo a remis du scotch et de la glace dans les verres. J'ai commandé des grillades épaisses de cinq centimètres et larges comme deux fois la main, avec une bouteille de vin rouge chilien.

Je ne me souviens plus pourquoi mon informateur a entrepris de me raconter une légende quechua apparemment sans rapport avec mes préoccupations.

— « Et Barbie ? Où en est la demande française d'extradition ?

— El Fiscal de la République de Bolivie a transmis le dossier à la Cour suprême. »

Je ne comprenais pas. Que venait faire le fisc dans cette affaire ? Chavez s'est lancé dans une analyse confuse. Nous avons dû recourir à un dictionnaire espagnol-anglais pour comprendre qu'il s'agissait du « Procurador supremo. »

D'après les explications de mon confrère bolivien, le dossier était d'une extrême simplicité. Les magistrats de la Cour suprême devaient répondre par « oui » ou par « non » à la question suivante : « Klaus Altmann est-il Klaus Barbie ? » Dans l'affirmative, ils devaient se prononcer sur la demande d'extradition formulée par la France contre l'ancien chef de la Gestapo de Lyon, aujourd'hui citoyen bolivien.

— « Tout se complique à cause de la politique, a précisé Romulo Chavez. Le colonel Hugo Banzer a destitué le fiscal nommé par son prédécesseur. On ne sait pas encore qui sera le nouveau fiscal.

— Qui sera le futur fiscal ?

— Qu'importe puisque les réquisitions de l'ancien procureur sont toujours valables.

— Alors, rien n'empêche d'aller de l'avant…

— Pas si simple, puisque les membres de la Cour suprême ont été désignés par un autre chef d'État, le général Ovando, qui lui-même a été renversé par le général Torres, lequel, à son tour, a été chassé par le colonel Banzer. Vous me suivez ? »

Romulo a porté son verre à hauteur des yeux et l'a longuement observé en silence. Puis, il a demandé :

— « Vous voulez savoir si Altmann-Barbie sera livré aux Français ? Interrogez les officiels. D'un côté, le Dr Mario Guttierez, chef des Phalanges socialistes boliviennes et personnage-clé du régime, déclare : "Nous sommes, bien sûr, disposés à donner suite à une demande formelle d'extradition du gouvernement français." De l'autre, Gustavo Carrion, conseiller au ministère des Affaires étrangères, ne cesse de répéter : "La Bolivie répondra courtoisement qu'une telle extradition est impossible, car les pires crimes sont, en Bolivie, prescrits au bout de huit ans."

— Lequel des deux faut-il croire ? Guttierez ou Carrion ?

— Carrion est, comme par hasard, l'un de deux avocats chargés de défendre Barbie devant la Cour suprême de Bolivie. L'homme qui t'intéresse est tout le temps fourré au ministère de l'Intérieur. On dit même qu'il supervise les services de sécurité du pays. Comme en plus la Justice relève directement du ministère de l'Intérieur, tu comprends la situation. »

« Demain matin, appelle ton journal. Dis-leur que tu ne supportes pas le climat, que l'altitude te rend malade et saute dans le premier avion ! »

« Beaucoup de cadavres »

Romulo Chavez s'est assoupi, les yeux mi-clos. Je me suis aperçu que j'avais laissé refroidir mon steak. De toutes les manières, je n'avais pas faim. J'ai demandé au serveur deux cachets d'aspirine.

Quelques minutes se sont écoulées avant que mon confrère bolivien ne rouvre les yeux. « Ne crois pas que je dormais, a-t-il murmuré. Je réfléchissais. »

Il avait, soudain, l'air très las.

— « Si je comprends bien, ce n'est pas demain le veille que Klaus Barbie comparaîtra devant un tribunal français.

— Ce type-là est terriblement protégé. Il a derrière lui une véritable mafia prête à tout.

— Je n'arrive pas à croire qu'il suffit de grenouiller dans la police politique pour obtenir un tel soutien !

— Il n'y a pas que ça, amigo. Il y a des tripatouillages de toutes sortes. Il y a des cadavres. Beaucoup de cadavres !

— Quels cadavres ?

— Ne compte pas sur moi pour te le dire !

— Pourquoi ?

— Je suis peut-être un peu saoul, mais pas fou. »

À son tour, l'œil quelque peu allumé et une haleine de phoque, il m'interroge :

— « Tu comptes vraiment pousser à fond ton enquête sur ce type-là ?

— C'est pour ça que je suis ici.

— Tu vas t'intéresser aux tripatouillages, retourner les cadavres ? Écoute-moi bien si tu ne veux pas mourir dans ce pays : demain matin, appelle ton journal. Dis-leur que tu ne supportes pas le climat, que l'altitude te rend malade et saute dans le premier avion ! Tu n'as pas l'air de comprendre que faire un reportage en Bolivie est souvent une entreprise périlleuse… À mes débuts, j'étais comme un jeune chien. Je voulais tout bousculer. On m'a collé en prison. Je me suis consolé en me disant que c'était le régime qui était pourri. Quand le gouvernement a changé, je me suis réjoui, espérant que je pourrais enfin m'exprimer. On m'a tout de suite rejeté en prison. Comme si ça ne suffisait pas, on a embastillé mon père… Et puis ma mère. À présent, je fais gaffe. Pas un mot de travers. J'écris des choses sans importance. Je recopie les communiqués officiels, j'écris les discours de quelques ministres. Mets-toi bien dans la tête que l'affaire qui t'intéresse, c'est de la dynamite. Ou bien tu te contentes d'envoyer de la copie sur les travaux de la Cour suprême avec un peu de pittoresque sur les Indiens Quechua, ou bien tu vas risquer ta peau à chaque ligne. Tu bénéficieras d'un entrefilet avec une photo dans ton journal, tandis que tes os blanchiront quelque part au fond d'un ravin. »

J'ai plié bagage et ai quitté fissa l'Altiplano.

DANS LES CACHOTS AFGHANS

Dix mois après le début de l'intervention soviétique, François Missen, journaliste indépendant, le cameraman Antoine Darnaud et leur guide Baraï Osman, entrés illégalement dans le pays, sont arrêtés à Kandahar. Considérés comme des espions au service de la CIA, ils croupiront deux mois en prison. Francois Missen sera condamné à mort, puis gracié.

FRANÇOIS MISSEN
« LA NUIT AFGHANE »,
ÉD. LE PRÉ AUX CLERCS, 1983

Baraï monte nous voir au premier étage de la petite maison. Il me tend le nécessaire de rasage et deux lames neuves achetées la veille au bazar de Sha-ri-Nao. Les sacs sont bouclés depuis belle lurette. Nous avons tardé à trouver le sommeil, sous les édredons, pour cette dernière nuit sur la terrasse.

— « On vient nous chercher vers 11 heures. Tenez-vous prêts. Je vous ferai signe dès que le passeur sera là. Ne descendez à aucun prix dans la cour. Il faut être très prudent aujourd'hui. »

Ni Habib, ni les filles ne sont montés nous voir, comme ils avaient coutume de le faire, les jours précédents, pour meubler notre matinée. Il est plus de midi et, une fois encore, nous nous prenons à désespérer de fuir la ville.

Du fond de la chambre, Antoine bondit soudain vers la fenêtre, comme lors de chaque signal donné par l'arrivée d'un visiteur.

— « Planque toi. Il y a des soldats dans la rue ! »

Je rampe jusqu'à la fenêtre et rejoins Antoine. La maison est cernée. Des antennes radio se balancent le long du mur derrière lesquels roulent rageusement les automitrailleuses. La porte éclate sous la poussée d'un soldat qui pointe sa kalachnikov vers la terrasse. Trois hommes en civil traversent rapidement la cour et hurlent des ordres ou des injures noyés dans les cris et les plaintes des femmes restées au rez-de-chaussée.

En quelques secondes, nous réussissons, Antoine et moi, à dissimuler nos affaires sous deux tcharpaï de la chambre. Les pans du dessus de lit retombent jusqu'au sol et préservent d'une inspection rapide l'attirail qui pourrait trahir notre présence. Antoine s'allonge sous le canapé, près de la porte.

Quant à moi, j'ai choisi à la hâte de surveiller l'entrée, couché sous le tcharpaï près de la fenêtre. L'édredon tombant à hauteur de mes yeux, je peux ainsi apercevoir le palier où doivent se présenter obligatoirement nos chasseurs.

Un déluge de coups de poing

Tapi dans cet abri ridicule, j'éprouve la même sérénité que celle qui m'avait soudain habité, lors de notre escapade avortée, la nuit précédente. Tout de même, dans quelques secondes, une rafale de mitraillette risque de me clouer définitivement le bec !

Le milicien surgit de la dernière marche de l'escalier intérieur. Il est seul, la papasha à la hanche, le visage décomposé par l'excitation, peut-être aussi la peur de se faire cueillir par un dernier baroud d'honneur. Il redescend. Ouf ! Naïvement, je crois alors que nous sommes sauvés, que la fouille, bien que sommaire, est terminée. De mon poste précaire d'observation, je distingue le gros orteil d'Antoine. Il envahit toute la pièce. Ce bout de chair, dépassant sous le canapé, est monstrueux. Comme le nez de l'autre, il peut changer le cours de l'Histoire. Notre histoire, c'est-à-dire trahir notre présence.

À nouveau, des pas martèlent les marches et se rapprochent.

Je reconnais le milicien. Mais il est, cette fois, flanqué de deux autres civils armés eux aussi de papashas. Avec un ensemble terrifiant, je les vois figés soudain, le chargeur à la hanche. Dans la même seconde, ils arment les culasses de leurs mitraillettes. Que faire ?

Une méprise sur notre nervosité ou une parole incompréhensible pour eux, et nous allons finir là, hachés par le plomb, sans la moindre chance de sursis.

Un geste de ma part achèverait de leur faire perdre leur sang-froid. Et pourtant, je devine la manœuvre. Ils vont s'adosser à la porte et « arroser » les quatre canapés qui les inquiètent. Mourir pour mourir, j'aimerais que ce soit autrement. Une méprise sur notre nervosité, c'est-à-dire le moindre geste pouvant trahir notre présence, ou bien alors une parole incompréhensible pour eux, et nous allons finir là, hachés par le plomb, sans la moindre chance de sursis.

Tant pis ! Je vais crier avant que la pétarade nous envoie dans l'autre monde. Le plus petit des trois tueurs avance vers la droite et baisse les yeux vers le pied du tcharpaï. D'un coup de savate sauvage, il écrase l'orteil d'Antoine qui hurle de douleur. L'autre Afghan relève le couvre-lit, arrache tout ce qui se trouve dessus et qui constituait le maigre abri de mon compagnon de reportage.

Antoine, terrorisé, garde un étonnant sang-froid sous le déluge de coups de poing, coups de crosse dans les reins. À quoi bon attendre ? Je sors de ma cache, espérant par ma bonne volonté amadouer le trio que je sens nerveux et haineux. Torse nu, je m'extrais avec lenteur et reçois le chargeur « camembert » en demi-lune de la papasha sur la clavicule et trébuche au sol. La crosse me cueille ensuite à l'estomac. Je m'effondre et vois Antoine décomposé, à qui l'on a attaché les mains derrière le dos avec son turban noir.

Le milicien me décoche une dernière talonnade dans les côtes. Je parviens à me remettre debout et me laisse docilement ligoter à mon tour avec mon turban. J'enfile les mules violettes et descends le petit escalier, les crosses de papashas s'abattant sur ma tête, me frappant à la volée dans les reins et sur la colonne vertébrale. Antoine est déjà dans la cour et affronte le premier les curieux excités dans la ruelle. Je le suis à une bonne vingtaine de mètres après avoir traversé la cour où gémit l'aïeule qui nous a accueillis voici douze jours.

Dans les pièces du rez-de-chaussée, les jeunes filles courent en hurlant de terreur. Baraï est invisible.

Autour de nous, les bruits de culasse que l'on arme se mêlent aux hurlements des miliciens déchaînés.

Les deux miliciens qui m'escortent rameutent les voisins et ponctuent leurs insultes en m'assénant des coups de chargeur sur les épaules. La chaleur et la peur m'ont asséché la gorge. Les coups redoublent sur mes épaules et dans les reins.

Autour de nous, les bruits de culasse que l'on arme se mêlent aux hurlements des miliciens déchaînés.

— « You CIA, America… You kill, CIA…

— French press… Please, look my papers…

— No, you CIA. »

En un tournemain, mes chevilles elles aussi se trouvent bloquées par un cordon. Je ne peux plus bouger et les crosses frappent de plus belle. Le milicien affecté à ma surveillance m'ordonne en hurlant de grimper sur le camion. Impossible dans l'état où je me trouve. Un solide revers du poing sur la mâchoire n'y change rien. Ma tête bourdonne ; les coups redoublent, martèlent mon visage-enclume, poing-marteau, visage-enclume, poing-marteau. Le sang m'étouffe.

— « Go on the car.

— Je ne peux pas », dis-je encore à terre.

Le milicien me relève, puis me renvoie au sol d'un coup de pied dans les fesses. Antoine a disparu, emmené sans doute vers l'un des command cars postés à une centaine de mètres du camion. Me voici debout et mon tortionnaire préféré se décide enfin à libérer mes chevilles. Mais ce n'est pas suffisant pour escalader la ridelle arrière du camion. Mes bras sont toujours liés dans le dos. Je le lui fais comprendre et reçois en réponse un coup dans le dos.

De nouveau sur mes pieds, le visage aveuglé de bave, je me trouve suspendu entre le plateau du camion et le sol par deux paires de battoirs qui me hissent par les bras, les cheveux. Je m'affale sur le plancher et décide de ne pas me relever. Deux autres prisonniers me rejoignent ; il s'agit d'amis des propriétaires de la maison qui ignoraient notre présence et avaient eu le malheur de passer par là, une heure avant notre arrestation.

Ils sont jetés là comme des bestiaux, promis à l'abattoir. L'un des miliciens a même trouvé un jeu raffiné pour faire changer de place l'un de ces compagnons d'infortune : il le tire par la barbe, au gré des positions qu'il souhaite lui voir prendre. Où suis je ? Est-ce bien Kandahar ? Est-ce bien l'Asie ?

Antoine me rejoint, la paupière droite tuméfiée, cherchant dans mes yeux une information sur notre proche avenir. Il nous est interdit de communiquer. Je tâche de lui faire comprendre, en haussant les sourcils, que je n'ai aucune idée sur le sort qui nous attend. Un command car arrive. Changement de décision. Il faut redescendre du camion, les mains toujours liées dans le dos. Les coups de crosse dans les reins et sur les épaules se font de plus en plus pressants. Comment descendre mains et pieds liés ?

Tous les quatre, l'un derrière l'autre, nous n'avons d'autre solution que de nous jeter dans le vide, pardessus la ridelle, en tâchant d'atterrir sur les épaules ou sur le flanc.

C'est ce qu'ils veulent : que l'on s'ouvre la tête au sol, que l'on se brise un bras, une jambe ou le bassin. Ils nous achèveront en roulant sur nos corps. De la bonne bouillie d'os à donner aux chacals...

Allons-y ! C'est gagné pour moi. J'ai cogné de la hanche sur la pierre, mais je sais qu'il n'y a rien de cassé. Tout juste une vive douleur qui se prolongera avec un hématome. Antoine rate son coup, arrive sur la nuque et reste étourdi au sol pendant un long moment.

À dix mètres de notre petit groupe, un soldat, la mitraillette pointée vers moi, appelle la foule au lynchage. Il s'agit de nous faire dire que nous ne sommes pas musulmans. Le soldat-hyène commence ainsi :

— « Are you moslem ?

— No, I am journalist, French journalist. »

Et d'un geste large de la main, vérifiant ses soupçons, la hyène triomphe auprès de l'assistance :

— « No moslem ! »

Pierres et crachats.

— « Et maintenant, François ?

— Écoute, Antoine. Si tu crois en Dieu, prie. Moi, tu le sais, ce n'est pas ma façon d'espérer. Fais comme tu le penses. »

Il plonge la tête dans ses mains en entonnoir. Sa carcasse se secoue. Pour la première fois, mon compagnon se laisse aller à un bref accès de désespoir. Je l'entends murmurer à l'écart :

— « Mon p'tit Benoît... Mon p'tit Benoît... »

Quant à moi, pour la première fois aussi, j'invoque les pouvoirs surnaturels de la communication. Surpris, je m'entends dire à voix haute, la tête dressée vers le ciel :

— « Maman, Christiane, Josette, Annie, André, si vous pouvez faire quelque chose pour moi, c'est le moment. J'ai besoin de vous... Aidez-moi à sortir de là... »

Combien de temps nous reste-t-il à vivre ?

« Montez ! » Enfin, nous voici à l'abri de l'averse dans le command car.

Antoine a les bras paralysés par le turban qui le ligote trop fortement.

— « Demande-leur de desserrer le turban. C'est insupportable. »

Aucune chance de fléchir nos gardiens. Le convoi s'ébranle enfin vers le carrefour menant à l'aéroport. Un instant, nous croyons que l'on nous dirige tout de suite vers Kaboul.

Le comand car tourne à gauche, puis pénètre dans une caserne.

Il est deux heures de l'après-midi... Nous sommes encore en vie.

Le plus dur reste à faire. Attendre, répondre, ruser, espérer, douter, craindre. Et ne plus pouvoir parler entre nous.

Nous voulions voir les Russes de près. Eh bien, nous voilà servis. Le command car s'arrête devant le perron d'un bâtiment sans étage. Un officier, casquette para posée sur un crâne rasé au bol, au-dessus des oreilles, s'adresse en farsi aux miliciens qui nous escortent.

Ces yeux bleus, ces cheveux blonds, cet uniforme... Pas de doute. C'est bien un Russe ! Les Afghans, commandant en tête, l'écoutent avec déférence. Son bureau est celui d'un chef.

Un général ! Il commande la place de Kandahar. Pas de trace ni de Baraï, ni de nos hôtes, sans doute embarqués vers d'autres lieux, dans d'autres locaux. Sur le perron, Antoine souffre atrocement de ses bras violets. Quant à moi, j'ai de la peine à rester debout, le corps labouré de douleurs de plus en plus fortes. Le visage me brûle ; crachats et bave desséchés sur la peau m'empêchent de fermer les yeux, d'ouvrir la bouche. Et le sang pâteux s'échappe de ma gencive ouverte. Je respire mal et j'ai peur.

— « Dis-leur de me détacher les mains, au moins quelques minutes. On ne va pas se sauver... »

Je me fais l'interprète d'Antoine et parviens à convaincre le commandant afghan d'assouplir les liens de mon compagnon. Il le détache lui-même et refait le nœud du turban. Cet homme a un bon visage, indulgent et semble parfois s'excuser du traitement que l'on nous fait subir. Que peut-il faire ? Pas grand-chose.

Le premier interrogatoire

On vient nous chercher pour la première formalité : un photographe borgne, tout imbu de ses fonctions officielles, nous fait poser côte à côte, sous le regard des bidasses et miliciens de plus en plus nombreux. Deuxième étape. On me conduit dans une pièce où m'attend un civil afghan, vêtu avec recherche : complet sombre, cravate « club » et chemise sombre.

Et, surprise, il parle un excellent français :

— « Asseyez-vous, monsieur. Je vais vous poser quelques questions. Tâchez d'y répondre avec le plus de précision et de vérité. C'est un conseil que je vous donne. Cela pourrait vous servir par la suite. »

Et l'interrogatoire, le premier, commence.

Nom, âge, raison de notre présence en Afghanistan, personnes rencontrées à Kandahar, au Pakistan. Les sacs contenant nos affaires sont rassemblés sur deux canapés. Pendant l'interrogatoire, un milicien les vide et entreprend l'inventaire, ponctuant chaque découverte d'appareil photo, jumelle, caméra, d'un CIA inquiétant.

— « Quelle langue parlez-vous ? demande l'enquêteur.

— Anglais, espagnol.

— Et l'arabe, bien sûr…

— Non, pas du tout.

— Vous commencez à mentir. Je ne vous crois pas. Je vois sur votre passeport que vous êtes né en Algérie. Ne m'obligez pas à vous traiter d'espion. »

Comment faire comprendre que bien des Français ayant vécu toute leur vie à Alger ne se sont jamais exprimés dans une autre langue que le français ? C'est là même toute l'explication de la guerre d'Algérie. Mais ce n'est pas l'endroit pour en débattre. Mes papiers arrivent dans le désordre sur le bureau. Je n'ai pas le droit d'y toucher. Fût-ce pour aider à faciliter l'interrogatoire. (…)

Les bras libres, on me conduit dans une pièce voisine où je découvre la grand-mère affalée sur la banquette. Elle s'est évanouie et geint faiblement.

Je n'ai pas mangé depuis la veille au soir. Ma gorge est desséchée, amère. On m'accorde un verre d'eau.

Vers 16 heures, je rejoins Antoine. L'interrogatoire est maintenant commun. Je respire. Il semble que nous ne nous soyons pas contredits. Avant d'être lapidés, nous avions décidé de ne pas parler du restant de l'équipe répartie dans le pays. Pourvu que Baraï en ait fait autant. Je risque une question ;

— « Qu'allons-nous devenir ?

— Vous serez conduits à Kaboul très rapidement, répond l'enquêteur. Vos identités et vos fonctions seront vérifiées. Si vous n'avez pas menti et si vos fautes ne paraissent pas trop lourdes, vous serez expulsés au bout de trois jours dans votre pays. Vous avez commis une erreur grave en pénétrant en Afghanistan sans visa à partir du Pakistan. Mais nous n'aimons pas sévir et emprisonner des étrangers… Nous verrons plus tard. Pour l'instant, vous êtes nos invités. Vous serez traités comme nos soldats, vous pourrez dormir confortablement après vous être restaurés, sous la surveillance, bien entendu, de l'armée. »

Ils sont là tous les trois, dès l'aube, comme s'ils tenaient à ce que l'on n'oublie pas leur exploit : nous leur appartenons, comme un faisan abattu appartient au chien qui le ramène à ses maîtres.

Une petite pièce dortoir nous attend avec quatre tcharpaï, dont l'un destiné au milicien ayant participé à notre arrestation et qui nous garde. Des chromos, d'un mauvais goût traditionnel dans les chambrées de bidasses, tapissent les murs en pisé. À la porte, quatre soldats armés de kalachnikovs se relaient toutes les heures. Ils nous escortent avec un soin sourcilleux, lorsque l'un d'entre nous demande à se rendre aux latrines puantes, au fond d'une cour.

Vers une heure du matin, Baraï nous rejoint. Il m'explique brièvement à voix basse :

— « J'ai été interrogé. Je voulais masquer certaines choses. Ils m'ont torturé avec une presse en bois qu'ils serraient autour de ma cuisse. Je ne peux plus marcher...

— As-tu parlé du reste de l'équipe ?

— Non. Pas question d'évoquer cela, François. D'accord ?

— OK ! »

Ces premières minutes de ruse pour communiquer m'excitent. Elles atténuent mon angoisse et me donnent l'illusion de ne pas être définitivement soumis à une situation sans issue. On n'entre pas de plain-pied dans la renonciation après le traumatisme de l'arrestation.

Épuisé, la tête contre le mur, afin d'éviter l'éclat de l'ampoule pendue au centre de la pièce, je m'endors pour quelques heures d'oubli discontinu.

Entre détresse et résignation

Que vais-je trouver en ouvrant les yeux au petit matin sur ce rectangle de ciel concédé par nos geôliers ? À qui devrons-nous répondre ? Aux Russes ? Aux Afghans ?

À tout prendre, je préfère les premiers. Je crois les miliciens capables de certaines atrocités déjà connues dans les prisons.

Ils sont là d'ailleurs, tous les trois, dès l'aube, comme s'ils tenaient à ce que l'on n'oublie pas leur exploit : nous leur appartenons, comme un faisan abattu appartient au chien qui le ramène à ses maîtres.

Plus calmes qu'hier, mais non moins inquiétants. Parfois même répugnants comme cette grande gigue indolente, au visage flasque, et seulement préoccupé par le sort que nous aurions fait subir à Nadéré et Zuleika, les deux jeunes filles qui nous hébergeaient dans la maison de leur grand-mère.

— « Vous les avez baisées, ces salopes ? Racontez-nous. Comment c'était ? »

Ce taré compense la pauvreté de ses amours en imaginant ceux des autres. Il ne cesse de remettre la question sur le tapis.

Nous n'avons droit qu'à cinq mètres de promenade en compagnie de trois soldats qui marchent sur nos pas. J'urine, la kalachnikov dans le dos, les pieds pataugeant dans un cloaque infect ouvert à tous les vents.

Surprise ! Baraï s'assied près de moi, sans que les lascars interviennent. Avec Antoine, nous élaborons une stratégie commune pour les interrogatoires à venir : ne pas parler du restant de l'équipe, ne pas dévoiler les liens familiaux de Baraï avec son père, ne pas parler du livre que j'avais écrit, l'an dernier, sur l'Afghanistan, ne pas évoquer les contacts de la Résistance en Europe, ni ceux que nous avons eus dans la maison de Kandahar avec les résistants chargés de nous mener vers la frontière.

— « Aidez-moi, François, Antoine... dit Baraï. Ils vous laisseront partir, retourner dans votre pays vous deux et me garderont en otage... Je ne me fais guère d'illusions... Lorsque vous sortirez, allez voir ma femme qui se trouve en Allemagne. Dites-lui de ne pas perdre courage... »

Quelle consolation pourrions-nous lui fournir ? Jusqu'au crépuscule, la détresse et la résignation occupent trop nos propres esprits pour pouvoir partager celles des autres.

Deuxième nuit de détention. La dernière à Kandahar, nous a-t-on annoncé. Est-ce une réponse des moudjahidin à notre arrestation ? Veulent-ils prouver qu'ils tiennent la ville, malgré l'armada légaliste souveraine pendant la journée ? Vers 1 heure du matin, une fusillade se déclenche tout autour de nos trois paillasses. La garde est doublée. Craignent-ils que l'on vienne nous délivrer ? Jusqu'aux premières heures de la matinée, on tire au canon, au mortier, tout à côté.

9 heures. Le commandant surgit dans la chambre où nous restons à l'abri de la chaleur :

— « Vous partez tout de suite pour Kaboul. Suivez-moi. Nous allons récupérer vos affaires. »

Avec une paire de mules pour deux affectée alternativement à l'un et à l'autre, suivant notre résistance au gravier et silex qui arrachent la plante des pieds, nous nous donnons en spectacle aux miliciens et soldats ravis de notre gaucherie, des déguisements.

Voici les sacs étalés dans la cour. La grand-mère, les deux jeunes filles, Habib, le jeune frère, Baraï et les deux malheureux visiteurs innocents sont là aussi

— « Vérifiez vos affaires », ordonne le commandant.

L'inventaire est rapide. Tout y est sauf l'argent, soit 500 dollars et 6 000 afghanis qui étaient enfouis dans la ceinture de routard d'Antoine.

— « L'argent a disparu.

— Je vais voir cela. »

L'accusation frappe les Afghans soudain rendus aussi vulnérables que nous. Voilà donc que de misérables « contre-révolutionnaires au service de l'impérialisme » les taxent de malhonnêteté bourgeoise ! C'est insupportable pour deux d'entre eux qui éructent leur haine en même temps que de lourds glaviots.

J'encaisse, hausse les épaules d'impuissance et persiste :

— « L'argent a disparu. »

Modeste triomphe avec le retour du commandant. Il tient dans ses mains une liasse de billets :

— « Nous avons retrouvé 220 dollars et 300 afghanis… Signez l'inventaire. »

« Ils » n'ont plus besoin de nous

Le convoi, un command car et une berline confortable pour les femmes, traverse la caserne et s'engage à toute allure sur la route de l'aéroport. Pas suffisamment toutefois pour éviter de reconnaître les remparts le long desquels nous avions tenté de fuir le deuxième soir de notre arrivée dans la maison : un champ de luzerne d'environ 200 mètres les sépare de la caserne. Ainsi donc, nous n'étions qu'à quelques encablures d'un nid de mitrailleuses lors de notre escapade. D'un même mouvement, Antoine et Baraï confirment la découverte et leur frayeur rétrospective.

Le convoi roule maintenant depuis une bonne vingtaine de minutes. La ville est au loin et nous avons longé une piste d'atterrissage et des bâtiments surmontés par une tour de contrôle. La corvée de bois, c'est maintenant. À l'abri des curieux. Je devine la même peur sur les visages d'Antoine et Baraï. « Ils » n'ont plus besoin de nous. Ils savent à peu près tout. L'interrogatoire du premier jour a été jugé suffisant pour exploiter l'arrestation. Quel intérêt auraient-ils à nous détenir un certain temps pour nous renvoyer ensuite dans notre pays où nous ne manquerions pas de témoigner ?

C'est sûr, dans moins d'une heure, nous ne serons plus de ce monde. Mais alors pourquoi la mascarade de l'argent, des affaires à reconnaître ? Ouf ! Trêve de gamberge et d'angoisse. Les deux véhicules longent à nouveau la piste d'un aéroport. C'est le bon. Il y a foule sur le béton, auprès d'un énorme quadrimoteur kaki, entouré d'un cordon de soldats portant la mitraillette à la hanche. C'est un Antonov 24. En quelques minutes, le gros porteur se charge de colis et d'une trentaine de passagers, soldats en permission, suspects comme nous, fonctionnaires et miliciens affectés à notre surveillance qui s'installent tant bien que mal sur les banquettes métalliques du compartiment arrière.

Deux officiers blonds, chapeaux de brousse et bottes de para, des Russes, caressent leurs kalachnikovs machinalement et ruminent leur ennui en dévisageant les autres passagers pour lesquels ils donnent quelques mois de leur jeunesse. Et parfois leur vie. Un membre de l'équipage est planté devant la porte donnant accès à un sas menant lui-même à la cabine de pilotage. Pistolet sur la hanche, il surveille tout particulièrement notre petit groupe.

Que pourrait-il craindre ? Assis à même la ferraille, j'ai d'abord collé mon visage au hublot et me suis rapidement lassé du désert que je ne connaissais que trop pour y avoir marché sous les bombes, souffert de la soif, de la faim, des magouilles de nos moudjahidin incertains pendant un mois de reportage. Aussi exaltant en ce qui concerne la recherche de l'information que désespérant en raison de nos hôtes suspicieux quant à notre mission. Nous avons vécu tant de fatigue, de sursis impossibles, de souffrances en un mois pour échouer ainsi lamentablement dans cette prison aérienne qui nargue notre folie !

La corvée de bois, c'est maintenant. Je devine la même peur sur les visages d'Antoine et Baraï.

Je m'affale, la tête sur le plancher métallique grondant, tremblant de toute sa carcasse d'acier. Pour la première fois depuis le début de cette aventure, les larmes me viennent aux yeux. À la dérobée, j'observe les autres passagers. Fonctionnaires et miliciens s'interpellent en riant, s'embrassant à l'afghane, par quatre fois sur les joues, ignorant notre détresse. La grand-mère est évanouie, Naderé pleure, Zuleika est prostrée. Elle souffre atrocement en se tenant le ventre. J'apprendrai plus tard qu'elle a tenté de se suicider en avalant une gorgée d'eau de Javel. Baraï ne cesse de soupirer et d'essuyer ses lunettes.

Antoine s'approche. Je devine plus que je ne l'ai entendu clairement :

— « Je flippe dur, François.

— Moi aussi. »

LES SECRETS DE LA CINQUIÈME GUERRE D'ISRAËL

Israël préparait depuis des mois le bouleversement de la carte du Proche-Orient. Avec l'aide discrète des phalanges chrétiennes, les soldats d'Ariel Sharon sont allés poursuivre les Palestiniens jusqu'à Beyrouth. Les Israéliens veulent désormais assurer la sécurité de leurs frontières.

BERNARD ULLMANN
« L'EXPRESS », 18 JUIN 1982

Les blindés de l'armée israélienne dans la banlieue résidentielle de Beyrouth, à 200 mètres du palais présidentiel, où le chef de l'État libanais, Elias Sarkis, tente désespérément de mettre sur pied un Conseil de salut national. Les belles bourgeoises chrétiennes à Baabda, qui viennent jeter des fleurs aux guerriers israéliens couverts de sueur et de poussière. L'étau de fer et de feu qui se resserre sur les « réduits palestino-progressistes » de Beyrouth-Ouest, où Yasser Arafat tente, avec ses irréductibles de l'Organisation de libération de la Palestine, d'organiser un dernier carré. Que va faire Israël de cette victoire militaire, de ce formidable chamboulement politique ?

À Moscou, on menace, mais après coup. À Paris, le président François Mitterrand réitère au chef de la diplomatie israélienne, Ytzhak Shamir, son exigence d'un arrêt sans délai des combats. Il y a quinze ans, déjà, le général de Gaulle recevait Abba Eban. Mais c'était pour le mettre en garde, à la veille de la guerre des Six-Jours, contre une attaque attendue. Ce 15 juin, c'était pour inviter Israël à modérer ses conquêtes.

« Nous ne resterons pas à Beyrouth, ou nulle part ailleurs au Liban, un jour de plus que nécessaire », assure Shamir à *L'Express*. Le ministre israélien des Affaires étrangères explique que, bien sûr, le but initial de l'entreprise était bien d'éloigner de quarante kilomètres de la frontière toutes les « forces étrangères » qui menaçaient les villages de Haute-Galilée. Mais il ajoute : « Dans une opération militaire, on ne peut s'arrêter que quand on a battu l'ennemi. Nous ne voulons pas nous mêler des affaires intérieures du Liban, dit-il encore sans rire, et nous n'avons rien contre les citoyens du Liban, qu'ils viennent de Palestine ou d'ailleurs. Mais il faut désarmer tous les groupes terroristes, ce qui doit être fait par le gouvernement libanais. »

Quant au sort réservé aux Palestiniens capturés par les soldats israéliens, quelque 6 000 hommes emmenés, les mains liées, les yeux bandés, vers une destination inconnue, Shamir reste dans le vague. On sait déjà que, contrairement à la soixantaine de militaires syriens tombés entre leurs mains, ils ne sont pas considérés comme prisonniers de guerre. « On verra ce qu'ils ont fait, dit-il, peut-être la majorité d'entre eux sera-t-elle libérée. »

En l'absence du Premier ministre, Menahem Begin, parti pour New York prendre part à la session de l'ONU sur le désarmement, avant de rencontrer à Washington le président Ronald Reagan, l'homme qui décide sur le terrain, à Jérusalem comme à Beyrouth, c'est incontestablement Ariel Sharon. « Arik », 54 ans, ministre de la Défense israélien, mèche blanche en bataille, ventre en avant, incarne aujourd'hui la vocation conquérante de son pays.

Mèche blanche en bataille, ventre en avant, Ariel Sharon incarne la vocation conquérante d'Israël.

Aucun Israélien, à part peut-être Moshe Dayan, n'a suscité tant de haine et de passion. Ce baroudeur se double d'un stratège capable de monter les opérations les plus complexes – celle du Liban en est un bel exemple. Mais sa carrière en dents de scie est marquée par une série de désobéissances éclatantes, tantôt catastrophiques, tantôt triomphales. En 1956, pendant la campagne du Sinaï, il fait massacrer, contre les ordres de Dayan, alors généralissime, une compagnie entière pour tenir le col de Mitla. Et rejette la faute sur le dos de son subordonné, « Motta » Gur, le futur conquérant de Jérusalem en 1967, qui lui voue, depuis, une haine inexpiable. « Rafoul » Eytan, l'actuel chef d'état-major, ancien de l'« unité 101 », une petite bande de loups créée par Sharon dans les années 1950 pour mener, avec des méthodes impitoyables, des raids de représailles dans des villages arabes, le déteste tout autant. Moins pour son absence de scrupules que pour son habitude de tirer la couverture à lui.

En 1973, Sharon, qui a repris du service après avoir brigué sans succès le poste de chef d'état-major, désobéit à nouveau. Cette fois, pour établir une tête de pont sur la rive occidentale du canal de Suez et renverser, au profit d'Israël, le cours de la guerre de Kippour. Son style de vie étonne et choque. Des admirateurs juifs américains lui ont offert, dans le Néguev, un ranch de plusieurs centaines d'hectares. Son épouse envahissante et opulente, la belle Lili, le suit partout, avec une cour de chroniqueurs attitrés, chargés de relater ses hauts faits, et des petits plats fins.

Le cruel isolement des Palestiniens

C'est bien son plan qui se réalise actuellement, dans le sang et les décombres du Liban, Et pourtant, « Arik » est absent lorsque, le 4 juin, le cabinet décide le premier bombardement de Beyrouth, en représailles de l'attentat contre l'ambassadeur d'Israël à Londres. Il se trouve, pour l'une des missions ultra-secrètes qu'il affectionne, à Bucarest, d'où un avion spécial le ramènera le lendemain. Aussitôt, il prend les choses en main, sans guère se soucier de tenir au courant de ses décisions ses collègues du gouvernement. Plusieurs d'entre eux, durant cette semaine frénétique, où ils siègent quasiment en permanence à Jérusalem, manifestent leur méfiance à son égard, exaspérant ainsi Begin.

Ils lui reprochent, entre autres choses, d'avoir nié jusqu'au dernier moment toute intention de donner la main, au nord de Beyrouth, aux phalangistes chrétiens de Bachir Gemayel. Et cela alors même que le ministre de la Défense, selon ses détracteurs, avait préparé depuis longtemps cette « alliance » israélo-chrétienne lourde de conséquences pour l'avenir politique du Liban. À titre d'exemple, apprend-on à Beyrouth, le major Saad Haddad, chef de l'enclave chrétienne du Sud-Liban, a révélé que, le 6 juin, au premier jour de l'offensive, Gemayel aurait fait une discrète visite à Tel-Aviv, pour y conférer avec les responsables militaires israéliens.

Sharon dément avoir rencontré personnellement Gemayel lors de sa propre tournée d'inspection, à la tête d'un aréopage de généraux, à Beyrouth, le 13 juin. Peut-être pour ne pas trop le compromettre. Mais c'est sur les phalangistes, bénéficiant très probablement d'un sérieux « appui logistique », qu'il compte pour achever le travail et venir à bout de la résistance palestinienne à Beyrouth-Ouest.

Les résultats obtenus sont déjà spectaculaires. L'isolement des Palestiniens, auxquels, seuls, les lointains Iraniens promettent de porter secours, apparaît dans toute sa cruauté. Où sont-ils, aujourd'hui, les fidèles amis de Yasser Arafat, les non-alignés, le monde arabe, les pays de l'Est, qui lui faisaient un triomphe le 16 décembre 1974, lorsqu'il gravissait, le pistolet à la ceinture, les marches de la tribune des chefs d'État à l'Assemblée générale des Nations unies ?

C'est à Hosni Moubarak, le président de cette Égypte dont il dénonçait la trahison avec tant de virulence depuis cinq ans, qu'il a dû s'adresser pour tenter sans succès, à deux reprises, d'obtenir un cessez-le-feu de l'« entité sioniste ». Le Caire a certes condamné, avec modération, l'invasion du Liban. Sans renoncer pour autant à inaugurer en grande pompe, le 15 juin, la liaison aérienne régulière entre Eilat et Charm el-Cheikh, au sud du Sinaï récupéré le 25 avril. La crise ne saurait faire oublier les impératifs de la saison touristique.

Seule dans le monde arabe, la Syrie a fait au moins un baroud d'honneur face au rouleau compresseur israélien. Elle l'a payé cher, avec un millier de soldats tués.

Même la Syrie de Hafez el-Assad, si vigilante pour défendre la cause palestinienne quand elle n'était pas directement attaquée au Liban, a accepté un cessez-le feu avec Israël, plus ou moins respecté de part et d'autre. Pourtant, le 16 juin encore, les derniers soldats de la Force arabe de dissuasion présents à Beyrouth-Ouest reprenaient, aux côtés des miliciens palestino-progressistes, un combat sporadique et rejetaient la mise en demeure israélienne d'avoir à évacuer la capitale. Seule dans le monde arabe, il faut le reconnaître, la Syrie a fait au moins un baroud d'honneur face au rouleau compresseur israélien. Elle l'a payé cher, avec un millier de soldats tués. Pour un seul chasseur Skyhawk et deux hélicoptères israéliens abattus, selon les communiqués de Tel-Aviv, l'aviation syrienne a perdu un bon quart de son potentiel.

Et surtout, échec infiniment plus cinglant pour la technologie soviétique, Israël a atteint ce qui était, sans conteste, l'un de ses buts de guerre essentiels, un peu oublié dans le déluge de rhétorique anti-OLP venue de Jérusalem ; la destruction de 15 ou 16 batteries de missiles Sam 6, sur la vingtaine qui étaient déployées dans la vallée de la Bekaa. Résultat obtenu grâce à l'emploi des moyens électroniques les plus sophistiqués. Des leurres déroutant les missiles de leur trajectoire ont été largués par des Boeing 707 et les chasseurs bombardiers d'attaque eux-mêmes. En outre, quatre avions de repérage électronique Gruman E-2C Hawkeye, capables de suivre simultanément le vol de 250 avions ennemis, ont assuré aux Israéliens la maîtrise du ciel. On comprend l'inquiétude des Soviétiques, qui ont dépêché à Damas, avant de songer à remplacer le matériel perdu, le général Yevgeni Yourasov, commandant adjoint de la Défense aérienne.

Rien ne sera plus comme avant

C'est que le Proche-Orient – une note virulente de l'Agence Tass l'a rappelé le 14 juin – n'est pas éloigné des frontières méridionales de l'Union soviétique. L'URSS, affirme Tass, exige l'arrêt de l'« agression insolente » d'Israël, et « prend le parti des Arabes, non par des mots, mais par des actes ». Étrangement absentes, dans cet avertissement publié huit jours après le début de l'invasion du Liban, toutes mentions spécifiques de l'OLP et du traité soviéto-syrien de 1980, qui prévoit des consultations entre les deux gouvernements en cas de « menace » sur la sécurité de l'un d'entre eux.

Moscou pouvait difficilement faire moins. Mais, au même moment, dans une interview à l'hebdomadaire américain *Time*, Leonid Zamiatine, porte-parole de Leonid Brejnev, tient un langage singulièrement conciliant. Moscou, déclare-t-il, est prêt au dialogue avec Washington pour arrêter des conflits « périphériques » comme celui du Liban.

Pourtant, c'est clair, rien au Proche-Orient ne sera plus comme avant. Les Israéliens, qui avaient occupé le Sud-Liban durant trois mois en 1978, après l'opération Litani, n'entendent pas relâcher leur étreinte avant d'avoir obtenu, cette fois, des assurances concrètes : un gouvernement libanais « libéré » de la pression palestinosyrienne, sinon de toute présence militaire syrienne. Une zone large de 40 kilomètres au nord de leur frontière tenue par les « bons Libanais » de Saad Haddad. Pour la surveiller. Jérusalem récuse à l'avance les casques bleus, qui ont fait la preuve de leur impuissance. Ce que souhaitent ouvertement les Israéliens, c'est la constitution d'une nouvelle force internationale « occidentale », sur le modèle de celle qui est mise en place depuis deux mois dans le Sinaï, comprenant, par exemple, des contingents américains et français.

Déjà, on fait les comptes : plus de 200 tués, d'après les chiffres du début de la semaine, et combien de grands mutilés, invalides à vie. Sans parler encore de l'influence sur une économie en chute libre. Mais, comme après la victoire de 1967, les effets « positifs » se font aussi sentir. Sur le plan intérieur, d'abord, pour Begin, dont la popularité, comme celle de Margaret Thatcher en Grande-Bretagne, est montée en flèche et auquel on prête l'intention, dès son retour de Washington, à la fin de la semaine prochaine, d'organiser des élections anticipées. Sur le plan international, en second lieu. Tranquille sur sa frontière sud depuis le traité de paix avec l'Égypte. Israël voit, à présent, sa frontière nord en sécurité pour quelques années, et le potentiel militaire du seul État arabe encore dangereux, la Syrie, sérieusement entamé. Alors, pourquoi ne pas penser à de nouveaux accords, du type Camp David, avec ses autres voisins arabes, enfin devenus « raisonnables » ? On peut toujours rêver !

JE VOUS ÉCRIS DE BEYROUTH-OUEST

« Ici on ne croit plus à rien. On a cessé d'aligner les bonnes et les mauvaises raisons. Je vous écris pourtant d'une ville qu'il ne faut pas laisser mourir, d'une ville qui n'a mérité ni la mort ni la honte. » Tandis que les Israéliens sont en train de gagner leur « guerre totale » avec les Palestiniens, Marc Kravetz lance un long plaidoyer pour la ville martyre.

MARC KRAVETZ
« LE MATIN », 22 JUIN 1982

Je vous écris d'une ville assiégée, exaspérée, au bord de la folie. Je vous écris d'un territoire de 25 kilomètres carrés qu'encercle l'une des meilleures armées du monde, avec les meilleurs soldats du monde, dotés des armes les plus modernes et les plus efficaces, maîtres de l'air et de la mer, infiniment supérieurs en moyens sur la terre et animés de la meilleure conscience du monde. Je vous écris d'une ville schizophrène où l'on passe d'un jour à l'autre, d'une heure à l'autre, de la panique à l'insouciance, d'une indifférence ostentatoire de survivants à l'angoisse d'agonisants. Où l'on calcule avec le même détachement ou la même passion futile les probabilités de l'offensive israélienne finale et les chances du Koweït d'accéder au deuxième tour du Mundial.

Ceux qui ont vécu dans les 25 kilomètres carrés de Beyrouth-Ouest cette semaine de « trêve » ne l'oublieront jamais, quand bien même ils semblent déjà avoir tout oublié. Ils avaient cru le samedi d'avant, le 12 juin, durant les quinze heures qui ont précédé le cessez-le-feu israélo-palestinien, qu'il n'y aurait rien de pire que ces quinze heures de bombardements continus. Les F 15 pouvaient anéantir la ville et le général Sharon défiler dans les ruines. Cela ne pouvait plus rien changer. La certitude de la destruction et de la mort nouait les gorges mais libérait la ville de sa peur. Cette fois, tout était dit, le passé exorcisé et l'avenir dans le gouffre.

On avait vécu avec l'idée que rien ne pouvait plus freiner les Israéliens.

Qu'une fois balayée la fiction de l'opération « Paix pour la Galilée », Tsahal ne s'arrêterait qu'au cadavre du dernier Palestinien. Que le prix n'avait plus d'importance. Ils prendraient Beyrouth, puis Tripoli, comme ils avaient pris Nabatieh, Tyr et Saïda, sans plus de considération pour l'identité des victimes. Une guerre monstrueuse, mais la guerre, rien que la guerre. Et pourtant, au moment précis où l'on allait connaître le dénouement, à cette minute où plus un immeuble de Beyrouth-Ouest n'échappait à la portée d'un tir de char, les Israéliens ont brutalement brisé cette atroce certitude.

Le choix était élémentaire : sauver la ville en vendant les Palestiniens ou accepter sa destruction.

Ils sont allés s'installer à Baabda. Paisiblement. En vainqueurs. Avec toute la sérénité d'occupants venus cueillir le fruit politique de leur victoire militaire. Baabda n'était qu'un piètre symbole. Mais un symbole tout de même. Le maigre territoire d'une légalité débile incarnée par un président de la République porté sur son siège par l'armée syrienne en 1976 et frappé depuis d'ataraxie pathologique, mais l'îlot malgré tout préservé par les artilleurs des factions adverses de la guerre libanaise.

C'est là que les Israéliens s'installaient, passant de la guerre totale avec les Palestiniens et leurs alliés à la guerre pacifique avec le Liban. La première avait duré sept jours et avait coûté des milliers de tonnes de munitions, la seconde s'était achevée en quelques minutes et sans tirer une cartouche. La première était terrifiante, la seconde seulement humiliante.

Un chantage épouvantable

Beyrouth-Ouest a vécu une semaine avec cette humiliation. Une semaine pendant laquelle on a négocié sous l'œil d'un occupant muet qui n'a pas plus déclaré son intention d'en finir que les conditions d'une levée du siège et qui s'est contenté d'attendre la réponse des assiégés.

Le choix était élémentaire : capituler ou se battre. Capituler, c'est-à-dire contraindre les Palestiniens à livrer leurs armes, ou résister, c'est-à-dire laisser les Palestiniens et les miliciens de la gauche libanaise affronter les divisions de Tsahal jusqu'à la fin inéluctable. Sauver la ville en vendant les Palestiniens ou accepter sa destruction. Par un singulier paradoxe, ce ne sont même pas les Israéliens qui ont entretenu ce chantage épouvantable, mais les négociateurs libanais, à commencer par Bachir Gemayel et ses adjoints, qui ont proclamé haut et fort qu'on ne pouvait sauver ensemble Beyrouth et la résistance palestinienne, ce que murmuraient, plus discrètement il est vrai, les leaders musulmans de Beyrouth-Ouest.

« À cause des Palestiniens, la ville sera détruite et nos enfants ensevelis sous les bombes. Malheur à eux ! »

En quelques jours, cette idée est devenue une véritable obsession, matraquée par les radios locales et ressassée dans la rue. On acceptait à Beyrouth-Ouest comme une vérité d'évidence ce que des années durant on avait rejeté avec mépris comme de la propagande israélo-phalangiste : « Ce sont les Palestiniens qui sont cause de tous nos maux, chassons-les et nous retrouverons notre Liban, uni et prospère comme avant. » Dans les circonstances du moment, on disait en raccourci : « À cause des Palestiniens, la ville sera détruite et nos enfants ensevelis sous les bombes. Malheur à eux et à ceux qui les appuient encore. Malheur à Walid Joumblatt qui va sacrifier Beyrouth après avoir capitulé dans le Chouf. »

Mais en une semaine la ville a changé. Tendue vers une solution qu'elle continue d'attendre d'une minute à l'autre, la ville semble aussi bien résignée à ce qu'il n'y en ait pas. Ceux qui pouvaient encore fuir ont fui.

Samedi à une heure de l'après-midi, l'un des plus gigantesques embouteillages obstruait l'accès au « Musée », le principal point de passage entre l'ouest et l'est de Beyrouth. Des réfugiés venus du Sud-Liban s'en sont retournés vers chez eux à travers les lignes israéliennes, malgré les innombrables contrôles de l'occupant. Restent les combattants et tous les autres, qui n'ont nulle part où aller ou pas envie de fuir. Cela ne relève pas du courage ou de la résignation mais d'un sentiment confus, mélange de fatalisme et de lucidité, qu'il faut vivre jusqu'au bout avec cette ville, quand bien même on n'est plus maître de son destin.

Mes amis libanais les plus proches vivent ainsi. Certains militèrent autrefois avec les organisations palestiniennes ou dans les partis libanais de gauche. D'autres non. Tous sont devenus distants et sceptiques avec leurs anciennes appartenances. Les six années d'occupation syrienne ont mis fin à toutes les illusions de la première année de la guerre civile.

Il y a encore quinze jours vous en auriez trouvé pour dire, même si cela n'était qu'une manière de parler : « Tout, n'importe quoi, mais que les Syriens quittent le Liban. Tout pour que les Palestiniens rangent leurs armes et acceptent de se plier à une souveraineté libanaise unique et unitaire. – Tout, même une intervention israélienne ? – Israël ne pourra pas se conduire plus mal, peut-être créera-t-il le choc salutaire dont nous avons besoin puisque nous ne pouvons plus rien faire par nous-mêmes. »

« Nous reconstruirons bientôt un Liban plus beau et plus fort. »

Bachir Gemayel

Ce n'étaient bien sûr que des mots. Pourtant, les mêmes ont eu un moment de fol espoir dans les tout premiers jours qui ont suivi l'entrée de l'armée israélienne à Baabda.

« Cette fois, nous avons l'occasion unique de retrouver, sinon l'unité du Liban, du moins l'ébauche d'une volonté commune. Nous nous sauverons tous ensemble ou il n'y aura plus de Liban pour personne. »

Pour parvenir à ce miracle, il suffisait, croyait-on, que Walid Joumblatt accepte, pour la première fois en sept ans, de s'asseoir à la même table que Bachir Gemayel. Il y aurait un Comité de salut national, il formerait un gouvernement d'union nationale qui, fort du consensus retrouvé, permettrait à l'armée libanaise d'entrer à Beyrouth-Ouest. Les Palestiniens ? On ne les oubliait pas. Une fois l'armée à Beyrouth, garantissant qu'Israël n'entrerait plus dans la ville, l'OLP remettrait ses armes à l'autorité libanaise, avant-dernier étage précédant la constitution d'un gouvernement palestinien en exil appuyé par l'Égypte et l'Arabie saoudite. Tout était réglé à quelques détails près. La suite ? Bachir Gemayel l'avait déjà annoncée. « Nous reconstruirons bientôt un Liban plus beau et plus fort », avait-il déclaré vendredi.

Le jeune commandant en chef des Forces libanaises en serait bien sûr le président de la République.

Pas un de ces présidents inconsistants, ballottés entre les clans et les groupes de pression : un homme fort, comme le Liban de demain, un homme énergique, et décidé, un homme d'ordre, comme le sont les phalanges libanaises qui ont imposé au pays chrétien l'hygiène et la discipline.

Rien ne dit en ce dimanche 20 juin que cette solution n'aboutira pas. En tout ou en partie. Rien ne dit non plus qu'elle se fera. Saeb Salam, le vieux leader musulman sunnite de Beyrouth-Ouest, faisait preuve samedi, en nous recevant, d'un vigoureux optimisme et assurait que la garantie américaine pour la solution libanaise s'étendait aux Palestiniens « démilitarisés » mais épargnés et reconnus.

Quelques minutes plus tard, une haute personnalité maronite indépendante, et vivant dans cette partie de la capitale, se déclarait sceptique : « S'il y a une chance, il faut la saisir, il aurait même fallu la saisir dès le début. Pourtant je n'y crois guère. Ce n'est pas une réconciliation entre les musulmans et les chrétiens libanais qui se prépare, mais un consentement de l'islam libanais privé, de la résistance palestinienne devant le diktat des phalanges libanaises appuyées par l'armée israélienne. En tant qu'homme d'État libanais légaliste, je préfère que Bachir, Gemayel entre au gouvernement par la voie légale. Mais je ne peux m'empêcher de penser que l'appel du chef de l'État au commandant des Forces libanaises ressemble davantage à la nomination du chancelier Hitler par le maréchal Hindenburg. »

Tout plutôt que l'humiliation

Je vous écris d'une ville qui n'en peut plus de ce silence et de cette attente. Ici on ne croit plus à rien. On a cessé d'aligner les bonnes et les mauvaises raisons.

Je vous écris d'une ville qui n'en peut plus de ce silence et de cette attente. Ici on ne croit plus à rien.

« Je ne veux plus discuter, je ne veux plus entendre les arguments des uns et des autres, me dit mon amie C. Je n'ai plus envie de faire le procès des Palestiniens et du Mouvement national. J'ai tout dit et pire encore à leur sujet, je ne l'oublie pas et je n'y pense plus. Je ne pense plus à rien. Je vois seulement qu'en 1982 une armée surpuissante assiège une ville et menace de la détruire si elle ne capitule pas. Je vois qu'on fait vivre près d'un million d'habitants sous une menace d'extermination collective s'ils ne se plient pas à une solution politique dont ils n'ont pas voulu pendant sept ans. Je vois que je n'ai plus le choix qu'entre un ordre maronite-fasciste et le risque de mourir. »

Mon amie C. n'est pas la seule à penser ainsi. Sans parler des quelques milliers de combattants qui construisent d'énormes barricades de sable rouge sur la corniche et les avenues conduisant aux lignes israéliennes pour retarder l'avance des chars ennemis ou limiter la portée destructrice des obus, nombre de Libanais disent aussi que, résistance ou pas, tout vaut mieux que l'humiliation et le chantage.

« Les phalangistes ne veulent rien d'autre de nous que de nous obliger à vendre les Palestiniens, me confie à son tour mon ami H., également chrétien maronite de Beyrouth-Ouest qui durant tous ces jours avait œuvré sans relâche à la constitution du Comité de salut national. Sept ans de guerre ne leur ont rien appris. Plutôt que de choisir la solution libano-libanaise, c'est-à-dire le dialogue préalable à tout autre règlement, ils veulent d'abord que nous liquidions le problème palestinien à Beyrouth-Ouest, dernier obstacle à l'hégémonie des Forces libanaises sur tout le Liban.

« C'est pour cela qu'ils ont voulu la guerre en 1975. Avec l'appui israélien et le chantage à la destruction de Beyrouth, ils estiment avoir désormais toutes les cartes en main. Le calcul n'est pas seulement odieux. Il est mauvais. Rien ne se fera sans le préalable d'un accord entre Libanais.

« Ce n'est pas un tel accord que veut cheikh Bachir. Il cherche seulement à nous faire accepter le rapport des forces en sa faveur. Aucune solution étrangère n'a pu venir à bout d'un problème libanais. Les Syriens n'ont pu ni réduire les Palestiniens et la gauche libanaise ni écraser le camp chrétien. Pourquoi les Israéliens le pourraient-ils ?

— Parce qu'ils sont les plus forts, plus forts que tous ceux qui les ont précédés.

— Seraient-ils plus forts encore, qu'est-ce que cela change ? S'ils nous écrasent il n'y aura plus de Liban du tout. Si la résistance palestinienne est détruite, la question palestinienne n'en sera pas moins toujours posée. À la place de l'OLP vous aurez des dizaines d'OLP convaincues qu'il n'y a d'autre solution que le terrorisme.

Non seulement le Liban disparaîtra mais toute la région sera secouée par l'intégrisme islamique venu d'Iran et fantastiquement renforcé par la conviction populaire qu'il est le seul recours contre la puissance infernale de l'ennemi. »

Je vous écris d'une ville meurtrie et insouciante. Samedi matin, au début d'un week-end qui s'annonçait beau et chaud, une radio locale, imitatrice de notre FIP, avertissait en français d'une voix suave : « En vous rendant sur les plages, faites gaffe aux embouteillages. » Pour la première fois de la semaine, tous les commerces étaient ouverts. Les beaux, les vrais, qui proposent sur Hamra, l'artère marchande du centre, robes, chemises ou jeans made in Hong Kong ou Corée du Sud mais griffés de marques parisiennes, italiennes ou américaines, et les autres, les boutiques des pauvres, qui proposent à même le sol parfums, alcools, cigarettes de contrebande, outre les accessoires obligés de l'état de siège, lampes de poche et jerricans de plastique, pour transporter l'eau.

Dimanche, c'était encore la trêve, le soleil, la promenade.

Je vous écris avec le sentiment que vous ne pourriez pas comprendre si vous débarquiez à Beyrouth-Ouest sans savoir ce qui se passe autour, vous ne verriez qu'une ville pauvre et bruyante, un peu moins sale que les jours passés mais bien plus qu'une ville normale. Vous trouveriez peut-être que la vie n'y est pas facile mais qu'elle ne manque pas d'un certain pittoresque et qu'après tout ce n'est pas l'enfer.

L'officier israélien qui accompagnait les journalistes s'est assis à la table et a commandé du vin rosé. Le capitaine « Albert » était encore plus curieux que ses protégés.

Samedi nous avons reçu à l'hôtel un étrange coup de téléphone. Des envoyés spéciaux de journaux français nous appelaient de Beyrouth-Est. Ils étaient arrivés le matin de Tel-Aviv accompagnés par des officiers de presse de l'armée israélienne.

Ils voulaient nous voir et, à notre différence, ne pouvaient franchir la frontière. Nous les avons retrouvés Chez Émile.

C'est un restaurant planté sur les pentes de la montagne libanaise, au nord-est de Beyrouth, dans la région gouvernée par les forces libanaises.

La commisération du capitaine Albert

L'officier israélien qui accompagnait les journalistes s'est assis à la table et a commandé du vin rosé. Le capitaine « Albert », ainsi s'est-il présenté, était encore plus curieux que ses protégés. « Ça me fait plaisir, répétait-il en dégustant le bon vin de Ksara, de rencontrer les gens de l'autre côté. » Il avait l'air sincère. Aussi sincère qu'en nous expliquant que l'armée israélienne avait pris grand soin, depuis qu'elle avait franchi la frontière libanaise, d'épargner les civils pour ne s'attaquer qu'aux « terroristes ».

La destruction de Nabatyeh, de Tyr, de Saïda, les bombardements des zones habitées de Beyrouth lors des raids des 11 et 12 juin, Albert n'en avait pas même entendu parler. Il nous écoutait avec la commisération de l'homme sage qui sait à quoi s'en tenir quand on lui récite des discours de propagande.

« Nous sommes venus au Liban pour sauver des milliers de vies juives menacées par les terroristes et aussi pour libérer les Libanais de leurs occupants, proclamait Albert.

— Mais qu'êtes-vous donc sinon un occupant ?

— Nous n'avons pas l'intention d'occuper le Liban, nous resterons ici le moins possible. Mais tout le temps qu'il faudra.

— Quel est le temps qu'il vous faut ?

— Le temps nécessaire à ce qu'il n'y ait plus un seul homme armé d'un fusil et capable de menacer Israël.

— Jusqu'au dernier Palestinien, donc ?

— De quels Palestiniens parlez-vous ? S'il s'agit de terroristes, nous n'en voulons plus aucun. S'il s'agit de réfugiés, que le Liban ou les Arabes en fassent ce qu'ils veulent. Ce n'est pas notre problème.

— Tôt au tard vous devrez accepter une solution palestinienne.

— Nous l'avons déjà acceptée. Mieux, nous l'avons proposée. C'est l'autonomie dans les territoires de Judée et Samarie.

— Pourquoi pas l'indépendance de la Cisjordanie et de Gaza ?

— Pourquoi dites-vous "Cisjordanie" et non Judée et Samarie, et pas Cisrhénanie plutôt qu'Alsace-Lorraine ? Offrez donc l'Alsace-Lorraine à vos amis palestiniens.

— Quand bien même les Palestiniens des Territoires occupés

acccepteraient votre solution, que faites-vous des autres, ceux qui vivent ici par exemple ?

— En quoi cela me concerne ? En quoi cela vous concerne ? Je vis dans mes chaussures et vous dans les vôtres. Restons-y.

— Et ceux qui n'ont pas de chaussures ?

— Si cela vous est personnellement insupportable, offrez-leur les vôtres. »

Tout autour de nous, les serveurs de Chez Émile s'affairaient auprès d'autres officiers israéliens. Sur la route en contrebas, jeeps et camions de Tsahal ne cessaient de monter et descendre la montagne. Une belle et saine armée d'occupation. À l'image du capitaine Albert. Je ne sais si c'est Albert ou l'un de nos confrères qui nous a lancé avant de partir : « Courage, puisque vous devez retourner dans votre trou à rats. »

Au moment de régler notre addition, le maître d'hôtel nous a proposé de payer, à notre choix, en sheckels ou en dollars. Nous l'avons étonné en lui proposant des livres libanaises. Le patron de Chez Émile est venu nous saluer, nous les animaux rares venus de Beyrouth-Ouest, de la ville assiégée.

Il était ravi, le patron. Les affaires marchaient comme jamais. Le capitaine Albert faisait monter les journalistes français dans les voitures et rajustait sa mitraillette. Ce Juif marocain, parlant un français parfait, sympathique, rieur, n'avait rien d'un occupant barbare. Et pas plus ses collègues portant les cheveux longs, la moustache broussailleuse et l'uniforme décontracté. Des vainqueurs, rien d'autre que des vainqueurs.

Beyrouth plus chère que tout

Quand nous avons franchi en sens inverse la frontière de Beyrouth-Ouest, nous avons eu le sentiment irrépressible et vaguement absurde de nous retrouver « chez nous ». Les rues étaient presque désertes. Des tas d'ordures incendiés par les comités d'hygiène récemment constitués achevaient de se consumer en dégageant une fumée nauséabonde, des groupes armés gardaient les carrefours, il n'était pas gai, notre « trou à rats ».

Et pourtant nous n'enviions pas nos confrères retournés vers une vraie ville, lumineuse, heureuse, paisible. Cela non plus je ne pourrai pas vous l'expliquer. N'y voyez pas une intrusion dans la politique partisane. Journalistes nous sommes, journalistes nous restons. Simplement cette ville nous était devenue d'un coup plus chère que tout.

Peut-être était-ce simplement l'effet d'avoir vu cette ville sous le regard des vainqueurs. D'avoir imaginé que ce soir, demain, la semaine prochaine, les vainqueurs commanderont du vin rosé, de ce vin sec et frais, tendre au palais, venu des vignobles de Ksara, parfait avec le kebbe et le chiche-taouk, la purée de hommos et le taboulehh, et qu'ils seront là, sur cette terrasse, le verre à la main, en regardant une ville brûler sous son rideau de brume.

Je vous écris d'une ville qu'il ne faut pas laisser mourir. D'une ville qui n'a mérité ni la mort ni la honte. Je vous écris de Beyrouth-Ouest.

L'ESPOIR CONFISQUÉ

Huit ans après la fin de la guerre, le Vietnam vit encore comme si la citadelle était toujours assiégée. Et n'en finit pas de payer le prix de la victoire. Autoritaire et planificatrice, la voie économique choisie par le régime communiste engendre d'épouvantables blocages.

CHRISTIAN HOCHE
« L'EXPRESS », 10 JUIN 1983

L'accueil est rude ! Spartiate même. À peine quittées les délices « vénéneuses » de Bangkok, voilà soudain que l'on plonge dans la rigueur toute tonkinoise d'Hanoi. il faudra s'y faire. Une évidence d'abord : ici vibre la note la plus mélancolique du Sud-Est asiatique. Comme si, nécessairement, socialisme devait rimer avec ascétisme. Il suffit d'observer la rue : infiniment triste, monochrome. Mais surtout désespérément pauvre. Hanoi, c'est avant tout ce premier regard…

Levée dès l'aube, besogneuse, la capitale du Vietnam s'anime de mille trottinements. Bientôt, une armée de vélos, de cyclo-pousse s'ébranle. Sans freins, à bout de souffle, ils sont à l'image d'une métropole exténuée. Immobile depuis le départ du colonisateur français, elle semble tout droit sortie d'un vieil album de photos jaunies. Figée, mais non pas immuable. Car, pauvreté et climat aidant, les antiques demeures, grilles rouillées et façades ocre dévorées d'humidité, sont condamnées à la mort lente. À moins d'un miracle, Hanoi moisira dans une splendeur lépreuse.

Point n'est besoin, sous ces latitudes, de se plonger dans les mystères arithmétiques du « produit intérieur brut ». Franchir le pont Doumer, c'est obtenir – simplement raccourcie – une radiographie exacte du Vietnam en 1983. Presque centenaire, plusieurs fois bombardé par les B 52 de l'US Air Force, déglingué comme un jeu de Meccano, il continue d'être l'artère fémorale d'Hanoi. Deux ouvrages en construction, l'un soviétique, l'autre spécifiquement vietnamien, devraient permettre d'alléger le trafic par-dessus le fleuve Rouge. En attendant, ses 1 682 mètres de poutrelles d'acier voient passer, chaque jour, des milliers de personnes aussi chargées que pressées.

« C'est le pont le plus long du monde », murmurent les plus stoïques, quand il faut patienter une bonne heure pour passer d'une rive à l'autre. Qu'importe ! Des bataillons de « nha qué » (paysans), ployant sous leur palanche, des cyclistes au coude à coude, des bus valétudinaires, des camions sans âge, avec en prime un chemin de fer pleurant de fatigue : convient-il de rappeler que le Vietnam est l'un des dix pays les plus pauvres du monde ? Et que son histoire saigne encore de tant d'années de guerre ? Pourtant, au nord du 17e parallèle, la misère a ses pudeurs. Elle est silencieuse, collective, planifiée.

« Parfois, l'air devient irrespirable »

Kuong Thuong, quartier périphérique d'Hanoi. Entre boue et rizières, de lugubres HLM ont surgi, où s'entassent experts internationaux, cadres et petits fonctionnaires. Îlots privilégiés, pourrait-on dire, si privilège signifie posséder une surface habitable par personne légèrement supérieure à la moyenne (1,5 m² par habitant dans la capitale). Thu, 43 ans, nous attendait sur le pas de la porte. Inquiète. Sauf autorisation officielle, il est interdit de parler aux étrangers. « Vous savez, chuchote-t-elle, il existe, chez nous, des choses qui paraissent incompréhensibles. »

« Vous savez, il existe, chez nous, des choses qui paraissent incompréhensibles. »

Thu, 43 ans

Lesquelles ? Sourire navré. Elle n'en dira pas plus. Dans ses 28 m² de béton sale, Thu, physicienne de renom, professeur de faculté, se déclare « avantagée ». Même si l'eau ne monte pas à l'étage. Et qu'en hiver le froid, qui recroqueville les corps, s'engouffre à travers les jalousies. Avec un salaire mensuel de 290 dongs, elle peut s'offrir, au choix, un pull-over en laine, une mauvaise paire de chaussures ou 27 kilos de riz au marché libre. « J'ai un loyer de 15 dongs par mois. Il me reste tout juste de quoi me nourrir. » La grande majorité de ses collègues de fac sont contraints, pour améliorer l'ordinaire, d'exercer un métier d'appoint. Certains donnent des leçons particulières (20 dongs l'heure pour un professeur agrégé). D'autres, le soir venu, s'installent à même le trottoir. Pour une poignée de dongs, ils se transforment en écrivain public, en réparateur de vélos (Hanoi, 1 million d'habitants, 1 million de vélos), en vendeur de soupes ou de cigarettes à l'unité, en portefaix ou en tailleur. Au ras du sol, alors, se manifeste la difficulté de vivre. De survivre, plus exactement. Thu ne peut guère se payer d'extras : « Les livres sont ma seule richesse. Mais je n'ai plus les moyens de m'en acheter. »

L'autre jour, au Festival du film indien, elle est parvenue à se procurer une place. Non sans mal. « Il existe une immense curiosité pour tout ce qui nous vient de l'extérieur. Comment dire ? Un besoin d'oxygène forcené. Parfois, l'air devient irrespirable. »

Au 93 de la rue Dinh Tien Hoang, juste en face du petit lac, le cœur d'Hanoi, l'ambassade de France avait organisé une exposition d'ouvrages scientifiques. Pas n'importe lesquels : la censure vietnamienne avait, méthodiquement, supprimé les livres et les revues de sciences sociales, économiques et politiques. Malgré ce coup de sabre, ce fut un franc succès : plus de 5 000 entrées, rien que le premier jour ! De quoi préoccuper la Sûreté, obsédée par la « perversion occidentale ».

Le lendemain, la salle était truffée de flics de tout acabit. Khai, pourtant, s'est approché de nous. Prudemment. Il nous a demandé une cigarette, puis a bafouillé trois mots en français. D'un signe de la tête, il nous a invités à le suivre dehors. Nous devions le revoir souvent, avec d'infinies précautions. Fonctionnaire au ministère de la Justice, Khai, 27 ans, est un « déçu du socialisme ». « Pourquoi, grogne-t-il, vivons-nous encore avec des réflexes de paranoïaques, comme si la citadelle était toujours assiégée ? En 1975, lors de la libération de Saigon, nos dirigeants nous avaient promis la fin de nos souffrances et de nos sacrifices. Huit après, rien – ou pratiquement rien – n'a changé. »

Propos excessifs ? Petite fable contestataire ? Peut-être. Pourtant, Khai croit dur comme fer aux vertus du régime. Son père, vieux militant, ancien combattant de Diên Biên Phu, l'a imprégné de son credo. Alors ? Écoutons encore Khai : « Quand je suis rentré à Hanoi, en 1978, après quatre ans passés en Allemagne de l'Est, j'ai eu un choc. Là-bas, à défaut d'informations précises sur mon pays, je dévorais le *Nhan Dan* (organe officiel du Parti communiste). Ne promettait-on pas que le Vietnam allait désormais connaître un niveau de vie jamais atteint ? À la verticale d'Hanoi, par le hublot, je n'ai aperçu qu'une grande flaque sombre. J'ai cru que le pilote s'était trompé d'aéroport. » Las ! L'Eldorado promis avait la mine défaite.

« Le peuple ne pouvait indéfiniment se serrer la ceinture. » La guerre n'explique pas tout. Autoritaire et planificateur, le système vietnamien souffrait d'incroyables blocages.

Khai gagne 260 dongs par mois. Pas de quoi faire des folies. Mais, comme une grande partie de la population, il reçoit une « assistance » de l'État : 13 kilos de céréales, 500 grammes de viande et de sucre, un peu de sel, du savon, de l'huile. Il rêve de s'acheter un cyclomoteur – un « Peugeot 102 », précise-t-il – dont il a vu un modèle dans un magasin de la rue de la Soie. Prix coûtant : 50 000 dongs. L'équivalent de 193 mois de salaire ! Khai n'ose se plaindre. Il a un travail qui convient à ses compétences, alors que le chômage frappe, selon les experts occidentaux, environ 25 % de la population (58 millions d'habitants). « Le problème majuscule, dit Khai, c'est que le régime a confisqué l'espoir. C'est vrai que nos pères se sont battus avec un courage inouï pour préserver l'indépendance du pays. Doit-on pour autant réciter par cœur les faits d'armes des héros et continuer à payer le prix de la victoire ? »

« Une oasis de guerre »

« Les héros sont fatigués. » D'une voix douce, Nguyen Khac Vien, ancien président de l'Association des Vietnamiens de France, ne cherche pas à noircir le tableau. Curieux bonhomme, cet intellectuel septuagénaire, au visage de médaille, au parler franc, qui répugne à l'usage de « la langue de bois ». « Il faut d'abord se souvenir que la guerre n'a pas pris fin en 1975, mais bien en 1979, après l'agression chinoise et le renversement de Pol Pot au Cambodge. Jusqu'à cette date, nous vivions dans une sorte d'"oasis de guerre". Les besoins essentiels de l'État étaient couverts par une aide internationale. Nous ne savions pas ce qu'était réellement l'économie. En fait, on gérait un budget de fonctionnement.

Sans trop se poser de questions. Le commerce extérieur n'existait pas, pas plus d'ailleurs que le commerce intérieur. La notion de rentabilité était ignorée. La guerre occupait tous les esprits. Mais le peuple ne pouvait indéfiniment se serrer la ceinture. Un socialisme pauvre n'est pas marxiste ! »

La guerre n'explique pas tout. Autoritaire et planificateur, le système vietnamien souffrait d'incroyables blocages. « En 1979, explique Thu, la physicienne, nous étions au bord de la catastrophe. Le seuil de l'intolérable avait été franchi. Pis, le régime était condamné à ne plus être compris. »

Conscients qu'il était urgent d'améliorer les conditions de vie du peuple – ou du moins d'en donner l'illusion –, les dirigeants s'interrogent. Mais que faire ? comme l'écrivait Lénine. Les caisses de l'État sont désespérément vides, l'endettement insupportable, la situation alimentaire critique, la pénurie de produits de consommation généralisée. Les maigres ressources sont dépensées au Cambodge, au Laos, face à la Chine, pour maintenir plus d'un million d'hommes sous les drapeaux. Surtout, la manne largement répandue en dollars et en roubles fait désormais défaut : en 1975, les États-Unis ont cessé leurs subventions au Sud (1 milliard de dollars par an).

En juillet 1978, la Chine, à son tour, interrompt son aide. En 1979, le « grand frère » soviétique, qui reste quasiment le seul bailleur de fonds, se fait moins généreux. La coopération russo-vietnamienne est révisée à la baisse. Moscou considère que « l'assistanat » est terminé. Sur la centaine de grands projets d'infrastructures prévus par les deux pays, seuls quarante ont été retenus. Les autres sont jugés « utopistes ». Plus grave : l'aide céréalière, pourtant vitale pour ce pays anémique, diminue chaque année. En 1979, elle est de 3 millions de tonnes. En 1980, suivant les plans, elle sera de 2,5 millions et seulement de 1,5 million en 1981. Comme si l'addition n'était pas suffisamment lourde, les Occidentaux placent en quarantaine le Vietnam, en réaction au stationnement de 180 000 bodoï au Cambodge.

Tristes tropiques ! « Il faut compter sur ses propres forces. » Le slogan maoïste est lancé, lors du sixième plénum du Comité central, en août 1979. Et clamé bien haut de la tribune du VIe Congrès du Parti communiste vietnamien, en mars 1982. Ce n'est plus seulement une formule de mobilisation. C'est la réalité toute nue. Dans les rangs du Parti, au sein du bureau politique, deux tendances se heurtent : la vieille garde stalinienne ne veut pas entendre parler des réformes qui pourraient être prises sous la pression d'une opinion désabusée ; l'autre courant, plus pragmatique, est favorable à une « libéralisation » économique, voire politique. Il en va de la survie du régime lui-même. C'est cette option qui sera retenue et baptisée « période de transition ». Lê Duc Tho, responsable de l'organisation du Parti, la définit ainsi : « La période transitoire, c'est la période de gestation au socialisme, une période socialiste, mais où le socialisme ne s'est pas installé entièrement. C'est une phase de longues, très longues années, difficiles et douloureuses, où s'affrontent avec acharnement les deux voies : socialiste et capitaliste. »

« Historique », le VIe Congrès décide que la paysannerie – de 80 à 85 % de la population – bénéficiera de mesures libératoires. Objectif : assurer l'autosuffisance alimentaire. Par tous les moyens. « Afin, selon Lê Duc Tho, de donner à manger à tous le pays. » Comment ? En permettant aux coopérateurs, par le biais des « travaux forfaitaires », de disposer à leur guise du surplus de production, une fois rempli leur contrat. Déjà, en 1977, l'expérience avait été tentée, avec succès, dans trois unités agricoles du Nord. Elle sera, dorénavant, étendue à l'ensemble du territoire.

Vertus du pragmatisme... En 1982, Vo Van Kiet, vice-président du conseil des ministres, chargé du Plan, peut affirmer : « Pour la première fois, le Plan a été dépassé en ce qui concerne la production vivrière. » Avec 16,26 millions de tonnes d'équivalent paddy, les tenants de la « libéralisation » triomphent. Prudemment, il est vrai, puisque les conditions climatiques ont été favorables, les cultures améliorées par l'emploi d'insecticides, d'engrais organiques et de semences de qualité. Dans les campagnes, le paysan y trouve son compte. Il travaille davantage, motivé par des gains substantiels. Au début de cette année, une caricature du *Nhan Dan* le représente travaillant la terre, la nuit, à l'aide d'une lanterne. Il n'y a pas de légende sous le dessin. Mais un ami diplomate suggérait celle-ci : « Est-il heureux ? »

Des prisons pleines à ras bord

« Notre société est en pleine réorganisation, reconnaît Nguyen Khac Vien. Nous sommes en train d'inventer un modèle économique qui ne possède aucun point de référence possible. Nous innovons. Ce qui nous conduit, parfois, à de graves erreurs. N'oubliez pas que nous traversons une période de transition, caractérisée par une véritable lutte des classes. La seule question est de savoir qui l'emportera. Ceux qui courent après le profit ou ceux qui veulent l'instauration du socialisme ? C'est au Sud, plus qu'au Nord, que l'on obtient des éléments de réponse. »

Débarquement à Tan Son Nhut. On a beau se dire que Saigon a accouché de Hô Chi Minh-Ville, on ne peut s'empêcher de remâcher de vilaines nostalgies. La cité qui fut jadis ambitieuse et folle, charnelle et frivole, apparaît aujourd'hui accablée, morose. Désemparée. En dépit de la force d'inertie qu'elle oppose aux défis adressés depuis huit ans déjà, elle chancelle sous l'effet du changement.

La révolution, dans ses profondeurs, a entamé sa capacité de résistance. Mais elle n'a pas perdu ce visage obstiné qui récuse l'ordre nouveau. À la fois enviée pour ses richesses – toute proportion gardée – et méprisée pour son côté napolitain par les gens du Nord, Saigon semble passer, à Hanoi, pour une aberration. « C'est vrai que nous sommes plus gâtés qu'à Hanoi, admet Mme Ngo Ba Thanh, ancienne personnalité des patriotes non communistes de la Troisième Force, aujourd'hui député. Mais à qui la faute ? Au gouvernement, qui ne sait pas s'y prendre pour assurer la transition socialiste à Saigon ? Ou à cette population ingouvernable que sont les Saïgonnais ? »

À humer l'atmosphère de la ville, on comprend, ici, que le dialogue Nord-Sud se traduit, en vérité, par deux monologues. Deux mondes évoluent, côte à côte, s'épient et ne se parlent guère. La nécessaire réconciliation tant réclamée n'est pas pour demain. Et pour cause : le pouvoir peut à tout instant, au Sud, envoyer dans ses prisons les éléments réputés nuisibles, irrécupérables ou dévoyés de l'ancienne société. Elles en sont pleines, à ras bord.

« Nous avons beaucoup fait pour réintégrer les mauvais éléments dans la vie active. »

Beaucoup de fonctionnaires, d'officiers et de politiciens du régime Thieu moisissent également dans les camps de rééducation. Combien sont-ils ? Entre 50 000 et 250 000, selon les hypothèses les plus vraisemblables. Près de 500 000, à en croire un lieutenant de l'armée de l'air, tout fraîchement sorti d'un camp. Toujours est-il que les autorités jurent que « nous avons beaucoup fait pour réintégrer les mauvais éléments dans la vie active, mais que nous ne pouvons évidemment pas réemployer les gens de l'ancien régime dans leurs positions antérieures ».

Dans ces conditions, il est aisé de comprendre que l'hémorragie des « boat people » n'ait pas pris fin. Toutefois, elle s'est considérablement ralentie, à la lecture des chiffres publiés par le Haut-Commissariat aux réfugiés (HCR). Plusieurs explications : les attaques des pirates en mer de Chine, la plus grande surveillance des gardes-côtes vietnamiens, les réticences des pays occidentaux à accueillir de nouveaux réfugiés. La sensible amélioration, enfin, du niveau de vie à Saigon. « Il ne faut pas croire, mais il y a de l'argent dans cette ville, affirme le Dr Duong Quynh Hoa, ancien ministre de la Santé du GRP. Le système D est d'ailleurs ce qui fonctionne le mieux à Saigon. » Un bon tiers de la population vit grâce aux colis et aux fonds expédiés par leur famille réfugiée à l'étranger. Chaque mois, le Boeing 747 d'Air France déverse 300 tonnes de marchandises à l'aéroport de Tan Son Nhut, permettant ainsi d'alimenter un petit commerce florissant. Quelques centaines de familles reçoivent de « petits trésors. »

Encourager l'import-export

« En vérité, explique cet ex-gouverneur de la Banque centrale, conseiller de la municipalité de Hô Chi Minh-Ville, les orientations prises, voilà trois ans, ont contribué à stopper la dégradation du niveau de vie. En 1979, le mécontentement était tel qu'il a fallu lâcher du lest. Comment ? En encourageant le développement de l'import-export à travers des sociétés liées aux communautés à l'étranger, en étendant le secteur privé et mixte. En 1980, nous n'étions au Sud que des sous-traitants du Nord. À partir de 1980, nous sommes devenus des exportateurs. Cela a permis de doubler le produit national brut de Saigon (5 milliards de dongs) et de faire que les caisses du Comité populaire (la municipalité) soient remplies. »

Banlieue de Saigon. Trieu Binh Thiet dirige l'entreprise de plastique n° 1. Il est venu aujourd'hui dans une Citroën CX « parce que, dit-il, je voulais faire plaisir à mes hôtes français ». Ce colosse vous accueille avec une formidable tape dans le dos, aboie plus qu'il ne parle, collectionne les voitures de sport, aime les jolies femmes, les vins de France et les westerns. Il a créé trois orchestres féminins et finance cinq équipes de football, deux de volley et une de basket. « C'est mon plaisir », affirme-t-il dans un puissant éclat de rire.

Ce chef d'entreprise vous accueille avec une formidable tape dans le dos, aboie plus qu'il ne parle, collectionne les voitures de sport, aime les jolies femmes, les vins de France et les westerns.

Né dans le sud de la Chine en 1939, il possédait, jusqu'en 1975, quatre petites unités industrielles, beaucoup d'argent, des voyages à l'étranger et des idées plein la tête. À la victoire des petits hommes verts, il a donné « volontairement » ses biens au gouvernement. « Je n'avais aucune envie de fuir mon pays. Pour faire quoi ? » On lui conserve tout de même un poste de vice-directeur technique dans l'une de ses entreprises. « Le 16 avril 1981, le Comité populaire m'a demandé de prendre la direction de l'usine, sur le principe du partage des bénéfices après impôts. La production était en chute libre. Et on allait droit dans le mur. » Nguyen Thanh Chaui, 59 ans, l'ex-directeur, ancien membre du Comité militaire de libération de Saigon, semble se féliciter de ce choix. « Thiet est très compétent. »

À l'écoute de Wall Street et de la conjoncture internationale, ce manager hors du commun a rétabli les principes d'une saine gestion capitaliste. « La bonne formule, c'est la société mixte où chaque partie est intéressée aux bénéfices. » Avec un chiffre d'affaires de 120 millions de dongs, Thiet peut payer correctement ses 280 ouvriers : 600 dongs en moyenne, auxquels il faut ajouter les primes périodiques. « Je n'ai pas lu Marx, déclare-t-il devant les graphiques de production. La seule lecture qui me remplit d'aise, c'est celle de mes bilans de fin d'année. J'avais trois voitures en 1975. Maintenant, j'en possède huit. »

Un cas, ce Thiet ? Des cadres incompétents ont été également remplacés par d'anciens chefs d'entreprise. Mais l'expérience, pour l'instant, reste très limitée. « Il faut savoir ne pas aller trop vite », indique Mai Chi Tho, président du Comité populaire de Saigon, frère de Lê Duc Tho. Dans les salons rafraîchis de l'hôtel de ville, le « patron du Sud », comme le désignent les Saïgonnais, reconnaît que certaines « déviations », observées dans la cité, devenaient dangereuses. « Trop d'anarchie », poursuit-il, comme pour justifier les sévères mesures qui règlent depuis ce mois d'avril l'économie privée : impôts sur le chiffre d'affaires, restrictions sur l'envoi des colis familiaux et des mandats en devises, réorganisation du commerce extérieur au seul profit d'un monopole d'État, etc. « Il ne peut y avoir deux systèmes économiques qui coexistent, ajoute-t-il. On peut admettre qu'Hanoi est la capitale politique et Saigon la capitale industrielle du pays. On ne peut admettre, en revanche, que le socialisme ne soit pas appliqué d'un bout à l'autre du Vietnam. »

LES TROIS VICTOIRES DE JUAN CARLOS

Des huit souverains qui règnent en Europe, Juan Carlos est le seul à avoir conquis son royaume. Au terme d'une étonnante métamorphose de celui qui, sous Franco, apparaissait en tant que « prince d'Espagne » et successeur désigné du dictateur.

PHILIPPE NOURRY
« L'EXPRESS », 11 JUILLET 1985

Ce qui frappe avant tout chez Sa Majesté Juan Carlos, ce n'est pas seulement cette cordialité, ce style direct, attentif, familier dont on gratifie en Espagne tous les rois Bourbons qui ne furent pas exécrables. C'est une sorte d'épanouissement tranquillement maîtrisé. Qui a connu en public le « prince d'Espagne » sous Franco, en ses années de longue et sévère patience, ne peut qu'être troublé par cette métamorphose. Ce fond de tristesse qui éloignait le regard, cette gaucherie, parfois, qui semblait traduire quelque mortel ennui ou quelque grave indécision, il faut les oublier.

Un roi heureux, l'hôte que la France reçoit ? Sans nul doute. Autour de ce sportif, tout respire le bonheur, jusqu'à ce cadre bucolique de la Zarzuela, ce palais au nom d'opérette : nulle étiquette pesante dans cette maison des champs qui surprend par sa simplicité. De « cour », il ne saurait être question. La reine Sophie n'en a jamais voulu et nul ne songerait à appeler courtisans les quelque quinze personnes, pour la plupart non titrées, qui travaillent autour de Juan Carlos. Ce bonheur discret, c'est le triomphe d'un homme né en exil il y a quarante-sept ans, qui, pour régner durablement et asseoir solidement la dynastie dont il avait ramassé l'héritage, dut d'abord gouverner au plein sens du terme.

Si la Constitution de son pays ne lui accorde aujourd'hui pas plus de prérogatives politiques que n'en ont un monarque britannique ou scandinave, rien ne fera oublier qu'il fut l'âme de cette charte démocratique, ni qu'à l'heure du péril il sut en être le seul gardien. Des huit souverains qui règnent en Europe, il est bien le seul à avoir conquis son royaume.

Ce fut une conquête en trois étapes, dont la première était, de loin, la plus risquée, la plus pénible. Le 23 juillet 1969, Juan Carlos acceptait solennellement de succéder, un jour, à Franco. Opération risquée, car elle liait officiellement la monarchie à la survie d'un régime dictatorial. Opération pénible, car elle se faisait au mépris des droits dynastiques du comte de Barcelone, comme de ses convictions démocratiques clairement affichées.

Si unis par l'affection que fussent le père et le fils, ils incarnèrent dès lors, aux yeux de tous, deux conceptions bien différentes de la couronne. Seuls l'un et l'autre savaient, en leur for intérieur, que cette différence n'était qu'affaire de stratégie dans la poursuite du même but. Car là où l'un échouerait, l'autre réussirait. Si la succession de Franco s'effectuait en douceur, il reviendrait à Juan Carlos d'assurer la transition vers la démocratie. Si elle appelait une rupture immédiate, c'est Don Juan qui entrerait en scène.

Mais un tel calcul faisait partie du « non-dit », et même du « non-avoué ». En 1969, Juan Carlos dut faire seul son choix. Pendant près de sept ans, cette option réaliste le fit passer au mieux pour un benêt, au pis pour un instrument trop docile du franquisme. Et lui ne pouvait que se taire.

En novembre 1975, lorsque le Caudillo mourut, il n'était encore, pour beaucoup, que « Juan le Bref ». « Une marionnette, un pauvre sot sans dignité ni ombre de sens politique », comme le proclamait Santiago Carrillo. Mais, pour le nouveau roi, l'aventure commençait. La légitimité franquiste que de nouveau il acceptait, ce fut sa messe d'Henri IV.

À la mort du Caudillo, il n'était encore, pour beaucoup, que « Juan le Bref ».

Six mois plus tard, il attaquait résolument, mais prudemment, le « bunker franquiste » en nommant à la tête du gouvernement un presque inconnu, Adolfo Suarez. Les libéraux crièrent au continuisme. Une fois de plus ils se trompaient. Le roi puisait dans le jeune sérail de l'ancien régime les éléments qui le détruiraient le plus efficacement.

La suite est connue : dès le mois de décembre 1976, un référendum approuvait massivement la loi de réforme politique qui frayait la voie à la démocratie.

Deux ans après, l'Espagne était dotée d'une Constitution qui la mettait au diapason européen. La tâche de Juan Carlos paraissait achevée. Lui-même avait récupéré la légitimité dynastique qui lui manquait grâce à la renonciation officielle de son père, le 14 mai 1977. Il était résolument devenu le roi des démocrates, sans brûler l'alibi que lui valait encore dans certains secteurs puissants de la société espagnole, et surtout de l'armée, sa légitimité franquiste. À l'orée de 1981, une seule consécration manquait à sa gloire : celle d'avoir sauvé cette démocratie qu'il avait si bien installée.

Le « putsch » du 23 février avait toutes les chances de réussir, sinon de durer. Cette nuit-là, où tout un gouvernement, toute une assemblée se retrouvèrent prisonniers d'une poignée de factieux et où toute une armée pouvait aussi bien basculer dans le camp des rebelles, le seul homme en mesure d'arrêter cette folie, c'était encore le roi. Le roi seul. Les Espagnols comprirent alors charnellement tout ce qu'ils devaient à la fois à sa personne et à l'institution monarchique. Ils durent aussi admettre que ce que beaucoup d'entre eux avaient reproché à Juan Carlos – l'acceptation initiale du fait franquiste – avait, en réalité, été leur sauvegarde. Car seul un roi militaire éduqué en Espagne, tel que l'avait voulu Franco, pouvait parler en chef aux capitaines-généraux et commandants d'unités blindées, qu'il fit mettre, au téléphone, en position de garde-à-vous. Cela, ni le comte de Barcelone ni aucun président d'une République très modérée n'eût pu le réussir.

« Majesté, vous m'avez sauvé la vie ! »

Le cauchemar passé, le même Santiago Carrillo, leader d'un Parti communiste légalisé dès le mois d'avril 1977, s'écriait, enthousiaste : « Majesté, vous m'avez sauvé la vie ! » En mai 1979, le Parti socialiste avait réalisé son « Bad-Godesberg », renonçant à son étiquette marxiste après avoir remisé au placard son drapeau républicain. Cette monarchie qui divisait si profondément le pays cinquante ans auparavant n'était plus contestée par personne. Et nul sans doute ne fut plus satisfait que le roi et sa famille lorsque, en octobre 1982, Felipe Gonzalez accéda au pouvoir. Historiquement, cette cohabitation de la gauche et de la couronne était une grande première.

Humainement, la partie était gagnée depuis longtemps déjà. Peut-être depuis ce jour de 1977 où le leader du Psoe fit sa première visite à la Zarzuela et où Juan Carlos interrompit la conversation pour demander très sérieusement à son hôte : « Felipe, cela t'ennuierait de me regarder un moment dans les yeux ? » Et comme l'actuel président du gouvernement, quelque peu surpris, lui demandait pourquoi, le roi insista en riant : « Eh bien, de quelle couleur sont-ils ? – C'est bien, sire, je me rends : vous avez les yeux marron ! »

C'est ainsi que Felipe Gonzalez, qui, avec beaucoup d'Espagnols, décrivait Juan Carlos comme « un grand blond aux yeux bleus », héritage involontaire des temps anciens où la Phalange voyait dans l'hypothétique successeur de Franco un prince « étranger », ou presque, comprit qu'il ne fallait plus se tromper sur ce roi. Pas plus au physique qu'au caractère.

Dix ans de règne bientôt. Le temps passe vite. Le jour de son couronnement, Juan Carlos s'était juré de devenir « le roi de tous les Espagnols ». C'est chose faite, et au-delà de tout espoir. Il s'était engagé à faire rentrer son pays dans la famille européenne ; cela vient de se faire. Rarement, dans la vie d'un peuple, tant de promesses incertaines, et combien difficiles, auront été tenues en dix ans. Et tant pis si cette histoire semble exemplaire : c'est un luxe trop rare pour être méconnu.

LA VOLUPTÉ DU SNIPER AU MOMENT DU TIR

Prénom : Marwan. Nationalité : libanaise. Profession : franc-tireur. Lieu de travail : la ligne verte coupant Beyrouth d'est en ouest. Huit ans de meurtres prémédités. Signe particulier : absence d'émotion. Confession d'un tueur solitaire qui revendique ses états de service.

PATRICK MENEY
« MÊME LES TUEURS ONT UNE MÈRE »,
ÉD. DE LA TABLE RONDE, 1986

Ce jour-là, j'avais rendez-vous avec un tueur. Un homme qui avait tué plus d'hommes qu'il n'avait aimé de femmes. Marwan, 26 ans. La guerre du Liban. Je voulais comprendre : la haine, la sauvagerie, la barbarie. La mort était son métier, son ordinaire. Il allait à la tuerie comme nous allons au travail. Je voulais savoir si ces choses-là étaient très loin de nous ou, au contraire, en nous. Savoir comment il les vivait et si cela pouvait aussi nous arriver. Savoir si, à l'opposé, nous sommes à l'abri d'une de ces folies qui emportent régulièrement les peuples au point de les priver de tout sens critique, de toute morale, de toute retenue, de toute nausée. Au point de renier ces valeurs communes que l'homme civilisé s'est imposées pour édifier une société vivable et viable : tu ne tueras pas.

Il s'est assis en face de moi. Ses yeux noirs n'exprimaient rien. Ni cruauté ni amour. Nulle émotion, ou plus exactement aucun sentiment. Le vide. Le regard n'était pas absent. C'était deux pierres noires, à peine brillantes. Indécryptables. Une grande lassitude peut-être. Étrange impression, à moins que je n'aie voulu y déceler ce qui n'y était point : sadisme ou défi, humanité ou remords. J'attendais quelque chose. On n'aborde pas un tueur, un milicien, un franc-tireur, sans préjugés, sans appréhensions… sans agressivité ou vague répulsion. Lui, m'offrait la sérénité :

— « Me voilà ! », lança-t-il.

Ce fut tout. Me voilà, moi le tueur de Beyrouth. Moi qui ai grandi dans la guerre et qui ne connais qu'elle.

Avec mes centaines de morts, avec les souffrances que j'ai causées. Car il fut, il est, de tous les combats, de tous les massacres. L'horreur, il l'a remisée au fond de sa mémoire. Elle n'a pas eu le temps d'effleurer sa conscience :

— « Je tue, je suis un tueur. »

Et le récit de Marwan a commencé.

Huit ans d'assassinats à la pièce

De 1977 à 1985, Marwan a été franc-tireur à Beyrouth, sur la ligne verte. Appointé pour prendre son fusil à lunette, s'installer dans un fauteuil, attendre le gibier – en l'occurrence des enfants, des femmes et des hommes innocents – puis tirer et tuer. Huit ans de ce sport ! Vécus avec délices et évoqués avec nostalgie. Huit ans, trois mille jours portant chacun leur acte de décès, sans jamais se poser de question sur ce qui se passe en face, côté victime. Sans l'ombre d'un doute. Sans culpabiliser le moins du monde. Une fête foraine plus qu'une guerre. Huit ans de meurtres prémédités, en série, en ne laissant aucune chance à la cible. Huit ans d'assassinats à la pièce, de sang-froid, commandités par des responsables respectés, interlocuteurs des grandes nations civilisées dont ils reçoivent aide et amitié.

Marwan résume ainsi le métier de franc-tireur :

— « C'est un artisan de la tuerie. Il ne tire pas beaucoup, sous peine d'être vite repéré. Il est patient, attendant des heures à observer, sans tuer. Il peut rester un jour entier sans rien voir. C'est un solitaire. Il se constitue un petit univers, autour de sa planque, de ses fantasmes, de ses fusils et de sa bouffe. Il a une arme de précision et une kalachnikov, au cas où les choses tourneraient mal. Il ne tire qu'une seule fois. S'il manque la cible, il décroche avant d'être découvert, mais il est terriblement frustré en cas d'échec. »

La journée ordinaire du franc-tireur Marwan commence à six heures, avec en écho les derniers échanges d'obus du petit matin, sur la ligne de démarcation. Un premier café, une douche, le treillis et les rangers. Chez lui, Marwan rassemble son attirail : la kalach et ses huit chargeurs remplis, quatre grenades, une pochette de premiers soins. Le petit déjeuner a son importance. Il le savoure, surtout lorsqu'il est préparé par maman poule. Elle sait marier à merveille le fromage et le miel, les œufs au plat et la crème. Un baiser, un « sois prudent » machinal (il est loin le temps des premières frayeurs !), et Marwan quitte l'appartement familial pour se rendre au QG de son employeur du moment :

— « Je me mets au service de la milice la plus forte, dit-il. Ça change d'un jour à l'autre et ça ne me gêne pas. Ils sont tous pareils (...). »

Appointé pour prendre son fusil à lunette, s'installer dans un fauteuil, attendre le gibier – en l'occurrence des enfants, des femmes et des hommes innocents – puis tirer et tuer.

Le voilà à son poste, avec son fusil, ses balles, la radio chantant faiblement, le talkie-walkie où grésillent les ordres et une bière. Ses yeux balayent en permanence l'horizon, à la recherche de tout ce qui bouge. Ils scrutent un désert, un no man's land ravagé, un terrain à bombes et à obus, de talus et d'engins calcinés, avec comme fond les façades ouvertes et mutilées de Beyrouth-Est, les immeubles vides des chrétiens, les fenêtres et les balcons béants où se terrent les francs-tireurs d'en face, de l'autre camp... l'ennemi.

Il faut créer une zone d'insécurité, séparer à tout jamais deux communautés, abattre tous ceux qui prétendraient passer, malgré tout. Tuer sans sommation, sans distinction. Telle est précisément la mission des francs-tireurs.

— « Le franc-tireur, c'est ce qui fait le plus peur à la population. On peut échapper à une bombe, à un attentat, à une fusillade, mais pas à un tireur embusqué. C'est un œil qui vous traque en permanence et que vous ne voyez pas. Implacable. Sans dialogue possible et sans part de hasard. Une balle, au moment le plus inattendu, brisant la trêve... et c'est la mort, là, entre deux mondes, à découvert, avec personne pour venir vous chercher. »

Marwan sourit :

— « La balle du franc-tireur entre les combats signifie : nous sommes toujours là. »

Marwan explique qu'une poignée de francs-tireurs suffit à terroriser une ville, à la paralyser, à ébranler l'ensemble de la population :

— « À moi seul, je tiens la voie d'accès à l'aéroport, raconte-t-il. Au total, neuf francs-tireurs peuvent contrôler la ligne verte et isoler dans les faits Beyrouth-Ouest de Beyrouth-Est. »

« J'ai 75 % de réussite »

Le choix du poste est essentiel. Le franc-tireur n'est pas réellement en première ligne. Il serait trop vulnérable. Il se place dans un immeuble qui ne donne pas directement sur la rue visée. Ainsi, on ne montera pas le déloger. Il cherche un bâtiment collé à un autre, protégé par un autre et il tirera entre les deux. Sa hantise : qu'une roquette réponde à sa balle. Si bien que le repérage des lieux est une affaire personnelle et sérieuse. Ensuite, Marwan avertit ses supérieurs du lieu de sa planque. Toutes les trois heures, un milicien passera... pour vérifier si Marwan est toujours vivant.

Et commence la longue attente !

— « Mon plaisir, c'est d'attendre en silence, terré là, seul dans l'immeuble abandonné et enfin de tirer, parfois après quatre heures d'observation, d'inactivité apparente. En réalité, il se passe toujours quelque chose. Tout bouge, tout est en mouvement en moi, tout est à l'affût de la moindre information. Quand la cible s'écroule, là je suis heureux. J'ai le sentiment d'avoir accompli mon devoir. Ça donne un sens à ma journée. »

L'autre meurt et lui est content. Il l'a descendu froidement, et il jubile. Il veut choquer, c'est certain. Mais non. Il est sincère. Il est naturel. Il n'est capable d'aucune malice. Il dit les choses comme elles se présentent, comme elles sont. S'il manquait la cible, il aurait l'impression de voler son salaire et ça le chagrinerait. Ça ne serait pas convenable.

— J'ai 75 % de réussite », annonce-t-il.

Traduisez : quand je vise cent personnes, depuis ma cache, j'en tue soixante-quinze avec une seule balle à chaque fois. La conversation donne le frisson. À Beyrouth, pourtant, c'est la routine. Un entrefilet dans le journal, en bas de page : victime d'un franc-tireur. Aussi banal que : renversé par une voiture. Mais comment ne pas sursauter quand Marwan précise :

— « On ne va jamais au-delà de dix personnes par jour. »

La réalité d'un tueur, c'est cela. Marwan est devant moi, se racontant sagement, poliment. Un être normal que le visiteur poussant la porte du bureau par accident ne remarque même pas. Et pourtant. Ce même Marwan aligne les cadavres, confisque la vie. Il donne la mort en série, à la chaîne, sans scrupules et sans remords. Oui, le gentil garçon et l'assassin sont le même homme. Il ne se pose pas ce genre de questions, l'empereur Marwan. Il continue à avancer, sans imaginer que nous n'avons plus envie de suivre. Lui, il sait où il va. Il affine ses statistiques morbides :

— « Je blesse à 80 % généralement au buste, dit-il. Ce n'est pas si mal. Et quand je suis en grande forme, avec une bonne arme, je fais mouche jusqu'à 900 mètres, alors qu'un tireur moyen est efficace entre 250 et 500 mètres. C'est pour cela qu'on m'apprécie. »

« Je lui dis : viens, viens, mon petit. Je sais qu'il va mourir, qu'il n'a plus que trente secondes à vivre. »

Ses secrets de franc-tireur, il n'hésite pas à les livrer :

« J'essaie de me placer à 200 mètres de distance. Plus près, c'est trop risqué. On peut me localiser. De plus, je tire en biais par rapport au camp ennemi. Ainsi, ils ne voient pas d'où part le coup de feu. Pour un piéton, je fixe ma mire sur 500 mètres et j'attends qu'il soit bien dedans. Ça prend en général trente secondes de mise au point et d'attente. L'autre ne se doute de rien. Moi, je le vois avancer, j'ai l'impression de l'attirer dans un piège, de lui imposer mon itinéraire. Je lui dis : viens, viens, mon petit. Je sais qu'il va mourir, qu'il n'a plus que trente secondes à vivre, puis vingt, dix, cinq... Lui, il ignore tout.

— Quel sentiment éprouves-tu en voyant s'écrouler la victime ?

— Je ne la vois pas. Je tire et je déménage aussitôt. Je ne sais même pas si je l'ai manquée, tuée ou blessée. Je ne l'apprends qu'après, par les miliciens en observation ou par la radio. Si bien que c'est pas terrible de tirer. Ça ne veut rien dire, ça ne représente rien. Il y a une concentration extrême avant. Mais dès que la balle est partie, c'est fini. Ce n'est plus mon problème. Je plie bagage en vitesse. C'est comme si je ne voyais pas la guerre. Je cherche un autre poste, je tire à nouveau et, deux ou trois heures plus tard, je reviens au premier. J'ai oublié ce qui s'est passé là. On a dégagé le terrain. J'attends le suivant. Et le soir, je dormirai très bien. »

« Le plus beau : allumer une voiture »

Marwan le franc-tireur n'a pas d'état d'âme. Il le proclame. Le seul risque, selon lui, c'est l'ennui. Ses journées d'artisan du crime sont longues. Douze heures de solitude. La matinée surtout est difficile. Les chrétiens tirent, pas les musulmans. Il ne s'agit pas de religion, mais plus prosaïquement de position du soleil dans le ciel. Le matin, Marwan a le soleil dans les yeux. Pas question de pointer le fusil, à cause des reflets. Il assiste à l'hécatombe orchestrée par les autres, impatient de prendre la relève dès que l'astre aura viré de bord, abandonnant le Christ pour se ranger du côté d'Allah.

Et le voilà reparti dans le récit de ses exploits, avec un bonheur évident :

— « Le plus beau, c'est d'allumer une voiture, lance-t-il. C'est comme au cinéma. Moi, je suis posté dans mon immeuble et, de l'autre côté de la ligne, la bagnole s'élance, à fond, le nez levé et le cul par terre, en pleine accélération. Elle fonce. Elle n'a qu'une chance sur dix de traverser la ligne. Plusieurs fusils la braquent. Le chauffeur donne de grands coups de volant. À droite, à gauche, à droite encore. La voiture zigzague. Moi, dans mon viseur, je vois parfaitement le chauffeur. Il pense déjà au retour, à vide ou avec d'autres clients. Drôle de métier, que taxi à Beyrouth.

« La mise au point est faite. J'aime bien cet instant, cette image floue qui tout à coup est nette. C'est beau, avec les quatre traits précis de la mire, quatre traits noirs convergeant sur la cible. Dans quelques secondes, il sera sorti de mon champ de vision, le bougre, le con. Enfin, une voix nasillarde au talkie-walkie : reprise des tirs !

« Le coup est parti. Tout va très vite : pare-brise éclaté et fin de course dans un bloc de béton. Terminus, tout le monde descend : un premier passager, bras en l'air machinalement. Pan ! Une balle. Il s'écroule. Puis un second. Et un troisième. Là, je ne décroche pas tout de suite. Je prends le risque, mais je les veux tous. La voiture, c'est fantastique. Il faut le vivre pour y croire. Ça arrive presque tous les jours. »

Marwan est fou, complètement fou. Un monstre… Et pourtant il dit la réalité !

Épilogue à l'incident : le lendemain dans *L'Orient-le Jour*, un entrefilet annonce la mort de quatre personnes sur la ligne de démarcation, victimes d'un franc-tireur anonyme.

En huit ans, Marwan a exercé tous les métiers de la guerre : franc-tireur, combattant à l'arme blanche (« La mort intervient entre dix secondes et trois minutes », dit-il), mais aussi poseur de bombes, « piégeur » à l'explosif.

Et là, le génie humain n'a pas de limite.

— « Tenez, pour piéger une voiture, il y a au moins cinquante façons différentes ! On place la charge explosive sous les coussins, dans les portes, sur la colonne de direction, dans le volant, dans le dossier du siège, sous le tapis de sol… On peut utiliser du plastic ou du TNT, à moins qu'on ne préfère une grenade coincée dans les glissières du siège et reliée à l'accélérateur par un fil de nylon.

— On t'a appris cela à Baalbek ?

— Bien sûr, ça et toutes les techniques des explosifs et des pièges. À moi et à tous les autres. Chacun a son truc, chacun a son secret et a perfectionné un système. Nous avons tous notre préférence pour tel ou tel piège. Les plus simples sont les plus efficaces : combien d'enfants ont été tués en donnant un coup de pied dans une vulgaire boîte de conserve qui était en réalité un piège ? Le coup du jerrycan est classique : on découpe le fond et on le bourre de TNT avant de l'abandonner sur un trottoir ou dans un passage quelconque. Cela a beau être connu, il y a toujours quelqu'un pour soulever le bidon et tout faire exploser.

« Les Palestiniens sont très forts dans ce domaine. Ils m'ont vraiment tout appris : piéger une porte, une maison, un poste de télévision, une voiture, une moto, un paquet de cigarettes, une lettre. Il y a toujours assez de place pour l'explosif et toujours un détonateur approprié. On décide en fonction de l'objectif visé.

— Ça t'est arrivé souvent d'installer des pièges… à hommes ?

— Très souvent. En dix ans de guerre à Beyrouth, Aucun mètre carré n'a été épargné par les mines ou les explosifs. À part les banques peut-être, que l'on respecte plus ici que les vies humaines.

— Ça ne te fait rien de voir des innocents sauter sur tes pièges ?

— Rien, aucun effet. Je ne les vois pas.

— Tu peux les imaginer.

— Non. J'installe mon piège et je m'en vais. Je passe à autre chose.

— Aucun remords ?

— Aucun. (…) »

Un matin, pourtant, ce fut la paix. À 9 h 30, il fallut s'embrasser sur un millier de cadavres. Les guerriers ne sont pas rancuniers :

— « J'étais plutôt content », se souvient Marwan.

C'est là qu'a commencé la partie de football, avec le fusil posé contre un dernier pan de mur. Trois copains qui avaient grandi ensemble. Ils se retrouvaient, intacts, pour taper dans un ballon, comme autrefois :

— « Tu te souviens de nos matchs, au lieu d'aller à l'école ! »

Marwan avait rêvé d'être footballeur. Sa mère l'imaginait médecin, pour sortir de la misère. Le destin en fit un milicien. Deux ou trois passes sous les regards ahuris d'enfants miraculés. Marwan, d'un grand coup de pied, avec un cri de défoulement, dégagea, très haut. Le ballon s'envola avec un bruit étrange et il termina sa course, s'écrasa contre une façade émergeant des ruines. Récit, jeu, sans importance. Marwan, guettant ma réaction, crut utile de préciser :

— « Le ballon, c'était un bébé. Il avait trois mois et, avant le coup de pied, il était vivant. »

Le sang se glaça. Le mien, pas le sien.

Après un silence, Marwan dit :

— « Ne me jugez pas. Nous sommes tous capables d'en arriver là. »

En guise d'excuse, ou de circonstance atténuante :

— « J'étais un adolescent plutôt calme, se souvint-il. J'étais même craintif. Ma mère prétendait que j'étais incapable de faire du mal à une mouche. »

L'APPRENTISSAGE DE LA LIBERTÉ

Un triste sort s'acharne sur la première « République noire » de l'Histoire. Après l'effondrement de la dictature des Duvalier père et fils, Haïti aspire enfin à la démocratie. Un luxe ? Le peuple a pour l'heure d'autres priorités : recouvrer la dignité, lutter contre la misère absolue et redécouvrir la liberté.

BERNARD ULLMANN
« L'EXPRESS », 9 MAI 1986

Trois mois après l'effondrement de la dictature et la fuite de Jean-Claude Duvalier, les Haïtiens sont encore à la recherche d'une démocratie qu'ils n'ont jamais connue. Le sang coule, et les tontons-macoutes espèrent une revanche. Mais la misère et le chômage, eux, sont toujours là. Une démographie galopante, une agriculture croupissante, le plus bas niveau de vie de l'hémisphère occidental, Haïti, première « République noire » de l'Histoire, aura, longtemps, besoin d'une aide étrangère soutenue et efficace. Et pourtant, dans les taudis de Port-au-Prince, l'espoir est revenu.

« Déchoucage », le mot clé de la révolte du peuple haïtien qui a mis fin au régime Duvalier, père et fils – en créole : renverser, abattre, mais, surtout, déraciner. Pas facile de déraciner vingt-neuf ans d'oppression, de gabegie, de corruption et – par intermittence – de terreur ouverte. Un règne qui laisse des séquelles presque aussi profondes sur l'ex-« perle des Antilles » que celui de Staline – d'une durée à peine plus longue – sur l'immense Union soviétique. Mis à part quelques héros et les exilés, qui rentrent au compte-gouttes, il y a, en Haïti, presque autant de complices que de victimes du régime Duvalier. « Ce sont nos cervelles qu'il faudrait déchouquer », me disait un ami.

Et d'abord, sans doute, celles des militaires. Croyaient-ils défendre l'ombre de Papa Doc quand, le 26 avril, ils ont tiré sur la foule devant ce bâtiment maudit qui répond au nom riant de Fort-Dimanche ?

Huit morts au moins, dont trois par balles, trois électrocutés par la chute d'un câble (la plupart des pylônes sont pourris, faute d'entretien). Ils venaient, ces hommes et ces femmes, commémorer un vieux massacre : celui du 26 avril 1963, où, dans ce fort-prison, François Duvalier avait fait exécuter des centaines d'opposants et d'innocents, à la suite d'une tentative de kidnapping de deux de ses enfants, Bébé Doc, alors âgé de 12 ans, et sa sœur Simone. Depuis lors, chacun se demande si le Conseil national de gouvernement du général Henri Namphy, qui n'a pas fait grand-chose depuis son arrivée au pouvoir le 8 février, hormis changer la couleur du drapeau, est même capable de contrôler son armée.

Les appels à la grève générale sont restés sans écho, mais Namphy a stigmatisé « les pêcheurs en eau trouble, qui préparent l'avènement d'un nouveau régime totalitaire ». Gauchistes ou nostalgiques du duvaliérisme qui espéraient peut-être profiter du désordre pour faire oublier leurs crimes ?

Combien étaient-ils, ces terribles tontons-macoutes, rebaptisés sous Jean-Claude Duvalier « Volontaires de la sécurité nationale » (VSN), pour faire plus convenable ? Bleu de chauffe, revolver ou machette (qui leur a donné leur nom) à la ceinture, ou pétoire en bandoulière. Roitelets de village ou de quartier, flics à mi-temps, voleurs et dénonciateurs à plein temps, ils se retrouvaient parfois, eux aussi, à l'occasion, en prison, pour s'en être pris à plus puissant qu'eux. La piétaille du régime. Environ 300 000 hommes, supplétifs, besogneux, profiteurs à la petite semaine, qui, aujourd'hui, se terrent et tentent le plus possible de se faire oublier.

Parmi eux, quelques-uns ont véritablement du sang sur les mains. On les recherche ; à l'occasion, on les massacre. Quelque 30 000 hommes… et femmes. Car il y avait aussi des « fillettes-lalo » (filles de la loi), avec, à leur tête, la redoutable Mme Max Adolphe, nommée « Oncle suprême » par Papa Doc, en fuite.

La véritable Gestapo du régime défunt, c'est au sein de l'armée régulière qu'elle se recrutait, sous le label SD (Service Duvalier). On y trouvait notamment le sinistre Luc Desyr, arrêté de justesse à l'aéroport, alors qu'il s'apprêtait à embarquer pour les États-Unis. Très malade, il agonise derrière les murs jaunes de la caserne Dessalines, où il tortura lui-même les opposants. On écoute aujourd'hui, en famille, la cassette sonore d'un interrogatoire musclé, dans lequel on entend sa voix mêlée aux hurlements des suppliciés. Insoutenable.

« Une orgie de revanches », avait titré la presse américaine, au lendemain de la chute de Jean-Claude Duvalier. En réalité, cette épuration a été plutôt modérée, même si, longtemps encore, dans les villes et les campagnes, d'obscures vengeances vont se perpétuer. Quelques dizaines d'hommes ont été abattus, lynchés, lapidés, décapités durant les premiers jours. Peu d'arrestations, pas assez, selon les anciens prisonniers politiques, qui viennent de se constituer en association. Pas encore le moindre procès public. Personne, dans le monde politique de Port-au-Prince, à commencer par le président du Conseil national de gouvernement, le général Namphy, ex-chef d'état-major, n'est tellement pressé de voir s'ouvrir un grand déballage dans lequel apparaîtraient fatalement de vieilles amitiés, d'anciennes compromissions.

Un petit pois à la place de la cervelle

Un ancien macoute, vaguement recherché par la police, s'explique. Le rendez-vous est organisé, non sans peine, par un homme qu'il avait sauvé des prisons de Duvalier (comme bien des vichystes, les duvaliéristes ont eu souvent, eux aussi, « leurs résistants »). Cet ancien fonctionnaire a pourtant intérêt à ne pas se pointer dans son ancienne administration, où, par son arrogance, ses trafics, sinon ses dénonciations, il a accumulé de solides haines.

Dans le bar discret d'un hôtel de Pétionville, la banlieue résidentielle surplombant Port-au-Prince, ce quadragénaire corpulent a abandonné son bleu de chauffe pour un élégant costume trois-pièces. « Nous, les VSN, m'assure-t-il, nous avions pour mission la défense du pays contre les incursions étrangères. Et cette mission, nous l'avons remplie à plusieurs reprises avec succès. Mais on ne nous avait jamais entraînés à la guerre civile. Et nous n'y avons jamais songé. » Il est nostalgique du Vieux, le terrible Papa Doc. Et il explique que, pour lui et pour ses camarades macoutes, le régime s'était lui-même suicidé après le mariage de Jean-Claude Duvalier avec Michele Bennett, en 1981, et le retour en force des « mulâtres », jadis réduits à l'impuissance par Papa Doc, apôtre du « noirisme ».

« Jean-Claude, dit-il, avait un petit pois à la place de la cervelle (une expression que j'entendrai reprise de tout côté en Haïti). Il laissait sa femme et sa belle-famille, le "clan des Bennett", s'engraisser et prendre toutes les décisions. Alors, à partir de la fin de 1985, beaucoup d'entre nous désertaient ou essayaient de se dédouaner. »

Il est amer, l'ancien VSN, quand il évoque cette journée du 7 février où le régime s'effondra sans résistance. « Jean-Claude a quitté le palais, rapporte-t-il, en assurant à ses derniers fidèles qu'il allait mettre sa famille dans l'avion, mais que lui-même reviendrait parmi eux. Nous ne l'avons jamais revu. Voilà pourquoi Namphy a pris le pouvoir, et c'est tant mieux ! »

Au cœur du quartier des Salines, l'un des bidonvilles les plus fétides de la capitale, l'église Saint-Jean-Bosco fut un haut lieu de la résistance. Et le père Aristide une figure de proue de ce clergé progressiste qui sut mobiliser nombre de catholiques, révoltés par l'injustice et la corruption. Jeune théologien salésien, formé à Jérusalem et au Québec, il exige, tout de suite, une transformation radicale de la société et des mentalités. « Après vingt-neuf ans de règne, proclame-t-il, ces messieurs-dames doivent être mis de côté. Assez de duvaliérisme sans Duvalier ! »

Président de la Conférence épiscopale, Mgr François Gayot, archevêque de Cap-Haïtien, a engagé, quant à lui, une partie de la hiérarchie dans la lutte contre le régime, au cours des trois dernières années. Le prélat se voit souvent comparé au cardinal Sin, son collègue de Manille, qui a tant fait pour la chute de Marcos. Dans le parloir aux murs de chaux du couvent Stella Maria, dans la capitale historique du Nord, Mgr Gayot, tout de blanc vêtu, proclame que la mission de l'Église n'est pas « purement intemporelle ».

Bel homme, la quarantaine, le regard très vif, Mgr Gayot explique que la mission de l'Église, dans un pays comme le sien, consiste à s'occuper de l'homme « intégralement », jusques et y compris dans l'action politique et sociale. « C'est là, précise-t-il en souriant, ce qu'on appelle, malheureusement, la théologie de la libération, alors qu'il s'agit, en fait, de l'essence même de la pensée pastorale. »

La Conférence épiscopale, qu'il préside, déplore l'« absence de politique de changement » de la part de l'équipe du général Namphy et demande, elle aussi, une épuration plus rigoureuse.

Il s'intéresse à tout, Mgr Gayot. Au sous-emploi et à l'analphabétisme, fléau n° 1 dans son diocèse comme dans les autres. À la reconstruction des villes. À la redistribution des terres de l'État, au profit de 4 millions de paysans misérables. Il redoute pourtant les « déchoucages » aveugles de « certains mouvements parallèles », dont les excès risquent de faire déraper le mouvement de libération. Aussi s'exprime-t-il avec une prudence tout ecclésiastique sur son collègue, Mgr Ligondé, archevêque de Port-au-Prince. Apparenté au « clan Bennett », celui-ci symbolise, aux yeux de beaucoup de ses ouailles, les compromissions avec le régime déchu. On lui reproche, notamment, d'avoir célébré en grande pompe dans sa cathédrale, en 1981, les noces de Jean-Claude avec sa propre nièce, Michele Bennett, mariée en premières noces à un protestant, et divorcée. « Ce mariage est-il nul ? s'interroge à haute voix Mgr Gayot. Seule la Curie romaine peut trancher. »

La cathédrale de Cap-Haïtien avait été, au début de février, le théâtre de manifestations d'hostilité ouverte au régime, qui s'étaient poursuivies dans les rues de l'ancienne capitale. Mais le « processus révolutionnaire » commença véritablement dès mars 1985, à 150 kilomètres au sud, à Gonaïves. C'est dans ce petit port délabré et pouilleux que Dessalines avait proclamé, en 1804, l'indépendance de la « République noire d'Haïti ».

La colère monte

Fidèle à sa vocation historique, Gonaïves fut, près de deux siècles plus tard, le berceau de la révolution anti-Duvalier. L'emprisonnement d'un héros de la résistance locale, au beau nom de Pollux Saint-Jean, puis la mort de deux lycéens, en novembre 1985, abattus dans la cour de leur école du quartier misérable de Raboteaux par une brute affolée, le capitaine Ulysses, déclenchèrent une rage populaire qui ne devait s'éteindre – pas complètement, du reste – qu'avec la fuite de Jean-Claude et de sa petite famille, le 7 février.

« Gonaïv déchouké régim ! » (« C'est Gonaïves qui a démoli le régime ! »), rappellent, fièrement, des inscriptions en créole peintes sur les murs lépreux de la ville. Avec aussi, de-ci de-là, des « Aba Namphy ! » qui commencent à fleurir.

Port-au-Prince a pris en marche, après la province, le train de la révolution.

La population vit toujours, trois mois plus tard, dans la fièvre, que la salve sanglante de Fort-Dimanche a fait encore monter. Le 25 mars, lorsque j'y débarquai, des pneus achevaient de se consumer, rue Pavé, la grande artère commerçante. Jouant les gavroches, des gamins déguenillés défiaient du geste les policiers casqués et armés. « Port-au-Prince brûle-t-il ? » titrait *Le Petit Samedi soir*. Spectacle classique d'émeute, après l'instauration du couvre-feu, tout autour du palais, boulevard Jean-Jacques Dessalines, rue des Casernes, où les pièces de voitures et les poubelles rouillées, entassées pour former de dérisoires barricades, côtoyaient les débris « habituels » d'une ville renommée pour sa saleté, du temps des Duvalier. Les bourgeois tremblaient. N'avait-on pas entendu la rumeur publique colporter quelques cris de « Vive la Russie » ?

L'anarchie s'accroît. Les internes des hôpitaux font la grève des soins. Les grèves se multiplient.

Manifester, en Haïti, c'est, bien sûr, protester contre les promesses non tenues, les espoirs déçus depuis le renversement du régime. C'est aussi une manière de s'occuper, puisque les jeunes, l'immense majorité de ceux qui descendent dans la rue, dans la capitale, sont chômeurs à 80 ou 85 %. C'est, avant tout, se défouler : il était impensable, avant le 7 février, de se rassembler pour revendiquer quoi que ce soit sans s'exposer au tir des VSN, aux tortures ou à la disparition pure et simple – on estime à 30 000, près d'un millier par an, le nombre de disparus du duvaliérisme.

L'anarchie s'accroît. Les grèves se multiplient. Les employés des contributions arrêtent le travail, écœurés de ne gagner qu'une centaine de dollars par mois, alors que les hauts fonctionnaires, demeurés en place à une ou deux exceptions près, jouissent de privilèges jugés exorbitants. Les internes des hôpitaux font la grève des soins. Le secrétariat à l'Information annonce la création de 6 000 emplois, surtout pour réparer les routes, qui en ont grand besoin, mais oublie d'aviser le ministère des Travaux publics de cette mesure. Du coup, c'est une vraie manifestation de la faim, du désespoir, qui prend place : 10 000 jeunes chômeurs (aucun d'entre eux ne touche la moindre allocation) réclament du travail, et l'on dénombre une vingtaine de blessés. Comme le dit Frank Étienne, célèbre écrivain et résistant de longue date, la jeunesse « participe enfin » à la vie publique. Mais avec quelles perspectives d'avenir ?

La colère monte. Et le sanglant clash de Fort-Dimanche est un signal d'alarme que le pouvoir ne saurait négliger. « Il y a tant de revendications ! Tout le monde revendique ! », soupire le colonel William Regala, adjoint direct du général Namphy, chargé de la Défense et de l'Intérieur. Regala, le seul homme, dit-on, jouissant de son entière confiance, assume une part croissante des responsabilités. Le problème prioritaire, pour ce militaire qui s'exprime avec beaucoup de prudence, c'est évidemment le maintien de l'ordre et de la paix publique. Celle-ci n'est-elle pas justement menacée du fait de l'incertitude entourant les échéances du retour promis à la démocratie ? « Je ne peux prendre aucun engagement, répond Regala. Ce n'est pas là notre rôle. » Puisqu'il est en charge, au côté du général Namphy, d'un gouvernement purement provisoire, il n'envisage aucune réforme de structure. « Nous devons, me dit-il, essayer de donner à manger aux gens, pour maintenir la stabilité. » Mais ce n'est pas au Conseil national de gouvernement de fixer un calendrier, exigé pourtant de toutes parts, pour les élections présidentielles et la mise en place d'un gouvernement constitutionnel.

Des appétits politiques frénétiques

Épuration insuffisante ? « De temps en temps, répond-il, nous faisons quelques rafles, certaines fouilles. Nous recevons bien des dénonciations, pas toujours justifiées. » Mais on grossit beaucoup, estime-t-il, le nombre des anciens macoutes « actifs ». Il s'efforce de gagner du temps, en dépit des turbulences de la rue, jugeant prématurées les réformes de structures par un gouvernement provisoire ; il faut d'abord que s'enclenche le processus démocratique promis par Namphy : désignation de 19 « sages », eux-mêmes chargés de nommer les membres de l'Assemblée qui adoptera une nouvelle Constitution. Celle-ci ne sera jamais que la vingt-troisième qu'aura connue le pays depuis l'indépendance.

Alors que Namphy passe pour un militaire intègre et dénué d'ambitions, Regala se voit parfois reprocher son passé « duvaliériste » et certains avantages financiers dont il aurait pu bénéficier autrefois. Pourtant, comme son chef, il se défend, avec une apparente sincérité, de toute ambition politique. « J'ai 49 ans, vingt-neuf ans d'armée derrière moi, me déclare-t-il. Quand tout ça sera fini, je n'ai qu'un désir : prendre ma retraite ! »

Les appétits politiques sont, certes, nombreux et frénétiques. Avant même que soit officiellement ouverte la campagne électorale, une bonne centaine de candidatures sont déjà dénombrées pour la présidence de la République, dont une dizaine de « sérieuses ». C'est, comme disait de Gaulle, évoquant l'avenir après sa retraite, « le trop-plein ». Deux ou trois fois par semaine, on voit débarquer à l'aéroport de Port-au-Prince un politicien retour d'exil, accueilli en plus ou moins grande pompe par ses partisans, et parfois par une claque rameutée des faubourgs, au prix d'une gourde par tête.

D'ores et déjà, un candidat à la présidence tranche sur le lot des prétendants : Marc Bazin, haut fonctionnaire de la Banque mondiale, avait tenu quelques mois, en 1982, le poste de ministre des Finances de Duvalier ; mais il avait su partir avec fracas, pour protester contre la corruption endémique du système. De retour de Washington à la fin de mars, on ne peut donc lui reprocher, comme aux autres exilés d'avoir perdu contact avec les réalités haïtiennes. Il a appris à Washington à organiser une campagne à l'américaine, et en a ramené un sobriquet qui fait tilt : « Mister Clean » (M. Propre).

Dans sa première conférence de presse, qu'il transforme en réunion publique en la truffant de partisans enthousiastes, ce technocrate, qui a piloté plusieurs projets de la Banque mondiale en Afrique occidentale et au Maroc, se révèle un orateur de choc. Le tableau qu'il fait du pays qu'il se propose de prendre en charge est sans indulgence. Le passé : « Une histoire de vols, de meurtres, de bandes armées se ruant à l'assaut du pouvoir, deux siècles de brigandage et de rapine ! » Le présent : une mortalité infantile record, la pauvreté la plus immense de l'hémisphère occidental, l'exode des « boat people » qui se poursuit malgré la chute de Jean-Claude, puisque les causes en sont essentiellement économiques, plutôt que politiques.

Marc Bazin, qui vient d'effectuer un bref séjour à Paris, joue de la confiance qu'il semble inspirer aux bailleurs de fonds américains pour proposer d'interrompre enfin ce cycle infernal de faillite, de misère et de ruine. Il rappelle une évidence, trop souvent passée sous silence par ses concurrents, et aussi par l'équipe provisoirement en place : faute d'une économie saine, Haïti ne peut prétendre à une véritable indépendance.

Une économie rurale dépendante

Hormis la fertile plaine rizicole de l'Artibonite, au nord de la capitale, la terre est, partout, morcelée, déboisée – le charbon de bois est le principal combustible –, ravagée par l'érosion. Des caféiers poussent, tant bien que mal, dans les vallées et sur les mornes, mais ne fournissent qu'un maigre café d'appoint. Peu de cochons. Après une épidémie de fièvre porcine, en 1981, les Américains ont fait pression sur les autorités pour imposer l'abattage massif de ces bêtes qui constituaient, au sens propre, la tirelire des petits fermiers. Depuis lors, les experts américains cherchent à exporter en Haïti des porcs du Midwest, mal adaptés à l'environnement et gros consommateurs de produits qu'il faudrait également acheter à grands frais aux États-Unis, rendant ainsi l'économie rurale haïtienne encore plus dépendante. Les Français proposent un cochon caraïbe, élevé en Guadeloupe, et qui se nourrirait, comme le faisait son cousin haïtien, des déchets des minuscules exploitations. En attendant que soit tranché le débat, les chèvres prospèrent et ravagent la maigre végétation restante.

« Ce n'est pas de sous-développement, c'est de non-développement que souffre ce pays », me disait un expert français. L'ère Duvalier, et surtout le règne de Papa Doc, de 1957 à 1971, ont accentué le terrible retard économique : ports fermés pour contrer les tentatives de débarquement, emprisonnement ou exode des élites, individus laissés sans ressources par centaines de milliers. Constructions stoppées, tourisme découragé, état sanitaire déplorable : les Haïtiens restent le seul groupe ethnique classé comme sujet à haut risque pour le sida, alors même que nombre de spécialistes affirment, aujourd'hui, que ce sont des homosexuels américains ou des Haïtiens revenus du Zaïre qui ont apporté dans le pays la terrible maladie.

Bientôt, le laxisme, la corruption, le pillage organisé des fonds publics avaient recommencé de sévir.

Le « jean-claudisme » avait paru, pour un temps, améliorer les choses, redonner quelque confiance aux investisseurs étrangers. De 1978 à 1980, Haïti avait même connu un taux de croissance de 6 %. En 1983, la balance commerciale était presque en équilibre. Mais, bientôt, le laxisme, la corruption, le pillage organisé des fonds publics avaient recommencé de sévir. Au début de 1986, un quasi-gel de l'aide américaine avait largement contribué à déstabiliser le régime, qui se révélait même incapable d'alimenter les pompes à essence.

Seuls les nantis se servaient largement et ne laissaient que des miettes dans les caisses de l'État. Jean-Claude n'a-t-il pas empoché personnellement, dit-on, en 1985, les 2 millions de dollars en espèces qu'avaient apportés, au palais, dans deux valises, deux envoyés du gouvernement dominicain, en paiement anticipé du travail des 30 000 ouvriers saisonniers haïtiens qui devaient aller couper la canne à sucre dans la République voisine ? Nouveau contentieux entre les deux pays, « ennemis héréditaires » depuis le génocide perpétré, en 1937, sous le dictateur Trujillo, contre des travailleurs haïtiens. Du coup, les saisonniers, sûrs de n'être pas payés, ont refusé, ce printemps, de franchir la frontière, et les autorités dominicaines ont réquisitionné, au hasard, des résidents haïtiens pour les travaux forcés du « sucre amer ».

Dans l'attente d'un renouveau

Les perspectives ne sont pourtant pas totalement désespérées. Quelque 200 entreprises industrielles, essentiellement de sous-traitance, fournissaient, ces dernières années, près de la moitié des revenus en devises, 18 % du PNB, et la main-d'œuvre haïtienne jouit d'une bonne réputation auprès des entrepreneurs de la région. Mais trois mois de « liberté » ne peuvent évidemment, d'un seul coup, dissiper les effets de trente années de tyrannie, de deux siècles d'incurie. Faute de projets réalistes, les crédits de l'étranger dorment dans les caisses des organismes prêteurs. En 1983-1984, ils n'étaient utilisés qu'à concurrence de 64 %, dont 47 % dans l'agriculture, et 61 % dans l'industrie.

Des représentants de la Banque mondiale, venus à Port-au-Prince pour conclure un contrat de construction de routes de 75 millions de dollars, ont regagné Washington découragés. Personne n'était habilité à signer. Dans les rues de Port-au-Prince, des jeunes, des vieux armés de balais de fortune, s'efforcent de déblayer les ordures accumulées depuis des années. Solidarité de quartier, effort un peu dérisoire pour améliorer un environnement laissé à l'abandon. « Oui, on est quand même plus heureux depuis que Jean-Claude est parti », me disait, sur le seuil de son taudis, un habitant des Salines.

Confusément, le peuple haïtien espère : pas un enrichissement miracle, mais, au moins, quelques signes concrets du renouveau, alors que le Conseil national de gouvernement joue l'attentisme, et que les politiciens déversent des flots d'éloquents périmés.

En avril, on a « déchouqué » la statue de Christophe Colomb, face au port. Après tout, il n'avait qu'à ne pas découvrir Haïti.

LE PROCÈS BARBIE, UN TRIBUNAL FACE À L'HORREUR

À la barre, deux vieilles dames dignes, rescapées des camps de la mort, qui sanglotent les mots pour dire le jour où l'Obersturmbannführer SS Klaus Barbie a fracassé leurs vies. Ce 6 avril 1944 à Izieu, dans l'Ain, où 44 enfants juifs furent raflés par la Gestapo avant d'être gazés à Auschwitz.

SORJ CHALANDON
« LIBÉRATION », MAI 1987

Comment dire la douleur lorsqu'elle est extrême ? Comment venir dans cette grande salle, monter les marches qui mènent à la barre des témoins, parler dans le micro en regardant un homme en robe rouge lorsque les mots sont enfouis si loin, si profond dans le ventre ? Une fois de plus, la cour d'assises semble bien conventionnelle pour que l'horreur y soit exprimée.

Les griffons qui ornent les murs, les colonnes néo-corinthiennes, les signes du zodiaque inscrits dans les voûtes, les hommes de loi, les neuf jurés, les bancs d'avocats, le public, les journalistes, la bonne ordonnance d'une audience criminelle, les rappels au dossier, les articles du Code de procédure pénale. Un ensemble glacial, un royaume si peu habité qu'il ne garde trace des ombres qui se succèdent. Un bloc de pierre sans frisson où viennent s'échouer quelques vies brisées, sans voix, sans phrase, sans geste. Comme si, parfois, les silhouettes seules, les esquisses d'hommes et de femmes anéantis suffisaient à détourner le regard.

Aujourd'hui, deux mères juives viennent parler de leurs enfants. Ira Halaubrenner et Fortunée Benguigui. Arrêtées toutes deux, déportées, martyrisées, elles n'ont cessé de narguer la mort. L'essentiel était sauvé. Les enfants. Cachés derrière les collines bleutées de l'Ain. Izieu, toujours, et jusqu'à la nausée.

Mme Halaubrenner est soutenue par deux policiers. Seule, elle ne marche plus. En quelques mois, à l'approche de ce procès, elle a perdu beaucoup de lucidité. Comme si l'essentiel était qu'elle puisse se traîner jusqu'à ce banc de partie civile pour dire les choses en face. Mais il n'y a rien en face.

Alors, dans son petit ensemble gris perle, elle s'assoit avec difficulté sur une chaise pliante et regarde le président. À côté d'elle, le traducteur des personnes âgées. Un huissier, qui répète à l'oreille sourde les questions du président Cerdini. « Le tribunal comprend votre douleur », a pris coutume de dire le magistrat, face à un visage ravagé par les larmes. Une phrase devenue proverbe dont on a parfois quelque peine à saisir l'émotion.

« Quelle est votre profession, madame ? », demande le président. « J'ai fait cinq gosses », répond la vieille dame. Elle ne pourra témoigner. « Mon malheur s'appelle Klaus Barbie. Il est venu chez moi, il a pris mon mari, mon fils. Et lui, il vit encore. Un homme comme ça qui vit encore. » Elle se tait, pleure, tremble. Sur une chaise, à sa gauche, sa petite-fille lui masse l'épaule. « Qu'est-ce que je souffre ! Je souffre. » Voix cassée, bel accent de l'Est. Elle serre les poings de rage. Cri de petit animal. Comme une gosse blessée, elle trépigne, brise quelques mots, puis se tait, le dos retombé. Silence absolu. Une cloche aigrelette dans le lointain, la respiration de la femme, contre le micro qui oppresse la salle.

Cela fait quarante-trois ans qu'elle attend cet instant. Toutes ces années qu'elle lutte pour survivre et venir raconter sa douleur. En 1972, elle se rend à La Paz où se cache Barbie et s'enchaîne à un banc. « Vous vouliez la justice ? », souffle un avocat de la partie civile. L'huissier murmure « justice ? » à l'oreille. La vieille dame se retourne vers sa fille. « Justice ? Tu voulais la justice ? » Ira Halaunbrenner brandit ses poings au ciel. Une plainte. « La justice… La justice… »

Voilà. Voilà cette « vieille qui vient se montrer sur des béquilles devant les caméras de télévision, au lieu de rester chez elle », comme l'a dit l'Obersturmbannführer SS Klaus Barbie du fond de sa prison. Elle redescend les marches, défaite. Son fils a été déporté, son mari est mort en camp. Le 6 avril 1944, ses deux filles étaient jetées dans les camions d'Izieu. Claudine avait eu 5 ans quatre jours auparavant, Mina en avait tout juste 6.

Fortunée Benguigui reste debout. Bientôt, comme les autres, elle tombera sur sa chaise. Robe toute simple, bleue à pois blancs, cheveux blancs. Une petite bonne femme toute frêle de 83 ans. « J'ai été déportée le 6 mai 1943 à Auschwitz. » Les enfants, eux, sont cachés. D'abord dans le Tarn, puis dans l'Ain. Il y a là Jacques, 13 ans, le plus grand, Richard, âgé de 8 ans, et Jean-Claude, 6 ans.

« Un jour, la femme m'a demandé ce que je voulais à son fils. "Votre fils porte le pull-over de mon fils." »

Certaines détenues ont été gazées dès la sortie du train, d'autres astreintes à de lourdes tâches, d'autres encore écartelées sur des paillasses pour repaître les bourreaux. Fortunée Benguigui, elle, sera traînée au bloc 10. Le « Revier ». Salle de fer et de carrelage où quelques médecins psychopathes diront s'adonner à la recherche. « J'ai fait une hémorragie. J'ai failli mourir, monsieur le président. Mais grâce à mes camarades, j'ai survécu. Alors ils m'ont fait d'autres expériences. Tous les jours, ils me prenaient du sang. Des tubes et des tubes. J'étais très faible. Dès que j'allais mieux, ils m'attachaient et m'injectaient un liquide très douloureux dans les bras, dans les jambes. »

Fortunée Benguigui ne dit pas. Elle ne raconte pas que cette perte de sang était due à l'ablation de ses deux ovaires. Expérience. Que les médecins SS lui avaient inoculé le typhus et d'autres virus qui la laissèrent sur le carreau, invalide à 75 % et les reins malades. Un jour, dans une file d'enfants déportés, elle croit voir Jacques, son fils. « C'était le plus grand. Il avait un sac sur le dos. » Image fugitive. Rêve. Elle ne sait plus. Mais le pull-over reste gravé dans sa mémoire. Un cadeau pour Jacques, œuvre de guerre. Pas assez de laine grenat pour tout faire, alors Fortunée rassemble quelques chutes précieuses et termine une manche d'une couleur différente.

Plus tard, à Auschwitz, elle croise un autre enfant qui porte le pull. « À chaque fois que j'ai rencontré cet enfant, qui était le fils d'une doctoresse déportée, je l'ai regardé et j'ai touché le pull-over. Un jour, la femme m'a demandé ce que je voulais à son fils. "Votre fils porte le pull-over de mon fils." C'est ce que je lui ai répondu. Je ne voulais pas le croire. En colonie, les gamins s'échangent souvent leurs affaires. J'espérais encore mais je suis allée dans ma baraque pour pleurer. »

La femme ne sait pas qu'elle vient de tout perdre, sauf sa petite-fille, âgée de 22 mois et trop jeune pour vivre au « home » d'enfants. C'est une habitante d'Izieu qui l'a cachée.

Prisonnière de la gêne des autres

Fortunée Benguigui pleure. « J'ai souffert, j'ai tellement souffert. » Sa voix n'est plus qu'une petite plainte, prisonnière de la gêne des autres. Non, elle ne dira pas. Elle ne racontera pas que, bien longtemps, elle a cru ses gamins vivants. Elle ne dira pas qu'elle les pensait en URSS, emmenés par leurs libérateurs soviétiques après qu'ils eurent ouvert les portes du camp. Qu'elle a cru, bien plus tard, reconnaître son Jacques en Ivan Rebroff et qu'elle dictait à sa nièce de longues lettres douloureuses. « Je suis votre mère », écrivait-elle à l'homme du *Violon sur le toit*. Elle ne dira pas que cet après-midi encore, alors qu'elle regagne son siège, elle a du mal à admettre que leurs trois souffles se soient vraiment éteints.

Et puis un autre enfant, anonyme celui-là, son cordon sanglant à peine tranché. Quelques phrases de la déposition d'Édith Klebinder, déportée puis astreinte à un camp de travail. Un jour, raconte-t-elle, il y eut une grande rumeur dans sa baraque. « La Polonaise a accouché », criaient les filles entre elles. Un brin de vie entré par effraction dans l'univers concentrationnaire.

Une surveillante allemande se présente et demande l'enfant. « Devant tout le monde, elle lui a fait une piqûre pour le tuer. Il n'est pas mort, monsieur le président. Alors, elle a fait une seconde piqûre. C'est incroyable. Il se débattait mais ne voulait pas mourir. Il refusait de partir. Alors la femme lui a injecté du poison pour la troisième fois. Après, elle l'a rangé dans une boîte à chaussures et a posé la boîte sur la rivière qui passait dans notre camp. Puis elle a été voir la mère et lui a offert un bol de lait. »

Audience du mercredi 17 juin 1987

Me Serge Klarsfeld ne plaide pas. Il ne jette pas ses manches vers les moulures du plafond, n'use d'aucun effet de voix, parle avec tristesse, ne semble pas même être avocat. Non Me Klarsfeld lit. Et cette lecture plus que, certainement, tout ce qui doit être dit durant huit jours par les trente-neuf avocats de la partie civile, bouleverse. Klarsfeld, qui a échappé à la rafle, masqué par le mince rempart d'une armoire à double fond. Klarsfeld l'historien, le militant, le chasseur de nazis, l'auxiliaire de justice hanté depuis 1971 par le souvenir des 44 enfants juifs d'Izieu. Klarsfeld, qui se contente de prononcer le nom de ces enfants, à la manière d'un appel de début de classe. 44 noms, l'un après l'autre, récités dans un silence de mort. Et leurs âges. Et quelques-unes des lettres qu'ils ont écrites à leurs parents avant ce 6 juillet 1944. Il va lire leurs mots. Les faire entrer dans la grande salle. Redonner le frisson.

Me Vergès est tendu L'heure n'est plus au sourire. Peut-être même plus à la respiration. Tout le monde encaisse.

« Sami Adelsherimer n'avait que 5 ans. Sa mère, Laura, avait été déportée le 20 novembre 1943, neuf convois avant le sien. Sami n'est pas revenu. » L'avocat est debout. Si l'on y prête attention, on voit que ses mains tremblent. « Max Leiner avait 7 ans. Max n'est pas revenu. Les parents d'Otto Wertheimer ont été déportés le 17 août 1942. Il est resté seul. Il avait 12 ans. Otto n'est pas revenu. Egon Gamiel avait 8 ans. Ses parents ont été livrés aux SS par Vichy puis déportés le 17 août 1942. Egon n'est pas revenu. Arnold Hirsch, son cousin, avait 17 ans. Il était le plus âgé des 44 enfants. Il a été fusillé en Estonie, dans la forteresse de Reval. Théo Reis avait 16 ans. Interné avec sa mère et sa grand-mère, il les a perdues lorsqu'elles furent livrées à la Gestapo par Vichy. Théo n'est pas revenu. »

Dans la salle de la cour d'assises il y a des jeunes. Presque des enfants. Tout à l'heure, ils frétillaient sur leurs sièges, excités par le décorum. Maintenant, ils écoutent, bouche ouverte, en silence. Sur leurs visages, autre chose que la colère. La surprise. Pure, brute. L'incompréhension.

Fritz Lobmann, 15 ans, pas revenu. Hans Ament, 10 ans. À Izieu, on l'appelait Jeannot. Père déporté, mère morte de tuberculose. Une lettre du gamin : « Quand il y avait beaucoup de neige, ici, on allait faire de la luge sur les pentes. » Jeannot n'est pas revenu. Cette fois, c'est Georg Halpern qui écrit à sa mère : « Pour Noël, on a mangé des pains d'épice, du chocolat, de la pâte de coing. On a bu un Ovomaltine. J'ai reçu une boîte de peinture. La maison est très belle. On va chercher des mûres noires, blanches et rouges. Je t'envoie 1 000 000 000 000 baisers. » Georg avait 8 ans. Pas revenu.

Lucienne et Mina Friedler. Mère et fille de 5 ans. Le père est venu pleurer devant la cour. De son enfant, il ne lui reste même pas une photo. De sa femme, le souvenir douloureux. Pas revenus. Paula et Marcelle Mermelstein, 10 ans et 7 ans, arrêtés à Izieu avec leur mère. Toutes trois jetées aux bourreaux. Max et Hermann Tetelbaum, 12 et 10 ans. Sur cette famille de six personnes, seul le père, pour son malheur, a survécu.

Volés à la vie

Et puis les autres. Émile Zuckerberg. Le gosse si fragile à qui il fallait inventer histoires sur histoires pour qu'il trouve enfin le sommeil. Esther, Élie et Jacob Benassayag. 12, 10, 8 ans. Pas revenus. Jacques, Richard et Jean-Claude Benguigui, précipités dans la chambre à gaz d'Auschwitz alors que Fortunée, leur mère, tente de survivre derrière les mêmes barbelés. Barouk Bentitou, pas revenu. Max et Jean-Paul Balsam, pas revenus. Chaïm et Joseph Goldberg, 13 et 12 ans. Lettre de Joseph à sa mère : « Je vais bien apprendre pour te faire plaisir. Comme ça, pour qu'après la guerre tu nous vois tous les deux intelligents et que tu ne nous vois pas comme deux ânes. » Chaïm et Joseph, volés à la vie. Mina et Claudine Halaunbrenner, 8 et 5 ans. Le père venait d'être fusillé, le grand frère jeté dans un wagon. Mina et Claudine ne sont pas revenues.

Me Vergès est tendu. Le dos contre le mur, il épie le public, tente de déchiffrer les visages. L'heure n'est plus au sourire. Peut-être même plus à la respiration. Il encaisse. Tout le monde encaisse. Cette voix sans timbre, cette litanie exempte d'émotion. Cette immense affiche rouge couverte de sourires d'enfants.

Isidore Kargeman était né à Paris. Père déporté, fils exécuté à Auschwitz à l'âge de 12 ans. Claude Reifman, 10 ans, déporté avec sa mère et ses grands-parents. Alice Luzgart, Gilles Sadowski, Charles Weltner, Sarah Szulklaper, Maurice Gerenstein. Liliane, sa petite sœur âgée de 10 ans. « Dieu, que vous êtes bon, écrit-elle, que vous êtes gentil. C'est vous qui commandez, Dieu. Je penserai toujours à vous, même aux derniers moments de ma vie. Faites revenir mes parents, mes pauvres parents. Protégez-les. J'ai tellement confiance en vous que je vous dis merci d'avance. » Lorsque Me Klarsfeld se rassied, Jacques Vergès jette un nouveau regard sur le public, sur les jurés. La douleur est réapparue. Il lui faudra bien des mots pour submerger ces noms.

LA GUERRE DES ENFANTS DÉSHÉRITÉS

Sur 1 100 kilomètres de front, les vagues d'assaut iraniennes contre les lignes irakiennes sont formées par des milliers d'enfants kamikazes, encouragés par les mollahs. Condamnés au martyre, ils vont verser leur sang au nom du « Tout Puissant ».

ALAIN LOUYOT
« L'EXPRESS », 10 JUILLET 1987

Fixé sur le toit de la Toyota, à l'arrière de laquelle une demi-douzaine de bassidji (volontaires) sont entassés, un haut-parleur hurle des versets du Coran. Sans le moindre camouflage, le véhicule flambant neuf, dont les vitres brillent au soleil, fonce vers les lignes ennemies. À tombeau ouvert. « Guerre, guerre jusqu'à la victoire ! », clame, cette fois, le haut-parleur, auquel les montagnes du Kurdistan irakien répondent en écho.

Téméraires, suicidaires, les bassidji poursuivent leur folle équipée au-delà de la petite ville de Mawat, à une vingtaine de kilomètres à l'intérieur de l'Irak. Nombre de ces Iraniens kamikazes sont des enfants. Au milieu des ruines calcinées de Mawat, tombé quelques jours plus tôt et abandonné par ses 3 000 habitants, Ali Reza, 15 ans à peine et des yeux malicieux, me montre du doigt le cadavre d'un âne. « Saddam ! Saddam ! », s'écrie-t-il en riant. Imperturbable malgré le feu nourri de l'artillerie irakienne repliée au sommet des montagnes avoisinantes, l'un de ses aînés s'affaire, aux commandes d'un bulldozer, à creuser une position.

Même sur le terrain de leurs exploits, jonché de cadavres des soldats d'élite de l'armée irakienne, de caisses de munitions et de blindés abandonnés par l'ennemi en déroute, on ne comprend pas comment ces enfants, ces adolescents ou ces vieillards, quasi dépourvus de formation militaire, gagnent leurs batailles. Sans doute, les bassidji ont-ils, cette fois encore, joué la surprise en attaquant de nuit, en silence, et presque au corps à corps. Sans doute ont-ils bénéficié de la complicité des Kurdes irakiens, rebelles à Saddam Hussein.

« Une tactique d'inspiration divine »

Mais où puisent-ils cette folle audace, qui les fait monter à l'assaut tête nue, avec pour talisman cette inscription au crayon feutre sur leur treillis : « Nous irons mourir dans la ville sainte de Kerbala » ? Venu accompagner les bassidji de l'offensive Nasr 4, ce mollah lève les yeux au ciel en constatant mon étonnement. « Vous, Occidentaux, vous ne pouvez pas comprendre notre tactique, Car elle est d'inspiration divine ! », s'exclame-t-il, visiblement agacé.

Suspendus aux lèvres du religieux, les jeunes chiites, qui vont bientôt mourir, n'ont pourtant pas l'air de fanatiques exaltés. Plus simplement, ils semblent résignés. Parfois, cependant, lorsque passe devant eux la civière d'un compagnon ensanglanté, ou que les effleure le souffle d'une explosion trop proche, ils frémissent.

Recueillis dans l'attente d'un nouvel assaut, les voici réunis dans cet abri irakien, parsemé de tapis de prière iraniens. Un barbu, au visage buriné de paysan, égrène les innombrables noms d'Allah ; un autre, très pâle, mâchonne nerveusement la seringue en plastique d'une trousse de secours. Mahmoud, lui, préfère relire pour la dixième fois *La Chartreuse de Parme*. Étudiant en littérature française à l'université de Mechhed, ce jeune Iranien de 23 ans, parlant le français en hachant ses mots, confie : « Si je survis, mon rêve serait d'aller visiter, en France, le village de Neauphle-le-Château. »

Suspendus aux lèvres du religieux, les jeunes chiites, qui vont bientôt mourir, semblent résignés.

Mahmoud avoue ne pas savoir quand la guerre se terminera. Sa seule certitude : « Il s'agit d'un combat pour la foi, car l'islam est en danger. » Il sait également que ses compagnons et lui-même ne s'estimeront victorieux que « le jour où le monde musulman tout entier se soumettra à la loi du Prophète ».

En réalité, c'est un objectif plus immédiat que visent les stratèges de Khomeyni en envoyant les bassidji mourir par milliers – 4 000 tués en une semaine, selon Bagdad – dans le secteur nord du front : couper au nord de Kirkuk le gazoduc irakien montant vers la Turquie. Objectif bien ambitieux, lui aussi. Car si de rares localités sont arrachées en territoire irakien – Fao, au sud, et Mawat, au nord-ouest – cela ne signifie nullement que les troupes de la République islamique progressent inexorablement. Obtenues en déversant à flots le sang des chahid (martyrs), ces brèches ne sont que le fruit du harcèlement continu exercé par Téhéran tout au long des 1 100 kilomètres de front.

Bien que l'Irak dispose de cinq fois plus d'avions et d'une puissance d'artillerie trois fois supérieure, l'Iran détient, pour sa part un atout capital dans cette guerre d'usure, celui de ne connaître aucun problème de recrutement, À tel point que la quasi-totalité des Iraniens qui partent au front sont encore, au bout de sept ans d'hostilités, des volontaires ou des soldats de métier.

« La guerre est, de ce côté, extrêmement sélective, et elle ne touche qu'une classe bien spécifique de la société », explique un diplomate occidental, en poste à Téhéran. C'est vrai que les bassidji et les pasdarans (gardiens de la Révolution) constituent le gros des troupes iraniennes combattant en première ligne. Ils sont le plus souvent recrutés dans les campagnes et dans les banlieues misérables des grandes villes. Situées tout au bas de l'échelle sociale, leurs familles, démunies, accueillent souvent comme une manne providentielle les nombreux avantages que confère la présence sur le front irakien d'un proche parent.

Si éprouvées soient-elles, les familles des martyrs trouvent d'abord une consolation à travers la certitude que l'être cher, tombé pour l'islam, est « auprès d'Allah », Autre compensation : celle de bénéficier des prodigalités de la Fondation des martyrs. Créée en 1980, cette puissante institution de la République islamique dispose d'un budget annuel de près de 6 milliards de francs. C'est par son intermédiaire, et par celui de la Fondation des déshérités, que l'on trouvera plus facilement un emploi dans l'administration, une place dans une université, un logement à bon marché, ou des tickets de rationnement supplémentaires pour acheter du sucre, du savon ou du café. Quant à la majorité des 50 millions d'Iraniens, physiquement épargnés par la guerre s'ils n'habitent pas dans les villes frontalières épisodiquement bombardées, ils réussissent, à coups de combines, à vivre presque comme en temps de paix.

La frustration de l'armée

« Nous ne manquons de rien, car nous gagnons suffisamment

d'argent dans l'import-export pour acheter au prix fort au marché noir tout ce que nous voulons, y compris les tickets de rationnement », assure ce commerçant, habitant un appartement cossu de Niavaran, la banlieue chic de Téhéran, Son voisin de palier, chirurgien – et donc précieux collaborateur du régime en ces temps de guerre –, bénéficie pour sa part de la bienveillance de la milice de son quartier, qui ferme les yeux sur ses livraisons hebdomadaires de whisky ou de cassettes vidéo bien peu islamiques.

« La guerre est, de ce côté, extrêmement sélective, et elle ne touche qu'une classe bien spécifique de la société. »

Un diplomate occidental en poste à Téhéran

Paradoxalement, les 60 000 soldats réguliers de l'armée iranienne apparaissent comme les plus frustrés dans cet interminable conflit. C'est que seuls les pasdarans ont l'initiative des grandes offensives, et que seuls les bassidji sont traités en héros. Mais la frustration de l'armée vient aussi du manque de matériel sophistiqué. Une pénurie particulièrement sensible dans l'aviation. Ainsi, ce vieux Fokker que j'empruntais la semaine dernière, subitement contraint de rebrousser chemin entre Téhéran et Tabriz, à la suite d'une avarie de moteur. Ou cet hélicoptère Chinook à bout de souffle pour avoir trop multiplié, depuis sept ans, les navettes entre les différents fronts.

Aujourd'hui, les forces aériennes qui faisaient la gloire de l'armée du Shah ne sont plus qu'un lointain souvenir. Et faute de leur appui, il ne pourra y avoir de victoire militaire décisive. Dans cette base aérienne de Téhéran, jadis si prestigieuse, le plancher de la salle de briefing est souillé de détritus et les fauteuils de velours sont mités ou éventrés. « Je suis un pilote de F-5 formé aux États-Unis, et me voici relégué, faute de chasseur-bombardier en état de marche, aux commandes de vieux coucous ou d'hélicoptères », chuchote cet officier iranien, cherchant désespérément à s'expatrier.

Et pourtant, fût-ce sans pilotes ou sans avions, on peut parier que la République islamique n'est pas près de déposer les armes. C'est une question de foi. Comme le rappelle la présence insolite de ce Coran, sur le pupitre de la fantomatique salle de briefing.

LA GUERRE ATROCE DES « BANDIDOS ARMADOS »

Haine et cruauté à l'état brut. Les rebelles antimarxistes de la Renamo, appuyés au début par l'Afrique du Sud, sont devenus des « bandidos armados ». Des hordes qui massacrent, torturent, affament, pillent, rançonnent. Ils ne savent plus pour qui ni pour quoi ils tuent.

ALAIN LOUYOT
« L'EXPRESS », 3 JUIN 1988

Trop lourdes pour être transportées, la table d'opération de l'hôpital et celle d'obstétrique de la maternité de Morrumbala restent plantées là, incongrues au milieu de la savane mozambicaine. Ce sont les deux seules reliques de ce qui fut une ville de 35 000 habitants, rayée de la carte par le déferlement des « bandidos armados » (bandits armés). À pas comptés, trois jeunes femmes, revêtues de sacs de pommes de terre, s'aventurent parmi les gravats de la salle de pédiatrie. Les murs, à demi calcinés, sont constellés de graffiti de la Renamo (Résistance nationale du Mozambique) affirmant : « Nous reviendrons. »

« Pire qu'un cyclone, pire qu'un nuage de sauterelles, les bandidos ont tout emporté ou détruit », raconte Felix Linha. Pourtant, ce petit homme de 60 ans, que les barbares ont dépouillé de tous ses vêtements, avant d'incendier sa maison, l'obligeant à porter, pieds nus, ses quelques meubles et les tôles de son toit jusqu'à leur base proche du Malawi ne songe pas un seul instant à s'apitoyer sur son sort.

Il est vrai que Felix le bien-nommé peut s'estimer heureux. À la différence de tant d'autres de ses compatriotes, il n'a pas été liquidé d'une rafale de mitraillette après avoir servi d'esclave ; il n'est pas mort de faim en fuyant dans la brousse ; on ne lui a pas coupé l'oreille d'un coup de machette en l'obligeant à la manger, et sa femme n'a pas eu le bout des seins sectionné…

Haine et cruauté à l'état brut. Jusqu'à ces dernières semaines, dans les chancelleries occidentales, on appelait cela pudiquement une guérilla. Aux États-Unis, les milieux conservateurs louaient même la « courageuse » lutte menée par les « freedom fighters » (combattants de la liberté) de la Renamo contre le régime marxiste de Maputo. À la fin d'avril, coup de théâtre. Détaillé et précis comme un procès-verbal de gendarmerie, un rapport officiel du Département d'État américain révèle au grand jour l'effroyable vérité. 100 000 civils tués par la Renamo, « dans une période de quelques mois, entre 1987 et 1988 près de 6 millions de Mozambicains touchés par la famine, des dizaines de milliers d'autres réduits en esclavage ou torturés à mort ».

Ce qui se passe au Mozambique, déclare Roy Stacey, sous-secrétaire d'État américain chargé des Affaires africaines, est l'un des pires holocaustes depuis la Seconde Guerre mondiale. » Et d'accuser la Renamo – mouvement soutenu par la République d'Afrique du Sud – de « mener une guerre atroce, brutale et délibérée contre des civils innocents, en recourant au travail forcé, à la famine, aux contraintes physiques et au meurtre gratuit ».

Le cauchemar débute toujours à l'aube. À l'heure où le ciel se teinte de rose et que résonnent dans la brousse les premiers chants d'oiseaux, tout bascule soudain dans l'horreur. Répartie en trois groupes, la horde envahit le village, tuant, violant, incendiant, pillant.

Le cauchemar débute toujours à l'aube. À l'heure où le ciel se teinte de rose, tout bascule dans l'horreur.

« Des meutes de loups affamés »

L'enfer, Carlos Locotani en revient. Mais son regard hébété est encore là-bas. Épuisé par la fatigue et la faim, il vient, avec sa famille, d'échouer, après plusieurs jours de marche, à Dondo, le long du « couloir » de Beira. Là, dans ce centre d'accueil situé au bord de la seule route encore à peu près praticable, il trouve enfin quelque répit. Une trêve bien relative, puisque, malgré la présence musclée de quelque 10 000 soldats zimbabwéens patrouillant le long du couloir de Beira, les bandidos armados écument les environs.

Carlos n'a même plus la force d'avoir peur. Ce soir, ombre parmi les ombres des rescapés de son village de Sabandzo, ce chef de famille quinquagénaire évoque sobrement son calvaire. Muets et immobiles, ses compagnons l'écoutent dans un silence qu'interrompt seulement la toux rauque des tuberculeux. « Jusqu'à l'arrivée des bandidos armados, explique-t-il, je cultivais tranquillement mon manioc et mes patates douces. Ils ont brûlé ma maison, saccagé mes champs, violé devant moi ma femme et mes filles, ont ordonné à mon voisin et ami d'aiguiser sa machette avant de couper avec celle-ci sa lèvre supérieure. Puis ils m'ont emmené comme esclave, avant que je réussisse à leur échapper. »

Il faudrait parler aussi des « semailles du diable », ces mines, ainsi baptisées par les paysans, que la Renamo disperse dans les labours. Hommes et adolescents, chaque matin, avancent pas à pas, crispés, le front perlé de sueur, à la recherche des mines, avant que les femmes commencent de bêcher. « La plupart de nos amputés sont des femmes, car ce sont surtout elles qui travaillent aux champs », précise Carlo de Santis, l'infatigable directeur du centre de fabrication de prothèses, ouvert à Maputo par la Croix-Rouge.

Il faudrait oser décrire la lente agonie de ces dizaines de milliers d'enfants squelettiques, semblables à ceux d'Éthiopie ou du Biafra, tel le petit Tobias. Âgé de 5 ans, il a été recueilli à Nhamatanda par l'équipe de Médecins du monde. Tombé aux mains des rebelles avec sa mère, il ne s'est nourri, pendant un an, que de racines. Il faudrait évoquer aussi les convois de vivres et les infirmeries systématiquement attaqués par la Renamo, les prisonniers à bout de forces noyés au passage des rivières, les hôpitaux surpeuplés où flotte l'obsédante odeur de la mort, comme celui d'Inhambane, dont les jardins, envahis de blessés et d'amputés, tiennent de la Cour des miracles.

Hommes et adolescents, chaque matin, avancent pas à pas, crispés, le front perlé de sueur, à la recherche des mines, avant que les femmes commencent de bêcher.

Dans le centre hospitalier de Mocuba, province du Zambèze, Angela, l'infirmière catalane de Médecins sans frontières, est contrainte d'entasser trois malades dans le même lit… Et comment imaginer le supplice des réfugiés qui tentent de gagner la République d'Afrique du Sud en traversant la réserve du Kruger Park, et dont on retrouve les restes déchiquetés par les lions ?

« De tous les pays du tiers-monde dans lesquels nous travaillons, le Mozambique est celui où le besoin d'aide est le plus urgent, le plus dramatique. C'est aussi le pays du cauchemar logistique », confie Françoise Betaudier, directrice générale de Care France. Hormis le couloir de Beira, praticable quelques heures dans la journée, les routes ne conduisent qu'à une mort certaine. Les trains ne circulent, au mieux, qu'une fois par mois, en prenant des risques insensés. Même l'avion est loin d'être sûr. Sur le tarmac désert de l'aéroport international de Beira, l'ex-capitale commerciale, un pilote de la petite compagnie d'aviation TTA compte les impacts de balles sur le fuselage et les ailes de son Beechraft.

Casser, paralyser l'économie mozambicaine, ou ce qu'il en reste, c'est l'un des objectifs des bandidos armados. Si l'on n'en jugeait que par leurs atrocités, on pourrait, en effet, penser que la Renamo n'a plus aucun contrôle de ses hommes, et que ce sont des assassins sans foi ni loi qui, aujourd'hui, saignent le Mozambique. C'est vrai que, sur les quelque 20 000 hommes armés de la rébellion harcelant 95 % du territoire – le soir, on entend des coups de feu dans les faubourgs de Maputo et, l'autre semaine, 13 civils ont été tués dans un convoi, à quelques dizaines de kilomètres de la capitale –, près de la moitié ne savent plus pour qui ni pour quoi ils se battent.

« Ce sont des meutes de loups affamés qui tuent d'abord pour se nourrir », assure un diplomate occidental. Qui ajoute : « Ils vivent économiquement et militairement sur le pays, s'emparant des récoltes et des armes de leurs victimes. » Deux faits confirment que ce sont des combattants livrés à eux-mêmes. Joao Vieira, responsable à Maputo de la logistique du World Food Program, observe : « C'est toujours là où on vient de distribuer de la nourriture qu'ils attaquent. »

Ce phénomène est tellement systématique que tous les convois d'aide alimentaire sont « sous protection » de l'armée mozambicaine ou de miliciens, et que des consignes de discrétion ont été données à la presse gouvernementale afin qu'elle ne fasse pas état des bonnes récoltes, informations qui susciteraient la convoitise des bandidos.

Ils marchent pieds nus, en guenilles. Leur premier réflexe est de dépouiller leurs victimes de leurs vêtements.

Autre indice : leurs armes. Ce n'est pas par hasard si, depuis deux ans, le gouvernement mozambicain n'exhibe plus, comme preuve de l'implication de l'Afrique du Sud, les équipements militaires trouvés en possession des rebelles. Leurs kalachnikovs sont celles saisies lors des embuscades tendues à l'armée mozambicaine ou aux soldats frontaliers de la Zambie et du Zimbabwe. Leurs machettes et autres armes blanches sont celles volées aux civils, pour mieux les mutiler et les torturer. Quant à la « clochardisation » des rebelles, elle est édifiante : dépourvus de tout véhicule, ils marchent pieds nus, en guenilles. Leur premier réflexe est de dépouiller leurs victimes de leurs vêtements.

L'apprenti sorcier sud-africain

Même si ses troupes lui échappent de plus en plus, il serait cependant simpliste et trop commode de résumer la Renamo de 1988 à un gang incontrôlé de va-nu-pieds et d'affamés. Si l'Afrique du Sud, quatre ans après les accords bilatéraux de Nkomati (prévoyant que Pretoria n'apporterait plus aucune aide au mouvement), assure qu'elle a cessé tout soutien direct aux rebelles, il lui est difficile d'expliquer l'étonnante perméabilité de sa frontière à un trafic d'armes financé, à l'en croire, par des hommes d'affaires portugais.

Le fait est que la Renamo dispose, dans ses bases militaires, d'équipements de transmissions ultramodernes et, vraisemblablement, de missiles antiaériens Sam 7. À Pretoria, on admet, très officieusement, avoir joué à l'apprenti sorcier au début des années 1980. Au point que le gouvernement sud-africain se propose aujourd'hui, incroyable renversement, d'aider le Mozambique à protéger ses lignes et ses installations électriques – une ville comme Beira est plongée dans l'obscurité tous les six jours, du fait des destructions de pylônes par la Renamo.

Aux États-Unis, on bat publiquement sa coulpe. Le *New York Times* révélait, voilà quelques jours, qu'un petit groupe d'hommes d'affaires américains appartenant aux milieux conservateurs et évangélistes finançait encore les rebelles antimarxistes du Mozambique. Ainsi, James Blanchard, prospère chef d'entreprise de Louisiane, avoue avoir versé, au cours des deux dernières années, entre 50 000 et 75 000 dollars à la Renamo, en concertation avec un groupe conservateur du nom de Freedom Inc.

Mais il est incontestable qu'un noyau de rebelles reste parfaitement sous le contrôle de la Renamo. Pour preuve, le caractère très ciblé des attaques visant les objectif économiques. En dehors des zones de taxation où les bandidos rançonnent régulièrement les paysans, ce qui conduit à leur exode vers les villes (2 900 personnes déplacées en 1987, et 400 000 depuis le début de 1988, pour la seule province du Zambèze), la Renamo s'est fixé des zones de destruction très précises.

Spectacle dantesque de l'usine de sucre de Marromeu. Première unité de production de sucre du pays, avec une capacité de 90 millions de tonnes, elle n'est plus qu'un décor de ferraille tordue. Les turbines ont été déchiquetées à l'explosif, les machines incendiées par des fagots de bois, comme l'ont été les locomotives et les pelles Poclain de la voie ferrée de Nacala, que des entreprises françaises s'employaient à rénover. Et que dire du fantomatique port de Beira ? C'est en lui, pourtant, que reposent tous les espoirs des pays de la « ligne de front » Angola, Bostwana, Tanzanie, Zambie, Zimbabwe, qui veulent échapper à la dépendance économique de l'Afrique du Sud.

Dès l'entrée du port, un panneau annonce la couleur : « Feu sur les bandits armés ! »

Dès l'entrée du port, un panneau annonce la couleur : « Fogo sobre los bandidos armados ! » (Feu sur les bandits armés !) Le long des quais déserts, des bateaux rouillés sont amarrés comme pour l'éternité, et les grues de déchargement, sauf une, sont immobiles. Flambant neuve, une impressionnante machine destinée à l'acheminement du charbon pour l'exportation gît, tel un jouet abandonné. Offerte par la RDA pour transporter la houille produite dans la province du Tete, son tapis roulant, qui n'a jamais servi, brille au soleil. « Nous n'exportons que des crevettes ! », soupire un ingénieur d'Amsterdam venu pour aider à la réhabilitation du port. Au pied d'une affiche appelant les travailleurs « à produire pour tuer la faim et à combattre pour conquérir la paix », des dockers désœuvrés grappillent du maïs dans un wagon paralysé sur une voie de garage.

Cruelle épreuve pour ce pays marxiste, dont le pragmatisme économique, pourtant, a conduit Ronald Reagan et Margaret Thatcher à soutenir ses efforts. En 1987, l'aide internationale a dépassé 650 millions de dollars, et les Nations unies viennent de voter une nouvelle aide d'urgence de près de 300 millions. Vaines perfusions.

L'endettement chronique du Mozambique l'enfonce inexorablement. Militairement, la situation ne cesse de se dégrader, en dépit du soutien des conseillers soviétiques, est-allemands, cubains, britanniques, aussi, et de la présence de corps expéditionnaires du Zimbabwe, de la Tanzanie et du Malawi, Même la France a envoyé une mission exploratoire de conseillers militaires.

Faut-il désespérer, alors, d'arracher ce pays à l'une des plus effroyables tragédies de l'histoire de l'humanité ? Doit-on se résigner à voir sa population décimée par une famine semblable à celles de l'Éthiopie et du Soudan, des massacres aussi aveugles que ceux des escadrons de la mort au Salvador, une guerre civile comparable à celle de l'Angola, un esclavagisme digne du régime de Pol Pot ?

Tandis qu'à Maputo on se prend à rêver d'un pacte de non-agression durable avec l'Afrique du Sud à l'heure où Washington crie son indignation, d'innombrables Mozambicains pensent que seul un miracle pourrait les arracher à leur cauchemar. Se produira-t-il lors de la visite du pape, le 19 septembre prochain, dans leur capitale ? Anita Maïras veut le croire.

Depuis que sa jambe gauche a été arrachée par une mine, cette jeune fille de 18 ans traîne ses béquilles dans les allées du camp concentrationnaire de réfugiés de Casa Banana. Ancienne base principale de la Renamo, ayant plusieurs fois changé de mains depuis trois ans, Casa Banana, avec sa piste de terre battue construite naguère par les Sud-Africains, est constamment harcelé par les bandidos armados. En entendant chaque soir leurs armes crépiter dans la brousse, Anita ne peut s'empêcher de frissonner, car elle sait qu'elle ne pourra fuir.

RAISON D'ETA

En 1980, Yoyès, en désaccord avec l'organisation séparatiste basque dont elle était devenue l'une des chefs, choisit de s'exiler au Mexique. En 1985, elle revient au pays avec sa famille. Non pour se battre, mais pour y vivre. Le 10 septembre 1987, la jeune femme s'écroule aux pieds de son petit garçon. Trois balles dans la tempe.

JEAN-MICHEL CARADEC'H
« L'EXPRESS », 26 AOÛT 1988

Les vagues de la marée montante venaient s'écraser sur le rocher de la Vierge, et le soleil, déjà bas sur l'horizon, éclatait en milliers de gouttelettes arc-en-ciel. C'était l'heure où les touristes reviennent de la plage et où les taureaux entrent dans l'arène. Il n'y avait déjà plus une place de libre à la terrasse du Royalty, en ce mois d'août 1985, et pas un souffle d'air dans les rues de Biarritz. Yoyès sentit son ventre se nouer en une crampe familière qu'elle pensait bien avoir oubliée après toutes ces années. Instinctivement, son regard mobile scrutait les visages des passants, et elle retrouva ses réflexes d'antan, vérifiant machinalement qu'elle n'était pas suivie.

Elle connaissait le lieu de rendez-vous, un appartement dans une vieille maison rococo du front de mer, qui servait de planque depuis des années. Un couple de sympathisants français y habitait, hébergeant les combattants de passage, avant qu'ils aillent se faire oublier à l'intérieur du pays. Elle regarda sa montre : elle avait suffisamment de temps pour inspecter les abords. Des années de clandestinité lui avaient appris la prudence.

Trop des siens étaient morts ici, pour avoir relâché leur vigilance, tant l'impression de sécurité était douce en Euskadi-Nord, le Pays basque français, dont ils avaient fait la base arrière de leur guerre contre l'État espagnol. L'ancien sanctuaire était devenu le terrain de chasse des tueurs du GAL – une nouvelle mouture, encore plus vicieuse, du Batallon vasco español (BVE) – qu'elle avait bien connus : ils utilisaient les mêmes armes et les mêmes méthodes. Ils avaient déjà essayé de l'enlever, en 1979, quand elle était l'une des têtes de l'ETA.

Elle ne pouvait pas simplement dire : « Je ne suis plus d'accord avec vous, j'arrête tout. » Pas Yoyès !

Elle repéra les guetteurs avant qu'ils la voient. L'un était attablé à la terrasse d'un bistrot, et la pâleur de son visage tranchait à côté du bronzage des estivants. Un sac traînait négligemment à portée de sa main. L'autre était dans une voiture, dont elle nota machinalement le numéro. Ils lui firent un imperceptible signe de tête : la voie était libre. En montant l'escalier sombre et frais, Yoyès se demanda s'il avait beaucoup changé. Elle connaissait Txomin depuis qu'elle s'était engagée dans l'organisation. Il en était devenu un dirigeant historique, presque mythique, l'un des hommes les plus recherchés par le gouvernement espagnol.

Réfugié politique en France, sa tête était très convoitée par les chasseurs de scalps du GAL. Cinq fois, déjà, ils avaient essayé d'avoir sa peau. Elle ne l'avait pas revu depuis qu'elle avait quitté la direction de l'ETA et le Pays basque, en janvier 1980, pour s'exiler au Mexique. Aujourd'hui, elle venait lui annoncer qu'elle rentrait au pays, mais pas pour se battre. Pour y vivre. Elle risquait la mort pour ça.

Remarquée au lycée

La longue silhouette de Txomin était à peine visible dans la pénombre. Il surveillait la rue à travers les persiennes closes. Lui aussi se demandait si elle avait changé. Elle était maintenant devant lui, mince et frêle, le visage triangulaire, encadré de longs cheveux bruns, mangé par ce long regard toujours un peu inquiet qu'elle tenait de sa mère. La voix douce avait toujours la même vigueur, la même assurance que six ans auparavant, quand elle lui avait annonce sa décision d'abandonner la lutte. Il avait essayé de la mettre en garde. Elle ne pouvait pas simplement dire : « Je ne suis plus d'accord avec vous, j'arrête tout. » Pas Yoyès !

Elle a 18 ans à peine lorsque, en 1972, elle s'engage dans l'ETA. Son village natal, Villafranca de Ordizia, et sa région, le Goiherri, avaient souvent fourni le gros des bataillons nationalistes. À la fin de 1970, le procès de Burgos jette une bonne partie de la jeunesse basque dans la lutte armée contre le régime franquiste. L'organisation a déjà remarqué la jeune fille alors qu'elle est au lycée, et décide de la mettre à l'épreuve. Sa première mission consistera à dérober une photocopieuse dans le secrétariat de son école, à San Sebastian. Elle s'en tire avec sang-froid et détermination et, après une formation rapide, un mois plus tard, l'ETA l'envoie avec un camarade déposer une bombe sous un autobus de la Guardia civil.

Une patrouille les surprend, au moment où ils disposent les explosifs. Yoyès parvient à s'enfuir. Mais, quelques jours plus tard, son compagnon, José Etxeberria, est tué par sa propre bombe à Algorta, tandis que l'amiral Carrero Blanco, dauphin de Franco, saute avec sa voiture jusqu'au sommet d'un immeuble. La police perquisitionne au domicile de Yoyès : elle a déjà passé la frontière, immédiatement après avoir assisté à l'enterrement de son ami.

Elle se cache à Hendaye, où s'est aussi réfugié l'auteur de l'attentat contre Carrero Blanco, José Miguel Benaran, dit Argala, dont elle devient l'assistante. Elle a beaucoup d'admiration et une grande tendresse pour le nouveau chef de l'ETA. Il la forme politiquement et pendant six ans, elle va auprès d'Argala, diriger les commandos qui agissent de l'autre côté de la frontière. Son intégrité, son souci permanent que les « actions » militaires soient strictement subordonnées au politique et soigneusement préparées, pour éviter les bavures forcent le respect à l'intérieur d'une organisation fondamentalement machiste. Son courage physique aussi : elle effectue plusieurs missions clandestines de l'autre côté.

Elle quitte l'ETA comme une femme quitte un homme qu'elle a trop aimé. Définitivement.

Contre la militarisation excessive

Elle s'est rangée résolument du côté de l'ETA militaire, qui, contrairement à la branche politico-militaire, décide de poursuivre la lutte armée malgré l'amnistie proposée en 1977 par le nouveau régime démocratique d'Espagne. À l'intérieur de l'organisation, elle tente – difficilement – de faire progresser ses idées féministes, essayant de les concilier avec ses activités militantes. Le 21 décembre 1978, Argala meurt, déchiqueté devant chez lui, à Anglet. Sa voiture a été piégée avec des explosifs. Yoyès prend sa place et devient l'un des plus importants dirigeants de l'ETA. Elle soutient que, tout en continuant la lutte armée, il faut maintenir le contact et négocier avec le gouvernement espagnol, surtout, elle se bat contre la militarisation excessive et la nouvelle ligne politique qu'elle voit se dessiner à l'intérieur de l'organisation. Lorsqu'elle constate qu'elle ne pourra rien changer, elle se résout à partir. Elle quitte l'ETA comme une femme quitte un homme qu'elle a trop aimé. Définitivement.

Cinq années se sont écoulées. En ce mois d'août 1985, à Biarritz, Txomin sait, au fond de lui, qu'elle a déjà pris sa décision : malgré les risques, elle va retourner là-bas.

Le 11 octobre 1985, elle voit la photo. La sienne, en première page. Elle se précipite chez le marchand de journaux, avec l'envie irrésistible de se cacher le visage.

« Tes critiques nous ont toujours été précieuses, pourquoi ne reviens-tu pas avec nous ?

— Je ne peux plus soutenir une lutte qui a dégénéré, qui est devenue dictatoriale, contraire à mes valeurs et à ma sensibilité la plus profonde. Comment pourrais-je vous soutenir, alors que vous êtes devenus les pantins d'un militarisme de type fasciste ? Comment m'identifier à des dirigeants qui ne savent qu'applaudir aux attentats et demandent davantage de morts ? Pour moi, c'est terminé. Je ne suis pas devenue votre ennemie, je vous ai quittés il y a déjà six ans.

— Le gouvernement espagnol va exploiter politiquement ton retour.

— Et vous allez me tuer ?

— Moi, je peux te garantir que je n'autoriserai aucune action contre toi. Mais je ne suis pas seul. Il y a des nouveaux à la direction et d'autres qui n'ont jamais apprécié tes critiques. »

Le 11 octobre 1985, Yoyès, accompagnée de son mari, Juanjo, et de son petit garçon, Akaitz, passe la frontière à Hendaye et s'installe à San Sebastian. Elle est heureuse, ce matin-là, en descendant chercher le pain pour le petit déjeuner. Les mouettes crient au-dessus des chalutiers rentrant au port. C'est alors qu'elle voit la photo. La sienne, en première page du magazine *Cambio 16* : « Le retour de l'etarra ». Elle se précipite chez le marchand de journaux, avec l'envie irrésistible de se cacher le visage. Une semaine après son retour, l'information que le gouvernement espagnol avait promis de garder secrète était divulguée partout. L'article reprenait une bonne partie des fausses rumeurs que l'ETA, cinq ans plus tôt, avait fait complaisamment courir sur son compte, pour dissimuler les raisons de son départ. On laissait entendre que, pendant des années, elle avait continué, depuis Mexico, à s'occuper de très près des affaires de l'ETA.

Une lettre jamais envoyée

Il faut qu'elle s'explique ! Elle jette sur une feuille de papier le brouillon d'une lettre qu'elle n'enverra jamais. « J'ai décidé de rompre avec l'ETA au cours de l'été 1979, en raison d'importantes divergences. L'ETA avait préféré garder secrète cette rupture. Je pensais que ce serait momentané, mais je me trompais. Je suis partie en janvier 1980 pour le Mexique, où j'ai obtenu un travail au Centre d'information de l'ONU, à Mexico. Je n'avais plus aucun contact avec l'ETA. J'ai repris des études de sociologie en m'inscrivant à l'Université autonome métropolitaine. Mon mari m'a rejointe et j'ai eu un fils. J'ai obtenu ma licence de sociologie urbaine en présentant un mémoire sur les crèches publiques, ce qui était en relation avec mes préoccupations actuelles, essentiellement féministes. Dès 1983, le gouvernement socialiste espagnol accordait des amnisties individuelles. J'en ai sollicité une, étant bien clair que je ne partageais plus les positions de l'ETA bien avant l'amnistie, que je n'accepterais jamais de condamner ma vie militante passée et que je n'étais prête à aucun marchandage en échange de mon retour. »

Ses amis la dissuadent d'envoyer cette lettre aux journaux, afin de ne pas alimenter la polémique. On lui conseille de laisser les choses se calmer d'elles-mêmes. Des slogans fleurissent sur les murs de tout le Pays basque, y compris dans son propre village : « Yoyès moucharde ! Yoyès traître ! »

« Tuez Yoyès ! »

Elle ne comprend pas et écrit dans son journal intime : « Mon nom est un fantôme. Un fantôme qui n'a cessé de grandir depuis des années. Voilà plus de six ans que je suis partie, j'ai travaillé et étudié. Lorsque j'ai senti que mon passé était suffisamment loin, j'ai eu Akaitz, un enfant merveilleux. J'existe, je ne suis pas un fantôme ! C'est monstrueux, injuste ce qu'ils font de moi. J'ai un fils, je veux vivre ! »

Les jours passent, puis les mois. La polémique s'apaise. Yoyès revit. Elle réapprend à marcher dans la rue sans se retourner, à ne pas frissonner au bruit d'un pot d'échappement, à ne plus reculer d'un saut lorsqu'une voiture ralentit près d'un trottoir. Elle ne prête qu'une attention lointaine aux événements qui continuent à secouer le Pays basque et se sent beaucoup plus touchée par la mort de Simone de Beauvoir que par les expulsions de réfugiés en Euskadi-Nord. Txomin est de ceux-là. Il est expulsé au Gabon. Quelque temps plus tard, un coup de téléphone du gouverneur civil la bouleverse. La police a appris par l'un de ses informateurs que la direction de l'ETA, sans Txomin, avait fait passer l'ordre à l'un de ses commandos : « Tuez Yoyès ! » On lui propose une protection. Elle refuse : elle veut encore croire à une manipulation des services secrets espagnols.

Le 10 septembre, c'est la fête de son village, Villafranca de Ordizia. Yoyès y assiste pour la première fois depuis treize ans. Elle tient par la main Akaitz, qui va bientôt avoir 4 ans. Les bandas défilent en menant les farandoles. Le vin rouge coule jusque sur la chaussée, âpre et violent. On débite ce jambon qui dessèche le palais. Au fronton, les balles claquent et de belles voix graves chantent les points. Akaitz pleurniche. Il veut monter sur un tracteur tout neuf exposé en plein air. Des bras saisissent l'enfant et l'assoient sur le siège. Yoyès comprend trop tard. Elle se retourne et voit l'arme braquée sur elle. L'homme tire trois fois dans sa tempe. Akaitz se met à hurler.

UNE FAMILLE PALESTINIENNE, DE L'HÉGIRE À L'INTIFADA

Leur histoire est vieille comme Hérode. La preuve : musulmans, les Nusseibeh ont le privilège de garder, depuis treize siècles, la clef du tombeau du Christ à Jérusalem. Aujourd'hui, ils subissent l'occupation israélienne.

ALAIN LOUYOT
« L'EXPRESS », 21 AVRIL 1989

Chaque famille palestinienne détient une clef. Pour les plus pauvres, qui ont dû tout abandonner sur les chemins incertains de l'exil, c'est la clef imaginaire accrochée à jamais à un pan de leur mémoire. Pour d'autres, voulant croire qu'ils possèdent encore, en Israël ou en Cisjordanie, les maisons aux pierres blondes de leurs ancêtres, c'est la clef – symbolique – en fer-blanc, voire en matière plastique, qui trône, encadrée, dans tous les F 4 de Beyrouth ou d'Amman, dans toutes les baraques des camps de réfugiés.

Mais la famille Nusseibeh est la seule à détenir une clef à nulle autre pareille, une clef millénaire que des millions d'hommes à travers le monde vénéreraient comme une relique. Car tout palestiniens et musulmans qu'ils soient les Nusseibeh ont le privilège de garder, depuis mille trois cents ans, la clef du tombeau du Christ, celle du Saint-Sépulcre. On l'a compris : la famille Nusseibeh est vieille comme Hérode.

« Votre titre de propriété sur ce terrain ne vaut rien ! Nous, nous avons la Bible pour nous ! Cette terre nous est promise, alors disparaissez ! » Lorsque Zachi et Mazen Nusseibeh entendent, en ce mois d'avril 1989, deux juifs religieux orthodoxes leur tenir ce langage, ils sont trop abasourdis pour répondre. Ce lopin de terre, situé à proximité de l'église luthérienne, dans la ville arabe de Jérusalem, leur appartient depuis des siècles.

Mais voilà : sans crier gare, les hommes en noir, coiffés d'une kippa, l'ont squatté en le rebaptisant « Atara Leyoshua Galica Compound ». Ils y ont installé des balançoires et des toboggans pour leurs enfants, avant d'apposer cette plaque sur un mur :

« Pour le renouveau des institutions de la Torah et l'implantation juive dans la vieille ville de Jérusalem. » Depuis, chaque nuit, le terrain des Nusseibeh disparaît un peu plus sous le béton. En attendant le jour où la justice israélienne voudra bien se prononcer en faveur des descendants d'Ismaël ou... d'Israël.

Sans crier gare, les hommes en noir, coiffés d'une kippa, ont squatté le lopin de terre des Nusseibeh.

Philosophes, Zachi et Mazen Nusseibeh tablent sur le temps pour obtenir gain de cause. Après tout, depuis plus de treize siècles et tant d'occupations étrangères, leur famille en a vu d'autres. Zachi, 41 ans, professeur d'hébreu dans un lycée arabe, et généalogiste à ses moments perdus, est bien placé pour le savoir. Patiemment, il a fouillé les archives officielles de Jérusalem, et les tiroirs de ses parents pour retrouver ses racines palestiniennes en remontant les siècles. La saga des Nusseibeh, qui comptent aujourd'hui quelque 600 membres, dont plus des deux tiers en dehors de Jérusalem – dispersés dans les autres pays du Moyen-Orient, et notamment du Golfe – s'ouvre sur l'an I de l'Hégire, à l'aube du VIIe siècle, selon notre calendrier.

Originaire de Médine, une maîtresse femme, Um Umara Nusseibeh al-Mazenia, s'illustre en protégeant héroïquement de son corps le prophète Mahomet, lors d'une bataille à La Mecque contre les infidèles. Deux des fils d'Um Umara sont tués à ses côtés. « Depuis cette époque, nous avons coutume de dire que les femmes sont les hommes forts de notre famille ! », dit, en souriant, Zachi Nusseibeh.

Égorgés par de preux chevaliers

En 630, après s'être emparé de La Mecque d'où il s'était enfui, Mahomet fait de la Kaaba, temple païen, un sanctuaire musulman. Les clefs de l'édifice renfermant la Pierre noire – apportée, selon la tradition, par l'archange Gabriel – sont alors provisoirement confiées à la famille Nusseibeh, vraisemblablement en hommage à l'intrépide Um Umara. Lorsque, une dizaine d'années plus tard, le deuxième successeur du Prophète, le calife Omar, enlève Jérusalem aux Byzantins, il garantit aux chrétiens la liberté de culte. Et c'est à un autre Nusseibeh, Obada Ibn al-Samet, qui l'a accompagné depuis l'Arabie, qu'il remet solennellement la clef du Saint-Sépulcre.

De père en fils, les Nusseibeh se sont transmis l'honneur insigne d'ouvrir et de fermer, matin et soir, le lourd portail du sanctuaire que se partagent catholiques latins, Grecs orthodoxes, Arméniens, coptes, Syriens orthodoxes. Un honneur qui échoit, aujourd'hui, à Wajih :« Pour empêcher tout ce monde de se disputer les Lieux saints, j'ai parfois besoin d'utiliser autant ma jugeote et mon tact que ma clef ! » explique-t-il.

Avec le XIe siècle déferlent les croisades et leurs atrocités, commises au nom de la chrétienté. Plusieurs Nusseibeh, qui ont fait souche voilà déjà quatre siècles à Jérusalem, périssent par l'épée des preux chevaliers qui égorgent les musulmans et les juifs, brûlent mosquées et synagogues. Plus chanceux, deux ou trois membres de la famille – elle connaîtra plus tard bien d'autres exils – parviennent à trouver refuge à quelques dizaines de kilomètres, au nord de la ville « trois fois sainte », proclamée, en 1099, capitale du royaume franc de Jérusalem.

La tombe de l'un de ces Nusseibeh rescapés de la première croisade, Brhan Al Den Ben Ghanem al-Hazragi, existe toujours dans le village de Bourine, voisin de Naplouse.

1187 : Saladin enlève Jérusalem aux croisés, et les Nusseibeh reviennent habiter à l'ombre de ses hautes murailles. 1517 : conquête ottomane du sultan Sélim Ier. La vieille famille palestinienne devient chaque jour un peu plus prospère et influente. Ainsi, deux siècles plus tard, le gouverneur de Jérusalem est un certain Mohammed Ibn Mustapha al-Nusseibeh. S'accommodant mal de la férule de l'occupant, il prend la tête de la première révolte contre les Turcs, en 1700. Pendant trois ans, aidé par la population de Jérusalem, à laquelle il a fait distribuer des armes, y compris aux non-musulmans, Mohammed Nusseibeh résiste à l'armée ottomane.

Bientôt, la partie devient trop inégale, et le voici acculé : il réussit à s'enfuir par la porte Bab el-Amud (aujourd'hui porte de Damas). Il est poursuivi, rattrapé, massacré. La famille voit ses palais détruits et ses biens confisqués. Pourtant, une fois de plus, les Nusseibeh se relèvent et retrouvent pignon sur rue, y compris au 10, via Dolorosa, où ils possèdent, à présent encore, une maison et une échoppe à proximité de la troisième station où le Christ est tombé pour la première fois sur le chemin du calvaire.

Officier de l'armée ottomane

Daté de 1785, un émouvant parchemin témoigne de l'opiniâtreté des Nusseibeh. Dûment revêtu de ses cachets de cire de l'époque, c'est un firman (décret) signé du sultan d'Istanbul. Il autorise le porteur, qui pour l'obtenir, a fait tout exprès le voyage en Turquie, à reprendre la charge de son père. Elle consiste, précise le document, à allumer les lampes à huile de la mosquée Al-Aqsa de Jérusalem

Il faut attendre 1910 pour trouver la première photographie d'un membre de la famille. C'est celle de Yaakoub, père de Wajih, l'actuel gardien de la clef du Saint-Sépulcre. Il pose avec son fez turc, son nœud papillon et ses drôles de petites lunettes rondes, qui le font loucher. Puis, en 1916, voici, sanglé dans son uniforme de l'armée ottomane, Shaker Nusseibeh. Sa fille, Widad, institutrice retraitée et qui habite toujours rue Nusseibeh, à Jérusalem-Est, à deux pas de l'esplanade des mosquées, raconte : « Mon père s'est illustré comme officier de l'armée turque en convoyant la caravane de chameaux qui permit au roi Fayçal de fuir les Français envahissant la Syrie en 1920. Grâce à ces montures, le roi Fayçal a pu gagner l'Arabie saoudite via l'Égypte. » Puis la petite femme range aussitôt la photo jaunie dans un carton à chaussures renfermant d'autres trésors, qu'elle cache précautionneusement sous son lit. « Si les soldats israéliens s'avisent un jour de perquisitionner la maison de ma tante Widad, ils risquent, avec son fichu caractère, d'être bien reçus ! », chuchote Zachi.

Les Israéliens ? Justement, nous voilà en 1948. Entre-temps, on aura remarqué cette autre photo datant de 1927, où Aref Nusseibeh brandit la clef du Saint-Sépulcre, devant l'édifice consolidé par d'énormes étais en bois, installés peu après le fameux tremblement de terre de la même année. Ou encore, ce cliché le représentant en compagnie de soldats britanniques venus visiter la Coupole du Rocher, à l'époque du mandat.

14 mai 1948 : David Ben Gourion proclame l'indépendance d'Israël. Anwar Nusseibeh, 35 ans, est atteint d'une balle dans la jambe, alors que les combats font rage, à Jérusalem, entre la Haganah et les Arabes, qui refusent le plan de partage de l'ONU et l'existence du nouvel État juif. On doit amputer Anwar. Au même moment, l'une des maisons des Nusseibeh, située sur la ligne de démarcation entre Jérusalem-Est et Ouest, est touchée de plein fouet par plusieurs obus.

Dans les ruines, l'armée jordanienne installe une position d'artillerie… Par dizaines, les Nusseibeh émigrent alors à Amman, à Beyrouth, à Damas et dans le Golfe.

Loin de se laisser démoraliser par son infirmité, Anwar commence une fulgurante carrière qui forcera l'admiration de sa famille, mais aussi de tous les Palestiniens de Jérusalem. Il devient gouverneur de la ville arabe, puis ministre de la Défense du roi Hussein de Jordanie. En 1986, il meurt, terrassé par une crise cardiaque. Ses grandioses funérailles dégénèrent en violentes manifestations nationalistes dans les Territoires occupés.

Clandestin avec les fedayins

D'autres Nusseibeh contribuent, en cette seconde moitié du XXe siècle, au renom de la famille. Ainsi, Ibrahim Nusseibeh, responsable des Sports au ministère de l'Éducation jordanien, en 1952. Et surtout Hazem, qui sera ministre jordanien des Affaires étrangères, en 1962, et ambassadeur en Égypte, à l'époque de Nasser. Quant au fils d'Anwar, il devient le conseiller de l'émir d'Abu Dhabi. Dans un genre tout différent, Salim Nusseibeh va s'illustrer, lui aussi, aux yeux de son peuple. En 1967, lors de la guerre des Six-Jours et de la victoire éclair de l'armée israélienne, qui entre triomphalement dans Jérusalem réunifiée, Salim a seulement 19 ans. « J'étais écœuré de voir mon pays et la ville de mes ancêtres occupés, notre liberté confisquée… Alors, j'ai décidé d'agir », raconte aujourd'hui ce quadragénaire qui a passé dix-sept ans de sa vie dans les prisons israéliennes.

Salim entre donc dans la clandestinité et rejoint les fedayins du FPLP (le Front populaire pour la libération de la Palestine, de Georges Habache), qui s'entraînent au maniement de la kalachnikov, dans les montagnes voisines de Hébron. Il complète sa formation dans un camp d'entraînement en Syrie. De retour en Israël, il est désigné pour participer à un commando terroriste. Le 4 septembre 1968, trois bombes explosent à la station centrale des autobus de Tel-Aviv. Bilan : un mort et plusieurs dizaines de blessés. Aussitôt arrêté, Salim finit par avouer. Condamné à la détention à perpétuité, il est libéré en 1985, à l'occasion d'un vaste échange de prisonniers palestiniens contre des soldats israéliens tombés aux mains d'Ahmed Jibril. Maintenant, Salim enseigne paisiblement l'imprimerie à des orphelins palestiniens, dans une école de Jérusalem-Est…

« Même s'il y a un État palestinien, la plupart des membres de ma famille ne reviendront pas ici. »

Nihad Nusseibeh, son cousin, n'était pas non plus homme à courber l'échine. Dès 1970, il a pris le commandement de la nouvelle Armée de libération palestinienne, créée en Jordanie, après avoir été lieutenant dans l'armée syrienne. Même les Nusseibeh les plus nantis, tels l'entrepreneur Mohammed ou Abed, le représentant à Jérusalem du Gulf Diamond Center de Londres, entendent afficher leur nationalisme palestinien. Dans leurs appartements cossus et clinquants, ils répètent qu'« il leur est égal d'être riches, puisque la vie sans honneur ne vaut rien ».

Le temps des épreuves, en tout cas, n'est pas terminé pour les quelque 70 Nusseibeh demeurés sur la terre natale. À cause de l'Intifada et de la grève quotidienne que poursuivent depuis plus d'un an les commerçants palestiniens, Mazen parvient à peine à boucler ses fins de mois avec les maigres revenus de sa minuscule épicerie de la via Dolorosa. Quant à Maha, l'épouse d'Abed, elle a été blessée par des balles israéliennes au bras et à la jambe, le 23 janvier dernier, alors qu'elle était descendue dans la rue pour secourir un jeune Palestinien fauché par une rafale, en bas de chez elle.

« Un passeport, un port d'attache »

« Vous savez, ma famille n'a rien d'exemplaire, Je connais bien des familles palestiniennes qui sont beaucoup plus impliquées que la nôtre dans la lutte contre l'occupant ! », souligne le Dr Sari Nusseibeh, diplômé de Harvard et d'Oxford en philosophie islamique. Aujourd'hui professeur à la frondeuse université de Bir Zeit, en Cisjordanie, cet intellectuel proche de l'OLP ajoute : « Je crois que, même s'il y a un État palestinien, la plupart des membres de ma famille qui se sont expatriés en 1948 et 1967 ne reviendront pas ici. Mais, peu importe, ils auront enfin un passeport, un port d'attache… »

En attendant cet hypothétique État, Mounir Nusseibeh, sept ans et demi, se fait raconter pour la énième fois les exploits de son héros favori, l'oncle Salim, « rescapé » des prisons israéliennes. « Il faut que nous le surveillions de très près à la sortie de l'école, car c'est le petit révolutionnaire de la famille ! », confie, avec un clin d'œil, son père Zachi, le généalogiste. De l'Hégire à l'Intifada, la lutte continue…

LA FOLLE NUIT DE BERLIN

Ce fut l'Hymne à la joie, la fête la plus extraordinaire quand, à l'Ouest, une marée humaine télescopa, à l'Est, une autre marée humaine. Le « Mur » venait juste de tomber. Alors les deux Allemagnes s'embrassèrent.

YVES HARTÉ
« SUD-OUEST », NOVEMBRE 1989

Hier, c'était un large cul-de-sac aux fenêtres obscures, balayé parfois par la lumière ronde des miradors, où ne circulaient que ses habitants qui descendaient à Dimitroff Station, non loin des bancs calmes et des cafés séditieux du quartier de Prenzlauer Berg.

En ce samedi 11 novembre, les quais de Dimitroff Station sont noirs de monde. On descend vers Eberswalder Strasse par des escaliers que des générations de Berlinois ont polis. On passe devant deux policiers moroses en faction à l'entrée de cette large avenue aux briques rouges, aux trottoirs pavés, sur lesquels des piles de charbon ont été déversées en prévision de l'hiver. On se dirige, enfin, vers cette rue à l'odeur de suie que tout le monde avait oubliée et qui s'appelle Oderberger Strasse. De hauts immeubles noirs, des échafaudages, une inscription pâle et rose, presque effacée en caractères gothiques : « Die moderne Frisur » (salon de coiffure). Et au bout, creusées dans le Mur, deux ouvertures énormes, béantes, devant lesquelles se pressent des milliers de Berlinois alignés sagement sur une file d'attente de plus de cinq cents mètres.

Les bulldozers sont venus dans la nuit. À la lumière des projecteurs, ils ont cassé le Mur. C'était donc cela le Mur ! Ce rempart bétonné de 160 kilomètres de long, constitué de parpaings creux de 50 centimètres à peine renforcés par endroits de bouts de ferraille, haut de quatre mètres, peint d'un blanc pisseux. La brèche révèle son armature. On pouvait l'imaginer plus imposant, plus épais. Aujourd'hui, dans la lumière grise de cet après-midi d'automne, avec sa longue fracture qui court en zigzag de chaque côté des dix mètres déblayés, il ressemble à ce qu'il fut : un barrage hâtivement édifié au pied duquel, il y a moins d'un an, une jeune fille s'est effondrée, tuée d'une balle par un Vopo (garde-frontière de la RDA).

Il est 16 heures, la file n'en finit pas de s'allonger. Les métros sont pris d'assaut, les trains suburbains au bord de l'explosion. Et dans les brèches béantes du Mur, plus d'un million de Berlinois se sont engouffrés hier et avant-hier. Fous de bonheur et armés d'une patience sans limites. Il faudra deux heures au moins pour gagner l'Ouest dont on aperçoit les néons qui commencent à clignoter. Un homme distribue les formulaires nécessaires au passage. Un bateleur annonce sa candidature et réclame des signatures au bas d'une feuille pour pouvoir se présenter contre « Krenz et sa bande ». Sourires moqueurs, mais bienveillants. Un couple se détache et signe. « Lui ou un autre », dit le mari, et il regagne gravement sa place dans le cortège qui se déplace avec une désespérante lenteur vers le Mur.

Des rumeurs parcourent la foule : « Des bulldozers ont été envoyés vers Leipziger Strasse. » « C'est impossible, s'indigne une femme rougeaude. Dire qu'on est là depuis plus d'une heure. » « Non, c'est pour lundi seulement. Il y aura un autre passage. » Puis, les gens papotent, regardent si leur tour est bientôt venu, vérifient leur visa et rient pour des riens. Tout au bout, dans les gravats, les policiers contrôlent les papiers, tamponnent sur une planche qu'ils portent en sautoir la minuscule feuille blanche et font signe d'avancer. C'est ainsi depuis le matin. Parfois, quelqu'un se penche, ramasse un morceau de ciment coloré et l'enfouit dans sa poche avec un bonheur gourmand.

C'est à l'Ouest, plus qu'à l'Est, que l'émotion déborde, fait éclater de rire ou en sanglots.

Voilà deux jours, dès l'annonce du libre passage dans la nuit du jeudi 9 au vendredi 10 novembre 1989, que Berlin, des deux côtés, n'est plus que d'immenses colonnes semblables à celle-ci, et qui s'étirent sur des kilomètres, corps contre corps, coude à coude, se déplaçant par à-coups, millimètre par millimètre. Trois heures pour arriver sur les quais de Friedrich Strasse, le dernier arrêt avant la frontière de Berlin-Ouest.

Une heure pour franchir Checkpoint Charlie dans le sens ouest-est. Puis une heure encore pour changer les marks, communistes contre des marks capitalistes, à 9 contre 1, indispensables pour les achats. Plus d'un million de personnes se sont ainsi précipitées vers ces huit trous berlinois, dans une joie teintée d'incrédulité.

Hourras et vivats hystériques

C'est à l'Ouest, plus qu'à l'Est, que l'émotion déborde, fait éclater de rire ou en sanglots, selon que l'on vient pour des achats qui ressemblent à des cadeaux de Noël ou pour retrouver une famille dont on était sans nouvelles.De l'autre côté de Checkpoint Charlie au milieu de « hourras ! », de vivats hystériques, de « V » de la victoire, une mamie, aux yeux bleus et aux joues roses, menue et distinguée, agite son bras depuis un quart d'heure. Elle aperçoit, là-bas, de l'autre côté des postes où les policiers jettent un regard distrait sur les papiers – comme s'il s'agissait pour eux d'exercer encore un semblant de fonction –, un grand gaillard barbu qui, lui aussi, agite les bras, Tout autour, des curieux ont pris fait et cause pour « ces retrouvailles ».

— « Comment s'appelle-t-il ? lui demande-t-on.

— André, c'est André, dit-elle.

— André ! », hurlent trois ou quatre voix anonymes.

La vieille dame rosit encore, de confusion ou de gêne, on ne sait pas. André arrive enfin, la prend dans ses bras, la soulève, l'embrasse, et tout le monde applaudit, tandis que, sur l'autre trottoir, une autre file s'allonge, chargée de paquets, transportant fébrilement tout ce que les magasins de l'Ouest peuvent offrir et qu'on ne trouve pas à l'Est, tandis que les cafés qui bordent le Mur ne désemplissent pas.

La nuit dernière, la nuit de vendredi, avait été une nuit froide et claire. La veille, ceux de l'Est s'étaient avancés, presque timides, à l'orée de ce monde qui commençait au bout de leur rue et qu'ils ne connaissaient pas. Mais, le lendemain, ce fut une coulée de lave qui fit irruption des deux stations de métro autorisées, s'engouffra à l'Ouest, et déferla, jusqu'à l'aube, dans une joie immense, puis laissa derrière elle un parfum de fête comme on en connaît une fois dans une vie.

Ce fut la nuit où les deux Allemagnes s'embrassèrent, ivres de bonheur de liberté... et de champagne. Ce fut cette nuit-là que les bulldozers sont arrivés au fond de la rue dont on avait oublié le nom.

HOCINE AÏT AHMED EST DE RETOUR

Quelques mois après les violentes « émeutes d'octobre », le président Chadli lance un appel à « tous ceux qui veulent redresser le pays » et, parmi eux, aux anciens « chefs historiques de la révolution », Ben Bella et Aït Ahmed. Ce dernier retrouve son pays en homme libre, après huit ans dans les prisons françaises, trois dans celles de Boumediene et vingt-trois ans d'exil.

CHRISTINE CLERC
« LE FIGARO MAGAZINE »,
24 FÉVRIER 1990

Quelque part sur la route Alger-Oran. Au bout de 300 kilomètres sans voir un restaurant, nous avons fini par nous résigner à entrer dans un café crasseux et nous voilà attablés autour d'une toile cirée grasse, Hocine Aït Ahmed, son épouse, ses compagnons de route – pour la plupart d'anciens fellaghas kabyles comme lui – et moi. D'une main élégante, Aït Ahmed a repoussé l'assiette de soupe aux légumes où surnagent des yeux de graisse et commencé à cueillir dans la corbeille de fruits les mandarines pourries qu'il appelle, avec un sourire rageur, « mandarines socialistes ». Son épouse, jolie femme blonde et racée, évoque les difficultés d'approvisionnement, le mal que l'on a à trouver des oranges – à un prix exorbitant – sans parler des médicaments que l'on ne peut guère se procurer qu'au marché noir. « Trabenda, dit-il : la contrebande et le marché noir sont devenus les maîtres mots de ce pays. Ici, on gagne plus d'argent en revendant une cartouche de cigarettes en devises qu'en travaillant trois jours. Voilà ce qu'ils ont fait de l'Algérie ! Un pays sans dignité, sans respect, où les gens ne savent plus travailler et ne pensent qu'à une chose : se nourrir au détriment des autres. Un immense ventre !

— « Mais enfin, comment était-ce avant, l'Algérie ?

— Avant ? Vous voulez dire du temps de la colonisation ? Du temps de la France ? Mais c'était le paradis ! laisse-t-il échapper, en un cri douloureux. Des fleurs, des fruits, des légumes partout, des restaurants. C'était la Côte d'Azur ! »

Ce vertige : ce grand rêve d'indépendance et plus de quarante années de combat pour quoi, pour qui ?

Comment le croire ? Comment imaginer que cette mitidja couverte de béton fut un jardin riant ? Tout au long de la route, les mêmes champs à l'abandon, les mêmes cafés où des hommes attablés sur des trottoirs de terre battue jouent aux dés pendant des heures, les mêmes taudis, la même désespérance dont je sens qu'elle le gagne, tandis que défilent les kilomètres et les souvenirs : l'enfance dans la maison forteresse du gros bourg kabyle où son ancêtre, « un sage très respecté, tranchait les litiges de toute la région ». L'école, avec ses « classes pour indigènes », puis le lycée napoléonien d'Alger où le jeune et brillant boursier porte l'uniforme noir. Il a 16 ans et l'un de ses oncles – qui mourra pour la France à Cassino en Italie – lui enseigne des chants patriotiques et ce poème d'un Lamartine orientaliste qu'il peut encore réciter en entier, avec émotion :

« Si Tyr, si la Perse, si la Grèce
Si la Force et l'Esprit et l'Adresse
N'ont pu plier ces gens
Que reste-t-il alors ?
Le secret de régner
Peut être la Tendresse... »

Vient la Libération, et avec elle, la répression contre ceux qui, à Sétif, réclament le respect des promesses des Alliés. L'année du bac, Aït Ahmed prend le maquis. Emprisonné avec Ben Bella à la suite du détournement de l'avion qui les conduisait à Tunis, il reste huit ans dans les prisons françaises. Puis, à peine l'indépendance proclamée, trois ans dans les prisons algériennes. Condamné à mort pour avoir contesté le pouvoir totalitaire et l'étouffement de la culture kabyle, il s'évade et passe vingt-trois ans d'exil en Tunisie, en France et en Suisse.

« Frères des Khmers rouges »

Enfin, à 63 ans, après avoir connu plus de quarante années d'épreuves, Hocine Aït Ahmed retrouve son pays en homme libre. C'était le 15 décembre 1989. Allégresse, accueil triomphal à l'aéroport, embrassades, pleurs – des cousins, des amis venus de toute l'Algérie, de France et du Maroc où plusieurs s'étaient réfugiés –, danses toute la nuit dans son village natal... Mais en même temps – Pleure, ô pays bien-aimé ! – cette douleur qui ne cesse de grandir en lui, alors qu'il voudrait dire l'espoir, et ce vertige : ce grand rêve d'indépendance et plus de quarante années de combat pour quoi, pour qui ?

— « L'homme nouveau voulu par Boumediene est là, partout, constate-t-il, proche de la bestialité. La plus grande misère, ici, est intellectuelle. Oui, ce qui me fait le plus peur, ce sont les desperados, ces frères des Khmers rouges qui veulent tout tuer – les livres, la civilisation, les racines, l'histoire. »

Halte à Ouedski, où l'on doit enterrer aujourd'hui l'un des gendarmes tué en plein tribunal de Blida par des fanatiques. Le café est « un bouge », comme il dit, mais en face, se dresse un immeuble rose pimpant de trois étages. « Le siège du parti (le FLN, jusqu'à l'an dernier parti unique), enrage Aït Ahmed. Nous manquons de tout, de crèches, d'écoles, d'hôpitaux, de dispensaires mais le parti et la police ont des immeubles neufs. »

Notre chauffeur, un ancien maquisard, nous apprend alors que, fonctionnaire aux PTT, il a démissionné en 1972 « quand "ils" ont décidé que les écoutes téléphoniques seraient désormais directement branchées sur les centraux téléphoniques de l'armée ».

Et maintenant ? Depuis la réforme constitutionnelle, depuis la libéralisation, qu'en est-il ?

— « Rien n'a changé. Sinon qu'ils sont maintenant très bien équipés. Les conversations sont directement enregistrées sur cassettes.

— « La police politique, ici, commente Aït Ahmed, est omniprésente. C'est pour cela que la télévision n'a pas osé montrer les images des Allemands de l'Est pillant les locaux de la Stasi : cela aurait risqué d'être contagieux. »

Un apartheid antiféminin

À l'entrée d'Oran, la pluie, si rare, s'est mise à tomber. Mais il sait maintenant qu'il ne faut pas y voir un heureux présage. Sur le bas-côté boueux, nous attend un comité d'accueil : trois ou quatre voitures, un groupe d'hommes radieux dont le propre frère d'Hocine Aït Ahmed, Mokrane, revêtu d'un burnous sur son costume rayé de PDG, et qui, de retour d'exil depuis deux mois, s'emploie à constituer à travers toute l'Algérie un réseau du FFS.

En remontant dans la voiture, Aït Ahmed soupire : « Pas une femme dans le comité d'accueil ! J'avais bien dit, pourtant, que je tenais à voir les associations féminines. Ma première visite sera pour elles. J'ai promis la réforme du Code civil. » Mine ennuyée du camarade chauffeur : « Les femmes, il en faut un peu, mais pas trop. Sinon, on va laisser partir les gens au FIS. »

Nous parlons droits des femmes, droits de l'homme, liberté, égalité, laïcité, socialisme. Que veulent dire tous ces mots pour un Algérien d'aujourd'hui ?

« – Ils ont couvert tellement de mensonges qu'ils sont pourris, répond le chauffeur sans hésiter.

— Faudrait-il donc changer le sigle de notre parti ? s'enquiert Hocine Aït Ahmed. Transformer “Front des forces socialistes” en “Front des forces sociales” ? »

— Plutôt supprimer carrément le S, suggère le chauffeur. Les gens nous demandent : pourquoi ce S ? »

L'Algérie, décidément, rappelle étonnamment la Tchécoslovaquie, la Pologne et la Roumanie. Saut que, là-bas, ne s'est pas ajouté au totalitarisme et à la misère le véritable apartheid antiféminin conçu par les intégristes.

Nous voici arrivés chez l'un des responsables régionaux du FFS. Appartement de style HLM au quatrième étage sans ascenseur et sans lumière dans l'escalier.

Sur les canapés bas, autour des tables basses garnies de dattes et du lait caillé traditionnel de bienvenue, on s'entasse. Quelques commerçants, le patron d'une entreprise textile de confection fermée depuis huit mois, faute de matière première (« Les sociétés nationales n'en produisent que très peu, car elles n'ont qu'une très faible productivité, explique-t-il, et nous ne pouvons pas importer puisque le dinar n'est pas convertible ») et un étudiant en architecture qui raconte comment les gendarmes ont tué plusieurs manifestants étudiants en les poursuivant à l'intérieur de l'enceinte universitaire. Quelques-uns évoquent Ceauşescu. « Ce qui est arrivé en Roumanie, c'est ici que cela aurait dû arriver ! »

Mais tous paraissent, malgré tout, pleins d'espoir : n'ont-ils pas enfin parmi eux un héros, un authentique « chef historique de la Révolution » qui pourrait les mener au pouvoir ? Et lui, qui détonne tant dans sa veste cachemire et son pantalon de flanelle grise bien coupé au milieu de leurs vestons élimés et de leurs chemises au col douteux, lui paraît presque heureux aussi tandis qu'il les interroge, attentif. Il n'a pas encore gravi son Golgotha.

« Mon Dieu ! » dit seulement Aït Ahmed en arrivant sur la place Bend-Daoud. Saisis, nous nous taisons.

La casbah devenue bidonville

Nous nous sommes fixé rendez-vous le lendemain matin pour l'emmener prendre des photos devant la Grande Poste – dont il organisa avec Ben Bella en 1949, pour remplir les caisses de l'OS (l'ancêtre du FLN), une attaque à la Pierrot le Fou.

En montant dans sa voiture, il soupire : « Que c'est triste, une rue sans femmes ! » Un peu plus loin, pourtant, nous en croisons deux, au milieu des hommes désœuvrés. Mais elles portent le tchador.

— « Qu'est-ce que c'est que ce vêtement venu d'Iran ? enrage Aït Ahmed. Il n'a rien à voir avec notre tradition algérienne ! »

La ville aussi a énormément changé. Le théâtre est fermé, comme l'Opéra et la plupart des restaurants qu'il a connus. Quant aux immeubles rococo, où le linge pend aux fenêtres, ils sont transformés en taudis. Mais le plus dur nous attend à Santa Cruz. De là, de la forteresse et de l'église sur les hauteurs, le regard, jadis, embrassait la casbah blanche jusqu'à la côte méditerranéenne. « Mon Dieu ! » dit seulement Aït Ahmed en arrivant sur la place Bend-Daoud. Saisis, nous nous taisons.

Devant nous, des enfants jouent dans les ordures avec des chats squelettiques. Et de ce point culminant, jusqu'à la mer, s'étale sous nos yeux un immense bidonville. Que s'est-il passé ? « Ils » ont rasé trois quartiers d'Oran, comme Ceauşescu rasait les villages. Mais à la différence du dictateur roumain, « Ils » n'ont pas reconstruit. « Ils » habitent de luxueuses villas avec port privé et yacht, mais le peuple… « Mon Dieu ! », répète Aït Ahmed d'une voix étranglée, les larmes aux yeux, tandis que les enfants accourent vers la voiture en criant à perdre haleine : « Aït Ahmed ! Vive Aït Ahmed ! »

Le meeting de l'après-midi est un grand succès. Plus de 3 000 personnes (parmi lesquelles moins d'une dizaine de femmes) se sont rassemblées au palais des Sports pour venir l'entendre, en arabe, en français et en tamerghiz (la langue berbère) expliquer, sous une kyrielle de petits drapeaux vert et blanc frappés du croissant et de l'étoile qui ressemblent étrangement au marteau et à la faucille, que si « tout a été un échec, économique et politique, c'est à cause du parti unique ». Et que « la décolonisation a été pervertie par l'arrivée des dictatures qui ont confisqué la souveraineté populaire », avant d'affirmer que « l'islam est une religion tolérante ». La femme, insiste l'orateur, a joué un rôle important pendant la guerre d'indépendance. L'Algérie ne peut être que pour l'émancipation de la femme…

Pour finir, Aït Ahmed incite ses auditeurs à « prendre des initiatives dans le domaine de l'hygiène et de l'aménagement urbain ». Car « c'est tous ensemble que nous construirons une Algérie libre et heureuse ».

Les hommes applaudissent. Quelques femmes font entendre un « you-you » aigu et tous se mettent à scander, en brandissant le poing « Democratia, Democratia » lorsqu'un petit groupe d'intégristes fait irruption avec ses banderoles.

Je regarde la silhouette élancée, élégante et si fragile d'Aït Ahmed, penchée sur cette foule qui le porte aujourd'hui sans bien comprendre ses mots ou sans vouloir les entendre, mais qui pourrait l'emporter demain.

« Il faut être fou comme moi, me disait-il l'autre jour en prenant la route, pour venir tenter quelque chose ici. »

UN DUEL FRATRICIDE

La victoire inespérée de 1989 était trop belle. Un an après, le héros de Solidarité affronte son ancien conseiller, candidat contre lui à la présidence. L'affrontement entre Lech Walesa et Tadeusz Mazowiecki est une bien triste histoire pour ceux qui ont vécu l'aventure polonaise comme un rêve éveillé.

PHILIPPE NOURRY
« LE POINT », 19 NOVEMBRE 1990

« Je sais qu'il y en a beaucoup parmi vous qui ont le cœur déchiré à l'idée de devoir choisir entre lui et moi. Mais voilà, Walesa attaque depuis plusieurs mois la politique de ce gouvernement d'une manière telle qu'il est clair que nous n'avons pas la même conception de la démocratie. Moi aussi, j'en ai le cœur déchiré. »

C'était un dimanche pluvieux à Plock, sa ville natale. Tadeusz Mazowiecki, 63 ans, candidat à la présidence, ne tient meeting que le dimanche. Dans la salle de ce cinéma provincial qui doit lui rappeler des souvenirs d'enfance, c'est à peine si le Premier ministre a esquissé un sourire triste quand l'assistance lui a fait fête. On dit qu'il ne peut guère en faire plus à cause d'un appareil dentaire, de type économique, qui lui cause des soucis. Mais certains doivent penser qu'il est timide, ce que dément ce regard de hulotte bref et sans complaisance qu'il jette parfois de bas en haut, au ras de la mèche grise. D'autres mettent cette immense réserve sur le compte de son double veuvage et d'une santé chancelante. D'autres encore y voient le signe d'une culpabilité douloureusement assumée par la conscience exigeante d'un chrétien militant. Car enfin, même si les rôles d'âge sont ici inversés, il y a bel et bien du parricide dans l'air. Et la petite dame au bonnet rouge à laquelle Mazowiecki vient de répondre a, de sa voix plaintive, naïvement mais très justement résumé la question que se pose encore le peuple simple de Pologne : pourquoi pas Walesa président et vous son Premier ministre, ou l'inverse, peut-être ? Vraiment, ne pouvait-on éviter qu'une si belle histoire, celle de Solidarité, s'achève, dix ans plus tard, par ce duel médiocre ?

On a beau savoir que les grandes causes gagnées n'engendrent pas toujours des lendemains à leur hauteur, le choc est là, brutal. Personne n'ira déposer de gaieté de cœur son bulletin dans l'urne, le 25 novembre, pour le premier tour d'une élection présidentielle rendue quasi nécessaire par le retrait volontaire du général Jaruzelski. Plus triste encore, le petit électricien de Gdansk, premier dynamiteur du bloc communiste, héros international, prix Nobel de la paix, se trouve d'ores et déjà privé de cette « élection de maréchal » que réclamait son passé, et qu'il n'hésite malheureusement pas à revendiquer, proclamant pathétiquement son « droit moral à devenir président de la République ». De ce point de vue, il a raison, Walesa. Mais il est déjà tard. Le paradoxe est qu'il avait bien cru préserver son image gaullienne de père de la patrie et d'arbitre suprême. Or l'Histoire a marché d'un pas inattendu, et lui n'était pas l'homme d'une bien longue patience.

Trois cercles autour de Walesa

Nous sommes en août de l'an dernier. Les premiers Allemands de l'Est commencent tout juste à se frayer un chemin vers l'Ouest à travers la Hongrie. La Pologne, elle, a déjà connu des événements considérables qui témoignent, bien au-delà même de la création de Solidarnosc après les accords de Gdansk, en août 1980, de son rôle d'avant-garde dans la lutte contre le communisme.

En février 1989, la popularité de Walesa est alors au zénith. Il trône, chef reconnu, au milieu d'un aréopage d'intellectuels.

En février de cette année 1989, les dirigeants de Solidarité se sont assis au palais Radziwill de Varsovie autour d'une table ronde avec les représentants d'un pouvoir marxiste qui ne pouvait plus cacher, six ans après l'échec de « l'état de guerre », sa misère politique et sa faillite économique. Deux mois plus tard, le 5 avril, signature d'accords mi-officiels, mi-secrets (ceux de Magdalenka) qui font déjà de la Pologne un cas vraiment à part, avec à la clé un partage bâtard du pouvoir : réélection forcée de Jaruzelski à la présidence et maintien à la Diète d'une majorité pro-gouvernementale des deux tiers. Mais, en échange, l'abandon du reste de l'Assemblée et d'un nouveau Sénat au libre arbitre des électeurs.

La popularité de Walesa est alors au zénith. Il trône, chef reconnu d'un syndicat légal, au milieu d'un aréopage d'intellectuels qui lui ont offert leurs services, à Gdansk, dès les premiers jours de la grande grève d'août 1980. Il y a là, comme au premier jour, Tadeusz Mazowiecki, le démocrate-chrétien, et Bronislaw Geremek, historien du Moyen Âge français, représentant la gauche laïque. Comme Adam Michnik. Comme Jacek Kuron, qui fut, dès 1976, un des fondateurs du KOR, cette première rencontre entre ouvriers et intellectuels dans un esprit de résistance commune et pour contredire cette fatalité qui avait voulu que le combat des uns n'ait jamais été, de 1956 à 1970, vraiment celui des autres.

Le 4 juin 1989, les élections prévues par la table ronde sont un tel triomphe pour Solidarité que les vainqueurs, catastrophés, craignent d'être tombés dans un piège. Mais rien ne se passe à la frontière soviétique. Et, le 19 juillet, l'élection anachronique du général aux lunettes noires à la présidence ne pourra se faire – à une voix de majorité – que grâce au prudent fair-play des élus de Solidarité.

C'est alors qu'il faut choisir. Magnifique et terrible mois d'août 1989, où le Premier ministre Rakowski en profite, sous couvert de libéralisation, pour déclencher des hausses de prix alimentaires sans précédent. Où le pouvoir communiste perd pied sans que l'opposition sache vraiment quoi faire de sa victoire. La Pologne est un phare dont le faisceau, à l'Est, balaie encore la nuit. Même si Gorbatchev a donné son feu vert à l'ouverture polonaise.

On doit à Walesa, à ce moment-là, l'audace d'un choix « historique ». Le 15 août, à la grande surprise de son entourage politique, dispersé en Europe, il se décide à accepter pour Solidarité la direction d'un gouvernement de coalition. Mais ce n'est pas lui qui essuiera les plâtres d'une formule qui, estime-t-il, ne devrait pas durer plus de trois mois. L'homme qu'il a choisi pour cette tâche ingrate, Mazowiecki, est à la fois un compagnon de longue date et un outsider resté volontairement à l'écart des dernières élections.

À cette époque, on s'amuse à distinguer trois cercles autour du « roi Lech » : la Famille, la Cour et la Suite. La Famille, c'est les Geremek, Michnik, Kuron, les historiques de l'opposition démocratique. La Cour, c'est le plus récent entourage de Walesa à Gdansk, avec ces nouveaux venus que sont les jumeaux Kaczynski, Jaroslaw et Lech, habiles tacticiens de la politique au service exclusif du président de Solidarnosc.

De Mazowiecki, on dit plus modestement qu'il appartient à la Suite. En fait, sans ambition reconnue, il occupe une position commode entre Cour et Famille au moment où le « patron » commence à prendre ombrage de l'influence de Geremek et de ses amis dans le Comité civique – grand organisateur du triomphe électoral de Solidarité – ainsi qu'à la tête du groupe parlementaire d'opposition. À un journaliste qui lui demande ce qu'il fera si le gouvernement Mazowiecki échoue, Walesa élude, désinvolte : « Les échecs des uns permettent souvent l'arrivée d'autres parfois meilleurs ! »

À en croire la Cour, c'est Mazowiecki qui aurait implicitement ouvert le feu contre Walesa entre son investiture, le 24 août, et la formation de son gouvernement, le 12 septembre, en refusant, entre autres, de réserver une place dans son cabinet à Jaroslaw Kaczynski. Moyennant quoi, Walesa va, quelques jours plus tard, imposer ce dernier à la tête de *Solidarnosc*, l'hebdomadaire que Mazowiecki dirigeait depuis 1980. Broutilles encore, à quoi se mêlent quelques querelles de préséance.

« Le plus grand démocrate du monde »

Les malentendus tournent à l'aigre quand Walesa commence à critiquer les « complaisances » du nouveau gouvernement envers les exigences communistes en matière de portefeuilles, alors que lui-même, au même moment, déclare au *Figaro* regretter l'emballement du cours des événements politiques, ajoutant même ce mot surprenant : « Par malchance, nous avons gagné les élections ! »

Les relations entre Walesa et les élus de Solidarité ne prennent pas une meilleure tournure. Se défendant de tout autoritarisme, Walesa proclame devant eux qu'il est « le plus grand démocrate du monde ». Cinglant, Michnik propose qu'on inclue cet aphorisme dans les statuts du syndicat. En novembre 1989, l'accueil triomphal qu'il reçoit aux États-Unis semble mettre un peu de baume sur les blessures secrètes du héros charismatique en réserve de la République. Mais lorsque, à Prague, en décembre et en point d'orgue à l'anodine « révolution de velours », Vaclav Havel est intronisé président, lorsque, le mois suivant, l'écrivain tchèque effectue une visite officielle en Pologne et n'inscrit pas à son programme le pèlerinage à Gdansk, auquel ont sacrifié tous les grands de ce monde, l'évidence lui saute aux yeux.

L'Histoire semble aussi ingrate à l'égard de la Pologne qu'envers lui-même, relégué en province à la présidence de son syndicat, humilié par la poignée de main que Havel devait à Jaruzelski. Lech Kaczynski, le jumeau à qui a échu la vice-présidence de Solidarnosc à Gdansk, a beau nous dire que « Walesa est bien trop grand pour que l'on puisse mesurer sa conduite à l'aune des susceptibilités » et que « le vrai problème était pour lui de se libérer de ses anciens amis qui avaient déjà décidé qu'il ne serait jamais président de la République », il semble clair que l'impatience fut sa plus mauvaise conseillère. L'impatience et aussi le dépit.

Car, dès ce mois d'avril 1990, où Walesa profite du second congrès de Solidarité pour railler les « intellos » du mouvement (« Qu'ils ne s'inquiètent pas pour moi : j'apprends à lire ! ») et laisser clairement entendre son désir de faire son entrée au palais du Belvédère, les sondages de popularité ne lui sont guère favorables. C'est, de loin, Mazowiecki qui tient la tête de liste devant le pape, le primat Glemp, lui-même enfin. Le gouvernement, accaparé par des tâches écrasantes, n'a pas eu le temps, sans doute, de dorloter suffisamment le grand homme de Gdansk, mais débarrassé de l'hypothèque communiste, il s'est stabilisé, et donne aux Polonais le sentiment qu'ils sont entre des mains responsables.

« Sait-on quels meubles on va choisir avant d'emménager dans un appartement inconnu ? »

Lech Walesa, répondant aux critiques sur son absence de programme

---

Leszek Balcerowicz, le ministre de l'Économie, en termine avec la pénurie alimentaire, le marché noir, la dérive de la monnaie et réussit la gageure lui aussi d'asseoir sa popularité alors que la restructuration de l'économie impose à la population des sacrifices éprouvants en pouvoir d'achat et en garantie d'emploi. Casinos et soupes populaires : le capitalisme en herbe n'a pas toujours beau visage, mais la Pologne bouge, en attendant que les vieilles structures marxistes de l'économie – mines et usines obsolètes – s'effondrent, entraînant d'inévitables détresses.

Il faut savoir gré aujourd'hui au candidat Walesa, qui sent monter tant de frustrations de ne pas jouer trop inconsidérément de cette légitime angoisse. Lui aussi se veut le champion de la libre entreprise. À l'américaine, de préférence, car cela fait toujours rêver ce pays d'émigrants. Il fait même dire par les jumeaux qu'il verrait volontiers Balcerowicz Premier ministre, preuve qu'il n'a aucune intention de changer de cap économique. Mais, en revanche, il promet de donner, lui Walesa, à chaque citoyen un chèque de 100 millions de zlotys (50 000 francs) pour acquérir en actions une part du capital des entreprises à privatiser. L'ingénuité, sans doute, est surtout dans la forme, mais tout esprit un peu sensé est tenté de se dire que Walesa n'apporte rien d'autre à ce qui se fait actuellement en Pologne que le discours parasitaire de la démagogie.

Quand on lui reproche de ne pas avoir de programme, il répond invariablement : « Sait-on quels meubles on va choisir avant d'emménager dans un appartement inconnu ? » Quant au rôle d'un vrai président, il le voit, répète-t-il, comme celui du « *Hollandais volant* (*sic*) qui parcourt inlassablement le pays, s'informe des besoins de tous, et, constatant bien que, dans telle ou telle voïvodie, les habitants sont légitimement mécontents, court ensuite à la Diète pour demander des comptes à leurs députés » ! Ce n'est pas que Walesa ne soit pas démocrate. « Mais a-démocrate sûrement, et sans même qu'il s'en doute », remarque le journaliste Kostek Gebert.

Vingt-quatre heures à suivre le cortège de Lancia de ce notable empâté par les terres de Mazurie permettent de faire trois constatations. La première est qu'il dit effectivement n'importe quoi, mais toujours en fonction de ce qu'il devine de l'attente de son public. La deuxième, étonnante, qu'il n'est pas, avec son débit ultrarapide de camelot, ce tribun qu'on imaginait, prenant le peuple aux tripes et le haussant vers les sommets du rêve. La troisième, que son auditoire ne semble pas si réceptif à l'argumentation comme au ton de celui qui s'était projeté lui-même, comme un justicier, un « président à la hache ». Car si les Polonais éprouvent une visible amertume devant le spectacle d'une nomenklatura communiste reconvertie impunément dans le business juteux, il leur est tout de même difficile d'admettre que « rien n'a changé en Pologne ».

Entrer dans ce jeu-là est au demeurant le pire que l'on puisse reprocher aujourd'hui à Walesa. C'est réclamer la vengeance plus que la justice, et désigner déjà les boucs émissaires indistinctement entre les 2 millions d'anciens membres du parti et les 20 000 juifs qui vivent aujourd'hui encore dans le pays. Aux yeux de tous, il est évident que Walesa, l'ami de Geremek et de Michnik, n'est pas antisémite. C'est une certaine Pologne qui le demeure. Celle qu'il lui arrive de flatter bassement, expliquant qu'il est, lui, « un vrai Polonais de plusieurs générations ». Le résultat est que beaucoup de Polonais sont aujourd'hui persuadés que le Premier ministre est juif, tout gouvernement ne pouvant être, aux yeux de certains, que juif, communiste ou les deux à la fois. À Plock, il s'est même trouvé quelqu'un pour le lui demander. Une dame a dû se lever pour témoigner de la parfaite honorabilité chrétienne de la famille Mazowiecki. Lui, avec son air absent, a gardé un vrai silence.

De Gdansk, il a fait Lourdes

Tout cela, qui concerne le Walesa d'aujourd'hui, est aussi dur à écrire que pénible à admettre. C'est l'histoire d'un homme qui a incarné de grandes vertus dans une lutte héroïque, mais qui, n'ayant pas su garder, par égocentrisme, ses premières amitiés, a perdu dans la paix ses derniers compagnons de route. De Gdansk il a fait Lourdes, mais son passé est un cimetière sentimental. Zbigniew Bujak, 33 ans, l'un des plus purs héros de l'aventure, le Robin des bois de Solidarnosc, ne lui accorde même pas le bénéfice d'une grande intuition politique. « Dès qu'il a senti que le pouvoir pouvait lui échapper, dit-il, il n'a plus commis que des erreurs. Comment lui aurait-on refusé de devenir président s'il avait su se montrer responsable et patient ! »

Bujak et Frasyniuk, anciens leaders ouvriers, sont désormais, avec Michnik, les dirigeants d'une Action démocratique (ROAD) qui appuie Mazowiecki face à l'Entente du centre que Walesa et les frères Kaczynski ont lancée contre le gouvernement. Solidarité est vraiment mort le 24 juin dernier, quand, à la dernière et dramatique réunion plénière du Comité civique à l'université de Varsovie, Walesa humilia la plus inattaquable des figures intellectuelles de l'opposition, Jerzy Turowicz, 78 ans, l'ami de Jean-Paul II. Du coup, c'est toute l'intelligentsia qui allait se sentir menacée. « En votant pour lui, écrivait ces jours derniers Adam Michnik dans un réquisitoire définitif de *Gazeta*, la Pologne prend le risque d'installer chez elle le premier régime péroniste d'Europe centrale. »

Rares sont, néanmoins, ceux qui pensent que le héros du premier syndicat libre d'Europe de l'Est ait une quelconque vocation à chausser les bottes du despotisme. Populiste oui, dictateur non. Le danger est ailleurs : « Dans l'illusion et la pagaille », résume Alexandre Smolar, l'un des principaux conseillers de Mazowiecki. C'est pourquoi l'homme triste et si scrupuleux de Plosk s'est décidé à faire barrage à celui qu'il avait si bien servi depuis dix ans. Un Walesa emblématique à la tête de l'État, c'était l'équité même, mais pas un « Hollandais volant » ! Quelle qu'en soit la suite, une histoire s'achève qui fut admirable, et qui mérite, comme telle, que nous l'arrêtions là.

LA COURTE VIE DU KURDISTAN LIBRE

Pendant quinze jours, à l'issue de la première guerre du Golfe, les Kurdes d'Irak ont respiré un parfum de liberté. Après trente ans d'oppression et de dictature, ils ont cru que c'en était fini de Saddam Hussein, défait par les armées de la coalition. Le despote se vengera de cet affront.

MARC KRAVETZ
« LIBÉRATION », 8 AVRIL 1991

Bienvenue en Kurdistan libre. Ce jeudi 21 mars, ils étaient cinq, accourus à notre arrivée sur la rive orientale du Tigre, trois jeunes et deux vieux, en pantalon bouffant, la large ceinture de toile nouée autour de la taille, le turban en bataille, porté haut, cinq peshmergas, les combattants de la résistance kurde, dans leur tenue traditionnelle, brandissant la kalachnikov d'une main, faisant un « V » de victoire avec l'autre. Pour être devenue quotidienne depuis une semaine, la scène n'en était pas moins extraordinaire. Après avoir quitté la Syrie par un chemin de terre traversant une série de collines qui bordaient le Tigre, nous venions de franchir sur un radeau de roseaux et de planches fixées sur des chambres à air de camion la seule frontière ouverte entre le Kurdistan irakien « libéré » et le monde extérieur.

Ici les routes ne mènent nulle part et les champs s'achèvent sur des barbelés. Quelques kilomètres plus au nord, un village ignoré, sinon de ses habitants et de quelques cartographes, du nom de Faysh Khabir, trône sur les pointillés de trois États, la Turquie, la Syrie et l'Irak, qui se partagent le Tigre.

« Bienvenue au Kurdistan », les mots si souvent prononcés avec autant de tristesse que d'amertume, après tant de batailles perdues, tant de villages rasés, tant de champs abandonnés et de vergers brûlés, accueillent aujourd'hui l'étranger dans les zones kurdes libérées. Pour que la fête soit complète, un soleil éclatant accompagnait ce 21 mars, le premier jour du printemps qui est aussi le nouvel an kurde, nowrouz, célébré également pour la première fois dans une semi-légalité en Turquie où les Kurdes sont interdits de culture et d'identité collective depuis 1924. Le Kurdistan irakien libre, le Kurdistan turc au moins identifié, une frontière syrienne entrouverte : toutes choses inimaginables il y a seulement six mois.

Mais il y a eu la guerre du Golfe et la défaite de Saddam Hussein. Pour combattre l'Irak, la Syrie et la Turquie se sont retrouvées alliées de l'Amérique, et les Kurdes, éternellement persécutés dans les pays hôtes (la Syrie faisant exception, mais ils y sont aussi bien moins nombreux), auront, pour un temps au moins, un peu bénéficié de l'immense remue-ménage régional et tout particulièrement de l'inimitié, certes traditionnelle, mais exacerbée par les événements, entre Damas et Bagdad. D'où ce « poste-frontière » incongru surveillé par des soldats syriens débonnaires en compagnie de peshmergas exubérants qui vont et viennent à travers le fleuve pour transbahuter passagers (nombreux) et marchandises (rares). Grâce à quoi aussi, avec l'accord des autorités syriennes, une dizaine de journalistes occidentaux, américains, anglais et français (plus tard une vingtaine d'autres suivront le même chemin, d'autres encore dont des journalistes turcs, entrant par la Turquie) avaient pu, pour la première fois, les 20 et 21 mars, entrer au Kurdistan irakien. Une première dans l'histoire moderne. On sait malheureusement aujourd'hui que ce printemps kurde n'allait pas durer longtemps. Mais à ce moment chacun le croyait éternel.

Les traces d'une déroute

À Qameshli, principale ville kurde de Syrie, à 800 km au nord-est de Damas et à 120 km de la frontière avec l'Irak, des milliers de Kurdes étaient rassemblés sous des tentes ou autour de feux allumés dans les champs pour fêter nowrouz. C'est là que nous devions rencontrer nos « guides » du Parti démocratique kurde d'Irak (PDK, de Massoud Barzani, l'une des organisations du Front kurde d'Irak) qui allaient nous conduire à la frontière. Les nouvelles étaient bonnes. À ce moment, selon nos interlocuteurs, la quasi-totalité du Kurdistan irakien était désormais sous le contrôle des pershmergas, y compris Kirkouk. On se battait maintenant aux environs de Mossoul, au-delà donc de la « frontière » du Kurdistan historique. Les grandes routes n'étaient toutefois pas entièrement praticables à cause des raids d'hélicoptères et des bombardements nocturnes. Il faudrait donc emprunter les pistes de montagne. Mais la victoire ne faisait plus de doute. « Inutile de vous en dire plus, vous vérifierez tout cela par vous-mêmes », conclurent les responsables en nous souhaitant bonne route et « bienvenue au Kurdistan libre ».

Qui aurait pu en douter à Zakho, la première ville sur le parcours, à une heure de voiture de la frontière où une foule en liesse hérissée de plus de kalachnikovs qu'il ne semblait y avoir de bras pour les tenir, manifestait sa joie dans les rues, renouvelée par le débarquement des journalistes étrangers ? « Bienvenue au Kurdistan » : en anglais, en arabe, en kurde – et parfois même, plus rarement il est vrai, en français – nous l'entendrons des centaines de fois. Et chacun de raconter avec toutes les bribes de langues disponibles ce bonheur de découvrir le 14 mars au matin, jour de la libération à Zakho, les peshmergas qui soudain surgirent de partout en lieu et place d'une armée irakienne qui s'était volatilisée.

Les traces en étaient pourtant visibles tout au long de la route que nous venions d'emprunter depuis notre traversée du fleuve. Sinon celles d'un combat, au moins celles d'une déroute. On pouvait apercevoir ainsi, de place en place, à proximité d'un char abandonné ou d'un blindé de transport de troupes, des pièces d'uniformes et des casques jetés pêle-mêle sur le bord du chemin, au pied de miradors vides. Vestiges moins inoffensifs, des centaines de mines jalonnaient encore le chemin. Les peshmergas avaient nettoyé, à la main, la route elle-même où des plaques de bitume défoncé et quelques voitures définitivement hors d'usage témoignaient du danger éminent, mais les terribles engins montraient encore leurs têtes d'acier dans les prairies environnantes où ils étaient censés dissuader un envahisseur éventuel d'approcher les postes irakiens disposés sur les collines qui font face à la Turquie.

Au pied de miradors vides, des uniformes et des casques jetés pêle-mêle sur le bord du chemin.

Le 13 mars, avant d'abandonner le terrain, l'armée de Saddam avait dynamité les deux ponts qui commandent le trafic international entre l'Irak et la Turquie. « Il voulait isoler le Kurdistan en espérant l'affaiblir », nous expliquait un responsable local.

L'état-major pour Zakho de l'Intifada – l'insurrection – comme ainsi on la désigne, était installé dans une école du centre du village. Des centaines de combattants se bousculaient dans le jardinet extérieur et les couloirs, où une affiche d'un autre temps rappelait, en anglais et en arabe, qu'« il n'est jamais trop tard pour apprendre ». Les salles de classe servaient de dortoirs et la cour de récréation, d'arsenal et de champ de manœuvres.

« Kamal », le chef militaire de l'endroit, au nom du PDK, siégeait avec ses hommes dans ce qui fut le réfectoire de l'école. Homme de confiance de Massoud Barzani, Kamal, médecin de son état, les cheveux gris comme la moustache, le visage anguleux éclairé d'un sourire extraordinairement doux, était, en dépit de ses 36 ans, le vétéran des innombrables combats kurdes des vingt dernières années. Blessé deux fois, il en gardait pour toujours une main paralysée. Il était revenu clandestinement de Turquie trois semaines avant l'insurrection pour prendre en charge la direction des opérations militaires dans le Badinan, la région nord-ouest du Kurdistan irakien. Sa principale tâche fut d'entreprendre un long travail de sape auprès des supplétifs kurdes de l'armée irakienne, ceux que l'on appelle ici les jachs ou les « mulets », terme de mépris qui désigne en kurde les « collabos », afin de les retourner ou s'assurer de leur passivité.

Les 60 000 hommes chargés de veiller au bon ordre du nord de l'Irak avaient purement et simplement renoncé à l'affrontement, à l'armée et au régime qui la commandait.

Le lieutenant Sabri, lui, avait tout simplement déserté. Commandant une unité de blindés au Koweït, ce Kurde natif de Zakho avait fui les combats pour rentrer au pays après une semaine de pérégrinations. Désormais, avec d'autres anciens gradés de l'armée, il participait au comité militaire « local », autour de Kamal. Le lieutenant-colonel « Azad » en était l'officier de rang le plus élevé. Arabe, le lieutenant-colonel avait servi vingt ans dans l'armée de Saddam et commandait la place de Zakho. Après un aller-retour à Bassora durant la guerre du Golfe, il était retourné à sa base pour y trouver les 700 hommes de son bataillon, démobilisés et en liberté. « Je ne regrette pas d'avoir quitté l'armée. Je suis content d'être ici, confiait-il à la ronde. Mais aussi très mécontent de la politique de mon pays. Voilà plus de dix ans que nous faisons la guerre pour rien à nos voisins, l'Iran, puis le Koweït, et maintenant les Kurdes. Il est temps d'en finir avec ce régime. »

« Je suis heureux, je suis heureux »

Le docteur Fadhel, que tout un chacun semblait connaître et reconnaître sous les seules initiales de « F.M. », n'était plus rentré au pays depuis 1975. Personnalité importante du PDK, proche de Massoud Barzani, il fit une entrée triomphale dans le réfectoire après la tombée de la nuit. On se pressait pour le saluer, l'embrasser, le féliciter. Jeunes et vieux, peshmergas tout juste éclos avec l'Intifada de ce printemps et vieux combattants à la moustache pendante qui semblaient avoir passé leur vie dans les refuges de montagne depuis les temps héroïques de mollah Mustafa, se précipitaient vers lui en entrechoquant leurs kalachnikovs. « Je suis heureux, je suis heureux », répétait-il, ne trouvant plus ses mots. Puis, lorgnant vers nos carnets de notes, il ajouta : « Qui peut décrire le bonheur de revenir dans une ville débarrassée de la dictature ? Regardez, écoutez. Plus personne ici ne croit que Saddam pourra survivre. En tout cas, admettez qu'il ne l'a pas mérité. »

Quatre-vingts kilomètres séparent Zakho de Dohouk, la préfecture provinciale du Badinan, à mi-chemin sur la grande route de Mossoul. Cette partie du trajet était sûre. La suite l'était moins. Pour gagner Arbil, qui fut la capitale de la « région autonome », comme Bagdad désignait le Kurdistan depuis 1974, et qui, depuis le 14 mars, est celle du Kurdistan libre, il faudrait abandonner la belle voie bitumée au profit des pistes. Deux bonnes heures suffisent en principe pour aller de Dohouk à Arbil en passant par Mossoul. En temps de paix. Mais on se battait autour de Mossoul. Canons et hélicoptères interdisaient la route principale tandis que des averses ravageaient les pistes. Le trajet nous prendra quarante-huit heures et il faudra une série de véhicules, du minibus au tracteur, en passant par divers camions et jeeps qui s'embourbaient les uns après les autres dans les fondrières creusées par les pluies torrentielles. Au moins aura-t-on pu ainsi vérifier, jusque dans le plus reculé, le plus isolé des villages, le plus démuni en tout, que l'enthousiasme et le bonheur de la liberté n'étaient pas le privilège des habitants ou des militants des villes.

Les routes irakiennes sont pour Bagdad autant de voies stratégiques, bordées de casernes et autres installations militaires, centres de communication, fortins de béton, étranges châteaux forts inspirés de Vauban mais de construction récente qui ponctuent le paysage et donnent au voyageur l'impression de traverser un pays constamment en état de siège. Tel est du reste le but : montrer sa force pour ne pas hésiter à s'en servir, surtout contre les populations qui auraient la malheureuse tentation de se rebeller. On voulait en convaincre les rares étrangers admis à circuler sur les routes irakiennes selon des itinéraires définis à l'avance et rigoureusement contrôlés. Quant aux indigènes, il était meilleur encore de leur rappeler à tout moment que le régime baasiste était omniprésent, tout-puissant et prêt à bondir à la moindre menace sur l'ennemi intérieur ou extérieur.

De ce formidable dispositif, il ne restait rien. Les casernes des bords de route n'étaient que des ruines intactes devant lesquelles des peshmergas locaux montaient une garde nonchalante, se précipitant pour poser sur les innombrables carcasses métalliques de ce qui fut l'orgueil d'une armée, tenue, s'en souvient-on, pour « la quatrième du monde ».

Les quelque 60 à 70 000 hommes chargés de veiller au bon ordre du nord de l'Irak avaient purement et simplement renoncé à l'affrontement, et du même coup, à l'armée et au régime qui la commandait. Ceux que nous rencontrions, « prisonniers » pour la forme, ou, bien plus nombreux, démobilisés en uniforme, déclaraient hautement et sans même qu'on leur demandât, qu'ils ne voulaient pas se battre pour Saddam et moins encore contre leurs « frères kurdes ». Nombre d'entre eux, il est vrai, étaient des chiites du sud de l'Irak et leur principal souci était le sort de leur famille à Nadjaf, Amara ou Kerbala, villes dont les radios étrangères disaient qu'elles avaient été reprises par le pouvoir central des mains des émeutiers au prix de lourdes pertes pour les populations civiles.

« Pas de vengeance »

Des combats, il y en avait eu cependant. On en vit les premières traces à Simeil, un village sur la grande route de Mossoul, où le siège local du Baas dévasté et à demi calciné témoignait de l'âpreté des affrontements. « Les gens du parti et les hommes de la Sécurité ont voulu résister, expliquait sobrement un habitant du village. Les vrais chefs étaient partis avant la bataille, ceux qui restaient, onze en tout, sont morts. » Impossible de savoir s'ils avaient été tués durant le combat ou liquidés après coup. Les consignes des dirigeants étaient claires. Comme nous l'avait répété un responsable du PDK à Zakho : « Pas de vengeance. Les prisonniers doivent être traités humainement. Ceux qui se sont rendus coupables d'exactions, les tortionnaires ou les tueurs du régime doivent être gardés pour être jugés plus tard, quand il y aura un régime démocratique en Irak et une justice digne de ce nom. Les autres, s'ils demandent pardon au peuple kurde, doivent être libérés. » Le même, il est vrai, avait ajouté qu'on ne pouvait pas non plus trop demander aux gens : « S'ils ont entre les mains l'assassin de l'un de leurs proches, l'homme qui a violé leur sœur ou mutilé leur fils, il faut craindre qu'ils ne le laisseront pas sortir vivant. »

Akram Ahmed Mahmoud était une sorte de miraculé. Dans la chambre d'hôpital où nous l'avions rencontré, il avait l'air d'un grand adolescent un peu gauche, à la fois effrayé et flatté d'être l'objet d'une telle attention médiatique internationale. Une semaine avant, le même jeune homme avait pratiquement droit de vie et de mort sur ses concitoyens. Akram Ahmed appartenait à la branche de Dohouk du redoutable Am'en, la Sécurité militaire irakienne, bras armé des services de renseignement, spécialisé dans la torture, voire la liquidation des opposants au régime ou supposés tels. À Dohouk, comme dans la plupart des villes kurdes, on eût difficilement trouvé une famille qui n'ait eu un jour à déplorer la perte de l'un des siens, arrêté par les hommes du Am'en et disparu pour toujours. Ceux des suspects qui étaient entrés dans les locaux de la Sécurité en étaient rarement sortis pour témoigner. Les autorités irakiennes ont toujours refusé l'accès de leur prison à des observateurs étrangers tenant pour autant d'« allégations calomnieuses » les rapports émanant d'Amnesty International ou autres organisations humanitaires. L'insurrection kurde, en ouvrant les prisons et les bâtiments des services de Sécurité, aura permis de donner aux mots leur terrible poids de réalité.

« Oui, il y a eu des choses terribles, admettait Akram Ahmed, à Dohouk. On me l'a dit, mais je n'avais rien à voir avec tout cela. Je travaillais dans un bureau au service du personnel. » « Il ment », condamne un des peshmergas qui nous accompagnaient. Ses deux voisins de lit, les permanents du parti Baas, nous avaient à peu près déclaré la même chose, l'un d'eux ayant même ajouté que « depuis longtemps, il avait espéré l'"Intifada" » et qu'il remerciait Dieu « parce que ce jour était venu ». « J'étais au parti parce que j'avais peur, expliquait l'autre. J'avais adhéré au Baas quand je pensais que le parti était bon pour le pays et qu'il allait augmenter les salaires. Après, j'ai compris qu'il travaillait contre le peuple mais ils ont menacé de me tuer si je démissionnais. » Les deux baasistes, comme l'homme de la Sécurité, prétendaient avoir été tirés dans le dos par leurs camarades restés fidèles à la ligne juste. Par quel mystère, blessés dans le combat, avaient-ils échappé au règlement de comptes final ? Il faut croire que les consignes de clémence des dirigeants kurdes avaient parfois été écoutées.

Une réunion historique

Elles n'étaient certainement pas de pure forme, ou destinées à la seule consommation des correspondants de presse étrangers, pas plus que les mots clés du Front national kurde – regroupant les organisations de l'insurrection –, liberté, démocratie, ne pouvaient être tenus pour des slogans de circonstance. Cela valait autant pour le Kurdistan que pour l'Irak, celui-là entendant bien demeurer au sein de celui-ci. Massoud Barzani, président du PDK et coprésident du Front, justifiait ainsi le fait qu'on n'avait aperçu aucun drapeau kurde, en dépit de la victoire sans partage de l'« Intifada ».

« Les tortionnaires ou les tueurs du régime doivent être gardés pour être jugés plus tard. Les autres, s'ils demandent pardon au peuple kurde, doivent être libérés. »

Les soucis extérieurs n'en étaient pas absents, notamment celui de se ménager la neutralité positive de la Turquie, particulièrement soucieuse de ne pas laisser une victoire kurde en Irak déraper vers des tentations indépendantistes.

Aussi, et par-dessus tout, les dirigeants du Front tenaient-ils à réaffirmer et à montrer que la libération du Kurdistan ne pouvait en aucun cas dégénérer en un conflit ethnique arabo-kurde. « Notre seul ennemi, c'est le régime de Bagdad », répétait-il inlassablement en ajoutant aussitôt : « Notre objectif unique est un Irak démocratique dans lequel citoyens et minorités vivraient en harmonie et en pleine égalité de droits. » L'insurrection avait été le fait des peshmergas, l'œuvre des organisations de la résistance, principalement du PDK de Massoud Barzani et de l'UPK de Jalal Talabani. La reconstruction d'un Kurdistan libre ne pourrait être que celle de tous les Kurdes.

Le 24 mars à Salahudin, une petite ville dans la montagne à une trentaine de kilomètres d'Arbil, se tint une réunion apparemment pittoresque mais parfaitement historique. Une centaine de chefs tribaux étaient réunis autour des principaux dirigeants du Front dont Massoud Barzani et, en l'absence de Talabani, Noshirwan Amine, le numéro 2 de l'UPK. Moustaches grises et turbans noirs et blancs de rigueur, sagement rangés sur les chaises du grand salon de l'hôtel Salahudin, les notables kurdes vinrent les uns après les autres assurer le Front de leur totale et sincère adhésion.

Ces hommes constituaient les jachs – les « collabos » du pouvoir central. Selon leur ancienneté, leur importance et leur fortune, chacun de ces hommes dirigeait une milice entièrement dévouée à son chef et qui pouvait compter de 100 à 1 000, voire 5 000 hommes. Bagdad fournissait les armes et l'argent, en échange, il va sans dire, d'une coopération totale. Ces milices, baptisées « unités de défense patriotique » dans le vocabulaire baasiste, jouèrent leur triste rôle dans la répression des militants nationalistes. On eût pu craindre qu'à la faveur de la « libération » les comptes ne se réglassent sévèrement et dans le sang, il n'en fut rien.

À Salahudin, chacun jura qu'il était prêt, le jour même, à envoyer ses hommes là où la « révolution » l'exigerait. C'est ainsi qu'à partir du 24 mars ceux qui étaient alors des jachs devinrent des « révolutionnaires ».

La conversion valait ce qu'elle valait. L'opportunisme y avait sa part, et on en verra les limites moins d'une semaine plus tard, quand certains de ces « révolutionnaires » fraîchement retournés ouvriront le chemin aux forces irakiennes en cessant le combat dans la région de Dohouk, leur permettant une percée décisive. Mais sur le moment on pouvait y croire. Et puis il y avait urgence. Grâce aux « révolutionnaires », la direction du

Front pouvait mobiliser à l'instant 10 à 15 000 fusils supplémentaires sur le « front » de Kirkouk.

La cité pétrolière, enjeu capital pour les Kurdes comme pour Bagdad, avait été libérée le 18 mars après quatre jours de combats au cours desquels les peshmergas avaient perdu quelque 3 000 hommes, dont 250 morts. Depuis, la bataille se poursuivait pour le contrôle de l'immense base militaire de Khaled al-Walid, siège du premier corps d'armée irakien, au sud-ouest de la ville, depuis laquelle la garde républicaine menait ses bombardements meurtriers. Chaque jour les combattants kurdes gagnaient un peu de terrain, mais ils étaient épuisés et l'on signalait l'arrivée de nouvelles divisions de la garde républicaine sur les arrières du Front.

L'argument militaire était important. Le souci politique et au-delà celui de ne pas répéter les erreurs du passé l'étaient bien davantage. Depuis la première révolte du cheikh Mahmoud dans les années 1920 en passant par les multiples épisodes de l'épopée de « mollah » Mustafa Barzani, le mouvement des Kurdes d'Irak avait toujours sombré à la fin non seulement sous les coups de ses impitoyables adversaires, qu'ils fussent anglais ou arabes, républicains ou baasistes, mais tout autant du fait des conflits au sein de la société kurde elle-même, de ses archaïsmes et de ses rivalités tribales. De même qu'ils avaient cette fois affiché sans ambiguïté possible leur volonté d'intégrer la revendication kurde dans le cadre territorial de l'Irak et d'allier leurs efforts à ceux de tous, Arabes chiites du Sud, sunnites de Bagdad et du centre, chrétiens du Nord ou Turkmènes pour un objectif démocratique commun, les dirigeants de l'insurrection voulaient manifester l'unité du peuple kurde dans toutes ses composantes. L'ampleur de la victoire, sans précédent dans les soixante-dix années de lutte des Kurdes d'Irak, autorisait tous les espoirs.

Du 6 au 14 mars, de Rania, la première, près de la frontière iranienne, à Zakho, aux confins syro-turcs, en passant par Rawandouz, Arbil, Sulaymaniyah et à la seule exception de Kirkouk pour quatre jours encore, toutes les villes et villages du Kurdistan irakien avaient échappé au pouvoir central. Le territoire ainsi libéré recouvrait ou peu s'en faut les « frontières » du Kurdistan d'Irak historique. Et cette victoire était celle d'une population unanime, kurde et non kurde.

Tout à l'euphorie de la liberté, le Kurdistan vivait un bonheur sans partage. Et le montrait. Partout.

La libération des photocopieuses

Sur les ruines d'une dictature qui venait de subir une défaite humiliante face aux troupes de la coalition, les Kurdes célébraient leur triomphe en y invitant tous les autres. Leurs forces au sud étaient à moins de 150 kilomètres de Bagdad et menaçaient Mossoul au nord. « Mais pas question d'aller au-delà. Nous n'allons pas prendre des villes arabes. Nous ne sommes pas le gouvernement central », déclaraient sagement les dirigeants du Front, attendant que les autres forces de l'opposition viennent les rejoindre pour la bataille finale. Elles ne vinrent pas. Mais à ce moment on l'espérait encore, comme on espérait le soutien de la « coalition du droit » et avant tout des États-Unis, de la Grande-Bretagne et de la France. Comment imaginer que les pays phares de la démocratie et de la liberté, qui avaient déclaré et fait la guerre à Saddam Hussein pour libérer le Koweït, laisseraient au maître de Bagdad tout loisir de prendre une revanche sur son peuple ? Tout à l'euphorie de la liberté, le Kurdistan vivait un bonheur sans partage. Et le montrait. Partout. Mais nulle part peut-être aussi intensément qu'à Sulaymaniyah.

Centre intellectuel d'une région qui avait toujours été celle des rebelles, Sulaymaniah semblait le cœur battant de l'insurrection, respirant la liberté avec la même avidité que l'air des montagnes voisines. La ville, qui dès le début du XIXe siècle avait donné le signal de la révolte contre les Ottomans, aura payé tout au long de l'Histoire un tribut de souffrance et de sang à la mesure de son espoir démesuré. Comme à Halabja, on n'y parlait que d'avenir. La ville serait prospère, riche et généreuse de l'énergie de ses habitants. Et l'exprimait par la photocopie.

Le raid américain qui avait détruit la centrale hydroélectrique de Dokan avait épargné une turbine. Les ingénieurs et ouvriers kurdes entreprirent les réparations. Grâce à quoi, et bien avant que Bagdad ne puisse en bénéficier, Sulaymaniyah avait de l'électricité 24 heures sur 24 et donc de l'eau courante, chaude et froide. Ce qu'en plus de trois semaines le pouvoir central n'avait pas su faire, les hommes de l'« Intifada » kurde le réalisèrent en trois jours. De proche en proche, toutes les villes du Kurdistan allaient être alimentées. Le 27 mars, la moitié d'Arbil était éclairée. Trois jours plus tard, en « reprenant » Arbil, autrement dit la bombardant avec « une violence sans précédent » comme disait la BBC, la garde républicaine de Saddam Hussein la replongeait dans l'obscurité.

Trois suppliciés figuraient sur l'image mais ils étaient sept ce jour-là, « raflés » par les agents de la Sécurité après une manifestation de rue et aussitôt mis à mort.

Grâce à l'électricité revenue, Sulaymaniyah libéra les photocopieuses. Ces machines apparemment banales, pour être largement répandues en Irak, étaient placées sous haute surveillance. Les magasins qui en disposaient devaient rendre compte de leur usage aux moukhabarat, les agents des services de renseignement du régime. Comme nul n'est censé ignorer la loi, mais que cela va mieux encore en l'écrivant, une lettre circulaire en rappelait les dispositions en détail aux boutiquiers susceptibles de reproduire des documents à la demande de leurs clients. Un papetier me montra la sienne, transmise par un organisme local de la Sécurité. La liste des interdits de photocopie était impressionnante, comprenant notamment les livres religieux ou militaires, les lettres manuscrites, les journaux et périodiques étrangers, etc. Il était permis en revanche de reproduire : 1) les ouvrages scolaires, 2) les passeports de ressortissants arabes exclusivement, 3) les documents d'état civil, et la liste était close.

Depuis le 11 mars, les photocopieuses tournaient à plein rendement, multipliant les photos des grands hommes kurdes, chefs du présent ou du passé, des photomontages à vocation humoristique telle celle montrant George Bush brandissant la tête de Saddam Hussein encerclée d'une corde – à ce moment le Kurdistan unanime croyait encore que les États-Unis et derrière eux les pays de la coalition anti-irakienne ne pouvaient que soutenir les revendications de liberté et de démocratie des insurgés du nord comme du sud de l'Irak –, mais encore et surtout, les portraits des

« martyrs », des dizaines d'enfants de Sulaymaniyah assassinés par les sbires du régime, ainsi que les clichés terribles des morts de Halabja (ce village gazé par l'armée de Saddam en mars 1988), ou d'exécutions sommaires dans les rues de Sulaymaniyah.

Les images étaient pâles, à peine lisibles parfois, faute d'encre pour les machines, mais elles s'étalaient sur tous les murs et les vitrines de la ville. L'une des plus répandues montrait l'exécution sommaire de jeunes Kurdes par un officier irakien en veste de camouflage qui, pour la parade, achevait l'un d'entre eux d'une balle dans la tête. L'officier était connu dans Sulaymaniyah sous le nom de « capitaine Taha ». Selon un témoin direct, la scène s'était passée en public deux mois auparavant. Trois suppliciés figuraient sur l'image mais ils étaient sept ce jour-là, « raflés » par les agents de la Sécurité après une manifestation de rue et aussitôt mis à mort. La photo, parfaitement cadrée, sinon posée, avait été, précisait le témoin, « prise à la demande expresse du capitaine qui expliquait que, grâce à elle, Saddam Hussein lui accorderait une promotion pour le bon travail accompli au Kurdistan ».

Le même témoin assurait que le capitaine Taha s'était réfugié à Bagdad à la veille de la libération de Sulaymaniyah, ce qui lui avait probablement sauvé la vie à la différence de quelques autres qui pour leur malheur ne crurent pas aux succès des insurgés. « Cet officier était un tueur cynique, affirmait A., un ingénieur agricole proche de l'UPK, mais il y avait encore pire que lui. »

La terrible banalité de la terreur

A. nous avait servi de guide pour visiter les locaux du Am'en et les prisons attenantes. Une foule de curieux nous accompagnaient qui découvraient avec nous la terrible banalité de la terreur, les deux cellules grillagées du rez-de-chaussée dont les 30 m² hébergeaient normalement jusqu'à 200 détenus, les geôles étroites comme un placard à balais où l'on enfermait les prisonniers pour les mettre en condition avant les interrogatoires, cette autre cellule d'attente en sous-sol inondée d'une eau puante qui obligeait les détenus à rester debout, mouillés au-dessus du genou. Les pièces destinées à la torture avaient été incendiées, on voyait seulement les traces d'installations électriques qui pouvaient servir à n'importe quoi d'anodin ou non et quelques vestiges d'insonorisation. La salle des exécutions était presque intacte, avec ses crochets coulissant sur une poutre en fer où l'on accrochait la corde et les chaises sur lesquelles on faisait grimper les condamnés. Pour les visiteurs locaux, chacune de ces pièces semblait réveiller un souvenir terrible auquel ne correspondait aucune mémoire. On n'osait se demander combien parmi ces visiteurs essayaient de refaire mentalement l'itinéraire d'un proche, d'un frère, d'une sœur, d'un fiancé.

Depuis la rue, le siège de la Sécurité ressemblait à n'importe quel bâtiment administratif du régime, banal et laid. Sa façade calcinée et trouée d'impacts témoignait de l'intensité des combats. Ils avaient duré une trentaine d'heures les 9 et 10 mars. La plupart des défenseurs du local assiégé y avaient vraisemblablement trouvé la mort. Cent ? Deux cents ? Plus ? Les témoignages étaient imprécis. Il y aurait eu, nous disait-on, des survivants. Dans le hall d'entrée du bâtiment principal, une « chose » bizarre pendait au bout d'une ficelle. C'est seulement de près que l'on reconnaissait un fragment d'avant-bras humain.

« À la fin de la bataille, racontait A., des hommes sont sortis du local, les mains en l'air et les deux terrifiants officiers du local en étaient. La foule s'est jetée dessus comme si d'un coup elle avait été enragée. La haine emportait tout. Ce que vous avez vu en est le résultat. Je ne suis pas d'accord, cela me choque. Mais on ne liquide pas facilement trente ans d'oppression et de dictature dans les têtes. Cette libération-là sera peut-être plus difficile que l'autre. »

Ce jour-là, un de ses amis avait tenté de s'interposer alors qu'un assaillant voulait tuer ou mutiler un prisonnier. « Qui es-tu ? avait hurlé l'agresseur. As-tu une sœur qui a été tuée dans ces locaux ? Non, alors tais-toi et laisse faire celui qui doit venger sa sœur. » « Il faut oublier les armes, concluait l'ingénieur. L'insurrection est finie. Nous avons gagné. L'arme d'aujourd'hui, c'est ceci. » Il avait sorti un stylo de sa poche qu'il brandissait vers le ciel. « La guerre pourrit tout. C'est seulement dans la paix que l'on peut penser et créer. »

Quelques heures après, alors que nous quittions Sulaymaniyah, les mauvaises nouvelles tombaient. La garde républicaine qui attaquait Kirkouk par le sud et l'ouest avait réussi à l'encercler en s'emparant de deux gros villages sur les routes d'Arbil au nord et de Sulaymaniyah à l'est.

Soixante obus à la minute

Au soir du 28 mars, les quelque 30 000 hommes des unités d'élite de Saddam avaient repris la cité pétrolière et marchaient sur Arbil. Le 30 au matin, c'est la capitale du Kurdistan qui s'effondrait à son tour, désertée par ses habitants, abandonnée par les combattants qui ne pouvaient tenir sous le déluge de feu. Des témoins qui en sortaient avaient compté jusqu'à soixante obus à la minute qui s'abattaient au hasard sur la ville aux premières heures de l'aube. L'exode avait commencé. Le bombardement d'un convoi de réfugiés au pied de la montée vers Salahudin, à la sortie d'Arbil, le transforma en panique.

À partir du dimanche 30 mars, ce ne furent plus des milliers mais des dizaines puis des centaines de milliers d'habitants du Kurdistan d'Irak qui quittaient villes et villages pour un improbable refuge. La premier jour, quand on demandait aux gens : « Pourquoi partez-vous ? », ils répondaient qu'ils avaient peur. De quoi ? « Des bombes chimiques. » Chacun « savait » que déjà des armes chimiques avaient été utilisées. À Kirkouk, disaient les gens d'Arbil. À Arbil, disaient ceux de Salahudin. Répondre qu'après enquête auprès des hôpitaux et des dirigeants kurdes, on pouvait affirmer que ce n'était pas le cas ne rassurait qu'à moitié. Aurions-nous eu raison, « qui » empêchait Saddam d'utiliser son arsenal chimique ? Avait-on oublié Halabja ?

Et cette fois, il n'y avait pas de bonne réponse. Une semaine plus tôt, trois jours même, il eût suffi de dire : George Bush ne permettra pas, ou la Grande-Bretagne, ou la France… Il y a une semaine, le fait d'avoir laissé Saddam utiliser ses hélicoptères de combat alors qu'on l'avait privé d'aviation posait seulement des questions. Maintenant, on avait la réponse : Saddam Hussein, George Bush complices contre le peuple kurde. Finis les « Merci Bush » et les « Vive Mitterrand ». On se souvenait que la France avait armé Saddam Hussein et s'était tue sur Halabja. On constatait que la coalition – mais souvent on disait seulement : les États-Unis – avait détruit l'Irak et anéanti l'armée de Saddam « sauf » ce qu'il lui fallait pour massacrer son peuple, kurde au nord, chiite au sud, irakien partout.

Abandon, trahison, cynisme, voilà ce que l'on entendait maintenant sur notre passage. Ou bien rien. Rien d'autre que ces regards muets et lourds qui ne semblaient pas nous voir et qui faisaient plus mal encore.

LA LONGUE MARCHE D'UN PEUPLE ÉPUISÉ

Par centaines de milliers, des Kurdes, pourchassés par l'armée de Saddam Hussein, sont venus s'échouer jusqu'à la frontière turque. À l'éphémère espoir d'un Kurdistan libre a succédé la désespérance d'un nouvel exode, les souffrances d'une marche épuisante, et un sentiment d'abandon.

YVES HARTÉ
« SUD-OUEST », 30 AVRIL 1991

Nul ne vit la voiture qui entraîna toutes les autres, la première voiture au toit chargé de couvertures, de bidons d'essence, qui donna le signal de l'exode. Plusieurs étaient déjà passées dans la journée, sans que personne y prête plus d'attention qu'à celles qui filaient depuis quatre jours. Depuis qu'aux escarmouches et aux bombardements des civils avaient succédé les vrais affrontements. Kirkouk, peu à peu, s'était vidé de ses habitants. Le soir de la première journée, en venant de Sulaymaniyah à l'est, près de la frontière iranienne, nous avions aperçu dans la nuit toutes ces caravanes improvisées, tracteurs et leurs remorques changées en yourtes ambulantes, autos aux essieux harassés et même un camion-citerne sur lequel on apercevait tout en haut deux petits visages qui émergeaient d'une couverture.

La fausse rumeur qui annonçait un massacre à Qara Anjir, à dix kilomètres de Kirkouk, où des exécutions sauvages tuèrent une vingtaine de personnes, jeta les villageois des alentours sur la route et les envoya tourner dans le labyrinthe de la nuit. Ils finissaient par s'arrêter au détour d'un chemin, comme s'ils avaient trouvé le sommeil à défaut de la paix.

Mais rien ne ressembla à la première tentative de la fuite d'Arbil ! Quelle fut donc la voiture qui entraîna les autres ? Passa-t-elle devant le Golden Hotel qui n'avait plus rien de doré, mais était devenu un trou à rats que les réfugiés payaient au prix fort. Démarra-t-elle du garage deux rues à côté où le prix des places de voitures augmentait de jour en jour : 30, puis 60, puis 80 dinars. Ce samedi, elle amena seulement une famille, peut-être celle qui descendait les escaliers de l'hôtel tôt ce matin, chacun emportant un trésor sous les bras. Le fils, 13 ans peut-être, une ombre de duvet sur les lèvres, se tenait gravement assis dans un fauteuil, sous une lumière d'aquarium, attendant le signal du père, son microscope sur les genoux.

Les nouvelles arrivaient en même temps qu'entraient les lumières de la rue quand s'ouvraient les portes. Bonnes et fausses puisque, tard dans la journée, les peshmergas auraient fait sauter le verrou d'Altun Kop, à cinquante kilomètres d'ici, que tenaient jusque-là les unités spéciales de la Garde républicaine. On rajoutait même que les opposants les plus craints, les plus cruels, les mercenaires iraniens de Massoud Radjavi, les Moudjahidin du peuple, partisans de l'Irak, auraient fui en laissant derrière eux un millier de personnes et de nombreux morts.

Un tumulte de tôles et de moteurs

On se racontait cela, alors que s'empilaient les valises, que des voitures avançaient en rangs de plus en plus serrés et klaxonnaient en passant dans l'avenue. Dans le crépuscule encore chaud, un obus de mortier éclata. C'était le premier que l'on attendait ici. Arbil se fit brusquement silencieuse. La nuit arriva rapidement. Les groupes électrogènes ne se mirent pas en marche comme les jours précédents. Autour d'une bougie plantée dans une bouteille de bière défunte, un dernier carré examinait avec attention le proche avenir. La défense de l'officieuse capitale commençait.

À 8 heures, les premiers obus de mortier tombèrent sur la ville. Plus rien n'aurait pu arrêter le raz-de-marée.

Les combattants savaient que reprendre Kirkouk était désormais un rêve. Dans la nuit, on entendit de nouveau deux explosions. Les voitures ne ralentirent pas leur cadence. On percevait distinctement la peur maintenant. Au bout de la rue, un barrage de peshmergas filtrait le flot. Coups de klaxon. On devinait les injures. Et ainsi, sur des kilomètres, de 500 mètres en 500 mètres, des groupes armés de kalachnikovs arrêtaient les familles dans leur fuite, les forçaient à un demi-tour sur la route qu'elles voulaient quitter, ajoutant encore à la confusion de cette première nuit d'exode : « Retournez à Arbil, disaient les combattants. Revenez, vous n'avez rien à craindre. Le front est solide. Saddam Hussein ne pénétrera jamais dans la ville. »

Une voiture avança. Son capot essaya, presque sans y croire, de forcer le dernier passage. Une rafale de kalachnikov cracha son feu blanc. Il y eut un silence, comme si tout le monde comprenait alors qu'il fallait passer cette nuit à Arbil, capitale de quinze jours maintenant, à portée de canon de l'armée irakienne.

Au matin, alors que toute la nuit, les explosions se faisaient de plus en plus proches, la vague de l'exode emporta tous les barrages. Il était 8 heures à peine. Les premiers obus de mortier tombèrent sur la ville. Dès lors, plus rien n'aurait pu arrêter le raz-de-marée. Les voitures se dirigeaient vers le nord, vers Sala Huttine d'abord, piton rocheux qui servait de village résidentiel aux dirigeants du front, puis vers Dyana, un nid d'aigle duquel on accédait par une brèche dans la montagne.

Tous ceux qui, la veille, avaient été refoulés aux portes de la ville, s'engouffraient dans le grand tumulte de tôles et de moteurs bouillants, avançant au pas, s'arrêtant, regardant derrière eux les premières corolles de fumée qui montaient de leur ville.

« Les hélicoptères ! »

L'arrivée à Sala Huttine, trente kilomètres plus loin, était en fait un véritable piège. À 10 heures, la route était bloquée. Les voitures venaient s'engouffrer dans l'entonnoir que formait, minuscule au bout des lacets, cent mètres en contrebas, un pont sur lequel on ne pouvait se croiser. Les carrosseries jetaient parfois de brefs éclairs quand, par miracle, une secousse agitait ce gigantesque conglomérat de ferraille. Une Chevrolet, coffre ouvert, trois gosses à l'intérieur, jambes pendantes et leur sœur, une jeune fille en chemise de nuit, klaxonnait sans avancer. Un antique tracteur grinçant, brinquebalant, était conduit par un homme mal rasé, keffieh sur la tête, et qui menaçait d'exploser à chaque accélération. La chaleur montait avec le soleil. Les peshmergas arrivaient à peine à rétablir un semblant d'ordre qui permettrait aux voitures de se croiser et à la circulation de reprendre.

Alors monta, très proche, de l'autre côté de la colline, un roulement sourd qui s'arrêtait puis reprenait. Les voitures ne bougeaient toujours pas. Les hommes en sortaient parfois, scrutant le ciel bleu.

« Les hélicoptères ! » Le murmure parcourait la ville comme un frisson. Les explosions se faisaient plus pressantes. Des gens se mirent à fuir. Un couple se tenant par la main coupait à petits pas vers la colline, sa voiture à peine garée sur le bas-côté. Puis des familles entières affleurèrent à contre-jour, silhouettes noires chargées de paquets et d'enfants. Elles dévalaient la pente, marchaient un instant dans la poussière, passaient sans regarder en arrière, répondant sans s'arrêter aux questions qu'on leur jetait.

« Les hélicoptères ! Ils bombardent les voitures sur la route. On les a vus lancer leurs roquettes. Ils vont venir. »

Ils repartaient, rassemblant leurs familles, rajustant leurs paquets. Sur toute la route qui menait vers Dyana où le choix se faisait alors de partir à gauche vers la Turquie ou à droite vers l'Iran, les mêmes signes se répétèrent. Embouteillage. Poussière. Attente. Inquiétude. Mêmes visages en pleurs, même précipitation qui rassemblait tout et n'importe quoi et envoyait parfois dans un même village des fuyards vers des routes opposées.

Il était 17 heures, ce dimanche soir, quand les camions bâchés et un bus arthritique s'arrêtèrent en bord de route, quelque part dans les montagnes kurdes. Toute la journée, le bruit avait circulé que Donok était tombé, que les gouvernementaux bombardaient Zakho, seul point de passage avec la Syrie.

Ils étaient étranges, tous les deux, habillés comme pour une soirée, sous le soleil pâle d'un chemin de montagne.

Restait la Turquie. Un chemin de terre s'engageait vers un plateau caillouteux innervé de cours d'eau. Les premiers réfugiés l'empruntèrent. Plus loin, près d'un torrent qui avait creusé un lit profond dans la rocaille, une famille de bergers nomades avait planté sa tente. Les gosses, sales et blonds, riaient en voyant les femmes glisser sur les cailloux. La nuit tomba, éclairée par une grande lune.

Plus tard, vers 2 heures, un autre convoi arriva. On entendait les voix dans le noir et le lendemain matin également au lever du soleil. Cent personnes, à leur tour, qui pataugeaient dans la boue, butaient contre les pierres, serrant contre elles ce qui leur restait : une gourde, trois couvertures, un souvenir, une grosse valise parfois que l'on changeait de main en main tous les dix mètres et qui sciait le bras. Les enfants ne pleuraient pas. Abrutis de sommeil, ils tombaient souvent. Le père en chargeait un sur les bras, la mère portait le plus petit ; une minuscule fillette aux boucles dorées, au manteau rouge, aux chaussons rouges, tenait la main de sa mère et avec l'autre faisait marcher sa poupée. La mère regardait devant elle. Fixement, un pli sur le front. La bouche serrée, les savates aux pieds juraient avec le tailleur et le chemisier de bonne facture.

Un village de toits plats

Un vieil homme s'approcha. Il avait un costume bleu, des souliers vernis, une moustache blanche et des lunettes noires. « Pourquoi M. Bush ? » « Viens », dit sa femme qui était restée sur le chemin. Elle était blonde avec un visage bouffi de fatigue et des yeux rouges. Le vieil homme insista : « Pourquoi M. Bush laisse-t-il faire ça ? »

La femme, derrière, s'est mise à pleurer. Ils étaient étranges, tous les deux, habillés comme pour une soirée, sous le soleil pâle d'un chemin de montagne. Ils arrivaient d'Altun-Kopri, le village que les gouvernementaux avaient attaqué pour faire tomber Kirkouk. « Ils ont tué les Kurdes, les Turkmènes. Je suis turkmène. Je me suis caché et nous sommes partis. Après, les hélicoptères nous ont attaqués sur la route. »

Ils détournaient les yeux vers ce village de torchis et de chaume dans lequel commençait leur vie d'exil.

Les bergers de 12 ans qui gardaient les chèvres aux longs poils noirs indiquaient une source qu'ils connaissaient, un puits à même la roche, sous une voûte invisible du dehors. Les réfugiés y arrivaient, buvaient à longs traits, reprenaient des couleurs, se laissaient indiquer le chemin, puis repartaient, souffle court, jambes raides, en pensant ne jamais y arriver. Encore un plateau. Encore une montée qui laissait exsangue et qui, depuis le début, avait tué deux vieillards. Et tout au bout de ces six heures de marche, sur une crête battue par les vents, on distinguait enfin la vallée verte et son village de toits plats que dominait un poste de l'armée. Les Turkmènes s'y dirigeaient tout droit. Les Kurdes, que le gouvernement de M. Ozal ne veut pas accueillir, l'évitaient et faisaient un long détour pour rejoindre un camp du Croissant-Rouge.

Au bas du pré spongieux qui délimitait le domaine du village, un enfant comprit qu'il était arrivé. Il tenait les mains de sa mère. Elle tremblait de fatigue. L'enfant regardait, bouche bée, le manège des chevaux que l'on chargeait à nouveau pour une dernière étape. Quand il leva la tête pour dire sa joie, il vit sa mère qui se mordait les lèvres pour ne pas pleurer.

« C'est fini »

« C'est fini. Saddam fasciste. » Ils disaient tous cela. Ils ne le criaient pas. Ils passaient, les plus âgés et les femmes présentes à califourchon sur les petits chevaux, blancs de fatigue, les yeux vides. Ils nous regardaient un court instant. Puis ils détournaient les yeux vers ce village de torchis et de chaume dans lequel commençait leur vie d'exil. Ils distinguaient le poste de police sur la butte entourée de trois chênes centenaires. C'est fini, disaient-ils. Et la plupart, même les plus endurcis, même les plus enthousiastes que nous avions rencontrés lors de notre séjour au moment de la grande euphorie ne pouvaient garder les yeux secs.

C'est fini et nous ne pouvions pas ne pas les comprendre sans repenser aux quinze jours du Kurdistan. Nous ne pouvions pas ne pas revoir le sourire du capitaine Kamal quand il apprit que Kirkouk était délivré, les fleurs sur les pommiers dans la vallée quand tombèrent les premières bombes, les soirées à Sulaymaniyah où nous avions été invités et où on nous parlait d'un renouveau culturel impensable quinze jours auparavant.

Nous revoyions les vieux peshmergas qui partaient en sabots de caoutchouc attaquer Mossoul au RPG 7. Et ce bébé de 2 ans peut-être qui, un jour, dans le vieux quartier d'Arbil, nous prenant pour les soldats de Saddam Hussein, eut une peur d'enfant, s'enfuit en sanglotant se réfugier dans les bras de son grand-père. Ce dernier le réconfortait en lui chuchotant : « Mais non, ce ne sont pas des soldats. Ce sont des journalistes. »

Voilà quels étaient les souvenirs de la vallée verte alors que, de l'autre côté, les villes tombaient les unes après les autres, que les Irakiens marchaient sur Sulaymaniyah et que le plus grand exode du peuple kurde venait juste de commencer. Deux millions de civils fuyaient dans la montagne.

L'EXODE DES PAYSANS CHINOIS AU FIL DU RAIL

Chaque jour, les trains venant des provinces rurales défavorisées déversent dans les grandes villes du pays des milliers de paysans à la recherche d'un emploi. Dépassées, les autorités tentent de masquer cet exode de la misère.

CAROLINE PUEL
« LIBÉRATION », 10 JUIN 1993

Ils ont de 16 à 30 ans et viennent tous du même village du Sichuan. Ils campent depuis plus d'un mois sur le parvis de la gare de Shanghaï. Tous ont emporté avec eux leurs outils de travail. Une pelle en bois et une truelle émergent, dérisoires, de l'un des sacs en toile huilée qui s'est éventré. Engoncés dans leur veste de coton bleu matelassée, maculée de taches, cheveux hirsutes, l'œil hagard, ils se relaient pour dormir. Lovés entre leurs sacs de voyage, une oreille toujours aux aguets, prêts à bondir à l'arrivée de racketteurs ou au bruit de bottes des patrouilles de policiers, armés de matraques, qui tentent régulièrement d'inciter les dagongcai (nom donné aux chercheurs d'emploi) à reprendre le train pour une autre destination.

Pour ces migrants en désarroi, plus de permis de résidence, encore moins de contrôle exercé par les comités de quartiers. La vie s'organise tant bien que mal, dans la gare ou alentour. Quelques femmes sans âge, un fichu noué sur la tête se sont installées sous le pont de la rue du Zhejiang qui enjambe la rivière Suzhou et proposent aux passants les plus aventureux de leur lire les lignes de la main. Un enfant d'une dizaine d'années, dépenaillé, tente de traduire, d'une petite voix hésitante. Personne à Shanghaï ne comprend le dialecte de leur région. Le soir venu, le parvis s'illumine aux centaines de bougies ou lueurs de briquets, et la gare prend une allure de cour des miracles.

La transhumance des paysans-chômeurs est devenue l'un des premiers sujets de préoccupation des autorités chinoises. Voilà plus de trois mois que les omnibus provenant des provinces rurales défavorisées (Sichuan, Anhui, Henan, Shanxi, Shaanxi) déversent chaque jour dans les grandes villes plusieurs milliers de campagnards déboussolés à la recherche d'un emploi. Ce phénomène de « population flottante » n'est pas totalement nouveau en Chine, il a démarré au milieu des années 1980, après que la décollectivisation des campagnes, a laissé inactifs de 130 à 150 millions d'ouvriers agricoles, selon les estimations officielles. Mais ce mouvement restait jusqu'à présent limité dans son ampleur.

Des haut-parleurs géants jettent des ordres auxquels personne ne prête attention.

Cette année, la crise paysanne s'étant aggravée avec l'hiver, le nombre de campagnards choisissant l'exode a explosé, alors même que la Chine des grandes réformes qui débauche à tour de bras dans l'administration et les entreprises publiques n'est plus capable d'absorber ce flux. Comme dans les années 1930, des milliers de paysans ne trouvant plus d'emploi au sud remontent maintenant vers le nord, jusqu'à la Mongolie ou vers les grands ports comme Dalian, sillonnant le pays au rythme des locomotives à vapeur.

Dépassées par l'ampleur du phénomène, les autorités chinoises ont été tentées à plusieurs reprises de masquer cette face peu reluisante des réformes. Ce fut le cas notamment au mois de mars, lorsque des centaines de députés se sont rendus en train à Pékin pour assister à la séance annuelle de l'Assemblée nationale. « Une rumeur a commencé à courir dans la gare, affirmant qu'il y avait des milliers d'emplois à pourvoir au nord de la province, explique une gamine fortement maquillée, originaire de l'Anhui, beaucoup y ont cru et ont repris le train mais, à l'arrivée, il n'y avait rien. C'était des flics en civil qui avaient fait courir ce bruit pour que l'on dégage. Après quelques jours, on est revenus se poster à Shanghaï. » L'express Shanghaï-Pékin relie quotidiennement en dix-sept heures l'immense métropole côtière à la capitale. Le train vient de ralentir en entrant dans la gare de Changzhou, dans la province du Hebei.

Les nouveaux mendiants

La ville entière est enveloppée dans les fumées blanches d'une cimenterie qui vomit des nuages âcres sur les habitations de brique, devenues rose pâle avec le temps. Des haut-parleurs géants jettent des ordres auxquels personne ne prête attention. Des milliers d'immondices jonchent le sol entre les wagons stationnés. « Regardez ces pauvres bougres », grimace l'un des cuisiniers du wagon-restaurant en crachant par la fenêtre.

Une bande de gamins en haillons, les pieds enveloppés de bandes de tissu, foulent le tapis de poudre blanche. L'aîné n'a pas 12 ans. Tenant un bâton à la main, ils retournent les déchets, et parfois, d'un geste brusque, se précipitent, jettent un objet dans le sac grisâtre qu'ils portent sur l'épaule. « Ce sont les nouveaux mendiants, s'exclame le cuistot, des orphelins ou des fils de paysans que leur famille ne parvient plus à entretenir. Ils ont pris le train – au hasard – jusqu'à une ville et maintenant, ils en sont réduits à vendre ces articles invraisemblables sur les marchés pour en tirer quelques fens (centimes), d'autres font la manche près des grands magasins. Ils s'organisent en bande, avec un chef, on en voit maintenant dans presque toutes les gares importantes. »

Une voix enregistrée nasillarde tente de couvrir le brouhaha d'excitation de l'arrivée. L'express s'est immobilisé en gare de Pékin. Patiemment, l'hôtesse décline toutes les possibilités d'hébergement dans la capitale. Une cinquantaine de couples sont postés à la sortie des deux boyaux qui drainent le flot compact des voyageurs jusqu'à l'extérieur de l'énorme bâtiment. Repérant les dagongcai à leurs vêtements, ils s'efforcent, album de photos à l'appui, de les entraîner vers des hôtels « bon marché » – de 2 à 5 yuans la nuit (autant de francs).

Environ 300 personnes, servant d'intermédiaires, prennent les « commandes » des futurs employeurs et s'engagent à faire venir leur « cousin ».

Plus de 5 000 provinciaux vivent depuis des semaines entre les couloirs, les salles d'attente et le parvis de la gare, parfois grelottant de fièvre au pied d'un escalier. Redoutant constamment l'expulsion, ils sont tous officiellement en transit. « Je vois passer plus de 700 nouveaux venus par jour, affirme un petit vieux édenté qui s'est posté sur le trottoir de l'avenue bordant la gare et vend pour 2 yuans un plan de Pékin. Des dizaines de familles se sont installées plus loin à Yongdingmen, dans des tuyaux de canalisation. Tous les matins, ils se présentent au carrefour de la porte de la Grande Civilisation (Chongwenmen), au marché au travail. »

Le « gang de l'Anhui »

Les espaces sont clairement délimités des deux côtés du carrefour. Au sud, le marché officiel, où l'on signe des contrats de travail, colonisé par le « gang de l'Anhui ». Environ 300 personnes, servant d'intermédiaires, prennent les « commandes » des futurs employeurs moyennant parfois un dépôt de garantie et la signature d'un contrat et s'engagent à faire venir leur « cousin » de l'Anhui dont le profil correspond au poste de travail proposé. Au nord du carrefour attendent les travailleurs temporaires, prêts pour 100 yuans par mois à accepter n'importe quel emploi.

Deux hommes d'une quarantaine d'années tentent de se frayer un passage au sein des groupes agglutinés autour des recruteurs. Leurs lunettes noires détonnent dans la lumière encore faible de ce début de printemps. Ils arrivent du Heilongjiang, la province la plus septentrionale du pays, qui jouxte la Sibérie, et affirment rechercher 40 ouvrières pour leur filature de soie. Mais leur comportement intrigue. Passant en revue les dizaines de jeunes filles qui se sont alignées le long d'un muret, ils choisissent sans ambiguïté les plus jolies femmes, n'hésitant pas à demander à l'une d'entre elles de sourire pour examiner ses dents. « C'est vrai, on cherche des danseuses, finit par reconnaître l'un des deux individus, caressant en riant son crâne rasé. On a un bar à Harbin. Jusqu'à présent, on employait des Russes, mais elles sont vraiment trop chiantes, elles pleuraient tout le temps et nous ont laissé une note de téléphone incroyable, et puis les clients préfèrent les Chinoises. »

Il aura fallu moins d'une demi-heure aux deux hommes pour achever leur sélection. Munies d'une adresse griffonnée sur un bout de papier, les filles s'avancent une à une vers la bouche de métro, se mêlant à la foule, sans jamais se retourner. Un policier en civil qui observait la scène s'emploie à disperser les badauds, prétextant la… sécurité. Au bout du train, la longue marche des paysans-chômeurs ne fait que commencer.

VOICI REVENU LE TEMPS DES CONCUBINES

Elles sont réapparues à Shanghaï et à Pékin dans les grands hôtels et les lieux à la mode. Puis le phénomène a gagné l'ensemble de la Chine. Fidèles à un seul amant, elles sont perçues comme un signe extérieur de richesse. Avec les concubines, la tradition reprend ses droits.

CAROLINE PUEL
« LIBÉRATION », 30 JUIN 1993

L'orage attendu tout l'après-midi vient d'éclater sur Shanghaï et les vitres du salon de thé résonnent au crépitement de la pluie épaisse. Le rugissement des sirènes de cargos, brutalement pris dans la bourrasque sur le fleuve Huangpu, se mêle soudain aux coups de klaxon appuyés et au tintement incessant des sonnettes de vélos. Quelques passants hâtent le pas, tête courbée. Un serveur en gants blancs tire les lourds rideaux de velours ocre et allume des lampes aux abat-jour dorés, ajoutant encore au caractère cossu de ce salon de l'hôtel Hilton, l'un des lieux de rendez-vous les plus prisés de la nouvelle aristocratie financière, réapparue depuis quelques mois dans la Chine des réformes.

Pinçant l'anse de porcelaine de ses doigts aux ongles laqués, la Chinoise vient de porter la tasse à ses lèvres avec un petit soupir hautain. Ses cheveux noirs et brillants tirés dans un chignon, son col d'officier en satin, noir également, encadrent un visage au teint d'albâtre, finement poudré, et aux yeux effilés d'Orientale.

Un petit homme agité vient de surgir. Extirpant un téléphone portatif de sa poche, il apostrophe bruyamment son interlocuteur avec un fort accent cantonais et, arrivant à hauteur de la jeune femme, claque des doigts d'un geste sec, avant de tourner les talons. Reposant rapidement sa tasse, la jeune femme s'est levée sans un mot, révélant des jambes fuselées sous un short de cuir et lui emboîte le pas.

« C'est le grand retour des concubines, chuchote l'un des responsables de l'hôtel, un Belge basé depuis près de dix ans à Shanghaï.

C'est la conséquence directe des réformes : les Chinois ont davantage de liberté pour se déplacer et de l'argent, alors, ils s'offrent une concubine. C'est un signe extérieur de richesse au même titre que la Mercedes ou le téléphone portable. » Le phénomène est apparu dans le Sud, du côté de Shenzhen et Canton, voilà environ cinq ans, et gagne maintenant l'ensemble de la Chine au gré du développement économique. « J'ai vu les premières concubines apparaître à Shanghaï voilà environ dix-huit mois, à Pékin c'est plus récent encore, on les remarque depuis six mois », note une industrielle française, habituée à sillonner le pays pour affaires.

« Ce n'est pas de la prostitution »

« Je connais la plupart des jeunes femmes qui se trouvent dans ce salon, poursuit le Belge. Les hommes louent une chambre au mois ou à l'année dans l'hôtel et elles les accompagnent, il n'y a rien à dire. Ce n'est pas de la prostitution. Chaque femme reste fidèle à un seul amant. »

« Rien n'est officiel ni avoué mais tout est très organisé », reconnaît un juriste chinois. Des contrats sont ainsi fréquemment établis entre l'entreteneur et sa concubine. « L'homme, s'engage à fournir chaque mois

« Rien n'est officiel ni avoué mais tout est très organisé. »

un certain nombre de voyages, de dîners d'affaires, une rente. Il est parfois question de voiture ou de maison pour la jeune femme. De son côté, la concubine accepte de ne pas apparaître dans le circuit matrimonial et de ne pas avoir d'enfant. » Si les autorités chinoises ferment les yeux sur le concubinage, elles restent très vigilantes concernant le respect de la loi de l'enfant unique (interdisant aux couples d'avoir plus d'un enfant afin de contrôler la démographie). Un industriel cantonais, qui avait six concubines réparties dans des provinces différentes, a ainsi été condamné à deux ans de prison et une forte amende, non pas en raison de ses relations multiples mais parce que l'une des concubines avait eu un second enfant, a révélé au début de l'année un quotidien de Canton.

Entretenues dans le luxe des grands hôtels et des lieux à la mode, les concubines prennent souvent leurs habitudes, et lorsque l'homme repart ou voyage, elles retournent habiter dans leur famille mais se retrouvent entre elles à l'heure du thé pour profiter des facilités des grands hôtels. « Elles ne se laissent aborder par aucun autre homme, surtout pas un Occidental. Pour elles c'est une question de face. Elles ne peuvent se compromettre avec un homme moins riche que celui qui les entretient. Et elles considèrent que les Occidentaux ne les comprennent pas. Ils leur offrent des sentiments et non de l'argent », explique encore le Belge d'un air amusé.

« Les concubines éduquées optent pour des tenues très classiques, des vêtements et maquillages pastel et privilégient les coiffures longues et les chignons. »

« Deux sortes de femmes en Chine acceptent de devenir des concubines, explique un sociologue pékinois, qui travaille également comme consultant pour l'une des principales corporations d'import-export chinoises. On les trouve aux deux extrémités de la chaîne d'instruction : des paysannes provenant de provinces défavorisées devenues serveuses de restaurant ou femmes de chambre dans les hôtels. Ou au contraire des jeunes filles très bien éduquées, souvent diplômées de l'université, qui savent qu'elles ne gagneront jamais plus de 200 yuans par mois (200 francs) si elles restent dans le circuit normal. »

Au salon de coiffure du centre commercial Site, qui ne désemplit pas depuis son ouverture l'année dernière en plein cœur du quartier des affaires de Pékin et pratique des tarifs occidentaux, la conseillère en esthétique fait rapidement la distinction. « Les concubines éduquées optent généralement pour des tenues très classiques, des vêtements et maquillages pastel et privilégient les coiffures longues et les chignons. Elles ont beaucoup de classe. On remarque davantage celles qui sont d'une origine plus simple. Elles veulent tout essayer, les permanentes, les décolorations et sont souvent originales... »

Avec plus ou moins de bonheur. Une jeune femme aux cheveux jaune orangé, surmontés d'une casquette en cuir, vient de faire son entrée dans le salon, cigarette aux lèvres. S'appuyant sur le comptoir, elle extirpe de son sac à main une photographie découpée dans un magazine représentant le mannequin Naomi Campbell. « Ce doit être possible de lui ressembler, affirme-t-elle d'un ton gouailleur, je ne manque pas d'argent »...

Une tradition millénaire

À l'Institut du commerce extérieur de Pékin, un des enseignants reconnaît que « de plus en plus de jeunes femmes d'une trentaine d'années s'inscrivent en formation continue ou cours du soir afin d'apprendre une langue étrangère. Elles espèrent ainsi pouvoir trouver un riche protecteur parmi les Chinois d'outre-mer ou les Asiatiques qui viennent faire des affaires en Chine. » Officiellement, la législation chinoise interdit cette pratique. La plupart des concubines sont donc présentées par leur protecteur comme des collaboratrices : secrétaire, traductrice ou assistante. Les concubines peuvent ainsi se faire entretenir en prétextant d'un salaire. Une jeune divorcée de 35 ans, qui avait suivi cette formation accélérée à l'Institut du commerce extérieur, a ainsi été engagée soi-disant comme secrétaire par un industriel de Hong Kong, se souvient son professeur.

« Elle était très belle. Il lui a d'abord offert son permis de conduire, puis des vêtements et des bijoux. Maintenant il lui verse une rente mensuelle. Il l'a finalement installée dans un appartement de trois pièces, très bien aménagé, au nord de la Cité interdite, le quartier chic de Pékin. Les parents de la jeune femme gardent l'enfant qu'elle avait de son premier mariage. Le Hong-Kongais vient trois fois par an. Il est lui-même marié et père de famille, mais la femme officielle ne dit rien pour éviter l'humiliation d'un divorce. Le Hong-Kongais a deux autres concubines à Canton et Shanghaï. Mais celle de Pékin est très satisfaite de son sort. Son seul regret est que ses anciens amis refusent maintenant de la voir. Alors elle évolue dans ce petit cercle des concubines. »

Ce sont les Chinois d'outre-mer (nés hors de la Chine continentale) qui ont réintroduit depuis peu cette tradition millénaire de la concubine. À Taïwan, cette coutume est si répandue parmi les hommes d'affaires qu'un vocabulaire spécifique est réservé aux wuqi (épouses de la mi-journée), qui sont en quelque sorte des maîtresses attitrées et officielles, servant l'image de marque de leur protecteur. « Pour les Chinois d'outre-mer, trouver une concubine sur le continent répond aussi à un idéal, reconnaît un Chinois d'une trentaine d'années, né et éduqué en France, mais qui revient souvent à Pékin pour affaires. C'est leur manière de retisser des liens avec la terre des ancêtres et de montrer leur attachement aux plus vieilles traditions. »

« Le retour des concubines, comme celui de la prostitution, est une forme de réaction contre la surveillance et la répression de la vie sexuelle qui ont duré plus de quarante ans. »

« La Chine traverse une période de transition et les Chinois sont en pleine crise d'identité sociale, explique le sociologue. Le retour des concubines, comme celui de la prostitution, est une forme de réaction contre la surveillance et la répression de la vie sexuelle qui ont duré plus de quarante ans. Et puis, il y a la séduction de l'argent. » Seuls quelques rares bastions, comme curieusement l'université pékinoise de Beida, pourtant à la tête du mouvement de contestation étudiant qui réclamait plus de libertés en 1989, affichent aujourd'hui leur attachement à « une conduite vertueuse » et rejettent les pratiques de « la nouvelle société chinoise » qui galvaudent l'image de la femme.

Mais ces réactions de rejet n'occupent pas le devant de la scène. Un nombre croissant de hauts cadres du parti, de commerçants travaillant pour les grandes corporations d'État et de getihu, les entrepreneurs privés, enrichis depuis moins d'un an par le boom économique et circulant pour affaires dans le pays, commencent à leur tour à afficher des concubines. « Jing wu ceng jiu », scande-t-on à leur passage d'un air admiratif (proverbe classique signifiant littéralement « il possède une maison en or qui abrite des beautés », c'est-à-dire « il a réussi »).

De vieilles histoires, comme celle de Sai Jin Hua, reviennent à la mode. À la fin du XIXe siècle un mandarin, qui avait été désigné par l'empereur pour effectuer un tour d'Europe, avait préféré emmener dans ce voyage sa concubine, Sai Jin Hua, connue pour son intelligence et sa beauté, plutôt que son épouse officielle qui était banale. Le mandarin avait reçu l'approbation de la cour pour ce « choix éclairé ». Sai

Jin Hua ou tout au moins sa mise en scène théâtrale est devenue par la suite le symbole des « excès de la société féodale » décriée notamment par Mme Mao pendant la Révolution culturelle (1966-1970). Il est vrai que Jiang Qing, la célèbre Mme Mao, était elle-même initialement concubine du Grand Timonier avant de devenir sa favorite, puis d'évincer la première épouse de Mao en 1938.

« Quarante-quatre années de communisme puritain n'ont pas suffi à effacer plus de six mille ans de traditions », explique le sociologue. Des différences importantes distinguent cependant les concubines actuelles de leurs grand-mères. Les concubines de la Chine des réformes n'entrent plus dans la famille. La polygamie est interdite et les logements sont trop exigus pour permettre comme autrefois la cohabitation de grandes familles avec plusieurs générations d'épouses et concubines. Les rubriques locales commencent cependant à faire état de « familles à l'ancienne », notamment à la campagne où souvent les paysans enrichis « s'achètent » une ou plusieurs concubines qu'ils peuvent installer dans de grandes demeures d'architecture traditionnelle, de nouveau en vogue. « À Wenzhou, les habitants nouvellement enrichis achètent une maison, puis une voiture, une sépulture et enfin, une concubine », avoue, un peu gêné, un homme d'affaires chinois qui se rend fréquemment dans cette cité côtière, symbolique du décollage économique de ces derniers mois.

« Quarante-quatre années de communisme puritain n'ont pas suffi à effacer plus de six mille ans de traditions. »

« Je suis belle, c'est mon capital »

Le retour des concubines reste pourtant non avoué. Comme s'il constituait l'élément honteux de l'actuelle évolution sociale. La plupart des concubines répugnent ainsi à faire état de leur condition. En public, elles expliquent leur enrichissement subi par une activité de danseuse ou de femme d'affaires. Il aura ainsi fallu plus de trois semaines d'enquête et de mise en confiance pour qu'une jeune Pékinoise de 24 ans accepte de remettre son témoignage écrit à *Libération*, sous le sceau de l'anonymat.

Dans sa lettre, la jeune femme explique notamment : « Je suis belle, c'est mon capital... Je me suis dit que nous étions dans une période d'ouverture. Les années 1990. Le prix à payer pour devenir riche, c'était simplement de perdre quelques illusions… Un jour j'ai rencontré un riche commerçant de Hong Kong. L'argent lui coulait des mains. Bien sûr, entre nous, il n'y a aucun langage commun. Je ne parle même pas de sentiments. Quand il vient à Pékin, il s'amuse avec moi et, en échange, me donne de l'argent 1 000 yuans par mois (1 000 francs). Nous prenons une chambre à l'hôtel Palace, je vais chez le coiffeur à la mode, je fais des courses chez Yaohan (centre commercial récent et très cher), le soir nous allons au Karaoke (boîte de nuit très prisée en Chine où l'on peut chanter en play-back)… Je m'efforce de ne penser à rien. Il m'offre des bijoux et des vêtements… Ce ne sont pas des choses très honorables. Je n'en parle pas à mes parents. Mais à Pékin, beaucoup de femmes vivent comme moi… » La jeune Pékinoise conclut sa lettre par ces mots : « J'ai 24 ans, aurai-je un jour un mari ou un compagnon de vie ? Pour l'instant, je me contente d'avancer un pied devant l'autre. Mes rêves d'enfant ont éclaté comme des bulles de savon. »

Le sociologue est plus pessimiste. « Les femmes chinoises sont en train de perdre ce qu'elles avaient acquis pendant la période communiste. Il y a des tendances lourdes dans la société chinoise. Pendant quarante ans, nous avons rejeté le système traditionnel. En réalité les grandes valeurs confucéennes ont été préservées et vont s'imposer de nouveau lorsque la Chine sortira de cette période transitoire. » Les concubines ne seraient ainsi que les premières manifestations du retour à cette identité culturelle, faite de respect de l'ordre établi, de culte des ancêtres et de société organisée, où les femmes n'ont eu bien souvent pour perspective que d'être d'exquises figurantes…

TERREUR SUR GROZNY

Exceptionnellement, le prix Albert Londres 1995 a été attribué à l'ensemble des journalistes du bureau de Moscou de l'Agence France Presse (Isabelle Astigarraga, Marielle Eudes, Stéphane Orjollet, Paola Messana, Jean Raffaelli, Bertrand Rosenthal, Sebastian Smith et Catherine Triomphe), pour leur couverture de l'assaut russe contre Grozny, à la fin 1994. Échantillon d'un remarquable travail quotidien.

MARIELLE EUDES
AFP, 22 DÉCEMBRE 1994

Bombardement de nuit

Les Russes avaient annoncé à l'avance qu'ils allaient bombarder le centre de Grozny. Et pendant une heure, dans la nuit de mercredi à jeudi, leurs avions ont effectué plus de dix passages au-dessus de la capitale de la république indépendantiste tchétchène, arrosant de bombes la ville et ses alentours.

Près de trente bombes se sont abattues sur le centre-ville et la périphérie, entraînant la mort de plusieurs personnes parmi la population civile. Une des bombes est tombée à une centaine de mètres du palais du président Djokhar Doudaïev, leader de l'indépendance de la petite république musulmane.

Au moins deux personnes parmi la population civile ont trouvé la mort et plusieurs autres ont été blessées, a-t-on constaté immédiatement sur place. Mais le bilan des victimes sera vraisemblablement beaucoup plus élevé, ce raid étant le plus important lancé par des avions russes contre sa république rebelle.

Afin de « permettre à la population civile de quitter » Grozny ou de s'abriter, le Kremlin avait prévenu à l'avance, mercredi en fin d'après-midi : à minuit, l'aviation russe bombardera l'hôtel Kavkaz, qui se trouve juste en face du palais présidentiel. Selon Moscou, l'hôtel est un repaire de moudjahidin afghans et de mercenaires azerbaïdjanais et ukrainiens, venus soutenir la cause de la Tchétchénie contre Moscou.

Après cette déclaration, une sorte de panique s'est emparée de la direction tchétchène, qui s'est empressée de réunir la presse pour annoncer que l'hôtel abritait en fait les vingt soldats russes faits prisonniers le 11 décembre lors de l'entrée des troupes russes dans la république caucasienne.

« Les enfants affolés couraient presque nus dans la nuit, les femmes criaient. »

Pour remettre au pas la petite république du Caucase qui depuis trois ans entend voler de ses propres ailes, Moscou emploie les grands moyens et veut faire quitter la capitale à tous ceux qui ne seraient pas des combattants.

Le cauchemar a commencé dans la nuit de lundi à mardi pour les habitants de Grozny. Les forces russes ont alors lâché les premières bombes sur la ville, cinq, touchant un quartier résidentiel. Aucun objectif stratégique n'a en revanche été touché, pas même un pont traversant la rivière Sounja à 300 mètres du palais du président Doudaïev.

« Les enfants affolés couraient presque nus dans la nuit, les femmes criaient », a raconté Rouslan Ismailov, sur les lieux. « C'est nous, les habitants de la ville, leurs objectifs stratégiques », ajoutait Nadejda Odinssova, alors que les tirs d'artillerie se faisaient de plus en plus proches.

Les attroupements se forment vite, les hommes s'emportent, furieux contre ce carnage dans la population civile, contre « Boris Eltsine, les pilotes des avions dont ils trouveront les noms », et contre le monde entier qui se moque de « la petite Tchétchénie » du Caucase.

Il sera difficile de pardonner aux Russes la démesure de leurs moyens pour dompter la petite république rebelle.

STÉPHANE ORJOLLET
AFP, 3 JANVIER 1995

« Nous leur avons fait un enfer ! »

Dans le bunker au sous-sol du palais présidentiel de Grozny, deux hommes remplissent des grenades antichars d'un mélange d'essence et d'huile. « Comme ça, ils brûlent beaucoup mieux, nous l'avons vu il y a deux jours », sourit Muslim, chef d'un petit groupe de combattants tchétchènes qui s'apprêtent à partir harceler les forces russes repliées au nord-ouest de la ville après l'échec de leur assaut du week-end sur la capitale tchétchène.

Bérets de laine noire sur la tête, bandeaux verts des smertniki (volontaires de la mort) au front, ils sont treize à sortir en courant par une issue latérale du palais, se protégeant derrière les carcasses de blindés russes et traversant les rues ventre à terre.

Le bazar central, il y a peu encore connu dans tout le Caucase du Nord pour les produits qu'y attirait la « zone franche » décrétée par la Tchétchénie indépendante, n'est plus qu'un fantôme. Les stands gisent détruits, le verre brisé des vitres des immeubles alentour crisse sous les pas, des coups de feu sifflent : les tireurs embusqués russes coincés au centre-ville, disent les Tchétchènes.

Pendant un kilomètre, le petit groupe – armé en tout et pour tout d'un lance-grenades, de deux mitrailleuses légères et de fusils d'assaut kalachnikov – progresse sur l'avenue de la Victoire, chacun couvrant à son tour le passage des autres devant les rues transversales.

« C'est tout le long de cette route que nous les avons arrêtés », explique Zelimkhan Idigov. À 23 ans, il a gagné dans les combats l'honneur de manier le lance-grenades contre les blindés russes : « J'en ai eu six ! » « Nous leur avons fait un enfer ! Les soldats avaient si peur qu'ils n'osaient pas sortir des blindés », renchérit Saïd. Sur la place devant la maison de la presse, un BMP (transport de troupes blindé et armé d'un canon) est immobilisé, touché dans les portes arrière.

Six cadavres déchiquetés gisent autour du véhicule, trois autres sont allongés dans l'habitacle taché de sang. Un combattant tchétchène retourne du pied un corps, le soldat a été scalpé. Un peu plus loin un autre a une balle dans la tempe. Tout près, de sourdes détonations font trembler le sol. Des forces russes sont toujours prises au piège.

Muslim et ses hommes s'engouffrent dans une cité de petits immeubles en brique. Quelques habitants du quartier Lénine, car il en reste, se sont hasardés dehors, qui pour chercher de l'eau, qui pour cuire une soupe claire sur un feu de fortune.

« S'il vous plaît, les petits, faites ce que vous devez, mais ne tirez pas d'ici, je n'en peux plus », se lamente Svetlana, une femme d'origine russe d'une soixantaine d'années.

Des bruits de tirs se font tout proches. Accroupis, adossés à une palissade, Muslim et ses hommes attendent. « Dès qu'il fera sombre, nous les attaquerons et nous en tuerons d'autres. »

PAOLA MESSANA
AFP, 13 JANVIER 1995

Les profiteurs de guerre

Lisit gare sa Jigouli bleue à proximité du pont. Tandis que de l'autre côté de la rivière Sounja retentissent les bombardements, il ouvre son coffre, découvrant 400 miches de pain qu'il vend 1 500 roubles l'une, trois fois le prix « d'avant la guerre ».

Tous les jours ce jeune plombier tchétchène se rend à Nazran, en Ingouchie voisine, et en rapporte du pain, des cigarettes, des boissons gazeuses et d'autres produits dont les prix ont été multipliés par quatre ou cinq depuis le début du conflit en Tchétchénie.

« J'aide mes compatriotes, dit Lisit en sortant de la boîte à gants une épaisse liasse de billets de 10 000 roubles (15 francs). J'ai un tout petit bénéfice, juste de quoi payer l'essence et entretenir ma famille et cela me permet d'oublier que je n'ai plus de travail. »

Toutes les guerres alimentent le marché noir et engendrent une classe de « profiteurs ». Le conflit tchétchène n'est pas en reste. « Je suis obligée de brader à ces bandits mes affaires personnelles, ma vaisselle, mes vêtements parce que je n'ai plus de salaire depuis quatorze mois et que le peu que nous trouvons est chaque jour plus cher », se plaint une Russe de Grozny, Raïa Ceatourina, qui déambule entre les étalages offrant poisson séché, pommes et choux.

Les logeurs sont aussi de la partie. En l'absence d'hôtels – les seuls qui restaient à Grozny sont désormais inaccessibles, car trop proches de la zone des combats – les Tchétchènes hébergent les Occidentaux qui sillonnent la Tchétchénie, l'Ingouchie et le Daghestan voisins. Les tarifs ont vite flambé.

Mais certains prix étonnent aussi par leur modération. Ainsi les vendeurs de bidons d'essence sur le bord de la route se procurent leur marchandise au péril de leur vie dans les stocks des raffineries du quartier industriel encore soumis aux tirs de l'artillerie russe. Le prix du litre d'essence n'a fait que doubler depuis le début de la guerre et n'est que de 1 000 roubles (1,50 franc). Movsan Mevdiev, qui vend de la viande dans un champ boueux sur la route Rostov-Bakou, a seulement doublé ses prix. Mais il fait des affaires juteuses parce que les courageux viennent de Stavropol (300 km à l'ouest de Grozny) pour lui acheter une marchandise « moins chère qu'en Russie ». Il vend actuellement entre 120 et 200 kilos de viande par jour et empoche près d'un million de roubles (1 650 francs).

Parfois l'extraordinaire hospitalité caucasienne prend le dessus sur toutes les considérations spéculatives et l'étranger se voit offrir gîte et nourriture. À son départ, à 5 heures le matin suivant, il se rend compte qu'une tasse de thé brûlant l'attend et que ses chaussures ont été cirées.

ISABELLE ASTIGARRAGA
AFP, 22 JANVIER 1995

Des fantômes dans les décombres

Vidée de presque tous ses habitants, immeubles déchirés, calcinés, où surgit parfois la vision surréaliste de quelques civils tentant malgré tout de survivre : Grozny n'est plus qu'une ville fantôme livrée aux combattants. Les positions n'ont pas bougé depuis deux jours : les Russes tiennent tout le centre autour du palais et la rive ouest de la Sounja, les Tchétchènes défendent l'autre rive. Partout dans les ruelles, les cours d'immeubles, on ne voit plus guère que des petits groupes de combattants tchétchènes. Tenue de camouflage blanche, puisque la ville est couverte de neige, ou simplement draps noués par-dessus leurs uniformes, fusil-mitrailleur et lance-grenades à la main, ils vont généralement par groupes de dix ou douze, le plus souvent des hommes originaires du même village, du même quartier.

Le désordre et l'amateurisme apparents des premiers jours de combats, où les volontaires partaient au hasard en se fiant au bruit pour trouver les combats, ont fait place à une armée organisée, où chacun sait ce qu'il doit faire et quand. « Nous nous sommes reposés cette nuit et nous allons maintenant prendre la relève près du pont sur la Sounja », explique Aslambek, 26 ans, grand sourire dévoilant quatre dents en or. « C'est l'état-major qui dit à notre commandant où aller », ajoute-t-il, montrant le « commandant », qui ne semble guère plus vieux, et n'a pas pris la peine de camoufler son anorak noir.

Longeant les immeubles par l'arrière, s'arrêtant une demi-seconde à chaque coin de rue avant de la traverser en courant, ils avancent d'un bon pas jusqu'à une petite cave qui leur sert de base, à quelque 800 mètres de ce qui est maintenant la ligne de front, qui traverse la ville du nord au sud.

Mais l'avancée des forces russes, si déterminés que soient les Tchétchènes, semble inexorable. La principale difficulté sera de passer la rivière, qui dans toute la ville n'est traversée que par quatre ponts, tous situés dans le centre et bien défendus. Mais ils passeront, plus personne ne semble vraiment en douter. Et les Tchétchènes, qui il y a trois semaines encore hurlaient des « Allah Akhbar » triomphants dans les rues dont ils avaient réussi, contre toute attente, à chasser les forces russes au Nouvel An, parlent de plus en plus de poursuivre la guerre à partir des montagnes du Sud.

Les Russes ont fermement l'intention de bloquer le dernier accès à la capitale, au sud, et auraient dû le faire plus tôt, a reconnu le chef du contre-espionnage, Sergueï Stepachine. Ils ont aussi commencé la guerre dans le reste de la Tchétchénie, en s'attaquant aux villages de l'Ouest. Appliquant la technique qui est la leur depuis maintenant près de trois semaines, les Russes pilonnaient dimanche au mortier et au canon tout le sud-est de Grozny, tandis que leurs tireurs d'élite visaient depuis l'autre rive ceux qui se hasardaient à traverser grandes avenues ou voie ferrée.

À quelques dizaines de mètres de la base d'Aslambek et ses compagnons, un obus de mortier tombé au milieu d'un groupe de combattants en tue six. Un peu plus loin deux femmes sont touchées par un tireur russe, l'une tuée, l'autre blessée. Des hommes, ne pouvant se hasarder au milieu de l'avenue, lancent des cordes et tirent pour ramener les deux femmes. Dans le jardin d'une petite maison, deux cadavres raidis sont abandonnés, et des chiens commencent à les déchiqueter.

Tenue de camouflage blanche ou simplement draps noués par-dessus leurs uniformes, fusil-mitrailleur et lance-grenades à la main, ils vont par groupes de dix ou douze.

Car, au milieu de ce qui est devenu un impitoyable champ de bataille, quelques civils sont encore là, s'obstinant à rester dans une ville qui n'est plus la leur. Dans le centre dévasté, ils sont maintenant terrés dans les sous-sols, ne sortant plus que pour aller chercher de l'eau et du pain. Ils sont restés parce qu'ils ne voulaient pas abandonner leur domicile aux pillards, parce qu'ils n'ont nulle part où aller ou parce qu'ils n'ont pas cru à temps au danger. Ils vivent maintenant dans des immeubles éventrés, terrorisés à l'idée de parcourir les quelques centaines de mètres qui leur permettraient de s'enfuir, mais qui sont sous le feu de l'artillerie ou des tireurs embusqués russes.

Dans un abri souterrain qui n'est qu'un assemblage de couloirs puants et sans lumière à 400 mètres du palais présidentiel, 200 personnes sont entassées depuis près d'un mois. Dormant à tour de rôle sur les quelques châlits pendant que les autres restent debout faute de place, vieillards, femmes et enfants sont à bout de nerfs. « Évacuez-nous, évacuez-nous », hurle une femme aux journalistes qui lui semblent arriver d'un autre monde, celui où l'on ose encore sortir à la lumière du jour. D'autres éclatent en sanglots, beaucoup sont prostrés, n'écoutent plus rien. Pas un seul n'acceptera de suivre les journalistes quand ils le leur proposeront.

LA FRANCE COMPLICE ?

« Un génocide sans importance »… Telle était l'opinion de François Mitterrand. Prenant fait et cause pour le pouvoir hutu, il avait engagé, entre 1990 et 1993, les militaires et les diplomates français dans un engrenage infernal. En 1994, pendant les massacres, la coopération entre la France et les autorités « génocidaires » du Rwanda a continué.

PATRICK DE SAINT-EXUPÉRY
« LE FIGARO », 12 AU 15 JANVIER 1998

C'est l'un des dossiers les plus complexes de l'ère Mitterrand. C'est aussi l'un de ceux dont les implications, en termes de responsabilité, sont les plus graves. Enfin, c'est un sujet qu'il ne convient pas d'aborder entre gens bien élevés. En parler à de hauts responsables politiques, c'est s'exposer à des remarques acerbes : « Mais vous faites un procès en sorcellerie… ! » Ou encore : « C'est un procès de Moscou ! »

En l'occurrence, il ne s'agissait dans cette pièce aux moulures dorées et au plafond à cinq mètres de haut que de poser des questions et d'obtenir des réponses précises. Ce jour-là, il n'y en eut guère. Et, une fois les questions posées, aucun complément d'information n'arriva. Encore, ce responsable avait-il consenti à prendre un peu de temps sur son agenda. Ce qui ne fut pas le cas d'Alain Juppé ou de Michel Roussin… pourtant étroitement mêlés à cette affaire.

D'autres, enfin, n'ont pas eu l'occasion de s'expliquer : il s'agit essentiellement de militaires dont la hiérarchie n'a pas voulu qu'ils rencontrent un journaliste. Argument mis en avant : « Les militaires ne sont pas là pour assurer le contrôle politique des opérations. » Vrai. Les soldats ont agi sur ordre. Recouper des éléments d'information aurait toutefois permis de mieux cerner ce qui s'était effectivement produit. Ou, plutôt, les erreurs commises… À condition que l'on reconnaisse qu'il y eut erreur.

Un silence assourdissant

Ce n'est pas le cas. Dans ce dossier, la France se prétend vertueuse et dégage toute responsabilité, voire tout examen de responsabilité. Pire, elle entend donner des leçons. Les autres pays impliqués dans le génocide rwandais ont, d'une manière ou d'une autre, accepté de porter un regard critique sur leur rôle. De passage à Kigali en décembre dernier, le secrétaire d'État américain, Madeleine Albright, déclarait : « Nous devons faire le point sur le passé de façon à préparer un avenir plus juste. C'est pour cela que j'ai reconnu que la communauté internationale aurait dû appeler par leur nom, plus tôt qu'elle ne l'a fait, les atrocités commises en 1994 : il s'agissait bien d'un génocide. » Ayant à l'époque tout fait pour empêcher l'utilisation du mot « génocide », les États-Unis reconnaissent donc une part de responsabilité.

Les Belges ont poussé l'exercice encore plus loin. Traumatisés par l'ampleur des tueries et l'assassinat de dix de leurs casques bleus par les troupes gouvernementales rwandaises peu après le début du génocide, ils créèrent en 1995 une commission d'enquête sénatoriale sur le drame du Rwanda. Des mois durant, il y eut des auditions publiques et secrètes. Les ténors politiques, les experts, les militaires furent appelés à rendre des comptes, à s'expliquer. Il s'agissait de comprendre quelles dérives avaient pu mener à pareil désastre. Résultat : un rapport de plus de 1 000 pages fondé sur les témoignages recueillis, l'examen des archives diplomatiques, la lecture des comptes rendus des services de renseignement belges... rendu public à la mi-décembre.

La France se prétend vertueuse et dégage toute responsabilité, voire tout examen de responsabilité. Pire, elle entend donner des leçons.

Et l'histoire officielle qui voulait, selon les autorités belges, « qu'à aucun moment des documents transmis au niveau des autorités n'ont laissé suspecter qu'un génocide était en préparation » s'est trouvé laminée par le travail de la commission d'enquête. Celle-ci a pu établir que, dès le printemps 1992, les dépêches de l'ambassadeur de Belgique à Kigali faisaient état d'un « état-major secret chargé de l'extermination des Tutsis du Rwanda afin de résoudre définitivement, à leur manière, le problème ethnique au Rwanda et d'écraser l'opposition hutu de l'intérieur ». « Ces documents, constate le sénateur Destexhe, ne sont parvenus à la commission que grâce à une perquisition judiciaire. Ceux qui les avaient envoyés ou reçus s'étaient bien gardés d'en faire état lors de leur audition. »

En France, rien. Accusée de complicité, mise en cause dans des ventes d'armes, soupçonnée de soutenir un régime génocidaire, la patrie des droits de l'homme a choisi de se taire. Pas de commission d'enquête, pas d'examen de responsabilité, aucune réflexion. Juste un silence assourdissant brisé de temps à autre par des démentis où le pitoyable le dispute au ridicule : « Je fais observer, lance Charles Josselin, actuel ministre de la Coopération, que ce ne sont pas les Français qui tenaient les machettes qui ont tué plusieurs centaines de milliers de Tutsis. » Tout se passe, en fait, comme si la France entière avait adopté le point de vue de François Mitterrand sur le Rwanda. « Dans ces pays-là, un génocide, c'est pas trop important », confiait le président à des proches au cours de l'été 1994.

Et pourtant ! Il s'agit du deuxième génocide après l'extermination des juifs par les nazis jamais reconnu par la communauté internationale. En quelques semaines, d'avril à juillet 1994, près d'un million de personnes ont été exterminées au cours de tueries d'une ampleur défiant l'imagination. Du jour au lendemain, des églises envahies par des masses de réfugiés apeurés ont été transformées en sanglants sépulcres, des collines entières se sont couvertes de cadavres, des classes d'enfants ont été exterminées.

« Ce ne sont pas les Français qui tenaient les machettes qui ont tué plusieurs centaines de milliers de Tutsis. »

Charles Josselin, ministre de la Coopération

Durant ces semaines cruciales, et en dépit des innombrables démentis officiels lancés à l'époque, la France a persévéré dans sa politique de coopération avec le régime rwandais, avec ceux qui avaient rendu possible ce génocide. Politiquement et militairement, cette politique de coopération s'est poursuivie au minimum jusqu'à la fin mai 1994, soit presque deux mois après le début de l'extermination et une quinzaine de jours après le vote par les Nations unies d'un embargo sur les armes. Un haut responsable militaire a admis auprès du *Figaro* qu'il avait « donné l'ordre d'interrompre les livraisons d'armes un mois avant le début de l'opération Turquoise », lancée le 23 juin 1994. Lorsque cet ordre est tombé, lorsque le feu vert a été donné à ce militaire, l'essentiel du génocide était déjà accompli.

Des armes livrées jusqu'en mai 1994

Les livraisons d'armes par des intermédiaires français se sont, en effet, poursuivies au moins jusqu'au 3 mai 1994, soit quasiment un mois après le début du génocide. Ce jour-là, un avion transportant des armes à destination des Forces armées rwandaises (FAR), pour une valeur de 942 680 dollars, a atterri au Zaïre. Alors basée à Cran-Gévrier (Haute-Savoie), la société DYL-Invest a joué un rôle d'intermédiaire pour affréter ce vol en versant 450 000 dollars, le reste du paiement 130 000 dollars étant assuré par l'ambassade du Rwanda au Caire.

Toujours en ce début mai, la Sofremas (Société française d'exportation de matériel et de systèmes d'armement) « confirme une commande » d'armes de 8 028 000 dollars passée par l'ambassade du Rwanda à Paris. Dans un courrier en date du 6 mai 1994, la Sofremas précise qu'il s'agit d'une « livraison immédiate par voie aérienne dès réception de l'acompte de 30 % sur notre compte bancaire et de l'EUC/Zaïre correspondant ».

Autre élément : malgré les dénégations du ministère de la Défense qui affirme qu'à « dater du début du déploiement des soldats français participant à l'opération Turquoise, aucun avion transportant des armes n'a atterri à Goma », *Le Figaro* est en mesure d'affirmer que le 18 juillet un vol transportant pour 753 645 dollars d'armes s'est posé à Goma. L'ambassade du Rwanda à Paris a financé ce vol pour un montant de 175 000 dollars, l'ambassade du Rwanda au Caire pour un montant de 578 645 dollars. « La dernière cargaison, écrit dans un courrier en possession du *Figaro* le lieutenant-colonel Kayumba Cyprien, chargé d'affaires à l'ambassade rwandaise à Paris durant le génocide, est arrivée à Goma le 18-7-1994 alors que les hommes avaient déjà commencé à franchir la frontière vers le Zaïre. »

À cette époque, les forces françaises déployées à Goma et au Rwanda agissent sous mandat de l'ONU et sont censées participer, entre autres, à la surveillance de l'embargo sur les armes. Plus tard, à Paris, et alors que plusieurs organisations humanitaires mettront en cause les Français, de nombreux responsables politiques évoqueront un « complot anglo-saxon » ou des « rumeurs malveillantes ». Aux accusations formulées en termes précis, aucun responsable n'opposera de véritable démenti, mais chacun à son niveau jouera du ressort de « l'union sacrée ».

Un génocidaire présumé à l'Élysée

Rétrospectivement, on comprend cette attitude. Les principaux responsables politiques français ont coopéré avec le gouvernement rwandais responsable du génocide un mois voire plus après le début des tueries. Alors que celles-ci commencent dans la nuit du 6 avril 1994, le 27 avril deux responsables rwandais se rendent à Paris et sont reçus officiellement à l'Élysée et à Matignon. À cette époque, et selon les archives, de nombreuses organisations humanitaires parlent déjà de « génocide ». Médecins sans frontières (MSF) chiffre le nombre de morts à au moins 300 000 personnes.

Cela n'empêche nullement l'Élysée et plus précisément le responsable de la cellule africaine, Bruno Delaye, de recevoir Jérome Bicamumpaka, « ministre des Affaires étrangères » du « gouvernement intérimaire » et Jean-Bosco Barayagwiza, leader du CDR, l'un des partis hutus les plus extrémistes : « J'ai dû recevoir dans mon bureau, dit aujourd'hui Bruno Delaye, devenu ambassadeur de France au Mexique, 400 assassins et 2 000 trafiquants de drogue. On ne peut pas ne pas se salir les mains avec l'Afrique. »

Peut-être, mais jusqu'où ? Était-il vraiment nécessaire que cette délégation se rende, au sortir de l'Élysée, à Matignon pour y rencontrer conjointement le Premier ministre, Édouard Balladur, et le ministre des Affaires étrangères, Alain Juppé ?

En décembre 1997, l'un des deux membres de la délégation, Jean-Bosco Barayagwiza, a été transféré à Arusha, où il est actuellement incarcéré, dans l'attente que le tribunal international statue sur son rôle lors du génocide.

Autrement dit : la France est aujourd'hui confrontée à l'hypothèse déplaisante de voir condamné pour « génocide » un homme officiellement reçu par les plus hautes autorités de la République. Et il faudrait croire qu'il ne s'est rien passé ? Que la France « à chaque fois qu'elle a eu connaissance d'exactions et d'atteintes aux droits de l'homme est aussitôt intervenue », comme l'affirmait l'Élysée en 1994 ?

C'était « le fait du prince », le désir de François Mitterrand en personne.

Difficile. Plus l'on pénètre dans ce dossier, plus l'on se rend compte de l'étroitesse des liens unissant le gouvernement français et le gouvernement rwandais de 1990 à la mi-1994. Aujourd'hui encore, tant ce génocide paraît « sans importance », il n'est pas sûr que toutes les relations avec les responsables du désastre aient été rompues. Car il y eut continuité politique. Quand Michel Roussin, alors ministre de la Coopération, déclare « assumer » l'assistance française à l'ancien gouvernement rwandais « entre 1990 et 1993 », il lance aux initiés un message que l'on pourrait traduire ainsi : « Nous ne sommes pas d'accord avec cette politique mais, cohabitation avec François Mitterrand oblige, nous assumons l'héritage. »

Et c'est ainsi qu'au nom de la solidarité entre décideurs, aucune erreur n'a jamais été reconnue, aucune critique amorcée. « Quand je suis arrivé en place à l'été 1992, se souvient pourtant aujourd'hui un haut responsable, je me suis rendu compte qu'au Rwanda la France était presque en état de co-belligérant. On avait monté la mise de façon énorme… » Cela, à l'époque, nul ne le savait. C'était « le fait du prince », le désir de François Mitterrand en personne. À l'automne 1990, tout s'était joué sur un simple coup de fil. Un appel téléphonique qui a amené la nation des droits de l'homme à se trouver engagée dans une guerre sans en être le moins du monde informée. Puis, peut-être, complice d'un génocide, sans même s'en douter…

Le syndrome de Fachoda

2 octobre 1990. Cellule africaine de l'Élysée. Jean-Christophe Mitterrand décroche son téléphone. Au bout du fil, le chef de l'État rwandais, Juvénal Habyarimana. La veille, une colonne d'exilés tutsis vient de pénétrer au nord de son pays : le Rwanda, dit-il, est agressé. En conséquence, il demande l'aide de la France. Le téléphone à peine raccroché, Jean-Christophe Mitterrand lance à son visiteur, Gérard Prunier, chercheur au CNRS : « Nous allons lui envoyer quelques bidasses au petit père Habyarimana. Nous allons le tirer d'affaire. En tout cas, cette histoire sera terminée en deux, trois

mois. » Peu avant, dans l'avion qui le ramène d'Oman, le père de Jean-Christophe, François Mitterrand, a rapidement consulté le ministre de la Défense, Pierre Joxe, et le ministre des Affaires étrangères, Roland Dumas. Aux deux, d'autorité, il a ordonné d'envoyer des troupes pour soutenir l'armée gouvernementale rwandaise.

> « Le complexe de Fachoda, la vision francophones contre anglophones, les insurgés du FPR qualifiés de Khmers noirs de l'Afrique, nos ennemis… Tout cela c'est vrai. »

Un engagement au nom de la France

Deux jours plus tard, le jeudi 4 octobre, une compagnie (150 hommes) du 2e régiment étranger de parachutistes est aéroportée de Bangui à Kigali. De Bruxelles, les Belges enverront, peu après, 400 parachutistes. Dans le même temps, les effectifs français passeront à 600 hommes. Les deux contingents étrangers ont pour mission de protéger les ressortissants français et belges. Mais alors que les soldats belges repartiront rapidement, les soldats français restent.

L'engrenage est enclenché. Il suffit d'attendre. Et cela va vite, très vite. Le 6 octobre, le régime de Kigali met en scène une fausse attaque de la capitale qui lui permet d'entamer une campagne d'arrestations massives. En province, plusieurs dizaines de civils sont massacrés. Paris sait, mais se tait : c'est le « syndrome de Fachoda ». Selon l'analyse officielle, les exilés tutsis venus d'Ouganda sont sous influence anglo-saxonne : il s'agit d'un « complot ». Le régime francophone d'Habyarimana doit donc être soutenu. « Le complexe de Fachoda, la vision francophones contre anglophones, le discours sur les insurgés du FPR qualifiés de Khmers noirs de l'Afrique, nos ennemis… Tout cela c'est vrai », avouera plus tard au *Figaro* un haut responsable de l'Élysée.

Après quatre mois de présence militaire française au Rwanda, François Mitterrand adresse une lettre au chef de l'État rwandais. Daté du 30 janvier 1991, ce courrier cadre la doctrine française. Après avoir fixé trois conditions, le président de la République ajoute à l'intention du président Habyarimana : « Dans les épreuves que traverse votre pays, je tiens à vous assurer du soutien de la France. » Ces mots ne sont pas gratuits. La promesse annonce l'engagement. Un engagement qui n'est pas pris au nom d'un homme, mais au nom de la France.

Et, effectivement, au travers de ses soldats, la France tient parole. À un degré rarement vu. Dans les rues de Kigali, les militaires français procèdent à des contrôles d'identité. Ils se déploient également dans le nord du pays où aucun ressortissant français n'est signalé : la protection des nationaux est pourtant présentée comme la motivation officielle. Ils montent la garde à l'aéroport, s'occupent de logistique, livrent des missiles Mistral et des mortiers, entretiennent les hélicoptères du gouvernement et, si nécessaire, les pilotent. Selon un avocat belge, Me Éric Gillet, défenseur des droits de l'homme au barreau de Bruxelles, qui enquête au Rwanda du 12 au 21 août 1991, des officiers français participent aussi aux interrogatoires de prisonniers de guerre.

Dans le même temps, les premières livraisons d'armes venues de Paris arrivent. Un haut responsable de l'Élysée déclare au *Figaro* à l'été 1994 que, dès 1991, Paris livre pour 7 millions de francs de matériel militaire. En sus, un Falcon, un avion d'affaires, et son équipage de trois pilotes, des militaires placés en disponibilité et mis à disposition du président Habyarimana. Le ministère de la Coopération paye.

Il ne s'agit là que de la partie officielle de l'aide. Car, au fil du temps, les relations entretenues entre Paris et Kigali vont prendre l'allure d'un iceberg : un tiers émergé, deux tiers immergés. C'est que le Rwanda est en guerre. « Contre l'envahisseur venu d'Ouganda », selon Paris ; contre la minorité tutsie et les Hutus modérés en fait. Mais cette réalité, Paris refuse de la voir. Les nombreux avertissements et signes précurseurs du désastre à venir seront purement et simplement ignorés. Et comme il ne s'agit pas d'une guerre civile mais d'une invasion étrangère, Paris s'autorise tout.

Paris équipe, entraîne et gère…

L'effort de guerre mené par le Rwanda est démesuré : 5 200 soldats dans l'armée au 1er octobre 1990, 15 000 à la mi-1991, 50 000 à la mi-1992. Paris équipe, entraîne et gère… cette armée recrutée à la va-vite sans se poser la moindre question, sans aucun état d'âme, sans débat. Les chiffres officiels de l'aide militaire fournie au Rwanda s'envolent : « En 1992, nous avons livré l'équivalent de 14 millions de francs de matériel militaire. En 1993, 7 millions », reconnaît en 1994 un haut responsable de l'Élysée. Le même ajoute alors : « C'est vrai qu'en février 1992 on y a été très fort. »

Vraiment ? En réalité, ces chiffres officiels de 28 millions de francs distribués sur trois ans ne constituent que la partie émergée de l'aide militaire. En sous-main, de nombreux et étranges intermédiaires se faufilent dans les coulisses : Paul Barril, l'ancien gendarme de l'Élysée, qui devient conseiller officieux du régime rwandais ; Pierre Gilleron également un ancien de l'Élysée qu'il avait quitté en 1986 ; le Crédit Lyonnais, banque nationalisée, qui en mars 1992 accepte de garantir le risque financier de livraisons d'armes par l'Égypte au Rwanda pour un montant de 6 millions de dollars ; des officines comme la société DYL-Invest basée en Haute-Savoie qui signe en 1993 un contrat de fourniture d'armes portant sur 12 166 000 dollars. Cumulés, ces montants dont la liste n'est pas exhaustive ne sont guère impressionnants. Mais il faut les comparer à ce qui est comparable : selon l'organisation Human Rights Watch, de 1981 à 1988, le Rwanda n'a acheté qu'un total de 5 millions de dollars de matériel militaire.

Ces distributions d'armes, à des recrues hâtivement formées, ne peuvent pas être ignorées de Paris. Car, dans le même mouvement, la France prend les rênes du Rwanda. Le 3 février 1992, le ministère des Affaires étrangères rwandais adresse une note à l'ambassade de France à Kigali. Le courrier indique qu'à compter du 1er janvier 1992 « le lieutenant-colonel Chollet, chef du détachement d'assistance militaire et d'instruction (Dami), exercera simultanément les fonctions de conseiller du président de la République, chef suprême des Forces armées rwandaises (FAR), et les fonctions de conseiller du chef d'état-major de l'armée rwandaise ». Autrement dit : un militaire français endosse la responsabilité de la guerre que mène le Rwanda. Et ce n'est pas jouer sur les mots : la note précise peu après que les pouvoirs de l'officier français auprès du chef d'état-major consistent à « le conseiller sur l'organisation de l'armée rwandaise, l'instruction et l'entraînement des unités, l'emploi des forces ». En termes militaires, cela peut être interprété comme un ordre opérationnel.

En 1992-1993, la France est en guerre. Mais on se garde bien de le lui dire.

Qui sera appliqué. Scrupuleusement. Dans le courant 1992, le journal *Libération* révèle qu'un officier de la DGSE pilotant un hélicoptère d'attaque a stoppé à coups de roquettes la progression d'une colonne de rebelles tutsis. Personne ne démentira. Des observateurs neutres rapporteront avoir entendu des officiers français donner, par radio, des ordres aux premières lignes de front de l'armée rwandaise. D'autres se souviennent aussi avoir vu des officiers français régler la hausse de mortiers peu avant que les coups ne soient tirés.

À Paris, le chef de la mission militaire du ministère de la Coopération coordonne l'ensemble de l'exercice. En liaison, semble-t-il, avec le général Quesnot de l'Élysée. Quand le lieutenant-colonel Chollet, « conseiller » du président rwandais, devient trop « visible », il est remplacé aux mêmes fonctions par son adjoint, le lieutenant-colonel Maurin. Il ne s'agit pas donc d'un coup de tête mais, bel et bien, d'une politique.

D'autres militaires, qui participeront à l'opération Turquoise en 1994, sont également présents au Rwanda à cette époque : le lieutenant-colonel Thauzin, alias « Thibaut », par exemple. Étrange personnalité : lors de l'opération humanitaire Turquoise, cet ancien conseiller militaire du président Habyarimana sera rappelé à Paris pour avoir déclaré qu'il ne fallait « pas faire de quartier » avec les rebelles du FPR.

La France, au cours de ces années 1992-1993, est donc en guerre. Mais on se garde bien de le lui dire. Privilège régalien : cette politique est menée de l'Élysée. Le Quai d'Orsay, le Parlement, le public, n'ont pas à en être informés. D'ailleurs, durant le génocide de 1994, la présidence française n'affirmera-t-elle pas dans un communiqué qu'« à chaque fois qu'elle a eu connaissance d'exactions et d'atteintes aux droits de l'homme », elle « est aussitôt intervenue » ? Ce qui est faux. En mars 1992, une série de massacres se déroule dans la région du Bugesera. Plusieurs milliers de personnes sont tuées. Une Italienne, Antonia Locatelli, appelle Radio France Internationale le 10 mars. Elle réside depuis longtemps dans cette région et en connaît les acteurs. Elle affirme que les tueurs sont venus de Kigali, que ces violences n'étaient pas spontanées mais organisées... Par le pouvoir, sous-entend-elle. Peu après, elle est assassinée.

Dès 1993, des escadrons de la mort

Les représentants diplomatiques de l'OCDE à Kigali décident de se rendre en délégation à la présidence rwandaise pour y exprimer leurs inquiétudes. L'ambassadeur de France à Kigali, Georges Martre, est sollicité. Il refuse de se joindre à la délégation. Interrogé peu après sur les massacres, il lance à un journaliste : « Ce ne sont que des rumeurs... » Étonnante réaction lorsque l'on sait qu'un an auparavant, en janvier 1992, Paul Kagamé, alors chef de la rébellion rwandaise, est reçu à Paris pour s'entendre dire par Paul Dijoud, directeur Afrique du Quai d'Orsay : « Si vous n'arrêtez pas le combat, vous ne reverrez pas vos frères et vos familles, parce que tous auront été massacrés. »

De massacres, il est beaucoup question en 1993. Au début de cette année, la Fédération internationale des droits de l'homme (FIDH) publie une enquête accablante pour le régime rwandais. Les responsables des escadrons de la mort y sont nommément désignés, on y parle des prémices d'un « génocide ». Le chef de l'État rwandais est directement mis en cause. Le rapport est transmis à l'Élysée. Qui ne réagit pas. Autre rapport ignoré : celui du rapporteur spécial de la commission des Nations unies pour les droits de l'homme. Rédigé en avril 1993 et publié le 11 août, il recoupe les informations de la FIDH et « mentionne déjà, selon la commission d'enquête parlementaire belge, un éventuel génocide et la nécessité de démanteler les caches d'armes ».

Ce ne sont pas les seuls avertissements. Dans son remarquable rapport sur les événements du Rwanda, la commission d'enquête parlementaire belge en recense plusieurs dizaines. Dans le volume 1-611/8, chapitres 4.5.1 à 4.5.6, d'innombrables éléments sont rendus publics. D'autres, épars dans ce rapport de plus de 1 000 pages, incitent tout autant à la réflexion.

À l'Élysée, malgré ces rapports, on ne veut rien savoir. À tel point qu'à l'automne 1993 le président Juvénal Habyarimana est reçu à Paris par François Mitterrand. Il s'agit d'une visite officielle avec tapis rouge, garde d'honneur... Le chef de l'État a-t-il évoqué les problèmes soulevés par le rapport de la FIDH et de la commission des droits de l'homme de l'ONU ?

« Oui », affirme l'Élysée au *Figaro* en 1994. Un haut responsable raconte : « Le président a dit au chef de l'État rwandais : "Il est venu à ma connaissance des exactions, des choses inacceptables, je sais bien que vous êtes à la tête d'un pays en guerre mais..." » Il est des « mais » qui peuvent tout changer. Outre qu'il faut croire sur parole ce récit, on ne retrouve dans les archives aucune trace de déclarations officielles protestant contre les exactions alors commises au Rwanda, aucune trace non plus d'éventuelle remise en cause de l'aide apportée à un pays où il existe un risque de génocide.

Certes, les accords d'Arusha devant préluder à une transition pacifique ont été signés en août 1993 ; certes, la France est supposée se désengager du Rwanda ; certes, la cohabitation est passée par là qui a gommé les écarts de conduite les plus flagrants. Mais le Rwanda reste un allié de la France. Un allié que Paris persiste à soutenir envers et contre tout !

Un silence criminel

La cohabitation ne change pas grand-chose à la politique de la France au Rwanda. En cet automne 1993, alors que François Mitterrand reçoit à Paris le chef de l'État rwandais, Juvénal Habyarimana, la doctrine officielle a simplement évolué. La signature des accords d'Arusha a permis à Paris de se désengager sur la pointe des pieds. À l'exception d'une quarantaine de militaires français, les soldats sont partis, remplacés ou en voie de l'être par les casques bleus de l'ONU.

C'était une des conditions de l'accord d'Arusha censé ouvrir la voie à un gouvernement de transition. Que, peu après sa signature, cet accord ait été qualifié par le président rwandais de « chiffon de papier » n'a guère d'importance. Qu'un haut responsable, exerçant à l'époque rive droite et aujourd'hui rive gauche, reconnaisse sur un ton badin que « l'accord d'Arusha a mis le feu aux poudres » est, somme toute, négligeable. Comme l'est aussi cet aveu involontaire de la même personnalité : « Si nous avons une responsabilité, c'est à la manière de Kissinger et Nixon qui enclenchèrent le processus menant au génocide cambodgien. »

Arusha marque la fin d'une période, pas d'une politique. Si l'engagement officiel se termine, l'engagement officieux demeure. Comme en témoignent ces quelques extraits du rapport de la commission d'enquête parlementaire belge sur le Rwanda. « Le groupe ad hoc, est-il écrit, a découvert les indications suivantes. » Suivent alors des notes des services de renseignement belge. Par exemple celle-ci, faisant état en décembre 1993 d'une « participation militaire française qui va bien plus loin qu'il n'est admis officiellement. C'est ainsi que deux militaires français mettraient le réseau téléphonique sur écoute, surtout les téléphones des ambassades ». Ou cette autre, signalant en janvier 1994 que « les conseillers français restés au Rwanda après le retrait du détachement Noroît (...) organisent une campagne de dénigrement des casques bleus belges (...). La source confirme que deux militaires français s'emploient à mettre le central téléphonique de Kigali sur écoute ». Il y a encore la note confirmant un télex du 15 mars. Adressée par l'ambassade de Belgique à Kigali au ministère belge des Affaires étrangères, elle « concerne des livraisons d'armes en provenance de la France ».

Plus surprenant, le document citant une information du 15 avril 1994, soit neuf jours après le début du génocide, qui annonce : « G. Ruggiu a quitté le Rwanda sans tambour ni trompette. L'intéressé, suite aux événements, aurait été rapatrié par les Français. » Georges Ruggiu, belge, actionnaire et animateur de Radio Mille Collines, la « radio de la haine », attend d'être jugé par le tribunal international d'Arusha.

Enfin, le gros morceau : deux dépêches des services de renseignement belges. D'abord celle-ci : « L'info du 11 janvier 1994 » mentionne « que, selon une source qui corrobore ses informations à l'aide de documents, Lemmonier Dominique, de nationalité française, fournit des armes et des munitions au Rwanda ». La deuxième du 15 mars 1994 rend compte des « livraisons d'armes et de munitions au Rwanda par l'armée égyptienne (contrat du 30 mars 1993), par Mil. Tec. Corp de Sussex, Grande-Bretagne (contrat du 11 mai 1993) et par soc. DYL-Invest de Cran-Gévrier de France (contrat du 3 mars 1993). La Minuar (la mission des Nations unies) bloque le déchargement. Elle avait déjà intercepté le 21 janvier 1994, à l'aéroport de Kigali, une livraison de munitions déclassées, parmi lesquelles des mortiers de l'armée belge, en provenance de France ».

Loin de la neutralité affichée

En mars 1994, les services belges de renseignement sont donc au courant des activités du Francais Dominique Lemmonier, fondateur de la société DYL-Invest, qui fournit des munitions et des armes au Rwanda. Cette officine n'appartient pas au groupe des sociétés de commerce d'armements accréditées par le ministère de la Défense. Les autorités françaises semblent ignorer ce qu'ont découvert les « services » belges. Une lacune qui s'explique par cette alternative : ou bien les services de renseignement français omniprésents à l'époque au Rwanda sont incompétents ; ou bien l'opération est « couverte ». La société DYL-Invest de Dominique Lemonnier ne sera jamais inquiétée par l'État français alors qu'elle va servir d'intermédiaire pour les achats d'armes.

En mars 1994, les livraisons d'armes continuent. Ou les services de renseignement français, omniprésents au Rwanda, sont incompétents ; ou l'opération est « couverte ».

Dominique Lemonnier sera pourtant écroué et présenté au juge d'instruction d'Annecy, Marie-Gabrielle Philippe, qui, le 27 janvier 1995, le met en examen pour « commerce illégal d'armes de guerre ». Attention ! Ce n'est pas « le ministère de la Défense, de la Guerre, de la Marine ou des Finances » qui porte plainte comme le voudrait l'intitulé de l'article 36 (décret-loi promulgué le 18 avril 1939) permettant de réprimer le commerce « des matériels de guerre, armes et munitions ». Mais... Paul Barril, l'ancien gendarme de l'Élysée qui sent le soufre depuis l'affaire des Irlandais de Vincennes !

Le 1er février 1995, il affirme à l'AFP avoir reçu mandat du gouvernement génocidaire pour récupérer 1 650 000 dollars de trop-perçus. Le 23 mars 1995, la chambre d'accusation de la cour d'appel de Chambéry annule la procédure lancée par Paul Barril contre Dominique Lemonnier. Décision confirmée le 5 décembre 1996 par la chambre criminelle de la cour suprême siégeant à Paris. Motif : l'enquête, pour les raisons citées plus haut, n'a pas respecté les dispositions légales. Dominique Lemonnier riposte en portant plainte contre Paul Barril pour « tentative d'extorsion de fonds ». Le fondateur de DYL-Invest s'apprête à soutenir une action en dédommagement contre l'État français et sa justice. « Elle était en l'air », confirme aujourd'hui Me Patrick-François Pouzelgues. Mais Lemonnier meurt d'une crise cardiaque, le 11 avril 1997, en sortant d'un déjeuner d'affaires à Annecy.

En dépit des accords d'Arusha, la France poursuit donc, en ce début d'année 1994, sa politique de soutien au régime de Kigali : les livraisons d'armes continuent, des militaires placent sur écoute le réseau de Kigali, des chargements sont interceptés, des Français impliqués… On est loin de la neutralité que Paris affiche.

Trois semaines après le début du génocide, MSF parle déjà de 300 000 morts.

Protéger « l'allié » rwandais

L'attentat du 6 avril 1994 contre le Falcon du président Habyarimana bouleverse l'échiquier. Dès la nouvelle de sa mort, l'enfer se déchaîne : des barrages sont mis en place ; les listes d'extermination, préparées depuis des mois, sortent des tiroirs ; les dirigeants rwandais modérés sont éliminés, puis de simples adversaires politiques, puis des civils… Le génocide commence.

Le 7, dix casques bleus belges sont assassinés par des unités de l'armée régulière rwandaise. En tout, cinq soldats français sont tués : l'équipage de l'avion du chef de l'État rwandais et, plus tard, deux adjudants-chefs en poste à Kigali. Peu après, Paris et Bruxelles montent une opération d'évacuation de leurs ressortissants. Comme au Liberia et, plus récemment, au Zaïre, l'ambassade de France à Kigali brûle toutes ses archives. Les Belges décident de retirer leur contingent de casques bleus du Rwanda. Dès lors, silence. À l'exception de rares déclarations de responsables humanitaires et de tout aussi rares reportages, on ne parle plus du Rwanda.

Rapidement, pourtant, des chiffres incroyables sont avancés. Trois semaines après le début du génocide, MSF parle de 300 000 morts. De nombreuses organisations humanitaires évoquent ouvertement un « génocide ». Pas les États membres de l'ONU qui, à l'instar des Américains, ne tiennent pas à intervenir : une convention leur en fait obligation en cas de reconnaissance officielle d'un génocide. À la fin avril, trois semaines après le début de la tragédie, Paris n'est pas tout à fait sur la même longueur d'onde que les autres États. Le silence est identique, mais il ne masque pas seulement une mauvaise conscience : il cache aussi un profond désir de protéger l'« allié » rwandais.

Le 27 avril, une délégation du « gouvernement intérimaire rwandais » qui ne sera jamais reconnu est reçue à Paris : à l'Élysée par la cellule africaine, à Matignon par Édouard Balladur et Alain Juppé. L'un des deux membres de la délégation, Jean-Bosco Barayagwiza, est aujourd'hui incarcéré à Arusha. Il attend d'être jugé par le tribunal international.

À ce moment précis, les autorités françaises savent parfaitement à qui elles ont affaire. Jean-Bosco Barayagwiza a beau être paré d'un titre officiel, il reste le leader du parti politique CDR, la branche des extrémistes hutus. Il est aussi actionnaire de Radio Mille Collines (RTLM), la tristement fameuse « radio de la haine ». La Belgique où il veut se rendre après ses entretiens parisiens lui refuse un visa d'entrée et en avise Paris. Mais il est surtout, comme en témoigne une lettre datée du 1er septembre 1992, un interlocuteur régulier de l'Élysée. Signée par Bruno Delaye, le responsable de la cellule africaine de l'Élysée, ce courrier adressé à Jean-Bosco Barayagwiza, directeur des Affaires politiques du ministère rwandais des Affaires étrangères, le remercie au nom de François Mitterrand d'avoir fait suivre une pétition de « 700 citoyens rwandais, qui remerciaient, le 20 août 1992, la France de son appui au processus démocratique engagé au Rwanda et l'armée française pour sa coopération avec l'armée rwandaise ».

« La mission militaire de coopération prépare les actions à mener en notre faveur. »

Un militaire rwandais en mai 1994

Une semaine après cette étrange visite, une nouvelle entrevue à lieu. Au ministère de la Coopération, le général Huchon, responsable de la mission militaire, reçoit le 9 mai un mois après le début du génocide le lieutenant-colonel Ephrem Rwabalinda, conseiller en chef de l'état-major de l'armée rwandaise. Selon le rapport de mission fait par ce dernier à ses supérieurs, l'entretien a duré deux heures. Dans un point intitulé « Avis et considération du général Huchon », le lieutenant-colonel rwandais note : « La mission militaire de coopération prépare les actions à mener en notre faveur. Le téléphone sécurisé, permettant au général Bizimungu (alors ministre rwandais de la

Défense) et au général Huchon de converser sans être écoutés (cryptophonie) par une tierce personne, a été acheminé à Kigali. Dix-sept petits postes, à sept fréquences chacun, ont été également envoyés pour faciliter les communications entre les unités de la ville de Kigali. » Conclusion du lieutenant-colonel Rwabalinda : « Ces contacts m'ont permis de sonder combien la coopération militaire française est gênée de nous expliquer sa retenue, en matière d'intervention directe, par souci de solidarité avec l'opinion politique européenne et américaine. » Cette « retenue » est toute relative. Tout au long de cette période, le général Huchon reçoit régulièrement, semble-t-il, le « chargé d'affaires » de l'ambassade rwandaise à Paris, le lieutenant-colonel Cyprien Kayumba, dont le titre officiel est celui de « directeur du service financier du ministère de la Défense rwandais. Et celui-ci, comme en témoigne un courrier, est un homme très occupé.

Apparemment soupçonné de détournement de fonds par ses supérieurs, le chargé d'affaires devenu acheteur d'armes fait en ce 26 décembre 1994 le récapitulatif de toutes ses démarches. Ayant quitté Kigali le 17 avril 1994, explique-t-il, il a gagné Goma pour y surveiller le déchargement d'un cargo rempli d'armes, puis Nairobi, Le Caire (3 jours), Paris (27 jours), Nairobi, Kinshasa, Le Caire (« billet payé par le colonel Bagasora », également inculpé à Arusha), Tunis, Tripoli, Paris, Le Caire et, enfin, Nairobi.

Du 19 avril au 18 juillet, le « contact » du général Huchon organise, grâce à deux sociétés, DYL-Invest (France) et Mil-Tec Corporation (Grande-Bretagne), six livraisons d'armes pour un montant de 5 454 395 dollars. « Nous livrons des munitions aux FAR (Forces armées rwandaises) en passant par Goma, déclare le 19 mai 1994 Philippe Jehanne, ancien des services secrets servant au ministère de la Coopération. Mais, bien sûr, nous le démentirons si vous me citez dans la presse. »

Malgré les cadavres qui s'entassent, la coopération continue avec les autorités « génocidaires ».

Nul besoin de démentir. Aujourd'hui, cette information est confirmée par un haut responsable militaire qui déclare au *Figaro* avoir « donné l'ordre d'interrompre les livraisons d'armes un mois avant le début de l'opération Turquoise », fin mai 1994.

Malgré le génocide, malgré les cadavres qui s'entassent, malgré l'impitoyable massacre des femmes et des enfants, la coopération entre la France et les autorités « génocidaires » du Rwanda continue sans état d'âme.

La France, asile d'étranges réfugiés

Le 18 mai, le journal *Libération* révèle que Paris a organisé la fuite de l'entourage du président Habyarimana, dont plusieurs membres des escadrons de la mort. L'article titré « Paris, terre d'asile de luxe pour dignitaires hutus » énumère ces étranges réfugiés : Agathe Habyarimana, la veuve du chef de l'État rwandais, décrite par la commission parlementaire belge comme l'un des inspirateurs des escadrons de la mort ; Protais Zigiranyirazo, membre du « réseau Zéro » (le « comité directeur » des tueurs) ; Ferdinand Nahimana, membre de la direction de Radio Mille Collines aujourd'hui incarcéré à Arusha dans l'attente d'un jugement. À l'appui de ces informations, le quotidien publie un document émanant du ministère de la Coopération : « Le ministère de la Coopération de la République française apporte à la république rwandaise, qui lui en fait la demande, une aide budgétaire exceptionnelle de 200 000 francs. Cette aide budgétaire financera des actions urgentes en faveur des réfugiés rwandais. »

Dans un autre document, il est précisé que les frais d'avion en « classe affaires » de la famille présidentielle au sens large seront pris en charge sur « dotation affectée à la Direction du développement ». Ces notes provoquent des remous chez les fonctionnaires du ministère de la Coopération, ce qui explique les fuites dans la presse. Mais l'ordre émanant, semble-t-il, de l'Élysée, chacun est sur ses gardes.

La France collabore avec les assassins : cela ne doit pas se savoir... La pression augmente. Embarqués dans une histoire qu'ils ne contrôlent plus, les différents ministres de la cohabitation finissent par réaliser l'ampleur du désastre. De même que l'Élysée qui voit la situation lui échapper. Il est temps de redresser la barre. Voici venir l'opération Turquoise... Véritable feuille de vigne qui, au nom de l'humanitaire, permettra d'occulter tout débat.

Le 18 juin 1994, à l'occasion d'une conférence à l'Unesco, François Mitterrand lance un appel solennel. Au Rwanda, dit-il, c'est une question « d'heures, pas de jours ». Gérard

Prunier, chercheur au CNRS, ne se laisse pas impressionner. Cette réaction, note-t-il, est « surprenante de la part d'un homme qui est resté de marbre tout au long du carnage des deux derniers mois ».

Aujourd'hui encore, le Rwanda reste tabou pour les militaires français.

Les cauchemars des militaires

Fin juin 1994. L'opération Turquoise est lancée. Dans la région de Bisesero, au Rwanda, les commandos d'élite de l'armée française, les COS, sont déployés en éclaireurs. Ce sont des professionnels de la guerre, des hommes aguerris. Certains d'entre eux arrivent de Sarajevo, où, « immergés » dans des régiments classiques, ils ont participé à des opérations de renseignement au-delà, bien au-delà, de leur zone de déploiement officielle. Comme les fameuses unités SAS de l'armée anglaise, ces soldats disposent du meilleur équipement : liaisons radio individuelles, fusil Mac-Milan, équipement de vision nocturne.

À leur arrivée, ils sont acclamés : dans chaque village traversé, et malgré cette odeur omniprésente de cadavres en putréfaction, une foule en liesse les applaudit. Les milices de tueurs et d'assassins ont sorti les drapeaux français. Parfois, des banderoles sont déployées : « Vive la France ! Merci François Mitterrand ! »

Les soldats ne disent rien. Ils ont une mission : préparer et reconnaître le terrain où vont ensuite se déployer les unités régulières de l'armée pour l'opération humanitaire Turquoise. Très vite, ils vont être littéralement effarés par ce qu'ils découvrent. Comment collaborer avec un policier qui raconte spontanément comment il a assassiné des enfants ? Comment il a organisé la chasse à l'homme au nom de la pureté de la race ?

« C'est la folie totale ! »

Ce ne sont pas là des exemples imaginaires. Ces faits se sont produits à la fin juin sur les collines de Bisesero. Après avoir écouté ce policier rwandais, un lieutenant du COS s'écarte, dégoûté : « Je n'en pouvais plus d'entendre des choses pareilles. » Quelques heures plus tard, et toujours dans la région de Bisesero, le chef du détachement français, le lieutenant-colonel Diego (un pseudonyme), est stupéfait quand un enseignant lui raconte, très naturellement, ses crimes : « Vous, un instituteur, vous avez tué des enfants !... » Un gendarme français, qui a entendu d'autres récits, s'exclame : « C'est la folie totale ! »

Les soldats français sauveront des vies. Mais ils préserveront aussi Radio Mille Collines, « radio de la haine » qui ne cessera jamais d'émettre dans la zone sous contrôle de Paris. Plus l'opération Turquoise dure, plus l'ambiguïté perce.

Les Français sont de plus en plus gênés : « J'en ai assez de voir ces assassins nous acclamer ! », lance un autre soldat du commando. « Jamais je n'aurais imaginé cette folie furieuse », reprend un autre. « J'ai de l'expérience, soupire le lieutenant-colonel, mais ça... » Quelques jours après le passage des commandos, une opération d'évacuation des rescapés tutsis de Bisesero atrocement pourchassés comme du gibier pendant deux mois est mise en place par l'armée française.

Sur cette colline truffée de cadavres, des unités régulières se déploient. Une infirmerie de campagne est mise en place. Les hélicoptères se relaient pour évacuer les rescapés. Un gendarme du GIGN contemple le terrible spectacle offert par cette colline. Étrangement, il porte sur son uniforme une vareuse de l'armée rwandaise. Puis, il se met à pleurer...

La suite de ce récit est publiée dans les actes d'un colloque sur la manipulation de l'information organisé en collaboration avec le ministère de la Défense, en novembre 1995. Les plus hauts responsables militaires y assistaient : « L'officier du GIGN avait effectivement craqué. Mais ce n'était pas les cadavres, ni la violence de la chasse à l'homme qui s'était déroulée ici, et encore moins les récits des rescapés qui l'avaient fait basculer. Entraîné, il pouvait affronter cela. En revanche, rien ne l'avait préparé à affronter le sentiment de culpabilité qu'il éprouvait à Bisesero. Car, expliqua-t-il, "l'année dernière, il avait entraîné la garde présidentielle rwandaise". Autrement dit, il avait formé, lui, le soldat, l'homme de devoir, des tueurs. Indirectement, il venait de participer à un génocide. Et cela, il venait de le comprendre. D'où le terrible choc, d'où cette scène effrayante. »

Telle est l'opération Turquoise. Réussite médiatique, puisqu'elle permet de gommer tout débat, cette intervention est aussi un terrible révélateur de l'ambiguïté qui a présidé à sa mise en place. Et plus Turquoise dure, plus l'ambiguïté perce. Les militaires impliqués dans cette opération « humanitaire » vont bientôt se scinder en plusieurs « camps ». Même si « l'esprit de corps » persiste et bloque toute polémique ouverte. Il y a ceux qui sont dépassés par cette invraisemblable situation, ceux qui savent mais persistent et signent dans leur aveuglement, ceux qui savent mais ouvrent les yeux, ceux qui découvrent avec révulsion l'horreur rwandaise. Tous ces non-dits circulent entre compagnons d'armes, entre cantines et rassemblements…

Aujourd'hui encore, le Rwanda reste un tabou pour les militaires. Car sont engagés dans Turquoise la plupart des hommes qui avaient participé, de 1990 à 1994, au programme d'assistance militaire fournie au régime de Kigali, responsable de ce génocide. Le lieutenant-colonel Thauzin, alias « Thibault », par exemple, que Paris rappellera pour avoir été trop voyant et trop direct lorsqu'il déclarera ne pas vouloir « faire de quartiers » avec les rebelles du FPR.

Pendant cette opération humanitaire, les soldats français sauveront des vies. Mais ils préserveront aussi Radio Mille Collines, cette « radio de la haine », qui ne cessera jamais d'émettre dans la zone sous contrôle de Paris. Comme ils protégeront les membres du gouvernement intérimaire rwandais et d'importants responsables du génocide, avec lesquels, de fait, ils rentrent en contact. En revanche, les liens avec la rébellion du FPR restent ténus. Comme si Turquoise n'était qu'une opération humanitaire à sens unique. Il faudra attendre plus d'une semaine après le début de l'opération pour qu'une mission française établisse la liaison avec les rebelles victorieux.

Début juillet, un avion spécial affrété par le gouvernement, avec à son bord Jean-Christophe Rufin, chargé de mission auprès du ministre de la Défense, atterrit à Kampala. « Sur instruction du premier ministre, Édouard Balladur, et du ministre de la Défense, François Léotard, je suis arrivé peu après à Kigali, qui venait de tomber, raconte aujourd'hui Jean-Christophe Rufin.

J'ai immédiatement rencontré le commandant Kagamé, le chef de la rébellion, et aussitôt averti le général Mercier (chef d'état-major de l'armée de terre) et le général Lafourcade (commandant de l'opération Turquoise). » Le Quai d'Orsay n'est pas au courant de cette mission. Lorsqu'il apprend par hasard son existence, il y aurait eu un tollé au ministère des Affaires étrangères... qui annule la mission.

Lorsque viendra l'heure du bilan, très peu de militaires auront rempli l'un des objectifs fixé par le ministre des Affaires étrangères, Alain Juppé, lors du déclenchement de Turquoise. À savoir : les soldats devront « recueillir au fur et à mesure qu'ils circulent dans leur zone d'intervention des témoignages sur les massacres », afin de permettre à la France « d'apporter sa contribution aux instances internationales chargées d'établir la vérité ».

L'armée prise au piège

Un an après l'opération Turquoise, un responsable du ministère de la Défense affirmait qu'une quinzaine de rapports avaient été rédigés, mais il avait refusé de les communiquer. Aucun de ces rapports n'est aujourd'hui parvenu au tribunal international d'Arusha sur le Rwanda. Selon le bureau du procureur, « les autorités françaises ne nous ont fait parvenir à ce jour que de vagues synthèses ne présentant aucun intérêt ».

« Imaginez-vous des soldats français en train de former des escadrons de la mort ? »

Simple inefficacité administrative ? On peut en douter. Placée en première ligne par les responsables politiques, l'armée est prise au piège. Responsable à son niveau, doit-elle aussi « assumer » – c'est le mot de Michel Roussin, qui, alors ministre de la Coopération, déclare « assumer » les actions menées par le gouvernement précédent une politique que, somme toute, elle n'a fait qu'appliquer ? Car, les responsables politiques ont beau le nier, les militaires présents au Rwanda de 1990 à 1994 et leurs chefs à Paris se sont engagés loin, très loin. « En ce qui concerne le rôle des instructeurs, je ne pense pas, déclare Michel Roussin, ministre de la Coopération, que le moindre commentaire soit gênant pour les forces armées françaises et pour la République française. »

Que penser alors de ce témoignage du chercheur Gérard Prunier, interrogé à titre d'expert par la commission belge d'enquête parlementaire sur le Rwanda : « Il ne fait aucun doute que certains cadres des Interhamwe (les milices responsables en grande partie du génocide) ont été entraînés par les Français. Pourquoi ? C'est assez simple à comprendre. Les Français avaient un programme de formation des officiers et sous-officiers des forces armées rwandaises. (...) Quand les Interhamwe ont été créés, les Rwandais ont habilement "fourgué", il n'y a pas d'autres termes, des Interhamwe comme sous-officiers en formation. Les Français les ont donc formés. »

Ce que reconnaît l'officier du GIGN en pleurs sur la colline de Bisesero. Ce qu'affirme également, dès 1993, un repenti des « escadrons de la mort » interrogé par les enquêteurs de la Fédération internationale des droits de l'homme (FIDH). Le nom de ce repenti ? Javier Afrika. Que dit-il ? « Des instructeurs français m'ont appris, en 1991, à lancer un couteau, à assembler mon fusil. Dans un camp sur le mont Kigali, nous avons fait ensemble des exercices de tir. Il y a eu des stages pour ça, aussi pour les milices Interhamwe... »

Démentis en trompe-l'œil, arguments de pure dialectique, vrais mensonges, les responsables politiques ont tout essayé.

Devant ces accusations, les autorités françaises limitent leur réponse à une question rhétorique : « Imaginez-vous des soldats français en train de former des escadrons de la mort ? » Un haut responsable militaire reconnaît aujourd'hui qu'aucune enquête interne n'a été menée. Dans un entretien au *Figaro*, ce même responsable concède : « Je ne peux garantir qu'aucun milicien ou membre des escadrons de la mort n'a été formé par des Français. » Il ajoute : « Il faudrait reprendre les tableaux de roulement des effectifs, les camps où se sont déroulées les sessions de formation, et toutes les archives. » Ce responsable refuse cependant de donner ces renseignements qui « doivent être à la Coopération ».

Démentis en trompe-l'œil, arguments de pure dialectique, vrais mensonges, les responsables politiques ont tout essayé. Mais, de droite ou de gauche, ministre ou parlementaire, aucun n'a réclamé la mise en place d'une commission qui, enquêtant sur le rôle de la France au Rwanda, aurait pu nourrir un débat. Bien au contraire. Depuis ces tragiques événements, tout a été fait pour enterrer le dossier. Les rares procédures judiciaires enclenchées en France à la suite du génocide se sont enlisées.

Mis en examen et écroué en janvier 1995 pour « commerce illégal d'armes de guerre », Dominique Lemonnier, fondateur de la société DYL-Invest, est mort d'une crise cardiaque le 11 avril 1997. Jamais, comme en témoigne une lettre recommandée avec AR envoyée le 14 septembre 1994 par son avocat et ami Patrick-François Pouzelgues, les autorités n'ont fait le moindre effort pour éclaircir les étranges poursuites judiciaires lancées contre lui.

Adressé à Alain Juppé, alors ministre des Affaires étrangères, ce courrier pose un certain nombre de questions essentielles. Dont celle-ci : « Il est indispensable, écrit l'avocat de Dominique Lemoninier, que je puisse obtenir de vos services une réponse quant à la confirmation ou à l'infirmation du statut du lieutenant-colonel Kayumba (l'acheteur d'armes du régime génocidaire) comme personne habilitée à représenter sur le territoire français le gouvernement rwandais à compter du 13 juillet 1994. » Cette lettre est restée sans réponse.

L'action en justice entamée en juillet 1995 par un juge de Privas (Ardèche) contre le père Wenceslas Munyeshyaka, mis en examen pour « génocide, complicité de génocide, tortures et traitements inhumains et dégradants », a été longtemps interrompue. Elle ne va reprendre que grâce à un récent arrêt de la Cour de cassation. Enfin, en dépit d'une information ouverte il y a deux ans au chef de « tortures et mauvais traitements » lors du génocide, le docteur Sosthène Munyemana, professeur à l'université de Bordeaux, est évidemment soulagé de constater que la procédure avance avec une lenteur désespérante. Une note interne d'une organisation des droits de l'homme relève qu'« en dépit de nombreuses interventions (…) le magistrat instructeur est resté totalement passif ».

Un jeu hypocrite

Il est d'autant plus choquant d'entendre le ministre de la Défense, Alain Richard, déclarer que le tribunal international ne serait qu'une enceinte vouée à « la justice spectacle ». Dans un entretien au *Figaro*, un autre ministre n'hésite pas à tenir ce curieux raisonnement : « Dans le fonctionnement du tribunal international, les principes de la "common law" (le système anglo-saxon) prédominent. Si le tribunal international est un décalque des tribunaux américains, alors ce n'est pas un tribunal international. » Autrement dit : après avoir voté la création d'un tribunal international, la France récuse maintenant le principe d'une justice internationale ?

Paris mène un jeu hypocrite : la France ne veut tout simplement pas rendre de comptes. Responsables politiques et militaires cherchent une échappatoire sans oser avancer la raison d'État. Imagine-t-on, simple hypothèse, le lieutenant-colonel Thauzin, présent au Rwanda avant et pendant le génocide, témoigner devant le tribunal international ? Que n'irait-il pas dire ? Qui pourrait-il mettre en cause lors de son interrogatoire à titre de témoin ? Si une polémique sur la justice internationale a éclaté officiellement à propos de la Bosnie, nul n'est dupe.

Paris comme La Haye, siège du bureau du procureur du tribunal international, savent tous deux quel est le véritable enjeu : le Rwanda. Pour la France, la Bosnie n'est qu'une première ligne de défense. Imposer le principe de la non-comparution d'officiers français devant le tribunal pour la Bosnie, c'est imposer ce même principe au tribunal pour le Rwanda.

Quatre ans après le génocide, de nombreuses questions demeurent. Est-on bien sûr que tous les liens ont été rompus ? Que tous les enseignements ont été tirés ? Que les politiques ont pris le temps de la réflexion ? On peut en douter. En novembre 1994, soit sept mois après le génocide, Jérôme Bicamumpaka, « ministre des Affaires étrangères » d'un gouvernement déchu et proscrit, pouvait encore reconnaître sans fard qu'il avait « rencontré il y a quinze jours des officiels du gouvernement français ». De même, il semblerait que des hommes comme le général Bizimungu, « ministre de la Défense » du gouvernement génocidaire, fassent aujourd'hui partie de l'entourage proche de Sassou N'Guesso, cet allié de la France qui vient de reprendre les rênes du Congo-Brazzaville. Avec l'aide de Hutus du Rwanda...

LUANG PRABANG, LA PRINCESSE ENDORMIE

Dans l'ancienne capitale du Laos, Bouddha est roi. Et si le Pathet Lao en a chassé les monarques, le Mékong, comme pour honorer leur mémoire, se fait, à cet endroit précis, plus majestueux que jamais.

CHRISTIAN HOCHE
« L'EXPRESS », 10 AOÛT 1995

Le crépuscule est couleur de cuivre. L'air a la fièvre. Touffeur. Orages refoulés. Senteurs diffuses. La mousson est lente à mourir. Interminable attente jusqu'à ce que tout soit noir sous le ciel veuf de lune et d'étoiles. C'est l'heure où la ville, anxieuse, attend ses dieux. L'heure aussi où les bruits sont si singuliers que l'angoisse le dispute à l'imaginaire : les coassements lugubres des crapauds-buffles, les appels ridicules des geckos et le gémissement du fleuve, pareil à l'éclat de rire d'un cheval. Délivrée de ses frayeurs, lorsque l'aube, enfin, blanchit l'horizon, Luang Prabang, ancienne capitale du Royaume au million d'éléphants, enfouit alors ses songes.

Ici, les âmes innombrables de la nature, âmes du riz et âmes des défunts, âmes des eaux et âmes des pierres, souffles animés du feu et des vents, puissances plus mystérieuses encore dont on n'ose parler, interviennent et règlent l'existence des hommes. Tout est spiritualité. Selon la légende, Bouddha aurait esquissé un sourire lorsqu'il se reposa un jour sur le sol de Luang Prabang. À son disciple Ananda, qui lui en demandait la raison, il répondit qu'en ce lieu, plus tard, s'élèverait une capitale riche et puissante. Une tradition hagiographique veut que ce soient deux ermites qui, séduits par la beauté du site, décidèrent les premiers d'y bâtir une cité. Ils avaient été attirés par une colline dont la forme ressemblait étrangement à celle d'un tas de riz. Longeant le Mékong, ils avaient alors découvert à la confluence du fleuve avec le Nam Khan, un immense flamboyant couvert de grappes de rubis. Guidés par leur intuition, ils placèrent au pied de l'arbre une grande roche plate et proclamèrent qu'en ce lieu serait érigé un palais où, dans les temps futurs, un monarque viendrait gouverner.

Royale donc Luang Prabang. Quinze nagas, ces serpents-génies des eaux et des airs, sont censés protéger la ville. Ce ne fut pas toujours le cas. Ainsi, en 1887, lorsque elle est prise et pillée par les Pavillons noirs de Deo Van Tri. Le consul de France, Auguste Pavie, parvient à s'enfuir avec le vieux roi, le portant presque sur son dos, comme Énée, Anchise, pendant le sac de Troie. « C'est à Phi-Xaï que Pavie et les rescapés attendirent les forces siamoises envoyées au secours de Luang Prabang », note une plume coloniale dans *L'Illustration*, journal universel. « Celles-ci, sous la conduite du général Cha-Moeun-Waï-Woronat, officier d'une rare valeur, battirent les pillards et les repoussèrent au-delà de la frontière. » Dans sa grande sagesse, le souverain ainsi tiré d'affaire fut éternellement reconnaissant : il appela la France chez lui.

De ses splendeurs passées, Luang Prabang a conservé son côté courtisan. Elle affiche des allures de dame de cour minaudant aux abords des pagodes et pagodons. Gens d'importance ou va-nu-pieds, on vit à l'ombre de Bouddha. Lorsqu'en 1975, les communistes du Pathet Lao se fixèrent pour objectif d'éliminer la religion, les bonzes, avec malice, firent remarquer que l'entreprise était d'une extrême maladresse : « On ne peut supprimer le bouddhisme qui a deux mille cinq cents ans d'histoire, alors que le marxisme n'a même pas un siècle. » Un bon millier de moines, 29 « vat » (monastères), 20 000 âmes, Luang Prabang possède cette ferveur qui exaspéra Gerard Van Wusdhorff, un agent de la Compagnie hollandaise des Indes orientales, dépêché en 1651 sur le Mékong à la recherche de nouveaux débouchés.

Une explosion de couleurs

« Ces moines idolâtres, note-t-il sur son carnet de bord, font croire aux gens que leur Dieu s'est montré en descendant du ciel et que toutes les représentations (au Dieu) sont faites à l'image (de celui qu'ils ont vu). Ils en sont très fiers et disent que, par conséquent, leur Dieu est supérieur à celui du Siam, du Cambodge et des autres pays, et que nulle part on ne trouve de temples aussi riches et autant de saints hommes, comme ils s'appellent eux-mêmes (…). Toute la nourriture dont ils ont besoin leur est offerte chaque jour sous forme de plats de la meilleure qualité, et on leur fournit des vêtements plus qu'il ne leur en faut. »

Souvenirs de temps hautains et raffinés, Luang Prabang, princesse endormie, s'enorgueillit d'abriter quelques-uns des plus beaux bâtiments de l'art lao, tel que le Vat Xieng Thong, en bordure de la ville et du fleuve. Incomparable magnificence. Le monastère est sans contexte le joyau le plus achevé de l'ancienne capitale. Quand le roi et sa cour s'en allaient naguère en croisière sur le Mékong, ils embarquaient toujours sur le même quai, au pied de cet ensemble unique au monde. Ce qui surprend, d'abord, c'est l'explosion de couleurs. La façade arrière du sanctuaire central, par exemple, décorée d'un magnifique jujubier fait d'éclats de verre incrustés, témoigne d'une indéniable ascendance populaire et d'une subtile élégance.

Par une sente détrempée après un orage wagnérien, on descend jusqu'aux rives du Mékong. Là, le marchand ambulant de glaces, en un français chantant appris sous les drapeaux de la République, murmure que le fleuve « n'est plus comme avant » depuis que le dernier roi, Savang Vathana, la reine Khamboui et leur héritier présomptif sont morts misérablement des mauvais traitements infligés au « camp n° 1 », à Sop Khao, goulag aux bambous acérés, à une centaine de kilomètres de la frontière vietnamienne. Mais le crime « le plus abominable » pour notre bavard, c'est d'avoir installé un Hmong, appartenant à l'une de ces minorités ethniques qui cultivent le pavot à 1 200 mètres d'altitude, à la tête du chef-lieu de province…

Une armée de l'éternité

Luang Prabang coupable, donc punie, d'avoir été royale ? Sans doute. Est-ce une raison pour écouter les humeurs de cet oiseau de malheur ? Filons plutôt en amont du fleuve, au pied des étranges cavernes rocheuses de Pak Ou, là où le Mékong décrit une immense courbe, change de direction pour repartir de plus belle vers le sud. Pak Ou est un lieu de pénombre, habité par des splendeurs aux yeux mi-clos. Lieu de pèlerinage aussi, qui fut longtemps hanté par des ermites. Des milliers de bouddhas, déposés depuis six cents ans par une incontestable dévotion, semblent former une armée de l'éternité. Grandes ou petites, de bois ou de plâtre, assises ou debout, les statues expriment une attitude caractéristique, rare en d'autres terres bouddhistes, celle « qui appelle la pluie ». Du surplomb en terrasse qui domine le fleuve, l'œil suit le courant qui fait filer pirogues et radeaux de bambou. Dieu que le Mékong est beau vu de cet espace sacré !

Pak Ou est habité par des splendeurs aux yeux mi-clos. Dieu que le Mékong est beau vu de cet espace sacré !

À cinquante coups de rame de Luang Prabang, un petit tertre blanc, d'une douce simplicité, envahi par un fouillis vierge et vert, a été édifié près des eaux calmes du Nam Khan, l'un des grands affluents du fleuve. Une simple épitaphe : « Henri Mouhot, explorateur. 1826-1861. » Originaire de Montbéliard, le Français fut le premier Européen découvreur – contesté – d'Angkor dont il rapporta une description émerveillée. On le comprend. Puis ce jeune homme original, curieux de tout, chasseur de papillons et « inventeur de la Mouhotia glorosia », l'un des plus beaux scarabées de la création, voulut aller jusqu'au bout de ses rêves : pénétrer au plus profond du Laos, en remontant le Mékong. Il n'y parviendra pas. Épuisé par les fièvres, il disparaît à l'âge de 35 ans. Trois mois avant sa mort, il consigne dans son journal : « La vue du Mékong fit sur moi le même effet que la rencontre d'un ami. C'est que j'ai bu longtemps ses eaux. C'est une vieille connaissance. Il m'a longtemps bercé et tourmenté. Ici, ses eaux sont boueuses et jaunâtres, comme l'Arno à Florence, mais rapides comme un torrent. C'est un spectacle vraiment grandiose ! »

L'effet désastreux des barrages

Vous avez dit grandiose ? En traversant le Laos sur 1 835 kilomètres, du nord au sud, formant cette frontière naturelle avec la Thaïlande, il est bien sûr époustouflant. En ce pays sans ligne de chemin de fer, aux routes cahoteuses, il demeure l'axe vital, la colonne vertébrale inespérée, bien qu'il ne soit vraiment navigable qu'à partir de Luang Prabang. C'est pourquoi on s'inquiète des grands travaux envisagés par les deux puissants voisins, la Chine et la Thaïlande. Dans le Yunnan, les autorités chinoises ont prévu la mise en service de sept barrages hydroélectriques jusqu'en 2010 pour alimenter tout le sud du pays. Déjà le barrage de Manwan, opérationnel depuis le mois de juin 1993, aurait eu des effets désastreux sur le cours du fleuve, puisque le niveau de ce dernier aurait baissé ces trois dernières années.

Certes, la déforestation, l'érosion des berges et la culture sur brûlis n'ont rien arrangé. Mais comment expliquer que depuis l'installation de l'ouvrage chinois, 37 espèces de poissons aient disparu ? Pourquoi le « paboeuk », ce don de l'Éveillé, le plus recherché pour sa chair fine et tendre, pouvant peser jusqu'à 250 kilos, se fait-il de plus en plus rare ? Hier encore, il allait frayer dans les eaux du grand lac de Dali avant de revenir pour les fêtes aquatiques à la mi-avril. Le barrage l'en empêcherait-il ?

Que dire, enfin, du « pont de l'amitié » reliant depuis peu Nog Khai, en Thaïlande, à Tha Leua, aux portes de Vientiane ? Avec un humour cru, les Laotiens l'ont baptisé le « pont du sida », en raison de l'amour tarifé qui fait recette sur l'autre rive. Du coup – mais ce n'est pas la seule explication – ils l'ont fermé aux Thaïs, au grand dam des Australiens, architectes et bailleurs de fond du projet. « Le Laos est un pays lilliputien, qui a toujours eu peur d'être envahi culturellement, militairement et économiquement, explique un diplomate asiatique. Son unité, il l'a doit précisément au Mékong. »

En lao, « bo pén gnang » signifie littéralement « ce n'est rien ». On raconte dans les livres que le roi Khan-one Noï apprit au retour d'une promenade, en 1727, que les portes de Luang Prabang avaient été fermées par le peuple. Il dépêcha alors l'un des courtisans, Thao Bang-Houak, jusqu'aux abords de la capitale, pour s'informer de la situation. Lorsqu'il apprit la défection de tous ceux en qui il avait placé sa confiance, il s'arrêta, interdit, brisa une carafe d'or qu'il tenait entre ses mains ; puis, comme honteux d'un geste de colère qu'il n'avait su réprimer, fit demi-tour, laissant ses compagnons libres de le suivre ou non.

Belle leçon de modestie ! C'est sans doute pour cela, et bien d'autres raisons encore, que le petit Laos est grand. Et que Luang Prabang mérite bien d'être classée « patrimoine commun de l'humanité »...

LE PONT DE MOSTAR

Entre clochers et minarets, Mostar était célèbre pour sa douceur de vivre. Mais la guerre de Bosnie a rompu tous les ponts entre les deux communautés. Y compris le vieux pont de pierre, symbole de l'unité de la ville. Combien de passerelles faudra-t-il installer pour retrouver la paix ?

JEAN ROLLIN
« L'ÉVÉNEMENT DU JEUDI »,
10 AOÛT 1995

Dimanche, dans le cimetière proche de la cathédrale, on inhumait avec les honneurs militaires, salves de fusils d'assaut et sonneries de trompettes, trois jeunes combattants du HVO – la milice croate de Bosnie-Herzégovine – originaires de la région. La semaine dernière, les autorités de Mostar-Ouest, pour cause d'offensive des forces croates à l'est de Knin, ont imposé à leurs administrés un demi couvre-feu. Un couvre-feu faux cul, consistant principalement dans la fermeture des bistrots, pour lequel il n'est pas facile de déterminer s'il était dicté par des considérations militaires – une sorte de pré-mobilisation – ou morales : s'abstenir de tout excès à l'arrière par solidarité avec le front.

Quoi qu'il en soit, cette sage mesure a rendu pour quelque temps leur calme et leur beauté aux nuits de Mostar-Ouest. On entendait de nouveau les chiens aboyer, les coqs chanter, les grillons striduler, un oiseau non identifié, installé dans un des énormes platanes de la rue Kneza Branimira, lancer à intervalles réguliers une note unique et, de temps à autre, un milicien nerveux, ou simplement de bonne humeur, lâcher contre les fantômes une rafale de mitrailleuse ou de kalachnikov.

C'était le bon temps. Dans la nuit du 31 juillet au 1er août, sans doute à la suite de la confirmation du succès des armes croates à Glamoc et à Bosansko Grahovo (et ce n'était qu'un début), cette mesure a été abrogée. Et, de nouveau, les rues où il y a des rades – ce n'est pas ce qui manque à Mostar-Ouest – ont été livrées sans défense, jusqu'au lever du jour, à l'agression sonore de la musique disco-balkanique, des querelles d'ivrognes, des claquements de portière, des gloussements de pétasse et de ces démarrages patinés qui, sous toutes les latitudes, sont l'un des moyens les plus sûrs de reconnaître à l'oreille un gros con.

Par voie de conséquence, ce bruit odieux des roues arrière patinant sur le bitume, consécutivement au démarrage, est également une caractéristique des villes tombées au pouvoir de miliciens mafieux ou représentant, du moins, une forte densité de ces derniers. Un de leurs passe-temps favoris, à Mostar-Ouest, est de soustraire aux organisations internationales, gouvernementales ou non, ces 4 x 4 hérissés d'antennes dans lesquels leurs représentants se promènent si volontiers. (On ne soulignera jamais assez le rôle de la firme Toyota dans la mise en scène de la guerre moderne, de sa garniture humanitaire et de sa couverture médiatique.)

Une famille de veinards

La police multinationale déployée par l'Union européenne – 150 policiers et gendarmes de dix ou douze nationalités européennes dont 20 Français – a bien tenté de s'y opposer, mais il n'est pas avéré que la police croate, de son côté, soit animée d'une volonté inébranlable de mettre un terme à ce trafic. Les policiers européens n'ont guère été plus heureux dans leurs tentatives pour réunir les polices croate et bosniaque, ou pour les amener à coordonner leurs efforts.

Ce déploiement policier n'est toutefois qu'un des aspects de la politique mise en œuvre par l'administration européenne, qui, depuis un peu plus d'un an et jusqu'en juillet 1996, préside aux destinées de la ville de Mostar et s'efforce de la réunifier, ou, à défaut, de rapprocher les deux communautés. À écouter les uns et les autres, il semble douteux qu'elle y parvienne avant la date prévue pour son retrait.

Au pied d'une HLM de Mostar-Ouest, toute trouée d'obus et rapiécée, deux compères discutent autour d'un bac où rafraîchissent force canettes de bière et une bouteille de Loza (petit alcool local). Il n'est que 17 heures et les esprits sont déjà bien échauffés. Zdravko, maigre comme un clou, teint brouillé d'hépatique, l'œil légèrement vitreux, nous glisse sous le nez, sans que nous lui ayons rien demandé, sa carte du HVO et décline sa qualité de « major dans l'artillerie lourde ». Volontaire du HVO dès le début de la guerre contre les Serbes, Zdravko ne doute pas d'être connu dans le monde entier sous le nom de « Thompson », pour être apparu dans un reportage de CNN armé de la fameuse mitraillette américaine à chargeur cylindrique. Il s'agissait, précise-t-il, d'un exemplaire datant de 1931. Pendant la Seconde Guerre mondiale, le père de « Thompson » était officier de l'armée d'Ante Pavelic (le chef de « l'État indépendant de Croatie », pronazi). Il a même trouvé le moyen de ne pas se faire fusiller après la victoire des partisans.

De la pierre ou de la brique torturés par l'artillerie et fignolés à la mitrailleuse.

Une famille de veinards. Prenez la femme de « Thompson », par exemple. Elle est d'origine serbe et, dès le début des combats, il l'a envoyée se réfugier avec sa fille dans sa région d'origine, à Berkovici, non loin de Mostar. Quelques semaines plus tard, les troupes du HVO ayant progressé vers le sud-est, la batterie de Zdravko reçoit l'ordre de bombarder Berkovici, et ce dernier se vante d'avoir exécuté l'ordre sans sourciller, sans même un pincement de cœur. Pour leur malheur, peut-être, la femme et la fille ont survécu à ce bombardement familial et se retrouvent maintenant à Mostar…

En ce qui concerne les Musulmans, Zdravko veut bien « leur laisser une chance de rester », mais « à condition qu'ils vivent séparément et qu'ils acceptent notre autorité ». Pas question de rétablir la libre circulation entre les deux communautés ou, a fortiori, de réunifier la ville. D'ailleurs, « nous n'avons rien de commun avec les Musulmans, tous les Croates d'ici vous le diront ». S'échauffant, Zdravko éructe bientôt que « Mostar sera une ville croate ou rien », et qu'« ici tout le monde dort avec son arme ». Un de ses commensaux, un vieux qui affirme s'être fait dépouiller de ses deux boutiques, l'une à Konjic, l'autre à Jablanica, par les Musulmans, ajoute qu'à tout prendre il préférerait encore se réconcilier avec les Serbes plutôt qu'avec ceux-là.

Jadis, cadre de l'une des deux grandes usines de Mostar, Tvrtko est aujourd'hui gardien de nuit. Vivant seul, il occupe ses loisirs à fabriquer de petits objets de bois qu'il souhaite à la fois « beaux et utiles ». Il représente un type humain tellement éloigné de celui de Zdravko que l'on pourrait douter qu'ils appartiennent à la même espèce. D'une voix très douce, Tvrtko explique que « les Musulmans sont de braves gens, qui ne se battent que pour sauver leurs vies. Alija (Izetbegovic, le président bosniaque) ne voulait pas la guerre. Il a attendu le dernier moment pour s'y résoudre ».

La crainte d'une « revanche »

« Ici à Mostar, ajoute-t-il, les Musulmans étaient des Européens à part entière. Ils fréquentaient peu les mosquées et avaient un haut niveau d'éducation. Pendant qu'ils attendaient, on les tuait des deux côtés (serbe et croate). Durant la guerre (croato-bosniaque), notre camp les a furieusement attaqués et a détruit toutes leurs habitations. » Inutile de dire qu'il est exceptionnel de rencontrer à Mostar-Ouest un Croate qui tienne ce langage… Et, cependant, même Tvrtko considère qu'il serait aujourd'hui « difficile et dangereux de réunir l'Est et l'Ouest, car les gens se défient désormais les uns des autres : les catholiques (Tvrtko emploie ce terme beaucoup plus volontiers que celui de "Croate") craignent la revanche des Musulmans ».

Au milieu d'une place déserte – « Hit Square » selon la terminologie européenne –, jonchée de gravats, envahie par la végétation, caractéristique des ruines récentes, une cabane en préfabriqué abrite les policiers croates et bosniaques chargés de contrôler les papiers des habitants de Mostar qui, en petit nombre, se rendent d'un secteur à l'autre, généralement d'est en ouest, et le plus souvent pour faire des courses.

« Hit Square » a dû être une assez belle place, dans le temps, si l'on en juge par le seul de ses éléments demeuré presque intact, la façade néomauresque, couleur pêche, d'un établissement d'enseignement datant de l'époque austro-hongroise. Autrement, il n'y a là que du vide, de la lumière aveuglante, du béton, de la pierre ou de la brique torturés par l'artillerie et fignolés à la mitrailleuse, mais alors avec énormément d'obstination, bien à fond, rien que de l'éventré, de l'évidé, du broyé, de l'aplati, du tordu et retordu, en somme la copie conforme de Vukovar, bien qu'en plus petit. Comme si les Croates, piqués au vif, avaient tenu à disputer aux Serbes la palme de « l'urbicide ».

C'est donc le boulevard de la Révolution populaire – en abrégé « le Boulevard » –, sur lequel se situe « Hit Square », qui marque la limite entre l'Est et l'Ouest, et non la rivière Neretva, qui coule une centaine de mètres en contrebas. Le quartier demeuré sous contrôle bosniaque, sur la rive droite, entre la rivière et le boulevard, a bénéficié d'un traitement de faveur de la part de « Thompson » et de ses collègues du HVO. La plupart des immeubles sont totalement détruits, et il n'en est aucun qui n'ait été touché à plusieurs reprises par l'artillerie croate.

« Chaque pièce a eu son obus »

Qu'un certain nombre de gens aient pu survivre dans ce quartier pendant toute la durée du siège tient du prodige.

« Pendant quelques jours, raconte Haris, l'un de ces miraculés, après la destruction de tous les ponts sur la Neretva, nous avons été totalement isolés, totalement coupés des autres quartiers de l'Est. Et nos soldats n'avaient presque plus de munitions. Jamais ils n'auraient pu tenir s'ils avaient eu en face d'eux une vraie armée. Heureusement, ils n'avaient que le HVO. »

Si Haris, même au plus fort du siège, ne s'est pas réfugié sur l'autre rive, c'est que l'un de ses fils, mobilisé dans l'armée bosniaque, se battait à quelques blocs de là sur la ligne de front. Son appartement, qui avait déjà été touché à plusieurs reprises, pendant le siège « serbe », par des obus antiaériens, a reçu des Croates deux obus de gros calibre et un plus petit. « Chaque pièce, commente Haris, a eu son obus... »

Avant que l'administration européenne ne rétablisse un pont provisoire à l'emplacement du pont Tito, la passerelle branlante qui franchit la Neretva quelque 100 mètres en aval, tout près des eaux tourbillonnantes, était le seul lien entre les deux rives. Une des particularités de Mostar, c'est d'être bâtie dans des gorges – l'habitude étant plutôt de laisser les gorges, celles du Tarn par exemple, à la campagne – au pied de hautes collines sèches qui, sur deux côtés, enserrent les quartiers de l'Est entre de véritables murs, très propices au déchaînement de l'artillerie.

Bien que les Serbes continuent à bombarder sporadiquement la ville, cela n'empêche pas les plus audacieux des habitants de l'Est, par une belle journée, de barboter dans les eaux de la Neretva. Les cafés sont également très nombreux et très actifs de ce côté de la ville, et les magasins d'alimentation plutôt bien garnis désormais, même si les produits que l'on y trouve sont plus chers qu'à l'Ouest, et inaccessibles, entre autres, aux milliers de réfugiés, chassés de chez eux par les Croates ou par les Serbes, dont certains s'entassent encore dans des camps de conteneurs. Même les commerces d'« antiquités » ont timidement repris près de l'emplacement du Vieux Pont. Hormis quelques cartes postales d'avant-guerre, on n'y trouve le plus souvent que des culots d'obus de mortier ou des projectiles désamorcés de RPG, que le vendeur désigne ironiquement comme des « souvenirs de Tudjman et de Milosevic ».

Un second obus serbe est passé en sifflant au-dessus de la maison, avant d'aller exploser sur la berge, au moment précis où Maida venait de casser les œufs.

Le gâteau de Maida

Pas de chance pour les Croates : toute l'histoire de Mostar, toute sa beauté, sont de ce côté, et la dévastation qu'ils y ont apportée n'en a délogé ni l'une ni l'autre. Avec ses rues étroites, ses fontaines, ses places à palabres, ses murs à travers lesquels on voit le ciel et ses minarets effondrés, l'Est conserve un caractère urbain beaucoup plus affirmé que l'Ouest, où dominent les alignements de cages à lapins socialistes.

De certains monuments historiques, pour ne rien dire des bâtiments plus usuels, il ne subsiste que quelques pans de mur. Mais d'autres sont restés debout, bien que criblés d'impacts, et les plus prestigieux font aujourd'hui l'objet de travaux de consolidation afin de les aider à passer le prochain hiver. C'est le cas, par exemple, de la mosquée Koski Mehmed-pasina, avec sa madrassa, ses quelques tombes enturbannées et son petit jardin donnant sur la Neretva, à proximité de laquelle se trouvent le café Rose et la maison de Maida.

Car il est temps de parler de Maida, de son gâteau et de quelques obus serbes. Le jeudi 3 août, en début d'après-midi, un premier obus serbe est tombé près de l'église orthodoxe, puis un second est passé en sifflant au-dessus de la maison, avant d'aller exploser sur la berge, au moment précis où Maida venait de casser les œufs et d'en répandre les jaunes sur la farine. Maida a sauté de côté, elle a eu le temps d'attraper le saladier où gisait le gâteau inachevé, puis elle a insisté pour que tout le monde, c'est-à-dire son fils de 16 ans, Dragan, et votre serviteur, aille se mettre à l'abri chez sa mère, qui habite non loin de là un immeuble plus solide.

Le voisin de Maida a été à plusieurs reprises extrait du camp et utilisé comme « bouclier humain » lors d'assauts contre les troupes bosniaques dans le quartier du Boulevard.

Car la maison de Maida, une maison ancienne et charmante, dominant la rivière – en se penchant, on peut voir par la fenêtre les retombées de l'arc que formait autrefois le Vieux Pont – est quelque peu vulnérable. Sa voisine a reçu la semaine dernière un obus qui a transformé son toit de tuiles en confettis.

On traverse la place à vive allure, on passe devant le café Rose, qui a replié sa terrasse, on récupère au passage la mère de Maida qui a trouvé refuge dans l'escalier. Comme beaucoup d'habitants de l'Est, la mère a eu sa maison détruite par l'artillerie serbe dès la première phase de la guerre. Elle s'est donc réfugiée chez des parents à l'Ouest, pour se faire expulser et dépouiller de tout ce qu'elle avait emporté lorsque la guerre, dans sa seconde phase, a opposé les Croates aux Bosniaques. Pour finir, la mère s'est donc installée dans cet immeuble au-dessus du café Rose, partiellement détruit par un incendie, dont la carcasse de béton, bien que rissolée, demeure accueillante aux squatters.

Maida vient de terminer son gâteau et de le mettre au four lorsque se présente un voisin, la cinquantaine, que tout le monde appelle « professeur » et qui a en effet l'allure d'un universitaire, bien qu'il ait été garagiste avant la guerre. Arrêté par des miliciens croates le 30 juin 1993, le garagiste a passé six mois dans un camp installé sur le site de l'usine aéronautique Soko, où, d'après lui, plus de 12 000 personnes auraient été retenues dans différents locaux.

Meurtres, viols, torture

Lui-même a été à plusieurs reprises, pendant sa détention, extrait du camp et utilisé soit à renforcer les défenses du HVO, soit comme « bouclier humain » lors d'assauts contre les troupes bosniaques dans le quartier du Boulevard. Il est un des rares prisonniers ainsi utilisés à s'en être tirés. Or, s'il affirme que les anciens détenus ont fait serment de « retrouver » ceux des gardiens du camp – et surtout ceux d'un autre camp, au régime beaucoup plus dur, dans les collines – qui se sont rendus coupables de meurtres, de viols ou de tortures, il insiste plutôt sur le fait que, parmi les geôliers, tous n'étaient pas des salauds ou des brutes. Certains leur donnaient des nouvelles de leurs familles et, non sans risques probablement, leur faisaient parvenir des lettres ou des colis.

Lorsque les Croates ont détruit le Vieux Pont de Mostar, le garagiste se trouvait avec d'autres détenus en dehors du camp, travaillant sous la surveillance de quelques miliciens croates. L'un d'entre eux fut tellement indigné à l'annonce de cette nouvelle, raconte-t-il, qu'il alla Dieu sait où se procurer des bougies, les disposa sur le sol de telle sorte qu'elles dessinent approximativement la silhouette du Vieux Pont, puis les alluma et se tint coi. Ainsi, par une nuit de guerre, des miliciens croates et des prisonniers bosniaques veillèrent-ils ensemble le Vieux Pont.

Peu après 18 heures, le bombardement serbe a repris brièvement, alors que Maida sortait son gâteau du four. À 20 heures – une heure avant le couvre-feu toujours en vigueur à Mostar-Est –, Dragan s'est lassé d'attendre et il est descendu pêcher la truite sur la berge de la Neretva. À 20 h 30, l'appel à la prière a retenti, lancé du haut du minaret de la mosquée voisine, lequel porte un trou par où une vache pourrait passer, et un passant a pesté contre ces « péquenots (les réfugiés) qui nous cassent les oreilles avec leurs prières, alors qu'ici personne n'est croyant ».

« L'avenir ? Tout en noir. Il n'y pas de beauté dans le monde… »

Edina, 19 ans

Edina, la nouvelle et provisoire serveuse – provisoire, car le métier ne l'emballe pas –, s'apprête à fermer le café Rose. Edina a 19 ans et prétend ne plus rien attendre de la vie, bien qu'elle ne rate pas une occasion d'aller acheter des fringues à Mostar-Ouest. On lui demande ce qu'elle pense des Croates. Edina hésite longuement, hoche la tête, puis se décide : « Ils ne sont pas tous les mêmes, mais je ne peux oublier ce qu'ils nous ont fait. »

Pense-t-elle que les deux communautés puissent de nouveau vivre ensemble ?

— « Vous avez vu notre cimetière, sur la colline ? C'est là que se trouve la réponse. »

Et comment envisage-t-elle son avenir, elle qui n'était jamais sortie de Yougoslavie avant la guerre, qui rêve de voyager et qui ne sait même pas si elle pourra un jour quitter Mostar ?

« Tout en noir. Il n'y pas de beauté dans le monde… »

Mais vous vous trompez, Edina. Il suffit, pour s'en convaincre, de vous regarder ou de parcourir les rues dévastées du vieux Mostar, ou encore de guetter, du haut de la passerelle, l'apparition d'une truite dans les eaux sales et cependant bleu turquoise de la Neretva.

Vendredi 4 août : la nuit dernière, l'armée croate a lancé une offensive généralisée contre les Serbes de Krajina, et ce matin, vers 7 heures, en représailles, une giclée d'obus serbes s'est abattue sans discrimination sur l'est et sur l'ouest de la ville. Le bruit court que deux personnes ont été tuées dans le quartier qui jouxte la ligne de démarcation.

REVIVRE À BELFAST

On est encore loin de la réconciliation entre « républicains » et « loyalistes ». Les problèmes économiques et sociaux, détonateur d'un conflit interminable, sont tout sauf résolus. Mais quelque chose est en train de changer dans la capitale nord-irlandaise. Flânerie solitaire entre Falls Road et Shankill.

JEAN ROLLIN
« L'ÉVÉNEMENT DU JEUDI »,
31 AOÛT 1995

Et si on commençait par un incendie ? Après tout, Belfast est une ville qui a brûlé beaucoup plus que la moyenne. Et la première fois que nous y avons mis les pieds, en 1971, l'année de l'introduction de l'« internement », la première chose que nous avions observée à Belfast était un incendie. C'était, si ma mémoire est bonne, un cinéma qui cramait, le Clonard, avec énormément de flammes et de fumée, de craquements et de ronflements.

Cela se passait dans le quartier catholique, donc « républicain », de Falls Road. Les pompiers faisaient de leur mieux pour l'éteindre, mais les gamins – catholiques, donc « républicains » – étaient en désaccord avec eux sur ce point : après tout, il s'agissait sans doute d'un incendie lui-même catholique et « républicain ».

Les gamins s'efforçaient donc de compliquer la tâche des pompiers, la police (Royal Ulster Constabulary, en abrégé RUC) ne pouvait guère s'en mêler – à l'époque, elle ne se montrait plus dans les quartiers catholiques, et cela valait mieux, compte tenu de la manière dont elle s'y était comportée –, ce fut donc l'armée britannique qui intervint à grand renfort de petits blindés montés sur roues, des « Saracen », des « Saladin », tous plus mésozoïques et plus effrayants les uns que les autres. Les gamins empêchaient de plus belle les pompiers de travailler et mettaient des bâtons dans les roues – au sens strict – aux mésozoïques petits blindés. Ceux-ci manœuvraient inconsidérément, dangereusement, dans la foule.

Cela sentait le roussi, même si l'affaire, autant que je m'en souvienne, se régla ce jour-là sans heurts sérieux.

Mais un incident du même genre, à la même époque, pouvait laisser plusieurs personnes – de préférence des civils catholiques – sur le carreau. Au cours de ce mois d'août 1971 et des trois qui suivirent, 73 civils (dont certains, bien entendu, pouvaient être membres d'organisations clandestines et, même sans cela, s'être livrés à des attaques contre la police ou l'armée), 30 soldats et 11 flics restèrent sur le carreau. On voit par là que l'introduction de l'internement fut une mesure d'une grande sagesse, et d'une non moindre efficacité.

Vingt-quatre ans ont passé, presque jour pour jour, et c'est par un incendie, de nouveau, que nous sommes accueillis à Belfast. Celui-ci fait rage, de nouveau, dans le quartier de Falls Road. Plus précisément dans l'Albert Street, à deux pas de la cathédrale Saint-Pierre, en face d'un groupe d'HLM relativement récentes mais que l'on est en train de démolir pour cause d'insalubrité : « Appartements infestés de cafards », peut-on lire sur les fenêtres que l'on a pris soin de murer afin de décourager les squatters. L'édifice en proie aux flammes – une ancienne église presbytérienne reconvertie en centre récréatif et social – dégage d'âcres et abondantes fumées blanches qui se voient de partout en ville.

Même sans cela, il fait une chaleur accablante, une chaleur et une sécheresse telles que l'on n'en a pas enregistrées dans la région depuis le XVIIe siècle, selon les commentateurs les plus emphatiques, et depuis le XIXe selon les plus réservés. Devant l'église qui se consume, trois camions de pompiers ont déroulé les gros tuyaux de leurs lances, des tuyaux un peu mités, semble-t-il, pleins de trous que des enfants en grappes s'efforcent d'élargir, aussi bien pour emmerder le monde, tout simplement, que pour s'asperger avec l'eau des fuites.

Un enfant à vocation de leader brandit la carcasse à moitié rôtie d'un pigeon qu'il vient de retirer des décombres, au milieu des trombes d'eau et des avalanches d'ardoises qui dégringolent du toit sur le point de s'effondrer. Les pompiers gueulent, pourchassent dans la fumée, en riant, les enfants qui reviennent aussitôt à la charge : tout se passe en famille et dans la bonne humeur.

L'hélicoptère est débranché

Mais le plus remarquable, c'est que cet incendie, je l'ai repéré alors que je me trouvais dans Shankill Road et que, pour l'atteindre, j'ai dû emprunter Northumberland Street, une rue transversale qui franchit la limite entre le quartier protestant – « loyaliste » – de Shankill et le quartier catholique – « républicain » – de Falls, par un défilé assez peu engageant entre les hauts murs de la minoterie Andrews. La frontière est marquée par une grille – ce que, dans le jargon orwellien des « troubles », on appelait une « ligne de paix » – et par une porte marquée « road closed » – « rue fermée » – dont les deux battants sont aujourd'hui grands ouverts.

Or, même si presque personne ne se hasarde encore à pied sur cet itinéraire, le fait que l'on puisse se rendre directement de Shankill à Falls, et vice versa, constitue une nouveauté presque aussi saisissante que la disparition de l'armée britannique des rues de Belfast, où elle était omniprésente avant le cessez-le-feu. Sans doute l'hélicoptère qui pendant des années a scanné la ville 24 heures sur 24 reste-t-il interminablement suspendu au-dessus des quartiers ouest. Mais depuis un an, sauf avis contraire, on le débranche toutes les nuits entre 23 heures et 7 heures.

Grande nouveauté à Belfast : on n'est plus stoppé et fouillé à tout bout de champ par des militaires ou des flics.

Vous qui, en ces mémorables journées d'août 1971, aviez traversé la Manche, puis le canal Saint-George, pour venir échanger des insultes, des pierres et des cocktails Molotov contre des balles en plastique tirées par le RUC et l'armée britannique, vous ne reconnaîtriez pas le centre ce Belfast. Comme on nous l'a changé ! Victime de l'homogénéisation du paysage urbain dans l'hémisphère occidental avant même d'être touché par la paix, le centre de Belfast a perdu beaucoup de cette raideur et de cette arrogance victoriennes qui le rendaient si délicieusement haïssable. On y trouve, aujourd'hui, autant de galeries marchandes et de fantaisies piétonnières, autant de « kookaïeries » et de « benettonnades », autant de Kentucky Fried Chicken et de McDo que dans le reste du monde civilisé.

Mais la grande nouveauté, depuis l'an dernier, c'est que l'on n'y est plus stoppé et fouillé à tout bout de champ par des militaires ou des flics, et que l'on a désormais toutes les chances de retrouver sa voiture, intacte dans le parking où on l'a garée pour faire des courses. « C'est agréable. commente sobrement la gérante du Bambrick's, de ne plus entendre les bombes exploser ! » Avec sa devanture Art nouveau, le Bambrick's, sur Wellington Place, est un des plus jolis bistrots à sandwichs du centre-ville, et peut-être celui où l'on boit le meilleur café. Ses recettes ont augmenté, cet été, de 25 % par rapport à l'été dernier. Sa clientèle est composée en grande partie de touristes, cette denrée auparavant si rare à Belfast et dans toute l'Irlande du Nord, bien que cette dernière n'ait rien envier à sa voisine du Sud, ni à l'Écosse, pour ce qui est des beautés de la nature ou de l'hospitalité de ses habitants. Au cours des six premier mois de 1995, on a compté 156 000 touristes « purs » en Irlande du Nord, soit 56 % de plus que l'année dernière.

Les hôtels de Belfast affichent complet, et leurs prix ont grimpé si vite que la capitale de l'Irlande du Nord est désormais, sous ce rapport, une des villes les plus chères du Royaume-Uni. De cette manne touristique, on attend la création d'une dizaine de milliers d'emplois dans les années à venir, si la paix ne vole pas en éclats. Mais la Confédération des industries britanniques, qui est à l'origine de ce pronostic, estime d'autre part que le retour au calme, s'il se confirme, devrait entraîner pendant la même période la disparition d'environ 20 000 emplois dans le domaine de la sécurité. Ce qui est assez dire que l'Irlande du Nord ne se débarrassera pas de sitôt des problèmes économiques et sociaux qui ont contribué à la transformer en poudrière.

En haut de Crumlin Road – laquelle longe l'une des prisons les plus célèbres du Royaume-Uni, notamment pour ses évasions, bien que l'on ne voie guère désormais comment un colibri pourrait passer à travers les mailles de ses emballages successifs, ou échapper au balayage de ses myriades d'yeux électroniques –, les deux tours jumelles de l'église Sainte-Croix dominent ce qui tient lieu de centre au ghetto catholique et prolétarien d'Ardoyne : quelques boutiques alignées, dont deux ou trois brûlées et pleines de gravats, et une ou deux officines de paris équestres, comme on en voit à profusion dans tous les quartiers pauvres de cette ville, confrontées, de part et d'autre d'une route très fréquentée, à un garage d'ambulances et à une station Shell encadrant une bibliothèque de prêt.

Humour et pessimisme raisonné

À la bibliothèque, où je demande à m'entretenir avec quelqu'un d'Ardoyne, le personnel, après s'être concerté, décide de m'envoyer au Flax Trust et me confie à un jeune homme sympathique, peu bavard, qui en chemin me demande sans insister si je ne préfère pas m'adresser à la permanence locale du Sinn Féin (le parti nationaliste, légal, dont l'IRA continue la politique par d'autres moyens). Installé à mi-hauteur de Crumlin Road, dans les murs d'anciennes filatures, le Flax Trust, dont le but affiché est de « réconcilier les communautés à travers le développement économique et social », regroupe environ 70 PME employant quelque 800 salariés, tant catholiques que protestants, et un nombre croissant de petites structures associatives qui interviennent partout où le tissu social a tendance à s'effilocher. Ce charitable trust est avant tout l'œuvre du père Myles Kavanagh, dit « le père Myles », prieur du couvent de la Sainte-Croix et l'une des divinités tutélaires de ce quartier d'Ardoyne.

En ce qui concerne les curés, comme dans beaucoup d'autres domaines, l'Irlande est capable du meilleur comme du pire. Il semble que le père Myles procède du meilleur : toujours est-il qu'il a mis la moitié du Congrès américain dans sa poche – il est vrai que le lobby irlandais y est puissant – et fait de ce Flax Trust, avec énormément d'aides extérieures, un exemple assez convaincant de l'efficacité, dans un contexte troublé, d'un mélange bien dosé de christianisme social et de libre entreprise. Tout cela sans se départir d'un humour et d'un pessimisme raisonné, qui, de son travail, lui font dire : « Nous ne faisons presque rien qui vise directement à la réconciliation. Mais nous faisons des choses dont les deux communautés ont également besoin, et dans lesquelles elles devraient par conséquent s'impliquer presque sans s'en apercevoir. Pour le moment, nous n'avons pas identifié de but commun plus élevé ; n'oubliez pas que les blessures du passé nous ont laissés, les uns et les autres, aveugles et sourds… »

Dans la cour de l'usine désaffectée, qui héberge le Flax Trust, quelques carcasses de voitures calcinées illustrent la violence des affrontements qui, en juillet, ont suivi la remise en liberté du sergent Lee Clegg, un militaire britannique condamné à perpétuité pour avoir tué par balle, en 1990, une jeune catholique qui avait tenté de passer en force un checkpoint. Ces voitures, clairement identifiées comme appartenant au Flax Trust, ont été, pendant les émeutes, détournées et brûlées par des jeunes d'Ardoyne. Bien que le père Myles, avec diplomatie, affirme qu'aucun litige sérieux n'oppose son entreprise aux instances locales du « mouvement républicain » (l'IRA et le Sinn Féin) et que ces actes de vandalisme n'engagent pas la responsabilité de ces dernières, certains de ses collaborateurs subalternes, plus proches de la rue, envisagent les choses moins sereinement.

Shankill ou Ardoyne, les mêmes maux

En organisant une consultation de la population d'Ardoyne afin qu'elle définisse ses besoins en matière de police et de sécurité – puisqu'il est encore beaucoup trop tôt pour qu'elle songe à s'adresser au RUC, cependant que les actes de délinquance, notamment aux dépens des vieux, se multiplient depuis le cessez-le-feu – le Flax Trust fait une concurrence directe aux paramilitaires « républicains » qui, tout en affirmant le contraire, s'efforcent de maintenir leur emprise sur la population en exerçant une justice sommaire et en châtiant les « traîtres », les voleurs de voitures ou les dealers – voire les simples usagers – à coups de batte de base-ball, de masse ou de planche à clous quand ils ne prennent pas des mesures d'expulsion, absolument sans recours, contre des éléments jugés indésirables...

Les paramilitaires « républicains » s'efforcent de maintenir leur emprise sur la population en exerçant une justice sommaire et en châtiant les « traîtres », les voleurs de voitures ou les dealers.

Or le Flax Trust s'efforce de promouvoir une tout autre conception de la justice, et les différentes associations qu'il anime travaillent souvent avec des victimes de ces

« beatings » (passages à tabac). Récemment, lors d'une excursion organisée par l'une de ces associations pour une dizaine de jeunes à problèmes, quatre avaient été récemment battus comme plâtre et deux n'ont pu se joindre au groupe parce que les paramilitaires venaient de les déporter en Norvège.

Puisqu'il est possible, désormais, de se rendre d'Ardoyne à Shankill sans faire un détour par le centre, on ne va pas se gêner. Au passage, depuis les hauteurs de Woodvale Park, on découvre à perte de vue, dans toutes les directions, de longues enfilades de petites maisons ouvrières toutes semblables, bien que certains de ces corons soient d'obédience « républicaine » et d'autres d'obédience « loyaliste ». De quelle obédience est Shankill ? On ne peut s'y tromper, les murs étant couverts de slogans et d'affiches appelant à la libération des prisonniers « loyalistes » (ou réclamant, plus brutalement, « l'interdiction de toutes les manifestations catholiques »), les pignons aveugles décorés de peintures représentant invariablement des paramilitaires armés jusqu'aux dents et cagoulés de noir, et les rues pavoisées de drapeaux britanniques ou unionistes.

À Shankill, un couple de prédicateurs distribuait un tract d'inspiration janséniste rappelant que c'était Dieu, et lui seul, qui décidait de qui serait sauvé.

Autrement, la densité de bureaux d'aide sociale ou d'officines de paris équestres, la présence de quelques poivrots institutionnels, assis dès le matin sur le trottoir en compagnie d'un litre de gnôle, ou la fréquence des mises en garde contre le commerce ou l'usage des drogues attestent que Shankill souffre exactement des mêmes maux qu'Ardoyne. Et, comme à Ardoyne, la population, même en temps de paix, y reste exposée à l'inquisition, et le cas échéant aux « beatings », de ses propres paramilitaires. Ajoutons que les habitants de Shankill ne bénéficient même pas des consolations d'une religion accommodante : le jour de ma visite, un couple de prédicateurs, sur fond de musique religieuse tonitruante, distribuait un tract d'inspiration janséniste rappelant que c'était Dieu, et lui seul, qui décidait de qui serait sauvé, et que les œuvres des hommes n'y pouvaient rien changer.

« Ils sont tous répugnants »

Ayant commis l'erreur d'utiliser les toilettes du pub Berlin Arms sans consommer, je fus peu après interpellé en pleine rue par un client assez hargneux qui, m'ayant suivi, voulait savoir ce que je fabriquais à Shankill : « Pourquoi est-ce que vous allez et venez dans la rue ? D'où venez-vous ? Que cherchez-vous ? » Mon accent l'ayant rassuré, le client s'amadoua mais tint tout de même à me mettre en garde : « Soyez plus prudent à l'avenir. Si vous aviez eu le même comportement dans Falls Road (le ghetto catholique et "républicain" d'à côté), vous auriez déjà dix mecs en train de vous secouer ! » Tom, l'un des responsables du Community Council, devant les locaux duquel je m'étais fait interpeller, tint à s'excuser pour cet incident.

« Mais il faut les comprendre : cela fait un quart de siècle que ce quartier ouvrier souffre du terrorisme. Au Berlin Arms, vous étiez sans le savoir à quelques pas du lieu d'une des dernières et des plus terribles atrocités terroristes. » C'était le samedi 23 octobre 1993, et la bombe avait été placée devant une poissonnerie, dans la partie la plus commerçante et la plus animée de Shankill. Tom venait de déposer sa femme et ses trois enfants dans le coin et il se souvient de s'être précipité pour aider à évacuer les blessés et d'avoir ramassé sur le trottoir le corps d'une jeune fille à laquelle manquait un bras et dont le visage ne ressemblait plus à rien. « Je pouvais juste dire qu'elle était de sexe féminin et que son âge se situait probablement entre 15 et 20 ans. »

« Je ne veux pas voir de nouveau des types de ce genre se promener dans les rues. »

Ce matin, le *Belfast Telegraph* publie une interview du mari de l'une des neuf victimes de cet attentat de Shankill – un homme qui désormais élève seul sa petite fille de 4 ans – et, en regard, une interview de la veuve d'une des victimes de l'attentat organisé trois jours plus tard dans Falls Road, en « représailles », par les paramilitaires protestants. L'une et l'autre sont admirables, confondantes. « Je ne fais aucune différence, déclare le type de Shankill, entre les paramilitaires : l'IRA, l'INLA (« républicains »), l'UVF, l'UDA ou l'UFF (« loyalistes). Pour moi, ce sont tous les mêmes, ils sont tous répugnants. »

Quant à la dame de Falls, une infirmière, elle faisait partie des gens qui, dès l'annonce de l'attentat de Shankill, s'étaient précipités à l'hôpital Victoria pour offrir leur aide. Bien que l'un et l'autre semblent remarquablement exempts de haine, ils sont d'accord pour s'étonner de la sollicitude (y compris sous forme de fonds européens pour leur « réhabilitation ») dont sont entourés les « prisonniers politiques » des deux camps, pour beaucoup d'incontestables poseurs de bombes et autres fusilleurs d'innocents et de l'oubli dans lequel sont tombées leurs victimes.

Lors du procès de l'assassin de son mari, elle l'a entendu grommeler que « son seul regret était de ne pas en avoir tué plus ». « Je ne veux pas, commente-t-elle, voir des types de ce genre se promener de nouveau dans les rues. » Et cependant, la libération des « types de ce genre » fera certainement partie des conditions posées par les groupes paramilitaires pour rendre leurs armes, faute de quoi « la paix » consécutive au cessez-le-feu n'aura été qu'une parenthèse dans une guerre interminable et absurde.

De retour de Shankill, je me suis rendu au vernissage d'une exposition de peintres sud-africains qui se tient actuellement à Ormeau Baths, une galerie qui vient de s'ouvrir dans d'anciens bains publics d'une belle architecture victorienne, et qui est appelée à devenir la locomotive de l'art contemporain à Belfast. J'y avais été convié par une artiste rencontrée la veille dans Falls Road, où elle mettait la dernière main à une fresque illustrant à même le mur la Grande Famine consécutive à la maladie de la pomme de terre en Irlande, dont on célèbre, ces jours-ci, le cent cinquantième anniversaire. Les passants étaient nombreux à s'arrêter pour photographier et commenter, et l'artiste m'avait fait remarquer qu'ils étaient « contents de voir une fresque sans fusils et sans armes », à la différence de celles inspirées par les groupes paramilitaires.

Au vernissage de l'exposition d'Ormeau Baths, en compagnie de petits-bourgeois tolérants, civilisés, comme vous et moi, qui pour la plupart doivent se soucier comme d'une guigne de ce qui se passe à deux pas de chez eux dans les ghettos « loyalistes » ou « républicains », on est invité à goûter des vins sud-africains, tant rouges que blancs.

Ce matin, aux aurores, un camion chargé de 360 fûts de Guinness a été détourné, sous la menace d'une arme, dans Glenmachan Street, à proximité du centre de Belfast, ce qui peut être envisagé comme un signe encourageant de retour à la normale.

VOYAGE DANS LE GRAND NORD RUSSE

Ils ont connu l'âge d'or, quand les salaires étaient trois fois plus élevés que dans le reste de l'URSS. Aujourd'hui, ils déguerpissent par dizaines de milliers et regrettent l'époque Brejnev. Dans cette Tchoukotka maudite, un Français s'est pris d'affection pour les autochtones menacés de disparition.

PHILIPPE BROUSSARD
« LE MONDE », 26 ET 27 OCTOBRE 1995

Voilà, c'est ici que meurt l'Orient. Il étire encore quelques plages à morses, égrène des poussières de récifs puis s'abîme dans les glaces du détroit de Béring. Au-delà, c'est l'Alaska, l'Amérique, un autre monde. La Tchoukotka survit ainsi, tournée vers un ailleurs hors d'atteinte, près du pôle et loin de tout. Si loin que ses habitants disent aller « sur le continent » lorsqu'ils rallient Moscou, à 7 000 kilomètres de là. Comme si leur terre d'oubli n'était pas vraiment arrimée au reste de la Russie, comme si elle n'était pas cet appendice extrême-oriental qu'imaginent les rêveurs d'horizons. Non, à les entendre, ce serait plutôt une sorte d'île, plus vaste que la France, accessible par avion ou par bateau.

Les Tupolev de l'Aeroflot atterrissent près d'Anadyr, la capitale régionale. Les gardes-frontières y sont intransigeants ; sitôt arrivé, l'étranger doit ferrailler avec l'administration, comme au temps de l'URSS, quand ces immensités étaient interdites aux Occidentaux car hautement stratégiques. Elles le seraient toujours à en juger par la méfiance des policiers locaux. Sanglés dans leurs uniformes kaki, ils veulent se convaincre que leur territoire reste sous la menace des missiles américains. Or plus personne, ni à Washington ni à Moscou, ne se soucie de cette contrée balayée à la fois par le blizzard et par le vent de l'Histoire.

Au XVIIe siècle, il s'était trouvé une poignée de Cosaques assez téméraires pour venir braver les nuits sans fin de la toundra. Au

XVIIIe, des négociants moscovites commerçaient avec les autochtones, les Tchouktches, éleveurs de rennes et pêcheurs de saumons. Au XIXe, les tsars en firent un bagne pour rebelles. Au XXe, le Kremlin y expédia des milliers de patriotes bien-pensants, mineurs de fond, chercheurs d'or, soldats rouges, gardes-côtes, marchands de vodka et apparatchiks zélés. Soumise à ces besogneux que les Tchouktches surnommaient les « venus », la région devint une parcelle d'URSS à part entière. On y travaillait dur, hiver comme été, mais pour des salaires trois fois plus élevés que dans le reste du pays.

L'heure de l'exode

Aujourd'hui que l'Union a vécu, que les mines de wolfram ferment une à une, la Tchoukotka périclite. À l'instar d'autres territoires orientaux de la Russie, elle se vide plus vite qu'elle ne s'était peuplée. Il faut s'être aventuré jusqu'à Anadyr pour mesurer le phénomène. Accrochée à flanc de colline, la capitale aligne une trentaine d'immeubles de quatre étages. L'hiver, lorsque les températures chutent jusqu'à – 40, la neige et l'obscurité jouent les cache-misère : la ville hiberne, parée de blanc et de nuit. La vie s'organise à l'abri, dans les appartements, dans les bureaux. La tempête souffle trois jours ou une semaine, jamais moins.

On ne quitte pas Anadyr : on s'en évade. Les autorités aident financièrement ceux qui ont travaillé plus de vingt-trois ans en Tchoukotka. Les autres doivent se débrouiller seuls.

L'été, à la fonte, quand les jours font le tour du cadran, les hommes quittent enfin leurs tanières. Alors, apparaît un sol noir, jonché de tessons de bouteilles, de morceaux de ferraille, de détritus. La mini-Sarcelles du Grand Nord dévoile ses canalisations à ciel ouvert, qui vont déverser les eaux usées à l'embouchure du fleuve. Dans le fouillis des chantiers jamais achevés, les immeubles s'obstinent, lézardés et crasseux, avec leurs portes branlantes, leurs escaliers défoncés. Mais les « venus », eux, s'en vont. L'heure a sonné de l'exode, de la débâcle, pourrait-on dire si près du cercle polaire.

Les mineurs ukrainiens ont montré la voie : par milliers, ils sont allés retrouver leur pays, indépendant depuis 1991.

Désormais, c'est au tour des Russes de déguerpir, ouvriers qualifiés, géologues, enseignants : les avions pour Moscou affichent complet. Selon les autorités locales, la population de la région est passée de 160 000 habitants en 1985 à 108 000 en 1995. Anadyr compte à peine 10 000 habitants contre 17 000 en 1990.

Ici, tout déménagement est une loterie. Les candidats au retour doivent d'abord stocker leurs affaires dans des conteneurs. Un matin d'été, ils l'espèrent, des bateaux viendront chercher ces grosses boîtes métalliques pour les transporter jusqu'à Vladivostok, le port du Sud. De là, elles voyageront vers l'Occident par le Transsibérien, le train des chimères d'antan. Si la cargaison ne s'égare pas en route, quelque part dans ce pays de brigands en col blanc, les « rapatriés » d'Anadyr, partis de leur côté en avion, récupéreront leur bien. En attendant, les conteneurs s'alignent, et les appartements vides donnent à cette cité chaotique des allures de ville fantôme.

On ne quitte pas Anadyr : on s'en évade. Encore faut-il avoir les moyens d'acquérir un logement sur le « continent ». Les autorités aident financièrement ceux qui ont travaillé plus de vingt-trois ans en Tchoukotka. Les autres doivent se débrouiller seuls. Une gageure lorsque l'on sait qu'un aller simple pour Moscou coûte au moins quatre mois de salaire d'ouvrier. Vladimir et sa femme Nadia espèrent déménager « dès que possible », avec le fiston Maxime. Ils n'auront pas grand-chose à emporter : des vêtements, les jouets du gosse, une canne à pêche et diverses babioles. Le reste, les meubles, ils l'ont déjà bradé, « pour nourrir le petit ». L'appartement aussi est vendu, même s'ils l'occupent encore, au premier étage, porte gauche. Dans la pièce principale, les cartons s'entassent. Le gamin joue avec son camion. Les parents, eux, n'en finissent plus de maudire le provisoire qui s'éternise. Ils n'ont plus rien, ou presque ; rien que des souvenirs de l'époque où ils gagnaient bien leur vie, Vladimir comme soudeur. Nadia comme employée dans une ferme industrielle.

« La région la plus chère du pays »

Leur histoire est édifiante. En 1978, lorsque Nadia était ouvrière à Donetsk (Ukraine), un recruteur vint sur le chantier : il cherchait des volontaires, prêts à tenter leur chance dans le Grand Nord. Elle était jeune, elle l'a suivi. À Anadyr, elle a connu Vladimir, un costaud aux larges épaules, originaire de Kaliningrad. Ils se sont mariés, ils ont fini par apprécier la région, « pour la pêche et les balades ». Les transports aériens étant bon marché, ils se rendaient à Kaliningrad une fois l'an. Ils avaient la télévision, un magnétoscope, des projets de maison au soleil… La belle vie.

Et puis il y a eu 1992, les réformes économiques radicales. « Nous n'avions pas d'argent de côté, notre pouvoir d'achat a chuté. » Plus qu'une chute, une dégringolade : « Avant, tu achetais une voiture avec 5 000 roubles ; maintenant, pour cette somme-là, tu n'as même pas une tablette de chocolat ; tout s'est écroulé du jour au lendemain. » Et la situation ne cesse d'empirer. De l'avis général, la Tchoukotka est devenue « la région la plus chère du pays », en raison, notamment, des difficultés d'approvisionnement par avion et par bateau. Les prix ont augmenté de 135 % entre le début de 1994 et le début de 1995. « Les entreprises n'ont plus de quoi verser les salaires ! s'insurge Vladimir. Plus personne ne peut vivre ici ! »

Anadyr, naufragée du communisme, est de ces villes oubliées qui ne savent pas pourquoi elles existent.

Naufragée du communisme, Anadyr est de ces villes oubliées qui ne savent pas trop où elles vont, ni pourquoi elles existent. Sur les façades des bâtiments officiels, le temps n'a pas fait son œuvre ; les fresques rouges résistent aux bourrasques du changement. Dans les bureaux, il se trouve encore des notables en costume gris, comme le vice-gouverneur Anatoli Korchounov, pour assurer que « la région a un avenir », grâce au pétrole. En ville aussi, on croise quelques apparatchiks bien portants, reconvertis dans le « business », avec leurs mallettes à dollars.

Mais ailleurs, loin du quarteron d'opportunistes, la réalité est moins étincelante. Comme à Moscou, les « honnêtes gens » s'inquiètent de la délinquance en hausse. Comme à Moscou, ils s'indignent des incohérences de l'administration, suspectée de « magouilles ». Analyse d'un intellectuel local : « À force d'inciter les gens à partir, il ne restera plus que ceux qui n'ont pas les moyens de voyager et les bureaucrates, qui pourront se partager l'argent venu du Kremlin ! Les gens vivent dans la crainte perpétuelle du lendemain. »

Des chômeurs, résignés à vivoter en travaillant au noir ; des veuves de 30 ans, dont les maris sont morts de trop boire ; des adolescents toxicomanes, drogués à l'essence, à l'éther.

Au port, autrefois si actif, les carcasses fouillées sont plus nombreuses que les cargos valides. Plus haut, au cœur de la ville, s'active la foule des anonymes, égarée entre deux époques : des chômeurs, résignés à vivoter en travaillant au noir ; des veuves de 30 ans, dont les maris sont morts de trop boire ; des adolescents toxicomanes, drogués à l'essence, à l'éther, aux effluves de peinture. Certains finiront à l'hôpital, au service de désintoxication. Au premier étage, une chambre leur est réservée. Ils somnolent sur des lits de fer, le regard vitreux, le cheveu ébouriffé.

Un quotidien de décadence

La vodka, surtout, fait des ravages. Le froid aidant, on boit sec en Tchoukotka, jusqu'à plusieurs litres par jour pour certains. Quand ils viennent à s'absenter du bureau, pour s'enivrer des jours durant, il est d'usage de dire qu'ils sont en « vacances », une formule indulgente dont chacun devine le sens. « Depuis la crise, la situation s'est aggravée, estime un médecin. Trois patients sur quatre sont des femmes, mais nous soignons aussi des gosses de 10 ans ! »

Confronté à ce quotidien de décadence, le journal local, *Kraïny Sever* (le Grand Nord), tente de tenir l'inventaire des malheurs qui frappent la région. Ici, c'est un village que l'on ferme, faute de moyens pour assurer des liaisons aériennes : les habitants doivent partir, valise à la main, en laissant leurs meubles derrière eux. Là, c'est une mine privée, si mal en point que les ouvriers sont contraints de nourrir leurs enfants au pain sec. Ailleurs, ce sont des centrales thermiques ou des usines abandonnées qui font craindre de graves pollutions… Bien sûr, quelques obstinés résistent. Des médecins, des professeurs, de jeunes pères de famille espèrent que la Tchoukotka attirera de nouveaux pionniers, des « romantiques » comme on les appelle ici, fascinés par la toundra et les dauphins polaires, ces géants blancs qui s'amusent autour des bateaux. Mais le déclin semble aussi irrémédiable que le retour des glaces.

Premières victimes, les autochtones, que « l'homme blanc » a colonisés, avec ses écoles et sa vodka.

Les premières victimes sont les autochtones, que « l'homme blanc » a colonisés, avec ses écoles et sa vodka. Maintenant qu'il rebrousse chemin, les 15 000 Tchouktches sont menacés de disparition, comme les vingt-cinq autres ethnies de l'Extrême-Orient et du Grand Nord russes, les Evenks, les Evènes, les Ioukaghirs, les Nanaïs... Tous en viennent même à regretter l'époque Brejnev : « Au moins, on avait de quoi se nourrir et s'habiller ! » À Anadyr, il faut s'éloigner du centre pour découvrir Tavaïvaam, le quartier tchouktche (680 habitants).

Dans ces immeubles vétustes, dressés devant le fleuve comme par nostalgie de la vie à l'air libre, on rencontre encore de vieilles femmes qui ont connu l'époque des campements, quand les familles vivaient de la chasse et de la pêche. Puis l'administration a proposé des appartements en dur, deux pièces-cuisine avec l'eau courante ; « le progrès », disaient les bureaucrates. Les chefs de clan ont accepté. Les gamins ont appris le russe et découvert le racisme. Leur langue fut bientôt proscrite à l'école, sous peine de punition. Le chamanisme fut interdit, les tambours confisqués. Depuis, dans toute la Russie, les Tchouktches font l'objet de blagues haineuses. On les dit sales, ignares, portés sur la bouteille.

En 1992, pourtant, ils ont vu arriver un autre Blanc, un Français celui-là, professeur de russe à la retraite. Il venait de Perpignan, une ville de soleil, là-bas, vers le couchant. Séduit par ces petites gens au sourire facile, francs de cœur et d'amitié, il a voulu s'initier à leurs coutumes, goûter la chair de veau marin et la viande de renne, il s'est mis en tête de pratiquer leur langue, si étrange pour un « venu ». Il a même traduit leurs poèmes en catalan, de jolis contes où les animaux ont souvent le beau rôle. Pour leur apprendre la France, il a traduit du Victor Hugo en tchouktche. Depuis, Charles Weinstein vit à Anadyr. Il lui arrive aussi de séjourner au loin, dans des villages perdus, des terres de bout du monde où les hommes savent encore élever les rennes et repousser les loups.

Les maîtres restent russes

C'était un soir d'été, près du cercle polaire. Un de ces soirs où le soleil refuse d'abdiquer. Il s'autorise alors des journées continues, de minuit à minuit. Ce soir-là, donc, le cargo s'apprêtait à quitter Anadyr, la minuscule capitale de la Tchoukotka, région reculée du Grand Nord russe. Il allait remonter le fleuve sur des centaines de kilomètres, vers l'intérieur des terres, s'aventurer dans ces immensités où les lacs sont plus nombreux que les hommes. Avec un peu de chance, on apercevrait peut-être, sur les rives caillouteuses, des ours, des gloutons ou des loups.

L'équipage avait prévu six jours de périple, aller-retour. Le capitaine comptait faire plusieurs escales, dans deux ou trois villages lointains, peuplés de Russes, mi-colons mi-baroudeurs, des gars de tempérament, chercheurs d'or ou mineurs. À la belle saison, lorsque la fonte des glaces ouvre le fleuve à la navigation, des petits cargos comme celui-ci vont les ravitailler en sucre, en vodka et autres carburants. L'hiver, il faut compter sur les hélicoptères. Mais l'Aeroflot annule souvent ses vols, à cause du blizzard. La compagnie ferme aussi des lignes, faute de clients. Des villages entiers disparaissent, rayés de la carte sur décision administrative. La Tchoukotka perd ainsi les pionniers auxquels les communistes proposaient jadis des salaires trois fois plus élevés que dans le reste de l'Empire.

Des villages entiers disparaissent, rayés de la carte sur décision administrative.

Les autochtones, eux, sont les laissés-pour-compte de l'histoire en marche, les 15 000 naufragés d'un système soviétique qui les a détournés de leur culture. À Anadyr, ils sont encore quelques centaines dans les immeubles miséreux du quartier de Tavaïvaam. Pour leurs yeux trop bridés, leur peau trop mate, les enfants sont parfois victimes du racisme des autres écoliers. Leur langue est enseignée à la va-vite, comme une survivance folklorique. La plupart des adultes ne la pratiquent plus, à l'exception des anciens, mémoire défaillante d'un peuple en partance. Dans l'administration, le commerce, la médecine, ils n'occupent que des postes subalternes. Les maîtres restent russes.

Ailleurs, loin d'Anadyr, ces cousins des Esquimaux vivent en communautés : les Tchouktches du bord de mer sont chasseurs de morses ; les Tchouktches de l'intérieur sont éleveurs de rennes. Leur rendre visite relève de l'expédition. Du jeu de hasard, aussi. Les liaisons aériennes étant devenues trop improbables, il faut souvent se rabattre sur les rares cargos de ravitaillement, les tankers, comme on les appelle ici. L'étranger bien pourvu en devises aura droit au meilleur accueil : la cabine du capitaine, une douche, et même le repas mitonné par la cuisinière, l'unique femme à bord. Les matelots sont d'aimable compagnie. Ils parlent volontiers, confient leur désir de rentrer dès que possible chez eux, cap à l'ouest, vers Moscou, avec épouse et enfants, parce que la Tchoukotka est « condamnée ».

Un Français dans le blizzard

Un homme, au moins, se soucie encore de cette maudite région : Charles Weinstein, un Français de 62 ans, originaire de Perpignan. Avec ses allures de commandant Cousteau, il n'a ni le physique ni le cursus d'un aventurier. Professeur de russe à la retraite, ancien responsable du Syndicat national de l'enseignement supérieur (Snes) dans les Pyrénées-Orientales, il s'exprime d'une voix douce mais indignée. Dès qu'il en vient à évoquer le destin des Tchouktches, il ne peut s'empêcher de soupirer, puis de faire silence un moment, comme s'il se reprochait de ne pouvoir sauver ses amis d'une extinction annoncée.

Charles Weinstein est le seul Occidental recensé à Anadyr, où il s'est rendu pour la première fois en 1990, après avoir vécu un temps en forêt, avec les Nanaïs, le long du fleuve Amour et monté les chevaux des Evènes, dans les montagnes de Yakoutie. Mais c'est en Tchoukotka, là-haut, à quelques rochers du détroit de Béring, qu'il a choisi de s'établir définitivement, à compter de 1992, parce qu'il n'avait « jamais rencontré des gens aussi gentils ».

Il a donc quitté Canohès, son pays catalan ; il a laissé sa famille, sa femme, ses enfants, ses petits-enfants et pris l'avion pour Anadyr, cité sinistre et sinistrée, aux confins de la terre. Dans un immeuble de la rue Otke, l'artère principale, il a loué un studio, sans téléphone ni téléviseur. Il s'y est installé en célibataire, avec ses secrets d'exilé. Sur les murs, il a affiché un plan de Perpignan, des photos, et des dizaines de dessins envoyés par les écoliers de Canohès. Nostalgie ? « Non, je vous assure, je suis bien ici ! »

Le tanker s'était éloigné du port, il progressait à un rythme de père tranquille. Charles Weinstein avait déjà emprunté un tel bateau. Il en gardait un triste souvenir : « J'étais avec une amie française. En route, l'équipage russe a décidé de faire escale chez trois Tchouktches, qui vivaient seuls au bord de l'eau. Il n'y avait qu'une varangue, la tente traditionnelle, et une cabane de rangement. Nous avons mangé un morceau, puis le fils de la famille nous a dit d'aller dormir dans la cabane. Le lendemain, nous avons compris ce qui s'était passé en notre absence : les matelots avaient fait boire la sœur du jeune homme et l'avaient violée devant ses proches, qui étaient également ivres. »

La plupart des adultes ne pratiquent plus leur langue, à l'exception des anciens, mémoire défaillante d'un peuple en partance.

L'amour que l'ancien prof porte à ce peuple confine au militantisme. Au point qu'il ne retourne en France qu'une fois l'an, pour quelques semaines, et se consacre à la défense de la langue tchouktche, qu'il rêve d'enseigner un jour à l'Institut des langues orientales de Paris. Il en connaît désormais les sons, si gutturaux qu'ils semblent imprononçables pour un Occidental, Il apprend le vocabulaire, si riche en mots liés à la nature. L'eau, le blizzard, la neige, le soleil ont droit, dans cet idiome, à des myriades de termes, porteurs de toutes les nuances. Le vent n'est pas le même selon qu'il souffle du nord ou de l'est ; la neige de mars n'est pas celle de novembre. « Contrairement à nous, assure-t-il, ils font corps avec la nature ; pour eux, tout a un esprit, même un simple caillou. Je ne suis pas croyant, mais je me retrouve dans cette conception de l'existence. »

À l'aube, le tanker s'immobilisa devant Krasneno, un village d'une centaine d'habitants. Certains hommes étaient déjà partis à la pêche, les autres dormaient, de fatigue ou d'ivresse. Les maisons – une vingtaine de baraques de bric et de broc – tardaient à prendre vie. Pas un rire d'enfant, pas un bruit de casserole. Des mouches tournaient autour des poissons séchés, suspendus aux perches de bois. Des nuées de moustiques montaient des marais voisins. Krasneno, avec ses chiens assoupis et ses rideaux baissés, ressemblait aux bourgades de western que l'étranger surprend au réveil, dans un tourbillon de poussière. Puis il s'éveilla, au rythme lent des habitudes.

Les hommes revinrent de la pêche. Les femmes sortirent le linge. Les enfants commencèrent à chahuter sur les berges du fleuve. L'épicerie ouvrit enfin ses portes, avec son fatras de produits en tout genre, couvertures, vêtements, allumettes, tablettes de chocolat, sachets de bonbons…

« Contrairement à nous, ils font corps avec la nature ; pour eux, tout a un esprit, même un simple caillou. »

Charles Weinstein

Le patron est un Russe, un costaud à la trogne de flibustier, maquignon du lieu. Il achète, il vend. On le croise sur sa mobylette, chemise grande ouverte. Quand les maris honteux quémandent de la vodka à crédit, il les conduit jusqu'à ses réserves, dans une casemate dont il garde la clef. Ceux qui n'ont vraiment pas le sou se rabattent sur un breuvage de leur fabrication, à base de levure, bien plus dangereux encore pour ces alcooliques capables de s'enivrer plusieurs jours de suite.

Cramponnés à leur terre

Krasneno se souvenait du « Français d'Anadyr ». La population lui réserva un accueil à table ouverte. Chez Serguei, l'ancien maire, il y avait du thé, pour les invités, et de la vodka pour le maître des lieux. Chez Slava, éleveur de rennes et père de famille, il y avait du poisson bouilli, une délicieuse bouillabaisse sibérienne. Il raconta la pêche, l'hiver, les trous de plusieurs mètres qu'il faut creuser dans la glace, par – 30 ou – 40 degrés, pour aller dénicher les « poissons blancs » à la chair si savoureuse. Il raconta aussi les loups, qui attaquent le bétail égaré mais craignent l'homme et le feu ; les braconniers qui viennent massacrer le gibier avec des fusils d'assaut ; les margoulins qui soutirent des peaux et de la viande contre quelques bouteilles…

Étrange région, loin de tout et hors la loi, si ce n'est celle du plus fort, russe, forcément russe, comme le responsable de la coopérative communale. Ses bureaux sont à Anadyr, à dix heures de tanker de Krasneno. Les habitants regrettent de lui avoir fait confiance au sortir du communisme : il vend leurs produits, mais accapare les profits. « Du temps de l'URSS, se souvient Slava, d'autres décidaient à notre place ; nous n'avions pas droit à la parole, nous étions des assistés ; maintenant, il faut prendre en charge notre destinée, ce n'est pas facile pour de simples gens comme nous. »

« Autrefois, ils étaient fiers, toujours prêts à défendre leur terre ; aujourd'hui il sont comme asservis. »

L'administration souhaiterait fermer le village, son école, son infirmerie, son unique téléphone, et contraindre ce carré de « rebelles » à rallier Anadyr. Mais les habitants s'obstinent. Cramponnés à leur terre, ils réclament des aides financières et matérielles, qu'ils ne percevront probablement jamais. Comme leurs ancêtres, ils puisent dans le fleuve toutes leurs richesses : les poissons – quand les ours n'arrachent pas les filets – et l'eau, qui doit toujours être bouillie avant consommation.

Krasneno s'efforce de vivre – ou, plutôt, de survivre –, tiraillée entre deux époques, deux civilisations. Quand les anciens s'en vont encore dans la toundra, offrir aux esprits leurs incantations et les restes des repas de fête, les jeunes, eux, se tournent vers Michael Jackson ou Sylvester Stallone. Grâce au générateur qui alimente la communauté en électricité, toutes les demeures sont équipées de téléviseurs. Une ligne directe avec le reste du monde : les vieux adorent Louis de Funès (*Le Gendarme de Saint-Tropez*), et les femmes, Alain Delon, dont la première chaîne russe diffuse régulièrement les films. Quant aux gamines, elles ne manquent pas un épisode de la série *Hélène et les garçons*, traduite en russe.

À force de courir la toundra, Charles Weinstein est devenu le confident de ce peuple, dont le destin rappelle tant celui des tribus indiennes des Amériques : la colonisation, la haine, l'alcool. « Autrefois, ils étaient fiers, toujours prêts à défendre leur terre ; aujourd'hui il sont comme asservis », constate ce franc-tireur de l'ethnographie. À l'entendre, la survie passe par un retour aux traditions. Les hommes de Krasneno s'y emploient. Faute de carburant pour les motoneiges, ils vont revenir aux traîneaux de leurs grands-pères. Les chiens vont reprendre du service. Les pères vont aussi initier les garçons au métier de gardien de troupeaux, que les Russes se sont tant employés à dénigrer. « Nos fils ont le choix entre les rennes et l'appel de la ville », résume Slava.

Charles Weinstein lui-même ne croit guère au sursaut salvateur d'une jeunesse en quête d'identité. « Ce n'est pas mon combat, c'est le leur », assure le pisteur de peuples. À défaut de combattre, il fait œuvre de mémoire, recueillant tout ce qu'il peut sur les rites, les croyances, les fêtes traditionnelles (naissance des rennes, ouverture du fleuve…) ou les habitudes culinaires (les yeux de phoque sont des friandises très prisées). D'une écriture appliquée, il remplit des pages et des pages de cahier, manière de laisser trace, noir sur blanc, d'un homme qui aimait les Tchouktches.

LA FRANCE DU FRONT NATIONAL

Comment Vitrolles, dans les Bouches-du-Rhône, est-elle devenue la ville emblématique de la droite extrême ? Radiographie d'un électorat hétérogène qui, en février 1997, a porté Catherine Maigret à la mairie.

DOMINIQUE LE GUILLEDOUX
« LE MONDE », 18 ET 20 MARS 1997

Finalement, une femme a dit à sa voisine, en étendant son linge dans le jardin : « Mon mari et moi, nous avons voté Mégret. Voilà, on ne veut pas en parler, on en parlera plus. » La voisine était « sciée » ; les deux femmes sont amies, elles se rendent service. Les deux couples s'invitent parfois à l'apéritif. Les voisines se voient encore, évitent de prononcer certains mots. Elles habitent la zone pavillonnaire des petites classes moyennes, sous la falaise orangée de Vitrolles.

Plus loin, au milieu de la cité des Pins, les adultes entrent et sortent de l'antenne emploi. Au deuxième étage, ils attendent, debout, plusieurs heures devant le bureau des conseillers de l'ANPE. Personne ne se parle, personne ne se regarde. Nathalie, 27 ans, finit par lâcher : « Mais pourquoi ils nous donnent tous rendez-vous à la même heure ? »

Personne ne répond. La jeune femme vit seule avec sa fille. « Je me prive de tout, rien n'est superflu. Ma voiture me lâche et je suis foutue. » À côté, une grosse dame attend pour un stage de conversion « dans le nettoyage, l'entretien, quelque chose quoi… ». Elle habite tout près du nœud autoroutier et des complexes commerciaux, qui ont fait de Vitrolles le vaste supermarché de la région. « Nous, quand on y va, on ne peut que regarder », dit la dame.

Nathalie, avec son diplôme d'éducateur sportif, enchaîne les stages, les formations. « Les hommes politiques, faudrait les mettre un mois dans notre situation pour qu'ils voient. Je suis sûre qu'ils ne tiendraient pas. » Elle regarde par terre en faisant « non » de la tête comme s'il n'y avait plus rien à attendre. « Quand ils parlent, j'ai envie de les tuer », lâche-t-elle. Elle ne dit pas pour qui elle a voté, les dimanches 2 et 9 février 1997, aux élections municipales de Vitrolles. Elle a voté.

Le même jour, on est plutôt d'humeur guillerette de l'autre côté de la zone industrielle qui sépare Vitrolles de Marignane. La ville, tombée aux mains du Front national en 1995, accueille A. D. G., auteur de romans noirs, et un rédacteur en chef du journal *Présent*, pour une conférence sur le polar à la bibliothèque municipale. « Nous aussi, nous sommes les fils de la mémoire », clame le journaliste d'extrême droite.

« Nous avons des choses à dire sur tout, la BD, la cuisine, une écoute particulière de la musique, sur tout. » Les deux hommes sont d'une grande courtoisie, proposent de donner les livres qu'ils ont apportés avec eux. « Regardez, *La Vie duraille*, un polar écrit par quatre gauchistes, pas inintéressant du tout : une certaine approche de la réalité, des problèmes du petit peuple, c'est bien. »

Un hommage est rendu à Jean-Patrick Manchette, « gauchiste, lui aussi, mais un vrai écrivain, il y avait quelque chose de pertinent dans la dénonciation d'une certaine police ». Jean Vautrin, c'est bien, « mais on sent déjà le bourgeois qui n'a pas vécu la vie des HLM de l'intérieur ». Didier Daeninckx, « c'est nul, mal écrit, ses romans se présentent comme des objets de lutte contre le fascisme avec des accents circonflexes, contre le nazisme avec des accents aigus », poursuit le conférencier en insistant sur les adjectifs pour essayer de faire rire la salle.

« Il n'y a pas plus d'intelligence chez un intellectuel à la chemise blanche que chez un ouvrier fraiseur, en bleu de travail », lâchent les deux hommes en dénonçant pêle-mêle la trahison des clercs, la société marchande qui « pourrit tout », les journaux devenus des « supports publicitaires ». Ils sont chaleureusement applaudis. La conférence n'a pas réuni grand monde : le maire, Daniel Simonpieri et ses conseillers municipaux, quelques retraités et des militants anti-FN qui tentent de croiser le fer.

« Né de la fécondation in Vitrolles »

« Leur offensive culturelle est gratinée, mais ici la population s'en fout complètement », raconte l'un de ces militants, à la fois rassuré et inquiet. Pendant la conférence, on a ironisé sur l'inspecteur Maigret et « l'autre Mégret, né de la fécondation in Vitrolles ». Plus que jamais, Vitrolles et Marignane forment un même ensemble. À elles deux, ces villes abritent l'une des plus grandes zones industrielles d'Europe. Par l'aéroport et le carrefour autoroutier, elles sont au cœur des passages, des échanges. Au bord de la route.

Pour son deuxième conseil municipal, Catherine Mégret entre dans la salle, radieuse, entourée de deux gardes du corps et copieusement huée par un public d'opposants. Quelques militants du Front national ont osé venir, assis au premier rang. Bruno Mégret est absent. Il anime, un peu partout en France, des séminaires de formation des cadres du FN sur la mondialisation. Le nouveau maire procède à l'appel des conseillers municipaux et, lorsqu'elle prononce son propre nom, elle ne répond pas. Silence. Finalement, un homme dit à sa place « Présent ! ». Catherine Mégret part dans un premier fou rire.

Elle éclate une deuxième fois lorsqu'elle entend Jean-Jacques Anglade, son prédécesseur socialiste, répondre lui aussi « présent » comme simple conseiller municipal d'opposition. Puis, elle récite une déclaration préliminaire, synthèse d'un texte lu trois jours auparavant par son mari au cours d'une conférence de presse : la situation financière de la ville est catastrophique, la charge de la dette par Vitrollais serait de 20 880 francs, selon une première évaluation d'un « cabinet d'audit » dont le nom n'a pas été communiqué, les emplois municipaux n'ont cessé de se multiplier selon une « politique de pur clientélisme, sélectif et nocif ». Jean-Jacques Anglade ne répond pas. Un élu d'opposition tente, lui aussi, de faire une déclaration préliminaire accusant Mme Mégret et le Front national de s'être mis hors la loi après les propos tenus par celle-ci au quotidien allemand *Berliner Zeitung* sur l'inégalité des races. « Qu'est-ce que tu nous parles d'inégalité ? », répond, bonasse, un conseiller FN. « Oh ! écoutes, tu vas pas nous fatiguer », dit un autre.

Catherine Mégret tente de faire taire l'élu de gauche : « C'est hors sujet, arrêtez, vous m'entendez ? » Elle fait couper le micro, mais l'élu poursuit. On l'entend par bribes, alors que Catherine Mégret fait comme si de rien n'était en lisant l'ordre du jour. On entend de faibles échos parlant de la peur des « discours qui refleurissent », de la tolérance, d'un appel « à s'enrichir des différences ». Le conseiller FN Julien Vighetti ricane : « Et vous, ça fait un moment que vous vous êtes enrichis ! » Le public réclame : « Le micro ! le micro ! » Catherine Mégret se fait traiter de « Mme Saint-Cloud », allusion à sa résidence principale. Dans le couloir, un militant du parti lepéniste explique à un ami : « Tu sais, la presse, c'est toujours les manipulations. Tu viendras à une manifestation du Front, tu verras. Il y a plein de gens normaux, comme toi et moi. Mais devine ce que filment les télés. Deux, trois mecs rasés qui font le salut comme ça, dit-il en tendant le bras en avant. Manipulation ! Ce sont des policiers, ils font de la figuration exprès pour nous discréditer. » Plus loin, un jeune n'est pas d'accord avec une commerçante ruinée. « Oh, et puis je vous ai vue, vous étiez à un meeting de Le Pen », tente de conclure le jeune, Le visage de la dame s'affole, dit « non, non », puis se ressaisit. « Dites donc, j'aimerais bien voir vos papiers d'identité, d'abord », lui lance-t-elle. Le jeune homme s'esclaffe. La dame cherche du regard une complicité, s'arrête sur un policier municipal, lui prend le coude : « Monsieur, monsieur, il dit que je suis allée à un meeting de Le Pen, demandez-lui ses papiers. »

« Tu viendras à une manifestation du Front, tu verras. Il y a plein de gens normaux, comme toi et moi. »

À l'intérieur de la salle du conseil municipal, un élu d'opposition s'inquiète de la récente intention de Bruno Mégret de remplacer les éducateurs de rue par des policiers. Catherine Mégret l'interrompt immédiatement, en colère : « Monsieur, il n'est pas là pour vous répondre, je vous prie de ne pas citer mon mari quand il est absent. » Silence gêné de certains adjoints. Le conseiller d'opposition n'a pas de mal à rétorquer « à madame le maire » que, même s'il avait été présent, il n'aurait pas eu le droit à la parole puisque seuls les élus peuvent s'exprimer lors d'un conseil municipal.

« Je vous prie de ne pas citer mon mari quand il est absent. »

Pendant la séance, un petit vieux, conseiller FN, lance des boulettes en papier à son collègue d'en face – on lui suggère d'arrêter. Un autre dit, à voix basse : « Prends ça dans le cul », à un élu de l'opposition. Un adjoint FN répète, à dix reprises, « supplément » au lieu de « suppléant » en dépouillant les bulletins de vote qui désignent les membres des commissions. Un autre, enfin, soupire en sortant du conseil municipal : « C'est long. Ça deviendra intéressant quand on aura l'Audimat définitif », confie-t-il en voulant parler de l'« audit ». Catherine Mégret, elle, reste, la plupart du temps, silencieuse. Quand une question lui est posée, elle se tourne vers ses adjoints et « laisse la parole à un spécialiste ». La salle se moque. (...)

Ce qui est frappant quand on visite Vitrolles, c'est l'accumulation des murs, des allées, des culs-de-sac. « Même quand on y habite, on s'y perd. Tu vas dans un quartier, tu ne retrouves jamais ta voiture, tout se ressemble. Il n'y a pas de repères », raconte une habitante. La population a triplé en vingt ans, passant de 12 000 à 39 000 habitants. La ville s'est étirée sur une dizaine de kilomètres le long d'une quatre-voies. Les cités ont grandi comme des champignons à la queue leu leu et l'on bascule d'une seconde à l'autre d'architecture en architecture comme dans une foire-exposition.

« T'en veux au monde entier, à la vie »

On a bâti, c'est sûr. Des lycées, des collèges, des maisons de quartier, des salles omnisports, des piscines et même des antennes « de proximité » – dont l'une d'elles s'appelle « l'antenne François-Mitterrand » – quand on a réalisé après l'élection municipale de 1995 et une percée du FN à 42 % qu'il existait effectivement un « problème humain ». On a bâti, toujours. Même si le mirage vitrollais s'éloignait et la crise rattrapait ceux qui croyaient y échapper, on a fait comme avant. Une salle de spectacle, le « stadium », étonnant cube de béton fraîchement construit, s'érige au-dessus de la poussière sur une ancienne décharge publique à la périphérie. Pour l'instant, elle n'a fonctionné que pour trois concerts. La ville est équipée. (...)

Parfois, quand on déjeune sur la terrasse du snack du centre-ville – en réalité, une galerie marchande aménagée autour d'un « bunker » marron, la mairie –, on se rappelle qu'on est filmé : les caméras de vidéosurveillance, installées par le maire socialiste, sont là. « Avec le Front national derrière les écrans, je te dis pas », préfère en rire une cliente. Plus loin, au café-PMU, des lycéennes ajoutent au slogan : « Vitrolles, première ville sportive... première ville fasciste. » Elles ont honte du résultat, mais ne décolèrent pas contre « les emmerdeurs qui sont, comme par hasard, toujours des Arabes ». Kamel, lui, a décidé de ne plus adresser la parole aux « fachos ». Sa voisine, dans l'ascenseur, s'en est aperçue : « Tiens, c'est nouveau, les Arabes ne répondent pas, maintenant, quand on dit bonsoir ! », s'est-elle exclamée. Kamel est sorti, il a bloqué trois minutes l'ascenseur en tournant sa clé. « Elle a crié. Moi, je suis né ici. Elle, elle vient d'arriver. » Patrice, lui, au chômage, se sent « comme les autres » : découragé, l'envie de rien, sinon de rentrer dans son appartement, de « mettre dans la même merde que la tienne tous ceux qui sont épargnés », une haine, « la vraie haine, l'isolement dans ta tête, tu luttes contre ta tête, tu veux t'enfermer, t'en veux au monde entier, à la vie ». Il dit que c'est ça Vitrolles aujourd'hui, « on le remarque même dans l'air, dans le silence ». Il se demande s'il ne faudrait pas « défoncer les portes des maisons et des appartements. Les gens se mettraient à parler ».

Les colères en solitaire

Ça lui fait de la peine de les voir courir dans tous les sens en bas de la cité. Il s'est dit : « Ça y est, on devient des privilégiés », et il a trouvé ça fou. Catherine Mégret venait d'être élue maire de Vitrolles en ce dimanche soir, et les CRS avaient bouclé le quartier, filtré les entrées. À l'intérieur, dans les allées, sur les plates-bandes, les jeunes fils d'immigrés couraient en zigzag, se réfugiaient dans les entrées. Patrice Szostek, 50 ans, vit depuis quinze ans à la cité des Pins, et il dit qu'il se bat. Chaque matin, sa femme Tina se lève à 4 heures pour aller faire le ménage dans une cafétéria et un supermarché. Tina, d'origine portugaise, a moins d'une heure pour monter les chaises de la cafétéria sur les tables, balayer, nettoyer le sol, descendre les chaises, faire les tables, les sanitaires, les vitres.

Auparavant, elle travaillait dans la même journée de 5 heures à 9 heures et de 17 heures à 21 heures. Un jour, elle a passé une visite à la médecine du travail, « le patron s'est fait engueuler, il a dû changer les horaires, raconte Tina, mais il ne nous paye toujours pas les heures de nuit ». Elle se rappelle avoir quitté le Portugal pour trouver du travail en France, « quitter aussi le fascisme », ajoute-t-elle. Ici, à Vitrolles, elle a voté « Mégret » au premier tour. Au deuxième, elle a eu peur et n'a pas voté. Patrice, lui, explique : « Avant, ma préoccupation, c'était de retrouver un emploi, maintenant c'est de libérer ma tête. » Il vit dans son appartement.

Patrice Szostek se souvient de Carpentras. Il venait de perdre son travail dans le bâtiment. Il avait envie de gueuler et de se détruire. Il s'imaginait dire au monde entier : « Vous ne voulez plus de moi ? Moi, je ne veux plus de vous, non plus. Je vais me salir, me salir une bonne fois pour toutes, adhérer au Front national, comme ça on ne viendra plus me chercher. » Il est monté dans un bus du FN et il est allé manifester à Carpentras contre « le complot, la machination ». « Ça m'a fait le plus grand bien, c'était vraiment dégueulasse, ça m'a remis sur les rails : j'ai compris qu'il valait mieux être désespéré que sale. » Le flirt s'est arrêté là. Aux dernières élections municipales, il était parti pour voter blanc. Au dernier moment, dans l'isoloir, il a glissé un bulletin « Anglade », pas très à l'aise. « Il le fallait, mais j'avais l'impression d'avoir trahi mes copains, vendu mon âme. » Patrice Szostek réfléchit : depuis quinze ans, il n'a pas vraiment de copains. À Vitrolles, dit-il, « on n'est citoyen de rien. Si, citoyen de son appartement ! ».

« Je m'en fous, j'ai déjà tout perdu »

Ici, à la cité des Pins, on a le sentiment que les gamins font « ce qu'ils veulent, ce qu'ils peuvent », c'est-à-dire du bruit la nuit. Parfois, Tina se fait insulter quand elle descend à 4 heures du matin par ceux qui traînent encore dans la cage d'escalier. Le soir, elle se tient souvent debout dans le bus du retour. « Je suis crevée, les gamins restent assis. Une fois y en a un qui a dit aux autres : "Regardez la pute debout", et ils riaient. »

Leur fils, âgé de 11 ans, s'est fait casser une dent par « un grand de 20 ans » pour une cassette Nintendo. Patrice, le père, est allé voir le grand en se fâchant tout rouge : « Si tu touches à mon enfant, moi aussi je peux me comporter comme un bougnoule », parce que, dit-il, « il était arabe ». Finalement, Patrice a simplement récupéré la cassette et il a « dû donner, en plus, à l'agresseur 50 francs ».

Patrice se souvient du temps où il était délégué syndical : « On était respectés, on faisait reculer les patrons. » Il rêverait d'en remonter une, une p'tite section syndicale ! « J'en ai créé plusieurs dans ma vie. Fallait voir les boîtes dans le bâtiment : les gens étaient exploités. D'ailleurs, il y avait plein d'immigrés, personne ne connaissait ses droits. » Souvent, il pousse Tina à créer un syndicat chez « son négrier », mais Tina dit : « Ça va pas ? Tu veux que je me fasse virer ? » Il l'admet. « De toute façon, dans les boîtes, un délégué du personnel, aujourd'hui, il est traité comme de la merde. C'est honteux. »

Patrice Szostek rêve d'avoir un jour Lionel Jospin et Robert Hue en face de lui. « J'aimerais les avoir là et les entendre me parler avec leurs mots de la faim, de la précarité, de cet appartement où je ne me sens pas chez moi, de ma ville qui se résume, justement, à mon appartement. J'aimerais. » La discipline républicaine ? « Mais elle est où, la République, quand on a faim ? » Plus personne ne comprend. Même lui, il a l'impression de ne plus avoir d'histoire, de racines, lui le petit-fils de mineur du Nord, ce grand-père immigré polonais qui lui avait confié alors qu'il était enfant : « Voilà, c'est comme ça, tu seras ouvrier. Conserve ta dignité. Si ton patron te fait chier, tu te battras. » (…)

Un de ses voisins a voté Mégret en disant : « Je m'en fous, j'ai déjà tout perdu. » Pour Patrice, le vote Front national, c'est quand « le mec, il se raccroche à un bâton merdeux : il ne se salit pas les mains parce qu'il est déjà dans la merde. Non, le bâton merdeux, il est pour les autres. À tous ceux que ça effraie, tous ceux qui ont des emplois, une bonne conscience, qui vivent chacun dans leur petit égoïsme. C'est à eux qu'il s'adresse. Qu'ils soient, eux aussi, dans la merde. Et le retour de manivelle ? Qu'est-ce que le mec en a à foutre ? La manivelle, il l'a déjà prise dans la gueule : au temps de la gauche, au temps de la crise ».

« T'as pas le droit. Tu peux être en colère, avoir tous les droits, mais pas celui-là. »

Patrice se souvient de son voyage en car à Carpentras, les conversations de certains militants du FN quand ils étaient entre eux : « Attends, j'ai entendu des nazis parler, mais vraiment, là tu touches le fascisme de près. » Il s'est dit à lui-même : « T'as pas le droit. Tu peux être en colère, avoir tous les droits, mais pas celui-là. C'est pas parce qu'on nous y pousse qu'il faut tomber dedans. Pourtant, faut voir comment on nous y pousse… »

Patrice pense qu'une cité HLM à Vitrolles, c'est « on construit des murs, on vous met là-dedans et démerdez-vous ». Il y a un problème d'insécurité ? « On nous répondait : "Appelez la police ou faites une pétition." Une pétition pour quoi ? Pour interdire aux jeunes d'être jeunes ? » Patrice est comme les autres, il ne croit plus en la politique. « Ici, le simple conseiller municipal socialiste, il se prenait déjà pour un ministre, alors qu'autrefois, c'était un copain. » Il y a eu un dernier espoir, il y a longtemps, lors d'une réunion des rénovateurs communistes à Vitrolles. « Je voulais y prendre la parole. J'étais un des seuls ouvriers, mais ils m'avaient choisi ma place : au service d'ordre, en train de garder l'entrée. »

« Anglade se croyait maire à vie »

Il s'est senti trahi par la gauche : « Mitterrand, quatorze ans, un million et demi de chômeurs en plus, et sa dernière trouvaille, ça a été Tapie. Le pire, c'est que j'ai failli pleurer au moment de la mort de Mitterrand. » Bernard Tapie, lui, s'est souvent promené ici, en bas de la cité. Son frère tenait l'équipe de handball de Vitrolles, victorieuse de la Coupe d'Europe des clubs vainqueurs de coupes en 1993. « Anglade, ce n'était plus de la politique qu'il faisait, c'était de la communication. Il créait une police municipale ou un équipement pour ensuite faire sa pub, pas pour régler un problème. Il n'écoutait plus, il n'allait pas dans les quartiers, il se croyait maire à vie. Les militants ouvriers non plus n'écoutaient plus, ni les intellectuels. Ils ne savent pas parler de la misère d'aujourd'hui. Le comble, c'est, qu'à la fin, Anglade est devenu le rempart de la démocratie. Il n'y avait plus le choix. Quand, en 1995, il a été réélu de justesse, on voyait dans les bureaux de vote les Arabes crier “on a gagné !”. Alors ça a confirmé l'impression qu'Anglade faisait plein de choses pour les Arabes, ce qui était faux, mais c'est ce qui était ressenti. »

Tina ne peut pas s'empêcher de penser qu'elle « n'aime pas les Arabes, c'est malheureux à dire, mais, dans mon immeuble, je n'en connais pas de bien ». « Oh ! arrête, Tina », interrompt Patrice. « Non, je suis désolée. Moi, enfant, à Lisbonne, j'ai grandi dans la misère, mais on nous apprenait le respect. Pas chez eux, les pères n'ont plus aucune autorité. » « Mais qu'est-ce que tu veux qu'ils aient comme autorité ? Ils sont comme nous, ils ont perdu toute dignité, s'enflamme Patrice. Ils sont au chômage depuis des années. Va engueuler ton enfant quand tu ne travailles pas. » « Toi, par exemple, tu ne travailles pas, tu as de l'autorité », rétorque Tina. « C'est pas vrai, vous, vous le pensez, dit-il en s'adressant à sa femme et à son enfant. Mais croyez-moi, dans ma tête, c'est pas vrai. »

« Il n'y aura jamais la confiance »

Plusieurs fois, Patrice s'est fait traiter de « FN » par ses voisins, « parce que je suis blond et qu'eux sont Arabes, c'est comme ça ». Un dimanche, sur le marché, il a discuté cinq minutes avec Bruno Mégret. « Franchement, tu comprends que c'est dur de pas voter pour lui. D'abord parce qu'il paie pas de mine. Il est modeste, posé. Il ne parle pas d'immigration, il dit simplement qu'il faut chasser le voyou. Il le dit sans haine, comme ça. Presque sympa. » Après, il s'est souvenu de son voyage à Carpentras.

« Faut voir comment ils nous regardent. Maintenant, c'est chacun pour sa mère. »

Aujourd'hui, Nabil, 15 ans, retrouve ses copains sur le parking près du parc Olof-Palme. Nadim s'est fait casser une côte par les policiers. Il est décidé à porter plainte. Il a le certificat de Médecins du monde. Ahmed, lycéen, voulait faire une demande de stage à l'atelier municipal. « Maintenant, ces demandes-là remontent aux élus, je laisse tomber. » Nowine s'est inscrit dans une boîte d'intérim : « En six mois, un copain français a eu trois boulots ; moi, en un an, rien. » Nabil a envie de se promener à Vitrolles, de montrer sa carte d'identité et de crier : « Je suis né ici. Je suis français. » Il assure avoir entendu une petite fille de 8 ans jouer dans la cour et dire que « les Arabes étaient sales ».

Il faut se méfier maintenant des « doubles faces » : la femme qui distribuait des tracts dénonçant le « F'Haine » et qui a été aperçue à un meeting de Mégret. « On l'a vue, assurent-ils. Même s'il y en a qui regrettent, on ne peut plus discuter, il n'y aura jamais la confiance. » Un Vitrollais venait souvent jouer au football le dimanche avec eux. Lui aussi a été vu au meeting de Mégret.« S'il se repointe, il aura les jambes sciées. » « De toute façon, ils nous ont tellement mis la rage que tout le monde s'en prendra. Même le mec qui est contre le FN et qu'on ne le sait pas, il s'en prendra. Il nous donne la haine ? Nous, on donne la haine. On sait qu'on fait le jeu du FN, mais on s'en fout. Ils nous mettent dans le même sac : l'Arabe délinquant. Faut voir comment ils nous regardent. Maintenant, c'est chacun pour sa mère. »

Patrice, lui, voudrait leur parler, depuis l'élection. Il ne sait pas comment. « Tout le monde regarde ses pieds. Et même quand on se parle, ce n'est plus pareil. Elle est là, la victoire du FN, dans les silences gênés au milieu d'une conversation. » Vitrolles est coupée en deux. Certains habitants ont acheté des battes de base-ball. Il y a même eu un appel à constituer une milice privée qui, pour l'instant, n'a pas été suivi d'effets. Malgré la colère des jeunes, le premier résultat de cette élection est le calme qui règne le soir. « Tout le monde a peur, personne ne sort, ne fait de chahut. On dort la nuit », constate-t-on à la cité des Pins. Un jour, Patrice voudrait s'expliquer avec les gamins qui l'ont traité de facho la dernière fois, le dimanche des élections, juste avant qu'il aille voter : « J'étais furieux, et je me suis retrouvé seul, dans l'isoloir. À ce moment-là, j'aurais pu voter avec mes tripes. »

« On souffre autant qu'eux »

Il dit qu'avant la victoire du FN, c'était la colère résignée, la fatalité, « la foi en rien, même pas en l'homme ». Maintenant, « c'est l'horreur ». Le dimanche de la victoire, de la défaite, il a eu de la peine à les voir courir en bas de l'immeuble, les enfants d'immigrés, ces « Arabes » tant décriés. « J'ai réalisé qu'ils n'étaient plus des hommes, qu'on les avait brusquement déclassés. Je voudrais qu'ils sachent qu'on souffre autant qu'eux de ce résultat. Qu'est-ce qu'on peut faire, qu'est-ce qu'on peut dire ? » Patrice Szostek s'est réveillé. Pour la première fois depuis longtemps, il aurait presque envie de militer. « Il faudrait y croire », tempère-t-il. Il se demande si quelqu'un saurait écouter ses copains qui ont mal voté.

« Et maintenant ? »

Au bar PMU de Vitrolles, Caroline, Armelle, Aurélia boivent un café après le lycée. Les gens, ici, sont comme les poissons de l'étang de Berre, disent-elles : « Des mutants. » Elles, d'ailleurs, ne savent pas vraiment qui elles sont, en ce moment. Des filles d'employés venus de Savoie, d'Antibes, de Lyon, qui, au gré des mutations, se sont installés dans les pavillons au bord de l'étang. Armelle sort avec Khaled. Son ancien copain, l'an dernier, était un « Français qui avait les cheveux longs ». Cheveux longs à Vitrolles, « ça veut dire celui qui aime le hard-rock et, ici, supposé raciste ». Armelle et son copain s'étaient fait casser la figure derrière la mairie par des « petits Arabes », « les gens étaient au balcon, ils n'ont pas appelé les secours. Ils regardaient ». Cette année, ce sont ses propres amies qu'Armelle a dû convaincre. Aurélia, fille de pieds-noirs, ne comprenait pas. « Un Arabe, pour moi, c'était impensable. » Pour la première fois, elles sont sorties en groupe en boîte de nuit avec « des Blancs, des Maghrébines et Khaled ». À l'entrée, il a fallu constituer des « faux couples », sinon le vigile ne les laissait pas passer. À Vitrolles, elles disent qu'« on est programmé pour penser chacun de son côté, c'est-à-dire du côté des Blancs ou des Arabes ». Elles pensent que le racisme parfois a bon dos : « Ça leur sert pas mal aux jeunes Maghrébins pour nous demander des cigarettes. » Elles n'aiment pas « leur système de traîne-la-rue ». Elles ont 19 ans. Elles disent avoir honte de l'élection d'un maire FN. Elles ont voté blanc.

Au deuxième étage de la mairie de Vitrolles, les adjoints s'affairent. Bruno Mégret est là pour la journée. (...) Depuis l'élection, ils viennent par dizaines demander un logement, un travail, un conseil. Bruno Mégret reconnaît que « la souffrance de la population confrontée à d'immenses difficultés est exprimée de façon pathétique à Vitrolles ». Pour lui, Vitrolles, c'est un peu de quart-monde et beaucoup de classes moyennes, « beaucoup de salariés sans responsabilité ou à petite responsabilité ».

« Les gens réagissent sans tabou »

C'est cette catégorie de Français, à Vitrolles comme à l'échelon national, que le stratège du FN sait parfaitement « travailler ». « Ces gens-là, à mon avis, sont de plus en plus décomplexés, dit Bruno Mégret. Notre succès est lié à un déracinement sociologique et territorial, mais aussi à une prise de conscience nouvelle : les gens réagissent maintenant sans tabou. À Vitrolles, ils ne sont pas liés aux classes intellectuelles qui, elles, réagissent avec tabou. »

En dehors des médias, et pas forcément avec un fort appareil militant, le travail de Mégret a consisté à se faire « dédiaboliser », comme il le dit lui-même, par un travail de terrain, de « bonne image locale » : les marchés, mais surtout un porte-à-porte consciencieux. « On a dû faire environ les deux tiers de la ville. »

Selon lui, Vitrolles ressemble très fortement à la France au moins sur ce point : le bilan, le discours de l'ancienne équipe municipale n'étaient pas aussi « nuls » qu'on l'a dit, mais celle-ci « était complètement coupée de la population. C'est vraiment la France d'aujourd'hui ». Ce qui se traduit chez Bruno Mégret, le soir, à une tribune de meeting, à Marseille, par ces mots : « Quel décalage entre ceux qui, en fauteuil Louis XVI, n'ont rien d'autre à nous répondre que d'agiter les années 1930, le fascisme, le racisme, et tous ces millions de Français qui se sentent complètement abandonnés par leurs gouvernants ! »

À Vitrolles, donc, il s'agit de ne pas décevoir. « Notre challenge sera de positiver notre image, annonce André Nouar, un adjoint aux finances de 28 ans. À nous de dire que la préférence nationale, au lieu de la penser en termes de racisme, on la pense en termes de fraternité, de solidarité entre les Français. » « On ne veut exclure personne, on est pour la réconciliation », avance Hubert Fayard, premier adjoint. La ville est coupée en deux, les gens se regardent en chiens de faïence, l'équipe de Mégret n'a même pas osé aller en ville pour célébrer sa victoire le dimanche des élections. « Donc, déjà, on va sécuriser tout le monde en renforçant notre police municipale. Notre objectif, c'est de faire sortir les gens », précise André Nouar.

Bruno Mégret se réjouit qu'à Vitrolles les agents de la police nationale soient désormais plus motivés et qu'il existe, à la base, un indéniable capital de sympathie. « Nous n'avons pas de combat culturel à mener, poursuit Nouar. Pas de normes à imposer du genre tambourinades provençales ou chant tyrolien. On essaiera de sentir ce qui marche, de penser à tout le monde, aux vieux, aux jeunes. Évidemment, le rap... » (...)

Le jeune élu pense que la campagne a été très dure. « Le vote Front est ressenti comme un vote de rupture par ceux qui n'ont pas franchi le pas. L'essentiel, maintenant, c'est que les gens se connaissent, qu'il y ait du liant, on va s'y employer. » Preuve de son pragmatisme : la régie de quartier de la cité HLM des Pins sera maintenue. « Elle fait du bon travail, dans un esprit de responsabilisation. Pourtant, les régies de quartier, c'est pas notre tasse de thé. »

« On ne veut exclure personne, on est pour la réconciliation. »

Dans le domaine social, l'adjointe Jeanne Clément est décidée à casser un certain système. Vieille militante de la Fraternité française, elle déplore que les assistantes sociales « ne se foulent pas beaucoup. Ça manque de chaleur, d'humanité. Bien souvent, quelqu'un qui est en situation de détresse, il réunit tous les problèmes : l'emploi, la maladie, le loyer, l'EDF, la nourriture. À chaque fois, il est obligé d'aller taper à des portes différentes. Moi, je ne veux plus d'assistantes sociales spécialisées. Et puis, ici, on n'est pas des stars. On ne répond pas à une urgence en donnant un rendez-vous dans quinze jours », tempête la dame aux cheveux blancs.

« Le Pen a créé une alchimie »

Les bons alimentaires aux familles immigrées seront supprimés. Sur le plan du logement, la municipalité voudrait bien inverser ce qu'elle appelle la préférence étrangère, mais elle n'en a pas les moyens : c'est l'OPAC des Bouches-du-Rhône qui gère les logements de la ville. « En tout cas, on n'acceptera pas une nouvelle vague de population des quartiers nord de Marseille », dit André Nouar. « Notre objectif est à long terme, précise Bruno Mégret. La personne qui n'a pas la nationalité française s'apercevra qu'à Vitrolles la municipalité ne recrute plus beaucoup d'étrangers, comme elle le faisait auparavant. Maintenant, la municipalité est libre d'embaucher qui elle veut quand c'est légal. Quand cette personne verra qu'elle n'aura plus droit aux bons d'achats, elle se dira que les avantages, c'était avant ou c'est ailleurs. » En d'autres termes, pour André Nouar : « Notre électorat n'attend pas de nous une chasse à l'Arabe, ce serait mal ressenti parce que injuste. Mais, pour une famille aidée, il y en a d'autres qui en pâtissent. Alors, il faut que l'ordre naturel du plus grand nombre soit respecté. » Originaire de la Haute-Loire, Hubert Fayard, le premier adjoint, a « appris le vice ici », pas mécontent d'avoir infiltré, assure-t-il, l'équipe de campagne socialiste par « une jeune femme, syndicaliste de gauche ». « Grâce à ma Mata Hari, j'ai encore mieux compris à quel point nos adversaires fantasmaient sur nous. C'est un peu comme la beurette qu'un lycée avait envoyée m'interviewer. La pauvre, elle avait l'impression d'être à Auschwitz dans mon bureau. Je l'ai rassurée et, entre ce qu'on lui avait raconté et ce que je lui disais, elle ne comprenait plus », savoure l'élu.

Bruno Mégret veut convaincre que les idées de son parti sont devenues majoritaires dans ce pays, « de façon souterraine ». « Ceux qui n'en sont pas encore conscients ont du mal à l'assumer. » Hubert Fayard, lui, rêve de retrouver un jour à ses côtés le mineur de Gardanne, son « ennemi » du PC les jours d'élection dans les bureaux de vote : « Des gens du peuple de gauche, de droite, ensemble. Ce sont nos adversaires qui veulent nous faire passer pour des fascistes. Le Pen a créé une alchimie, c'est dur à expliquer. Mais ce serait ça notre référence idéologique : ensemble derrière un homme, Jean-Marie Le Pen, derrière son charisme. »

« Une paix sociale par abandon »

« Ils nous narguent », tonne Jean-Louis Perrier, professeur de lettres à Vitrolles. « L'alternative du FN est terrifiante. Mais nous, qu'avons-nous à proposer ? », se demande celui qui vient d'adhérer au PS. « La déferlante libérale a atteint la classe politique et les représentants officiels de ce qu'on appelle le mouvement de la transformation sociale. Les gens souffrent et on laisse croire que la politique est impuissante. (...) Il faut s'engager, pense maintenant ce quinquagénaire, secouer le cocotier des notables socialistes. « Seul le mouvement associatif bataille sur le terrain contre le FN. Et que fait concrètement le PS ? Ce n'est pas le catéchisme anti-Le Pen qui va réussir. »

Pour Philippe Gardiol, autre militant socialiste vitrollais, les responsables politiques n'ont pas vu venir la colère : ils misaient plutôt sur l'accoutumance des gens à l'absence d'espoir, « la résignation paraissait assurer une paix sociale par abandon ». Dans le même temps, à tous les échelons de responsabilités, « les hommes politiques se sont constitués en une caste essentiellement tournée sur elle-même. L'ambition personnelle a remplacé l'ambition collective ».

Une course de vitesse est engagée en France : entre une nouvelle progression du Front national et une réelle rénovation de la gauche. « La partie n'est pas gagnée, dit une militante de quartier. Les gens qui ont un boulot sont encore culpabilisés de se battre, de revendiquer. » Un syndicaliste pense que « dans le mouvement social, les gens sont heureux, ils grandissent et puis après, quand c'est fini, ils rentrent chez eux, dans leur fantasme sécuritaire et raciste ».

Un militant des droits de l'homme voudrait pointer les responsabilités de l'État, qui a globalement renoncé face aux pratiques de l'extrême droite dans la région : la police, la justice sur certaines affaires, quand ce n'est pas la complaisance de certains préfets, la passivité de proviseurs de lycée ou l'initiative de la Caisse primaire d'assurance-maladie des Bouches-du-Rhône de faire illégalement un travail de police chez ses assurés étrangers.

Un mouvement démocratique est en train de naître à Vitrolles. Informel, parfois déchiré, il avance en marchant. Une militante socialiste ne peut s'empêcher de pleurer. « On était entré dans une dynastie : les militants étaient devenus des employés municipaux. Si on était allé un peu plus au-devant des gens... » Elle se ressaisit, un peu en colère : « Maintenant, faut se battre. » Sarah,

24 ans, revient de la manifestation contre le meeting de Le Pen à Marseille, abasourdie par la charge des CRS, mais ravie d'avoir rencontré une Suédoise. « Elle était marrante, elle chantait : "Une seule solution, la révolution !" J'avais jamais entendu ça. » Elle et ses copains, César et Azzedine, emmènent des jeunes et des familles des cités pour « 500 balles dans des bus en Espagne, à Paris. Hôtels, restaurants, on bouge, on se marre, on danse ». Ils n'ont jamais aimé demander des subventions. « On se démerde, on se fait pas avoir par les politiques, disent-ils. Personne ne pourra nous empêcher d'exister. »

UN JOUR DANS LA VIE DE JOHN SCHNELL

Heureux le dentiste de Zurich ! Il est suisse, richissime et jet-setter. Pour ce sexagénaire mondain, la vie est une fête permanente. Bienvenue au club des gens huppés.

SERGE MICHEL
« LE NOUVEAU QUOTIDIEN »,
JUILLET 1997

La porte s'ouvre sur un homme raide, souriant, cravaté, qui porte beau. Deux sourcils épais soulèvent aussitôt la peau bronzée d'un large front.

« Avez-vous trouvé facilement ? » John Schnell connaît la réponse d'avance. Le fax de trois pages qu'il envoie systématiquement à ses visiteurs ne laisse, en effet, aucun doute sur l'itinéraire à suivre : quitter Zurich par la rive ouest du lac et monter dès l'entrée de Kilchberg jusqu'en haut du village. Une fois parvenu à destination, le fax détaille deux possibilités : grimper l'escalier ou sonner pour emprunter le petit funiculaire privé. L'adresse est un must pour le Tout-Zurich et son propriétaire a l'habitude des visites guidées. Le pas quelque peu martial, il se dirige vers une petite pièce sur la gauche.

« Là, précise-t-il, c'est le bureau où je liquide quelques affaires courantes. » À 65 ans, Hans Schnell (mais on l'appelle John) a été le dentiste le plus célèbre de Zurich, possédant une clientèle de la meilleure société suisse et européenne. Aristocrates autrichiens, grosses fortunes italiennes ou princes arabes, ils sautaient dans leur jet privé à la moindre carie pour venir se faire traiter dans cet espace de 200 mètres carrés du quartier zurichois d'Enge. Il est aussi arrivé qu'un maharajah loue le cabinet toute une semaine pour faire soigner sa famille entière, après avoir posté des gardes du corps dans tout l'immeuble.

« Quand on a du temps et de l'argent, cela ne se fait pas d'aller chez le dentiste du coin de la rue », explique Schnell. Fortune faite, il a vendu son cabinet, il y a trois ans, pour se consacrer uniquement à des activités mondaines, sportives ou à des voyages : déjà Hong Kong, la

Toscane et la Floride cette année, sans compter les séjours sur les yachts de ses anciens patients.

Le roi de la couronne

C'est que le roi de la couronne a su soigner autant ses amitiés que ses patients. Célibataire et sans enfants, il a partagé sa vie entre un travail opiniâtre et les mondanités. Bien né, raffiné et jovial, il a profité d'un entregent naturel, toujours prompt à écrire ces petits mots qui font plaisir ou à user de ces reparties qui font le tour de la ville.

À l'étage supérieur, autour d'une cheminée, un immense living déroule sa moquette blanche et profonde, tachetée de-ci de-là de ravissants tapis persans. Il y a des fleurs partout et de la peinture abstraite. « Vous découvrez, dit-il, la chambre à coucher de ma "Lebenspartnerin" (littéralement : partenaire de vie). Elle ne vient que deux jours par semaine, parce que je tiens à ma liberté. Nous dormons aussi chacun de notre côté, c'est mieux ainsi. »

Edith Erni, la compagne de John Schnell, est sensiblement plus jeune que lui. Tina Brunolt, la précédente, était une artiste « très douée, polyglotte et sportive » dont les peintures, accrochées dans le living, ont beaucoup plu à Marc Rich et à Klaus Jakobs. Les Zurichois appellent parfois cela une LAP, « Lebens-Abschnitt-Partnerin » (partenaire temporaire de vie). Il est, en effet, du meilleur effet, dans certains milieux, de lancer à un ami : « Viens dîner ce soir à la maison ! Et prends ta LAP, j'aurai la mienne. »

John Schnell montre encore sa chambre personnelle, évoque les stores électriques qu'il commande depuis son lit et s'assied sur l'immense terrasse qui domine le lac. De l'autre côté, on aperçoit Zollikon (le nouveau bureau de son ami magnat du tourisme Hans Imholz), Küssnacht (le domicile de ses amis industriels Klaus Jakobs et Walter Frei) et Herrliberg (celui de l'éditeur Jürg Marquard).

Sur quelle rive du lac faut-il habiter ? Question capitale ! Kilchberg, où vit notre dentiste, se trouve sur la côte dite « du rhume », ensoleillée le matin, alors que les trois villages cités précédemment sont situés sur la Côte dorée, éclairée le soir. Schnell juge la lumière matinale plus importante pour la psyché humaine et apporte deux précisions. D'abord, en face, le train fait plus de bruit. Ensuite, en fin de journée, la vue sur la Côte dorée est un spectacle magique alors que la perspective de la Côte dorée est voilée, par effet de contre-jour. Schnell n'insistera pas sur les inconvénients « d'en face », parce qu'il a un premier principe dans la vie : ne jamais dire du mal d'autrui en son absence. Et un second : se lever tôt.

« Chaque jour, entre 6 et 7 heures du matin, se félicite-t-il. Je fais une heure d'exercices, dont 25 minutes de vélo d'appartement en regardant CNN et 35 minutes de gym, en écoutant la radio. Ensuite, je prends mon breakfast, je mets mes affaires à jour et je passe quelques coups de fil. Peu avant midi, soit je vais déjeuner avec un ami – sur une terrasse s'il fait beau – soit je m'installe aux fourneaux comme cuisinier amateur : j'ai pris des cours. À l'heure du café, je parcours trois journaux, la *Neue Zürcher Zeitung* (quotidien très haut de gamme), le *Blick* (un tabloïd) et le *Tages-Anzeiger* (informations générales). Et l'après-midi, j'ai trois possibilités : le golf au Dolder (qui n'a que neuf trous mais un excellent restaurant), les courses en ville ou la natation (je loue deux cabines à l'année, à Zurich et à Kilchberg). Le soir, si je ne suis pas invité à dîner, je regarde le *Tagesschau* et je lis un roman psychologique… Et je me couche entre 22 heures et 22 h 30. »

Question : comment, dans ces conditions, être invité dans les réceptions zurichoises en se couchant si tôt ? Réponse fournie par une journaliste, spécialiste des « happy few » : parce que c'est à l'apéritif ou au cocktail, entre 18 h 30 et 20 heures, qu'il faut être là et être vu.

Être riche ne suffit pas puisqu'il faut attendre au moins dix ans pour entrer dans une Zunft.

Deux mots reviennent sans cesse dans la bouche de notre jet-setter. D'abord, « hervorragend », « extraordinaire », pour évoquer l'importance de son cercle d'amis et la taille de leurs yachts, de ses ancêtres de Berthoux qui ont écrit quelques paragraphes de la Constitution helvétique et de la qualité de l'éducation suisse en matière d'hygiène dentaire, alors qu'à l'étranger (sauf en Scandinavie) les princes ont les dents pourries. Ensuite, « wahnsinnig », « insensé », pour qualifier son goût des belles femmes, sa tolérance envers les autres, y compris les homosexuels, et pour rappeler combien on savait s'amuser autrefois, en particulier dans le club de jazz que son père lui avait permis d'ouvrir dans le grenier – et où la jeunesse dorée de Zurich se pressait déjà.

Le gratin du panier zurichois se doit d'être membre de trois organismes. D'abord, les Zunft (les corporations, une survivance moyenâgeuse). Fondées à l'origine par les artisans contre la noblesse, elles sont aujourd'hui réservées à l'establishment et servent les relations d'affaires comme un Rotary ou Kiwanis club de luxe. La lettre d'admission se transmet de père en fils aîné et peut se vendre avec le consentement des autres membres, mais jamais en dessous de 15 000 francs suisses (10 000 euros). Elles défilent chaque année en costume traditionnel à la fête des Sechseläuten, mais il n'y a plus qu'un seul tailleur dans la Zunft des tailleurs et pas un épicier dans la Zunft Safran.

Ensuite, il y a le Grasshopper. Ce club sportif pluridisciplinaire (foot, tennis, aviron, volley...) offre une assise populaire à ses membres mais a toujours été difficile d'accès. En 1945, son président, l'entrepreneur Walter Brunner, se vantait de n'avoir jamais accepté de juif. Enfin, il faut être inscrit au golf de Zumikon ou à celui du Dolder, où les places sont hors de prix. La possession des cartes des trois organismes est le nec plus ultra. Être riche ne suffit pas puisqu'il faut attendre au moins dix ans pour entrer dans une Zunft.

Assidu de Saint-Moritz

John Schnell est en quelque sorte un « cas ». Il n'a jamais fait partie d'aucune corporation, ne va plus à l'Opéra parce qu'il a vu tous les spectacles plusieurs fois (mais il s'est rendu 38 fois à New York pour assister à des comédies musicales) et a claqué la porte, voici quelques années, du Grasshopper parce que les footballeurs gagnaient 300 000 francs suisses par an (200 000 euros), ce qui ne pouvait qu'entraîner la médiocrité. Pour notre consœur branchée, c'est là une exception que seul un grand assidu de Saint-Moritz peut se permettre. Car l'hiver, tout ce beau monde émigre aux Grisons. C'est à qui organisera la fête la plus originale de la station : dans la tour du Palace, au sommet d'un téléski ou encore dans un restaurant populaire. Schnell, qui possède un chalet à Samedan, s'y rend aussi certains week-ends, soit dans sa Porsche Carrera 911 soit dans sa Mitsubishi 3000 GT.

On l'aura compris, les mondains zurichois se retrouvent principalement lors d'invitations privées. Il y a bien quelques bals, dont celui de l'Opéra, à 600 francs suisses (400 euros) l'entrée par personne, ou celui du Grasshopper, dont les billets ne peuvent même pas être achetés. Mais ces réjouissances, relevait récemment l'acteur autrichien Helmut Lohner, sont plutôt des dîners : la jet-set zurichoise, assez âgée, ayant de la peine à tenter un pas de deux. Y a-t-il une relève ? Apparemment pas encore du côté des enfants, dont la longueur des études à l'étranger est proportionnelle à la richesse des parents. Il faut alors se tourner vers deux autres cercles : d'une part, le club constitué par le producteur de soie et modiste Andy Stutz, qui a su rassembler à la fois des gauchistes, des créateurs et d'authentiques jet-setters ; d'autre part, le demi-monde dont la figure de proue s'appelle Vera Dillier. D'extraction simple, cette femme a fait fortune grâce à plusieurs divorces et s'affiche aujourd'hui à la une du *Blick* aux côtés d'Albert de Monaco ou de Mickey Rourke.

Le soleil jette ses derniers feux sur le lac. John Schnell doit rejoindre ses amis au Dolder. « N'oubliez pas d'écrire, dit-il en guise d'avertissement, que mon appartement est extrêmement bien protégé et qu'en tant qu'officier suisse je dispose d'une arme. Nous vivons aujourd'hui dans un monde tel que si je surprends quelqu'un chez moi, je tire sans sommation. »

L'ENFANT SYMBOLE D'UN VIETNAM EN FEU

Kim Phuc a 34 ans et habite Toronto. Le 8 juin 1972, petite fille, elle fuyait les bombardements au napalm. La photo où on la voit, nue sur une route, sans doute la plus célèbre de toute la guerre du Vietnam, c'est elle. Cet article fait partie d'une série intitulée « Retour sur images ».

ANNICK COJEAN
« LE MONDE », 29 AOÛT 1997

Elle vit !... Avec de l'asthme, du diabète, des migraines, de multiples allergies. Avec des cicatrices qui lui gondolent la peau et s'enflamment parfois, souvent, quand le temps est capricieux, quand il fait trop chaud, trop froid, trop humide. Sa peau brûlée a perdu tout système de défense et ne respire jamais. « Mais quelle chance a mon visage ! Pas une marque ! Merci, mon Dieu ! »

Elle vit ! Et même elle a donné la vie. Un petit garçon de 3 ans à la peau lisse et douce ne cesse de se lover contre elle, et cherche à l'embrasser, perplexe parfois, inquiet, devant les crevasses de sa peau. « Mon corps était si dévasté, je ne pensais pas être désirable. Et voilà que l'homme le plus gentil, le plus compréhensif du monde – il s'appelle Toan – a eu envie de m'épouser. Et voilà que j'ai créé une famille ! Tant de chance, vraiment ! »

Elle vit, oui. Et lire son nom – Kim Phuc – au-dessus d'une boîte aux lettres, avant de la rencontrer ici, dans ce petit appartement de deux pièces, au cœur d'un quartier chinois de Toronto, vingt-cinq ans après le fameux cliché, a quelque chose d'irréel. Comment dire ? L'impression d'approcher une icône et de la voir glisser de son cadre, exposée soudain au grand souffle de la vie.

Elle rit. Une cascade de notes aigres qui ravit l'enfant mais énerve le colosse à cervelle d'oiseau qu'un centre de handicapés, moyennant rémunération, confie à la surveillance de Toan quelques heures par jour. Kim lui sourit, pose un doigt sur ses lèvres et dit avec assurance : « Ici, au Canada, je construis une belle vie. » Elle tend la robe légère qui lui tombe aux chevilles afin de mouler un petit ventre rond : « Bientôt, nous serons quatre ! » Toan, jusqu'alors en retrait dans la cuisine, passe une tête radieuse. Puis, discrètement, il emmène en promenade le géant et l'enfant. Kim a besoin d'être sereine pour changer de continent et plonger dans le temps.

« C'était un après-midi étouffant… »

Assise sur le canapé, les pieds nus, la pose décontractée, la photo devant elle, la petite Vietnamienne, devenue une jeune femme de 34 ans qui s'exprime en anglais, entame alors son incroyable récit. C'est un film, semble-t-il, qui défile dans sa tête, comme un cours d'eau limpide dont elle sait chaque mouvement. Sa voix est un murmure, et son rythme suit le fleuve. « C'était un après-midi étouffant du mois de juin 1972, en pleine guerre, en plein tourment.

« Depuis trois jours, le village subissait d'intenses bombardements d'avions sud-vietnamiens, et la population s'était réfugiée dans la pagode, endroit sacré par excellence, qu'aucun soldat, fût-il américain, ne devait jamais viser. Soudain, à l'heure du déjeuner, la situation a semblé empirer, le feu s'étendre. Quelqu'un a surpris un signal de couleur lancé du ciel vers la pagode pour désigner une mire. Il a hurlé : "Sortons ! Nous sommes morts si nous restons ici !" Et la fuite s'est organisée : les enfants en premier, qui devaient courir vite ; et puis les gens âgés, avec la nourriture ; les adultes avec les bébés… »

Kim Phuc a détalé. Elle a remarqué l'avion qui volait lentement, et compté quatre bombes juste au-dessus de sa tête. Il n'y eut guère de bruit Juste une immense flamme orange. Kim était plongée dans le feu du napalm. Encore quelques minutes de course, et elle perdrait connaissance, anéantie par la douleur, brûlée jusque dans ses os. Mais son destin aura entre-temps croisé la route de Nick Ut, ce photographe de l'agence AP dont le cliché, publié dès le lendemain, rapportera à son auteur le prix Pulitzer et transformera Kim en symbole. Symbole de la barbarie des guerriers.

Pendant deux jours, la famille ignora tout du sort de la petite fille. Deux de ses cousins étaient morts sur la route. Kim, trop grièvement atteinte pour être soignée sur place, avait été transportée en urgence à l'hôpital de Saigon. Elle y restera quatorze mois. Son corps n'était que plaie. « Le matin, on m'immergeait dans une baignoire pour me débarrasser de la peau qui, toujours, s'infectait. Elle se détachait par morceaux, il fallait la couper. Les plaies étaient à vif. C'était si douloureux que je m'évanouissais. Un jour, la visite de ma sœur a coïncidé avec l'heure de mon bain. Elle n'a pu supporter de voir et s'est évanouie à son tour. L'infirmière était furieuse ! » Quand Kim repartira enfin vers son village, où l'attendent ses parents et ses huit frères et sœurs, dix-sept greffes et opérations diverses auront remodelé son corps.

Kim alors veut devenir médecin et s'accroche à l'école. La famille est pauvre, la maison dévastée, la mère absorbée dans la cuisine d'un minuscule restaurant de plein air. Mais pour prendre son bain, faire ses exercices, porter ses affaires, chacun lui vient en aide. La vie serait donc acceptable si de violentes migraines ne l'anéantissaient et si sa peau, sans protection, n'avait parfois l'aspect d'une « viande cuite ». Kim, devenue adolescente, pleure devant les miroirs. Plus jamais elle n'expose aux regards ni son dos ni ses bras.

La guerre depuis longtemps est finie. Le cliché de Nick Ut a fait le tour du monde et, après avoir bouleversé l'opinion publique américaine, suscité débats, invectives, polémiques et précipité, aime à penser Kim Phuc, la fin du conflit, elle continue de hanter les esprits. C'est « la » photo du Vietnam. En 1982, un journaliste allemand veut savoir ce qu'est devenue son « héroïne ». Il adresse la photo au gouvernement vietnamien, le sommant de lui dire si l'enfant oui ou non est en vie. La réponse ne lui parvient qu'un an et demi plus tard. Mais elle donne des idées aux autorités vietnamiennes qui, soudain, prennent la mesure de ce que représente Kim Phuc aux yeux de la planète. Comment imaginer meilleur instrument de propagande ? Kim perd sa liberté. On l'exhibe, on l'interviewe, on l'utilise. Elle doit interrompre ses études, affronter les caméras, sillonner le pays. Ses espoirs d'être médecin s'effondrent. Elle supplie qu'on la laisse tranquille. On l'envoie étudier à Cuba.

Alors le monde l'oublie. Et Kim, pendant sept ans, restera sur son île. Elle étudie l'espagnol et l'anglais, et tente de réapprendre à vivre. Elle a de multiples amies et même un amoureux, Toan, qui n'ose se déclarer et qu'elle n'encourage guère. À personne elle ne parle de son désir de fuir. « Le climat ne me convenait pas, j'avais des allergies, du diabète, maintes douleurs. Mais j'avais surtout l'impression de vivre sous contrôle. Je haïssais ce régime. C'était comme au Vietnam. » Un soir, dans un des rares hôtels de l'île doté de l'électricité où se retrouvent les étudiants, quelqu'un lance à la cantonade : « Mais pourquoi Kim n'épouse-t-elle pas Toan ? » La jeune femme est stupéfaite. Toan, souriant au bout de la table, ose à peine la regarder. L'idée, apparemment, excite tout le monde. On échafaude des plans. De l'amour de Toan personne ne peut douter. Kim en est étourdie. Trois jours plus tard, elle a dit oui. Dix jours plus tard, elle est mariée. Les amis ont tout organisé, jusqu'à la lune de miel. À Moscou.

« Une surprise délicieuse »

À ce moment du récit, Kim fait une petite pause, met ses jambes en tailleur, ménage son suspense. Et même elle rit d'avance des surprises qu'elle réserve. Car le fleuve, maintenant, se transforme en rapides. Sa vie va changer de cours. « C'est dans l'avion du retour que j'ai révélé à Toan ce que je lui cachais depuis plusieurs semaines. Je n'avais que trop tardé, il fallait que je me jette à l'eau. » Il était temps en effet : Kim ne rentrait pas à Cuba. À l'escale de ravitaillement en carburant, prévue sur le territoire canadien, elle prévoyait de quitter le groupe de passagers et de demander l'asile politique. Sa décision était irréversible.

Toan fut abasourdi. Cela faisait des mois qu'il rêvait de retrouver sa famille au Vietnam. Et c'est avec sa femme qu'il entendait rentrer. Kim, bien sûr, comprenait. Mais jouait toutes ses cartes, « Tu as le choix, je ne veux rien t'imposer, disait-elle. Mais nous sommes une famille maintenant. De quoi aurais-tu l'air en rentrant seul de ton voyage de noces ! » Le mot était cruel, même dit avec humour. « Au fond de mon cœur, j'étais sûre qu'il ne me quitterait pas. »

L'avion se rapprochait de Gander. Toan se tassait sur son siège. Ils n'avaient pas d'argent, pas de vêtements, pas d'adresse. Mais la jeune Vietnamienne avait ce sentiment d'urgence. C'était ce jour-là ou jamais. Alors, quand l'avion fut posé, quand les portes enfin s'ouvrirent, elle fila vers un militaire canadien, tendit les deux passeports et, le cœur battant, rejoignit la file des aspirants au statut de réfugiés. Toan, bien sûr, à son côté.

« Il était si nerveux qu'il n'a pas pu dormir pendant une bonne semaine ! Mais on nous a logés, nourris, aidés. C'était une surprise délicieuse. Maintenant, Toan a deux jobs à mi-temps. Ce n'est pas sa qualification, mais je suis si confiante ! » Son visage affiche un sourire permanent, sa voix est enjouée, et son rire, ah !, son rire… « Ce doit être ma nature, Dieu m'a fait don du bonheur. » Encore sa fameuse

« chance » ! Que comprendre, sinon constater en effet son ardeur à saisir, cultiver son bonheur ; admirer sa soif de construire, sa curiosité impatiente pour l'avenir. Et discrètement observer ses yeux gris.

« On ne peut changer le passé »

Car parfois, et alors même qu'elle rit, ils deviennent si brillants qu'on jurerait voir des larmes, « je ne les laisse pas venir ! corrige-t-elle. De quoi pourrais-je me plaindre ? Jamais, même aux pires moments, je n'ai surpris de la colère, de la haine, de la rancune dans les yeux de mes parents. On ne peut changer le passé. Alors à quoi bon s'y noyer ? Il n'est utile que pour s'élever ».

La photo de Nick Ut n'est exposée nulle part, dans le petit appartement de Kim. Sa vue lui est infiniment douloureuse. Mais comment l'oublier ? On ne se soustrait pas au destin de symbole. La course de Kim sous le feu du napalm touche à l'universel.

L'an passé, Kim fut invitée à Washington à la cérémonie commémorative de la guerre du Vietnam. Et devant un parterre de plusieurs milliers de vétérans médusés elle a pris timidement la parole pour évoquer l'espoir. Et le pardon. « Si je pouvais me trouver face à face avec le pilote de l'avion qui a lancé la bombe, je lui dirais : on ne peut pas changer l'histoire, mais au moins peut-on essayer de faire de notre mieux dans le présent et le futur pour promouvoir la paix. » Et puis elle a disparu durant la plus longue et la plus respectueuse des standing ovations.

Au milieu de l'assistance, John Plummer était foudroyé. C'est à lui qu'elle venait de s'adresser. Lui qui avait eu la responsabilité de coordonner le bombardement de Trang Bang, le 8 juin 1972. Lui qui, devenu pasteur, après mille errances, portait toujours sur lui la photo de la petite fille, découverte dès le 9 au matin, et lesté de remords. Il se rua vers un policier, le suppliant de remettre à la jeune femme un message. Déjà, elle quittait le mémorial, soucieuse d'éviter la foule. Elle s'engouffrait dans un escalier, elle allait disparaître. Le billet lui parvint juste à temps : « Kim, je suis cet homme. » Alors elle s'arrêta, se retourna. Il attendait, tremblant au haut des marches. Et elle ouvrit ses bras.

CARLA BRUNI, LA TÊTE ET LES JAMBES

En 1998, Carla Bruni a 30 ans et s'interroge sur l'après-top-model. La chanson pour se désintoxiquer du regard des autres ? Pas si simple quand on a joué le rôle de « la fille qui pense » et « du corps qui parle ». Carla explique qu'elle représente « la femme de pouvoir, pas l'épouse »…

LUC LE VAILLANT
« LIBÉRATION », 12 JUIN 1998

Il y a des guitares déhoussées, un piano avec méthode de solfège, les photos de Laurel et Hardy encadrant celle de Valéria, la sœur actrice adulée, l'*Introduction à la psychanalyse* de Freud en édition de poche, et une fille en sandalettes qui offre du café et qui s'assoit tout à côté avec une façon mi-italienne, mi-croqueuse de garçon, de venir presque frotter son nez contre la peau de l'autre, pour renifler qui on est, ce qu'on attend.

Elle se lève. Pantalon d'homme, débardeur blanc, nombril nu. Elle reprend de la distance. Cheveux mi-longs défaits, pas de maquillage, le masque des photos qui s'anime, s'éclaire. Une présence, une plaisance, pas une violence. Elle ne cesse de parler avec cette voix voilée, enjouée et menacée à la fois. Avec un art consommé de la conversation, entre gotha et bohème, elle dit beaucoup de choses.

Qu'en Italie on donne du « dottore » à des « gens même pas doctes », mais aussi qu'elle s'est mise « dans la gueule de l'ours », parce qu'elle espère qu'on ira dire à la ville que la beauté n'exclut pas l'intelligence. Ou mieux, que sa beauté n'est qu'illusion, que seule compte son intelligence. Elle admet : « J'essaie toujours de prouver que je pense. » Est-ce par fausse modestie, par besoin de se rabaisser, par goût du paradoxe ? Elle adhère à des dichotomies très occidentales : l'esprit avant le corps, la tête avant le ventre, l'intellect avant l'instinct. Elle vénère les chercheurs et « leurs intelligences canalisées, synthétiques, gaies, pas bloquées dans des névroses ».

Elle exalte les poètes (Char, Baudelaire, Rimbaud, Leopardi, Prévert), les écrivains (Céline, Proust), les musiciens (Schubert, Chopin, Mahler), autant qu'elle ricane de copiner à Monaco-l'indulgente avec « Claudia (Schiffer), Eva (Herzigova) et Monica (Bellucci) ». Alors, elle s'en veut de n'être qu'un corps. Ne l'apprécie plus ce corps de rapport, ce corps de fonction. « Je n'ai ni tendresse, ni bienveillance pour lui. Je ne lui laisse rien faire. J'ai besoin de le contrôler. J'ai un rapport très rigide avec moi-même. C'est le contraire de la sensualité. »

« Je représente la femme de l'époque »

Le top-model a 30 ans et sait qu'il faut abandonner le rôle, déchirer cette enveloppe animale tant qu'elle ne vous a pas encore trahie pour en extirper quelque chose d'autre. Mais quoi ? Un observateur : « Elle sort de la phase d'affirmation de son pouvoir. Elle réalise qu'elle a pu se procurer tous les jouets qu'elle voulait. Mais que ce n'est pas forcément satisfaisant. » En 1998, Carla Bruni a décidé d'arrêter les défilés. Elle est partie skier à Courchevel pendant les collections, histoire de faire la nique à ses sœurs-arpenteuses de podiums.

Elle réfléchit à qui elle est, à ce qu'elle veut, prépare une reconversion dans la chanson, mais continue à poser : maoïste 68, footballeur, les maillots de l'été. Comme si elle avait besoin de continuer à interroger l'origine de son égocentrisme, comme si la récente mort de son père ne la faisait pas grandir sans remords.

Petite dernière d'une famille riche, elle évoque ses parents comme des « dieux réfugiés sur l'Olympe », des êtres qu'on peine à apercevoir derrière les barrières du social. Père âgé, industriel turinois exilé à Paris XVIe par crainte des enlèvements de la mafia mais aussi compositeur de musique. Mère pianiste de concert, souvent absente, impressionnante : « Je n'avais pas une belle-mère, j'avais une mère belle, une mère avec qui on mangeait souvent froid, alors on s'occupait de la chaleur, entre nous, les enfants. »

Elle ausculte ainsi son propre fonctionnement : « Le droit d'être sur terre, je ne l'ai pas des masses. Il me faut sans cesse demander l'autorisation d'être là. J'ai utilisé la première chose que j'avais sous la main, mon corps. Et plus il y a de gens qui confirment l'intérêt que vous avez droit de vous porter, plus votre corps se rigidifie. » Aujourd'hui, elle tente de mettre de l'assouplissant dans sa machinerie. Elle traque moins systématiquement son image dans les reflets des vitrines. Elle s'applique à quitter la tribu de ceux qu'elle nomme les « gens sans regard », ceux qu'aveugle leur souci de soi. Définition livrée à *Elle* : « Pour les mannequins, ce n'est qu'en s'exposant au regard d'autrui, un regard étrange qui, à la fois, vous dévore et vous rend vivante, qu'on a le sentiment d'exister. »

Et comment a-t-elle existé, Carla Bruni, pendant ses années-mannequin ? Celle qu'un ami décrit « comme tellement lucide qu'elle est obligée de faire de l'esprit pour que ça reste vivable » sait décrypter l'ascension de sa génération. Fin des années 1980, Lagerfeld, par stratégie, ou Alaïa, par empathie, éclairent les visages de leurs porte-vêtements. Linda, Cindy, Naomi ou Claudia incarnent le temps du corps-roi, de l'apparence riche. Elles compensent l'effacement des dames du cinéma.

« Elle sait tout du désir des hommes. Elle est incomparable. »

Carla Bruni leur emboîte le pas. Auto-évaluation : elle flatte ses épaules, assez carrées, comprime sa poitrine, assez fluette, dessine une silhouette, assez androgyne. Et détaille : « Je représente la femme de l'époque, celle d'après la libération sexuelle. La femme de pouvoir, pas l'épouse. La stérilité, pas la maternité. La femme complètement victorieuse et complètement victime. »

Allure éminement moderne, Carla Bruni reprend aussi le rôle de la « fille qui pense », du « corps qui parle ». Inès de la Fressange avait ouvert la voie, avec un art très français de la repartie, de la taquinerie, de la désinvolture. Mlle Bruni-Tedeschi cadette y ajoute un sens aigu de la dérision et du dérisoire. Un connaisseur : « Il y a chez Inès comme chez Carla le même cynisme et la même ombre de désespoir. Elles ne se font pas beaucoup d'illusions sur le genre humain. Et peuvent avoir la dent dure. » Sans s'épargner pour autant.

Quoi d'autre ? Peu de soucis religieux chez cette petite-fille de juif converti au catholicisme. « Les pratiquants me semblent tellement perdus. Ils croient pour se protéger de leur propre réalité. » Peu de sens politique : « Mon opinion est celle de quelqu'un de tellement égocentrique que je n'ai aucun sens des réalités. » Mais une juste approche du caritatif : « Je distille ma culpabilité un peu partout. »

« Mante religieuse et luciole »

Et une amusante dénonciation du capitalisme par celle qui est à tu et à toi avec Agnelli, Lagardère, Trump, et qui, selon un proche, « appartient de tout temps à la caste des dominants ». Le capitalisme, donc : « Rien de plus injuste. Pas possible d'accumuler comme ça. Ça ne peut durer. » Dans le même souffle : « Mais comment je peux dire ça quand j'en profite d'une façon aussi désastreuse. C'est à vomir. »

Quoi d'autre ? Les hommes. Ceux qu'elle a pris, ceux qu'on lui a prêtés. Amours, amitiés. Pas de pudeur feinte, pas de paparazzi voués aux gémonies : c'est une grande fille. Mick Jagger et Arno Klarsfeld, Leos Carax et Vincent Perez, etc. Un vieux copain : « Elle aime les grandes images. Les accumuler. Les mettre en scène. » Et aussi : « Ce qui la fascine, c'est les petits princes, pas les gros machos. » Ou encore : « C'est à la fois une mante religieuse et une luciole. » Et enfin : « Elle sait tout du désir des hommes. Elle est incomparable. »

Il est 15 heures. Elle a son cours de chant. Papa aurait voulu être Stravinski, elle se contenterait d'être Brassens ou Polnareff. Elle aime que Barbara ait dit : « Les chansons, ce n'est pas le texte, c'est le la-la-la. » Un copain-chauffeur conduit une Renault crado et banale. Elle n'a pas son permis de conduire. Elle se met de la crème sur le visage. Fredonne en italien. Allume une cigarette « Vogue ». Se rapproche. À bout touchant ? À bout portant…

LE DERNIER REFUGE DES KHMERS ROUGES

Coureurs de jungle, aventuriers de tout poil, chercheurs de pierres précieuses ont échoué à Pailin, gros bourg des confins du Cambodge. Ils y côtoient des nostalgiques de Pol Pot, reconvertis dans de juteux trafics.

OLIVIER WEBER
« LE POINT », JUILLET 1998

L'homme a le regard enfiévré des chercheurs d'or. Les pieds dans la boue, entre la forêt et la rizière où abondent, en cette saison de pluie, les serpents, il contemple le versant de la colline comme s'il s'agissait d'une grosse pépite. Dans les entrailles des monts de Pailin se cachent une foule de trésors, rubis et saphirs. Et Kan Kong, ancien gros commerçant venu tout droit de la plaine de Battambang tenter sa chance sur ces hauteurs flamboyantes, creuse et creuse encore, tel un damné, avec six hommes en sueur sous ses ordres, crottés jusqu'au cou, des visages durs mais le cœur à l'ouvrage, payés 12 francs par jour, soit près de trois fois le salaire d'un fonctionnaire, avec une prime pour chaque belle pierre dégotée.

Kan Kong, qui a investi 12 000 francs – une fortune dans les parages – en karcher et en tamis, s'y connaît en négoce des pierres : la vingtaine de petits cailloux bleus et rouges, récolte du jour, qui roulent dans ses mains calleuses lui promettent, assure-t-il, un avenir de nanti. La seule inquiétude pointant sur son visage buriné qui s'anime à chaque scintillement des gemmes est celle du découvreur de butin redoutant quelque desperado, comme aux temps mythiques du Klondike de Jack London ou de la Californie du général Suter décrite par Blaise Cendrars. Et les desperados, dans les rues poussiéreuses de Pailin, sont légion.

Tel Kan Kong, ils sont des centaines à affluer vers les monts verdoyants de Pailin, petite ville des confins du Cambodge, qui semble à mille lieues de la capitale. Et pourtant, Pailin et Phnom Penh partagent la même propension à l'économie mafieuse, caractéristique de ce petit pays de 11 millions d'habitants, mi-anarchique, mi-féodal, qui s'essaie à la démocratie sous la houlette de son homme fort, Hun Sen, et verse dans l'implantation de la combine et de la corruption de haute volée.

Dans son fief aux abords dûment minés, Ieng Sary, ancien élève du lycée Condorcet et de l'Institut d'études politiques de Paris, gouverna son territoire comme un abominable tyran.

Avec ses maisons de bois cossues, ses bars karaoké, ses salons de massage, ses allées boueuses aux odeurs fortes, ses échoppes de pierres précieuses où l'on ne compte plus en riels, la monnaie cambodgienne, mais en bahts thaïlandais ou en dollars, avec ses vagabonds à la mine ébahie et ses escrocs à la pelle, ses défricheurs et ses coureurs de jungle, Pailin a des allures de ville-champignon, de cité du Far West hantée par des aventuriers de tout poil, des trafiquants divers, des négociants en bois précieux mais aussi en héroïne et en marijuana.

Quelle métamorphose... Pailin, c'est le fief de Ieng Sary, l'ancien bras droit de Pol Pot, dont le règne de 1975 à 1979 se solda par la mort de 1,7 million de Cambodgiens. Pol Pot a rendu l'âme en avril dernier, dans la forêt du Nord, à deux pas de la frontière thaïlandaise, d'une crise cardiaque selon la version officielle, d'empoisonnement selon des sources occidentales. Ieng Sary, lui, jouit à 70 ans de la plus totale impunité, en vertu d'une amnistie accordée après son adieu aux armes, en août 1996, par le roi Sihanouk.

« Le règne de la terreur »

Longtemps, dans son fief aux abords dûment minés, Ieng Sary, ancien élève du lycée Condorcet et de l'Institut d'études politiques de Paris, gouverna son territoire comme un abominable tyran : monnaie abolie, dénonciation des parents par les enfants, séances d'autocritique, exécution du moindre « déviationniste », apologie de la pureté de la race khmère, écoute de la radio interdite...

« C'était le règne de la terreur, se rappelle le chef du village de Kon Phnom (Petite Montagne), à l'orée de Pailin. Les hommes et les femmes étaient séparés, on n'avait même pas le droit de venir en aide à nos familles. »

Un casino aux néons bleus vient d'accueillir ses premiers clients. Plus loin fleurissent une douzaine de bordels.

Puis le potentat, fort d'une milice de 4 000 hommes, s'éloigna peu à peu de Pol Pot. Et transforma le camp retranché de Pailin, haut lieu de la rhétorique khmère rouge, en baronnie du commerce triomphant et aujourd'hui de toutes les engeances.

La reddition de Ieng Sary n'est ainsi que théorique. S'il a enterré la hache de guerre, c'est pour mieux gérer son royaume. La paix à Pailin est d'abord celle des portefeuilles. Dans son bastion aux mille trafics, Ieng Sary et ses hommes de main ont fondé une république autonome qui cache son nom. À deux heures de piste de la ville de Battambang, on découvre la bourgade après une barrière qui tient lieu de frontière et que franchissent les aventuriers du coin, attirés par le gain.

Un casino aux néons bleus vient d'accueillir ses premiers clients. Plus loin fleurissent les bordels, une douzaine au total, autant de petits saloons où le soir s'enivrent les trafiquants. Malade, Ieng Sary, lui, se terre en Thaïlande. Il a laissé les clés du royaume à deux hommes : Y Chhien, ancien garde du corps de Pol Pot, et son propre fils, Ieng Vuth. Celui-ci trône comme un pacha dans la minuscule mairie, posée sur le bord de la piste.

« Nous avons de grands projets pour la ville », dit le cacique. Entouré d'une foule de conseilleurs, indispensables pour toute tractation, il désigne les collines, la station de radio FM qui distille une parole toute favorable aux notables-trafiquants, les générateurs qui fournissent l'électricité, les maçons qui bâtissent de luxueuses demeures. Et qu'importe si le commerce de bois avec la Thaïlande subit les affres de la crise, qu'importe si les impôts ne rentrent pas, puisque Pailin ne prélève pas de taxes, ou si peu. Les trafics de la baronnie de Ieng Vuth s'avèrent si lucratifs…

Dans les collines de Pailin, on croise divers intermédiaires douteux, de mystérieux émissaires thaïlandais en véhicules tout-terrain, mais aussi d'autres chercheurs de fortune, tel le colonel David Mead, personnage volubile et rondouillard.

Ancien attaché de défense à l'ambassade d'Australie à Phnom Penh, il a rendu son tablier pour acheter un « morceau de terrain pour une bouchée de pain ». Lui aussi fonde de grands espoirs dans les commerces de Pailin et veut bâtir un ranch, non loin des mines de rubis et de saphir, sait-on jamais... On lui prête l'intention de fonder une milice privée pour défendre les apprentis orpailleurs. Plus loin, dans une bicoque, vit en toute impunité Noun Paet, un commandant khmer rouge accusé d'avoir exécuté trois otages occidentaux en 1994, dont le Français Jean-Michel Braquet.

« On revit ce que l'on voit sur les bas-reliefs d'Angkor : des combats et des batailles incessants. L'histoire du Cambodge, même contemporaine, n'est faite que de violence. »

Visiter Pailin réserve d'autres surprises, comme cette rencontre avec Mei Meakk, l'ex-secrétaire particulier de Pol Pot, son conseiller militaire, l'homme des basses œuvres, l'exécuteur de toutes ses volontés. Les rescapés du génocide en frémissent encore.

« Nous ne regrettons rien »

La calvitie cachée par un chapeau de brousse délavé, il trône dans un local sombre, mâche interminablement du chewing-gum, boit du soda américain et accueille le visiteur sous des slogans qui laisseraient plus d'un guérillero rêveur : « L'argent permet de se faire des amis », « La richesse peut rendre un homme libre » et autres préceptes à la Guizot qui, voilà peu encore, à Pailin, auraient valu à leurs auteurs le châtiment suprême. Et l'ancien sbire de « frère numéro un », âgé de 52 ans, de décliner sans gêne aucune quelques principes démocratiques, comme pour mieux effacer son passé : « Maintenant, le Cambodge peut choisir en toute liberté ses chefs... »

À une demi-heure de route de cette ville qui semble avoir perdu la mémoire, à l'instar du Cambodge tout entier, ce sont trois autres anciens fidèles de Pol Pot qui surgissent de la forêt. « Nous ne regrettons rien, annonce crûment le sexagénaire Chan Youran, qui fut ambassadeur du régime khmer rouge à Pékin et aux Nations unies. Le trio vit aujourd'hui sous la protection des maîtres de Pailin, qui ne demandent qu'à tirer un trait sur les années de plomb, pour leur plus grand bénéfice, avec l'assentiment de Hun Sen. Tandis que le paysan Sourn Hon, 47 ans, se lamente sur sa condition, devant une pauvre rizière, à l'orée du fief opulent des anciens bourreaux cambodgiens.

Pailin est à l'image du petit royaume dont l'homme fort, Hun Sen, officiellement second Premier ministre, ne cesse de prôner la réconciliation nationale. Quitte à s'allier aux ennemis d'hier. Et à récolter la tempête du côté des deux opposants, le prince Norodom Ranariddh, fils du roi, professeur de droit à ses heures perdues à l'université d'Aix-en-Provence, évincé de son poste de premier Premier ministre à la suite d'un coup de force mené par Hun Sen en juillet 1997 ; et (Sam) Rainsy, ex-cadre de Paribas, reconverti dans la politique cambodgienne. Le premier cultive l'image charismatique de son père, Norodom Sihanouk, qui vit retranché dans la villa royale de Siem Reap, à proximité des ruines d'Angkor, dynastie fondée au IXe siècle et dont il est le dépositaire.

« Voter pour mon parti, le Funcinpec, à l'occasion des prochaines élections législatives, c'est voter contre un régime dictatorial », s'époumone Ranariddh d'une voix de fausset, citoyen français qui a oublié la langue khmère. « Au Cambodge règne un climat de peur, de violence et de mensonge », ajoute le second. Le prince et le croisé des droits de l'homme, qui ne s'aiment guère, se rejoignent dans la dénonciation du régime de Hun Sen, sans peur des menaces. À leur secours vole le Centre des Nations unies pour les droits de l'homme, qui relève une centaine de disparitions ou d'assassinats imputés aux forces de sécurité depuis le coup de force de Hun Sen, l'an dernier.

Une tradition de l'impunité

« On a l'impression de revivre ce que l'on voit sur les bas-reliefs d'Angkor : des combats et des batailles incessants. L'histoire du Cambodge, même contemporaine, n'est faite que de violence », déplore Kann Kall, l'un des dirigeants de TPO, une organisation humanitaire qui tente de remédier, depuis trois ans, aux troubles psychologiques liés à la violence. « 35 à 40 % de la population cambodgienne a des problèmes psychologiques graves, estime cet ancien comptable de

35 ans. La guerre civile, les rivalités ont engendré l'alcoolisme, la violence domestique, la dépression. Traumatisme khmer rouge, élites massacrées, apathie ambiante, crainte du voisin, manque d'initiative : les Cambodgiens semblent avoir peur maintenant de regarder l'avenir en face et de bâtir une vraie démocratie. »

Tel est l'héritage de Pol Pot, une culture de la violence, à laquelle s'ajoute une tradition de l'impunité. La criminalité s'étend insidieusement. Policiers et soldats arrondissent leurs fins de mois par le racket, comme cet ancien Khmer rouge passé dans les rangs de l'armée gouvernementale et qui arrête les voitures sur la route de Treng, fusil en main. « Ici, tout s'achète, énonce un petit commerçant de Battambang, ancien élève de l'école française, devenu chauffeur. Un permis de conduire, 500 francs ; un passeport, 1 200 francs... » À la prison de Phnom Penh, un détenu français accusé de braquages de banque a réussi à acheter les clés de sa geôle 30 000 dollars, avant d'être neutralisé par une équipe de policiers chargés de surveiller les gardiens.

Pour remédier aux lenteurs de la justice et à la corruption des magistrats – le salaire d'un juge s'élève à 120 francs par mois, alors qu'il en faut 600 pour nourrir une famille – les administrés en viennent aux vieilles recettes : la vendetta au pistolet-mitrailleur. Les journaux abondent en récits de vengeance et de règlements de comptes. Certes, depuis que Hun Sen s'est arrogé les pleins pouvoirs l'an dernier, l'État tente d'asseoir son autorité. Mais ses caisses sont quasiment vides, le budget est assuré à 40 % par l'aide internationale – ce qui correspond au montant des dépenses militaires – et les fonctionnaires provinciaux abusent de leur toute-puissance de satrapes pour s'enrichir. « Plus que Hun Sen, estime un diplomate occidental, ce sont les cadres de province qui se livrent aux intimidations. »

Policiers et soldats arrondissent leurs fins de mois par le racket.

À Phnom Penh, l'insécurité règne sitôt la nuit tombée. Une grenade explose dans un parc d'attractions et tue une jeune fille. Quelques jours plus tard, d'autres engins font long feu dans les jardins du ministre de la Justice. On évoque des rivalités au sein des corps de sécurité... Deux commandants de l'armée, rappelle un enquêteur occidental, ont ainsi été récemment arrêtés pour « haute corruption », condamnés à de lourdes peines d'emprisonnement puis libérés sur ordre du ministre de la Défense.

À 20 kilomètres de là, dans sa résidence de Takhmau, entre rizières et capitale, Hun Sen a bien du mal à gérer la tragique succession de Pol Pot. Côté rizières, il a réussi à amadouer les Khmers rouges, pour se targuer d'avoir semé la paix dans les campagnes. Côté capitale, d'autres graines ont poussé, sur un lit de corruption, qui relègue l'État de droit au rang de jachère. Sur ce terreau-là, loin de la plèbe, où le dialogue politique se solde parfois par des coups de fusil, les seigneurs de la guerre, reconvertis dans les affaires, continuent à s'entendre comme larrons en foire avec les combinards et les repentis.

JACQUES ROSSI, RESCAPÉ DU GOULAG

C'est un vieux monsieur de 89 ans qui habite une HLM de la banlieue parisienne. Comme beaucoup de Français, Jacques Rossi a été communiste de cœur et de conviction. Avant de déchanter au Goulag, où il a passé vingt-quatre ans de sa vie, de 1937 à 1961, victime des purges staliniennes.

NATALIE NOUGAYRÈDE
« LE MONDE », 19 MARS 1999

Jacques Rossi s'est aveuglé pour des raisons généreuses. Enfant, il avait une nounou laotienne. Elle mangeait assise par terre avec des baguettes. C'était au début du siècle, en Pologne, dans un milieu très aisé. « Les antécédents impérialistes de ma famille avaient fait venir cette femme de son pays », raconte-t-il. La mère de Jacques Rossi, veuve et française, remariée à un architecte polonais, est alors une présence furtive. Une élégante que l'enfant observe du haut des escaliers en marbre des beaux palais. Le beau-père, lui, l'intimide. L'enfant s'attache à la nounou.

Dans la bibliothèque familiale, il découvre Jean-Jacques Rousseau et *Candide* de Voltaire. « Les privilèges..., murmure Jacques Rossi. Un jour, j'avais 12 ans, une vieille paysanne, sur les terres de mon beau-père, m'a fait un baisemain comme à un petit seigneur, et j'étais choqué. La gouvernante anglaise m'a rabroué pour ma réaction : "Ne bousculez pas l'ordre établi !" »

Faut-il remonter jusque-là pour expliquer son parcours de communiste ? À cette envie précoce de bousculer l'« ordre établi » ? Jacques Rossi a été communiste avant de déchanter. Comme d'autres. Mais il a déchanté au Goulag, et il est français. Jacques Rossi a passé vingt-quatre années, de 1937 à 1961, dans les geôles soviétiques. Il a aujourd'hui quatre-vingt-neuf ans et vit dans une HLM de la banlieue parisienne, à Montreuil-sous-Bois.

« Certains sont lucides sur Staline pour des raisons sans grandeur, alors que d'autres sont aveugles pour des raisons généreuses », a écrit François Furet pour décrire les intellectuels européens des années 1930, dans son livre *Le Passé d'une illusion*. L'une des premières choses que Jacques Rossi tient à expliquer est la signification de ce mot : Goulag. « Goulag » est le raccourci, en russe, de « Glavnoïe Oupravlenie » (direction générale) et « laguereï » (des camps). Il ne désigne pas seulement les camps de travaux forcés, mais l'ensemble du système pénitentiaire soviétique, toutes catégories de prisonniers et d'établissements confondues. C'est dans cet univers – et là seulement – que Jacques Rossi a perdu la foi communiste. Il ne sait plus trop quand, ou ne souhaite pas le dire. « Lorsqu'on se rend compte du mensonge, c'est comme un ballon qui éclate. Si tu as investi ta jeunesse, ta foi, tu t'accroches, tu as du mal à te dire : mais quel con... tu veux avoir eu raison. »

« Reviens au village »

La vie de Jacques Rossi balaie le siècle. Elle a débuté avec la Première Guerre mondiale, la « der des der » ; après, on disait : « Plus jamais ça ! » Jacques Rossi rejoint, à 17 ans, les rangs du Parti communiste polonais clandestin. Il distribue des tracts appelant les conscrits à prendre les armes contre les propriétaires terriens. La police de Pilsudski l'attrape : neuf mois de prison. Mais si, « pour connaître un pays, il faut avoir séjourné dans ses prisons », alors Jacques Rossi est avant tout un spécialiste de l'Union soviétique d'après 1937, l'année des grandes purges staliniennes, l'année de son arrestation.

« Si tu as investi ta jeunesse, ta foi, tu t'accroches, tu as du mal à te dire : mais quel con… »

Il a alors 27 ans, parle plusieurs langues et effectue des instrouktsii (missions) en Espagne pour le Komintern, l'Internationale communiste, derrière les lignes de Franco. Il est à Valladolid lorsqu'un message codé lui parvient de Russie : « Reviens au village. » Il obéit. À son arrivée à Moscou, pendant des mois, personne ne lui dit pourquoi il a été rappelé, ni pourquoi son chef, au Komintern, a disparu. Simplement, un jour, une voiture l'emmène à la Loubianka, siège de la police politique, où il est mis sous les verrous pour « espionnage au profit de la France et de la Pologne ».

Sa vie bascule. Il croit à une erreur. Jacques Rossi se souvient de ce qui précéda, de l'insouciance des années passées au Komintern. Il circulait à travers l'Europe sous de fausses identités. En Espagne, pendant la guerre civile, son travail était « simple et risqué ». Il « rencontrait des personnes à des endroits indiqués » et transmettait les documents recueillis par l'intermédiaire d'une télégraphiste qui se faisait passer pour son épouse.

Dans les années 1920-1930, raconte-t-il, les « jeunes » du Komintern connaissaient tous une phrase, attribuée à Felix Dzerjinski, fondateur de la Tchéka, la police politique bolchevique : « Pour la révolution, je suis prêt à nettoyer les chiottes s'il le faut. » Et une autre, de Lénine : « L'éthique, c'est tout ce qui sert les intérêts de la classe prolétarienne. » L'espionnage et les dénonciations qui pouvaient l'accompagner n'étaient, dans ce contexte, « rien que de normal », dit Jacques Rossi : « Travailler pour les services de renseignement soviétiques était pour nous le nec plus ultra. »

Les « camarades » se sentaient investis d'une mission : œuvrer pour le « prolétariat », répandre l'influence de la « patrie des travailleurs ». Jorge Semprun, un autre ancien militant, a décrit cet enthousiasme : « L'aventure communiste (...) aura suscité les sentiments les plus purs, les engagements les plus désintéressés, les élans les plus fraternels. » Jacques Rossi reprend : « Il y avait entre nous, les jeunes du Komintern, une complicité incroyable ; je pouvais rencontrer un paysan du Sichuan, la province chinoise la plus reculée, et me sentir proche de lui. »

« Un jour, un agent italien m'a dit : “Sais-tu ce que font ceux qui ont raconté trop d'histoires drôles ? Ils creusent le canal de la Baltique à la mer Blanche !” »

Mais les purges, les déportations, les exécutions n'étaient-elles pas connues ? Plutôt devinées, « pressenties », dit-il. « Entre kominterniens, on se racontait des histoires antisoviétiques légères, courantes dans nos cellules. Un jour, un agent italien m'a dit : “Sais-tu ce que font ceux qui ont raconté trop d'histoires drôles ? Ils creusent le canal de la Baltique à la mer Blanche !” » Ce chantier-là, qui fit des milliers de morts, fut le deuxième Goulag mis en place par le régime soviétique. Le premier fut celui des îles Solovki, un ancien monastère orthodoxe du Grand Nord russe transformé en pénitencier. Parce qu'il dit avoir, par son engagement communiste, cautionné « ça », Jacques Rossi refuse aujourd'hui l'étiquette de « victime »

Jacques Rossi se rend dans les années 1930 en Russie, pour être formé aux techniques d'écoute et au langage codé : des cours d'agent secret, dispensés par le Komintern. Un soir, il est dans un cinéma de Moscou, avec des « camarades » italiens, dont l'un ironise : « Tu vois ce fauteuil énorme… C'est sûrement pour les grosses fesses d'un gars du gouvernement. » Des années plus tard, Jacques Rossi pensera qu'il a été arrêté et emprisonné pour ne pas avoir dénoncé l'auteur de cette remarque « contre-révolutionnaire ». Des images resurgissent. Celles des cachots de la Boutyrka, prison où croupissaient 20 000 détenus en 1937. « J'y ai rencontré un type condamné à 10 ans de camp pour avoir fait la cour à la cuisinière de Trotski en 1927. Quand le NKVD cherchait des "traîtres" en 1937, ils ont trouvé ce type qui avait eu la simple malchance de fréquenter la maison de Trotski… »

Prison des esprits

Au Goulag, Jacques Rossi rencontre Karl, un Allemand, ex-kominternien, auquel il confie une recette pour s'en sortir : « (Pendant les séances de torture), je pousse les hurlements les plus terribles quand ils me frappent à un endroit moins sensible, et j'essaie de garder le silence quand ça fait le plus mal. » Karl le fixe du regard et rétorque : « Tu as trompé les autorités soviétiques ! » Prison des esprits. Dans les geôles de la Boutyrka, des livres sont proposés aux détenus. La propagande ne dit-elle pas aux bagnards que « l'Union soviétique est un pays cultivé » ? Il y a là des ouvrages qui ont appartenu à Boukharine ou à Zinoviev. Jacques Rossi s'en aperçoit en découvrant leur signature à l'intérieur des pages de couverture.

En 1948, il est à Norilsk, dans les mines de nickel, et sa peine touche à son terme. Mais, c'est un faux espoir, un de plus. « Il m'ont refait un procès, et j'ai repris 25 ans parce qu'un codétenu avait raconté, dans ses aveux, que je voulais faire venir un avion américain au-dessus du camp pour me délivrer… » À Norilsk, dans l'enfer du Grand Nord russe, il faut tirer des troncs d'arbres de l'eau glacée et les charger sur des plates-formes, onze heures par jour. Le « zek » (raccourci de zaklioutchonni, prisonnier) apprend une chanson de détenus, une ritournelle pour évoquer la sympathie « que les gens avaient, à l'époque des tsars », pour les évadés : « Les paysannes me nourrissaient avec du lait, les petits gars me filaient du tabac. » Mais, dans la Norilsk soviétique, dénoncer un évadé rapporte 300 roubles et 16 kilos de farine... L'évadé ne va pas loin.

Comment relater cet enfer, cette longue plongée dans l'univers carcéral, concentrationnaire, de l'URSS ? Dans son passé, Jacques Rossi pioche encore cette scène : un jour, dans la toundra glacée, marchant dans une colonne de prisonniers, il aperçoit un corps mutilé, qui gît. C'est une « vache ». Le terme désigne, dans le jargon du Goulag, un jeune détenu naïf, entraîné dans une évasion par un groupe d'anciens qui le tuent ensuite pour s'alimenter. Le cadavre sert de réserve de nourriture.

À la prison de Vladimir, un criminel de guerre allemand lui avait dit : « Nous ne vivons pas. Nous sommes morts », et Jacques Rossi s'était rebellé intérieurement. « Non ! Moi, Jacques Rossi, je suis là, je veux vivre. » « Deux fois, j'ai passé une année et demie seul au cachot. Pour ne pas devenir fou, je me récitais des textes de Rousseau appris par cœur, et les dynasties chinoises, dont je traçais les caractères sur les planches. »

À Paris en 1986, on l'a d'abord mis en garde : « Attention, vous allez être récupéré par la droite. »

Assis par terre dans son deux-pièces épuré comme un intérieur japonais, il raconte avoir conservé, de ses années au Goulag, un ami proche : Naïto, un vieux monsieur habitant à Tokyo, qu'il appelle « mon frère ». Ils se sont rencontrés après la Deuxième Guerre mondiale dans la prison d'Alexandrov, près du lac Baïkal. « Les prisonniers de guerre japonais arrivaient dans les camps. Les Russes, quels salauds, avaient attendu Hiroshima pour déclarer la guerre au Japon. Moi, Français taxé d'impérialisme, on m'avais mis avec les Japonais, considérés comme des sous-hommes. Ils étaient si polis. Naïto avait travaillé comme interprète pour l'armée japonaise en Mandchourie. J'avais douze années de Goulag derrière moi, et en le côtoyant j'avais l'impression de me rapprocher de la France, d'une certaine civilité. Ça me changeait du Goulag, où fusaient tout le temps les insultes, ces mots russes comme "Jop tvoïou mat" (Saute ta mère), ces saloperies… »

« Peu de gens voulaient entendre »

En 1996, Boris Eltsine décrète le 7 novembre « Journée d'entente et de réconciliation » nationale. Filmé par une équipe de la télévision allemande, Jacques Rossi est retourné, cette année-là, à Norilsk. Une ville de 400 000 habitants dans la toundra, qui flanquait l'un des plus grands camps soviétiques. Là s'étaient étirées, abîmées, dix années de sa vie. Drôles de « retrouvailles » avec l'endroit. « Moi, l'ancien zek, le moins-que-rien, les gens de Norilsk m'ont fêté. » Il évoque avec étonnement « la chaleur déployée par ces babouchkas » qui l'entouraient, dans un lieu où descendants de détenus et de geôliers continuaient de vivre côte à côte, comme si de rien n'était.

À Norilsk, il y a une colline appelée « le mont Schmidt », du nom d'un océanologue russe. « Ça m'a frappé : je suis retourné sur ce mont, où ils enterraient les zeks. Ils plantaient à l'époque des piquets à chaque emplacement, avec le numéro du mort. Les piquets ont été rasés par des travaux d'aménagement », dit-il d'une voie douce. Il est question, affirme-t-on à Moscou, d'élever à Norilsk un monument aux victimes russes du Goulag. Pour l'instant, il n'y a qu'une pierre, toute simple, supposée marquer l'emplacement d'un hypothétique monument.

Jacques Rossi a publié en France deux livres, *Le Manuel du Goulag* (1997, Le Cherche-Midi éditeur) et *Fragments de vie* (1995, Elikia), qui serviront de référence à ceux qui veulent comprendre ce que fut l'URSS. Longtemps, il a eu bien du mal à « raconter ». « Parce que, dit-il, peu de gens voulaient entendre. » En France surtout. Lorsque, au terme d'un interminable périple qui le mena, après sa libération des camps, de l'Asie centrale à la Pologne, il est enfin rentré à Paris en 1986, on l'a d'abord mis en garde : « Attention, vous allez être récupéré par la droite. »

LA VALISE OU LE CERCUEIL

Sur la route de Pristina vidée des deux tiers de sa population, la haine est en embuscade. D'un côté, la minorité serbe procède à une véritable épuration ethnique ; de l'autre, la majorité albanaise revendique par la terreur l'indépendance de la province yougoslave.

BERNARD GUETTA
« LE TEMPS », MAI 1999

D'abord on les compte, puis on oublie. Une maison brûlée, deux, trois, quatre, cinq, six, sept (c'était un hameau), deux encore, de l'autre côté, la voiture de police roule à 160 à l'heure, « à cause des bombes de l'Otan et des tireurs de l'UÇK », dit le chauffeur. La frontière et la Macédoine ne sont déjà plus qu'un souvenir. Dans vingt minutes à peine, ce sera Pristina, capitale du Kosovo, et, déjà, on ne compte plus.

On ne compte plus parce qu'il n'y a pas que les toitures calcinées des maisons albanaises. Il y a d'abord le silence. Pas une autre voiture, ni devant, ni derrière, ni en face. Pas un camion. Pas un paysan dans les prés. Personne aux stations d'essence. Pas âme qui vive. Sur cette route, les ponts sont intacts. On roule, saisi par l'extrême douceur du paysage – quelque chose de toscan – mais plus on roule dans ce désert de vallons, de coquelicots et de pics enneigés, plus l'angoisse se fait lourde.

Ici, la mort a frappé. La mort frappe. D'ici, les hommes fuient et, dans le bruit sourd des impacts, sous ce ciel high-tech peuplé d'avions invisibles, de lasers et d'yeux satellitaires, le règne animal reprend le dessus. Au Kosovo, les chiens errent en meutes, affamés et maintenant inquiétants. Un bruit de moteur les éloigne, mais les vaches au pis lourd restent, elles, en travers de la chaussée, réprobatrices, perdues, perplexes, tandis que les veaux s'enfuient, droit devant. Ça court vite, un veau, mais moins vite que les chiens, moins vite surtout que ces hordes de chevaux qui galopent fièrement, sans plus d'avoine mais crinière au vent. Vides pour la plupart, les fermes ne sont plus que les témoins de l'ère humaine. Le bétail, ce sont maintenant les réfugiés qui continuent de partir pour aller s'écraser aux frontières où les attendent, bien alignées, des étables de toile kaki.

Chassés ? Battus ? Terrorisés ? Ce n'est même plus ça. Longtemps, d'interminables jours, des semaines, ce fut le départ ou la mort, la mort et le départ, cinq minutes pour partir. C'est sans doute encore cela par endroits, mais maintenant ils s'en vont, bien mis, en ordre, bagages faits, car il n'y a, de toute manière, plus d'espoir, plus de salaires, plus d'argent pour nourrir les familles.

Pourquoi rester ? Pourquoi rester pour être pris entre deux feux ? Pourquoi rester quand tout est foutu ? Désormais, même les Serbes partent, sauf les hommes en âge de combattre. Ils partent, hagards, la rage au ventre, en bus eux aussi, par des chemins de traverse que l'Otan dédaigne. Ils partent convaincus qu'un complot mondial a planifié leur mort, la fin de la Serbie, de leur nation, qu'on a décidé, quelque part à Washington, de couper de la Slovénie, de la Croatie, de la Bosnie, à laquelle on voudrait, aujourd'hui, arracher le Kosovo – leur Kosovo.

Vides pour la plupart, les fermes ne sont plus que les témoins de l'ère humaine.

Une dame, à une terrasse de café, car il reste une ou deux terrasses à Pristina : « Vous êtes français ? Quand vont se terminer les bombardements ? » Ses yeux s'embuent. Elle hausse les épaules et murmure pour elle-même : « De toute manière, ils veulent nous tuer, jusqu'au dernier. » Les Serbes aussi partent, mais, eux, vers le nord, vers la « Serbie intérieure », où les attend pire encore que ce qu'ils quittent.

« C'est dur de rester humain »

J'ai vite arrêté de compter les toits calcinés des maisons albanaises, mais pas seulement parce qu'il y en avait trop. J'étais encore sous le coup de la frontière. D'abord, une ligne compacte de caméras et de journalistes, transpirant sous le soleil, trempés par la pluie, évoquant irrésistiblement le livre d'Edward Behr sur le Congo, « Y a-t-il ici quelqu'un qui parle anglais et qui ait été violé ? »

Après, les ambulances des humanitaires : un Suédois dégoûté, des infirmières françaises, pleines de tact, efficaces, formidables, des Suisses et, avec eux, les interprètes, albanais et militants. Évidente, infecte, cette abomination est aussi une arme politique, la meilleure arme des indépendantistes, gracieusement fournie par les Serbes. Ensuite, un premier groupe de réfugiés, assis à même la terre devant les guérites macédoniennes qu'ils viennent de franchir. Ils attendent les cars qui les mèneront au camp de transit. Ils commencent à craquer. Puis dans l'entre-deux, entre Macédoine et Serbie, devant le duty free La Parisienne, gris de poussière gluante et portes battantes, un deuxième groupe de naufragés contemple au loin le rivage, debout, la tête dévissée d'impatience. Scènes bibliques. La fuite en Égypte. Le retour d'Égypte ? Pour l'heure, les enfants pleurent, de fatigue.

Encore cinquante mètres et c'est déjà le silence : le Kosovo. Welcome in Serbia. Mon portable, soudain, se déconnecte. Le réseau est coupé car les téléphones mobiles étaient trop utiles à l'UÇK. Douaniers et policiers, tout le monde est en treillis. Tous, inconsciemment, sans qu'on leur demande rien, se justifient : « Vous voyez la mosquée là-bas ? Elle est détruite peut-être ? » Elle ne l'est pas. Une autre : « Et le village, devant, il est brûlé ? » Non : il ne l'est pas. « Non, reprend le milicien : il ne l'est pas mais CNN a pourtant dit qu'il l'était. » Il hoche la tête.

Un douanier : « Vous appelez ça un génocide, vous ? Qu'est-ce qu'on leur a fait ? Ils partent parce que c'est la guerre, et je vais vous le dire : si je le pouvais, je partirais aussi. » À vingt mètres, un troisième groupe de réfugiés, tout juste débarqué d'un train, attend qu'on lui fasse signe d'avancer quand ça se sera désengorgé côté macédonien. Ce n'est pas un génocide. Ce n'est pas le Rwanda. C'est une abomination, une totale abomination.

Un jeune flic : « Ils me font pitié, mais si c'était nous qui étions à leur place, croyez-moi, pas un seul d'entre nous n'arriverait vivant à la frontière. Mon cousin a été tué par l'UÇK. Ils l'ont massacré. C'est dur de rester humain. » Un gradé : « Vous racontez partout qu'on leur prend leurs papiers. Ce n'est pas vrai. On les compte, c'est tout. On les compte, rien d'autre. »

Plus de témoins

Un barrage. Passeport, visa et, en haut d'une côte, Pristina, banale petite ville industrielle et laide avec ses HLM lépreuses et ses lourds bâtiments, trop modernes pour le paysage alentour. Il fait encore jour, mais les rues sont vides. De la crasse, des chiens écrasés, entrailles au vent et, en haut de l'avenue principale, presque face à face, un quartier de commerces albanais à droite, la poste et le siège du gouvernement régional à gauche. À gauche, toutes les vitres ont volé en éclats quand les missiles de l'Otan ont éventré les étages. Le verre crisse encore sous les pas. À droite, c'est la désolation des désolations, des rues entières de vitrines défoncées, de boutiques pillées, saccagées, marquées çà et là d'un vengeur : « Albanais ! Vous êtes ici en Serbie ! » Il n'y a plus de témoins.

60 000 Albanais ont quitté Pristina. Avec les départs de Serbes, la ville est amputée des deux tiers de sa population. Mais, sur la petite place en gradins que domine le Grand Hôtel, il y a quand même foule : sept ou huit personnes. Un homme y prend l'air, la cinquantaine, seul sur un banc public. Il est albanais. « Pourquoi n'êtes-vous pas parti ? – Parce qu'on ne me l'a pas demandé. » Et si on lui avait demandé de le faire ? Rire silencieux : « Je serais en Macédoine. » Et pourquoi a-t-on demandé de partir aux uns et pas aux autres ? « Je n'en sais rien, répond-il. Il y en a beaucoup, beaucoup qui n'ont pas eu le choix et beaucoup d'autres qui ne pouvaient plus supporter de rester. Vous comprenez ? »

« Vous appelez ça un génocide, vous ? Qu'est-ce qu'on leur a fait ? Ils partent parce que c'est la guerre, et je vais vous le dire : si je le pouvais, je partirais aussi. »

Je venais de voir la ville vidée, les quartiers albanais de Pristina dévastés. J'étais horrifié. « Bon, d'accord, a-t-il dit, je vous explique. » C'était un Serbe et je voulais savoir ce qu'un homme pondéré, journaliste et polyglotte avait à dire de cela. D'abord, il y eut l'aveu. Il lui coûtait car il avait honte. Il avait honte pour la Serbie, mais il a reconnu qu'il y avait eu des exactions, que les Albanais n'étaient pas partis en Macédoine pour l'attrait du tourisme, mais parce que c'était cela ou la mort. Il ne s'est pas étendu. Il a simplement dit : « Sur ce point, les Albanais ont raison, mais les Serbes ont raison de dire que c'est vous qui avez provoqué cet exode. Avec ces bombardements, non seulement les

Albanais sont apparus comme les alliés de l'Otan, comme la cause de cette agression, mais ils avaient aussi peur des bombes et, contrairement à nous, ils savaient où fuir. »

Pour les Serbes, l'Otan responsable

À Pristina, pas une discussion avec les Serbes les plus modérés où ne revienne cette certitude que c'est l'Otan qui a précipité l'apocalypse. Les bombes, disent-ils, sont tombées sur un magasin de poudre – sur un pays qui était déjà en guerre civile, sur un territoire que la minorité serbe ne veut pas abandonner et dont la majorité albanaise veut l'indépendance. « Et puis, a ajouté le journaliste, c'est la guerre. Vous êtes dans un pays en guerre. Je suis moi-même réserviste. »

Il a donc raconté ce qui était normal à ses yeux : l'armée qui devait se préparer à une intervention au sol, l'armée qui ne voulait pas avoir à se battre sur deux fronts, contre l'Otan et l'UÇK, l'armée qui a lancé une offensive contre les villages où l'Armée de libération du Kosovo avait encore des bases ; l'armée qui a « réquisitionné » d'autres villages encore pour y mettre ses troupes et ses armes à l'abri des bombardements. « C'est affreux, a-t-il conclu, mais, en temps de guerre, l'armée a le droit de réquisition. » Au loin, les bombes explosaient, folles, car il n'y avait effectivement plus de soldats dans les casernes, plus d'armes dans les dépôts, et l'Otan frappait tout ce qui pourrait les avoir abrités.

Branle-bas de combat matinal, il y a huit jours, au Grand Hôtel, QG des humanitaires, des rares journalistes occidentaux admis au Kosovo et de barbouzes en tout genre. « L'Otan vient de frapper un village albanais. » L'avant-veille, c'était une prison, attaquée deux fois de suite dans un épouvantable carnage. Les cameramen serbes se ruent. Je les suis.

Le long des routes, entre deux trous d'obus, de faux ponts, de faux chars, de faux camions militaires.

Juste en face du hameau touché, face aux toitures disloquées, s'étend, intacte, la vraie cible : un hangar d'usine, immense, parfaitement repérable, tentant. Il y a deux blessés graves, cinq légers, une paysanne qui fait une crise de nerfs, de la boue, des gamins qu'on vient de sortir des décombres. Sonnés, effarés mais tout fiers, ils donnent des interviews qu'il faut traduire de l'albanais en serbe et, bien sûr, retraduire du serbe en anglais, grec, français…

Comme dans les camps de réfugiés, la réalité nourrit la propagande. Ce sont des faits et de la propagande et c'est ainsi que, d'un côté, l'Otan s'attaque à des Albanais innocents tandis que, de l'autre, les Serbes sont des nazis et le Kosovo Auschwitz. Le temps de guerre n'est pas celui des nuances. En ce début de matinée, deux jeunes femmes albanaises remplissent les formulaires verts du recensement organisé par la municipalité de Pristina. Elles sont assises sur les marches d'une banque, d'un de ces innombrables bâtiments civils où l'administration, l'armée et la police se sont redéployées.

Les commissariats sont installés dans des villas fleuries. Les soldats circulent dans des camions de transport alimentaire. On maquille les rambardes des ponts. Il y a, le long des routes, entre deux trous d'obus, de faux ponts, de faux chars, de faux camions militaires qui ne trompent pas d'en bas mais qui, d'en haut, paraît-il, font illusion. Vous parlez anglais ? Yes, they do, et là, devant cette planque de la police, au milieu des flics, des indics, dans cette ville de tous les dangers, elles y vont, vite : le frère et le cousin arrêtés, « peut-être morts », la peur permanente, le bébé qu'elles ne savent plus comment nourrir. Elles parlent bas, tout bas, de plus en plus bas, mais, quand je leur demande si elles voudraient alors que les bombardements s'arrêtent, un « non ! » jaillit de leur poitrine, un « non ! » qu'elles hurlent à l'unisson et qui semble s'entendre dans tout Pristina. « Je veux être libre », dit la jeune mère et, farouche, elle le répétera trois fois.

L'exode par la terreur

Une nation s'affirme ; l'autre perd pied. L'une vit un calvaire, l'autre ne comprend ni pourquoi le ciel lui tombe sur la tête ni pourquoi elle devrait renoncer à ses monastères, à son « berceau », à sa « Jérusalem ». L'une a une armée, une police, 50 000 hommes, plus les réservistes et la défense civile, mais elle ne cesse, depuis dix ans, de tout perdre. L'autre a l'Otan et l'UÇK, un peuple qui ne veut plus de la Serbie, des maquisards qui descendent des collines et sortent des bois dès le crépuscule, attaquant les postes de garde et tirant les flics comme des lapins.

Mardi 25 mai 1999. À vingt-cinq minutes de Pristina, en haut de la route qui mène en Macédoine, les collines sont en flammes, obus et balles sifflent : c'est la guerre. « La guerre entre l'UÇK et la Serbie », comme me l'affirment mes anges gardiens ? Ou bien plutôt un nouvel et atroce épisode de l'exode par la terreur ? Ou bien encore une opération de représailles contre une zone d'où étaient partis des coups de main de l'UÇK ? Je l'ignore. Les Serbes le savent, l'Otan peut-être, moi pas. On ne peut rien comprendre à cette guerre, ni à la résistance hallucinée des Serbes ni à la détermination des Albanais, si l'on oublie qu'avant l'exode et les bombes il y a eu trois décennies d'affrontements croissants et plusieurs siècles d'histoire. Dans les Balkans, le processus d'affirmation des États-nations est inachevé.

LES ÉCHOS D'ALGER

Question posée par référendum : faut-il accorder le pardon aux islamistes égorgeurs pour rétablir la concorde civile ou dire non à la « paix des braves » ? Alger hésite. Sondage sur le trottoir entre Belcourt et Sidi M'Hamed.

BERNARD GUETTA
« LE TEMPS », SEPTEMBRE 1999

Ils en rient de bonheur. Assis à même le seuil d'un immeuble, deux chômeurs dans la trentaine se tordent de rire en lisant *Liberté*, grand ouvert devant eux. Ce jour-là, toute la presse fait ses titres sur le dernier discours présidentiel : un réquisitoire, un de plus, contre les tares, faiblesses et corruptions du système algérien. Question : « Ça vous plaît tant que Bouteflika s'en prenne maintenant aux juges ? » Le trottoir grouille de flics en civil. J'en ai moi-même trois aux basques, « la protection » que les autorités infligent aux journalistes étrangers. Nous aurions tout aussi bien pu bavarder au commissariat mais le premier des deux rieurs, tout en blanc, short, baskets et polo, répond, comme s'il haranguait les foules :

— « Mon frère est en taule, en France, soi-disant que c'est un terroriste : les réseaux de soutien. Alors, moi, les juges, j'aime pas trop. »

— Vous êtes vous-même islamiste ?

— Bien sûr : j'ai voté pour eux. En 1991, on a tous voté FIS dans le quartier.

— Vous voteriez encore pour eux ?

— On ne peut plus, dit-il dans un nouvel éclat de rire : les partis athées sont autorisés mais le parti musulman est interdit. Vous ne trouvez pas ça bizarre ? »

Il court, toujours hilare, me chercher un café au bistrot plus bas, slalomant entre vendeurs de cigarettes, barbus, mendiants et grappes de marmots. Du linge pend à toutes les fenêtres. Tout est délabré, pauvre et bruyant. On se croirait à Naples, dans un vieux film noir et blanc, mais c'est le quartier de Belcourt, l'un des fiefs intégristes d'Alger. Ici, le FIS était roi. Aujourd'hui, il y a des filles en jean, maquillées, regard haut, et ces deux islamistes, rasés de près, dévorent l'un de ces quotidiens francophones dont les barbus égorgeaient hier les journalistes.

Une hâte à tourner la page

Rien n'est plus pareil en Algérie, pas même les islamistes. La conversation se poursuit à l'ombre, dans le hall, dans cet éternel parfum de poubelles algérois qu'exaltait, samedi 28 août 2005, le vent du désert.

— « Pourquoi aviez-vous voté FIS ?

— Pour sortir de cette corruption, faire mal à l'État, retrouver notre histoire, arabe et musulmane. On pensait tous comme ça. »

Deux voisins se sont maintenant joints à eux. Ils ont tous grandi ensemble, dans le même immeuble.

— « Que s'est-il passé pour que vous en arriviez à massacrer des villages entiers ?

— C'est la faute de l'État.

— L'État commet les massacres ?

— Non, mais ils ont autorisé un parti musulman. On a voté pour, comme vous l'auriez fait en France.

— Écoutez, pas vraiment.

— Mais si. »

L'un des voisins explique : « En France, on vous aurait donné le choix entre la Bible et le démon, vous auriez voté pour la Bible. Alors, nous, on a voté pour le Coran. C'est tout. » Le premier des rieurs : « Après, ils ont annulé les élections et interdit le FIS. Beaucoup en sont devenus fous. Les dirigeants du parti ont cru qu'on pouvait quand même gagner, en prenant le maquis. Ils ont voulu aller trop vite. Ils nous ont fait tout perdre.

Tout est délabré, pauvre et bruyant. On se croirait à Naples, dans un vieux film noir et blanc, mais c'est le quartier de Belcourt, l'un des fiefs intégristes d'Alger.

— « Et c'était une raison pour tuer tout le monde ? »

Le second voisin : « Ça, c'est les "Afghans", ceux qui étaient allés se battre là-bas. Quand ils sont revenus, tout a changé. Ils étaient obsédés par la guerre. Nous, nous voulions la paix, nous sommes de bons musulmans mais eux, ils ont la haine au cœur. C'est pas normal : quand le Prophète était à Jérusalem, il n'a tué ni les juifs ni les chrétiens. Vous le savez bien. »

Tous me regardent, interrogatifs, demandeurs. Ils voudraient bien que ce Français, ce journaliste, les comprenne, voire les absolve. Il y a chez eux une hâte à tourner la page, à parler le langage de l'après-guerre. Le rieur en short : « On fait maintenant confiance à Bouteflika parce qu'il nous redonne confiance en nous-mêmes. Il dit les choses comme elles sont. C'est un président : il parle bien, comme un chef, et en français.

— Vous, l'islamiste, vous êtes content que le président algérien s'exprime en français ?

— Bien sûr, on comprend mieux ce qu'il dit et puis…

— Quoi ?

— J'ai fait du commerce en Roumanie, dit-il en baissant la voix. J'achetais des petits trucs pour revendre ici. Ce n'est pas avec l'arabe que je me serais débrouillé. »

« La religion, c'est pas le commerce »

Principe de réalité. Comme toute l'Algérie, les rues de Belcourt sont truffées de paraboles qui répandent, imposent, popularisent le français beaucoup plus vite que l'arabisation de l'école n'enseigne l'arabe classique. À la page télévision des journaux, les programmes algériens sont donnés dans un tout petit coin du bas, tout pauvrets, pendant que les programmes français, tous les programmes français, occupent l'espace. Technologie aidant, l'Algérie algérienne est bien plus française que l'Algérie française ne l'a jamais été. L'Algérie est en Afrique, les Algériens de l'autre côté.

Costume-cravate, attaché-case, un jeune cadre entre alors dans le hall. C'est le cinquième de la bande, même immeuble, même âge, même quartier mais lui travaille « dans un ministère ». Il votera oui au référendum du 16 septembre 2005, comme ses copains chômeurs, car « il faut renforcer Bouteflika ». Contre qui ? Pourquoi ? Tous, d'une seule voix : « Contre les trafiquants, les milliardaires, les généraux, la corruption, les puissants. »

— Vous croyez qu'il veut les combattre ?

— On l'espère, s'ils ne le tuent pas avant.

— Vous craignez qu'on ne l'assassine ?

— Non, pas trop. C'est un malin. Il s'est d'abord entendu avec Chirac et les Juifs.

— Les Juifs ?

— Quoi ? Vous ne savez pas qu'il a serré la main de Barak au Maroc, à l'enterrement du roi ? »

Ils ont failli douter que je sois journaliste et, moi-même, je ne m'y retrouvais plus très bien. Soudain grave, le rieur en short : « Faut pas tout confondre. La religion, c'est pas le commerce. Vous savez qui a construit cet immeuble ? Les Français. C'est eux qui ont construit tout le quartier. » Le jeune cadre, rouge d'indignation : « Dis donc ! La main-d'œuvre, elle était quoi ? » Short blanc : « Algérienne, je sais. Mais l'architecte, lui, il était quoi ? »

Sid Ahmed Semiane, alias « SAS », est une vedette de la presse démocrate. Dans les bars branchés et les cafés d'Alger, les serveurs admiratifs lui offrent ses consommations. C'est un tout jeune homme, incroyablement courageux, habité, talentueux, mais timide, plus à l'aise à l'écrit qu'à l'oral. Ce soir-là, la colère le portait. « De quel droit ? De quel droit le président de la République se permet-il de dire que les journalistes de la presse publique (les journaux officiels) sont nuls ? Bien sûr qu'ils le sont mais ce n'est pas à lui de le dire, c'est aux lecteurs. C'est le marché qui doit trancher et, d'ailleurs, il l'a déjà fait ! Et les juges ? Qu'est-ce qu'il lui prend de les traîner dans la boue ? Ils sont incapables et corrompus, d'accord, mais ce n'est pas une raison pour fouler aux pieds la séparation des pouvoirs. Et où est l'État de droit quand il radie près de la moitié des walis (les préfets) en faisant comprendre que ce sont des voleurs ? Personne n'en doute mais c'est à la justice de le dire pas à un Zorro. Je n'aime pas les hommes providentiels. C'est tout, sauf la démocratie. Je m'en méfie. »

« La démocratie tout de suite »

Pendant que les maîtres d'hôtel se battaient pour prendre sa commande, je lui ai objecté que ni la démocratie ni l'État de droit n'existaient en Algérie, l'indépendance de la justice moins encore, que Bouteflika ne pouvait donc pas les bafouer et qu'il valait peut-être mieux un Bonaparte que rien du tout. « Je sais, a-t-il répondu. Tu vas me dire que la Révolution française a mis un siècle pour accoucher de la République, que nous devons être patients. Mais non ! Nous avons trop entendu tout cela. Pourquoi ne profiterions-nous pas de l'expérience des autres ? La démocratie n'est plus à inventer. Elle est à mettre en pratique et c'est cela que nous voulons. Nous le voulons tout de suite et pas refaire le chemin des autres. »

SAS exprimait l'Algérie démocrate – toute cette immense partie du pays qui vit pleinement à l'heure de l'Europe, qui ne se contente pas de regarder les informations, le sport, les films et les pornos sur les chaînes françaises, mais pense, parle, raisonne comme dans une démocratie développée. À cette date, Saïd Sadi, le président du Rassemblement pour la culture et la démocratie, n'avait pas encore annoncé que son parti, le plus radicalement anti-islamiste des partis démocrates, apportait un « soutien critique » à Bouteflika. Les démocrates ne savaient pas encore que le RCD allait non seulement voter oui au référendum sur la « concorde civique », oui à ces remises de peine accordées aux barbus qui déposeraient les armes, mais qu'il acceptait également de siéger au gouvernement, d'y siéger avec ceux des partis islamistes qui accepteront « le cadre fixé par le président de la République ».

L'Algérie démocrate reste mal à l'aise, frustrée d'une vraie victoire sur les islamistes.

Depuis, le ton de la presse démocrate a changé : « On le soupçonnait de vouloir organiser un second plébiscite, lisait-on, samedi 4 septembre, dans *Le Matin*, mais voilà qu'il nous prend à contre-pied en ouvrant le débat sur les grandes questions de ce pays. Faut-il s'en plaindre ? Assurément non. (...) Bouteflika inaugure un nouveau style de gouvernance dont l'effet est indéniable sur l'opinion. On se surprend à vouloir l'écouter. » Le président marque des points. Beaucoup de modernistes sont ébranlés mais l'Algérie démocrate reste mal à l'aise, frustrée d'une vraie victoire sur les islamistes, d'un bond dans la démocratie, la vraie.

Badia Sator est maire RCD d'un arrondissement d'Alger. Haute comme trois pommes, médecin, elle a reconquis le quartier de Sidi M'Hamed sur les islamistes, luttant parallèlement contre la fraude électorale organisée par le pouvoir. Elle en impose mais dans sa mairie, ce même 30 août, trois jours avant que Saïd Sadi ait convaincu son parti de voter oui, les larmes lui montent aux yeux quand elle explique pourquoi elle votera non : « Tant de nos amis sont morts. Ce ne sont pas les militaires qui ont empêché la victoire des islamistes, ce sont les femmes qui ont continué à sortir sans voile, les intellectuels qui ont refusé d'émigrer, les parents qui ont continué à envoyer leurs enfants à l'école même quand on égorgeait les professeurs, dans la cour, devant les élèves. Nous avons tenu bon. Toute la société a résisté et… »

« Au moins, l'État n'abdique pas »

Ses traits se durcissent : « Là, l'autre jour, là même où vous êtes assis, il y avait un terroriste libéré qui venait tranquillement me réclamer l'étal de marché que le FIS lui avait accordé. J'étais tétanisée. Je lui ai dit de ne plus jamais revenir. » Sa voix s'étrangle : « C'est dur de pardonner et comment savoir si Bouteflika passera des paroles aux actes, s'il le voudra, s'il le pourra ? »

Sa voix s'enflamme : « Vous rendez-vous compte que je marie les gens mais que je ne peux pas me marier sans le consentement de mon père ? Vous rendez-vous compte que je dois, moi, remettre à des jeunes couples des livrets de famille prévus pour quatre épouses et 20 enfants ? Non ! dit-elle, quand Bouteflika aura annoncé qu'il abroge le statut de la femme, qu'il n'y a plus ni polygamie ni répudiation, j'irai voter pour lui. Pas avant. »

Sa secrétaire entre dans le bureau. Elle est voilée :

— « Vous avez une secrétaire voilée ?

— Elle est très gentille et, sans voile, ses parents ne la laisseraient pas travailler, répond distraitement madame le maire avant d'enchaîner, se parlant à elle-même : Mais, en même temps, c'est vrai : Boutef, c'est le programme du RCD et sa “concorde civile” n'est pas une négociation avec les terroristes. Au moins, l'État n'abdique pas : ils devront se rendre avant d'obtenir un pardon.

— Alors pourquoi ne pas voter oui ?

— Je sais : je suis contradictoire, comme toute l'Algérie. »

Entre le chef de cabinet. On dirait Claudia Schiffer en route pour la plage. Le maire de Sidi M'Hamed, sa secrétaire et son chef de cabinet : trois Algérie dans un même bureau. J'ignore si finalement, comme les islamistes de Belcourt et son propre parti, Badia Sator répondra oui, jeudi, à la question : « Êtes-vous d'accord avec la démarche du président de la République relative à la réalisation de la paix et de la concorde civile ? » Je ne l'ai pas rappelée pour lui demander.

« BOUTEF, QUAND JE L'ENTENDS, JE M'ÉCOUTE »

Le verbe. C'est la potion magique d'Abdelaziz Bouteflika pour soigner son pays malade. Le président promet un rétablissement rapide, la santé assurée, la dignité. Tout, et vite.

BERNARD GUETTA
« LE TEMPS », 15 SEPTEMBRE 1999

Par moments, Abdelaziz Bouteflika fait penser à de Gaulle. C'est une crise algérienne qui l'a ramené au pouvoir, dans des conditions troubles aussi, car il était l'homme de l'armée. Les démocrates ont d'abord dénoncé en lui un fossoyeur de la démocratie, contre lequel les autres candidats avaient décidé de se retirer, estimant les jeux faits.

Comme de Gaulle, il portait les espoirs de « la droite », en l'occurrence de l'état-major, des débris du FLN, l'ancien parti unique, des partis islamistes légaux, du FIS également qui voulait s'entendre avec la Sécurité militaire pour rentrer dans le jeu politique en court-circuitant les Groupes islamiques armés. Et, sitôt en place, comme de Gaulle, il lâche ses premiers partisans. « Ne dites pas qu'il les trahit, dit l'un de ses proches, il ne leur a fait aucune promesse. » Il organise un référendum pour se donner une légitimité propre. Il reprend très vite, beaucoup plus vite encore que son modèle, les thèmes et le langage de « la gauche » – des démocrates modernistes qui, jamais, n'avaient parlé aussi crûment que ce « candidat unique ».

Ainsi, à Tipaza, le 30 août : « Ils vivent (les gendarmes et les douaniers) de bakchichs et de pots-de-vin (...) On dit que je me plais à critiquer les institutions de la République. Oui, je les critique ! Je ne les épargne et ne les épargnerai pas car elles agissent mal et pratiquent la hogra (le mépris)... De toute manière, je vous informe que cette lessive au sein de l'État ne fait que commencer (...). » La salle, survoltée :

« Bou-te-fli-ka ! Bou-te-fli-ka ! » Il poursuit : « Nos banques d'État sont au service de qui ? Du pays ou des escrocs ? Elles aident des importateurs véreux qui n'ont jamais contribué au développement national et s'enrichissent avec l'argent du peuple (mais) je vous le dis : tout cela va changer, et vite. L'Algérie doit sortir de la nuit. »

La réunion tourne au délire. Le lendemain, *Le Jeune Indépendant* titre : « Bouteflika déclare la guerre au système », *El Moudjahid*, en caractères d'affiche : « Assainir, assainir, assainir », *Liberté* constate, interloqué : « Il agace, déroute, séduit. » Quatre jours plus tôt, devant le Conseil supérieur de la magistrature, il avait plutôt tétanisé mais, sitôt son discours publié, le pays s'était senti frémir : il ose !

Il avait osé dénoncer « la partialité, la corruption, le trafic d'influence qui altèrent l'image de la justice », dire qu'elle avait « besoin de rigueur morale » et d'une totale réforme « inscrite dans une perspective de réhabilitation de l'État ». En politique, les mots comptent. Le 29 août, en effet, c'est l'esclandre à la radio nationale. Interviewé par une journaliste qui ne s'attendait pas à une telle véhémence, il accuse : « Où est le civisme des Algériens quand une unité de production de médicaments est prête à démarrer, que les contrats sont signés et que des Algériens font l'impossible pour que la firme étrangère installe cette unité en Tunisie afin de pouvoir continuer à importer (...) parce qu'il y a du bakchich dans l'importation ? » Il ne donne pas de noms mais chacun sait en Algérie qu'une poignée de généraux contrôle tous les gros secteurs de ce qu'on appelle « l'import-import » – à défaut d'« export ».

Une poignée de généraux contrôle tous les gros secteurs de ce qu'on appelle « l'import-import ».

Un homme sorti du système

Là, il inquiète : « Il franchit la ligne rouge : "ils" vont le liquider. » « C'est vrai, enchaîne-t-il, il faut être un peu fou pour venir occuper cette place mais, à mon âge, croyez-vous qu'il est tellement important de vivre un peu plus ou un peu moins ? » Il prend maintenant l'orgueil algérien à rebrousse-poil : « Ces dix dernières années, le PNB marocain a augmenté de 98 %. Le nôtre a régressé. Le niveau de vie de la population a baissé de 30 %. La production agricole a chuté cette année de 46 % (et) nous avons l'arrogance de croire que nous sommes les meilleurs. Nous ne le sommes pas ! Nous prouvons, chaque jour, que nous ne le sommes pas. Ce n'est pas un acte de gloire que de survivre !

« Il faut trouver un catalyseur, poursuit-il, réinventer la sémantique, trouver les mots qui ne soient blessants ni pour les uns ni pour les autres. (...) La concorde civile, ce n'est ni la réconciliation nationale (un accord politique avec les islamistes) ni l'éradication (leur extermination). C'est simplement demander aux Algériens : avez-vous un pays de rechange ? Non ? Alors admettez que vous êtes différents ! Acceptez-le ! Il y a des gens comme moi qui n'aimeraient pas porter de barbe. Vous, dit-il en s'adressant à la journaliste, on vous présenterait un tchador, cela vous révolterait mais mon père avait la barbe et je me sens plein d'humilité devant un docteur en physique nucléaire qui la porte. »

Le lendemain, autour d'une table branlante, un quinquagénaire conclut une discussion de café d'un catégorique et définitif : « Quand je l'entends, je m'écoute. » Garçons, flics et consommateurs, toute la terrasse éclate de rire. Comment, à ce moment, ne pas penser aussi à Gorbatchev ? Voilà un homme sorti du système, auquel un système à bout remet ses intérêts quand le pays craque de toutes parts, et cet homme-là, incarnation d'une continuité honnie, commence à dire que le roi est nu, que rien ne va plus, qu'il est temps de tout reconstruire. Cet homme-là parle et par la grâce de la vérité, par son incongruité, la peur tombe, les bouches s'ouvrent, tout change, comme si l'Algérie, sur fond de tueries redoublées, s'éveillait d'un cauchemar.

Gorbatchev ? de Gaulle ? Ou bien encore Bonaparte, ambitionnant, comme lui, de mettre de l'ordre dans une révolution, dans cette indépendance algérienne, légitime, inéluctable, mais tout aussi traumatisante et trop brutale pour le pays que 1789 l'avait été pour la France ? C'est un peu des trois, mais Abdelaziz Bouteflika, c'est avant tout « Boutef », le seul homme politique algérien auquel tout ait réussi, même les revers.

Bienheureuse traversée du désert !

Quand on croyait que tout allait bien, sous Boumediene, dans cette période dont la mémoire nationale a fait un âge d'or, il était le très jeune et très brillant ministre des Affaires étrangères de l'Algérie nouvelle, arrogante et rebelle, riche de son pétrole, fière de son industrialisation, chef de file du tiers-monde. De la tribune des Nations unies, Boutef parlait alors au nom des jeunes nations, de ces damnés de la Terre dont la révolution tonnait dans le cratère de l'anti-impérialisme.

« Nous avons l'arrogance de croire que nous sommes les meilleurs. Nous ne le sommes pas ! Ce n'est pas un acte de gloire que de survivre ! »

Il en a gardé une haute idée de lui-même et de ses talents de diplomate. « Quand on lui dit que des gens se battent, ironise une figure de l'indépendance, il croit que c'est parce qu'il ne leur a pas expliqué. » Puis vint l'oubli. À la mort de Boumediene, en 1979, quand s'épuisent les années tiers-monde et que le soviétisme s'essouffle, l'armée l'écarte, au profit de Chadli Bendjedid, « l'officier le plus ancien dans le grade le plus élevé ».

Bienheureuse traversée du désert ! Au moment où les prix du pétrole dégringolent de moitié, lorsque les entreprises nationales piquent du nez, minées par les tares du dirigisme, Bouteflika est loin des affaires, lavé de toute responsabilité par ceux-là mêmes qui, pour avoir craint son ambition, doivent présider à la débâcle. Un économiste, ancien socialiste convaincu : « Les directeurs devaient tout négocier avec les ministères de tutelle, avec les responsables locaux du FLN, les préfets, les syndicats et, bien sûr, avec les officiers de la SM, omniprésents à chaque échelon de l'État. Chacun, raconte-t-il, avait ses priorités, ses protégés à placer, ses intérêts à défendre dans le choix des sous-traitants, des intermédiaires, des clients. La gangrène a gagné et nous n'avons plus d'industrie.

— Comment ça, plus d'industrie ?

— C'est la réalité. Nous importons tout. Nous vendons le pétrole pour acheter des clous et nous nourrir. Tout est à refaire. »

L'évincé de 1979 ne rate plus, aujourd'hui, une occasion de tirer sur l'homme des années 1980, sur « ses bêtises », sur sa bêtise, sous-entend-il en permanence, car Chadli était de surcroît terne et gris, embarrassé en arabe classique, en français, en arabe algérien – trois langues qu'Abdelaziz Bouteflika manie, lui, à merveille, jouant des accents, des mains, des dictons.

Bouteflika se venge et cette vengeance est une arme politique, la meilleure, tant les années Chadli ont préparé les années intégristes, tant la ruine nationale et le désarroi populaire ont ouvert la voie aux islamistes. Dans son exil volontaire, Bouteflika s'était établi conseiller stratégique des gouvernements du Golfe, intermédiaire et confident des puissants. Il a pris le tournant du monde tandis que Chadli, fils de paysan, rétif aux idéologies, réduisait les subventions et donnait une marge d'autonomie aux entreprises.

**Malheureuse Algérie !
Ruinée, hagarde,
elle ne sait plus que rire
de ses malheurs.**

La thérapie par le verbe

Bonnes intentions mais résultat tragique. L'austérité budgétaire plonge les pauvres dans la misère. Monopoles maintenus mais contrôles desserrés, la corruption s'envole. Les militaires se partagent le gâteau national. Les généraux font de leurs obligés et hommes de paille des milliardaires, coupés Porsche et appartements parisiens. La suite était écrite : émeutes de 1988, presse libre et pluripartisme, victoire du FIS aux législatives de 1991, interruption du processus électoral par l'armée – début de la barbarie.

Malheureuse Algérie ! Ruinée, hagarde, elle ne sait plus que rire de ses malheurs, ne sachant même plus qui accuser. Le FLN et l'économie dirigée ? Tout le tiers-monde ou presque est passé par là. Les militaires ? Oui, mais mieux vaut les voleurs que les fanatiques et, sans eux, la théocratie aurait gagné. Les islamistes ? Évidemment, mais après la faillite socialiste et vingt ans d'exaltation de l'arabité, cette quête identitaire ne pouvait que séduire une jeunesse privée d'avenir.

Les Algériens sont las de ne plus savoir qui ils sont : Arabes ? Laïcs ? Français ? Musulmans ? Berbères ? Ils voudraient s'y retrouver enfin et Bouteflika les libère en leur disant qu'ils doivent être ce qu'ils sont : multiples, complexes, algériens, enrichis par des civilisations différentes dont le mélange est leur atout. C'est cela son « catalyseur ». C'est pour cela qu'il réhabilite tous les combattants de la dignité algérienne, y compris ceux qui avaient voulu devenir français à part entière.

Pour cela qu'il a rappelé qu'il y avait, autrefois, des Juifs en Algérie dont les Algériens fredonnent aujourd'hui les chansons sans savoir qu'ils les doivent à des Juifs, arabophones et tout aussi algériens qu'eux-mêmes. C'est pour cela qu'il s'est exprimé – une fois – dans un arabe classique si pur que l'Algérie a pu entendre qu'elle ne comprenait décidément rien à la langue du panarabisme. Pour cela qu'il est, depuis, passé au français et à l'arabe algérien qui sont, avec le kabyle, les vraies langues du pays. Pour cela qu'il martèle que la « période socialiste est terminée », qu'il est temps de s'intégrer au village mondial, de se tourner, tel qu'on est, vers l'avenir.

Ce pays malade a trouvé son thérapeute, la thérapie par le verbe, et tout, désormais, peut se dire – même cette inavouable passion pour la France. Un jeune flic : « Vous aimez Alger ? C'est beau. C'est les Français qui ont tout fait. La France, ce n'était pas l'Angleterre : elle exploitait ses colonies mais elle les a aussi développées. » Un député démocrate, dans son bureau de l'Assemblée populaire nationale : « Vous savez ce qu'a dit de Gaulle à l'indépendance ? L'Algérie restera française comme la Gaule est restée romaine. Quel bonhomme ! Quelle prescience ! »

Un ministre, et non des moindres : « À l'indépendance, nous étions tous très jeunes. La France n'avait formé personne : il n'y avait plus d'élites, plus rien. Tous les Français étaient partis, d'un coup. » Et puis cette jeune femme, la trentaine, rencontrée dans une pizzeria : « Quand j'étais petite, mon père m'a emmenée voir l'immeuble où il travaillait du temps de la France. Il m'a dit : Regarde, c'était propre, l'ascenseur marchait. Tu comprendras un jour. Mais, pourquoi les Français sont-ils partis ?

— C'était la décolonisation. Tous les empires meurent.

— Je sais. La France devait partir mais les Français, pourquoi ne sont-ils pas restés ? Nous avions besoin d'eux. Nous pouvions vivre ensemble. »

Le ministre encore : « Il a fallu se débrouiller seuls. Seul l'État pouvait investir : le socialisme s'est imposé à nous. Maintenant, il faut reconstruire. Il faut à l'Algérie des douanes, un fisc, un État, des juges qui connaissent le droit des affaires…

— Cinq à dix ans minimum ?

— Il faut nous y mettre. Nous n'avons pas le choix. »

KARACHI LA FOLLE

Au « pays des Purs », voici la cité impure, forte de ses 14 millions d'habitants. Dévoyée, corrompue, prostituée, droguée, dangereuse et aussi fascinante. Ici tout s'achète : l'amour, l'impunité, le mensonge, les portes de prison…

OLIVIER WEBER
« LE POINT », FÉVRIER 2000

C'est un jour ordinaire dans la grande ville de Karachi, où les voyageurs ne s'arrêtent guère. Un vent frais surgi de la mer d'Oman balaie les nuages au-dessus des anciens marais, une kyrielle de cargos aux flancs sombres patiente au large de l'immense port et dans les rues de la mégalopole aux senteurs fortes les bandes rivales s'étripent. En ce jour d'hiver, on compte trois meurtres, un suicide suspect par pendaison, dix vols de véhicules 4 × 4 et une bataille rangée entre la police et les miliciens du mouvement MQM Haqiqi.

Ces derniers, des mohajirs, émigrés musulmans en provenance de l'Inde, n'avaient pas considéré d'un bon œil l'intrusion de la maréchaussée dans leur fief, le quartier de Landhi, afin de fouiller la demeure du vénéré chef, Afaq Ahmed, lequel s'empressa de prendre la poudre d'escampette. Alors, quelques sbires se sont hissés sur les toits adjacents et ont déclenché un tir nourri. Les « rangers » ont dû battre en retraite avant l'envoi de renforts.

C'est un jour ordinaire dans la grande ville de Karachi et le nouveau chef de la police, Aftab Nabi, un petit homme fébrile aux grosses lunettes nommé un mois plus tôt à la tête d'une escouade de 30 000 agents pour une ville de 14 millions d'âmes, avoue que tout cela, les vols, la prostitution, la drogue, la guerre des clans, lui cause bien du tracas. Chaque jour, Karachi, qui sera l'une des quatre plus grandes villes du monde en l'an 2020, accueille goulûment son nouveau lot d'émigrants – des milliers qui se regroupent dans les katchi abadi, les bidonvilles où survivent 45 % de la population. Chaque jour, entre rivage et porte du désert, là où Lawrence d'Arabie devenu estafette au cantonnement de Drigh Road vit des « analogies obsédantes (ânes de bât, couleur et coupe des vêtements d'hommes, un buisson de lauriers-roses dans la vallée, des selles à chameaux, des tamaris) » avec l'immensité aride des Séoud, la mégalopole s'ouvre un peu plus aux crimes et délits.

Cette ville, classée parmi les plus dangereuses au monde et où, de l'aveu même du maire, 90 % des dons de sang ne sont pas vérifiés, est ainsi : un mélange de périls et de merveilles. Des beaux quartiers de Clifton et de ses longues plages jusqu'aux taudis, ses résidents vous assurent qu'il s'agit de la plus folle des cités, mais que pour rien au monde ils ne la quitteraient. La criminalité, certes, s'y affiche en baisse. D'abord avec la Governor's rule, sorte de loi martiale imposée par l'ancien Premier ministre, Nawaz Sharif, en octobre 1998. Puis avec le coup d'État du 12 octobre dernier, fomenté par le général Pervez Moucharraf.

4 000 morts en deux ans

Les crimes terroristes ? On en comptait officiellement 667 l'an dernier contre 1 742 en 1995, au plus fort des combats communautaires entre, d'une part, les deux mouvements de mohajirs – le MQM (A) et le MQM Haqiqi (Véritable), créé par les services secrets – et, d'autre part, les violences religieuses opposant chiites et sunnites. Il n'empêche ! Tous les ingrédients de la violence demeurent : mafias de la construction, police corrompue, trafic d'héroïne en provenance d'Afghanistan, négoce juteux des armes. Le MQM dispose encore d'une force de 20 000 hommes armés, prêts à en découdre. Des quartiers entiers vivent d'expédients où l'on égorge comme on respire (4 000 morts en deux ans). Aux marches de cet univers de violence, on retrouve parfois dans des sacs en plastique les restes d'une victime des gangs. « Karachi est assise sur des milliers de volcans, lance un homme d'affaires du textile, Nazim Haji, qui sirote son thé vert dans un jardin du centre-ville baigné par la fraîcheur de la nuit tombante. Le seul ennui, c'est que les Karachiotes semblent aimer ça... »

Le nabab égrène impavide les maux de son quartier résidentiel : l'eau coupée quasiment chaque jour par des fonctionnaires véreux ; les transports publics en faillite depuis belle lurette ; l'insécurité, que l'on combat en recrutant à prix d'or des gardes privés, souvent liés à la mafia... Avant d'avouer que lui-même ne paie pas d'impôts, comme 99 % des contribuables potentiels au

Pakistan, « pays des Purs », devenu le royaume de la gabegie et de la corruption.

« Karachi est assise sur des milliers de volcans, lance un homme d'affaires du textile. Le seul ennui, c'est que les Karachiotes semblent aimer ça… »

À quelques jets de pierre, un journaliste s'indigne. Éditorialiste au *Star*, gazette populaire qui ne ménage pas les puissants, Kamal Majeedullah, boule de nerf aux cheveux drus, pointe du doigt ceux qu'il appelle les féodaux : policiers, administrateurs et juges, tous coupables d'avoir plongé la cité dans la barbarie et semé une « mentalité urbaine moyenâgeuse ». « Le crime est malheureusement devenu une composante de notre culture dans les villes », lance-t-il, alors qu'un journaliste lui apporte la liste de cent mauvais payeurs, industriels, propriétaires fonciers, héritiers des grandes familles qui ont emprunté aux banques en omettant de les rembourser (les prêts douteux sont évalués à 4 milliards de dollars par le nouveau régime, à 7 milliards par les banques).

Puis l'éditorialiste, qui ne tient pas en place, tend le bras et vous montre un terrain vague qui jouxte l'immeuble de presse comme un singulier cimetière : une centaine de transformateurs électriques déglingués, victimes des gangs et des mafieux qui agissent la nuit. « Voilà ce que nos politiciens ont réussi à faire… »

« Au Pakistan, tout s'achète, même les portes de la prison », écrit Salman Rushdie dans *La Honte*. À Karachi, cadre de son roman, le constat est pire. Les fusils d'assaut kalachnikov, en provenance d'Afghanistan, se négocient à 15 000 roupies, soit 1 800 francs, et la balle à 20 centimes. Les moins nantis ne sont pas oubliés dans la grande foire de la mort : les petits caïds qui hantent les bas quartiers leur louent des fusils à 60 francs la semaine. Quant aux Rastignac qui disposent de quelques relations – un fonctionnaire haut placé ou un homme politique –, ils peuvent bénéficier de la plus belle des rentes de situation : un poste de policier, charge que l'on achète 100 000 roupies minimum (12 000 francs) et qui en rapporte des millions.

« Un système complètement pourri. »

Les juges, avoue l'un d'eux à la réputation d'homme intègre, demandent 12 000 francs aux familles pour innocenter les suspects, dans une ville où seuls 1 à 2 % des cas de meurtres sont résolus. Un grand baron de la drogue, spécialiste des enlèvements pour rançon, est-il arrêté par la police au terme d'une longue traque ? Dans les antichambres du tribunal, un homme de robe encaisse 1,8 million de roupies (215 000 francs) pour le blanchir de toute accusation. Repéré en septembre, le juge est à peine inquiété. « Si l'on commence à nettoyer dans les tribunaux, tout le reste suivra et Karachi renaîtra de ses cendres, dit un juge honoraire. L'ennui, c'est que même les responsables de la justice de la province avouent leur impuissance. Le système est complètement pourri. »

Pour mesurer les malédictions qui hantent Karachi, il suffit de visiter son « ventre », le port aux quais mal famés. Ici, les douaniers ferment les yeux sur les précieux chargements, au prix de quelques caisses de whisky et de substantiels bakchichs. « Un commerçant qui doit s'acquitter d'une taxe douanière de 100 000 roupies (12 000 francs) en donne la moitié aux fonctionnaires et voit sa cargaison libre de tout droit », assure l'ancien chef de la police de Karachi Muhammad Shoaib Suddle, docteur en droit formé en Grande-Bretagne, et dont le règne, en 1995-1996, se solda par une baisse drastique de la criminalité, avant qu'il soit évincé par un gouverneur jaloux de ses succès.

Dans les bordels aux alentours du port, les filles vendent leurs charmes à partir de 500 roupies (60 francs) la nuit et jusqu'à 200 000 roupies pour les actrices de cinéma et les mannequins recrutés à Lahore par les mafias de la passe. Là encore, la police perçoit son écot.

Depuis son immense bureau qui domine la vieille ville, capharnaüm de rickshaws, de voitures et de charrettes poussées par des manœuvres hauts comme trois pommes, le chef de la police, Aftab Nabi, veut remédier à tout cela. Son contrepoison ? « Restaurer la méritocratie », c'est-à-dire en finir avec les nominations de policiers et d'inspecteurs grâce aux relations. La tâche s'avère immense. Sur les 84 900 policiers de la province du Sind, la « vallée malheureuse » des voyageurs anciens et qui englobe Karachi, 52 000 l'ont été sur des bases politiques, avoue Aftab Nabi.

Entouré de ses lieutenants, il reconnaît aussi que Karachi est une capitale du blanchiment de l'argent sale : un quart des bâtiments en construction seraient financés par cette manne, selon un ancien responsable de la lutte contre les stupéfiants. Mais, pour son ambitieuse mission, le nouveau patron de la police ne dispose que de moyens limités. Comme un signe funeste, son bureau brusquement plonge dans le noir, soumis aux coupures d'électricité.

L'administration complice des gangs

Voici le royaume des gangs, au nord de Karachi. Dans certains quartiers, tel le bidonville d'Orangi, qui abrite 1,2 million de miséreux, les forces de l'ordre ne s'aventurent que lourdement armées. À ses portes, un terrain vague sur lequel trônent deux châteaux d'eau, que désigne à la sauvette le journaliste Mazahar Abbas. Des camions-citernes s'y ravitaillent... gardés par deux policiers. À 400 ou 500 roupies (50 à 60 francs) la citerne, chargée de ravitailler les quartiers rationnés par des fonctionnaires complices, l'affaire est lucrative. « Il y a 5 000 camions de la mafia à Karachi, et le trafic de l'eau, c'est la plus belle affaire de la ville », s'insurge le journaliste, qui demande au chauffeur de ne pas s'arrêter dans ce coupe-gorge. Les gangs sont reliés entre eux par téléphone portable. L'administration non seulement ferme les yeux, mais participe à la combine. Des gros bras à la mine patibulaire rôdent autour des camions, prêts à bondir sur les gêneurs ou les mafias concurrentes, tandis que les policiers veillent sur le juteux gisement.

« On ne peut pas gérer Karachi, c'est Karachi qui gère son peuple ! »

Le maire de la ville

La cité portuaire est-elle évoquée dans maintes chancelleries comme mauvais exemple des mégalopoles de demain ? Qu'importe ! lancent ceux qui encensent Karachi. « J'en conviens, c'est une ville un peu folle, dit le maire, Fahim Zaman Khan, nouvellement nommé, dont le bureau fut mitraillé par les sbires du MQM. 400 000 habitants en 1947, et trente fois plus deux générations plus tard. J'avoue que c'est difficilement gérable. De toute façon, on ne peut pas gérer Karachi, c'est Karachi qui gère son peuple ! »

Chics ou maudits, ses quartiers sont truffés de bonnes volontés. Tel petit commerçant a décidé d'unir le voisinage pour pallier les transports défaillants et affréter de petites camionnettes. Tels pères de famille ont négocié avec les marchands de drogue pour préserver leur progéniture. Derrière les murs d'une somptueuse villa de Clifton, à une encablure de la mer d'Oman, une femme de 60 ans, Aazara Ahmed, regard assombri par une traînée de khôl, recueille orphelins et enfants abandonnés, dont Sabihia, 12 ans, battue par ses parents, vendue pour 12 000 francs, puis évadée dans la nuit.

Objectif : bouter dehors les bandits et rendre sa splendeur à la capitale d'autrefois, alors si vertueuse.

Dans ses bureaux du centre-ville, ancienne villa coloniale du temps des Britanniques, Jameel Yusuf a, lui, lancé sa grande croisade. Bouter dehors les bandits et rendre sa splendeur à la capitale d'autrefois, alors si vertueuse. Ingénieur diplômé de l'École polytechnique, ce barbu volubile de 53 ans au regard pétillant a bataillé pendant des années avec les autorités. Aujourd'hui, il dirige le CPLC (Comité de liaison citoyens-police), qui récolte les doléances des citadins. Le succès est patent. Lorsqu'un Karachiote est victime d'un racket ou d'un vol, il s'adresse au comité afin d'éviter les prébendes policières.

Le fin stratège « docteur Justice »

Dans de petits locaux aux murs jaunes, 40 employés penchés sur leurs ordinateurs filtrent les plaintes, classent les dossiers, dressent des portraits-robots. Des cartes de Karachi apparaissent sur les écrans maillant tous les quartiers. Ils parviennent ainsi à repérer les truands et transmettent les données à des inspecteurs de police. En dix ans, nombre d'affaires criminelles ont été résolues. Sur les 230 enlèvements pour rançon qui leur ont été soumis, les enquêteurs sont parvenus à démanteler 73 gangs de kidnappeurs et à conduire en prison 300 malfrats, dont le terrible Rafi, alias Babli, gangster mégalomane de 28 ans qui avait enlevé une fillette et qui fut arrêté dans sa maison après avoir téléphoné un peu trop longtemps à la famille pour exiger la rançon. « Vous voyez qu'avec un peu de bonne volonté on y arrive ! », lance Jameel Yusuf en lissant sa barbe, l'œil plus malicieux que jamais.

« Docteur Justice » a beaucoup d'ennemis, et pas seulement des truands. Mais il se moque des menaces et brandit l'arme ultime, le réveil de la société civile.

Avec l'habileté d'un fin stratège, le « docteur Justice » de Karachi envoie ses troupes sur tous les fronts de la criminalité. Dans les quartiers, depuis 1993, ces missionnaires de l'intégrité ont formé des cellules d'urgence – un chef, un adjoint, cinq membres, dont une femme. Ébahi, un haut fonctionnaire britannique a tiré son chapeau. Mais le « docteur Justice » va plus loin encore. Avec l'aide d'un programme des Nations unies et une équipe d'experts colombiens, Jameel Yusuf a créé un système d'imagerie par satellite de Karachi d'une grande précision. Grâce aux indicateurs et aux réseaux du Comité, plusieurs caïds de quartiers ont été mis sous les verrous.

Rien n'effraie Jameel Yusuf. Pas même les vieilles traditions de la police, dont certains chefs s'accaparaient les véhicules volés. Désormais, les voitures sont remises en main propre aux propriétaires. Le « docteur Justice » se moque aussi des puissants. En témoigne cette anecdote, évoquée par un journaliste du groupe Dawn. Lorsqu'il reçoit en grande pompe Nawaz Sharif, alors Premier ministre, Jameel Yusuf se fend d'une révélation : « Je peux vous dire l'endroit où sont cachées 15 voitures volées. » En mal de popularité, Nawaz Sharif s'empresse de connaître la réponse. « Chez le gendre du président de la République… », répond Yusuf, devant un chef de gouvernement qui en reste bouche bée et choisit de visiter d'autres lieux moins embarrassants.

Voilà de quoi inquiéter les truands ! Voilà, également, de quoi espérer, vous lance-t-on dans les masures de Karachi. La croisade du « docteur Justice » est aussi un barrage contre la lente dérive du Pakistan vers l'État de non-droit, le glissement progressif vers l'anarchie. Le prochain combat de Jameel Yusuf ? Le fondamentalisme, le pouvoir grandissant des talibans pakistanais, ces moines-soldats qui s'inspirent de leurs frères d'Afghanistan, et le non-paiement des impôts. Assurément, « docteur Justice » a beaucoup d'ennemis, et pas seulement des truands. Mais il se moque des menaces qui planent au-dessus de sa tête et brandit l'arme ultime, le réveil de la société civile.

Dans cette ville tentaculaire qui produit le pire, d'autres citoyens veulent ressusciter le meilleur. Par amour pour Karachi, une femme en sari rouge a choisi un combat solitaire : aider les autres femmes. Depuis un an, Ludna Tiwana est commissaire, chargée de la station de police pour femmes, en plein cœur de la ville. Son prédécesseur a été assassiné en 1997. Fille d'un ouvrier sur machines-outils, diplômée du Collège de droit, cette célibataire de 33 ans au regard doux qui a tout sacrifié pour son ascension dans la police, même ses amis, avoue-t-elle, a plaidé la cause des femmes jusqu'au sommet de son institution. Elle ignore le péril de sa charge et mène d'une main de fer, à la tête de 7 officiers (femmes) et 45 agents, son commissariat, refuge des femmes maltraitées.

Dans les couloirs crasseux aux murs abîmés que traversent les vents du désert, on croise des femmes battues qui n'osent se plaindre dans les autres commissariats, des victimes de viols, des âmes en peine qui viennent après une tempête conjugale trouver un havre et une parole amie. Une femme a été brûlée au kérosène par sa belle-famille pour une dot trop peu conséquente. Une fillette de 14 ans a été violée à maintes reprises avec l'assentiment de la mère, qui empochait de beaux émoluments. La femme flic n'a pas froid aux yeux et tance même ses collègues mâles. « Les policiers ferment les yeux sur tous les trafics, du moment qu'ils se remplissent les poches. » La violence s'insinue partout, même dans le commissariat : la femme flic a interdit à ses subordonnées de porter une arme dans l'enceinte du commissariat. « Sinon, vous comprenez, certains n'hésiteraient pas à en flinguer d'autres. C'est ça aussi, notre culture de la violence. »

Selon Ludna Tiwana, 80 % des viols au Pakistan ne sont pas déclarés et 40 à 50 % des femmes subissent la violence domestique. La commissaire court les rues au pas de charge, sourit devant une fillette recueillie, lance des ordres à son personnel – « Amenez-moi les deux putes qu'on vient de coffrer ! » – puis s'abandonne à une légère mélancolie, après deux heures de discussion et une demi-douzaine de thés. « J'ai vu tant de misère humaine en un an que cela me fiche souvent le cafard », dit-elle dans un souffle. Femme de tempérament, elle avoue parfois son impuissance dans cet obscur combat. Un jour, une femme des bas-fonds de Malir, battue jusqu'au sang par un mari coléreux, est venue la voir. On convoque l'époux, qui se confond en excuses. Apeurée, sans aucune ressource, la femme se rétracte et refuse de porter plainte. La commissaire est contrainte de la laisser partir, malgré son regard anxieux. Le lendemain, la jeune femme est retrouvée sans vie, au bout d'une corde. La famille a plaidé le suicide.

« Les policiers ferment les yeux sur tous les trafics, du moment qu'ils se remplissent les poches. »

« Un crime, évidemment, tempête Ludna Tiwana. Mais la justice traîne les pieds… » Lectrice de poésie et amateur de vieux films, elle estime comme l'écrivain britannique V. S. Naipaul que Karachi « vaut mieux que ça ». Puis elle rit de ses ennemis. Le pire, dit-elle, c'est que la cause des femmes n'existe pas dans ce pays. Deux mères maquerelles l'ont menacée de mort.

Nourris à la poudre blanche

Quand on sort de son commissariat aux murs lépreux, on ne peut s'empêcher d'espérer et de désespérer pour Karachi, plongée dans la nuit et les combines des malfrats, ville démesurée en proie à une vieille manie, l'attrait de la cruauté et de la violence. À quelques rues de là, des gamins se piquent les veines à l'héroïne. Dans ces avenues et venelles d'Orient errent 1 200 000 drogués « durs », près de 10 % de la population, qui se nourrissent de la poudre blanche en provenance d'Afghanistan.

Un inspecteur antistupéfiants soucieux de conserver son anonymat avoue son impuissance. « Quand les agents anti-drogue croisent un convoi de trafiquants, tous armés jusqu'aux dents, ils ne font plus de sommation, ils tirent dans le tas. C'est une vraie guerre, qui commence à la frontière et finit ici, en plein cœur de Karachi. » Les caïds de la ville ? « Oh ! nous avons bien quelques noms, mais on évite de remonter trop haut. Dans ce pays, vous savez, il y a beaucoup, beaucoup de monde impliqué, et à tous les niveaux… »

Dans le bazar de Sardar, haut lieu du commerce et de la déchéance où les enfants depuis belle lurette ne sont plus des petits princes, le jeune Rachid, 14 ans, les yeux cernés comme s'il en avait trop vu, fume une dernière fois son brown sugar à 100 roupies (12 francs) avant de subir la dure loi des portefaix en culottes courtes. À l'instar de Rachid, ils sont 80 000 enfants à connaître le délire narcotique. Au loin brillent les feux du port, coupe-gorge à cette heure tardive, dans une brume humide qui pourrait être la fumée du cauchemar. Une atmosphère étrange baigne les quartiers chauds ou chics de cette ville ingrate et généreuse, qui symbolise aussi toute la fragilité du pays des Purs. Comme si cette cité aux mille périls qui semble ignorer le sommeil avait péché pour s'être endormie, jadis, sur trop de lauriers.

UN PORT TROP LOIN

Mourir pour Assab ? Ce petit port sur la mer Rouge est un enjeu majeur du conflit entre l'Éthiopie et l'Érythrée, son ancienne province. Privée de façade maritime, Addis-Abeba veut reconquérir « son » Alsace-Lorraine. Mais, accrochés à leurs pitons rocheux, les Érythréens résistent.

ADRIEN JAULMES
« LE FIGARO », 29 MAI 2000

Le canon tonne dans le lointain. Assis sur leurs talons parmi les éboulis, les combattants érythréens n'ont pas l'air de s'en soucier. En sandalettes et treillis, le chèche qui leur sert de drap, et parfois de linceul, enroulé autour du torse, ils indiquent en souriant le bas de la pente. Une centaine de mètres en contrebas, dans les pierriers bruns au pied de leur position, les corps de dizaines de soldats éthiopiens gisent là où ils sont tombés, dans des flaques noirâtres de sang séché. Les malheureux ont été décimés à la mitrailleuse, depuis ce nid d'aigle qui surplombe la plaine veinée de rivières à sec. La frontière avec l'Éthiopie n'est qu'à une vingtaine de kilomètres vers le sud.

Jumelles en bandoulière, les pieds dans les étuis de cartouches répandus sur le sol, le lieutenant-colonel Tikabo Sium, en charge du secteur d'Adi Keshi, est confiant : « L'ennemi a été stoppé. Nous tenons fermement nos positions. » Ici, les troupes d'Addis-Abeba n'ont pas avancé. Mais ce piton rocheux, à défaut d'être submergé, pourrait être bientôt dépassé. Car si l'itinéraire d'Adi-Quala, qui mène directement à Asmara, 80 kilomètres plus au nord, est toujours aux mains des Forces de défense érythréennes, la situation reste confuse. Plus à l'est, le long de la route d'Adi-Keyh, l'armée éthiopienne progresse au fur et à mesure du repli érythréen.

Quinze jours après le début de l'offensive éthiopienne, l'armée érythréenne a jusqu'à présent reculé sans trop de dommages, et a réussi à échapper à l'encerclement. Les troupes se replient en bon ordre, et montrent peu de signes de découragement. Les camions-bennes chargés de soldats traversent les villages sous les acclamations. Parmi eux, riant à belles dents dans leurs treillis trop grands, les fameuses combattantes de l'armée érythréenne.

Cette tactique, qui consiste à sacrifier du terrain plutôt que des soldats, a jusqu'à présent permis de préserver des effectifs précieux pour ce petit pays de 4 millions d'habitants, aux prises avec son voisin qui en compte 67. Mais les limites de cette méthode risquent d'être rapidement atteintes, car le front se rapproche dangereusement d'Asmara, la capitale. Et les civils de plus en plus nombreux qui fuient devant l'avance ennemie risquent de gêner le mouvement des troupes.

Les habitants d'Adi-Quala, dernière agglomération importante avant la frontière, sont partis il y a deux jours. Le bâtiment de l'administration locale est fermé par un cadenas, comme les devantures des magasins. Des retardataires chargent des sacs sur le toit d'un minibus, et des ânes clignent des yeux dans les rues désertes. Ne restent plus en ville que quelques femmes, qui, désemparées, se sont installées sous l'arche d'un pont avec leurs enfants. Haragu a quitté sa maison, mais ne sait pas où aller. « Mon mari a été remobilisé il y a quinze jours, quand les Éthiopiens ont attaqué. Depuis, je n'ai eu aucune nouvelle », explique-t-elle.

Lorsque la situation le permet, les autorités s'efforcent d'organiser cet exode avant qu'il ne devienne incontrôlable.

Une planète hostile

Sur le « front » de Burie, la route qui reliait Assab à Addis-Abeba est le seul repère utilisable dans un paysage lunaire, semé de rocs noirs, l'une des régions les plus inhospitalières du monde.

Plus au nord, à Dbarwa, des centaines de civils campent dans de grands hangars à la sortie de la ville. « Nous habitons Maymine, tout près de la frontière, expliquent des adolescents. Nous sommes partis il y a une semaine, avant que les Éthiopiens n'arrivent. Ce matin, nous sommes venus ici. Nous avons marché. Mais les femmes et les enfants sont venus par bus. »

Les possibilités de repli ne sont pourtant pas illimitées. Prochaine étape sur la route de l'exode : Asmara, la capitale, qui n'est plus qu'à une vingtaine de kilomètres. Plus loin vers le sud, le front s'est rapproché d'Assab. N'en parler jamais, y penser toujours, La consigne qui s'appliquait à l'Alsace-Lorraine pourrait être la doctrine des Éthiopiens concernant ce port sur la mer Rouge.

L'indépendance de l'Érythrée a privé, en 1993, l'Éthiopie de sa façade maritime. L'un des plus grands pays d'Afrique a été renvoyé un siècle en arrière, à l'époque où la colonisation italienne enclavait l'ancien empire abyssin dans ses hauts plateaux. Si l'Éthiopie n'a fait aucune tentative militaire sérieuse pour récupérer ce qui fut son principal débouché sur la mer Rouge, Assab n'en reste pas moins l'un des enjeux inavoués du conflit entre Addis-Abeba et son ancienne province.

Son maître actuel est surnommé « China ». « À cause de ça », explique, jovial, le major général Hailé Samir, en montrant du doigt son petit nez plat. Campé sur l'asphalte brûlant de la route, le général érythréen commandant le secteur d'Assab est d'humeur badine. Lunettes Ray-Ban, casquette camouflée et sandalettes, le général « China » Samir vient pourtant de reculer de 14 kilomètres. « Nous sommes à 57 », explique-t-il de façon sibylline. Parle-t-il de la chaleur infernale qui règne dans cette plaine caillouteuse ? Pas du tout. 57 est le point kilométrique derrière lequel se sont redéployées les unités érythréennes.

Sur le « front » de Burie, le ruban d'asphalte qui reliait Assab à Addis-Abeba est le seul repère utilisable dans un paysage lunaire, semé de rocs noirs. On mesure en points kilométriques l'avance et le recul des deux adversaires, face à face depuis deux ans dans l'une des régions les plus inhospitalières de la planète. « Nous étions auparavant à l'emplacement de l'ancien poste-frontière de Burie, au PK 71. Il ne s'agit pas d'une retraite, mais d'un redéploiement sur les positions occupées avant le début du conflit », insiste le général.

Ses soldats ne sont pas particulièrement enchantés de ce déménagement : « Il faut tout recommencer. Comment voulez-vous creuser des tranchées là-dedans ? » On abrite les armes automatiques et leurs guirlandes de cartouches derrière de petites murettes de pierres noire. Le paysage est celui d'une planète hostile. L'horizon ondule dans la chaleur. Au loin, au pied d'une montagne grise, la frontière contestée rejoint celle de Djibouti.

À quelques dizaines de kilomètres du front, une raffinerie à l'abandon, vestige de l'aide soviétique au « Négus rouge », Mengistu Hailé Mariam, annonce le port d'Assab. Le vent du désert souffle aujourd'hui entre les réservoirs vides. Plus loin, les toits blancs de la ville se détachent sur les eaux turquoise de la mer Rouge. Une forêt de grues à l'abandon et des quais déserts : le port a été asphyxié par la guerre. Une quinzaine de jours après le début du conflit, tous les bateaux à destination de l'Éthiopie étaient déroutés vers Djibouti. La société française, qui venait d'achever l'impeccable route goudronnée, a rembarqué son matériel. Et l'importante communauté éthiopienne d'Assab a fui. Les seuls accès à ce port autrefois prospère sont aujourd'hui quelques vols sporadiques en provenance d'Asmara, et plusieurs centaines de kilomètres de mauvaise piste dans les étendues désolées du désert Danakil.

Les énormes rochers basaltiques qui parsèment la plaine rendent les mouvements des chars presque impossibles.

Des températures infernales

Les nomades Afars sont les seuls à vivre dans ce paysage minéral, sous des températures infernales. Même les activités militaires semblent écrasées par la chaleur. « Il n'y a jamais eu de combats très violents, admet le général "China". Plutôt des duels d'artillerie à longue distance. Le 21 mai dernier, les Éthiopiens ont tenté une percée réduite, avec deux brigades. Nous les avons repoussés. » Les énormes rochers basaltiques qui parsèment la plaine rendent les mouvements des chars presque impossibles en dehors de quelques pistes. Embusqués derrière des tas de cailloux, les blindés hétéroclites de l'ancien pacte de Varsovie ont surtout un rôle défensif.

Le front est cependant très proche de la ville. L'Éthiopie est-elle en mesure de lancer une offensive dans le secteur ? « C'est une possibilité qu'il faut envisager », reconnaît le général. Reste à savoir si les Éthiopiens considèrent Assab comme un objectif important. Après deux ans de guerre, les buts des belligérants restent assez flous. Le litige frontalier à l'origine du sanglant accrochage qui avait mis le feu aux poudres en mai 1998 est de moins en moins crédible. En se retirant la semaine dernière des zones contestées, les Érythréens ont montré qu'ils n'entendaient pas sacrifier leurs soldats pour la possession de quelques kilomètres carrés. Et l'Éthiopie, qui réclamait depuis deux ans la restitution de ses territoires « volés », vient de reconnaître que son véritable objectif était de « détruire les capacités militaires de l'Érythrée ».

Mais les Éthiopiens ont pourtant Assab en travers de la gorge. Il y a quelques mois à peine, alors qu'Addis-Abeba réclamait à cor et à cri l'aide alimentaire occidentale, Asmara avait proposé à son ennemi d'utiliser les docks déserts d'Assab. L'Éthiopie avait alors rejeté avec colère cette proposition, perçue comme une aumône d'autant plus insupportable qu'elle était faite par un État jadis « vassal ». Le genre d'humiliation que l'on n'oublie pas facilement.

CONTES FANTASTIQUES SUR LA MONTAGNE KURDE

Dans les pas d'un calife qui avale des lames de rasoir comme apéritif. Et d'un cheikh, ex-dentiste londonien, qui parcourt le Kurdistan sur sa mule pour rencontrer ses ouailles.

SERGE MICHEL
« LE FIGARO », JUILLET 2000

Trois espèces se partagent depuis des siècles ces vallées perdues du Kurdistan iranien : les loups, les guerriers et les soufis. Les loups se sont prudemment repliés vers des contrées plus calmes, effrayés par l'âpreté des combats entre les peshmergas kurdes et les Gardiens de la Révolution iranienne. Les guerriers se sont reconvertis dans l'agriculture, lassés par vingt ans de rébellion contre Téhéran. Ne reste que les soufis, ces mystiques de l'islam, comme le calife Nasser.

Ce matin, il se cramponne à son siège dans le fourgon parti à l'aube de Sanandaj, la capitale provinciale. Quand la route cahotique offre un répit, le calife ouvre la mallette de travail qui ne le quitte jamais et en détaille le contenu : un choix de sabres et de poignards, quatre-vingts lames de rasoirs et deux flacons de poison DDT. C'est le matériel nécessaire aux cérémonies qu'il va conduire dans le village de Galin. La veille du départ, en guise d'apéritif, il a ingurgité pour moi dix lames de rasoir et deux rasades de poison en affirmant : « C'est mon sucre et mon miel. »

Les soufis sont musulmans, sunnites le plus souvent, mais estiment que la religion traditionnelle ne suffit pas à se faire entendre du Tout-Puissant. Ils considèrent l'islam comme « le lait des enfants, et ils veulent le pain des forts (...), c'est-à-dire la réunion de l'âme humaine à Dieu par l'extase » (Gobineau, *Trois ans en Asie, 1855-1858*).

La piste, terrible, surplombe des abîmes de roches et de torrents en furie. Le moteur rugit dans la montée, les roues patinent sur la neige.

C'est le seul chemin pour rejoindre le supérieur hiérarchique du calife, cheikh Hassan, 31 ans, grand maître de l'ordre Solaï de la confrérie des Qhaderi et fils de Hadi, vénérable cheikh mort en exil. Menacés de mort, tous deux se sont enfuis en 1979, aux premiers jours de la révolution islamique. Les ayatollahs de Téhéran n'avaient pas plus de sympathie pour l'islam mystique des soufis que pour la cause kurde.

Le calife Nasser a assuré l'intérim comme il a pu, recrutant de nouveaux fidèles, les derviches, et célébrant discrètement les cérémonies. Mais c'est l'arrivée au pouvoir du président Mohammad Khatami, en 1997, qui a permis la renaissance des confréries. D'abord, le corps de cheikh Hadi a été rapatrié, fin 1998, pour être inhumé devant 70 000 adeptes dans son village natal de Doulab, à une journée de marche de Galin. Ensuite, son fils Hassan a été autorisé, voici six mois, à revenir en Iran et ne cesse, depuis, de battre les montagnes kurdes à dos de mulet pour rassembler ses fidèles.

Galin apparaît brusquement derrière un virage. Le village, impressionnant, s'accroche à la montagne, en face de vergers en terrasse empilés de l'autre côté du torrent. Rien ne semble avoir changé depuis des siècles : l'électricité est parvenue ici, il y a dix ans seulement, lorsque la fin des combats a permis au gouvernement iranien de développer la région. Perchés sur les toits de paille et de terre, des grappes de Kurdes en costumes multicolores acclament le calife. Les plus agiles dégringolent les ruelles de boue et de neige pour lui baiser la main avant qu'il ne disparaisse boire du thé dans la maison d'un notable.

Comment deviner qu'un dentiste britannique se cache derrière ce personnage d'un autre temps ?

« Plusieurs chemin mènent à Dieu »

Bientôt, des tambours et des chants annoncent l'arrivée théâtrale du jeune cheikh. Turban vert, grande tunique bleu nuit et majestueuse canne de bois précieux. Comment deviner qu'un dentiste britannique se cache derrière ce personnage d'un autre temps ? « Je suis à Galin depuis trois jours, dit-il en un anglais parfait. La dernière fois, j'avais 11 ans. Nous sommes passés ici en 1979 lors de notre fuite vers l'Irak. » Arrivé à Londres cinq ans plus tard, Hassan Hachemi de son vrai nom brille à l'école publique et obtient un diplôme de dentiste à Withechapel avant de travailler dans une clinique. « Je gagnais beaucoup d'argent, sourit-il. Mais la vie spirituelle de ma terre natale a souffert de l'absence de mon père. Il a été mon maître. C'était mon devoir de tout abandonner pour retrouver nos fidèles. »

Sur ces mots, le cheikh porte un verre à ses lèvres. « Gloire à Dieu », crient les 40 Kurdes agglutinés dans la pièce, pour saluer les gouttes de thé qui descendent le long de sa gorge sacrée. Le cheikh, chez les soufis, représente le plus court chemin vers Dieu et le Paradis. « J'ai beaucoup d'autres maisons à visiter, dit cheikh Hassan. Mais vous pouvez me suivre. » À peine s'est-il levé que les 40 croyants disparaissent dans un froufrou de larges pantalons kurdes, forment une procession de chants et de tambours et partent à la suite de leur guide spirituel qui s'accroche à sa canne dans ces venelles verticales et glacées.

Dans la première maison, le cheikh donne des conseils pour que le couple, marié depuis dix ans, cesse de se chamailler tous les jours. Ils crient tellement fort que tout le village les entend. Dans la seconde, il prie et bénit le ventre de la femme pour la guérir de sa stérilité. Le mari menace de prendre une seconde épouse si le problème n'est pas résolu rapidement. Dans la troisième, il reçoit les hommages d'un notable et dans la quatrième, un jeune homme vient lui baiser la main en récitant une formule religieuse : c'est le contrat d'adhésion à la secte des Qhaderi, une des plus anciennes confréries soufies. Elle remonte à un personnage hors du commun : Abdul Qhader Gilani (1088-1166), père de 49 garçons, auteur de plusieurs miracles attestés par les chroniqueurs de Bagdad et dont l'empire spirituel s'est étendu d'Istanbul à Delhi.

À la nuit tombante, tout le village s'engouffre dans la mosquée : les hommes en bas, les femmes serrées sur une galerie camouflée de tissus colorés. Demain, le cheikh quittera Galin pour un autre village, plus loin dans la montagne. Il faut le voir et l'écouter une dernière fois. Le village sait aussi que le calife Nasser sera maître de la cérémonie avec son groupe que l'on appelle les « divani », les fous. Cela promet d'être spectaculaire.

Cheikh Hassan raconte, une fois encore, sa vie à Londres. À chaque fois qu'il prononce le nom de son père décédé, cheikh Hadi, de longs sanglots saisissent l'assemblée de paysans fatigués, agenouillés jusque dans les moindres recoins de la mosquée. L'ancien dentiste insiste aussi sur la tolérance des Qhaderi pour les autres ordres soufis. « Plusieurs chemin mènent à Dieu », répète-t-il pour ménager les Narchbandis, une confrérie apparue en Asie centrale au XIIe siècle, très répandue en Iran.

À la nuit tombante, tout le village s'engouffre dans la mosquée : les hommes en bas, les femmes serrées sur une galerie camouflée de tissus colorés.

À peine a-t-il terminé son prêche que les tambours entrent en action. La salle se réveille pour chanter mille fois « la ellaha ell'Allah » (il n'y a de Dieu qu'Allah) en se balançant comme une mer agitée de têtes enturbannées. C'est le sama, la cérémonie du souvenir de Dieu que pratiquent toutes les confréries mystiques pour parvenir à l'extase. Les minutes passent et les rythmes s'accélèrent. Certains poussent des cris aigus à l'approche de la transe. Beaucoup ont arraché leur turban pour dérouler des cheveux longs, signe soufi de ralliement.

Le spectacle des « fous »

Soudain, les tambours s'emballent et la salle se dresse d'un bond. La danse commence. Les paysans, plus fatigués du tout, se cabrent comme des chevaux au dressage et balancent la tête dans tous les sens. Une demi-heure à ce régime et le petit marchand du bazar qui m'avait offert un thé l'après-midi, la main sur le cœur, s'est transformé en un animal sauvage, vociférant, sautillant et tournant sur lui-même à en perdre la direction de La Mecque.

Les Kurdes sont chauds, le spectacle des « fous » peut commencer. Seyed Sahab Doulabi, un derviche ventru d'une cinquantaine d'années, fait venir six bouteilles de verre sur un plateau. Il les brise les unes contre les autres et enfourne les débris dans sa bouche. Silence dans la mosquée, on l'entend mastiquer le verre. Un filet de sang lui coule sur le menton mais sa bouche est bientôt vide. La salle explose de joie et chante « la ellaha ell'Allah » : un nouveau miracle vient de se produire et ce n'est pas le dernier. Nabi Gargari, un autre derviche dont le visage fin est encadré de cheveux longs, déverse sur les tapis de la mosquée un sac de cailloux gros comme le poing. Il en avale deux ou trois, secouant son torse pour les faire descendre. Puis enchaîne avec une cinquantaine de lames de rasoir, englouties par séries de dix. Il pousse quelques cris sauvages et ouvre grande sa bouche : vide comme celle de l'avaleur de verre. Le temps de se désaltérer avec un verre de poison DDT et Nabi va recracher une par une les lames de rasoir sur un coussin blanc.

« J'ai vu un derviche avaler une voiture, sans même la découper en morceaux. »

Le calife Nasser rayonne de bonheur. « Quand on tombe amoureux de Dieu, on ne souffre plus, dit-il souvent. Rien n'appartient aux derviches, même pas leur corps. Il est à Allah, comme tout le reste. » Le maître de cérémonie ne se fait aucun souci car ce soir, le programme est modeste. « J'ai vu un derviche avaler une voiture, sans même la découper en morceaux, a-t-il affirmé avant la nuit. Un autre de mes amis avait avalé un chat qui est resté vivant une dizaine d'années dans son estomac et miaulait de temps en temps ».

Pour les soufis, les exploits de ce type prouvent tout simplement l'existence de Dieu. Ils s'en servent pour recruter de nouveaux adeptes et prétendent s'inscrire dans la longue tradition des miracles initiés par Moïse.

Les « fous » ne font pourtant pas l'unanimité. Le cheikh, par exemple, regarde à peine le spectacle et affiche une curieuse grimace. Cela doit lui paraître trop éloigné de ses études dentaires. À plusieurs reprises au cours de l'après-midi, il a laissé entendre qu'il préférerait que les Qhaderi développent leur spiritualité plutôt que d'avaler des pierres et des lames de rasoir.

De fait, vingt ans d'absence du guide spirituel ont pesé lourd sur la vie de la confrérie. Persécutés, les soufis se sont réfugiés dans les pratiques spectaculaires interdites, qui sont devenues une forme de résistance au régime. « Tous n'ont pas suivi un entraînement spirituel suffisant », affirme le cheikh. À l'en croire, il y aurait eu plusieurs accidents, ce que refuse de confirmer le calife.

Une assemblée hystérique

Mais le pire est à venir. Après le numéro des cracheurs de feu, calife

Nasser saisit d'un bond le sabre que lui tend son fils Yasin, 16 ans, et embroche derviche Abdullah, un barbu maigrichon dont le regard semble se perdre dans l'au-delà. La lame pénètre près du nombril et ressort au milieu de la hanche droite, sans une goutte de sang. Exultation dans la salle, qui hurle « la ellaha ell'Allah ». Le calife, en grande forme, attrape deux autres lames pour percer le biceps et la poitrine de Habibollah Khaledian, 23 ans, qui vient de s'agenouiller devant l'assemblée hystérique. Avant d'enfoncer au marteau un poignard dans le crâne du jeune homme.

« Eh, l'étranger, viens donc essayer de l'enlever », me lance le calife. Impossible de se dérober. Je me faufile à travers la compagnie qui glousse d'avance, saisis le poignard à deux mains et tire de toutes mes forces. Rien à faire. La lame semble soudée au crâne du derviche. « Normal, apprécie le maître de cérémonie, il faut demander l'aide de Dieu. » Il hurle « Allah » et arrache le couteau d'un coup sec.

Le spectacle est terminé. Les fidèles se dispersent ou tentent de recouvrer leurs esprits. Plusieurs ne parviennent pas à sortir de la transe, ils continuent de se cabrer en poussant des cris. Le calife Nasser, lui, a une promesse à tenir : celle de faire apparaître le fantôme de mon grand-père. Nous voilà dans une maison perchée en haut du village, assis en cercle comme une troupe de conspirateurs. Le tambour roule sans cesse et me donne le vertige. Trois derviches mouillent leurs doigts de salive et les enfoncent dans une douille à la place de l'ampoule. « Quel bien cela fait », disent-ils, parcourus de frissons électriques.

Mais les fous montrent des signes de fatigue. Un jeune homme qui s'est percé la joue avec une fourchette saigne abondamment. Mauvais présage. Le calife, épuisé par tous les miracles de la journée, ne parvient plus à se concentrer. « Les ondes ne sont pas favorables, lâche-t-il. Ton grand-père viendra la prochaine fois. »

LES FILLES VENDUES ET LE PRÊTRE COURAGEUX

Elles sont jeunes, jolies, gaies. Rien sur leurs visages d'enfant ne révèle le calvaire qu'elles ont enduré. Venues de Moldavie ou d'Ukraine, elles ont connu la prostitution forcée, la vente de leur corps aux enchères. À San Foca, dans les Pouilles, un homme d'Église veille sur elles au péril de sa vie.

MARION VAN RENTERGHEM
« LE MONDE », 1er DÉCEMBRE 2000

Appelons-la Ludmila. Elle a 20 ans, un visage d'enfant, ravissante dans son peignoir turquoise, avec des yeux verts et des cheveux blonds mouillés. Elle préfère ne pas dire son nom. Son fiancé est carabinier dans les Pouilles, cette région du sud de l'Italie en plein dans « le talon de la botte », c'est là qu'elle habite maintenant. À la casa Regina Pacis, le centre où elle est accueillie depuis plus d'un an, enfin tranquille, une soixantaine de très jeunes femmes sont là pour les mêmes raisons qu'elle. Une sale histoire de corps vendus et revendus de l'extrême est de l'Europe jusqu'à l'Occident. Au fur et à mesure du voyage vers l'ouest, les prix augmentent au gré des marchands. Pour simplifier et ne pas déranger, on peut appeler ça de la prostitution. « Le plus vieux métier du monde », etc. En fait, il s'agit d'autre chose. Très exactement d'esclavage. Et ça se passe dans l'Union européenne.

Il faut quitter la ville de Lecce, au cœur des Pouilles, et longer la mer. Là, on finit par tomber sur San Foca, une minuscule station balnéaire. Tout est désert, cet automne. Il ne reste plus que les devantures fermées des baraques pour vendre les bouées et les glaces. Seule trace de vie, un hôtel de bord de mer envahi par des carabiniers qui lui donnent un drôle d'air de temps de guerre. Appelés là en renfort, expliquent-ils. En renfort de quoi ? Tout a l'air pourtant bien paisible, à San Foca. Mais les carabiniers regardent la mer. Et devinent, au-delà, l'Albanie. Quatre-vingts kilomètres, pas plus, il suffit de quelques heures. Bari, Brindisi, Otrante, il n'est pas un caillou, sur toute la côte des Pouilles, qui n'ait vu venir un jour un bateau chargé de clandestins.

Tout au bout de San Foca, il y a un petit ensemble de baraquements en murs jaunes, gardés là aussi par des carabiniers en armes, face à la mer. La casa Regina Pacis. Un centre comme un autre pour héberger ces clandestins, en attendant qu'ils obtiennent l'asile politique ou soient renvoyés chez eux. Parmi eux, il y a des femmes venues de l'est de l'Europe. Elles, en général, arrivent par tout petits groupes discrets, sur des « scafi », ainsi que les Italiens appellent ces bateaux plats et rapides, en forme de flèche, capables de tromper les radars. À la casa Regina Pacis, toutes, comme Ludmila, ont des visages d'enfant, gaies et joueuses. Sauf quand elles se décident à raconter. Là, elles prennent soudain dix ans.

Ludmila, les cheveux mouillés, ouvre la porte de son bungalow. Elles sont six jeunes femmes dans celui-ci, toutes moldaves ou ukrainiennes, de 17 à 26 ans. L'une regarde la télévision. Une autre s'affaire à la cuisine. Soudain arrive Tatiana, tout en rondeurs et les pommettes hautes, dont on taira aussi le vrai prénom, à sa demande timide. Encore plus gaie et plus souriante que les autres. Elle offre aussitôt tout ce qu'elle a dans ses paquets, du raisin, des jus de fruits, des bonbons. La petite maison semble prendre vie avec elle. Elle s'assied à côté de Ludmila, raconte sa journée de travail. Elle s'occupe d'une vieille dame, à San Foca, c'est ainsi qu'elle gagne sa vie. Elle rit, taquine Ludmila qui s'est mis une serviette en turban sur la tête pour sécher ses cheveux.

Quand on lui demande si elle veut bien raconter son histoire, son visage bascule. Elle fait non de la tête, allume une cigarette, prend un grain de raisin. Silence.

Quand on lui demande si elle veut bien raconter son histoire, son visage bascule. Elle fait non de la tête, allume une cigarette, prend un grain de raisin. C'est une autre personne tout à coup, elle regarde ses mains en pinçant les lèvres. Silence. Et puis si, allez, elle va nous raconter. Après tout, elle ne l'a jamais fait encore, pas vraiment. Seulement les grandes lignes, au policier, au juge. Tatiana est moldave. Elle habitait un village près de Chisinau, aînée d'une famille de quatre enfants. Ses parents étaient ouvriers, elle était vendeuse au marché mais ça ne suffisait pas, elle mendiait ici et là de la nourriture et des vêtements pour ses frères et sœurs.

« Ne t'inquiète pas, tout ira bien »

Un jour de mai 1999, « une amie d'amie » lui propose de partir avec elle pour l'Italie. Tatiana n'a pas à s'inquiéter, elle s'occupera de tout, des frais de voyage et des papiers. Là-bas, dit-elle, il y a du travail, on sera peut être baby-sitter ou servir dans un restaurant, là-bas tout est facile. L'Italie, la porte de l'Occident ! America, America. Tatiana a alors 25 ans. Elle n'avait jamais pensé à partir, mais elle n'hésite pas longtemps. D'Italie, elle pourra envoyer de l'argent à sa famille. Elle ne leur dit rien, laisse juste un mot à sa mère : « Ne t'inquiète pas, tout ira bien. »

Elles sont six jeunes femmes dans la voiture à quitter Chisinau en direction de la Roumanie : Tatiana et quatre de ses voisines tentées, elles aussi, de fuir la misère de leur pays pour un Occident radieux. Et aussi « l'amie d'amie ». À la gare de Iasi, au nord-est de la Roumanie, elles prennent le train. « L'amie d'amie » s'occupe des billets, de tout. « Ne vous inquiétez pas, leur dit-elle, vous me rembourserez quand on se reverra en Moldavie. » Le train traverse le pays d'est en ouest et s'arrête quelque part près de la frontière yougoslave. Tatiana ne se rappelle plus où, exactement. Là, toutes les six font halte dans un hôtel, pour la nuit. Au petit matin, deux hommes et une femme viennent les chercher. Tatiana et ses amies s'étonnent. Où est « l'amie d'amie » qui a payé leur voyage ? « Elle a eu des problèmes, elle a dû partir, s'entendent-elles répondre. Vous ferez le reste du voyage avec nous. »

Tatiana s'interrompt, se gratte nerveusement le bras, les traits tendus. Tard le soir, tous repartent de l'hôtel dans une voiture, les cinq filles et les trois « passeurs », entassés sur les genoux les uns des autres. Il fait nuit quand ils atteignent la frontière yougoslave. Mais au lieu de passer la douane, ils font un détour par la montagne. La peur les gagne. « L'amie d'amie », qui avait pris les passeports, leur avait pourtant promis des visas. Où sont-ils ? On abandonne la voiture, il faut aller à pied, franchir la frontière. Les jeunes femmes demandent à faire demi-tour, à rentrer chez elles. C'est trop tard. Il faut marcher maintenant, pendant trois ou quatre heures dans la montagne, entre les arbres, il n'y a pas de sentier, en portant les valises. De l'autre côté, deux hommes attendent. Les trois accompagnateurs précédents laissent les jeunes femmes à leurs bons soins et rebroussent chemin. Elles sont amenées dans une petite maison, au milieu d'un bois.

Au bout d'un mois, elles sont vendues, comme du bétail, elles peuvent voir les liasses de dollars.

Sans prévenir, Tatiana a changé de langue. Elle avait commencé son récit en italien, elle parle maintenant moldave. À côté d'elle, Ludmila n'hésite pas. Elle traduit aussitôt ses propos, scrupuleusement, en l'aidant du regard. Tatiana n'a pas la force de chercher ses mots, pas le temps, elle a décidé d'aller jusqu'au bout. Elle voudrait bien en finir plus vite, passer sur les détails. Elle s'arrache maintenant le bout des ongles. Son visage a changé encore, deux rides creusent son front entre ses yeux, elle a vieilli. « À ce moment-là, je ne savais pas au juste de quoi j'avais peur. Je sentais que nous allions vers quelque chose qui n'était pas bien. »

Quand elles tentent de s'opposer aux deux hommes, ils les menacent de « rester sous terre pour toujours ». Elles sont violées. Pas battues, dit Tatiana. « Dans cette maison-là, non », précise-t-elle. L'une des filles, qui se défendait plus vigoureusement, a seulement reçu « quelques gifles ». L'un des deux hommes leur parle en roumain, l'autre en serbo-croate. Le lendemain, à l'aube, ils les font monter toutes les cinq dans une voiture et les emmènent jusqu'à Vrsac, en Serbie, à quelques dizaines de kilomètres de la frontière. Trois d'entre elles restent dans la voiture, on ne les reverra pas. Tatiana et son amie Valentina sont détenues dans une grande maison en pleine ville. Elles y restent environ un mois. Des hommes arrivent régulièrement, font « travailler » les deux jeunes femmes. Tatiana s'interrompt encore, soupire. « Bref. »

« Ils étaient violents et humiliants »

Au bout d'un mois, elles sont vendues, comme du bétail, elles peuvent voir les liasses de dollars qui s'échangent entre les deux hommes de la grande maison et leurs successeurs. Tatiana compte sur ses doigts, avec sérieux et impatience à la fois. « Cinq maisons », dit-elle. Elle a été enfermée pour « travailler » dans cinq maisons successives, de Serbie au Monténégro, revendue chaque fois plus cher à d'autres souteneurs. Battue « bien sûr », ajoute-t-elle si on le lui demande, évacuant le sujet d'un ton sec.

Au Monténégro, c'est un couple qui l'achète. Elle a perdu de vue Valentina et reste là une semaine, à leur solde, puis ailleurs, une semaine encore. S'échapper ? « C'était impossible. Il y avait des grilles aux fenêtres. Quant aux clients, je n'essayais même pas de leur parler, ils étaient de mèche avec les autres. Si, une fois. Un qui avait l'air plus gentil. Il m'a écoutée longuement, je ne l'ai jamais revu. »

Tatiana avait entendu dire : « Si on te fait passer par l'Autriche, c'est mieux pour toi. Le pire qui puisse t'arriver, c'est l'Albanie. » C'est ce qu'elle redoute le plus quand elle se trouve de nouveau embarquée dans une voiture, une nuit, avec deux Roumaines. Comprenant qu'ils approchent d'une douane, elle ose demander la destination au conducteur. « L'Albanie », grogne-t-il. Tatiana fond en larmes. Ce sont deux militaires qui leur font passer la frontière, à pied, sur une colline. Monténégrins ? Albanais ? Elle ne sait pas. Elle allume une cinquième cigarette. De l'autre côté, encore, deux hommes les attendent. À côté de leur voiture, elle aperçoit les tractations en dollars. Ils les emmènent « dans une ville très sale ». Un port, elle ne sait pas le nom. Durrës ? Oui, c'est ça, Durrës, dit-elle en se griffant hargneusement. On les entrepose d'abord dans un grand garage, puis dans un bar-restaurant, près de la mer. Elle ne dira pas le nom. « Après tout ce qui s'était passé, je me demandais seulement comment la vie allait finir. Je ne pensais pas que ça pouvait être pire. Mais là… Ils étaient sales, violents, humiliants. Avant aussi, mais là, comment dire ? Ça ne sert à rien de chercher des mots pour ça. Un jour, un vieil homme dégoûtant est arrivé. Il avait un pistolet. J'ai voulu refuser. Il m'a battue. Cette fois-là, j'ai eu vraiment mal, très mal. » Le pire souvenir ? Elle sourit doucement. « Non, pas le pire, non. »

Dans les bars ou « sur la route »

La seule bonne surprise fut de retrouver, dans ce bar-restaurant, son amie Valentina, avec qui elle était partie de Moldavie. Elles se tombent dans les bras, se racontent leurs parcours similaires. Des hommes viennent toute la nuit, pour les emmener ou les « utiliser sur place ». Le jour, elles font des travaux ménagers dans le bar. Au bout de deux semaines et demie – Tatiana a appris à compter exactement les jours –, elles sont revendues à un autre « patron » albanais. Cette fois, pour son usage personnel. Il les emmène de ville en ville jusqu'à Vlorë, toujours en Albanie, au bord de la mer. Le point le plus proche du « talon de la botte » italienne. Il les bat de temps à autre mais elles sont prêtes à tout endurer, car elles savent qu'elles vont enfin quitter l'Albanie pour l'Italie, c'est le patron qui l'a dit.

Près de 300 000 femmes d'Europe de l'Est travaillent comme prostituées en Europe de l'Ouest.

Elles doivent se tenir prêtes. Soudain, en pleine nuit, il vient les chercher. Le moment est venu de partir. C'est le 2 ou 3 juillet 1999. Sans valises, sans papiers, elles embarquent sur un « scafo ». Au bout de quatre ou cinq heures de traversée, le bateau accoste sur des rochers, près de Gallipoli. Le frère du patron les attend avec une complice albanaise. « Ils nous ont expliqué comment on devait travailler. Il ne fallait dire à personne d'où on venait, ni comment on était arrivées là. Il ne fallait pas rester avec les clients plus de dix minutes, pour qu'il y ait plus de rendement. Et pour la première fois, on allait nous mettre sur la route. » La nuit, elles sont enfermées dans une maison. Le jour, elles travaillent « sur la route », sous la surveillance des Albanais, entre Lecce et Gallipoli. Valentina réussit à s'échapper. Tatiana n'a pas la même chance. Ce sont les policiers italiens qui mettent fin à son calvaire. Sur la dénonciation d'une voisine, ils font irruption dans la maison, un matin d'août. Tatiana est conduite à la casa Regina Pacis, comme Valentina, qu'elle a retrouvée là, comme des centaines d'autres jeunes femmes, et ce n'est que la partie visible de l'iceberg.

Selon l'Office international des migrations, près de 300 000 femmes d'Europe de l'Est travaillent comme prostituées en Europe de l'Ouest, dont 35 000 en Italie, l'ensemble de l'industrie rapportant entre 5 et 12 milliards de dollars par an. Et ce sont 580 femmes, ces six derniers mois, qui sont arrivées à la casa Regina Pacis pour les mêmes raisons que Tatiana. Près de cent d'entre elles, moins naïves, savaient en partant que la prostitution les attendait en Italie, cependant loin d'imaginer sous quelle forme. Celles-ci, sauf exception, ne désirent pas rester à la casa Regina Pacis. Pour les autres, c'est toujours la même histoire. Au départ, la misère. Ukraine, Moldavie, Roumanie, Bulgarie. Une « amie d'amie » qui donne l'espoir. Ou, plus simple, un enlèvement. Des viols répétés, pour « casser ». Et des routes bien balisées qui passent toutes par l'Albanie.

C'est ainsi qu'on arrive à San Foca. Aux bâtiments jaunes de la casa Regina Pacis, gardés par des grilles et des carabiniers en armes. Un homme, tout seul, a fondé ce centre d'accueil, originellement pour les immigrés clandestins. Par la force des choses, sidéré par l'ampleur et l'horreur du phénomène, il a créé une aile supplémentaire, spécialement pour ces jeunes femmes venues de l'Est. À 26 ans, Tatiana n'est pas loin d'être la doyenne. La plus jeune a fêté là ses 16 ans. Il n'a de temps pour personne, sauf pour elles.

Cet homme, on l'attend. On attend toujours Don Cesare Lodeserto, c'est comme ça. Des heures. Cette fois, il a dû se rendre d'urgence, avec les carabiniers, à l'arrivée d'un bateau chargé de 500 immigrés clandestins, interpellé ce matin. On l'attend, donc. La Lancia bleue surgit enfin, suivie de près par une voiture de police. Le voilà, une grosse tête chauve, des lunettes, une silhouette de rugbyman, un costume sombre. Avec juste, au niveau du col, le signe de reconnaissance des prêtres. À 40 ans, il a l'air d'un vieux sage bouddhiste. C'est lui, Don Cesare. À ses heures perdues, qu'il n'a jamais, il est le secrétaire de l'archevêque de Lecce. À force d'entêtement, il a obtenu en 1997 que ces bâtiments, qui relèvent du domaine de l'archevêché, soient reconvertis en centre pour immigrés clandestins, puis agrandis pour les jeunes femmes en 1999. L'archevêque, sceptique, a laissé faire.

Un homme, seul, a fondé ce centre d'accueil. Par la force des choses, sidéré par l'ampleur et l'horreur du phénomène.

Il n'est pas bavard, Don Cesare. Pas le temps. Il est devenu prêtre à 25 ans « pour l'amour des pauvres ». Pour eux, il a aidé à construire des petites écoles et des hôpitaux au Rwanda, à Madagascar, au Brésil. Puis il s'est pris de passion pour la cause de ces toutes jeunes femmes que trop de rêves ont conduites à l'esclavage. C'est à elles seules qu'il réserve désormais son temps, ses paroles, ses sourires. L'une, justement, passe timidement une tête dans son bureau, sans frapper. « Don Cesare, est-ce que je peux sortir jusqu'à minuit, ce soir ? » « Tu es libre », lui dit-il avec toute la gentillesse du monde.

« Je ne crains pas la mafia italienne. Si elle respecte encore une chose, ce sont les prêtres. La mafia albanaise, elle, ne respecte rien. Je n'ai rien vu de si terrible. »

« C'est une guerre permanente »

À toutes, il a trouvé un travail, à San Foca ou dans le reste de l'Italie. Comme baby-sitters, serveuses, couturières… Beaucoup assistent des magistrats ou des carabiniers. Il leur paye une fois par an le voyage dans leur pays, pour aller voir leur famille ou s'y réinstaller définitivement. Pour elles, il vient de fonder deux autres centres d'accueil, en Ukraine et en Moldavie, un troisième est en cours en Roumanie. Le tout coûte plus de 10 milliards de lires par an (environ 34 millions de francs). Il assure ne recevoir aucun soutien de l'État, ni du Vatican. « Voilà, par exemple, dit-il en prenant sur son bureau une énorme liasse de billets de banque. Encore quelqu'un que je ne connaissais pas qui m'a apporté ça ce matin. » L'argent arrive « comme ça », et c'est normal. La casa est maintenant une fierté dans les Pouilles, même au-delà. « Il faut bien rendre à Don Cesare ce qui est à Don Cesare », plaisante-t-on à Lecce.

Il n'en a jamais fini de protéger « toutes ses femmes », comme il dit d'un ton goguenard. Constamment menacées de représailles, elles restent sous surveillance. Il leur demande de lui présenter amis et fiancé, se renseigne sur leur compte. Les carabiniers et les policiers ont l'œil. Don Cesare lui-même ne se déplace pas sans escorte armée. « C'est une guerre permanente », avoue-t-il. Par sécurité, il a coupé tous les ponts avec sa famille, qu'il a installée dans une autre ville d'Italie. Sous son air paisible, sa carrure d'armoire à glace et sa grosse voix sourde d'acteur italien, la peur ne le quitte pas. Il a cette manière de distiller des axiomes au compte-gouttes : « Celui qui n'a pas peur vacille entre l'orgueil et la faiblesse. »

« Je ne crains pas la mafia italienne, poursuit-il. Si elle respecte encore une chose, ce sont les prêtres. La mafia albanaise, elle, ne respecte rien. Je n'ai rien vu de si terrible. Quand les femmes résistent aux "patrons" albanais, il arrive qu'ils leur coupent des membres, les défenestrent ou les jettent en pâture à tout le bar. » Des jeunes femmes ont confié que les « patrons », pour obtenir des corps obéissants, avaient exhibé devant elles le bras ou la jambe d'une autre ; ou qu'ils étaient passés en voiture sur une « marchandise » devenue inutile.

L'adjoint au procureur de la République, Cataldo Motta, n'en revient pas : grâce à Don Cesare, la justice italienne a fait « un pas de géant » dans la lutte contre la mafia albanaise. Depuis 1998, la loi prévoit que les immigrés clandestins qui aident les autorités judiciaires dans la lutte contre la mafia et le trafic des êtres humains bénéficient d'un permis de séjour et de la protection sociale. Mais dans le cas des jeunes femmes qui ont suivi les mêmes chemins que Tatiana, la perspective de cette récompense ne suffisait pas à délier les langues. Avant l'intervention de Don Cesare, assure Cataldo Motta, rares étaient celles qui pouvaient vaincre leur peur et donner des indications sur la filière des « patrons ». « Il y a bien d'autres centres en Italie, poursuit-il, où ces femmes sont recueillies. » Mais personne n'obtient d'elles qu'elles coopèrent à ce point. Quel est le secret de Don Cesare ? « Il n'y a pas de secret, il y a la bonté », répond tranquillement celui-ci.

De « l'amie d'amie » à l'Italie, via l'Albanie, la même histoire, avec ses variantes sordides.

« Je croyais avoir tout vu »

Il y a aussi un inspecteur de police. Modeste, discret, bon comme du bon pain. Les filles du centre l'appellent Gigi, passent leur temps à le taquiner, lui font voir tous leurs caprices. L'histoire, pour lui, a commencé par hasard, en octobre 1999, près de Lecce. En arrêtant sur la route une prostituée albanaise qui tentait de forcer une prostituée moldave à monter dans une voiture. Il emmène la Moldave à la casa Regina Pacis, sans même connaître l'existence de cette annexe fondée par Don Cesare. La jeune femme reste muette. Le policier ne s'en tient pas là, lui parle de choses et d'autres, ils mangent des gâteaux. Petit à petit, elle raconte. Il confie son effroi à Don Cesare. Celui-ci l'invite à écouter les autres jeunes femmes du centre. Et Gigi écoute. De « l'amie d'amie » à l'Italie, via l'Albanie, la même histoire, avec ses variantes sordides. Certaines lui ont montré des traces, sur le corps. Des coups, des brûlures de cigarettes, des entailles au couteau. « Je croyais avoir tout vu avec la mafia italienne. Mais la mafia albanaise est la plus cruelle. Sans limites, sans scrupules. »

Depuis, sur son initiative, des réseaux ont été découverts. L'opération Aurore a permis l'arrestation, en juillet, de six hommes (cinq Albanais, un Italien) à la tête d'une filière, dans les Pouilles, qui remonte à l'Albanie, avec des ramifications en Yougoslavie. Un autre est sur le point d'être démantelé. La législation pénale, en la matière, est encore flottante. Les chefs d'accusation s'additionnent : contribution à l'immigration clandestine, séquestration, exploitation de la prostitution et trafic d'êtres humains « assimilable à l'esclavage ». Gigi n'est pas optimiste pour autant. « Les réseaux sont nombreux en Italie, mais la souche, dans les Balkans, se réduit à quelques hommes. Et ceux-là sont inaccessibles. Tous les récits des femmes font allusion à la complicité des militaires et des policiers pour passer les frontières. Comment espérer obtenir un jour la collaboration de ces pays ? Interpol ne peut rien y faire. C'est désespérant. »

Non moins désespérant d'apprendre, en lisant un article du quotidien national italien *Il Manifesto* (19 avril), quels sont ceux qui ont pu trouver leur compte dans le destin de ces femmes. On y lit le témoignage d'une Bulgare de 20 ans, « Caterina ». Les raisons de son départ diffèrent légèrement : elle travaillait dans un bar, à Sofia, et ce sont deux habitués qui l'ont approchée, lui faisant miroiter un bon salaire dans un hôtel de Skopje, en Macédoine. Pour elle et sa famille, la chance est inespérée. Caterina gagnait 80 dollars par mois à Sofia, on lui en propose 8 000. Elle accepte, et part avec cinq autres jeunes femmes.

C'est en mars 1999, l'Otan vient de déclarer la guerre à la Serbie. Dans un petit village de Macédoine où elles font étape, un groupe d'Albanais les attendent. Elle donne le nom de l'un d'entre eux, Hykmet Koci, propriétaire de la société Comtesse import-export à Librazhd et à Gramsh, en Albanie. On leur ordonne de se déshabiller entièrement, afin de « montrer leur marchandise ». Elles sont exposées et vendues comme ça, aux enchères, au plus offrant. Les prix varient entre 2 millions et 10 millions de lires (entre 7 000 et 34 000 francs). Caterina, acquise pour 3 millions de lires, est choisie pour satisfaire les soldats des forces de l'Otan.

Des employés de l'ONU, des soldats…

La jeune femme arrive à Kukës, ville-frontière avec le Kosovo, au nord-est de l'Albanie, le 4 avril 1999. C'est là que sont installés les camps de réfugiés, les organisations internationales, les militaires de la future Kfor qui attendent d'entrer au Kosovo. « Il nous a été imposé de nous mettre totalement à disposition de la force internationale, confie-t-elle au *Manifesto*. Les clients étaient exclusivement des employés de l'ONU et des soldats postés en Albanie : des Italiens, des Pakistanais et, les plus nombreux, des Allemands. Ceux-là, on nous avait dit d'être toujours gentilles et disponibles avec eux car ils payaient plus que les autres, surtout les officiers. À la fin de la journée, mon patron encaissait les recettes et en donnait une partie à Spiro, un Albanais qui se chargeait de faire la liaison. » Inutile de préciser que les femmes n'obtenaient rien.

À Kukës, Caterina et les autres jeunes femmes, pour la plupart ukrainiennes et moldaves, restent près de deux mois. Après quoi, on les transfère à Pristina, vendues à une autre organisation criminelle. La mission : faire la joie des militaires de la Kfor. Elles sont revendues en octobre à destination du marché italien. Le prix monte cette fois : 8 millions de lires. Le 4 novembre, Caterina atteint la côte des Pouilles sur un bateau. La Guardia di finanza, la brigade financière italienne, l'interpelle. Et la voilà, elle aussi, à la casa Regina Pacis.

« Les réseaux sont nombreux en Italie, mais la souche, dans les Balkans, se réduit à quelques hommes. Et ceux-là sont inaccessibles. Interpol ne peut rien y faire. C'est désespérant. »

Contrairement à Tatiana, mais comme beaucoup d'autres, Caterina n'a pas accepté de collaborer avec la justice. Ni Don Cesare, ni Gigi, ni les filles du centre n'ont pu la convaincre de surmonter sa peur. Sa sœur avait déjà reçu des menaces de mort par le clan de Sofia qui l'avait envoyée en Macédoine. Elle est donc retournée chez elle, en Bulgarie. L'Office international des migrations a lancé des campagnes d'information destinées aux jeunes femmes, dans les pays d'origine, mais aussi aux « clients ». Notamment au Kosovo. Avec ce slogan : « You pay for the night, she pays for her life. »

Le soir venant, dans le bungalow, Ludmila et Tatiana retrouvent leur gaieté autour de la table. Elles rêvent à leurs projets, en vrac. Natacha les a rejointes parce qu'elle adore ça, « parler de nos rêves ». Ludmila va bientôt se marier avec son jeune fiancé carabinier. Une de leurs amies s'apprête à partir pour Milan, travailler comme assistante d'un magistrat. En attendant, elles envoient à leur famille tout ce qu'elles gagnent en Italie, sans rien garder pour elles. Quelques-unes ont un bébé à élever dans le centre, nombreuses sont celles qui ont laissé un enfant dans leur pays. Tatiana reste plus solitaire. Depuis son arrivée, elle n'a jamais eu de petit ami. Natacha veut travailler en Italie pour pouvoir faire un cadeau à sa mère, restée dans la banlieue de Chisinau. Elle regarde ses amies d'un air pétillant : « Je lui achèterai une parfumerie, un beau magasin tout en verre. »

LES SORCIÈRES DE KUKOE

Dans le nord du Ghana, la chasse aux sorcières doit être entendue au pied de la lettre. Rejetées par leurs communautés d'origine, des centaines de vieilles femmes accusées de maléfices ont trouvé refuge à Kukoe, un village préservé des « mauvais esprits ».

PHILIPPE BROUSSARD
« LE MONDE », 9 SEPTEMBRE 2001

C'est un village de bout du monde, un village de fond de brousse, sans eau ni électricité. Les cases sont en terre séchée, de cette terre d'Afrique dont les habitants tirent à peine de quoi vivre. Dès l'aube, des gosses au ventre rond jouent dans la poussière, leurs mères vendent des rations de riz à l'ombre des arbres centenaires, quelques adolescents discutent en réparant les rares vélos encore en état de marche. Il y a un chef, aussi, musulman, polygame et buveur de gin. Et un marabout au regard d'inquisiteur. Et une prêtresse, gardienne du temple et des secrets. Et de vieilles femmes, beaucoup de vieilles femmes, quatre cent cinquante au total, des mamies hors d'âge qui courbent l'échine en portant le bois mais trouvent encore la force de sourire.

Des « sorcières », paraît-il. Des jeteuses de sorts accusées de mille sortilèges. Chassées des autres villages, rejetées comme des pestiférées, elles se réfugient à Kukoe, dans le nord du Ghana. La région peut dormir en paix : le marabout les a exorcisées. Kukoe, village de sorcières... Plus près d'Accra, la capitale, à quelques centaines de kilomètres au sud, le visiteur soupçonnerait un piège à touristes. Mais les touristes ignorent l'existence de cette communauté. Nul ne s'aventure dans cette zone déshéritée. Les organisations humanitaires elles-mêmes ont fini par la bouder. Pour y parvenir, il faut quitter Accra avant le lever du soleil, se frayer un passage dans Kumasi, la deuxième ville du pays, traverser des immensités luxuriantes et des forêts de tecks, puis emprunter, douze heures plus tard, à partir de Tamale, une interminable piste en terre ocre. Il reste alors trois heures de gymkhana, à la nuit tombante, jusqu'à Bimbila, et enfin Kukoe, accessible par un ultime chemin cahoteux.

Drôle d'endroit, loin de tout et hors du temps. Drôle de village, arrimé à une tradition ancestrale : l'accueil des « sorcières ». La région n'en manque pas : en septembre 1997, les services sociaux avaient répertorié huit cent deux femmes, bannies de leurs communautés d'origine et contraintes de se rabattre sur d'autres lieux d'accueil, dont Kukoe. Depuis ce recensement, le soupçon de sorcellerie a continué de gagner du terrain aussi sûrement qu'une épidémie de malaria ; il s'est nourri de rumeurs, de naïveté, de haines tribales, comme s'il fallait à tout prix trouver des responsables aux malheurs de cette région sinistrée. Les « vieilles », que leur statut de mère ou de grand-mère ne saurait préserver d'un tel destin, constituent des cibles de choix. Des enfants meurent ? Les sorcières ! Un camion se renverse sur la piste ? Les sorcières ! Des problèmes d'argent ? De cœur ? De mauvaises récoltes ? Les sorcières ! Les sorcières ! Les sorcières !

Autrefois, seul un chef – un sage, donc – pouvait rendre ce verdict d'exclusion. Aujourd'hui, il suffit d'une fièvre inexpliquée ou d'une panne de virilité pour qu'un voisin soupçonneux, voire un mari ou un fils, s'érige en procureur et désigne une coupable à la vindicte populaire. Rien ne sert de protester, la sanction est sans appel : au mieux, elle doit partir sur-le-champ, seule ou accompagnée de ses petits-enfants, chargés de subvenir à ses besoins ; au pire, elle sera frappée, mutilée ou exécutée.

Traque à la saison des pluies

Ces dernières années, plusieurs pays d'Afrique de l'Ouest ont connu semblables dérives, en particulier le Congo-Brazzaville, où une quarantaine de personnes âgées avaient été assassinées en 1996. Le Ghana, où paroissiens et marabouts font souvent bon ménage, n'a pas été épargné. Début 1997, 11 hommes ont été lynchés ou brûlés vifs dans les rues d'Accra, au motif qu'ils avaient fait « disparaître » les pénis de plusieurs passants. Plus récemment, un jeune chômeur a tranché les mains de sa tante, persuadé qu'elle l'avait envoûté. Une autre femme âgée, évincée sans autre forme de procès de la terre de ses ancêtres, a été condamnée à payer quatre bouteilles de gin à sa victime, un instituteur qui l'accusait d'avoir vidé son compte en banque par des pratiques occultes.

Le nord du pays est particulièrement touché. Dans cette région voisine du Togo et du Burkina-Faso, islam et christianisme font pourtant référence. Comme souvent en Afrique, le voyageur s'étonne d'ailleurs de la multitude d'églises et de communautés implantées le long de la grand-route : les baptistes, les méthodistes, les adventistes du septième jour, le Sang de Jésus et bien d'autres encore... Sans oublier les mosquées, également fort nombreuses. Mais cela n'empêche pas les croyances traditionnelles de prospérer à l'ombre des religions classiques. Or l'une de ces croyances veut que les sorcières soient responsables de tous les maux de la terre...

« Dans ces régions pauvres, c'est un problème majeur », estime Angelina Mornah Domakyareh, sous-directrice de la Commission des droits de l'homme et de la justice administrative, une institution indépendante qui a longuement enquêté sur le sujet. « Cet ostracisme touche en priorité les femmes sans enfants ou dont les enfants sont décédés », précise Mme Domakyareh. Il apparaît en outre que la traque bat son plein à la saison des pluies, avec l'apparition de certaines épidémies, en particulier de choléra. De la même manière, elle s'intensifie lorsque les cas de méningite se multiplient. Selon Mme Domakyareh, il importe d'« éduquer la population pour qu'elle cesse d'accuser les vieilles personnes et comprenne enfin qu'il s'agit de maladies scientifiquement identifiées ».

Sitôt expulsées, la plupart des femmes essaient donc de rejoindre l'un ou l'autre des « villages de sorcières », Gambaga, Ngani, Kpatinga et surtout Kukoe, le plus peuplé de tous. Sur 1 700 habitants, plus de 400 sont des miséreuses qui ont tout abandonné – maison, parents, amis, terrains... – des mois ou des années plus tôt, pour venir à pied jusqu'ici. Laraba, par exemple, chassée de chez elle en 1993, après la mort soudaine d'un garçonnet. « C'est de sa faute, elle lui a jeté un sort ! », avait décrété la foule, l'obligeant à déguerpir au plus vite. Idem pour Aishetu, une grand-mère au boubou rouge et jaune, expulsée de Napayele au printemps 2000, au lendemain du décès d'un voisin. Ou encore Mania, la Togolaise solitaire, qui ne parle pas le dialecte local : huit de ses dix enfants sont morts et elle a dû s'exiler après le décès d'un voisin. Et enfin Adama, rouée de coups le jour où les villageois ont pourchassé les femmes jugées incapables de maintenir leurs enfants en vie : « Je me suis enfuie avec mon frère, à l'arrière de sa bicyclette, sinon ils m'auraient tuée ! Croyez-moi, je ne suis pas une sorcière ! »

« Je me suis enfuie avec mon frère, à l'arrière de sa bicyclette, sinon ils m'auraient tuée ! Croyez-moi, je ne suis pas une sorcière ! »

Toutes jurent de leur innocence, assurant n'avoir rien à se reprocher, nul maléfice à avouer. Bien sûr, il se murmure tout de même que plusieurs d'entre elles auraient été envoûtées à leur insu et que d'autres auraient usé, par le passé, d'obscurs pouvoirs, mais aucune ne le confessera devant un étranger : la vie leur a appris la méfiance, la peur aussi. « Vous savez, insiste l'une d'elles, certaines personnes sont prêtes à inventer n'importe quoi pour se débarrasser de quelqu'un de gênant. Admettons par exemple qu'une femme ayant un peu d'argent de côté en prête à un homme et que celui-ci ne puisse honorer sa dette. Eh bien, il viendra en pleine nuit devant sa maison et se mettra à hurler : "C'est une sorcière ! C'est une sorcière ! Elle est en train de me tuer !" S'il sait y faire, les autres habitants seront prêts à le croire et elle n'aura plus qu'à partir sans son argent… »

La force invisible de Bouhélé

Un vieillard en djellaba, le chef Issa, préside aux destinées de cette étrange société. Tandis que ses jeunes épouses – les seules habitantes de Kukoe à vivre à moitié nues – s'occupent de la cuisine et des gamins, il reçoit à l'intérieur de sa case, assis sur une chaise longue en bois. Seules concessions à la modernité, dans cet intérieur sans façon : un parapluie aux couleurs de l'Italie et un poste radio, qui lui permet de prendre chaque matin des nouvelles du pays. L'islam local autorisant quelques entorses à la sobriété, il est d'usage d'offrir au maître des lieux une poignée de noix de kola, réputées aphrodisiaques, et une bouteille de gin, dont il versera quelques centilitres aux esprits. Des esprits plutôt bienveillants, comme l'explique le chef, garant des traditions : « Notre village a toujours accueilli les personnes soupçonnées de sorcellerie. Nous les acceptons toutes, car notre dieu traditionnel, Bouhélé, les purifie. Quand une étrangère arrive, elle se présente d'abord à moi. Je préviens ensuite le marabout et la grande prêtresse, qui organisent une cérémonie dans le temple, le lundi ou le vendredi. »

Arrive le moment d'ingurgiter une mixture purificatrice concoctée par la prêtresse.

Le temple en question se limite à une case entourée de palissades et décorée de fragments d'assiettes. Les étrangers n'y ont pas accès. Même les photos sont déconseillées car la force invisible de Bouhélé voilerait le cliché et endommagerait l'appareil. C'est là, en tout cas, que le marabout Tilana Damba et son assistante, la prêtresse en robe bleue, exorcisent les nouvelles venues. Ces dernières sont d'abord soumises à un interrogatoire, de façon à être poussées éventuellement aux aveux. Le marabout décapite ensuite deux poulets de couleurs différentes. Selon qu'ils meurent en basculant d'un côté ou de l'autre, il pourra dire s'il s'agit ou non de vraies sorcières. Quelle que soit la sanction, arrive enfin le moment d'ingurgiter une mixture purificatrice concoctée par la prêtresse selon une recette gardée secrète. Au sortir de cette troisième épreuve, les vraies sorcières sont considérées comme inoffensives. Les autres, même innocentées, doivent également rester sur place. Non pas qu'elles soient prisonnières ou réduites à l'esclavage – tout indique au contraire qu'elles sont bien traitées –, mais un retour à la maison serait bien trop dangereux.

Une autre Aishetu – prénom très répandu au Ghana –, comme des centaines d'autres, a été « purifiée ». Cette femme sans âge – elle ignore sa date de naissance – vit à Kukoe depuis 1997. La finesse de ses traits, la douceur de son regard laissent deviner un passé de jeune élégante, respectée de tous. « Avant, se souvient-elle, j'habitais à Pudia, un village situé à dix heures de marche. J'avais un fils. Ce fils s'est marié. Puis, un matin, peu après son mariage, il a été pris de vertiges. Le soir même, il était mort. Mon mari et sa famille ont prétendu que c'était de ma faute. Ils m'ont chassée sans que personne prenne ma défense. J'ai dû partir car ils m'auraient frappée, peut-être tuée. Mon frère m'a accompagnée, nous sommes arrivés ici vers minuit, sans bagage, avec pour seuls vêtements ceux que je portais sur moi. »

Aishetu a les larmes aux yeux en évoquant cet époux auquel elle a tout de même donné neuf enfants, dont trois, seulement, ont survécu : « Je n'ai toujours pas compris pourquoi il a fait ça. Je ne suis pas une sorcière, je n'ai jamais eu de pouvoirs ! » Parfois, ses enfants viennent la voir, mais un retour à Pudia est impossible : les autres habitants, les inquisiteurs d'hier, ne croiraient pas à sa « purification » par le dieu Bouhélé. De toute façon, son genou est si enflé qu'elle ne pourrait marcher jusque-là-bas. Pour gagner de quoi subsister, Aishetu en est donc réduite à brûler des morceaux de bois devant sa case ; le charbon ainsi produit sera ensuite vendu aux autres habitants.

À l'abri et inoffensives

La plupart des vieilles, même si elles sont en état d'aller travailler aux champs, vivent dans la misère. « En théorie, rappelle le chef Issa, les familles doivent leur envoyer des vivres de temps en temps. Au début, elles le font. Puis, petit à petit, les sorcières se retrouvent à notre charge. Certaines doivent aller de case en case pour demander un peu de nourriture. » Leur principal souci reste toutefois l'absence d'eau potable. La source la plus proche étant située à plusieurs kilomètres, celles qui n'ont pas de petits-enfants ne peuvent s'y rendre et doivent acheter l'eau à des jeunes des environs. Bien sur, le forage d'un puits et l'installation d'une pompe changeraient leur vie, mais le coût d'une telle opération (environ 6 000 francs) est trop élevé pour cette communauté oubliée de tous.

Les habitants veulent pourtant se persuader que Kukoe, loin d'être maudit, est béni des dieux. Ici, au moins, les vieilles sont à l'abri et inoffensives, puisque les esprits néfastes n'ont plus d'emprise sur elles. À en croire les anciens, on peut d'ailleurs les voir en action, ces forces du mal. Au cœur de la nuit, folles de colère, elles virevoltent comme des lucioles en lisière du village. Heureusement, Bouhélé les tient à distance, veillant à jamais sur le peuple des « sorcières ».

LES HÉROS DU WORLD TRADE CENTER

Certains jours naissent laids. Nous sommes le 11 septembre 2001 à New York, il est 9 heures. Pour trois minutes encore, le monde croit au début d'une matinée ordinaire. Soudain, le destin de 3 000 hommes et femmes va se croiser devant la mort. Apocalypse Now.

MICHEL MOUTOT

AFP, SEPTEMBRE 2001-JANVIER 2002

Dans les escaliers de la tour en flammes, Ciara Linnane a croisé les premiers pompiers montant vers le brasier. Elle a compris qu'ils montaient vers la mort et, dans leurs yeux, a lu qu'ils le savaient aussi.

Les bureaux de cette journaliste de l'agence financière AFX, filiale de l'Agence France Presse, étaient au 52e étage de la tour 1 du World Trade Center. Mardi matin, quelques secondes après l'impact de l'avion au 90e étage, elle se rue avec deux collègues dans l'issue de secours.

« Vers le 25e étage, nous avons vu monter les premiers pompiers. Ces gars costauds, avec leurs grosses têtes d'Irlandais rougis par l'effort. Ils nous disaient : "Tout va bien tout le monde. Vous allez pouvoir sortir. Quand vous arrivez en bas, suivez les flèches." Cela nous a vraiment calmés. Ils nous regardaient dans les yeux, disaient : "OK, c'est bien." L'un d'entre eux s'est arrêté quelques secondes, m'a fixée et a dit : "Vous vous en sortez très bien. Assurez-vous que tout le monde continue à descendre, restez sur la droite, allez aussi vite que possible. Vous parviendrez à sortir, ne vous retournez pas, descendez !"

« Je savais dès la première seconde que le building allait s'écrouler. Ils avaient si peur. Je n'arrêtais pas de leur dire : "Merci ! Merci !" Et je ne pouvais m'empêcher de penser : "S'il vous plaît, ne faites pas ça ! S'il vous plaît, faites demi-tour, descendez avec nous." Mais je n'ai rien dit, bien sûr.

« Quand vous pensez à cette scène : nous qui marchions pour sortir du building, pour vivre, et ces gars qui montaient vers la mort. Les gens dans l'escalier les applaudissaient, les remerciaient, leur tapaient dans le dos, leur disaient : "Vous êtes nos héros." On entendait crier : "Pompiers ! pompiers !", et tout le monde se poussait vers la droite pour leur libérer le passage.

« J'en ai vu passer une cinquantaine. Certains partaient dans les étages, d'autres continuaient à monter. Ils étaient très chargés, en sueur, avec des haches, des tuyaux, des bouteilles d'oxygène. Ils se criaient des ordres les uns aux autres. Ils n'étaient pas tous jeunes, il y avait des vieux aussi.

« Ils sont allés au-delà de l'héroïsme. On devrait décréter un jour de deuil uniquement pour eux et un autre jour pour les autres victimes. »

Quatre jours après le drame, cette belle jeune femme brune de 38 ans sursaute à la moindre sirène dans la rue, allume ses cigarettes d'une main tremblante, interrompt son récit quand des jets de l'armée de l'air rugissent dans le ciel de New York.

« J'étais arrivée au bureau à 8 heures. J'étais en ligne avec Londres et soudain il y a eu un énorme bruit. Deux explosions. Ce n'était pas tellement le bruit, surtout l'impact : l'ensemble du bâtiment a tremblé. On a pensé que c'était une bombe. Des débris tombaient par les fenêtres, il y avait de la fumée. On s'est regardés, Laura a commencé à hurler et Rudy a dit : "Vite, l'escalier !" On a tout laissé.

« Les escaliers étaient déjà pleins de monde, mais tout le monde était calme et très gentil. Il y avait des gens qui étaient là lors de l'attentat de 1993, ils disaient : "Ça va, on connaît la procédure, il faut juste descendre et sortir." »

Ils restent coincés, immobiles, pendant quinze interminables minutes vers le 30e étage. Soudain, un cri : « Blessés ! Blessés ! Tout le monde sur la droite. »

« Trois femmes sont passées, brûlées. L'une d'elles avait un haut sans manches, la peau de son bras partait en lambeaux. Elle ne pleurait pas, était dans un profond état de choc.

« Les pompiers sont allés au-delà de l'héroïsme. »

« Pendant que nous descendions, nous n'avons pas entendu le deuxième avion frapper la deuxième tour, nous n'avions aucune idée. Heureusement, parce que cela nous aurait rendus fous ! Vers le 30e étage, un gars nous a dit qu'un avion avait heurté notre tour, alors bien sûr nous pensions que c'était un accident. On en parlait entre nous.

« Les dix derniers étages étaient libres, on a pu courir. Quand on est sortis, il y avait des véhicules de secours partout : ambulances, pompiers, des gens partout, des blessés. »

Ils s'éloignent à grands pas et pour la première fois se retournent et découvrent la tour. « Par l'enfer ! Comment sommes-nous parvenus à sortir de là vivants ? Des gens dans la rue nous ont dit que c'étaient deux avions, que le Pentagone avait été touché. »

« Pa', ça va. Je suis au 5e étage. Il y a une femme enceinte coincée entre deux portes, je vais la sortir d'ici ! »

Ils descendent la rue Fulton et, alors que ses deux collègues sont entrés dans un bar pour tenter d'appeler leurs familles, Ciara voit son cauchemar se réaliser : la première tour en huit secondes transformée en gravats. Ils courent avec les autres pour échapper au nuage de poussière. Chinatown est au bout de la rue…

17 septembre : « Je creuse pour retrouver mon fils »

Son fils est pompier, enseveli sous le World Trade Center et aucune force au monde ne pourra empêcher Henry Tirado de creuser les décombres.

Pour le sixième jour d'affilée, ce maçon de 47 ans s'acharne à la recherche d'Hector, 28 ans, membre du Fire Department de New York City (compagnie « Engine 23 »). Il s'est précipité avec ses camarades dans la tour numéro 2 en flammes et n'en est pas ressorti.

Assis à une table de fortune au coin de Greenwich Street, les yeux dans un gobelet de café, il raconte. « Mardi je travaillais sur l'autoroute, au nord vers Whitestone. J'ai vu le feu, appelé sa caserne. Le lieutenant m'a dit que sa compagnie était allée là-bas. Je suis rentré à la maison. J'étais dans la cuisine, ma fille a crié : "Papa ! Papa ! Regarde, c'est Hector !" Je l'ai vu à la télé. Il installait des tuyaux à partir du camion.

« J'ai appelé son portable, étonné qu'il réponde. Il m'a dit : "Pa', ça va. Je suis au 5e étage. Il y a une femme enceinte coincée entre deux portes, je vais la sortir d'ici !" Je lui ai dit : "Fais attention ! Sors de là !" Ça a coupé. La première tour s'effondrait déjà.

« Je me suis précipité à la caserne. J'ai demandé : "Mon fils est sorti ? Vous avez ramené mon fils ?" Ils m'ont dit de venir dans la pièce du fond. J'ai compris que ce n'était pas bon. "Votre fils était un héros." J'ai répondu : "Ne me dites pas que mon fils était un héros ! Je ne veux pas entendre ça !" Ils m'ont dit : "Onze d'entre nous sont allés là-bas, cinq sont revenus. Il en manque six, votre fils est l'un d'entre eux."

« Ils ont tenté de me réconforter, proposé de rester là. J'ai répondu que ce dont j'avais besoin, c'était de pouvoir aller là-bas et d'aider. Peut-être que je peux retrouver mon fils. »

Il avale de petites gorgées de café froid. Une barbe d'une semaine et de larges cernes lui mangent le visage. Ses mains, ses avant-bras sont rougis, écorchés.

« Je suis allé à la Garde nationale me porter volontaire. J'ai attendu dix heures. Quand je suis arrivé ici, en bus, ils m'ont dit qu'ils ne prenaient plus de volontaires. Je suis allé à une barrière, il y avait un policier. Je lui ai dit : "Je m'en fous, tirez-moi dessus. Je viens chercher mon fils." Je suis entré. »

Depuis, Henry ne lâche sa pelle que pour aller dormir par tranches de trois heures dans sa voiture et appeler chez lui. « Je dis à ma femme et à ma fille que je resterai jusqu'à ce que je le trouve. Hector a trois enfants. Ils me disent : "Gran'pa, Gran'pa va chercher papa ! Tu es le seul à savoir où il est. Tu es fort, toi." Les deux plus jeunes restent à la maison, rivés à la télé. Le grand est retourné à l'école. Il n'arrête pas d'appeler : "On a retrouvé pap' ? On a retrouvé pap' ?" »

Autour de la table où se retrouvent pompiers, volontaires et policiers, tout le monde pleure. « J'ai trouvé des corps, des morceaux de corps. Ils ne me laissent pas creuser là où il est, près de la deuxième tour, parce que c'est dangereux, ça brûle encore. Ils disent qu'il y a un sous-sol, quatre ou cinq étages, il pourrait être dedans. Mais cela fait déjà six jours. J'ai toujours l'espoir, mais personne n'est sorti vivant depuis mercredi…

« Je ne regrette pas sa décision de devenir pompier, parce que c'est ce qu'il voulait. Si vous avez un rêve et que vous ne le réalisez pas, cela reste un rêve. J'ai été pompier pendant huit ans, mon père était pompier. Il est venu de Porto Rico en 1923. Hector disait : "Je veux être pompier comme gran'pa. Gran'pa était le meilleur des pompiers." »

Il tente de se lever, ses genoux fléchissent. Il se rassied. « Bon, j'y retourne. Je vais creuser jusqu'à 9 heures ce soir. Et revenir demain. Il aimait aider les gens, il est mort en aidant les gens… »

17 septembre : les « ironworkers » dans la fournaise »

Les pompiers new-yorkais sont les martyrs et les héros du drame du World Trade Center mais les opérations de secours ont consacré d'autres acteurs incontournables : les « ironworkers ».

« J'ai trouvé des corps, des morceaux de corps. Ils ne me laissent pas creuser là où il est, près de la deuxième tour, parce que c'est dangereux, ça brûle encore. »

Cette caste d'ouvriers métallurgistes, spécialisée depuis le début du XXe siècle dans la construction et le démantèlement des gratte-ciel, est aux avant-postes des recherches dans le magma de gravats, de verre et d'acier, découpant au chalumeau poutres, panneaux et fers à béton pour ouvrir la voie aux sauveteurs.

« Il y a trop d'acier dans ces bâtiments », explique Steve Tumulty, un pompier new-yorkais qui vient de passer la nuit dans ce paysage d'apocalypse. « 110 étages, le nombre de poutres est incroyable. Et nous on peut pas les enlever. »

« On creuse jusqu'à ce qu'on tombe sur de l'acier et quand on peut plus avancer, les ironworkers interviennent. Ils marchent, grimpent sur les poutres, les découpent en morceaux et les enlèvent avec de grandes grues. Quand c'est fait, on continue à creuser. On tombe sur des cadavres, tout ce que l'on peut trouver. »

Ces métallos, aussi appelés « steelworkers », se sont rués en masse vers le World Trade Center dans les heures qui ont suivi l'attentat. Depuis, ils sont en permanence 400 à 500 dans l'incroyable chantier, faisant jaillir nuit et jour de leurs chalumeaux des gerbes d'étincelles. Chaque jour de petits contingents d'ironworkers, envoyés par leur puissant syndicat, viennent relever sur le monceau de décombres leurs camarades épuisés par des vacations de dix à douze heures.

Lundi matin, c'est le tour de John Çarlisle et Jose Guzman. Grands, larges d'épaules, des mains comme des battoirs ils avancent, mâchoires serrées, vers la colonne de fumée blanche dans laquelle ils ont déjà passé plusieurs jours. Leurs outils traditionnels (énormes clés anglaises, pinces, marteau) battent contre leurs jambes.

« Nous ne construisons pas seulement les armatures des buildings, nous les démontons aussi, explique John. Nous faisons cela tout le temps : découper les poutres d'acier en petits morceaux pour qu'elles soient évacuées sans dommage par les grues. Mais jamais sur une telle échelle, bien sûr. »

« Mon père a bâti ces tours. Heureusement, il est mort avant de voir ça. »

Ils étaient plusieurs dizaines, en fin de matinée, à faire la queue devant la table du syndicat. Tous sur le même moule : grands et forts, tatoués, fiers d'appartenir à cette aristocratie ouvrière qui a bâti New York et conscients aujourd'hui de leur importance. Les photos de leurs ancêtres, assis dans le vide sur les poutres qui vont devenir l'Empire State Building, ornent de nombreux salons aux États-Unis et dans le monde.

Si la ville tente depuis plusieurs jours de dissuader les volontaires en surnombre de descendre dans le sud de Manhattan, ils sont l'exception à la règle : à condition de faire partie du syndicat, qui a passé un accord avec la direction des opérations de secours, les sauveteurs leur ouvrent les bras. « Mon père a bâti ces tours », soupire Scott Riccio, un ironworker venu du New Jersey voisin. Il tourne la tête. « Heureusement, il est mort avant de voir ça. »

19 septembre :
« Nous ne sortons plus personne »

Des moyens de recherche de plus en plus considérables sont mis en œuvre dans les décombres du World Trade Center mais l'espoir de retrouver des survivants avait quasiment disparu mercredi.

Aucun être vivant n'a été sorti du gigantesque magma de fer et de béton depuis le 12 septembre, lendemain de l'attentat et, même s'ils se concentrent sur les sous-sols qui pourraient avoir en théorie servi d'abris, les pompiers de New York cachent de moins en moins leur pessimisme et leur découragement.

Les seaux avec lesquels on évacuait les gravats ont laissé la place aux pelles mécaniques qui chargent les vestiges des tours jumelles dans une noria de camion-bennes.

« Maintenant, c'est vraiment effrayant parce que nous ne sortons plus personne », avoue, épuisé, Paul Ferro. Cet officier du Fire Department de New York (FDNY), chef-adjoint du 41ᵉ bataillon, sort du chantier désormais ceinturé de grillage, avec huit de ses hommes. « Nous avons déjà fouillé tous les sous-sols où nous pouvions avoir accès. Il faut désormais déblayer des tonnes d'acier pour accéder à des poches. »

Mais il reconnaît que dans les cinq sous-sols du World Trade Center « la fumée est persistante, très mauvaise », ce qui hypothèque encore davantage les chances de survie. « La plus longue période de survie a été enregistrée, je pense, lors d'un tremblement de terre au Mexique, avec treize jours... »

Cela n'empêche pas un autre membre du FDNY, qui demande à ne pas être identifié, d'estimer que d'improbables survivants, « s'ils ont de l'eau, ont peut-être une chance d'être encore avec nous ».

« Chaque heure, chaque minute qui passe, l'espoir diminue », a concédé le chef de la police, Bernard Kerik. La veille, le maire de la ville, Rudolph Giuliani, avait déclaré : « Nous continuons à espérer et à prier, mais les chances sont très très minces. »

Sur les décombres, qui sont en leur point le plus élevé hauts de six étages et s'étalent sur plus de six hectares, les chaînes humaines formées aux premiers jours des recherches par des milliers de sauveteurs ont quasiment disparu, signe que l'espoir d'extirper des survivants des premières couches a disparu.

Les seaux de plastique blanc, avec lesquels ils évacuaient soigneusement les gravats, gisent dans les coins, empilés. Ils ont laissé la place aux pelles mécaniques qui, armées de pinces géantes, chargent les vestiges des tours jumelles et des immeubles voisins dans une noria de camion-bennes.

L'avancée du déblaiement (près de 50 000 tonnes ont déjà été emportées dans une décharge sur l'île voisine de Staten Island) a permis l'installation de grues géantes grâces auxquelles des pans entiers vont pouvoir être déplacés.

Mercredi matin, une grue de 450 tonnes pouvant soulever 700 tonnes était en cours d'assemblage. Cet engin aux monstrueuses proportions nécessite, pour être transporté, treize semi-remorques. Une grue pouvant soulever 1 000 tonnes, l'une des plus grosses disponibles aux États-Unis, est en chemin, a indiqué à l'AFP le propriétaire de l'engin, une entreprise de l'Ohio.

Plus question de passer les barrages de gardes nationaux sur la foi d'un casque de chantier : des cartes plastifiées sont désormais requises pour tous. En fin de matinée, deux gardes exigeaient que des pompiers de New York en tenue de recherches complète montrent leur laisser-passer.

20 septembre : « L'impossible deuil »

Quand ils perdent l'un d'entre eux, les pompiers de New York assistent par milliers aux funérailles. Avec 311 soldats du feu ensevelis sous le World Trade Center, ils affrontent un traumatisme qu'ils ne savent comment aborder.

« Pour l'instant, on s'en sort en travaillant, en cherchant nos gars sous les décombres », explique sur les lieux du drame le chef-adjoint du 41e bataillon du Fire Department, Paul Ferro. « Mais quand nous allons arrêter, je pense que nous allons avoir beaucoup de problèmes avec les gars. C'est quand l'action cesse que l'on ressent vraiment la perte. »

Aujourd'hui, les « New York bravest » (« les plus courageux ») sont, comme le reste de la ville, sous le choc d'une catastrophe à laquelle rien ne pouvait les préparer et dont le souvenir va se perpétuer sur des générations.

« Perdre d'un coup autant de membres du département est au-delà de la tragédie. »

« Nous n'avons jamais été préparés pour quelque chose comme ça » assure, dans le garage de la brigade « Ladder 13 » sur la 85e rue de Manhattan, le pompier Franck Macchie. Le trottoir disparaît sous les fleurs, les murs sous les dessins d'enfants et les messages de soutien : la compagnie a perdu neuf hommes. Seuls trois noms figuraient jusqu'alors sur une petite plaque commémorative.

« Nous sommes d'habitude très sensibles à la perte d'un seul d'entre nous », poursuit ce solide garçon de 36 ans, venu de sa caserne de Spanish Harlem pour permettre aux pompiers de la Ladder 13 de rester auprès de leurs proches et des familles des disparus. « Nous ne voulons pas l'envisager mais nous sommes prêts à le faire. Mais perdre d'un coup autant de membres du département est au-delà de la tragédie. Nous allons le surmonter, mais cela prendra beaucoup de temps. »

Le drame est d'autant plus cruellement ressenti que l'on est souvent, à New York, pompier de père en fils ou de frère en cousin.

« Mon père était pompier. Il est mort au feu dans les années 1970 », raconte un jeune membre du FDNY qui prend un café après avoir passé la nuit à fouiller les décombres. « Mon frère a 28 ans, il s'apprête à s'engager. »

« Chacun dans ma caserne connaît un disparu. Chacun. Mais nous n'avons pas d'autre choix que de continuer. C'est dur, mais il faut surmonter. Et c'est pour ça qu'on nous paie : les autres s'enfuient, nous entrons. Nous allons faire de notre mieux pour remplacer les disparus. Il faudra sans doute des années. »

Un lieutenant, qui demande à ne pas être identifié, ajoute : « Quand on perd un gars dans des circonstances normales, on est des centaines à rendre visite à sa veuve. Des milliers aux funérailles. Mais là, nous ratons déjà des enterrements parce que nous sommes ici. C'est frustrant. »

> **« Chacun dans ma caserne connaît un disparu. Mais nous n'avons pas d'autre choix que de continuer. C'est pour ça qu'on nous paie : les autres s'enfuient, nous entrons. »**

Sur un mur de la caserne de l'unité Ladder 13, les pompiers ont scotché un t-shirt de Superman offert par un enfant du quartier. Les visites se succèdent, une cinquantaine de personnes se pressent dans l'entrée toutes les fins d'après-midi. « Nous recevons beaucoup d'aide des habitants, de docteurs, de psychiatres, se félicite Franck Macchie. Nous comptons sur eux maintenant, parce que nous n'avons aucun système en place pour nous permettre de surmonter la disparition de plus de 300 des nôtres… »

10 janvier 2002 :
« Six hommes et une raclette »

Sur des clichés géants des héros du World Trade Center exposés à New York, les pompiers empoignent leurs haches. Jan Demczur est laveur de carreaux, il tient une raclette. C'est avec cet outil que le 11 septembre il a sauvé six vies.

Quand le premier avion détourné percute la tour numéro 1, ce Polonais émigré depuis vingt et un ans aux États-Unis est, avec cinq hommes, dans un ascenseur express montant vers le 74e étage.

« Il y a eu un choc, puis la cabine a tangué. J'ai pensé que c'était un problème mécanique », raconte ce petit homme de 48 ans dans un hall de la gare centrale de Manhattan où sont exposées depuis mercredi des "Visages de Ground Zero", dont le sien. « Nous n'avons pas entendu d'explosion. À l'interphone, on nous dit : "Problème au 91e étage." Puis plus rien. »

Ils appellent à l'aide, pas de réponse. Jan comprend qu'il ne faut pas attendre les secours. Il faut sortir de là. « Nous ne savions pas à quel point la situation était dangereuse, n'avions aucune idée de ce qui se passait. »

Ils ouvrent la porte à la main, la coincent avec le manche du balai de Jan, pour tomber sur une paroi de placoplâtre, avec la mention « 50 ». « Je connais la construction, je sais que ces parois ne sont pas solides. Je n'avais que ma raclette dans un seau. J'ai dit : « Je vais essayer avec ça. »

Pendant quarante-cinq minutes, ils se relaient pour creuser un trou dans la cloison. Quand la fumée envahit la cabine, ils respirent à travers des linges trempés dans le lait d'une bouteille qu'un d'eux avait dans son sac. Après la cloison, ils attaquent du carrelage blanc : ils sont dans des toilettes.

Quand le passage fait à peu près 30 cm sur 40, ils se glissent dans la pièce, sous un lavabo, puis sur le palier du 50e étage. Ils tombent sur des pompiers surpris de trouver des civils si haut dans des étages que tout le monde a déjà évacués.

Le bâtiment a résisté 100 minutes. Leur évasion a duré 95 minutes.

Il leur faut quarante-cinq autres minutes pour descendre, souvent à tâtons, les escaliers emplis de fumée et de poussière. Jan Demczur n'a toujours pas lâché son seau. Ils sont au 12e étage quand la tour numéro 2 s'effondre. Ils ne comprennent toujours pas, entendent les pompiers leur hurler de faire vite.

Ils courent. Quatre minutes plus tard, dans un grondement d'épouvante, la tour numéro 1 implose à son tour. Le bâtiment a résisté 100 minutes. Leur évasion a duré 95 minutes. Quelques étages plus haut et six noms venaient s'ajouter à la liste de quelque trois mille victimes.

Depuis, Jan n'a toujours pas repris le travail. Il court, aux côtés de sa femme, de plateau de télévision en réception officielle, raconte son histoire. Sourit modestement aux mots « héros » ou « ange gardien ».

« WELCOME TO AFGHANISTAN ! »

Pénétrer clandestinement en Afghanistan déguisé en femme, franchir à perdre haleine des cols à plus de 5 000 mètres, débouler entre les champs de mines dans les vallées perdues à la recherche d'une guerre incertaine. Carnets de pistes à pied, à cheval, en voiture.

ADRIEN JAULMES
« LE FIGARO », 6 OCTOBRE 2001

Le major Ali pique des deux en faisant tournoyer son maillet. Dans un grondement de sabots, les autres cavaliers s'élancent derrière lui en soulevant des mottes de terre. Talonné par ses adversaires, le major parvient, en plein galop, à frapper d'un coup sec la boule de bois. Sur les murettes de pierre qui longent le terrain de polo de Chitral, les spectateurs suivent des yeux la trajectoire de la balle blanche qui traverse le terrain et vient frapper le sol avec un bruit sourd entre les deux poteaux rayés. But. Une flûte nasillarde et un tambourin jouent la fin de la chukka, une période de jeu. L'équipe de polo des Chitral Scouts mène face à celle de la police locale.

Maillet à la dragonne, les cavaliers bavardent amicalement dans la lumière déclinante de l'après-midi, sur leurs poneys couverts de sueur. Dans l'étroite vallée de Chitral, au nord-ouest du Pakistan, l'armée pakistanaise n'a rien changé de ses habitudes de temps de paix. Les soldats ont l'air d'ignorer les rumeurs de guerre, alors que de l'autre côté de la crête, en Afghanistan, on s'attend de jour en jour à une attaque américaine.

L'atmosphère de la petite ville a pourtant changé. Les touristes ont disparu après que les ambassades occidentales eurent demandé à leurs ressortissants de quitter Chitral. Et dans la rue du bazar, les randonneurs ont été remplacés par les journalistes qui cherchent à passer du côté afghan.

Mais, là aussi, les choses ne sont plus aussi simples que d'habitude. L'armée pakistanaise s'est déployée à la frontière et les contrôles ont été renforcés. Plus aucun étranger n'est autorisé à franchir le col de Shah e-Salim, le principal point de passage vers l'Afghanistan. Le major Ali n'a pas beaucoup d'explications à donner.

La porte vers l'Alliance du Nord

La sentinelle du mess des officiers des Chitral Scouts salue à l'anglaise en frappant le sol du talon. Le pakol, bonnet de laine traditionnel, orné des cornes torsadées d'une antilope Marco Polo, le ceinturon brillant et les décorations pendantes, le soldat conduit le visiteur sur la pelouse, au milieu des paons. Le major est un gentleman. Il n'aime pas être désagréable. Mais il est aussi le commandant en second du régiment, et il applique les ordres.

« Vous comprenez, compte tenu de la situation, nous préférons tenir cette frontière fermée. Cela pour des raisons évidentes de sécurité. Dès que les circonstances le permettront, nous rouvrirons Shah e-Salim », explique-t-il en tournant son thé. « Mais pour l'instant, je dois vous dire non », conclut-il avec un petit air contrit. La politique du Pakistan vis-à-vis du régime taliban reste donc plus qu'ambiguë.

À l'époque de la résistance afghane à l'invasion soviétique, Chitral et les cols de l'Hindou Kouch étaient le seul itinéraire d'accès à la vallée du Panshir. Ils ont été fermés lorsque le Pakistan a joué, avec la bénédiction américaine, la carte taliban.

Aujourd'hui, malgré les promesses du président Pervez Musharraf de soutenir une intervention des États-Unis en Afghanistan, le Pakistan verrouille toujours cette porte arrière de l'Alliance du Nord, dont tout l'approvisionnement vient du Tadjikistan.

Mais ces régions montagneuses sont difficiles à contrôler efficacement. Un siècle plus tôt, les prédécesseurs britanniques du major Ali, qui passaient eux aussi le temps en parties de polo, avaient créé les Chitral Scouts pour tenir ces centaines de kilomètres d'une des frontières les plus hautes du monde. Malgré le recrutement des éclaireurs dans les vallées alentour, ni l'Empire britannique ni l'État pakistanais, qui lui a succédé dans la région, n'ont jamais empêché les montagnards de franchir dans un sens ou dans l'autre une ligne qu'aucun gouvernement à Kaboul n'a d'ailleurs jamais reconnue.

Au bout du gazon, derrière les crêtes neigeuses, le Tirich Mir, qui culmine à plus de 7 700 mètres, rosit dans le crépuscule. Là-bas, derrière la barrière de l'Hindou Kouch, commence l'Afghanistan. Malgré le dispositif renforcé adopté par les forces pakistanaises, on peut toujours passer par les crêtes. Mais il faut faire vite. Les premières neiges risquent dans quelques semaines de boucler les cols plus sûrement que la douane. Il faut trouver un guide pour traverser ces régions désertes, à plus de 5 000 mètres d'altitude.

Assis dans le jardin du Mountain Inn, l'un des hôtels de Chitral, deux hommes fument leurs Player's avec des airs mystérieux. Ils ont une solution. D'abord pour se rendre au pied du massif, malgré les barrages de la police et de l'armée. Puis pour franchir l'Hindou Kouch.

Les contrôles seront déjoués selon une méthode éprouvée. « Vous passerez déguisés en femmes », expliquent-ils. « C'est le plus sûr. Aucun policier ne soulèvera jamais le voile d'une femme. Ce serait comme regarder sous sa jupe. Ils ne feront ni l'un ni l'autre », concluent-ils avec un gros rire. Un guide et des porteurs acceptent ensuite d'aller jusqu'au premier village afghan. Après, « Inch Allah, à la grâce de Dieu », terminent-ils avec un air sentencieux. Marché conclu.

Déjouer la vigilance des mouchards qui somnolent dans le hall de l'hôtel est le plus facile. Après avoir annoncé à la réception son départ pour Peshawar, on embarque dans une auto qui prend la route du Sud. Mais une vingtaine de kilomètres plus loin, au détour d'un virage, la voiture quitte la route, grimpe quelques lacets d'une petite piste, et s'arrête à l'abri des arbres devant une grosse maison fortifiée.

Allongé sur des coussins dans la salle des invités, un gros homme attend. C'est lui qui conduira sa Toyota en sens inverse, jusqu'en haut de la vallée. Pendant que l'on revêt des pantalons bouffants et des voiles chatoyants, il explique qu'il ne sera pas nécessaire de porter la burqa. Cette toile plissée qui recouvre entièrement les femmes, avec une petite grille brodée pour les empêcher de se cogner dans les murs, n'est portée « que dans les milieux populaires, chez les gens sans éducation », dit-il. Fier de son progressisme, il vante les mérites du simple voile, qui recouvre le visage et les épaules, mais laisse une fente pour les deux yeux. Bien sûr, une femme comme il faut doit détourner le regard au passage d'un homme.

Entassés à l'arrière de la voiture, on traverse Chitral sans encombre. La piste caillouteuse grimpe dans la vallée, alors que le jour décroît. Les rayons du soleil teintent de rose les parois des gorges qui mènent jusqu'aux sources d'eaux chaudes de Garam Shisma. La nuit est déjà tombée lorsque l'auto entre dans une cour de ferme. Les porteurs sont prêts, accroupis dans l'obscurité. On distingue la masse claire de la montagne au-dessus du village. Les charges sont confectionnées, ordinateur portable et téléphone satellite enroulés dans des couvertures de laine. Puis on se met en marche. La petite colonne doit être hors de vue de la vallée avant l'aube.

Une endurance dopée à l'opium

Le chemin disparaît très vite, et il faut grimper par des raidillons entre d'énormes blocs de rocher. La première crête est atteinte dans l'air glacial du matin. Entre deux pitons déchiquetés, dans la vallée toujours dans l'ombre, on distingue en contrebas les minuscules bâtiments de l'armée pakistanaise qui gardent l'accès à la passe de Shah e-Salim. Mais la frontière est encore loin. Un aigle tourne dans le ciel. C'est dans ces régions que vivent aussi les grandes antilopes Marco Polo. À plus de 5 000 mètres d'altitude, le souffle manque rapidement.

Les porteurs n'ont pas l'air de s'en soucier. Ils filent un train d'enfer et montent droit dans les pierriers, en mauvaises baskets ou en bottes en plastique, leurs charges entourées de cordes de chanvre. On découvre rapidement la raison de leur endurance exceptionnelle. À chaque halte, entortillés dans leurs haillons, ils se regroupent sous une couverture d'où sortent quelques bouffées de fumée âcre.

De l'opium. Un tuyau de métal et son foyer noir de suie, une mèche qui trempe dans la graisse d'une coupelle, et les petites boulettes de drogue qu'ils sortent d'un chiffon suffisent à leur bonheur. Plus rien n'a ensuite d'importance. Ni le froid, ni la fatigue. Le reste du temps, une boulette de haschich collée contre les gencives suffit à les faire patienter jusqu'à la prochaine halte.

Seul l'un d'entre eux baragouine quelques mots d'anglais et de français. Avec sa grosse moustache et son air bonasse, il explique qu'il a longtemps travaillé comme guide pour des alpinistes européens. Avant que les autorités pakistanaises ne lui retirent sa licence « pour avoir franchi un peu trop souvent la frontière par des voies détournées », explique-t-il en riant. Mais ses notions géographiques restent hésitantes. Sans parler de celles de temps… « À combien de jours de marche sommes-nous de l'Afghanistan ? Un jour ? Oui ! Deux jours ? Oui ! Trois jours ? Oui ! »

Les cartes touristiques ne sont pas très exactes non plus. Seules les cartes aériennes donnent une idée précise du relief. Mais les vols long-courriers ne s'intéressent évidemment pas aux noms de malheureux villages de pisé et de vallons perdus. La boussole permet cependant de vérifier la direction générale de marche et de deviner les vallées à leur orientation.

L'Afghanistan est quelque part vers l'ouest, derrière la plus haute crête. Deux nuits et une journée sont nécessaires pour contourner les positions pakistanaises. Dans les pentes les plus exposées, on se sépare en petits groupes pour échapper à l'attention de guetteurs en contrebas.

Il faut attendre la nuit pour entreprendre la dernière ascension jusqu'à la passe, petit couloir rocheux entre deux pitons. La pente n'est qu'un pierrier instable que l'on gravit à la lueur de la lune. Même les porteurs ont le souffle court. Le froid rend les prises difficiles. L'aube commence à poindre lorsqu'on franchit les derniers mètres. Le sommet est balayé par un vent violent. Le paysage est impressionnant. Un glacier fendu de crevasses s'étend au milieu d'un cirque de montagnes beiges. En contrebas s'ouvre une vallée étroite bordée d'éboulis grisâtres. C'est l'Afghanistan.

Une nouvelle difficulté survient. La mutinerie des porteurs a beau être un classique éculé, ces montagnards aux têtes de paysans madrés ne craignent pas les poncifs. « Nous n'irons pas plus loin », explique le plus âgé. « L'Afghanistan est trop dangereux », avance un autre. Un peu tard pour s'en apercevoir. Les porteurs discutent dans la neige. L'appât du gain semble le disputer à la crainte. Les deux plus jeunes finissent par se décider. Ils iront comme prévu jusqu'au premier village afghan. Les autres renâclent un peu pour la forme. On se dispute la pipe à opium. Puis l'expédition se sépare.

Les deux porteurs restants, Gul-Mirza et Mohammed Yaqub, se sont réparti les sacs. Les cheveux presque blonds et les yeux bleus, Gul-Mirza est originaire du Nouristan. Dans ces vallées reculées de l'est de l'Afghanistan subsistent des traces génétiques du passage des troupes d'Alexandre le Grand. Gul-Mirza ignore tout du conquérant. Mais il a en revanche été très impressionné par les images de l'attentat du World Trade Center. Tous les après-midi, dans la « tchâï-khâna » (maison de thé) de son village, on rêvasse devant la télévision. Entre deux vidéoclips pakistanais, les programmes d'information de BBC

World ont retransmis les images des deux gratte-ciel en feu dans le ciel new-yorkais. Mohammed Yaqub, lui, marmonne machinalement les noms de Ben Laden et du mollah Omar en tâtant de son bâton la neige. Il zigzague entre les crevasses béantes du glacier. Puis traverse les torrents et les moraines, entre des blocs de pierre géants posés sur leurs piliers de glace bleue.

Un autocollant du film « Titanic » sur la crosse de sa kalachnikov, droit dans ses bottes en plastique, il fait signe de passer devant lui avec le canon de son fusil.

La peur des « Russian boum boum »

La descente dans la vallée déserte présente un autre risque. « Russian boum boum », explique Yaqub en se tenant la jambe. L'Afghanistan est l'un des pays les plus minés du monde. Répandues par les Soviétiques sur tous les points de passage obligés, les cols et les sentiers qui relient les vallées, les mines antipersonnel ont toujours les mêmes effets : elles gênent sans les empêcher les opérations militaires. Mais elles continuent longtemps après les combats à mutiler et tuer les civils.

Il y a peu de risques d'en trouver dans les moraines et au pied du glacier. La caillasse et la neige les engloutissent à chaque saison. Plus bas, les sentiers de chèvres et les berges des torrents sont en revanche plus risqués. Mieux vaut marcher sur les rochers et dans les traces du bétail. Pendant plus de vingt kilomètres, la vallée est déserte. Encaissé entre les sommets vertigineux de l'Hindou Kouch, le torrent se fraye un chemin entre les éboulis géants, puis se répand dans des tourbières spongieuses.

Un premier être vivant apparaît enfin. C'est un énorme chien de berger afghan, gros comme une moto et méchant comme un âne rouge. Il jette un regard mauvais, mais il est heureusement sur l'autre rive du torrent. Le second est un baudet qui cligne des yeux au bord du chemin. Le troisième est immobile sur un rocher. Un autocollant du film *Titanic* sur la crosse de sa kalachnikov, droit dans ses bottes en plastique, il fait signe de passer devant lui avec le canon de son fusil. Il marche comme on conduit des prisonniers, en les suivant à une certaine distance, légèrement sur le côté.

Malgré les efforts de la jeune sentinelle, l'atmosphère de son village n'a rien de guerrier. Dirgol, petit hameau de maisonnettes de pierres et de boue, se consacre à des activités champêtres. Les hommes rentrent les foins avec des outils en bois. Les enfants mènent des bœufs trois par trois sur les épis à fouler. L'arrivée de voyageurs par le fond de la vallée est une attraction. Une couverture est étendue sur le sol pour les visiteurs. On sert du thé au lait et des galettes cuites au feu de bois.

« Vous devez aller voir le commandant du secteur », explique enfin un vieil homme édenté. Il se trouve à Zibok, au bas de la vallée. Les villageois acceptent de louer leurs chevaux aux selles de toile rembourrée pour continuer la descente le long du torrent. On traverse l'eau écumante sur des ponts de pierres plates jetées sur des troncs d'arbres.

« Ne vous fiez pas aux cartes »

La vallée s'élargit en fin d'après-midi. Le vent soulève des tourbillons de poussière. Bientôt, des murettes de pierre indiquent les premières cultures. Puis quelques maisons de pierre bordées de peupliers : c'est Zibok. Courbés sous des paniers de foin, des hommes regardent défiler la petite caravane sortie d'une vallée qui ne mène nulle part. Puis des moudjahidines font leur apparition. Pakol porté en arrière, à la manière du commandant Massoud, et gilets de battle-dress, ils cultivent leur allure célèbre depuis l'époque de la guérilla afghane.

« Vous avez de la chance d'être arrivés sans problème par cette vallée. Nous avions miné les accès. »

Le silence se fait quand le commandant Fayzi Nour entre dans la petite salle de réception. Assis sur des coussins, il écoute en silence la traduction du médecin, un jeune homme qui a étudié à Kaboul. Belle tête de soldat, barbu, laconique, il laisse un instant s'écouler avant de prendre la parole. « Vous avez de la chance d'être arrivés sans problème par cette vallée, dit-il. Nous avions miné les accès l'an dernier pour éviter une incursion des talibans. Mais, quoi qu'il en soit, bienvenue en Afghanistan. »

Le médecin explique comment se rendre dans la vallée du Panshir.

« Ne vous fiez pas aux cartes, prévient-il. En Afghanistan, le chemin le plus rapide est rarement le plus direct. Remontez plutôt vers le nord jusqu'à Baharak, où vous trouverez sans problème un véhicule pour vous rendre dans le Panshir. »

Les porteurs pakistanais repartent vers la montagne. Les moudjahidines se chargent de l'auto-stop. Ils arrêtent la première voiture, une vieille jeep soviétique chargée d'un invraisemblable amoncellement de marchandises. L'air malicieux et trois poils au menton, Nadir est un routier afghan. Il transporte jusqu'à Baharak des rouleaux de bâche plastique, des caisses de cigarettes et des roues de secours jusqu'à en déformer la carrosserie de son véhicule. Car les aléas politiques n'empêchent pas les marchandises de passer.

Les sacs ficelés sur le toit de Nadir viennent du golfe Persique et du Japon. Ils ont été débarqués à Karachi, au Pakistan, et exemptés de droits de douane pour être exportés en Afghanistan. Une partie des marchandises entre dans l'Afghanistan contrôlé par les talibans en passant par Peshawar et la Khyber Pass. Certaines retournent aussitôt au Pakistan par des filières de contrebande, produisant un manque à gagner annuel de plusieurs centaines de milliers de dollars pour les autorités pakistanaises. Le reste est transporté clandestinement vers la zone de l'Alliance du Nord par la passe de Shah e-Salim, si bien défendue par les troupes du major Ali et les policiers pakistanais.

Que pense Nadir des rumeurs de guerre ? « Quelle guerre ? » demande-t-il. Il n'a connu qu'elle. Il conduit son camion à travers la rivière, à côté d'un pont détruit à l'époque de l'invasion russe. Des carcasses de chars T 55 rouillent au bord de la route. Ici, la guerre fait partie du paysage.

Aucune rumeur de guerre n'a atteint ces villages, où l'on ignore souvent même les attaques de New York.

Le monde moderne a fait son apparition dans cette société encore traditionnelle en 1979, sous forme d'hélicoptères et de chars soviétiques. Depuis, la charrue en bois côtoie la kalachnikov, et les pick-up Toyota les ânes chargés de foin.

Des centaines de milliers d'Afghans sont morts. On croise des mutilés dans tous les villages, et plusieurs millions de gens ont fui à l'étranger. La plupart de ce qui pouvait être détruit l'a déjà été plusieurs fois. Dans ces conditions, des bombardements américains ne signifient pas quelque chose de très grave. Surtout s'ils frappent les talibans.

Le soir, dans les « tchäï-khâna » au bord de la route, la lumière des lampes à pétrole éclaire des visages graves. Têtes barbues de patriarches assis en tailleur le long des murs, les convives écoutent religieusement les émissions de Radio Téhéran, ou celles de la BBC en farsi. « Si on nous avait soutenus plus tôt, les talibans ne seraient pas à Kaboul. Et Ben Laden n'aurait jamais pu commettre ses attentats », conclut le patron de l'auberge.

Cette région de l'extrême nord-est du pays représente à peine 10 % du territoire afghan. Le reste est sous le contrôle des talibans. Mais c'est cette petite portion du territoire, essentiellement peuplée de Tadjiks, qui est toujours représentée à l'ONU, et dont les ambassadeurs sont accrédités dans les capitales occidentales.

La colonne vertébrale de ce petit territoire est la piste qui relie Feyzabad, au nord, et descend jusqu'au bas de la vallée du Panshir. Un pick-up Toyota est l'un des seuls véhicules à pouvoir descendre sans encombre cette piste pleine d'embûches. Sur cet axe, un camion en panne suffit à interrompre tout trafic pendant plusieurs heures. Un pont détruit peut couper la route durablement. L'hiver, elle devient totalement impraticable.

Dans le haut de la vallée, aucune rumeur de guerre n'a atteint ces villages, où l'on ignore souvent même les attaques de New York et de Washington. Tout le monde est occupé aux moissons. Les épis de maïs sèchent sur les toits plats. Des troupeaux de moutons embouteillent les routes, et le principal souci des paysans locaux semble plus venir des rivalités presque féodales des commandants, qui se disputent parfois violemment leurs prérogatives territoriales, que des préparatifs de guerre autour de leur pays.

Vestiges de l'ancienne guerre

Plus bas, dans les gorges vertigineuses de la rivière Kowkcheh, on débouche sur une grappe de maisonnettes de pierre au pied d'une falaise blanche. C'est de ce petit bourg construit comme un village Pueblo que provient une part importante des ressources de l'Alliance du Nord : le pan de falaise est arraché par l'exploitation du lapis-lazuli.

Les précieuses pierres bleues sont extraites à grands coups d'explosif. Leur exportation est une source de devises non négligeables pour l'Alliance. « Mais la dynamite abîme les pierres, déplore un vieil homme occupé à coudre dans un sac des blocs de caillasse bleuâtre. On ne trouve plus que de la seconde qualité, qui ne se vend que quelques dizaines de dollars le kilo. » Manque de technique, manque de temps, et surtout besoin d'argent, qui a longtemps manqué à l'Alliance, avant que le monde entier ne s'intéresse à elle.

À mesure que l'on descend la vallée, la guerre devient plus présente. L'ancienne, surtout. Celle contre les Soviétiques a laissé une collection de blindés de tous les modèles qui rouillent le long des routes et des rivières. De nouveaux usages leur ont été trouvés. Les carcasses des transports de troupes BTR servent d'enclos. Les chenilles des chars sont utilisées comme ralentisseurs, ou sont placées dans les pentes pour aider les véhicules à la montée. Les roues des tanks et les douilles d'obus renforcent les façades des maisons.

La guerre en cours contre les talibans n'est pas aussi visible. On croise bien, oscillant dans des nuages de poussière, quelques camions russes Kamaz pleins de munitions et décorés de portraits du défunt commandant Massoud. Mais aucune trace d'importants mouvements de troupes ou de matériels, prélude indispensable à une offensive générale.

Pour le moment, le seul branlebas de combat est médiatique. Un embouteillage de minibus indique la fin de la vallée. Dans une villa du bord de la route, les autorités de l'Alliance du Nord s'efforcent de faire face à un déferlement de journalistes encore jamais vu. « Les reporters se battent à coups de poing à Douchambé pour avoir une place dans notre hélicoptère », explique, navré, le préposé aux accréditations, assis sur la moquette au pied de son bureau.

L'existence d'une filière pakistanaise déconcerte un instant. « Tiens ! Vous êtes le premier arrivé par cette voie, remarque-t-il en cochant une case de son cahier. Bienvenue en Afghanistan, Mister Jaulmes ! »

BALI PUNIE PAR LES DIEUX

« Paradis terrestre » des îles de la Sonde, Bali a connu l'enfer lorsque des terroristes islamistes ont semé la mort et la désolation parmi les touristes. Terre hindouiste isolée au sein d'une Indonésie islamisée, Bali cherche désormais sa voie entre dollars à encaisser et traditions à préserver.

JEAN-CLAUDE POMONTI
« LE MONDE », 25 FÉVRIER 2003

« Hier, nous avons loué un orchestre mais personne n'est venu. Ce soir, je ne sais s'il y aura des clients », explique, le sourire contrit, le barman d'un restaurant coquettement aménagé sur le Jalan Legian, une rue assez étroite pour être à sens unique. Plus loin, à La Forchetta, restaurant italien ouvert sur la même rue, quatre clients sont attablés, quinze sur les trente employés ont été licenciés et les autres tuent le temps en bavardant. Les nombreuses boutiques affichent des soldes de 20 à 50 %, parmi lesquels des t-shirts qui résument l'atmosphère ambiante : « Fucking Terrorist », « P… de terroriste ».

C'est sur ce Jalan Legian, à deux pas de l'immense plage des surfeurs de Kuta, que se trouvaient le Sari Club et le Paddy's Irish Bar. Deux explosions – la deuxième d'une violence inouïe – en ont fait une boule de feu, le 12 octobre 2002, à onze heures du soir. « Si les bombes avaient explosé deux heures plus tard, quand l'affluence est la plus grande, il y aurait eu au moins 500 morts », estime Ratno, un Javanais qui habite à cinq cents mètres de là. Il y en a eu plus de 190, dont 88 Australiens, sans parler de dizaines de gens grièvement brûlés. Sans compter aussi les horribles scènes de blessés et brûlés, courant hagards sur la chaussée alors que leurs peaux se détachaient.

Sur les lieux de la tragédie, quatre mois plus tard, fleurs et bâtons d'encens fumant sont encore déposés chaque jour au pied d'une barrière de tôle ondulée derrière laquelle les premiers échafaudages annoncent la construction d'une petite zone piétonnière et commerçante. De rares touristes se prennent en photo. « You want massage ? », leur proposent des jeunes filles sans le moindre entrain. Sur le Jalan Legian, comme le long de la plage de Kuta, les embouteillages quasi permanents ont laissé place à une circulation très fluide. Le soir, bars et discothèques où de jeunes surfeurs australiens se retrouvaient autour d'une bière sont vides.

Bali est en crise. À l'hôtel Legian Beach, le vaste abri pour amateurs de chaises longues qui donne sur la plage est, selon l'écriteau qui en interdit l'accès, « une section fermée temporairement ». À la réception, on aligne l'ampleur du cataclysme : complet avant le 12 octobre, 10 % de remplissage dans les semaines qui ont suivi, 80 % à Noël, complet le jour de l'An, 24 % début février. Encouragée par des ristournes de plus de 50 % faites aux Indonésiens et aux résidents étrangers, la reprise de fin d'année n'a pas duré. Même si février et mars ne sont pas la meilleure saison, la très faible fréquentation de l'hôtel souligne un décrochage dangereux, celui des agences qui envoient des groupes de vacanciers. On en est revenu, pour le moment, à un tourisme individuel.

Cérémonies de purification

Mais Bali ne ferme pas. Imprégnés de traditions surtout hindouistes, mais également bouddhistes et animistes, les Balinais se sont d'abord préoccupés de calmer leurs dieux, de chasser les démons et de purger leur île des âmes errantes qui pourraient la hanter. Ce rituel se répète après chaque désastre. Même quand une enquête multinationale menée rondement a montré du doigt les vrais coupables – plus d'une vingtaine de membres, pour l'essentiel indonésiens, de la Jemaah islamiyah, réseau terroriste islamiste –, les Balinais n'ont pas crié vengeance ou revanche. Cérémonies de purification et sacrifices ont été organisés « afin de surmonter douleurs personnelles et tensions sociales », selon la formule du professeur américain John MacDougall.

Fin connaisseur d'une société dont il partage la vie depuis quatorze ans, le Français Jean Couteau parle de « caru », sorte d'« exorcisme purificatoire » qui contribue à l'apaisement des dieux. Dès le lendemain de la tragédie, des offrandes ont été déposées au pied des autels hindous proches du Sari Club et que les explosions avaient miraculeusement épargnés : les « canang sari », tout petits paniers de feuilles de palmier tressées, ornés de fleurs, contenant des douceurs à l'intention des dieux et surmontés d'une baguette fumante d'encens, étaient omniprésents. Au cours d'autres cérémonies, des médiums ont été appelés à la rescousse et de jeunes Balinais, « possédés » par les démons, sont entrés en transe. D'autres sacrifices ont eu lieu pour chasser les démons.

De rares touristes se prennent en photo. « You want massage ? », leur proposent des jeunes filles sans le moindre entrain.

Mais c'est le 15 novembre, soit un mois après la tragédie, qu'une grande cérémonie incantatoire, le Tawur Agung, a rassemblé à Kuta une dizaine de milliers de Balinais et d'étrangers. Des vaches sacrées ont été transportées en mer pour y être sacrifiées à des forces surnaturelles. Parmi les offrandes aux dieux figuraient oies, chèvres et canards. Le Tawur Agung a marqué le faîte des cérémonies en vue d'un retour à la normale. Un autre exercice a consisté, dans les deux semaines qui ont suivi, à transporter vers le port, à l'aide de 42 camions, plus de 4 000 tonnes de débris : les restes du Sari Club, du Paddy's Irish Bar et des bâtiments voisins. Placés sur trois barges, ils ont été balancés, à dix-huit kilomètres de là, au fond de l'océan. Les Balinais, qui dispersent souvent les cendres de leurs défunts au large, disent que la mer est un lieu béni et qui purifiera le béton, les canettes de bière et, s'il y a lieu, les quelques restes humains du lieu maudit.

« C'est la punition de Dieu », a jugé sur-le-champ, dans un entretien au quotidien *The Australian*, Luh Ketut Suryani, psychiatre balinaise respectée. « Nous avons aujourd'hui la prostitution, le jeu, la pédophilie, les drogues… Ces pratiques ne sont pas balinaises, elles sont apportées par les étrangers. Cela trouble notre culture », a-t-elle estimé en ajoutant : « Que les Australiens ne viennent pas à Bali pendant quelques mois, ou même une année, est une bonne chose. Nos gens peuvent retourner sur leurs terres, dans leurs rizières ». « Bali en tirera les leçons. Je n'ai rien contre le tourisme mais les Balinais pensent désormais que le dollar est plus important que l'entretien de notre culture », a-t-elle expliqué.

« Prostitution, jeu, pédophilie, drogues... Ces pratiques ne sont pas balinaises mais apportées par les étrangers. »

Dans les années 1960, Bali n'était qu'un îlot hindouiste isolé au sein d'une Indonésie islamisée. À l'époque, sensibles à la douceur de l'île et à la richesse de sa culture, quelques artistes et une poignée d'excentriques occidentaux s'y étaient installés. Au cours de la décennie suivante, les hippies débarquèrent. Le tourisme de masse s'est développé dans les années 1980. L'« élite djakartanaise », à commencer par la famille et l'entourage de Suharto, au pouvoir de 1966 à 1998, ne tarda pas à y investir ou, comme le dit Jean Couteau, à y « blanchir » ses revenus. Le boom a été tel que le seul investissement foncier constituait une rente. La forte demande d'emplois provoqua un exode rural interne et, surtout, un afflux de migrants venus des îles du voisinage, en particulier de Java et de Lombok.

Une illusion de prospérité durable

Le nombre des chambres est passé, de 1970 à aujourd'hui, de 700 à 42 000 alors que celui des touristes progressait d'une dizaine de milliers à 3 millions. Une enclave hôtelière de grand luxe s'est constituée à Nusa Dua, dans l'extrême sud de l'île, au-delà d'un aéroport international dont la piste repose, en partie, sur une plate-forme gagnée sur la mer. Juste au nord de cette piste, de la plage de Kuta au chef-lieu de Denpasar, un vaste ensemble urbain se dessine et regroupe déjà presque le tiers des 3 millions d'habitants de Bali. Quand les bombes ont explosé le 12 octobre, deux centres touristiques coexistaient : au nord, le Bali des amoureux de la nature et de la culture ; au sud, celui des surfeurs, des fêtards et des riches. Le tourisme représentait déjà la moitié des revenus de l'île en 1999 et plus des deux tiers à la veille des explosions.

Comme il s'agissait de ne pas tuer la poule aux œufs d'or, une sorte de division des tâches s'est instaurée ; aux Balinais la promotion de leur culture ; à la nomenclature du régime, une bonne part des bénéfices, un contrôle croissant de l'emploi avec le recours à une main d'œuvre de migrants. « On avait ouvert des écoles et départements de danse, d'archéologie, d'anthropologie, de langue ancienne, de tourisme, donc de domaines générateurs de fierté balinaise, mais pas d'écoles de langues ou de gestion, ni de sections de sociologie ou de philosophie, domaines considérés comme dangereux », explique Jean Couteau. Le résultat : une « illusion de prospérité économique durable ».

Que dire des opérateurs touristiques qui vendent des billets à l'entrée des crémations ?

La « culture balinaise » est devenue, aux yeux du touriste, ainsi que la dépeint Urs Ramseyer, sociologue suisse, « une succession permanente de représentations, de danses, de concerts, de cérémonies dans des temples et de crémations », un concept repris par les très nombreux Balinais qui vivent du tourisme « parce qu'il coïncide au mieux avec leurs intérêts ». Dans l'ensemble, souvent conçue par des architectes et des décorateurs talentueux et amoureux de l'art balinais, l'infrastructure hôtelière réalisée est de bon goût. Mais, si les traditions locales ont été préservées, que dire des opérateurs touristiques qui vendent des billets à l'entrée des crémations ? Ou d'un Sari Club dont l'accès était réservé aux étrangers ?

La tolérance interethnique est grande à Bali mais l'afflux d'une abondante main-d'œuvre migrante y a créé des tensions. Le nombre des mosquées a doublé en vingt ans : elles répondraient aujourd'hui aux besoins d'un demi-million de musulmans, soit le sixième de la population de l'île, contre les 5 % du début des années 1980, des descendants de Javanais présents depuis des générations. La présence d'un islam militant, même très minoritaire, au sein de populations allogènes n'arrange rien quand le chômage frappe à de nombreuses portes.

Lynchages et « justice immédiate »

Depuis le 12 octobre, plus de 4 000 voyageurs venus de Java et de Lombok ont été refoulés dans les ports de Bali. Une taxe de résidence – en fait, un permis de séjour –, de l'équivalent de 5 euros pour trois mois a été imposée aux non-Balinais. Chargées d'une mission de protection et levées dans les 1 376 villages coutumiers de Bali, les pecalang – milices créées voilà plus de trente ans et légalisées en 2002 – ont durci leur attitude à l'égard des non-Balinais et procèdent à des descentes de police. La « justice immédiate » n'est guère rapportée par les journaux, afin de ne pas inquiéter les touristes, mais elle existe. Quand l'alerte est donnée dans un village, par exemple à la suite d'un vol, la population se retourne aussitôt contre les non-Balinais.

La tolérance interethnique est grande à Bali mais l'afflux d'une abondante main-d'œuvre migrante y a créé des tensions.

L'anthropologue Degung Santikarma a rapporté l'histoire du massacre récent par des habitants de deux garçons âgés de 12 à 13 ans, originaires de Lombok, parce qu'ils étaient soupçonnés d'avoir tenté de voler dans un village voisin du sien. Les pecalang ont laissé faire. Des lynchages se produisent comme celui, voilà trois ans, de quatre charmeurs de serpents à Denpasar. Lors de la grande répression anticommuniste de 1965-1966, des dizaines de milliers de Balinais, jusqu'à 5 % de la population de l'époque, avaient été massacrés.

L'attentat du 12 octobre a également fait remonter à la surface une certaine ambiguïté du nationalisme indonésien des Balinais. Sur cette île de la Sonde, les royautés disposaient de la terre travaillée par des serfs. Sukarno, fondateur de l'Indonésie et dont la mère était balinaise, a redistribué les terres et créé les villages coutumiers actuels. Sous la main de fer de son successeur Suharto, les Balinais ont fait, comme tout le monde, le dos rond et commencé à s'enrichir. Mais quand Megawati, fille aînée de Sukarno, s'est fait souffler la présidence en 1999 – avant de la récupérer deux ans plus tard –, Bali a été le théâtre d'émeutes. Quelle que soit la popularité actuelle de Megawati Sukarnoputri à Bali, elle représente une garantie pour les Balinais au sein d'une Indonésie qui n'a ni proclamé de deuil national ni mis ses drapeaux en berne à la suite de la tragédie du 12 octobre.

Le soir, au Warisan, l'une des bonnes tables françaises d'Asie, la salle est comble et au Made's Warung, restaurant balinais apprécié, l'affluence est forte. Beaucoup d'expatriés domiciliés à Bali sont restés. « La petite école accueille 90 élèves et notre communauté française compte 500 membres, dont 300 immatriculés », rapporte Raphaël Devianne, consul honoraire de France. 5 000 expatriés australiens, sur une dizaine de milliers, sont également demeurés sur place. Cette présence rassure les Balinais qui veulent, à de très rares exceptions près, relancer le tourisme, ne serait-ce que pour vaincre leurs peurs et calmer leur peine. « Nous avons besoin de nous prouver que les choses s'améliorent », dit une commerçante qui lorgne les touristes, en majorité asiatiques, qui reviennent peu à peu sur l'île.

Mais les Balinais vont devoir également s'accommoder du doute et, surtout, d'un sentiment d'insécurité beaucoup plus sensible qu'auparavant. Jean Couteau parle de « bom waktu » – « sorte de bombe à retardement », dit-il – en expliquant : « Le 12 octobre, s'il y avait eu des victimes parmi l'association des jeunes de Kuta, ce qui n'a pas été le cas, les mécanismes collectifs se seraient mis en marche, ce qui aurait été autrement dangereux. »

LES DERNIERS JOURS DU RÉGIME DE SADDAM HUSSEIN

Cinq jours après l'attaque américano-britannique, Christophe Ayad rejoint Bagdad par la route. Voyage de 1 000 kilomètres au cœur d'un « système » qui semble encore bien en place. Deux semaines plus tard, il assiste à la chute de la capitale irakienne et du régime de Saddam Hussein.

CHRISTOPHE AYAD
« LIBÉRATION »,
27 MARS ET 10 AVRIL 2003

La route entre Amman et Bagdad est un long ruban monotone de 1 000 kilomètres, 450 en Jordanie et 550 en Irak. D'ordinaire, sillonné par des camions d'essence et des travailleurs immigrés, ce cordon ombilical est, ce mardi 25 mars 2003, presque aussi désert que l'immensité qui l'entoure. Côté jordanien, le désert a été décrété zone militaire et il faut franchir six barrages pour accéder à la frontière.

Tel un Saladin moderne, Saddam Hussein accueille le visiteur venant de Jordanie sur un cheval cabré propulsé par quatre missiles. Au poste d'Al-Kadissiya, nom d'une glorieuse bataille qui vit la victoire des Arabes sur les Perses, le complexe frontalier a piètre allure avec ses miradors vides, ses salles d'attente VIP au marbre craquelé, ses poubelles qui débordent.

Trois Irakiens attendent devant leurs valises. Ils viennent de Jordanie où ils vivent depuis un an et demi de petits expédients. Depuis le début de la guerre, ils n'arrivent plus à joindre leurs familles restées au pays. « Nous sommes inquiets, explique Abou Hussein, le plus âgé d'entre eux. On ne peut pas rester si loin sans nouvelles. » Ils sont là, assis sous un immense auvent en tôle ondulée balayé par le vent et la poussière. Seul le bruit des canettes vides et les roucoulements des pigeons troublent le silence. « On attend une voiture ou le bus, mais il n'en passe pas beaucoup. » Un

Soudanais attend lui aussi une voiture pour Bagdad : Saleh Osman a quitté lundi la capitale irakienne avec sa femme et son fils de 3 ans. « Je ne voulais pas partir, mais elle ne supportait plus les bombardements. Elle poussait des cris toute la nuit en hurlant : "On va tous mourir, tu n'as pas le droit de faire subir ça au petit." Lundi matin, on a pris le bus avec juste une valise. » Arrivé à la frontière, les policiers lui ont dit de retourner à Bagdad pour régulariser ses papiers car son visa de séjour a expiré. Saleh hausse les épaules avec bonhomie, sa femme boude.

Une autoroute vide

Les douaniers moroses tuent le temps en regardant la télévision. Depuis le début de la guerre, ils ne captent plus la chaîne irakienne et doivent se rabattre sur le canal jordanien. Mais à chaque fois qu'un officiel d'Amman apparaît à l'écran, ils finissent par éteindre le poste en jurant : « Fils de chien, vous accueillez des soldats américains et vous prétendez être solidaires de nos souffrances. » L'arrivée de trois journalistes français est une aubaine, l'occasion de faire une démonstration de tous les talents de l'administration baasiste : fouille minutieuse de tous les bagages, déclaration de matériel informatique et de devises, confiscation du matériel de transmission, tampons multiples, procédures interminables. Les bakchichs d'usage ne sont ni moins ni plus élevés que d'habitude. Dans sa splendide routine, l'État irakien tient le choc de la guerre.

Dans sa splendide routine, l'État irakien tient le choc de la guerre.

Presque personne ne circule sur la quatre-voies, agrémentée de petites aires d'autoroute aux bancs en béton et aux parasols métalliques. La première voiture bombardée gît sur un pont traversant l'autoroute, à 50 kilomètres après la frontière. Le premier camp militaire visible depuis la route semble déserté. Peu avant la ville de Routba, à 420 kilomètres de Bagdad, se trouve un aéroport militaire, surnommé H3 : il aurait été pris par les Américains le week-end dernier.

En chemin, nous croisons plusieurs camions beiges de l'armée irakienne et des pick-up blancs calcinés. Quelques voitures particulières ont aussi été visées, mais peu. Après Routba, un autocar blanc de tourisme de Fuorat Tours est immobilisé, vitres éclatées. Il a été bombardé le dimanche 23 mars, alors qu'il se dirigeait vers la frontière syrienne. Le Pentagone a présenté ses « regrets » pour l'incident. Cinq Syriens à bord ont été tués et une douzaine, blessés. Le bus a peut-être été confondu avec les autocars militaires, blancs eux aussi, dont plusieurs gisent calcinés le long de la route. Un peu plus loin, un autre bus, intact, a été abandonné en travers de la route. Le désert, de part et d'autre de l'autoroute, est clôturé.

Le désert s'enflamme, devient orange puis tout blanc, comme recouvert d'une couche de givre.

Une tempête de sable se lève et la visibilité se réduit à une centaine de mètres. Le ciel jaune se confond avec la steppe parsemée de rares taches de verdure. C'est là, dans ce centre de télécommunications, apparemment civil, surnommé « le point 160 », à 300 kilomètres de Bagdad, qu'est tombé Ahmed al-Baz, le premier mort de la guerre. Ce chauffeur palestinien de Jordanie téléphonait d'une cabine lorsque le centre a reçu un missile, peu après minuit, mercredi 19 mars, c'est-à-dire plus de deux heures avant la fin de l'ultimatum lancé par George Bush. Le bâtiment s'est écroulé, mais la station-service à côté fonctionne encore. Les Bédouins des environs viennent faire le plein. On en croise sur le bas-côté, surveillant leurs troupeaux de dromadaires. En proie au khamsin, ce vent de sable tenace du printemps, le désert s'enflamme, devient orange puis tout blanc, comme recouvert d'une couche de givre.

À 220 kilomètres de Bagdad, six automitrailleuses surgissent : elles roulent en file indienne, à une cinquantaine de mètres à droite de la route, dans la direction de l'ouest. Sur chaque véhicule, trois ou quatre hommes, dont l'un sert la mitrailleuse de 20 mm. La tête enroulée dans des keffiehs, les hommes portent des lunettes anti-sable mais pas de casque. Probablement des Irakiens qui profitent du vent de sable pour mettre le nez dehors. Pas d'Américains ni d'Anglais en vue. Huit kilomètres plus loin, un pont qui enjambait l'autoroute a été touché par les avions anglo-américains. Deux soldats irakiens en uniforme vert olive patrouillent à pied, kalachnikov à la main.

« Notre travail, c'est le jihad »

La sortie menant à Ramadi, principale ville entre Bagdad et la frontière jordanienne, est contrôlée par un barrage policier. Le responsable ne veut pas dire son nom, mais il insiste pour que ses propos soient rapportés : « Les Américains mentent, ils disent qu'ils n'en veulent qu'à Saddam Hussein, mais ils bombardent la route. Mais qui l'emprunte, cette route ? Des civils, seulement. »

« Moi, je ne comprends pas cette guerre. Nous sommes fatigués de la guerre, des guerres. Je préférerais étudier l'anglais ou l'Internet. »

Ali, « policier depuis 1980 »

Drôles de civils, quand même. Un peu plus loin, dans une station-service, trois hommes débarquent d'une Toyota remplie de chargeurs de kalachnikov. L'un des hommes porte un pistolet à crosse chromée à la ceinture. Ils se présentent comme des « citoyens », vraisemblablement des miliciens du parti Baas. Ils viennent de Ramadi, où « tout est calme, tout va bien, l'eau, l'électricité, l'approvisionnement ». Quand on lui demande son métier, Mohamed Awad Mohamed répond, dans un mélange islamo-baasiste : « Notre travail, c'est le jihad. Le martyre ou la mort, nous nous battrons jusqu'au bout pour Saddam. »

En face de la station, des hommes chargent un camion de lance-roquettes RPG. Avant et après Ramadi, la circulation se fait plus intense : des pick-up remplis de miliciens, des soldats dans des taxis, des groupes de militaires à pied, des gradés en 4 x 4. Des gosses jouent au foot entre les roseaux, d'autres creusent un abri. Entre Bagdad et Ramadi circulent aussi des camions porte-chars.

Plus la capitale approche, plus le trafic est intense. La tempête ne s'apaise pas. À cinquante kilomètres de Bagdad, du pétrole brûle à ciel ouvert dans une tranchée : la fumée dégagée est moins épaisse que le sable en suspension. Désormais, tous les hommes sur le bord de la route sont armés. Les casernes se succèdent. Au bord de la route, les soldats ont construit des casemates en sacs de sable ou creusé des abris protégés par des planches sur le terre-plein central de l'autoroute. À l'entrée de la ville, un barrage filtre les véhicules. Nous nous faisons arrêter. Pendant les vérifications d'identité,

Ali, « policier depuis 1980 », nous explique : « Moi, je ne comprends pas cette guerre. Nous sommes fatigués de la guerre, des guerres. Je préférerais étudier l'anglais ou l'Internet. »

Moustafa, un jeune lieutenant, vient donner son avis : « Nous nous défendrons jusqu'au bout, nous voulons mourir en martyrs. » « Au fait, demande-t-il après une pause, est-ce que le Real Madrid s'est qualifié pour les quarts de finale de la Ligue des champions ? Depuis le début de la guerre, on est coupé du monde. » Pendant l'attente, passe un camion avec deux missiles bâchés pointés vers le ciel. Des cars, des camions chargés de militaires entrent et sortent de la ville, beaucoup de véhicules civils avec des gradés à bord aussi. Nous sommes emmenés pour interrogatoire dans un complexe appartenant à la police, puis de nouveau transférés, dans un local appartenant aux Moukhabarat de l'armée, les services de renseignement militaires, une casemate en tôle ondulée.

Grondements sourds et prolongés

Le « système » semble encore bien en place : tout le monde semble surveiller tout le monde. Là, attendent une douzaine d'hommes de tous âges : les plus jeunes sont en survêtement et portent un keffieh ou une serviette de bain sur la tête pour se protéger du vent. Le grade semble proportionnel à l'embonpoint. Ces hommes ne ressemblent pas à des foudres de guerre. Au loin, de grands éclairs indiquent l'impact des bombardements. Le vent ramène parfois des grondements sourds et prolongés.

Dans la cahute, une simple ampoule et un néon pour éclairer le portrait de Saddam Hussein en Bédouin, encadré par deux sabres. « Nous n'avons pas peur. Ils ne savent pas viser et Dieu est avec nous. Vive la France, vive l'Irak, vive Chirac et vive Saddam. » Les hommes nous invitent à partager leur dîner, riz et poulet, avant de nous remettre dans la voiture pour Bagdad, dûment accompagnés par un francophone.

Il fait nuit, les rues sont vides. Quelques voitures de police patrouillent. Les habitants restent calfeutrés. Les bombardements nocturnes sont beaucoup moins intenses que la semaine dernière. Et la tempête souffle toujours sur la capitale.

Le jour où Bagdad est tombé

Saddam Hussein est tombé, face vers le ciel. La foule l'a contemplé dans un murmure de satisfaction gênée, puis quelques badauds se sont détachés pour aller cracher sur le visage tellement familier et tellement craint, labourer de coups de pied cette effigie dont on n'osait pas, encore la veille, prononcer le nom. Mais la plupart des Irakiens sont restés à distance, comme s'ils craignaient d'être châtiés pour ce sacrilège, comme gênés de célébrer, en même temps que la chute du tyran, leur défaite.

Il a fallu s'y reprendre à plusieurs fois pour déboulonner la statue de Saddam Hussein qui dominait la place Al-Firdos, au pied de l'hôtel Palestine. Au début, les Américains ont prêté une corde mais elle était trop courte. Puis, les Irakiens se sont attaqués au socle, aux rivets, qui ont résisté. Les coups de masse n'y ont rien fait. Un Marine a fini par installer une grosse chaîne reliée à un engin de levage. Il en a profité pour hisser la Bannière étoilée. Murmures, sifflets dans la foule. Il l'a remplacée par un drapeau irakien. La foule s'est interrogée. Finalement, c'est sans drapeau que la statue sera abattue. Elle vacille, se casse en deux sous la traction puis s'écroule enfin dans la poussière, symbole d'une journée historique qui a vu Bagdad tomber aux mains des Américains.

Rendue aux oiseaux et aux enfants

Dès l'aube, Bagdad avait des allures de ville ouverte. Pour la première fois depuis le début de la guerre, voici dix-neuf jours, la nuit du 8 au 9 avril a été calme. Presque aucun bombardement, pas de combats à l'arme automatique, plus de fumées noires qui obscurcissent le ciel. Dans la lumière cristalline du matin, la capitale semble vide, désertée, rendue aux oiseaux et aux enfants. Les petits mendiants traînent dans la ville par petits groupes, comme si elle leur appartenait. Les redoutes entourées de sacs de sable semblent désertées. Les défenseurs de Bagdad se sont évanouis à la faveur de la nuit. Il ne reste plus que quelques rares hommes en armes, presque tous vêtus en civil. Un dernier carré défend le pont Al-Tahrir, à l'entrée duquel des réverbères ont été renversés, dérisoire barrage contre les tanks qui contrôlent déjà la rive d'en face. Trois hommes traversent une voie rapide, lance-roquettes en bandoulière.

Dans le quartier d'Adhamiya, au nord de la ville, Sahar habite une ruelle tranquille. Elle a peur des heures qui vont venir plus encore que des bombes des semaines passées. « Qu'est-ce qui va se passer maintenant ? Les pillards vont venir, il n'y a plus de sécurité, plus personne pour nous protéger. » Craint-elle les chiites de Saddam City, éternels damnés du régime ? « Les chiites ne me font pas peur, je suis chiite. Ce que je crains, c'est une guerre civile. Tout le monde va se déchirer pour le pouvoir, pour l'argent. On dit que les Américains sont venus prendre notre pétrole ? Pourquoi on ne le leur a pas donné tout de suite, comme ça, ils seraient restés chez eux. Avant la guerre, notre vie était déjà tellement dure, maintenant, ça risque d'être pire. La démocratie, qu'ils disent, mais ça va être l'enfer ici ! » Un voisin vient sonner chez elle : il cherche un moyen de quitter Bagdad. La rumeur commence à courir que les ghawaïne, les émeutiers-pillards de Saddam City, débarquent en ville.

En fin de matinée, l'atmosphère commence à basculer. Un mélange de sauve-qui-peut et d'anarchie s'empare de Bagdad. Les petits mendiants ont été remplacés par des jeunes hommes, qui traînent par groupes de dix ou de vingt. Un pick-up passe chargé d'adolescents qui lèvent le pouce en criant « Good, good ! » À un carrefour, ils crachent dans la direction d'un portrait de Saddam Hussein. Devant le ministère de l'Industrie, un homme s'enfuit avec une énorme télévision. Un autre, armé d'un fusil, tente de le rattraper. Des jeunes cassent la vitre d'une voiture de police et s'installent au volant. Un taxi passe, le coffre tellement chargé de tapis et de mobilier que le châssis racle le bitume.

« Ce que je crains, c'est une guerre civile. La démocratie, qu'ils disent, mais ça va être l'enfer ici ! »

Les blessés opérés à vif

À l'hôpital Al-Kindi, les blessés arrivent sans interruption. Ils sont allongés dans l'entrée des urgences, dans les couloirs, partout. ça pleure, ça crie, ça râle. Un enfant hurle : « Maman, maman, j'ai mal. » Son père éclate en sanglots et se cache les yeux. Devant lui, un homme est couvert de sang. Dans un box, un autre a un grand trou à la place de la bouche. Son voisin est gris de fatigue et de terreur. Le sol est couvert de sang, de coton et de bandages. Une infirmière procure les premiers soins tant bien que mal. « Les médecins ne sont pas venus ce matin », explique un employé. Il n'y a plus d'analgésiques, plus d'anesthésiants, les blessés sont opérés à vif.

Dans une chambre, un père de famille se tord les mains d'angoisse : « Vous êtes sûr qu'ils ne vont pas venir tous nous tuer dans l'hôpital ? Il paraît qu'à l'hôpital Rachid ils ont massacré les blessés. On ne sait pas où aller. J'ai peur. » Il a passé la nuit à l'hôpital, où il avait accompagné trois membres de sa famille gravement blessés : ils ont été mitraillés par un char américain, dans le quartier d'Amin, près du canal, alors qu'ils s'apprêtaient à porter secours à trois proches touchés de plein fouet par un obus au moment de monter dans une voiture. « Je n'ose même pas leur dire que les autres sont morts. Ils pourraient en mourir. Et qui va récupérer les corps maintenant ? » Il pleure.

Il est 13 heures. Bilal, un jeune Libanais de Tripoli, tourne en rond devant l'entrée de l'hôtel Palestine. « Vous ne connaissez pas un moyen de rejoindre la frontière syrienne ? » Il est arrivé en Irak, il y a deux semaines, pour faire la guerre sainte contre les Américains. « On peut pas faire le jihad contre les avions. » Il a combattu à Bassora, à Al-Kout et il y a deux jours encore à Bagdad, à l'hôtel Rachid, sur la rive occidentale du fleuve, avec des lance-roquettes, des kalachnikovs et des grenades.

« C'était trop inégal, ils nous ont bombardés sans arrêt. Ce sont des lâches. Mais l'un d'entre nous a réussi à détruire un tank en se jetant dessus avec une ceinture d'explosifs. » Même les Irakiens l'ont trahi. Vendredi, de retour du front, les moudjahidines se sont aperçus qu'ils s'étaient fait tout voler, l'argent, les papiers, même les vêtements. « Soit on se fait arrêter par les Américains, soit les Irakiens vont nous tuer, soit on va mourir de faim. On est perdus ici, on ne sait même pas où on est. À la rigueur, Guantanamo, je m'en fous, ça ne me fait pas peur. »

Le chaos menace

À 15 heures, l'avant-garde des Marines atteint les abords de la cité olympique. Trois tanks contrôlent le pont. Six hommes ont pris position dessous. Ils sont l'avant-garde du 1er bataillon du 7e corps de Marines. « Nous avons passé le Tigre hier après-midi, raconte le lieutenant Cooper Malick, un Californien d'origine pakistanaise, le visage couvert de gros traits noirs de camouflage. C'est là que nous avons rencontré la plus grosse résistance, mais l'artillerie et l'aviation ont tout aplati. Ensuite, ça a été un jeu d'enfant. » Il fêtera ses 24 ans dans quatre jours. Son bataillon a progressé de 7 kilomètres dans la matinée mais, pour l'instant, il n'a pas reçu de consigne pour faire la jonction avec la 3e division d'infanterie, de l'autre côté de la ville.

« Nous avons passé le Tigre hier. C'est là que nous avons rencontré la plus grosse résistance, mais l'artillerie et l'aviation ont tout aplati. Ensuite, ça a été un jeu d'enfant. »

Sous les yeux des Marines, la circulation devient de plus en plus dense. Les habitants de Saddam City ne cessent de faire la navette avec des camionnettes chargées jusqu'à la gueule. Les plus audacieux repartent même au volant de bus militaires volés dans les parkings de l'État. Le garage de l'ONU est dévalisé. Au croisement contrôlé par les troupes américaines, ils passent en agitant des drapeaux blancs et en faisant le « V » de la victoire.

Dans le quartier voisin d'Al-Jedid, les habitants restent terrés chez eux. « Chaque fois que les gens de Saddam City viennent pour vendre des bouteilles de gaz ou vider les poubelles, ils regardent par les fenêtres dans nos maisons pour savoir ce qu'il y a à voler, explique Tahar, un ingénieur qui appartient à la petite-bourgeoisie sunnite. Saddam Hussein, il a fait de bonnes et de mauvaises choses, mais les Américains, comment nous traiteront-ils ? Est-ce qu'ils vont nous battre, nous humilier comme les Palestiniens ? »

Pendant ce temps, face à l'absence de résistance et au chaos qui menace, les troupes américaines se sont remises en marche vers le centre-ville, venant du sud et de l'est. Les tanks convergent par toutes les avenues, vitrifiant les rares automobilistes croisant leur chemin. À Kerada, un vieillard gît sur la chaussée, le crâne ensanglanté, à côté de sa voiture bleue. Sa femme supplie les rares voitures qui passent de le transporter dans un hôpital. Tous les Bagdadis descendent dans la rue mais aucun n'ose dépasser le pas de sa porte. Ils tendent le cou pour apercevoir les convois américains.

« Dégagez d'ici, monstres »

Un peu avant 17 heures, les Marines débarquent devant l'hôtel Palestine et le Sheraton, où logent la presse, quelques rares responsables du régime avec leurs familles ainsi que des militants pacifistes. Les Irakiens de l'hôtel qui, une heure auparavant, murmuraient encore s'approchent en criant de grands « Welcome ». Les tanks M1 Abrams et les Armtrack, d'énormes véhicules d'avant-blindés, se garent place Al-Firdos, tout autour de la statue de Saddam Hussein.

« La population nous a souhaité la bienvenue et nous a remerciés. Nous la remercions aussi pour ses sacrifices », déclare le colonel Brian McCoy en entrant dans le Sheraton. « Il reste encore beaucoup de quartiers à sécuriser. » Accompagnés du directeur, ses hommes passent en revue les chambres une à une, à la recherche de « moudjahidines » arabes. Le personnel, prostré, pleure dans le hall. Certains secouent la tête sans parvenir à croire à la scène qui se déroule sous leurs yeux. Dans les étages, des dizaines de soldats s'interpellent à haute voix.

Les pacifistes viennent provoquer les soldats postés à l'entrée de l'hôtel : « Espèces de salauds, dégagez d'ici, vous êtes des monstres, des criminels de guerre. » Un unique manifestant déploie une banderole face à l'hôtel Palestine : « US go home. » Pendant ce temps, la fouille se poursuit, chambre après chambre. Les familles de la nomenklatura irakienne, qui n'avaient pas fui la capitale comme la plus grande partie des responsables du régime, sont terrifiées. Lorsque les soldats entrent, les femmes fondent en larmes et lèvent les bras en tremblant.

Dehors, la foule s'active pour déboulonner la statue de Saddam Hussein. Certains commerces ont rouvert. On continue d'entendre des rafales de loin en loin dans l'obscurité. À la tombée de la nuit, les Bagdadis, restés terrés chez eux pendant les trois semaines de guerre, commencent à ressortir dans les rues, le pas hésitant et la démarche titubante, comme pris de vertige face à l'inconnu qui s'ouvre sous leurs pieds.

HÔTEL PALESTINE

Quartier général de la presse internationale pendant la deuxième guerre d'Irak, cet hôtel de Bagdad est sous le choc. À l'aube, l'armée américaine a encerclé la capitale. Un obus a dévasté plusieurs chambres. Deux journalistes sont morts. Bavure américaine ou volonté de tuer ?

JEAN-PAUL MARI
« LE NOUVEL OBSERVATEUR »,
AVRIL 2003

Il a le ventre grand ouvert, du sternum au pubis. Chambre 1 503 de l'hôtel Palestine, ce mardi 8 avril 2003, un peu avant 10 heures. Taras Protsyuk, un cameraman ukrainien du bureau de Reuters à Varsovie, est allongé sur le sol, le teint cireux, l'abdomen déchiqueté par un éclat d'obus de char Abrams américain. Il y a du verre brisé, des morceaux du balcon éclaté, des cris d'horreur et du sang. Un étage au-dessus, j'ai senti la secousse de l'explosion, plus forte, beaucoup plus proche que les précédentes. J'ai couru. Tout le monde hurlait. Jérôme, un copain photographe de l'AP, était déjà là, efficace. Agenouillés, on a essayé de maintenir Taras en vie, de lui ouvrir sa bouche crispée et de remettre ses intestins en place. Rien pour le soigner. Il a fallu vingt minutes pour le transporter dans une couverture sale, un ascenseur qui s'arrêtait à tous les étages et une voiture au siège arrière trop petit pour allonger le corps de Taras.

Il est mort trois minutes avant d'arriver à l'hôpital. Le lendemain, je reviens dans la chambre 1 503, chercher mon sac oublié dans la confusion. L'examen montre que l'obus de char a frappé de biais le pilier extérieur du balcon qui l'a fait éclater et ricocher. Deux autres journalistes et un technicien ont été blessés dans la même chambre. Samia a reçu un éclat dans le crâne. Au-dessous, au quatorzième étage, un cameraman espagnol de Télé Cinco, José Couso, a eu la hanche emportée, il a perdu trop de sang, il est mort sur la table d'opération.

Un obus Abrams est un projectile terrible fait pour percer le blindage d'un char ennemi. Si l'obus avait frappé vingt centimètres à côté, sur la façade de l'hôtel, il aurait traversé quatre ou cinq chambres et tué tout sur son passage avant d'exploser, dans un hôtel bourré par plus de 350 journalistes.

Je revois les images prises par une autre caméra de FR3, filmées à la même hauteur, sous le même angle : trois chars sur le pont Al-Joumhouriya, à trente degrés sur la droite, au-dessus du Tigre, le second blindé qui fait pivoter sa tourelle vers nous et prend le temps d'ajuster. Puis une flamme orange qui sort du canon et, une seconde cinquante après – à la vitesse du son, cela équivaut environ à 800 mètres –, le bang de l'obus sur l'hôtel. Parfaitement clair. C'est un tir direct, pas une erreur.

Deux jours après la fin des combats, le pont Al-Joumhouriya est encore couvert de carcasses de voitures calcinées et de milliers de douilles de mitrailleuses. Une roquette non explosée est plantée dans l'asphalte, la rambarde du pont est crevée et le sol marqué par du métal fondu à l'impact. L'endroit a reçu des centaines d'impacts ce mardi matin, en quatre heures de bataille : balles mitrailleuses, roquettes ou missiles russes antichars 80, Hornet. « Chacun de mes Abrams a reçu au moins un coup direct » dit le capitaine Philip Wolford, responsable des blindés de l'unité de la « compagny A, 4-64 Armor ».

Une pluie d'acier sur toute la rive

Il est calme, franc, pondéré ; notre entretien va durer deux heures. On fait le tour de ses tanks, il montre une lunette de verre blindé brisé sur la tourelle d'un Abrams, une trace d'impact sur un autre ou le canon écorché par une roquette de RPG. Il était immédiatement derrière le char qui a tiré sur le Palestine, c'est lui qui a autorisé le feu. La nuit précédente, pendant huit heures, ses chars ont nettoyé l'immense complexe présidentiel sur la rive ouest du Tigre. Le matin, la colonne blindée avance avec mission d'occuper l'intersection qui mène vers le pont.

Le blindé prend le temps d'ajuster. Une flamme orange sort du canon et, une seconde cinquante après, le bang de l'obus sur l'hôtel. Parfaitement clair. C'est un tir direct, pas une erreur.

Ses chars poussent un peu plus loin, montrent leurs nez au début du pont, long de 300 mètres et reçoivent immédiatement un déluge de feu venu de la rive est opposée. « Sur 180°, toute la berge crépitait des flashs rouges et blancs du départ des tirs. Face à nous, un immeuble particulièrement actif, roquettes et missiles. Là, à gauche, vers l'autre pont (Al-Sinnaq), deux autres lance-missiles. Là-bas, à droite, loin mais très efficace, un autre lance-missiles. » Le capitaine ne néglige pas les tirs de RPG qui peuvent briser une chenille de char mais il redoute surtout les obus hautement explosifs de 106 mm et le Hornet 80 russe, tueur de chars.

« Sur la berge, j'ai compté 20 à 30 équipes de 4 hommes armés de RPG. Certains essayaient de monter dans des barques pour arriver sous le pont, notre position. C'est la plus forte résistance rencontrée depuis notre entrée dans Bagdad. J'ai eu quatre de mes hommes blessés. » Il décide de reculer et de faire appel à l'artillerie. Une pluie régulière d'acier crève tous les immeubles sur la rive. « En revenant, il y avait déjà vingt-trois bus bourrés de combattants qui nous attendaient sur le pont. » Il voit des hommes en noir, l'unité des « Fedayins de Saddam » et beaucoup de volontaires arabes étrangers : ceux-là se battent.

Un à un, les canons Abrams détruisent les positions du feu ennemi. Le pont est à une quinzaine de mètres au-dessus de la rive et il est difficile de voir d'où part le feu ennemi : « On ne voit pas l'obus arriver jusqu'à ce qu'il soit au niveau du pont. Berge, base d'immeuble, premiers étages ?… On ne sait pas de quelle hauteur il est parti. » Le capitaine se doute bien qu'un observateur ennemi dirige les tirs. On lui signale un homme équipé de jumelles, sur le toit d'un immeuble, placé très à droite du pont, la zone d'où viennent les missiles les plus efficaces.

C'est l'hôtel Palestine dont tous les balcons supérieurs sont occupés par des journalistes et de grosses caméras qui filment la bataille. Cela, l'observateur ne le voit pas : « Voilà plusieurs heures qu'on était engagés dans la bagarre, dit le capitaine, le feu arrivait sans cesse, de cet endroit parmi d'autres. Moi, je retourne le feu. Sans hésiter, c'est la règle. » Le deuxième Abrams ouvre le feu, sur le quinzième étage du Palestine : « J'ai appris vingt minutes plus tard que nous avions touché… un hôtel de journalistes. »

Voilà des semaines que toutes les télévisions, les radios, les agences de presse et tous les journaux diffusent du Palestine, devenu aussi célèbre que le Commodore de Beyrouth ou l'Holliday Inn de Sarajevo, des semaines que nous – Européens, Américains ou Asiatiques ! – avons communiqué l'information, la position GPS, la description du bâtiment aux ambassades, au Pentagone et à Washington. Et le capitaine Wolford n'en aurait rien su ? « Non. Je n'avais reçu aucune information de ce genre. »

Qui a retenu le renseignement ? La Task Force du capitaine comprend les chars de la Company A, surnommés « Assassins », les blindés de la Company C, « Cyclone », une compagnie mécanisée « Attack », des officiers de la guerre psychologique dotés de haut-parleurs, un groupe d'artillerie de 155 mm et des mortiers. La devise est « Nous perçons » ; l'emblème, un éléphant avec des défenses ; leur camp s'appelle « Hannibal ». Le capitaine est – toujours – en contact radio avec son chef de bataillon, le lieutenant-colonel Philip DeCamp, lui-même en relation avec le chef de la brigade, le colonel Daniel Perkins, lui-même sous les ordres du général de la « 3rd ID », la 3e division d'infanterie, le général Buford Blount, surnommé « Buff ».

« Je n'imagine pas un instant qu'une information envoyée par le QG de division ne me parvienne pas », affirme le capitaine Philip Wolford. Conclusion : à Washington, au QG de la division ou le long de la chaîne, quelqu'un n'a pas voulu ou cru bon de divulguer cette information. Celle de la mort des journalistes est parvenue, elle, jusque sur le pont Al-Joumhouriya. Heureusement ! Un bombardier projetait de larguer… une bombe guidée sur un immeuble de notre rive.

Des cadavres dévorés par les chiens

L'« incident » de la mort de nos deux collègues a amené le QG à retarder le raid aérien, façon d'être sûr cette fois de ne pas bombarder l'immeuble « suspect » du Palestine. Finalement, la bombe dévastatrice a été larguée, 300 mètres plus loin, un autre immeuble occupé par des combattants arabes. Sur notre hôtel, le coup au but aurait fait au moins plusieurs dizaines de journalistes morts et de blessés. Quand j'ai demandé son sentiment après cette affaire au capitaine Philip Wolford, l'officier brillant et ouvert venu de Columbus (Ohio) pour pulvériser les blindés de la Garde républicaine irakienne a baissé les yeux : « I feel bad, my men feel bad » (« Je me sens mal à l'aise, mes hommes se sentent mal »).

Lors de notre deuxième rencontre, il m'avouera qu'en cas de doute il retourne le feu. Et vérifie ensuite. C'est comme cela qu'il a été formé. La méthode est indépendante de la qualité humaine des officiers et ne vise pas les journalistes ; elle ne s'applique pas seulement au pont d'Al-Joumhouriya et n'est pas réservée à la Company A de la 3e division d'infanterie.

« Qu'ils se rendent, nom de Dieu, s'énerve un Marine. Moi, j'en ai marre de les tuer. »

Il suffit de reconstituer, pas à pas, à partir de la frontière du Koweït, la progression d'une unité d'assaut, les 1 005 Marines de la 3/4, – 3e régiment, 4e bataillon –, sous les ordres du colonel Bryan P. McCoy. Enrico Dagnino les a rencontrés sur l'aéroport de Bassora, fantassins épuisés par une nuit de combats. Enrico est reporter-photographe, comme son ami Laurent Van Der Stockt, et fait partie d'un petit groupe de journalistes qui ont suivi heure par heure la progression du 3/4 Marines.

Très vite, ils comprennent que les Américains négligent les villes pour foncer dans le désert. Parfois, ils sondent une agglomération, attirent le feu de l'ennemi pour mieux le détruire. Le 4 avril, les Marines sont déjà au centre de l'Irak et passent le pont de Diwaniyah, couvert de cadavres dévorés par les chiens. Plus au nord, quelques milliers de « réfugiés » jeunes, cheveux trop courts et en t-shirt lèvent les mains : des soldats qui ont abandonné leurs uniformes.

La nuit, un tir massif d'artillerie a cloué les hommes dans leurs tranchées. Le reste est taillé en pièces : « Qu'ils se rendent, nom de Dieu, s'énerve un Marine. Moi, j'en ai marre de les tuer, ces p... de soldats irakiens ! » On avance de plus en plus vite et l'atmosphère a brutalement changé depuis qu'une attaque-suicide a détruit un blindé. Désormais, officiers et soldats vivront dans l'obsession des bombes humaines et des voitures piégées. Le 5 avril, ils découvrent la banlieue éloignée de l'est de Bagdad, un immense quartier de garages, de rideaux de fer et d'ateliers de mécanique. Il fait plus de quarante degrés.

Du véhicule, les roues en l'air, sortent deux femmes et un gosse qui courent se réfugier dans une maison. « Stop the fire », crie un sniper. Au même moment, un obus de tank pulvérise la petite maison et ses occupants.

« Une quinzaine de civils abattus »

Le 6 avril au soir, après des semaines de sable, ils écarquillent les yeux devant les allées d'une Académie militaire, plantée d'arbres et de massifs de fleurs. « Dès que nous sommes partis, les Irakiens ont commencé à piller. Dans la minute ! » dit Enrico. « Le pillage a suivi pas à pas la progression de notre unité. » On avance en croisant quelques cadavres sur le sol, dans une voiture carbonisée où un officier à demi nu, agenouillé est interrogé, son short souillé par la peur. Trois civils sont relâchés, un Égyptien et un Soudanais capturés sont emmenés vers l'arrière.

Des premières maisons partent des coups de RPG et des tirs de snipers. Un millier de Marines poussent, tous ensemble, sur un kilomètre et sécurisent l'avenue principale et les rues environnantes. Soudain, loin devant, un énorme champignon de fumée noire sur un pont encore invisible : le « Bagdad Highway Bridge », large de 50 mètres, qui enjambe un canal et va devenir l'objet de 48 heures de combats.

Les snipers ont reçu l'ordre d'abattre tout ce qui avance sur eux, même les ambulances, depuis qu'on a découvert qu'une d'entre elles transportait des combattants en armes. « Ici, j'ai vu une bonne quinzaine de civils se faire abattre par les Marines », dit Enrico, choqué. Il découvre les alentours du pont : à gauche, quelques maisons avec toits en terrasse et une sorte d'école aux fenêtres fortifiées par des sacs de sable ; au milieu, la berge et deux ponts côte à côte, l'un pour les véhicules, détruit, et l'autre, pour les piétons, endommagé ; à droite, une mosquée, un bâtiment officiel et un grand terrain vague.

Un char s'avance, ouvre le feu et les Marines s'enterrent sur la berge… « Ils arrivent à creuser un trou individuel en moins de deux minutes, à une vitesse effarante, dit Enrico. Individuellement, ils n'ont rien d'exceptionnel ; en groupe, obéissants, disciplinés, programmés, ils forment une extraordinaire machine de guerre. » Juste avant la nuit arrive une Land Rover, par la droite, sur le chemin de digue. La fusillade lui fait faire plusieurs tonneaux en contrebas vers le canal. Du véhicule, les roues en l'air, sortent deux femmes en noir et un gosse d'une dizaine d'années qui courent se réfugier dans une petite maison à cinquante mètres de là.

« Ce pont est vital »

« Stop the fire », crie un sniper avec des jumelles. Au même moment, un obus de tank pulvérise la petite maison et ses occupants. En face, sur le pont, un camion avance en sautant sur l'asphalte à moitié détruit. Les Marines ouvrent le feu, le camion est stoppé net. Une voiture blanche suit : « Light up ! », crie un officier. Une rafale, la voiture brûle. À la nuit, le colonel McCoy briefe ses hommes : « Ce pont est vital. Un autre pont au nord a été détruit. Il nous faut celui ci pour faire passer nos troupes. »

L'endroit deviendra désormais une killing zone (zone de mort). Les Marines sont sous pression : les attaques-suicides, la menace des gaz, les soldats habillés en civil, les combattants dans les ambulances… Et la phrase d'un officier : « Plus vous êtes cruel, plus vite vous serez de retour chez vous ! » Le 7 avril à l'aube, Enrico gare sa voiture près de la mosquée en retrait et se poste près d'un marché en flammes.

Des obus pleuvent, ce sont bien des 155 mm irakiens, un APC (transport de troupes blindé) est touché de plein fouet : deux Marines sont tués, quatre autres sont blessés. Offensive : on déclenche un feu nourri contre la berge opposée ; les Marines traversent le pont en courant, enjambent un cadavre de civil irakien abattu la nuit par les snipers. Le génie jette des plaques de métal sur les trous du pont.

« Plus vous êtes cruel, plus vite vous serez de retour chez vous ! »

Un officier américain

Enrico retrouve le camion touché la veille avec son conducteur, un vieil homme tué au volant. La voiture blanche est complètement carbonisée. De l'autre côté, une palmeraie et des paquets de maisons brûlent. À 300 mètres de là, une passerelle enjambe l'autoroute, un portrait de Saddam Hussein est flanqué de bunkers, les snipers se postent sur les toits des maisons de chaque coté de l'avenue. Une première voiture, prise immédiatement sous le feu, explose. Un mini-van passe la limite de la passerelle.

Ce père, dans la rue, qui crie que ses enfants sont touchés. Un hélicoptère américain emporte le garçon. C'est une constante dans cette guerre : on tire puis on soigne les survivants.

Tir de sommation. Mais comment, pour un conducteur civil terrorisé, comprendre un tir de sommation, dans le vacarme environnant, fait par des Marines enterrés dans leurs trous ? Le véhicule est criblé de balles. Un troisième véhicule, un pick-up « civil » avance, suspect. Tir de sommation. Il ne ralentit pas. Fusillade. Dans le pick-up, on découvrira deux hommes morts, en keffieh de combattant, l'un d'eux avec une kalachnikov à ses pieds, l'autre avec un pistolet à la ceinture.

« Beaucoup d'erreurs des Marines »

Cette fois, la résistance armée a beaucoup faibli mais les consignes n'ont pas changé. Un homme arrive, à pied, sur le trottoir : « Il avait 60, 70 ans et marchait une canne à la main », se rappelle Enrico. Tir de sommation. Le vieillard effrayé recule, se met une minute à l'abri d'une maison puis reprend sa marche. Il est abattu. Juste avant qu'une autre voiture, qui n'a pas ralenti assez vite, soit détruite. Plus tard, c'est une voiture marron qui est mitraillée ; quatre hommes en sortent, l'un d'eux blessé en boitant, courent vers une maison. On trouvera le blessé mort d'une hémorragie pendant la nuit.

C'était un employé du restaurant de l'hôtel Rachid que des amis courageux étaient venus chercher, pour l'emmener à la campagne et le mettre à l'abri des bombardements de la capitale.

« Les Marines ont fait beaucoup d'erreurs… », dit Enrico. Témoin ce père, dans la rue, qui crie que ses enfants sont touchés. Laurent et

Enrico se précipitent. Un homme paniqué tient sa fille de 6 ans blessée au bras. L'autre gamin, un garçon de 10 ans, est touché au ventre : « Pourquoi eux ? », demande le père. Il fait signe qu'il marchait en les tenant par la main. « Pourquoi pas moi ? Pourquoi mes enfants ! » Un hélicoptère américain emporte le garçon. C'est une constante dans cette guerre : on tire puis on soigne les survivants. Enrico et Laurent emportent la petite fille dans une voiture vers l'arrière. Tout autour, les maisons flambent, les balles fusent, le ciel est noir de fumée : « J'étais transformé en statue de sel avec cette gosse dans les bras. Elle devenait de plus en plus pâle. » Au volant, Laurent répète : « Vite ! Vite ! Elle va pas s'en sortir. Putain ! Va pas s'en sortir ! » On dépose la gosse à l'hôpital. Elle s'en sortira.

Retour sur le front. Enrico se réfugie sur une terrasse, boit de l'eau, grignote un peu de beurre de cacahuètes et ne sait plus quelle heure il est, tant la lumière, ce jour-là, est uniformément grise. À côté de lui, un Noir américain éclate en propos incohérents : « Il parlait tout seul de videogame, de ses copains morts et des Irakiens massacrés, disait qu'il n'était pas venu ici pour tuer des civils. Et qu'il ne pourrait jamais, jamais raconter tout ça à sa mère. »

Heureusement, il y a « Doug », un Marine formé à l'école des snipers. Ce jour-là, il a sauvé les occupants de quatre véhicules. Le premier tir de sommation fait sauter l'asphalte sous le nez du conducteur. Le deuxième touche le moteur. Et le dernier crève un pneu. Tous les conducteurs ont fini par comprendre et faire demi-tour ! Écœuré par ce qu'il a vu, Doug a avoué qu'il allait abandonner l'armée et reprendre des études d'informatique dès son retour au pays.

Enrico, Laurent et les autres ont arrêté d'envoyer des photos de cadavres à des rédactions saturées de mort. Ils ont progressé en ignorant des débris de véhicules remplis de morceaux de corps, brûlés, dévorés par les chiens. En essayant de faire le compte impossible des victimes civiles : « Nous étions sur les avenues principales. Il y en a eu beaucoup dans les ruelles attenantes… »

Une méthode meurtrière

Combien ? Assis à une table du café de l'hôtel Palestine, le colonel McCoy balaie la critique du revers de la main : « Non, nous n'avons pas abusé de la force. » Il a le physique d'un acteur de cinéma, un sourire bienveillant et un calme à toute épreuve. Les civils abattus ? « Pas de notre responsabilité… Demandez plutôt à Saddam qui a choisi de mêler ses soldats à la population. » Il évoque longuement l'histoire des ambulances, des attentats-suicides et de combattants en civil.

L'ennemi était donc si redoutable ? Il secoue la tête : « Non… une armée et une milice démotivée, des Fedayins de Saddam très motivés, eux, avec une bonne tactique mais une très mauvaise exécution. Peu puissants, pas adroits, faibles. » Quand je lui dis que sa méthode ressemble à celle d'une armée qui veut aller vite, trop vite, il répond : qu'il a « l'habitude de ne pas laisser souffler l'adversaire » et admet avoir « reçu des consignes pour accélérer la progression ».

Trop vite, trop fort, une obsession de la sécurité de ses hommes, un certain mépris de la vie des Irakiens considérés tous, a priori, comme hostiles… voilà – avec les bombardements massifs, les tirs des pillards et les checkpoints – ce qui a rempli les hôpitaux de Bagdad et d'Irak. Du pont Al-Joumhouriya à la banlieue des grandes villes, la méthode américaine a été meurtrière. En face, celle des dirigeants irakiens a encore moins de considération pour la vie humaine.

Dans le hall de l'hôtel, juste après avoir déposé Taras dans une voiture pour l'hôpital, je soufflais un peu quand un haut fonctionnaire chargé de la presse m'a tapoté l'épaule. À côté de lui se tenait Djamal le caissier, chargé de collecter – en dollars – le retard des droits exorbitants d'accréditation au ministère de l'Information. Le fonctionnaire a regardé mes bras et mains encore pleins du sang du blessé. Et il m'a demandé de passer immédiatement à la caisse…

« C'EST MOI QUI AI TUÉ TA PETITE SŒUR »

Retour au Rwanda, le « pays des Mille Collines », où rescapés et bourreaux d'hier vivent aujourd'hui côte à côte. Il y a ce qu'ils disent et ce qu'ils ne disent pas, en particulier ces « génocidaires » hutus, qui donnent visage humain à une horreur encore incompréhensible.

CHRISTOPHE AYAD
« LIBÉRATION », 6 AVRIL 2004

Puisqu'il faut que cela ait commencé quelque part... Voilà, c'est ici. À Kibilira, du 11 au 13 octobre 1990, quelque 350 habitants ont été massacrés. Hommes, femmes, enfants, vieillards. Ce n'est pas le premier massacre de Tutsis dans l'histoire du Rwanda. Mais il préfigure le génocide, trois ans et demi plus tard, de 800 000 Tutsis et opposants hutus. C'est ici que cela a commencé, en 1990, bien plus qu'au lendemain du 6 avril 1994, lorsque l'avion du président Juvénal Habyarimana s'écrase dans le jardin de sa propre résidence, abattu par deux missiles.

Le 1er octobre 1990, un groupe d'exilés tutsis venus d'Ouganda prend un poste-frontière et entre sur le territoire rwandais. Kibilira, c'est la réponse folle et compulsive du pouvoir hutu à une menace politique. Au lieu de combattre la rébellion encore naissante du Front patriotique rwandais (FPR) – laissant aux soldats français le soin de le faire –, les autorités s'en prennent à « l'ennemi de l'intérieur », la fantasmatique « cinquième colonne » des Tutsis vivant au Rwanda.

Dix jours après le début de l'offensive du FPR, le sous-préfet de la province de Gisenyi organise une réunion non loin de Kibilira. Toute la pyramide administrative s'est déplacée : le bourgmestre, les conseillers communaux, les chefs de cellule (unité de 500 à 1 000 habitants), jusqu'aux nyumbakumi, ces responsables d'îlots qui rendent compte de tout ce qui se passe pour les dix foyers dont ils ont la responsabilité. « Les inkotanyi ("durs combattants", un surnom donné aux rebelles du

FPR) sont parmi nous, il faut les tuer avant qu'ils ne nous tuent, exige le sous-préfet. Aucun ne doit survivre, ce sont les enfants de ceux que nous avons épargnés en 1959 qui reviennent aujourd'hui. »

Quelques heures plus tard, le massacre commence. À la houe, à la serpette, à la machette. Les paysans s'y rendent en chantant, comme pour les travaux collectifs. On égorge son voisin, on viole sa femme, on vole son bétail. Au bout de trois jours, les gendarmes de Gisenyi viennent arrêter le massacre.

Tout est déjà là : le meurtre de masse, la culpabilité diluée dans la foule, le rôle moteur des autorités locales, l'impunité. Le sous-préfet, le bourgmestre et les conseillers ont été relâchés peu après. Reste à expliquer une telle célérité, un tel empressement à peine une semaine après le début de la guerre civile. La région est le fief du régime Habyarimana. Nombre d'officiers supérieurs en sont originaires. Le Président lui-même vient de Karago et sa femme Agathe de Bushiru. On est en plein cœur de l'akazu, la « petite maison », surnom du « clan de Madame » qui joua le rôle de fer de lance durant le génocide.

Désormais, Kibilira n'existe plus. Depuis le remodelage administratif de 2001, ce petit village de montagne coincé au fond d'un vallon encaissé s'appelle Nyagisagara. Mais rien n'a changé pour Idelphonse : « Nos tueurs d'ici ont la tête dure. Ils ne changent pas comme ça. » Idelphonse a 45 ans, en paraît vingt de plus. Il vit seul, dort toute la journée et mendie le reste du temps. « J'ai perdu ma femme, mes enfants, mes vaches. Je n'ai personne. » Sauf ses bourreaux, ses voisins.

Les épines séchées forment un tapis épais et doux comme un linceul. Plus de 50 000 corps ont été exhumés.

Un Golgotha rwandais

Ils ont perdu leurs vaches, maintenant ils gardent leurs morts. Bisesero est un Golgotha rwandais : 1 200 rescapés vivent sur cette colline où il y avait 60 000 Tutsis avant le génocide. On y monte par une piste en lacets qui longe le lac Kivu, aux eaux lisses comme un miroir d'émeraude, puis traverse un jardin d'Éden où la main de l'homme n'a rien laissé au hasard : vert sombre des champs de haricots, vert clair des bananeraies, vert acidulé des plants de thé, ocre des fours à briques.

Au sommet de la colline se dresse le mémorial. Sept grandes fosses communes au milieu d'une petite forêt de pins odorants. Les épines séchées forment un tapis épais et doux comme un linceul. Plus de 50 000 corps ont été exhumés, mais tous n'ont pas été retrouvés. Dans un reposoir, 1 600 crânes sont alignés sur des tréteaux. Certains portent un gros trou – coup de gourdin ; d'autres, une fente – coup de machette. Tibias, radius, cubitus sont empilés par taille.

Bisesero est le seul endroit du Rwanda où des civils ont vraiment résisté au génocide. Déjà, lors des massacres de 1959 et de 1973, les Tutsis du coin ne s'étaient pas laissé faire. « Nous étions forts et nombreux. Le lendemain de la mort du Président, les Hutus d'en bas ne nous ont plus parlé. Le jour suivant, ils sont montés pour nous tuer et nous piller. Nous nous sommes défendus avec des pierres et des lances en bambou. »

De toute la région, des Tutsis pourchassés affluent pour se réfugier à Bisesero. « Ça a enragé les autorités, qui ont fait venir les militaires et les Interahamwe ("ceux qui travaillent ensemble" en kinyarwanda, miliciens hutus extrémistes). » Tous les jours, pendant trois mois, le préfet de Kibuye et le bourgmestre du village voisin envoient leurs hommes « travailler » sur la colline. À chaque fois, ils montent plus haut, fauchant les plus vulnérables, ceux qui ne courent pas assez vite. À Bisesero, des femmes ont été empalées, des hommes ont agonisé des heures durant, poignets et talons tranchés. François a perdu ses sept enfants et sa femme, enceinte. « À la maison, elle respirait encore, elle avait le ventre ouvert. Ils ont jeté le fœtus dans les buissons. J'ai enjambé les corps de mes enfants, puis j'ai couru sans jamais m'arrêter pour échapper à la mort. Mais elle était partout. »

Les massacres ont cessé le 1er juillet 1994, quand les soldats français de l'opération Turquoise ont pris le contrôle de Bisesero… après un mortel contretemps. Un détachement débarque une première fois le 28 juin et promet de revenir. « Pendant ces trois jours, on a été massacrés en grand nombre, et c'est ça qui me fâche le plus, s'écrie Damascène. Les Français ont laissé les tueurs travailler alors qu'ils savaient ce qui se passait. » Toute la journée, les rescapés de Bisesero ressassent des histoires de génocide, « comme une blessure qui se réveille et qui démange ».

« À la maison, ma femme respirait encore, elle avait le ventre ouvert. Ils ont jeté le fœtus dans les buissons. J'ai enjambé les corps de mes enfants, puis j'ai couru sans jamais m'arrêter. »

Comme eux, ils sont 300 000 à 400 000 dans tout le pays à avoir survécu, mais ont de plus en plus le sentiment d'être des laissés-pour-compte. Dix ans après le génocide, aucune loi d'indemnisation n'a été votée : si chaque rescapé touchait seulement 100 dollars, l'intégralité du budget de l'État y passerait. Le Fonds d'assistance aux rescapés du génocide (5 % du budget) ne prend en charge que les soins médicaux et la scolarisation de 30 000 orphelins. « On ne sort pas la tête de l'eau », se plaint François, à Bisesero. La vache que l'État lui a donnée est morte : c'était une Mutara, qui ne s'est jamais adaptée au climat, pas une Ankolé, aux cornes belles comme des hanches de femme.

« Les Hutus ne changeront jamais »

François a la chance d'habiter une maison en dur dans un imidugundu, une « agglomération ». Ces quartiers ont été construits après le génocide : contrairement aux habitudes rwandaises, les maisons y sont collées les unes aux autres. Pour éviter l'isolement qui a facilité le meurtre de familles entières, pour faire des économies d'infrastructures et pour forcer la population à se mélanger. Même si, souvent, il n'y a plus grand monde à mélanger…

Pour les rescapés, le plus dur n'est pas la misère : c'est de voir, au nom de la réconciliation nationale, les génocidaires libérés par le même pouvoir qui les avait mis en prison après 1994. « On se croise tous les jours. On se dit bonjour, c'est tout. Ça fait un an qu'il est là et il n'est jamais venu me demander pardon, rien », ironise Siméon Bizimungu en parlant de « son » génocidaire. « Ils se fichent de nous. Ils demandent pardon à l'État, pour la forme, renchérit François. Mais on voit bien qu'ils sont fâchés. Les Hutus ne changeront jamais. À la première occasion, ils finiront leur travail. »

> « Ça fait un an qu'il est là et il n'est jamais venu me demander pardon, rien. »

Avec les tueurs, la peur aussi est revenue. « Je ne veux pas qu'ils viennent m'aider à travailler dans mon champ, avoue François. Rien que de les sentir dans mon dos avec leurs panga ("machettes") qu'ils trimballent partout, ça me paralyse. » Lorsqu'ils parlent, les yeux des rescapés s'ouvrent comme des gouffres où l'on tombe, alors que ceux des bourreaux sont des murs sur lesquels on rebondit.

Ici, à Gitarama, 9 592 prisonniers, dont 8 691 génocidaires : 8 253 hommes, 186 femmes et 252 mineurs. Condamnés à mort : 13. Perpétuité : 95. La prison de Gitarama est un gros bâtiment en briques, prévu pour 3 500 personnes. En 1997, avant l'ouverture d'une annexe qui a doublé la surface, les prisonniers, obligés de se tenir debout jour et nuit, pourrissaient dans la boue et les excréments. Plusieurs ont perdu un pied ou un orteil, gagnés par la gangrène.

Une fois franchie la grande porte en fer, on pénètre dans la cour principale, 20 mètres sur 30. Une cour des miracles. C'est samedi, les adventistes du septième jour assistent à l'office en rangs serrés. Les hommes d'un côté, les femmes de l'autre, tous en uniforme rose, entonnent un gospel en kinyarwanda. Dans un coin, une vingtaine d'hommes en caleçons se savonnent sous la douche en plein air. C'est une ville en miniature peuplée de Gulliver. Les cireurs de chaussures ont élu boutique sous les planches des repasseurs. Le moindre centimètre carré est utilisé. Tout autour de la cour, des « chambres » de fortune ont été ajoutées : des abris de bric et de broc, en plastique et toile de jute. La chapelle a été transformée en dortoir : 350 détenus y dorment sur 100 mètres carrés. Rien n'est posé par terre ; objets, vêtements, tout est suspendu aux murs et à la toiture.

Une obéissance aveugle à l'autorité

Seul le bureau du « capitaine général », tapissé avec des sacs de riz, est relativement spacieux : François Musabimano, bermuda et chemisette rose, socquettes blanches dans des chaussures vernies, a été « élu » par les prisonniers. De sa vie d'avant, lorsqu'il était professeur dans une école secondaire, il lui reste un Grevisse et des manières affables. Tous les matins, il présente un rapport général au directeur. « Nous veillons à la bonne marche des choses. Chaque bloc, regroupant quatre cellules, compte un délégué et un adjoint chargé de la sécurité. » Une cellule – 20 mètres carrés, 2,50 mètres sous plafond, une lucarne – compte 56 prisonniers, dont les lits s'empilent sur quatre niveaux. Même les caves de la prison sont « habitées ».

Les prisons rwandaises accueillent 84 000 détenus, dont 77 000 accusés de génocide. Ramené à la France, c'est comme si 6 millions de personnes étaient emprisonnées.

En dix ans, jamais une mutinerie, moins d'une évasion par mois, alors que, tous les jours, 600 prisonniers sortent travailler aux champs. « C'est tranquille parce que la majorité des détenus sont des prévenus. Ils ont encore l'espoir de sortir », précise le directeur, Manassé Sebagabo, qui dispose de 56 gardiens. C'est aussi parce que la prison est à l'image de la société rwandaise : organisée par une hiérarchie implacable, une obéissance aveugle à l'autorité.

Après avoir compté jusqu'à 130 000 détenus en 1998, les prisons rwandaises en accueillent aujourd'hui 84 000, dont 77 000 accusés de génocide. C'est toujours trop pour les 18 prisons centrales et la vingtaine de cachots communaux du pays : le système carcéral est conçu pour 12 000 prisonniers maximum. Ramené à la population française, c'est comme si 6 millions de personnes étaient emprisonnées. Le CICR continue de fournir une part importante de la nourriture et des soins aux prisonniers, mais se désengage progressivement. Étant donné les capacités du système judiciaire (1 000 jugements par an au maximum), il lui faudrait plus d'un siècle pour juger tous les génocidaires… Non seulement il n'est pas conçu pour une telle charge, mais le génocide l'a laissé en ruine. À l'été 1994, la quasi-totalité des magistrats, greffiers et avocats étaient soit morts, soit en fuite au Zaïre.

« Aucune vérité ne peut sortir d'ici »

Après six ans de statu quo, le gouvernement a fait adopter une loi permettant une instruction et un jugement « de masse » du génocide. Il s'agit de la mise en place des gacaca (lire « gatchatcha », le mot désignant le carré d'herbe sur lequel les juges s'assoient lors des audiences), calqués sur les tribunaux traditionnels. Dans chaque cellule administrative, la population est censée élire 19 « juges intègres », devant se réunir une fois par semaine pour recenser les crimes et délits et instruire les dossiers de tous les accusés.

« Je n'ai rien vu, je me cachais. C'est à eux de dire la vérité, ils savent ce qui s'est passé. »

Les séances ont lieu en public et la population est fortement incitée à y participer. Lorsque l'instruction est terminée, chaque accusé est classé dans l'une des quatre catégories (du planificateur au petit voleur en passant par le « tueur de grand renom ») qui déterminent la peine dont il est passible. Les procès interviendront dans une deuxième phase. Les gacaca ont trois buts, pas toujours compatibles : faire émerger la vérité, juger les coupables et favoriser la réconciliation.

Parallèlement, les autorités ont incité les prisonniers à passer aux aveux en organisant des gacaca dans les prisons. Tous les prisonniers (à l'exception des accusés de 1re catégorie) dont les aveux ont été jugés crédibles par le parquet sont remis en liberté en attendant leur jugement devant les gacaca populaires. Pour les inciter à parler, des remises de peine leur ont été promises. Moins par souci d'équité (« Pendant le génocide, des gens ont été tués sans raison. Il n'est ni étonnant ni anormal que des gens soient emprisonnés sans raison », dit souvent le procureur général de la République, Jean-de-Dieu Mucyo) que de pragmatisme, le gouvernement a largement favorisé les libérations anticipées et conditionnelles afin de vider les prisons.

Ce matin, c'est la conjuration du silence à Rwamatamu. Un an déjà que le gacaca se réunit tous les jeudis matin. On en est à la phase où l'on recense les biens pillés et où l'on établit qui a volé quoi et à qui. Le problème, c'est que sur cette colline, comme dans toute la province de Kibuye, il y a très peu de survivants. La cellule compte une seule rescapée, et encore, c'est une Hutue qui

« a choisi le camp de son mari », un Tutsi tué. Pendant toute la séance de gacaca, elle ne pipe mot : « Je n'ai rien vu, je me cachais. C'est à eux de dire la vérité, ils savent ce qui s'est passé. » Ils n'en ont manifestement pas très envie. Les questions de la présidente de séance viennent s'écraser sur un mur de silence. « J'étais malade chez moi, j'ai rien vu », se plaint un vieux. Il finit par lâcher des noms. « Mais ils habitent ailleurs ou sont morts, ceux-là », s'exclame la juge. Excédée, elle menace de le faire emprisonner pour refus de témoigner.

Soudain, la foule se réveille, on proteste, on s'énerve. « Si c'est ça la réconciliation, nous, on viendra plus, menace une vieille Hutue. La réconciliation, ça veut dire que ceux qui sont en prison sortent, pas le contraire. » Un petit groupe part s'isoler. Un quart d'heure plus tard : « OK, deux d'entre nous ont volé la tôle des toits. Mais on l'a remboursée. Les chèvres et les vaches, on les a mangées. Mais on veut ajouter quelque chose : le juge là (il désigne l'un des 19 "intègres"), il a pillé aussi et il n'a jamais payé. » Le juge, Innocent le mal nommé, baisse la tête. La rescapée murmure : « De toute façon, le mari de la présidente est en prison pour génocide. Aucune vérité ne peut sortir d'ici, aucune justice. »

Cohabitation et non-réconciliation

Les gacaca sont autant de boîtes de Pandore. Censés accélérer le cours de la justice, ils ont eu pour effet inattendu de mettre au jour des dizaines de milliers de nouveaux crimes et accusés. Sans compter toutes les fausses accusations liées à des litiges fonciers. Alors que les gacaca ont démarré dans seulement 10 % des 8 500 cellules du pays, les projections font apparaître que l'on risque de se retrouver avec 500 000 accusations de génocide (certaines estimations vont jusqu'à 2 millions). Ce qui signifie qu'un minimum de 200 000 génocidaires n'ont jamais été en prison... Les rescapés ne comprennent pas que ceux qui avouent leur forfait bénéficient de remises de peine. Plutôt que de réconciliation, ils parlent de cohabitation.

Les gacaca peuvent-ils permettre l'émergence de la vérité alors qu'il y a une remise de peine à la clé ? Mais renoncer à punir les coupables, n'est-ce pas encourager l'impunité qui a prévalu au Rwanda jusqu'en 1994 ? Quid de la réconciliation si l'on envoie en prison des gens plus d'une décennie après les faits ? Quelle réconciliation et quelle vérité, alors que les massacres de Hutus par les troupes du FPR sont exclus des gacaca ?

Lorsque l'instruction est terminée, chaque accusé est classé dans l'une des quatre catégories, du planificateur au petit voleur en passant par le « tueur de grand renom ».

Durant sa prise de pouvoir, qui a mis fin au génocide, le parti du président Kagamé a en effet pratiqué des exactions et des actes de vengeance jamais jugés, tout comme lors du démantèlement des camps de déplacés intérieurs en 1995 et de réfugiés hutus au Zaïre en 1996. L'ensemble de ces crimes aurait causé 200 000 morts, mais le refus des autorités d'en parler alimente la propagande révisionniste des extrémistes hutus, qui évoquent – à tort – un « double génocide ». Il n'y a eu qu'un seul génocide, celui des Tutsis en 1994, et le Rwanda n'a pas fini de déterrer ses morts.

Kibuye est comme une perle posée au fond d'un fjord équatorial. Au bord des eaux émeraude du lac Kivu, on a peine à imaginer qu'une telle beauté a été le cadre de telles horreurs. Le stade où des adolescents disputent des parties échevelées ? 10 000 personnes y ont été tuées le 18 avril 1994, au vu et au su de la colline d'en face qui surplombe le site. L'église qui domine le lac à la langueur lamartinienne ? 11 000 morts, le 17 avril.

Il y a encore peu, la prison se trouvait en plein centre-ville. Elle a été fermée l'année dernière car la situation devenait explosive les jours de parloir : les visiteurs passent trente par trente, assis sur deux bancs espacés d'un mètre, ils ont un quart d'heure pour hurler plus fort que le brouhaha. Jean-de-Dieu Mucyo, le procureur général de la République, est de passage à Kibuye. Il vient de faire le tour des prisons de la province. Cet homme de 43 ans, au charme charismatique, est l'un des rares rescapés que le génocide n'a pas brisé. Comme si d'avoir survécu lui avait donné une inépuisable vitalité. En prison, il organise des cérémonies où rescapés et génocidaires s'embrassent. N'est-ce pas aller trop loin ? « On ne peut pas séparer la justice de la réconciliation. Les rescapés, je leur dis : "Ce type a tué ta famille et, pendant qu'il est en prison, tu payes pour le nourrir.

Pourquoi ne pas utiliser cet argent à éduquer ton fils et soigner ta femme ?" » Le fait que les gacaca aient mis au jour plus de génocidaires que prévu ne l'inquiète pas. « L'essentiel, aujourd'hui, c'est de connaître la vérité. Ensuite, on se débrouillera. »

« Il a respiré trop de cadavres. » Depuis quelque temps, le vieux Tharcisse porte un masque à gaz. Le gardien de l'église de Nyamata souffre d'une mystérieuse maladie des bronches que son collègue Épimaque attribue à une fréquentation trop assidue de la mort. L'église de Nyamata, où plus de 10 000 Tutsi ont été massacrés du 9 au 11 avril 1994, a été transformée en mémorial à la suite d'une pénible polémique entre Ibuka (« Souviens-toi »), principale association des rescapés, l'État rwandais et l'Église catholique.

Lorsqu'en 1997 le prêtre a commencé à faire nettoyer l'édifice pour le rouvrir, les rescapés se sont insurgés. L'affaire est remontée jusqu'au Vatican, mais les rescapés ont fini par avoir gain de cause et l'église est restée en l'état, avec son toit criblé d'éclats de grenade, ses taches de sang sur les murs en briques et le drap d'autel, son ostensoir troué par une balle… « Même le christ en bois, ils l'ont découpé à la machette parce qu'il ressemblait à un Tutsi », précise Épimaque.

L'église qui domine le lac à la langueur lamartinienne ? 11 000 morts, le 17 avril 1994. Le stade où des adolescents disputent des parties échevelées ? 10 000 personnes tuées le 18 avril. « L'essentiel, aujourd'hui, c'est de connaître la vérité. Ensuite, on se débrouillera. »

Des cérémonies de réenterrement

Deux ossuaires ont été creusés dans le jardin derrière l'édifice : plus de 20 000 corps, la plupart non identifiés, y sont enterrés. Dans une crypte sous l'église repose le cercueil d'Annonciata Mukandori, une jeune femme dont le corps a été retrouvé intact après qu'elle a été violée et transpercée du sexe au sommet du crâne par une lance.

« Avec ce qui s'est passé, les rescapés se sont un peu détournés de l'Église, reprend Épimaque. Seuls les plus jeunes et les plus vieux y viennent encore. » Au bénéfice de l'islam et des Églises réformées d'outre-Atlantique.

Régulièrement, les habitants sont conviés à des cérémonies de réenterrement lorsque de nouveaux charniers sont découverts, comme c'est encore souvent le cas. Les Hutus y voient un « chantage au génocide », un moyen de les maintenir dans une culpabilité permanente. Quant aux rescapés, ils sont partagés entre ceux qui veulent donner une sépulture décente à leurs morts et ceux qui pensent qu'il est important d'exposer les ossements, « pour que le monde n'oublie pas ».

Le Bugesera est l'une des provinces les plus pauvres du Rwanda et c'est pour cela qu'après les massacres de 1959 et de 1963, le président Kayibanda envoya les Tutsis s'y installer en espérant qu'ils crèveraient de faim ou de la malaria. En 1994, on y a plus massacré qu'ailleurs. Presque tous les mois, on découvre de nouveaux cadavres. En ce moment, des corps fraîchement déterrés sont exposés dans l'église, comme figés dans l'instant de leur mort. Ils dégagent une odeur douce et écœurante mais Tharcisse ne sent plus rien.

Le 3 mars, à Gitagata, 25 corps étaient retirés d'une ancienne fosse septique hâtivement rebouchée sur une parcelle à l'abandon. Odette Mukamutara, qui habite à moins de 500 mètres, y a retrouvé les corps de deux de ses petites sœurs qu'elle a reconnues grâce aux vêtements. « Je savais que des victimes étaient enterrées là. Mais, quand je le disais aux autorités, elles ne m'écoutaient pas. Il a fallu attendre qu'un prisonnier récemment libéré indique l'endroit précis et le nombre de corps. Ils leur font plus confiance qu'à nous. »

La semaine suivant l'exhumation, Odette a eu une nouvelle surprise : son voisin, Égide Ngezahaguhora, s'est levé durant l'office au temple pentecôtiste, il l'a regardée droit dans les yeux et lui a dit : « C'est moi qui ai tué ta petite sœur. » Puis il lui a demandé pardon comme on exige un dû. Odette est restée muette, puis elle a juste demandé : « Laquelle ? » Il a dit : « Je ne sais pas. » « Je lui ai pardonné, soupire Odette. Qu'est-ce que je peux faire d'autre ? » Égide est sorti de prison le 30 janvier 2003. Pendant plus d'un an, il a salué Odette tous les matins sans qu'elle sache qu'il avait tué sa sœur.

« On les écrasait comme des cafards »

Égide vit à 300 mètres de chez Odette, dans une petite maison ronde en pisé surmontée d'un toit de paille. C'est un « tueur innocent », un simple assassin de 31 ans, à l'air un peu crâne. Il a passé neuf ans à la prison de Rilima et se souvient très bien de la mort de la sœur d'Odette : « Nsengiyumva, mon voisin, m'a fait appeler. Il était le chef des Interahamwe. La petite avait 9 ou 10 ans. Elle venait de manger. Nsengiyumva m'a dit : "Toi, tu n'as pas encore tué" en me montrant la petite. J'ai voulu partir, mais il m'a retenu. Il m'a mis un gourdin entre les mains. On est partis à trois dans les fourrés. Quand on s'est arrêtés, j'ai levé le gourdin et j'ai frappé quatre fois, sur la tête. La petite me regardait sans rien dire. Ça ne m'a rien fait sur le coup. On tuait comme on écrasait des cafards. »

La propagande d'État traitait les Tutsis d'inyenzis (« cafards »). Par la suite, Égide a participé à quatre autres meurtres : un homme, une femme et son bébé, un adolescent. Il se souvient précisément de chacun, en particulier de l'homme, Gatunde, qu'il revoit « parfois en rêve », et du jeune garçon – « un musulman, on lui a donné un coup de hache pendant qu'il se prosternait pour la prière ». « Celui qui ne voulait pas tuer, on lui prenait ses chèvres ou on lui faisait payer 10 000 francs rwandais (14 euros). » D'avoir avoué l'a soulagé. « Ça me pesait. Je priais, mais le cœur n'y était pas. Je sentais bien que j'avais fait l'infaisable. » Il assure vouloir aider Odette à réparer son toit mais n'a encore rien fait.

« Celui qui ne voulait pas tuer, on lui prenait ses chèvres ou on lui faisait payer 10 000 francs rwandais. »

« Le pardon, ça ne s'achète pas, ça se donne. Je n'ai rien, même pas une petite chèvre à lui offrir. On a tous perdu dans le génocide », se lamente-t-il. Odette n'a pas envie d'avoir affaire à lui : « S'il dit bonjour le premier, je réponds. C'est tout. » Elle se méfie et le soupçonne de faire partie de ceux qui ont attaqué sa maison la nuit du 10 février dernier. Depuis le retour des tueurs, c'est la psychose chez les rescapés : deux d'entre eux se sont fait assassiner à Gikongoro, l'automne dernier, par des génocidaires en cavale.

« À l'hôpital, on m'a annoncé que j'étais enceinte de cinq mois. J'ai voulu me tuer en me jetant dans le lac Kivu ; des piroguiers m'ont empêchée. J'en avais assez de la vie. »

Alphonsine Mutoze, 29 ans, est belle comme un éclat de porcelaine. Elle vit avec son fils dans le quartier de Kacyiru, dans une misérable bicoque d'une pièce. Son enfant est le fruit du génocide. « Je travaillais à l'usine de savon à Kigali. Quand le génocide a commencé, j'ai décidé de m'enfuir avec des voisins vers le Zaïre. Nous avons mis trois jours à parcourir 200 kilomètres. Partout, on se faisait arrêter par des Interahamwe à des barrières.

« Quand mes voisins n'ont plus eu d'argent à donner, les miliciens me demandaient pour me violer. Arrivés à Gisenyi, ce sont les gendarmes qui m'ont violée, je ne sais même plus combien de fois. À Goma, au Zaïre, je me suis retrouvée dans les camps de réfugiés hutus. J'avais très peur d'être découverte comme tutsie, mais je n'avais nulle part où aller.

« Je n'ai rien dit à mon garçon »

« Toute ma famille était morte au Rwanda. Un militaire m'a repérée, il m'a dit : "Tu es tutsie. Viens vivre avec moi, sinon, tu vas mourir." J'ai vécu sous sa tente plusieurs mois sans sortir. Un jour que je me sentais mal, je suis allée à l'hôpital où on m'a annoncé que j'étais enceinte de cinq mois. J'ai voulu me tuer en me jetant dans le lac Kivu ; des piroguiers m'ont empêchée. J'en avais assez de la vie. J'ai décidé de garder cet enfant parce que, peut-être, je n'en aurai jamais d'autre. Quand il est né, j'ai voulu l'appeler Zaïre, parce que c'est là qu'il est né. Les sœurs de l'hôpital ont refusé. Alors j'ai choisi Nambara (« guerre » en kinyarwanda), elles ont encore refusé. Finalement, il s'appelle Gervais Tuyshime, c'est le nom d'un saint qui acceptait tout ce que Dieu lui donnait. Je me demandais sans cesse : "Comment va grandir cet enfant ? Il ne connaît pas son père, il n'a pas de famille."

« Je suis rentrée du Zaïre avec les autres réfugiés, en 1996. Je me suis installée à Gikongoro, là où toute ma famille a été tuée. Mais les Hutus de la région nous menaçaient. Alors j'ai quitté pour

Kigali. Dans le voisinage, les gens savent qui il est. Parfois, ils le traitent d'Interahamwe, ils disent qu'il est violent, que c'est un enfant d'assassin. Je suis la seule rescapée de mon quartier. Ils me méprisent et m'envient ; ils croient que je reçois des aides de l'État alors que je vis avec mon salaire de femme de ménage. J'ai 5 000 francs par mois (7 euros). Le seul fait que je sois vivante les accuse. Je n'ai rien dit à mon garçon. Il a 9 ans, c'est trop tôt pour qu'il comprenne la gravité de tout ça. Quand il demande où est son père, parfois je lui dis : "Au Congo." Ou alors : "Si tu fais de longues études et que tu deviens très intelligent, un jour, tu pourras le trouver." Parfois, il me demande : "C'est quoi un Hutu ?" Je lui réponds : "C'est ceux qui ont tué." "Et un Tutsi ?" "Ceux qui ont été tués." "Et toi, tu es quoi ?" "Tutsie." "Pourquoi tu n'es pas morte ?" "Parce que je me suis cachée au Zaïre. Ils m'ont oubliée." "Et moi, je suis quoi ?" "Depuis que tu es à moi, tu es tutsi."

« Parfois, je m'énerve contre lui, je perds complètement la tête, je le frappe, je lui dis qu'il est un monstre comme son père. Dans ces moments-là, je préférerais pouvoir l'abandonner. Pourtant, je ne supporte pas d'être séparée de lui, ni qu'on lève la main sur lui. Notre amour est plus fort qu'un amour normal entre une mère et son fils. »

LES MARIÉS DE TÉHÉRAN

De la drague au divorce, en passant par le contrat de mariage, et le mariage : pour les Iraniennes, la Révolution islamique n'a rien changé aux difficultés de la vie en couple. La carte du Tendre est toujours un parcours semé d'embûches.

MARION VAN RENTERGHEM
« LE MONDE », 11 MAI 2004

C'était le début de la nuit. On était entre filles, c'est-à-dire en liberté. Pas de voiles sur les têtes, dans la partie réservée au personnel soignant féminin de cet hôpital d'un quartier très populaire du sud-ouest de Téhéran. Celles qui étaient de garde passaient de la cuisine commune à leur petite chambre, s'asseyant autour d'un thé en attendant les urgences. Comme cette gynécologue de 34 ans qu'on appellera Ferouzeh, le faux nom qu'elle s'est choisi pour rester tranquille.

Cette nuit-là, donc, Ferouzeh bavardait dans sa chambre avec une amie. Soudain, on l'appelle aux urgences. En vitesse, elle met sa blouse blanche et un voile noir sur les cheveux, descend les marches, rejoint les salles de consultation. La cohue. Il y a du bruit, du désordre, des va-et-vient. Une femme et sa sœur attendent là avec une fillette de 2 ans. « Elle est tombée d'une chaise, il faut vérifier », dit la mère dans une grande confusion.

Ferouzeh a bien compris ce qu'il fallait vérifier. Ce ne sont pas d'éventuels os cassés qui préoccupent la mère. La seule chose dont il importe de s'assurer qu'elle est intacte, c'est l'hymen. Des familles traditionalistes à celles de la bourgeoisie éduquée, un tabou traverse les siècles en Iran, solide vestige archaïque, antéislamique, d'une société pourtant en pleine ébullition : la virginité.

La petite fille est déshabillée sous la lampe. Les têtes se penchent sur son cas, l'air soucieux. Elle ne comprend pas, hurle. Deux ans ! Est-elle vraiment « tombée d'une chaise » ? Ferouzeh fronce les sourcils, redoute le pire, examine l'enfant. Avant le verdict, la seconde de silence dure une éternité. La gynécologue secoue la tête : « Non, ça va. » La mère rhabille la petite. Elle ne demandera pas si elle s'est fait mal, si des médicaments s'imposent. L'inquiétude, la seule qui compte est écartée.

Quand Ferouzeh exerçait dans un cabinet, les filles affluaient pour demander des certificats de virginité avant le mariage. La plupart, assure-t-elle, n'étaient pas vierges. Leurs mères entendaient la sentence. Pleurs, cris, insultes. Certaines la suppliaient pour obtenir un faux certificat, qu'elle donnait parfois. D'autres partaient se faire opérer pour reconstituer l'hymen. Clandestinement, en payant le prix. Et à leurs risques et périls.

Ferouzeh la gynécologue a une amie, Anahita. Elles ont passé leur scolarité ensemble dans une école du centre de Téhéran. Ce centre-ville géant, étalé sans queue ni tête, où les classes sociales se mélangent. Ferouzeh vient d'un milieu populaire, traditionnel : mère au foyer, père fonctionnaire. Anahita, elle, est issue d'une famille d'artistes, gens de théâtre au temps du chah. Toutes deux ont connu à 10 ans la révolution (qui, en 1979, mit fin au régime impérial pour instaurer la République islamique) ; puis, pendant huit ans, la guerre Iran-Irak, les bombardements, la fermeture de l'école, les pères et les frères qui ne revenaient pas, la peur.

Chacune a fait son chemin. Ferouzeh a étudié la médecine. Elle raconte l'université, la surveillance permanente des brigades des mœurs : « Si on te voyait donner une lettre à un homme, tu étais exclue ou obligée de te marier. » Anahita, elle, trop avide de liberté, s'est exilée plusieurs années en Europe. Avant de revenir, pour essayer encore une fois de vivre chez elle, en Iran, dans cette société qu'elle ne supporte pas, qui ne supporte pas la liberté des femmes.

Quand Ferouzeh exerçait dans un cabinet, les filles affluaient pour demander des certificats de virginité avant le mariage. La plupart n'étaient pas vierges.

Concubinage hors la loi

Les deux copines se sont perdues de vue. Elles se retrouvent cette nuit-là dans la petite chambre de l'hôpital. Et se racontent l'essentiel, c'est-à-dire leur mariage. Un passage obligé dans ce pays de 65 millions d'habitants. Le concubinage étant hors la loi et les femmes seules mal vues, tous les couples se marient : c'est l'une des pesanteurs de cette société pourtant au seuil de la modernité, où l'archaïsme et la tradition résistent encore aux dynamismes qui la secouent. Les deux tiers de la population ont moins de 30 ans, plus de 60 % des étudiants sont des femmes, la source principale du revenu d'un quart des familles provient du travail des femmes, 88 % d'entre elles utilisent des contraceptifs, le taux de fécondité avoisine les moyennes européennes…

Tous les couples passent donc par ce goulet d'étranglement : le mariage, nœud crucial de la société iranienne, avec ses rites en plusieurs étapes – drague, tabou de la virginité, cours d'éducation sexuelle obligatoires, contrat de mariage, mariage… jusqu'au tribunal des affaires familiales, où se règlent les divorces. Car ici, où l'on se marie d'abord pour être en règle, environ 5 unions sur 10 s'achèvent par un divorce.

Anahita et Ferouzeh, ainsi, se sont mariées. Ferouzeh a attendu d'avoir 33 ans. Jusque-là, précise-t-elle en pouffant timidement, elle est restée vierge. « J'avais très peur de ne plus l'être. Je savais où ça pouvait mener… » Elle ajoute, avec un naturel désarmant : « C'est très dur de trouver un homme qui accepte une fille non vierge. Alors, puisque la virginité est importante pour le mari, c'est important aussi pour moi. » Comme beaucoup d'Iraniennes, Ferouzeh a rencontré son futur mari dans un taxi collectif. La loi interdisant de « fréquenter » librement avant le mariage, « c'est difficile de connaître un homme, note-t-elle. Tu ne vois que la surface. La plupart du temps, ils mentent… le temps de te convaincre ».

« C'est difficile de connaître un homme. Tu ne vois que la surface. La plupart du temps, ils mentent… »

Chassé-croisé des regards

Pour les jeunes Iraniens, sept ans de pouvoir des réformateurs avaient vaguement détendu l'atmosphère. Le nouveau Parlement conservateur (élu le 20 février et le 7 mai) n'est pas là pour arranger les choses. Mais, quel que soit le pouvoir en place, dans ce pays, on drague comme on peut. On s'échange des numéros de téléphone en se croisant dans les parcs ou les grands magasins. Des rues du nord de Téhéran sont connues pour les rencontres en auto : voitures de filles, voitures de garçons, chassé-croisé de regards, et plus si affinités. Les plus modernes organisent des soirées privées très « occidentales ».

Le mari choisi, Ferouzeh et Anahita sont passées, comme tout le monde, par le cours d'éducation sexuelle obligatoire, dit « d'équilibre familial ». Nous y voilà justement, à ce cours. Le rendez-vous a lieu dans une clinique du centre de la capitale. Il y a là une centaine de couples de tous âges. Des très jeunes et des très vieux. Des femmes en tchador, d'autres en habits plus modernes, le voile glissé vers l'arrière pour laisser les cheveux découverts. Chacun s'observe. Après la prise de sang réglementaire, c'est l'heure de la classe.

Une crudité inouïe

Les futurs époux s'asseyent côte à côte. Au mur sont épinglés différentes plaquettes de pilules, un préservatif et des dessins de stérilets. « Au nom d'Allah... » : de sa petite voix aiguë, une dame en blouse blanche et pantalon, voile noir sur la tête, commence le cours. L'objectif est de recommander les contraceptifs, « comme ils font en Europe et en Amérique ». Le raisonnement est simple : « Nous sommes en République islamique d'Iran, et l'avortement est interdit. (...) Au début du mariage, à cause de l'excitation, c'est difficile de se contrôler, et 50 % des femmes tombent enceintes... »

« Au début du mariage, à cause de l'excitation, c'est difficile de se contrôler. »

Quelques couples pouffent bruyamment. Ceux d'allure plus occidentalisée. Les autres ne voient pas ce qu'il y a de drôle et restent concentrés sans rien dire.

Au bout d'une heure, les hommes sont invités à quitter la salle. Les filles restent : certaines choses ne seront confiées qu'à elles. La petite voix aiguë donne des détails pratiques d'une crudité inouïe. Et termine par ce conseil : « Les hommes ne montrent pas leur vrai visage. La plupart d'entre vous divorceront dans un an, après les avoir connus. Alors contrôlez-vous, attendez au moins un an avant de tomber enceintes ! »

Ferouzeh et Anahita, les deux copines, ne manquent pas de se questionner ensuite sur cette tradition ancestrale, ce moment crucial de la vie iranienne : le montant de la « mehreeye », sorte de dot à l'envers fixée par le couple au moment du mariage et que le mari doit à sa femme en cas de divorce. Ferouzeh-la-traditionnelle y voit « une mesure visant à protéger matériellement la femme ». « C'est une manière insultante d'acheter la virginité », rétorque Anihata-la-moderne.

— « Qu'as-tu eu, toi, comme mehreeye ?, lui demande Anihata, légèrement ironique.

— Cinq pièces d'or (environ 400 euros). Et toi ?

— Moi ? Un grattoir de guitare.

— ? ? ? »

Cette demande insolite, Anahita la formule maintenant devant le mollah chargé du contrat de mariage. La scène a lieu dans le bureau de ce dernier, sous les portraits de l'ayatollah Khomeyni et du guide actuel du pays, Ali Khamenei. Anahita et Dariush, son fiancé, demandent que figurent dans leur contrat toutes les « options » laissant à l'épouse le droit de se déplacer, de travailler, d'avoir un compte en banque, de quitter l'Iran, de divorcer sans l'autorisation du mari… Le religieux tente de les en dissuader :

« La mehreeye doit être un don concret, explique le mollah. Vous pouvez éventuellement demander un Coran, pas les nuages dans le ciel ni un grattoir de guitare. »

— « Le droit de divorcer appartient à l'homme !

— Je peux obtenir l'autorisation écrite de mon mari, insiste Anahita.

— Une autorisation n'est pas un droit. Le tribunal ne la reconnaît pas.

— Alors à quoi bon ce contrat de mariage ? »

« Toujours des gens pour dénoncer »

La réunion se passe très mal. La demande fantoche de « mehreeye » n'arrange rien. « La mehreeye doit être un don concret, explique le mollah. Vous pouvez éventuellement demander un Coran, pas les nuages dans le ciel ni un grattoir de guitare. » « Mon mari adore les grattoirs, dit Anihata. C'est un vrai sacrifice de sa part, une preuve d'amour. » Ils partent sans conclure de contrat. La jeune femme sort en larmes du bureau. Dariush est bouleversé. « J'ai honte d'être un homme dans ce pays. »

Des amis leur indiquent des « mollahs plus progressistes, plus compréhensifs, qui encouragent à signer les fameuses "options" ». Ils iront. « De toute façon, on est forcés de se marier. On te demande tes papiers. Il y a toujours des gens pour te dénoncer. »

Pour les couples, c'est ici, bien souvent, que l'histoire se termine : au tribunal des affaires familiales, un bâtiment à colonnades situé dans l'extrême-sud de Téhéran, là où se règlent les divorces.

Dans les couloirs, des hommes et des femmes attendent leur tour. On ouvre une porte : nous voilà dans le bureau d'un juge, visiblement en plein drame. Une femme et ses deux filles en tchador noir sanglotent ostensiblement, supplient le magistrat, montrent du doigt l'homme qui se tient à leurs côtés.

— « Il a une liaison, il ne paie rien pour nous et il refuse de divorcer !

— Elles mentent ! rétorque le mari en les menaçant de l'index. J'aurai ma revanche ! » En tenue décontractée, sans cravate, le juge tapote son dossier, fixe la date de la prochaine audience. Dans le bureau voisin, un autre mari, piteux, se voit sommé de payer la « mehreeye ». Là-dessus, la justice ne transige pas : l'homme doit assumer ce devoir-là. Sinon, c'est la prison. Le tribunal peut même se montrer sans pitié pour ceux qui sont jugés en infraction. Alors les femmes l'emportent... mais dans le cadre d'une loi écrite sur mesure pour les hommes.

Cette loi stipule en effet qu'un homme peut divorcer sans raisons. L'épouse, elle, doit avancer des « motifs » contre son mari : usage de drogue, adultère, impuissance, stérilité, mauvais comportement (violence, défaut de paiement). Tout le problème est de prouver ces fautes. « Ce système juridique archaïque ne correspond plus à la société iranienne », estime une avocate. Les juges, à de très rares et récentes exceptions près, sont tous des hommes. Celui-ci est un mollah, habillé en robe blanche et turban blanc. On lui demande : pourquoi, selon le Coran et la Constitution iranienne, seule la femme doit-elle donner des « motifs » en cas de divorce ? Quelle question saugrenue ! « L'homme est responsable de la famille. C'est lui le patron. C'est douloureux pour lui de divorcer. En plus, il doit payer la "merheeye". S'il divorce, c'est donc qu'il a de bonnes raisons, le tribunal n'a pas à les demander. » Logique.

Voici Mania. Pour obtenir le divorce, elle a renoncé à tous ses droits : la garde de son fils, la « mehreeye », la pension, ses meubles, tout. « Quand tu es divorcée, dit-elle, c'est une épreuve de chaque jour. Les gens te regardent comme une prostituée. Tous les commerçants veulent coucher avec toi, puisque tu n'es plus vierge. Les hommes rechignent à t'épouser. Les appartements à louer ne le sont plus pour toi. On t'accepte dans les quartiers plus éduqués, plus riches, mais alors un seul salaire ne suffit pas pour le loyer. » Le rêve de Mania, c'est de se remarier. Pour redevenir une Iranienne normale.

CHERCHER DES POUX AU MODÈLE FINLANDAIS

Y a-t-il encore un « modèle » finlandais ? Longtemps abonné aux succès socio-économiques, ce petit pays s'aperçoit qu'il détient aussi de tristes records : démographie en panne, immigration zéro, taux de suicide et d'alcoolisme en hausse vertigineuse.

SERGE MICHEL
« L'HEBDO », 30 DÉCEMBRE 2004

Vous conviendrez que c'est agaçant. Première par-ci, première par-là, la Finlande nargue le monde avec ses réussites, qu'elles soient économiques – bénies par le Forum de Davos – ou sociales – sanctifiées par l'étude Pisa sur le niveau des élèves de l'OCDE. Vous n'avez jamais eu envie de cogner le premier de la classe ? Chercher des poux à la Finlande, voilà notre démarche.

La prise de risque est modeste. D'abord, l'opération ne coûte qu'un billet d'avion et quatre nuits d'hôtel. Ensuite, l'air de rien, ce pays-où-tout-semble-parfait affiche un taux de chômage honorable de 9 % et un record mondial des suicides pour 100 000 habitants (26,4). Enfin, si vraiment tout va bien sur la banquise, on pourra toujours dire que Miss Finlande 2004 (Mira Salo, de son joli nom) ressemble à une otarie.

Nous voilà donc à Helsinki, métropole tellement réfrigérante qu'on se demande pourquoi Russes et Suédois se sont si longtemps disputé ce territoire. Et là, miracle. Des poux ! Il y en a plein ! Et je ne parle pas de ces poux ivres morts, mâles comme femelles, car nous sommes au pays de l'égalité des sexes, qui chancellent dans le blizzard dès la tombée de la nuit, c'est-à-dire en milieu d'après-midi. (Les Finlandais affirment qu'ils ne boivent que l'équivalent de 5 litres d'alcool pur par an, contre 9, par exemple, pour les Suisses. Le problème, c'est qu'ils concentrent leur consommation le week-end et en dehors des repas, si bien que l'alcool tue chaque année 3 000 Finlandais, avec un taux record de cirrhoses du foie.)

Non, je parle de gros poux structurels, ceux qui vous flanquent la frousse, presque l'envie d'en finir : les indicateurs économiques. C'est venu le premier soir en appelant sur son portable le journaliste Pekka Mykkanen. Il rentrait chez lui dans le froid. Son souffle court donnait à ses mots un écho dramatique. « On est foutus, a-t-il dit. Le 10 septembre 2003, Salcomp, numéro 1 mondial des chargeurs de téléphones portables, a fermé son usine en Laponie et viré ses 280 employés pour en ouvrir une en Chine, de 3 500 personnes. Avec un salaire finlandais, vous employez 73 Chinois. Un de mes collègues rentre de Corée du Sud, il est effaré. Ils fabriquent des téléphones aussi bien que nous et moins chers ! Il faudrait donc travailler plus, et plus longtemps, mais nous sommes tellement vieux et malades ! Notre démographie est pourrie. Bientôt, un Finlandais sur cinq sera à la retraite. Comment financer notre État social ? »

Nous y voilà. L'angoisse. Chevillée au corps des Finlandais comme les bois sur la tête des rennes. Cela se comprend, à force de survivre dans la nuit polaire et de se défendre contre les Russes, à un contre quarante. Cette opiniâtreté courageuse, c'est le fameux « sisu », concept intraduisible. Mais il n'efface pas l'angoisse. Le ministère de l'Industrie vante l'amour des Finlandais pour la technologie. Ils ont adopté le téléphone six ans seulement après son invention en 1876 et ils ont, les premiers, mis en service un réseau GSM en 1991. À notre avis, ce n'est pas de la technophilie, mais de l'angoisse. Quel soulagement de téléphoner aux copains quand les chars soviétiques sont dans votre jardin !

Ici, tous les chauffeurs de taxi et les serveuses de fast-food semblent indigènes !

Le départ de Nokia comme cauchemar

Le lendemain, Mika Rahkonen, présentateur vedette d'une émission économique à la TV, nous emmène boire une bière dans le quartier populaire de Kallio « pour voir la vraie Finlande », c'est-à-dire des types qui s'accrochent au comptoir. Il en rajoute. « Le pire cauchemar des Finlandais, dit-il, c'est que Nokia s'en aille. La société paie des impôts pour 1,18 milliard d'euros. Cela représente toutes les allocations familiales du pays. » Le numéro 1 mondial de la téléphonie mobile a d'ailleurs déjà délocalisé certains de ses départements et remplace petit à petit ses cadres finlandais par des Américains, qu'il persuade à grand-peine de venir payer 40 % d'impôts dans la nuit d'Helsinki. « Les syndicats ne veulent rien céder. Pour que 60 conducteurs d'autobus obtiennent des contrats permanents, ils ont bloqué le port de la capitale deux semaines. L'industrie du papier s'est retrouvée au bord de l'étouffement. »

Que faire ? Les grands patrons suggèrent avec de plus en plus d'insistance des solutions néo-libérales. L'une d'elles, pour corriger la démographie, serait d'ouvrir enfin les portes de l'immigration. La Finlande est le pays européen avec le moins d'étrangers, à peine 2 %. Ici, tous les chauffeurs de taxi et les serveuses de fast-food semblent indigènes ! Mais l'idée, dans ce bar où Mika offre la troisième tournée, ne soulève aucun enthousiasme. « On se débrouille bien tout seuls, grommelle un moustachu. Je ne vois pas quels jobs pourraient faire les étrangers. »

Ils pourraient peut-être faire le ménage chez Antti Joensuu. Car au fil de la discussion au ministère du Commerce et de l'Industrie avec ce quinquagénaire distingué, vice-directeur du département de la technologie, il est apparu qu'il partageait le ménage dans son appartement avec son épouse, haut fonctionnaire au ministère de l'Intérieur. L'autre chose intéressante que l'on apprend en bavardant avec Antti Joensuu, c'est sa colère à chaque fois que la Finlande sort en tête d'un classement international. « Si vraiment on était premier, on le verrait ailleurs que dans des statistiques, fulmine-t-il. C'est du sabotage ! Le Japon était numéro 1 dans les années 1990, regardez où il en est ! » Alors que les technocrates aimeraient démanteler l'État social, les syndicats s'accommodent chaque année de la victoire finlandaise dans les tablettes du World Economic Forum et l'utilisent comme argument afin de ne rien toucher aux acquis sociaux.

« Rester humble, travailler plus »

Au début des années 1990, la Finlande a connu la pire récession occidentale avec la dévaluation de son mark et la disparition de son gros client soviétique. Le chômage est passé d'un coup à 20 %. Puis, progressivement, les investissements massifs du gouvernement dans l'éducation et la recherche technologique ont payé. Nokia s'est dressé comme un colosse au milieu de centaines de petites sociétés high-tech. Et la Finlande est devenue le tigre que l'on sait. Pour Antti Joensuu, pas question de s'arrêter là. Il faut préparer l'avenir. De quelle manière ? « Rester humble, dit-il. Travailler plus. Repousser l'âge de la retraite. Réduire la durée des études. Enseigner aux gens que l'argent ne pousse pas dans les arbres. » Certes. Nous allons voir, pourtant, que c'est plus compliqué que cela.

L'avenir de la Finlande repose sur les épaules de gaillard comme Vesa-Matti Panaanen, dit Vesku. Cheveux longs, 35 ans, tenue de snowboarder dans ses bureaux chics du cœur de la capitale, des téléphones dans toutes les poches. C'est un génie du portable. Il a inventé le « ringtone », qui permet à votre téléphone d'émettre une mélodie au lieu du dring dring classique. Il a des copains qui ont inventé le SMS. Et sa société, Add2phone, développe des logiciels fantastiques qui permettent aux opérateurs de téléphonie mobile de gagner encore plus d'argent en utilisant le portable de leurs clients pour leur vendre toute sorte de choses.

Seulement voilà. On a beau être un génie et fabriquer les meilleurs produits du monde, quand on est finlandais, on reste petit. Sauf Nokia, mais c'est l'exception qui confirme la règle. On reste petit comme Vesku, qui emploie 8 personnes. Explication : le marché finlandais étant trop modeste, les sociétés locales ne peuvent grossir qu'à l'étranger. « On est une bande de barbares du Nord, s'amuse Vesku. Peut-être à cause du climat, on a développé des trucs super. On est d'excellents ingénieurs. Mais ça nous ennuie d'aller l'expliquer à l'étranger. Et puis on est nul en marketing. C'est la culture luthérienne. Ne pas se faire remarquer. On pense qui si on fait un bon produit, on viendra nous l'acheter. »

Ces dernières années, des sociétés américaines moins performantes et innovantes, mais mille fois mieux capitalisées, ont mis la main sur leurs concurrentes finlandaises. Elles délocalisent la production en Chine et ne gardent en Finlande que le département recherche et développement, pour tirer profit de ses ingénieurs performants – et les meilleurs marchés d'Europe. Jusqu'au jour où les Chinois feront pareil et moins cher. Du coup, aucun capital ne s'accumule en Finlande, et ce tigre de l'innovation risque de se transformer, dans les organigrammes américains, en « centre de coût ».

« On est nul en marketing. C'est la culture luthérienne. Ne pas se faire remarquer. On pense que si on fait un bon produit, on viendra nous l'acheter. »

« Mes enfants grandiront ici »

La petitesse n'est pas le propre du high-tech. Croisé dans un café branché, le designer Ristomatti Ratia est le fils des fondateurs de Marimekko, la fameuse maison de haute couture finlandaise, « Nous n'avons jamais réussi à donner à Marimekko sa véritable dimension internationale. Peut-être parce que les tailles américaines ne sont pas celles des Scandinaves. Jackie Kennedy a porté notre fameuse robe, mais elle était enceinte... Ou peut-être parce qu'on n'a pas assez d'émigrés finlandais dans le monde pour nous aider à ouvrir, disons, 500 boutiques ! » Vasku, lui, deviendrait probablement milliardaire s'il allait s'établir avec sa société en Corée du Sud. Mais il déteste l'ambiance de travail asiatique, presque autant que le management à l'américaine. S'il s'installait à Londres, capitale européenne du portable, il serait au moins millionnaire.

— « Mais je n'ai pas une grande passion pour Londres. C'est mal entretenu. On y perd du temps. Les services publics sont déplorables. Quand j'aurai des enfants, je veux qu'ils grandissent ici. C'est tellement bien, l'école finlandaise. Je suis issu de famille ouvrière. J'ai eu les mêmes chances à l'école que tout le monde, et regarde où j'en suis.

— Tu es riche ?

— Non. Je vis avec mon salaire. Et ma femme travaille. On paie 40 % d'impôts. Quand j'ai reçu le prix de l'innovation à Londres, des types sont venus me prendre le bras en disant qu'ils avaient gagné des millions grâce au ringtone. Moi, ça ne m'intéresse pas. On a une maison en dehors d'Helsinki, qui appartient à la banque. Je pars dans une semaine en République dominicaine, pour avoir du soleil. Je fais du kite-surfing et du snowboard. Je ne manque de rien.

— Tu as une femme de ménage ?

— Non. En Finlande, c'est hors de prix. »

« Je trouve délicat de demander à quelqu'un de nettoyer mes affaires.»

Inutile de préciser que Leena Eräsaari n'a pas de femme de ménage non plus. Nous trouvons cette professeure à l'université de Tempere chez elle, en train d'emballer les cadeaux pour ses enfants et petits-enfants – au pays du père Noël, on prend l'affaire très au sérieux. « Je trouve délicat de demander à quelqu'un de nettoyer mes affaires, déclare-t-elle en posant le rouleau de scotch sur la table. Et puis je ne vois pas comment rétribuer ce travail à sa juste valeur. » Il faut dire que Leena Eräsaari termine une longue étude sur la privatisation pernicieuse des services de nettoyage des bâtiments publics, qui conclut à la réapparition des classes sociales dans ce pays soi-disant égalitaire. Comment le statut de fonctionnaire a été petit à petit retiré à des milliers de gens qui ne gagnent plus, aujourd'hui, que 600 à 800 euros par mois et vivent suspendus au renouvellement de leur contrat provisoire. Pour elle, tout s'effrite en Finlande. Même l'école, ce monument, ce paradis. Pensez donc : les gamins de 7 à 16 ans, tous dans la même classe. Pas de redoublement. Un encadrement impeccable et chaleureux. La cantine gratuite. Et les transports gratuits aussi. Tout fout le camp. « Le nombre d'élèves par classe augmente. Ils deviennent agressifs. Les profs encaissent mais sont au bord de la dépression. Et la nourriture des cantines devient infecte. »

Un prophète de malheur

Nous voilà, au dernier jour de cette exploration finlandaise, à portée d'un véritable Graal journalistique : le psycho-historien Juha Siltala, l'homme de toutes les polémiques d'Helsinki. Son dernier livre – *Brève Histoire de la détérioration de la vie au travail* – a provoqué un scandale, tout comme le précédent qui traitait de la montée du stress chez les mâles finlandais. Cela fait trois jours que Siltala décline le rendez-vous, faute de temps. Une dizaine d'e-mails plus tard, il cède. Mais ce sera vingt minutes d'entretien, chez lui, ce soir (c'est-à-dire à 15 heures).

Pour un prophète de malheur, j'imaginais un vieil homme barbu. Mais c'est un visage jeune, glabre et bien taillé qui ouvre la porte de ce pavillon en bois au nord de la capitale, derrière la fameuse usine de porcelaine Arabia. Et qui se met à parler sans interruption. « Les employeurs, le gouvernement et les économistes brandissent la menace chinoise et entonnent un discours de mobilisation patriotique. Chaque jour devient l'occasion d'un sacrifice exceptionnel. Un peu comme Bush avec sa "guerre contre la terreur". Les Finlandais y sont sensibles, ils ont l'habitude de se défendre, c'est à leur "sisu" que la classe dirigeante fait appel, implicitement. Mais en même temps, les entreprises renoncent à toute attache nationale et expliquent aux employés de se débrouiller par eux-mêmes. Cette suppression de la réciprocité ainsi que la fin de l'équilibre entre le travail et sa gratification, voilà les principales causes de dépression en Finlande.

« Une expérience de laboratoire »

« Les réactions à mon livre ont été violentes. On m'a traité de traître. Et pourtant toutes les statistiques sur la santé au travail que j'ai utilisées étaient publiques. Rassemblées ainsi, elles sont devenues taboues. Tout se passe comme si les élites technocratiques avaient embarqué la population entière dans une expérience de laboratoire. Les employés finlandais sont épuisés. Les problèmes mentaux sont devenus la première cause de retraite anticipée. L'État, en Finlande, était une mère immense qui te prenait dans ses bras et te témoignait de l'empathie. Le turbocapitalisme en fait un modèle darwiniste : tu baisses l'échine, tu travailles plus pour moins d'argent. Ou bien tu craques, t'es un looser, t'es mort. »

Aïe, c'est passionnant ! On aimerait continuer, et même explorer d'autres recoins sombres des mutations sociales finlandaises, comme l'influence du téléphone portable dans les rapports entre ados et parents, mais Juha Siltala n'a plus le temps. « Je devrais déjà avoir commencé le nettoyage de la maison pour Noël, dit-il. Nous n'avons pas de femme de ménage. »

VOYAGE AU BOUT DE LA FOLIE

Violents voire meurtriers, rejetés par les hôpitaux psychiatriques et l'univers carcéral, ils ont échoué dans des unités pour malades difficiles. Celle de Villejuif a exceptionnellement ouvert ses portes à une journaliste. C'est une forteresse, où médecins et infirmiers, blindés d'humour noir, tentent d'établir un dialogue avec les malades.

DELPHINE SAUBABER
« L'EXPRESS », 31 JANVIER 2005

Rouge. Comme le sang qui a coulé sur ses mains d'adolescent, à peine sorti de l'enfance. Rouge comme l'angoisse qui, depuis, barbouille ses nuits, quand elle le réveille et le prend à la gorge. « Quand je repense à ce soir-là, c'est rouge dans ma tête », murmure-t-il. Assis sur un banc, Fabrice pique du nez dans son blouson, fait crisser le sable sous ses baskets. Les poings se serrent dans les poches.

Le regard, perdu dans le froid, vient buter sur les grilles de la cour de promenade du pavillon. À peine audible : « J'étais allé chercher un couteau chez un copain. Ma mère les avait tous planqués à la maison, parce que je devenais bizarre. Je n'en pouvais plus de mon traitement. Je l'avais arrêté. C'était sur un terrain vague. Et là… » Il s'interrompt. Là, son frère s'est écroulé, sans vie. Fabrice redresse la tête. Le timbre se fêle : « C'est les voix qui m'ont commandé de le faire… Elles m'ont poussé à bout. J'étais tétanisé. Je ne maîtrisais plus rien, ni moi ni mon corps. Elles me disaient : "Tue-le, sinon c'est toi qu'on va tuer." » Alors, il a frappé.

Depuis, Fabrice est interné, dans l'attente d'un probable non-lieu pour homicide commis sous l'emprise de la schizophrénie. Il a atterri ici, à Villejuif, il y a un an. Halluciné, croyant qu'il était mort et ressuscité, dans l'oubli ou le déni de tout, de son crime, du monde des hommes. Aujourd'hui, après des mois de traitement, il prend conscience de son acte. Et il pleure son frère : « C'est terrible ce que j'ai fait. Je devrai porter toute ma vie le poids de ça… »

Ici, on est au bout du bout, au dernier maillon de la chaîne humaine et de la prise en charge médicale. Ici, on est au bout de l'hôpital psychiatrique Paul-Guiraud, à Villejuif (Val-de-Marne), dans la ceinture parisienne. À l'unité pour malades difficiles (UMD) Henri-Colin. « Malades difficiles » : un euphémisme, si l'on en juge par le pedigree des locataires. Ici échouent tous ceux dont plus personne ne veut, ni les hôpitaux psychiatriques ni la prison. Ceux dont la violence, greffée sur la folie, nargue tous les traitements.

N'entre pas qui veut à l'UMD. Il faut avoir cogné ou tué sous le coup d'une pathologie. Ou menacer de passer à l'acte. Gravement, de préférence. Ici, sont enfermés et hospitalisés d'office, sur arrêté préfectoral, trois types de patients, soignés sous contrainte : des auteurs de crime ou délit jugés irresponsables au titre de l'article 122-1, 1er alinéa du Code pénal et qui, donc, n'iront pas en prison. Des détenus psychiatriquement perturbés – il y en a de plus en plus en milieu carcéral – et qui refusent tout traitement. Enfin, des psychotiques recrachés par des services de psychiatrie impuissants, toujours plus débordés par le manque d'effectifs et de lits.

Il n'y a que quatre UMD en France. Et environ 400 places. C'est peu. Ces services spéciaux – nommés « unités pour malades difficiles » en 1986 – ont été créés au fil du siècle, pour protéger l'ordre social, mettre hors d'état de nuire des fous qui faisaient peur. Celui de Villejuif est le plus ancien (1910). Son fondateur, le médecin-chef des asiles de la Seine, Henri Colin, le destinait aux « aliénés vicieux, difficiles, récidivistes, habitués et exploiteurs des asiles ». Dans ces prisons asilaires, on faisait du gardiennage. On avait peu de médicaments – le premier neuroleptique date de 1952. On soignait à coups de décoctions amères et de perpétuité « camisolée ».

Aujourd'hui, le passé sue encore à travers la pierre meulière. Mais le pari, ici, c'est d'en finir avec le cimetière des fous, de réinsérer l'UMD dans un parcours sanitaire, de l'extraire de l'oubli dans lequel l'ouverture des asiles et le développement de la psychiatrie de secteur, depuis les années 1960, ont achevé de l'enfoncer. Désormais, les patients sortent, tous.

« Un défi thérapeutique et social »

« L'UMD ? C'est là-bas, au fond, vous ne pouvez pas la rater, la forteresse... », sourit une employée. Traverser tout l'hôpital. Passer les pavillons de secteur. Buter contre la grande grille. Sonner à l'interphone. Tout autour, une muraille sert de rempart à la curiosité du public et aux viseurs des paparazzis. Car Colin est connu pour abriter un essaim de terreurs médiatiques. Maxime Brunerie, le régicide chiraquien, Georges Cipriani, l'icône d'Action directe, ou le Japonais cannibale Issei Sagawa en ont été les hôtes.

Calé dans le fauteuil de son bureau capitonné, le maître des lieux, le Dr Christian Kottler, a le sens de la formule inattendue. Et un regard. Deux lames de glace bleutée, accoutumées à passer le psychisme au scanner. Un sourire énigmatique. Une voix veloutée, un ton mesuré. Depuis neuf ans, le médecin-chef pilote son navire de quatre psychiatres et 85 soignants, pour 60 lits, bientôt 80. Il a vu défiler une quantité de tueurs en série et quelques cannibales. Il a connu quatre grèves dans son service, syndiqué très SUD – la cinquième est en cours. Et, à part la dissection criminologique des cas extrêmes, il aime dire qu'il a quelques passions pacifiques, dont « la quête de poésie et d'harmonie ».

« Quand on prend ces patients, ils sont dans un monde qui n'est pas le nôtre. »

« Ce que l'on fait ? Prendre des gens au plus loin de leurs difficultés, éjectés du système, pour tenter de leur redonner une place. C'est un défi thérapeutique, humain et social : on se trouve face à des impasses, auxquelles plus aucune structure ne veut répondre. Sauf nous. Derrière, il n'y a plus personne... » Il faut de la patience, de la passion, et du temps, six mois en moyenne, deux ans parfois. Un jour, c'est gagné, on renvoie le malade dans son institution d'origine, prison ou hôpital psychiatrique. Et on en intègre un nouveau. Les demandes d'admission sont en hausse constante : 250 l'an dernier.

« Quand on prend ces patients, ils sont dans un monde qui n'est pas le nôtre, chacun appartient presque à sa propre espèce, précise le Dr Kottler. Mais au fil du temps, et c'est fantastique, on parvient à renouer une communication avec eux, à partager certaines émotions et certaines conventions... » Pour tenter de déchirer les habits du monstre dans lesquels les confinent nos fantasmes. Les soignants s'y attellent, avec des blouses, un trousseau de clefs, des mots, des paquets de comprimés. Et une bonne dose d'humilité. Il en faut quand on se coltine toute la sainte journée des dieux et des prophètes : la folie a toujours puisé dans le vivier du mysticisme. Dans les modes, aussi. Il y a trente ans, les francs-maçons et les communistes déclenchaient les délires. Aujourd'hui, ils sont délogés par Ben Laden.

Depuis un an, l'unité est en travaux. Christian Kottler a lancé une vaste rénovation : le chantier boueux laissera la place dans six mois à un parc paysager, avec un espace d'ateliers et de balnéothérapie, autour duquel se conjugueront des bâtiments neufs et des vieux blocs en meulière. 38, 37, 36, 35. Les chiffres des pavillons scandent un parcours thérapeutique. Pavillon 38 : c'est là qu'on garde les entrants en crise qui, une fois calmés, passeront au 37, s'ils acceptent le traitement. Ils finiront au 35, avant de regagner leur établissement d'origine. Le 36, lui, est réservé aux femmes entrantes.

Le palpitant de l'UMD, c'est le pavillon 38 et ses 10 patients – ils seront 18 à la fin des travaux. Ici, ils séjournent quelques mois, un an parfois. Le temps, pour les soignants, de les contenir et d'affiner le diagnostic. Régime sec : pas de vêtements ni d'objets personnels, juste de quoi lire. Les malades font la sieste en pyjama ou en slip et se rhabillent dans le couloir commun. Dans les chambres, avec douche et WC, le lit est arrimé au sol carrelé. Dans la salle commune, les tables sont scellées, la télé est coffrée dans du Plexiglas. Dallages nets, surfaces lisses, angles cuirassés de plastique. Ni couteaux ni fourchettes : la nourriture est coupée en morceaux. Les deux cours exiguës sont cerclées de grillages. Il y a des alarmes, tous les 6 mètres. Et une consigne : ne pas tourner le dos aux patients.

« Je m'appelle disjoncteur »

Sur une chaise, un homme en jogging et chaussons fixe la télé d'un œil froid, du coton plein les oreilles. Un infirmier lui dit de l'enlever, posément. Il s'exécute, mais prévient : « Je sens de la haine, n'approchez pas. » Lui avait un boulot, une famille. Un jour, il a éclaté la face d'un médecin de secteur. Il s'en fait une idée assez relative : « On s'est pris la tête avec le toubib. » Pas très loin, à une table, un grand baraqué, l'échine courbée, émiette une feuille de papier. Des confettis sur lesquels il copie, d'une écriture serrée, des versets bibliques, en psalmodiant une langue connue de lui seul. De l'hébreu international. Quand on tente une percée dans son monde, il répond poliment : « Oui, merci. » Il croit qu'il est « enceinte ». De temps à autre, il réclame une sage-femme. Mieux vaut ne pas le contrarier, sous peine de s'en prendre une.

Jimi Hendrix entre en scène. « Vous savez comment je m'appelle ? Disjoncteur. Parce que je disjoncte ! » Il éclate de rire, se balançant sans cesse d'un pied sur l'autre. Son truc, c'est le sport. Il a joué au foot en coupe de France. Il touche aussi pas mal en ping-pong, apnée et ski alpin. Et là, il propose à Manu, un infirmier à la carrure de rugbyman, une partie de baby-foot. Histoire de jauger sa « vitesse de réaction », en vue de Roland-Garros.

— « Je ne vois pas le rapport avec le baby-foot, monsieur B. », lui dit Manu, calmement.

— Ça se voit que vous m'avez jamais vu jouer au tennis.

— Quel est le rapport ? »

En guise de réponse, Jimi fléchit les jambes, le mitraille du regard et esquisse un revers martial. Le prophète s'interpose :

— « Je voudrais prendre le train. Je vais accoucher.

— Ah non ! désolé, monsieur, ça ne va pas être possible. »

Un autre patient, plus frêle, s'approche : « Vous parlez vietnamien ? » Il n'est pas d'ici, mais d'un pays où l'on parle espagnol. Il est à Colin pour assassinats. La plupart du temps, il engueule les arbres. Ou il crie, les mains sur la tête. Tout à l'heure, il a dessiné une forme primitive sur un lambeau de papier, perdu dans un sourire. C'était une femme.

Un grand baraqué croit qu'il est « enceinte ». De temps à autre, il réclame une sage-femme. Mieux vaut ne pas le contrarier, sous peine de s'en prendre une.

« Un lieu aux frontières de l'humain »

Ici, au 38, il n'y en a qu'une, au milieu des infirmiers, tous des hommes – les autres équipes sont mixtes. C'est le Dr Magali Bodon-Bruzel. Une tornade blonde, rieuse. Une routarde du crime médico-légal, qui a fait ses classes en prison, avant de choisir l'UMD il y a sept ans. Petite, elle voulait être chef d'orchestre. La lecture passionnée de Rimbaud et de Lautréamont l'a poussée vers un univers parallèle où se mêlent les aigus et les graves, le crime et le cocasse, l'absurde et la souffrance. Elle vient de recadrer un patient qui a menacé de mort un soignant.

Songeuse, dans son bureau fouillis du 38, elle murmure : « On est dans un lieu aux frontières de l'humain. Ou dans son trop-plein... » Dans ses trépidations, ses égarements. « Quand un patient me dit qu'il aimait tellement sa mère qu'il l'a tuée, j'essaie de comprendre. Le prisme de la psychose, qui tord la réalité, nous renvoie à des questions radicales, complexes, autres que celles du bien et du mal... » Sans que la maladie mentale excuse le geste, jamais. Elle permet de le comprendre, « d'ouvrir un accès vers quelqu'un qui souffre et donc fait souffrir ». Et de faire abstraction de l'horreur. « Cela dit, au-delà de ces questions, mon boulot, c'est médecin, qui se sert d'un arsenal thérapeutique pour soigner des maladies. Avec une équipe, sans laquelle je ne suis rien. » D'ailleurs, elle doit ajuster le traitement de Jimi, « en phase maniaque ». Problème : il est déjà chargé à bloc.

Le maniement des médicaments, ici, c'est de la haute voltige. Un peu la cuisine du chef. Les doses de l'UMD surpassent allègrement les normes recommandées. Non que les patients soient shootés, mais la plupart sont chimio-résistants. De fait, ici, on ne croise pas, ou très peu, de malades « légumes ». « Il y en a bien un qui est tassé, là, sourit la psychiatre. Mais il vient d'arriver et je n'ai pas encore trouvé le bon traitement. » Elle associe les molécules, jongle avec des cocktails de calmants et de neuroleptiques classiques, atypiques... Des électrochocs sous anesthésie, en cas de catatonie, de mélancolie, ou quand rien d'autre ne marche, pas même la molécule miracle, la clozapine, si délicate à manier, qu'on s'autorise ici. « À l'UMD, on fait très attention aux risques de morbidité liés aux dosages et aux effets secondaires. » Un généraliste renforce la surveillance. Autre précaution : les quatre prises quotidiennes de traitement, au lieu de trois ailleurs. En gouttes ou injection, pour que le patient avale tout. Et puis il y a l'isolement en chambre, sur prescription médicale. Jusqu'à l'ultime remède : la camisole de force. Un pyjama lacé dans le dos, qui ficelle au lit.

« On passe toujours pour des tortionnaires, mais on n'aime pas utiliser la camisole », explique Bob, infirmier, debout dans la cuisine du staff, un autocollant « en grève » sur la blouse. Il revient de l'AG qui a conclu au gel des admissions et tempête, entre deux cafés, contre les 250 postes de personnel « menacés » dans l'ensemble de l'hôpital. « Camisoler, c'est dur psychologiquement et physiquement : il ne faut pas faire mal au patient. Et ça nécessite une surveillance accrue : passer toutes les heures, vérifier la tension, donner à boire… »

> **Ils le sentent, quand ça tangue. Dans ce temps insensible qui s'égoutte, jour après jour, les signaux se nichent dans les détails : un œil qui « plafonne », une respiration qui siffle…**

Montrer une cohésion sans faille

Ils ne sont pas si nombreux, les infirmiers. « Au 38, on tourne en moyenne à 4 ou 5 pour 10 patients. » Si l'un des fous explose, si les autres embraient, ça va mal, surtout s'ils se mettent à compter : "Vous êtes 1, 2… Nous, on est 10. Et si on s'énervait ?" » La bonne blague. « Il y a quelques jours, Pierre, un jeune de 20 ans, s'est jeté sur la table, au déjeuner. Il en a fallu quatre pour le maîtriser, poursuit Bob. J'étais seul avec les sept autres patients. » Alors, ils ont sonné l'alarme et appelé les collègues des autres pavillons. « Mais quand les patients seront 18 ? On les bouclera dans les chambres et on fera du gardiennage. »

Fin de la sieste, 16 h 30. Le soleil a chassé la pluie. Des infirmiers jouent au foot avec Jimi. Ils le taquinent sur son dribble, un peu maladroit. Rires. « Tu as l'air pensif, Pierre… » Philippe, un soignant, interroge doucement un regard mutique. Le garçon s'éloigne. Se retourne d'un coup, fond sur l'infirmier. Et décoche sous son nez un coup de poing avorté, comme un battement d'aile cassée. « Pourquoi il n'a pas éteint le gaz, cet enculé de père ? » hurle-t-il. « Parle-moi, mais pas de geste », le reprend Philippe.

Pierre pense à l'incendie qui a brûlé sa maison et ses parents. Il avait 4 ans. La suite est une cascade de défenestrations, d'éruptions de violence. Il a déjà fait de quatre hublots, incassables, de la grêle de verre. « Je sentais qu'il allait mal, dira plus tard Philippe. Tout l'après-midi, on a désamorcé, mais c'était moins une. »

Ils le sentent, quand ça tangue. Dans ce temps insensible qui s'égoutte, jour après jour, les signaux se nichent dans les détails : une façon de dire bonjour, un œil qui « plafonne », se durcit, une respiration qui siffle... La patience grincheuse ou taciturne des malades ne trompe pas. Alors, en guise d'armure, l'UMD affiche ses règles, précises. Montrer une cohésion sans faille, faire bloc entre infirmiers, pour éviter que les patients ne profitent d'une faiblesse. S'occuper indifféremment d'eux, pour ne pas donner prise au « clivage » : un patient qui s'attache à un soignant peut, soudain, basculer et se sentir persécuté. Groupes de parole avec des psychologues, entretiens avec les médecins – toujours entourés d'infirmiers –, la discipline qui s'humanise au fil des pavillons, en autorisant peu à peu quelques activités : la cadence inflexible des horaires tisse un cocon qui rassure le psychotique morcelé, sans limites.

Mais il n'y a parfois aucune parade à l'imprévisible, à la peur et aux coups, quand le fou, affolé, « se répand » et ricoche contre les murs, quand un patient s'ouvre le crâne contre le radiateur en aboyant sa rage d'en finir, bondit sur un soignant parce qu'il se prend pour une panthère, s'arrache les dents sur la camisole... Ou se pend à ses draps entre deux rondes, la nuit.

« Je ne suis pas fou. Je veux juste revoir mon enfant. Ma femme l'a pris en otage pour qu'on me tue. »

« Un cas passionnant. »

C'est arrivé il y a un an, à un adolescent qui avait violé sa mère. « Plus l'acte est grave, plus le risque suicidaire est accru quand le patient réalise ce qu'il a fait, explique le Dr Bodon-Bruzel. Or notre travail, c'est justement de les aider à prendre conscience du réel. C'est tout le pari de notre métier, et son paradoxe... » Il est 23 heures au 37. Frédéric, le veilleur de nuit, parle encore de ces rares cas de suicide, chaviré : « C'est très dur... Depuis, je redouble d'attention. Surtout au bruit. » Là, il surveille un schizophrène qui a confié à un soignant avoir revu l'Ange de la mort qui le pourchasse avec son œil en grain de raisin et sa faux. Ce soir, il dort en hérisson, comme les autres, recroquevillés, noyés sous les couvertures.

Une entrée est annoncée, le lendemain. La tension est palpable.

Trois jours plus tôt est arrivé un braqueur : abonné aux évasions, condamné jusqu'en 2016, diagnostiqué simulateur par l'UMD qui l'a déjà vu passer. « On va peut-être devoir revoir notre copie », livre Christian Kottler, placide, tout en parcourant le CV du nouveau. Il en faut plus pour l'impressionner. Une fois en neuf ans, le Dr Kottler a été scotché. Par une femme, d'une beauté sans âge. Elle avait découpé son jeune amant en morceaux, avec un couteau à gigot et s'était endormie, en serrant la main du mort sur sa poitrine. « Un cas passionnant. » Tout est relatif.

Cette fois, il répond à un SOS d'un confrère de secteur à bout. Un patient, qui communique avec son enfant par ondes, a tenté d'enlever celui-ci d'une colonie de vacances, avec une hache : « Il fait peur à tout le monde et il est à l'isolement depuis trois mois, c'est inhumain… » Kottler, qui joue sans cesse à guichets fermés – un qui sort, un qui rentre –, a décidé de décharger son confrère : « On reçoit de plus en plus de demandes, notamment pour des coups sur infirmiers et médecins. On a humanisé la psychiatrie, c'est bien. Mais on en fait quoi, des grands malades mentaux ? »

La nuit est tombée. Une silhouette sort de l'ambulance, garrottée sur un brancard. Quatre infirmiers détachent le patient, le guident dans la chambre d'isolement, se postent autour de lui. Premier face-à-face. Sur le lit, un visage christique, les bras ballants. À deux mètres, debout, le médecin le harponne du regard : « Bonjour, monsieur C. Je suis le Dr Kottler. Vous êtes à l'hôpital. De quoi souffrez-vous ? » La voix s'arrache à la sédation, pâteuse : « Je ne suis pas fou. Je veux juste revoir mon enfant. Ma femme l'a pris en otage pour qu'on me tue. » Il darde sa peur dans les yeux du médecin. « Ah bon !, répond celui-ci, on m'a parlé d'une tentative de kidnapping. Parlez-moi de vos enfants. » M. C. a l'air surpris. Il se penche et tire de sa manche une photo, un gosse. S'engage un dialogue improbable, le médecin entrant sans y entrer dans le délire du malade. Il conclut : « Je ne veux pas de violence, ici. »

« Je n'ai fait que des horreurs »

Tout en annotant le cahier de soins, le chef de service explique. « Chaque médecin a sa technique. Mais l'accompagnement du malade se fait dans un jeu de rôles successifs : on est tour à tour le père, le confident… Le principal étant qu'il s'y retrouve et qu'on ne s'y perde pas. Qu'il ne se sente pas "objétisé", mais reconnu en tant que personne.

Bientôt, celui-là pourra aller à l'atelier, manier des ciseaux... », glisse-t-il. Avant de s'engouffrer dans sa voiture et de se brancher sur Mozart.

Fabrice a choisi de sculpter un cœur. Pour l'envoyer à sa mère. Il fait doux, ce matin. Il sourit. Un jeune homme comme les autres, poli, affectueux, en train de limer sa pierre, à l'atelier. Ici, sont accueillis ceux du 35, 36, 37 qui sont stabilisés. Assez pour manier des ciseaux. Ils sont dix, dont deux ont défrayé la chronique. L'un cisèle un fauve, après avoir peint un Prométhée. L'autre fait de la reliure. Véronique, l'ergothérapeute, passe dans les rangs. Sans cesse sollicitée, elle encourage, remet sur les rails, montre comment renouer avec des gestes simples, éprouver les limites du corps, fabriquer une boîte. « Avec eux, je suis dans le faire, explique-t-elle. Ce qui m'intéresse, ce n'est pas de creuser leur délire, mais de voir s'ils peuvent, malgré tout, rassembler des idées éclatées, anticiper. Souvent, à leur arrivée, ils se dévalorisent. "Je n'ai fait que des horreurs", m'a dit Fabrice. À présent, il me remercie. Beaucoup ont fait un chemin énorme... » Un psychotique a réussi à exprimer son angoisse en modelant un autoportrait, réduit à une bouche grande ouverte. Une infanticide est parvenue à dessiner une maison, un paradis perdu.

Un cas particulier, les femmes infanticides, qui trouble pas mal de soignants. La majorité d'entre elles sont jugées responsables de leurs actes. Il en arrive pourtant à l'UMD. « L'infanticide est souvent commis sous le coup de dépressions ou de schizophrénies très graves, explique le Dr Sophie Christophe. Celles qui sont atteintes de mélancolie, "fusionnelles", sont convaincues qu'elles sont de mauvaises mères, incapables de donner de l'amour, et que la seule issue est de délivrer l'enfant de sa souffrance, avant de se tuer.... On appelle ça des suicides altruistes. La plupart de nos patientes infanticides sont des survivantes. Le travail consiste à leur faire admettre leur acte, et leur culpabilité. »

Le Dr Christophe parle d'une mère qui avait étouffé sa fille unique : l'équipe de l'UMD a tenu à ce qu'elle assiste à l'enterrement, mais certaines soignantes ont refusé de l'accompagner. Trop pénible. Un an après sa sortie, cette femme – encore hospitalisée la nuit dans son secteur – a envoyé une belle lettre au médecin pour lui annoncer qu'elle avait trouvé une formation. Et lui dire « merci ». Merci, c'est aussi ce que dit Nathalie. Elle a 28 ans.

Elle est arrivée au terme de son séjour, après une errance maniaco-dépressive ponctuée par un couteau sous la gorge d'une interne. Elle part avec son « Magazine littéraire » sous le bras, veut reprendre son traitement et sa maîtrise de philo et dit que, ici, elle s'est sentie respectée.

« Les mères sont bouleversantes »

Quand Christian Kottler est arrivé à l'UMD, il a ouvert les vannes. « Avant ? C'était un quartier de haute sécurité, ici, sourit Bernard, un infirmier, mémoire des lieux. Les patients restaient quinze, vingt ans. » C'était une autre ère. « Parfois, on sortait les patients au musée ou ailleurs. Ils en avaient pour si longtemps ! » Ces rentiers de la folie moisissaient à l'abri du temps et de l'oubli. L'UMD accueillait alors plus de grands psychopathes et de caractériels, envoyés en prison à présent, que de psychotiques, qui forment désormais la majorité des admis. « Ceux-là ne sont plus maîtrisés dans les services de secteur et finissent par échouer ici en rupture de traitement, dit Bernard, en soupirant. L'UMD, aujourd'hui, signe un peu l'échec de la psy. »

La honte et l'effroi que déclenche la maladie mentale, aussi. Roxane Servière, psychologue, anime des groupes de parole pour les familles, depuis dix mois : « Aucune classe sociale n'est épargnée, même s'il y a beaucoup d'enfants de l'immigration, ici. On essaie de soutenir les mères, surtout. Elles sont bouleversantes. » Elles n'osent avouer que leur fils est en UMD. Elles se sentent stigmatisées, comme cette maman d'un garçon qui a tué son père, et qui depuis est rejetée par sa belle-famille... Surtout, elles ont peur. De la sortie.

Elle part avec son « Magazine littéraire » sous le bras, veut reprendre son traitement et sa maîtrise de philo et dit que, ici, elle s'est sentie respectée.

Elle est balisée, la sortie. En fait, il s'agit d'un transfert dans le service d'origine, soumis, dès le départ, à « une obligation de reprise ». La décision est proposée au préfet, non par les médecins traitants, mais par une instance indépendante, composée de psychiatres : la Commission du suivi médical, créée en 1986, qui se réunit une fois par mois et examine des patients à leur demande ou celle de leur médecin, explique le psychiatre Jean-Claude Candé, son président. « Nos critères ? D'abord, la dangerosité psychiatrique, puisque c'est ça, le motif principal d'entrée à l'UMD. Une série de symptômes nous aident à la déterminer : violence, agitation, refus de soin, etc. Ce ne sont pas des cas de conscience, ni des impressions subjectives, mais des cas médicaux, qui se réfèrent à des classifications de pathologies psychiatriques. Ce qui ne signifie pas que le patient ne délire plus. Dans les cas gravissimes, nous redoublons de prudence, en l'envoyant plusieurs fois à plusieurs experts. »

« Forcément une part d'inconnu »

« Ce qui peut parfois nous poser un problème de morale, c'est vrai, ce sont les non-lieux psychiatriques portant sur des actes très graves, poursuit-il. Ne faudrait-il pas, comme au Canada, soumettre la sortie à une obligation de soins, en termes de délais et de suivi ? » Il cite, pour exemple, le cas d'un homme coupable d'un quadruple homicide, sorti il y a des années. « On ne sait pas s'il est toujours suivi. Il y a encore dix ans, l'UMD prenait en compte la notion de "délai de décence", qui permettait à la société d'assimiler ces situations non pénalisées. »

Aujourd'hui, le turnover des patients – plus de 100 passent par l'UMD chaque année – fait peser une lourde responsabilité sur la commission. Le Dr Candé hoche la tête : « Quelques-uns sortent moyennement stabilisés, c'est vrai. Et on en voit revenir. Combien ? Il n'y a pas de statistique. Ce qui est certain, c'est que les rechutes criminelles sont rares. En neuf ans, je n'ai vu qu'une récidive d'homicide. Ceux qui repassent à l'UMD sont plus difficiles que dangereux : ils ont essentiellement des troubles du comportement liés à leur maladie, qui perturbent les services et les prisons. »

Tous les soignants se posent la question, de temps en temps : « Celui-là, il reviendra quand ? » Thierry, un infirmier, résume : « On a l'impression de travailler plus vite, sous la pression sociale. On fait passer du 38 au 37 le moins pire, idem du 37 au 35… Sans être sûr qu'ils seront bien suivis dehors et continueront à se traiter. »

C'est là où le bât blesse. « Il y a forcément une part d'inconnu, souligne le Dr Candé. On sait bien que les services de secteur ne peuvent pas toujours garantir le cadrage d'Henri-Colin, le même rythme de traitement. » Le Dr Kottler l'admet : « Nous manquons cruellement de structures intermédiaires, fermées, entre UMD et services de secteur, et les confrères sont isolés, avec deux infirmières pour 40 patients. Épuisés, certains finissent par supplier la Direction départementale de l'action sanitaire et sociale (Ddass) de lever l'hospitalisation d'office et par donner des rendez-vous espacés à leurs patients difficiles pour les perdre de vue… » Voilà pourquoi, insiste-t-il, l'UMD travaille sur la communication avec les secteurs. « Chaque sortie est précédée d'une réunion avec l'équipe d'origine, pour qu'elle revoie le patient qui l'a traumatisée. »

Des « antennes mobiles », des « consultings » permettent à des psys de l'UMD de faire venir des patients rebelles ou de se déplacer pour les rencontrer, afin de partager leur expérience avec leurs confrères. Beaucoup souhaitent, à l'extérieur, que les UMD augmentent leur nombre de lits. Christian Kottler se cabre : « Il faut augmenter nos effectifs, car on travaille sur le fil. Mais pas multiplier les UMD. Ce serait revenir à l'ancien temps : entre exclusion et accompagnement des malades, la société a toujours souffert d'une duplicité. Et ce serait surtout cautionner les défaillances du système en amont et en aval. » Car l'unité pour malades difficiles, avec ses soignants blindés d'humour noir, est le symptôme le plus criant de la force de la psychiatrie et de ses failles : on ne peut pas guérir les fous les plus fous, mais il y aura toujours des hommes pour les accompagner.

LA MÉMOIRE PERDUE DES SOLOVKI

Cet archipel russe au milieu de la mer Blanche, haut lieu de l'Église orthodoxe, fut aussi la terre des premiers Goulags en 1923, dénoncés, cinquante ans plus tard, par Alexandre Soljenitsyne dans un impitoyable réquisitoire. Visite guidée à 160 kilomètres du cercle polaire.

NATALIE NOUGAYRÈDE
« LE MONDE », 21 AVRIL 2005

Le petit avion Iakovlev à hélices se pose sur la piste verglacée, dans un paysage de lacs givrés et de forêts enneigées. Enfin, l'île… Elle a surgi au milieu des eaux agitées de la mer Blanche, après quarante-cinq minutes de vol, au départ d'Arkhangelsk. C'est une mince bande de terre, découpée comme de la dentelle. L'air froid pince le visage. Il est deux heures de l'après-midi, la nuit va bientôt tomber. La première chose qui happe le regard est la silhouette massive du monastère, qui se découpe au loin, au-dessus des toits du village.

C'est lui qui attire les touristes sur ces terres. Ils étaient environ 10 000 en 2004. Haut lieu de l'orthodoxie russe, le monastère de la Sainte-Transfiguration a été fondé au XIVe siècle par des moines ermites. En cette journée d'hiver, son enceinte de granite semblant flotter, il est suspendu dans un univers de blanc, entre les eaux gelées de la baie et le ciel blafard. Il déploie ses murailles fortifiées, ses tourelles rondes, ses bulbes et ses croix. D'énormes corbeaux noirs le survolent en planant. Par grand froid, ce morceau de Russie planté au milieu de la mer Blanche, à 160 kilomètres du cercle polaire, semble totalement assoupi. L'endroit s'appelle les îles Solovietski, mais les Russes disent couramment « Solovki ». Les visiteurs sont rares en hiver. Les hôtels sont fermés, il n'y a pas de restaurant non plus.

Visiter le monastère lui-même s'avère compliqué. Il faudra patienter deux jours avant qu'un guide puisse être recruté à l'improviste, chose indispensable pour pouvoir entrer. Deux jours qui seront donc consacrés à des promenades, sur ces étendues glacées du Grand Nord russe, chargées d'histoire et de non-dits.

C'est ici que le premier goulag a vu le jour, en 1923. C'est-à-dire avant la prise du pouvoir par Staline. L'univers totalitaire communiste a commencé à se construire en ce lieu. Les tsars avaient déjà utilisé les cachots du monastère pour embastiller des aristocrates ou chefs cosaques devenus gênants… Sous les bolcheviks, la folie répressive et meurtrière avait atteint des dimensions incomparables. L'île de Solovki compte environ mille âmes. En cette saison, la fumée de bois qui s'échappe des habitations et le passage occasionnel d'un camion ou d'un side-car, pétaradant sur la neige, constituent les seuls signes de vie. L'été, les habitants vivent des retombées du tourisme. L'hiver, ils se consacrent surtout à la pêche et au braconnage.

« Partout, on marche sur des os »

Anatoli, petit-fils de koulak ukrainien, est le gardien de l'ancienne maison de l'archimandrite du monastère, une jolie datcha à balcon, transformée en musée. « Le "Slon" était ici, dit cet homme avec gravité. Partout, on marche sur des os… » « Slon » (prononcer « slone ») est l'abrégé du jargon soviétique pour « camp des Solovietski à mission spéciale », le premier camp, dont Soljenitsyne allait écrire : « L'archipel du Goulag commença ainsi son existence maligne, et bientôt il aurait des métastases dans tout le corps du pays. »

Le goulag des Solovki a fonctionné de 1923 – année où le monastère fut incendié et les moines tués ou faits prisonniers – à 1939, quand le régime opta définitivement pour des lieux de déportation plus vastes. Aucun monument d'État n'a été édifié, à ce jour, en mémoire des milliers de victimes mortes de froid, de faim, de torture et d'exécution sommaire. Dans le village, seule une pierre gravée, installée par l'organisation non gouvernementale Mémorial, fondée par Andreï Sakharov, fait œuvre discrète de témoignage. Vladimir Poutine a bien visité l'île en 2001, mais il s'est contenté d'encourager les travaux de restauration du monastère orthodoxe.

Depuis 1990, année de la réouverture du monastère après soixante-dix ans d'interruption, deux institutions se disputent le contrôle des lieux : l'Église orthodoxe et le ministère russe de la Culture. « C'est une bataille pour l'argent », constate

Katia, jeune femme brune enjouée, dont la famille a ouvert à l'époque de Gorbatchev, non loin du monastère, le premier hôtel à capitaux privés des Solovki. Avec son sauna tout confort, sa vingtaine de chambres claires décorées Ikea, sa motoneige, ses véhicules 4 x 4, l'hôtel de Katia respire une prospérité inédite dans ces contrées reculées. La croissance économique russe et la hausse du pouvoir d'achat de la nouvelle classe moyenne ont apporté une clientèle qui fait vivre ici un petit secteur hôtelier.

« L'archipel du Goulag commença ainsi son existence maligne, et bientôt il aurait des métastases dans tout le corps du pays. »

Soljenitsyne, « L'Archipel du Goulag »

Fille d'un militaire venu s'installer à Solovki au temps où l'île était une base de l'armée soviétique, Katia jette un regard âpre sur son pays, forgé au contact des groupes de touristes scandinaves et britanniques qu'elle héberge chaque année. « Les étrangers s'intéressent aux traces du Goulag. Les touristes russes, eux, ne veulent pas y penser. Ils ont bien une idée de toutes ses souffrances, des nombreux fusillés, mais ils ne veulent pas sentir ça sur leurs épaules. Les Russes ont le sentiment que les étrangers les regardent de haut. Le peuple russe est perçu ainsi : il s'est fourvoyé pendant soixante-dix ans, il boit, et il ne sait pas travailler. Je ne sais pas si ça changera. Peut-être dans vingt, trente ans, avec une nouvelle génération. »

Sacha, âgé d'une vingtaine d'années, vit aux Solovki depuis 1990, époque où sa mère s'est remariée avec un habitant de l'île. Étudiant en histoire, c'est lui qui fait visiter le monastère ce jour-là : l'iconostase toute neuve installée dans la cathédrale de la Transfiguration grâce aux dons de mécènes moscovites, le large réfectoire à plafond voûté reposant sur un pilier unique, les restes d'un moulin à eau où les moines faisaient moudre le grain. Des travaux de restauration sont en cours. Mais ce monastère, qui fut le cœur de la vie religieuse et économique de la région (commerce du sel, de fourrure et du poisson) jusqu'au coup de force bolchevik, n'a retrouvé qu'un faible écho de sa grandeur passée. Au XIXe siècle, 500 moines y étaient rattachés. Ils sont 40 aujourd'hui. La cour intérieure, balayée par un vent glacial, abritait il y a cent ans un magnifique verger.

« Plus de 100 000 détenus en seize ans »

Sacha débite, dans ses explications de guide, quelques préceptes tirés de la propagande soviétique. Il dit par exemple que l'incendie qui ravagea le monastère en 1923 était « accidentel ». Mais il note aussi qu'à l'époque tsariste la prison des Solovki avait abrité, « en tout, une centaine de détenus, sur une période de trois cent cinquante ans environ », tandis qu'à l'époque soviétique « plus de 100 000 détenus sont passés ici, en seize années d'existence du camp ». Dans ces paysages aux teintes irisées, sous un ciel de mercure, le souvenir du camp semble enfoui. Le vaste cimetière à ciel ouvert est passé sous silence. Et pendant ce temps, le monastère cherche à briller de tous ses feux, sur la taïga entourée de mer sombre.

RAYMOND DOMENECH, VERSEAU ASCENDANT VIERGE

Il n'a jamais appartenu aux générations dorées du foot français. Solitaire, provocateur, anar, beau parleur, le sélectionneur des Bleus cherche dans l'étude des astres le chemin du but… Un portrait d'avant le naufrage.

LUC LE VAILLANT
« LIBÉRATION », 3 MAI 2005

Sa dernière fille s'appelle Victoire. Elle est née la nuit où il a été nommé sélectionneur de l'équipe de France de football. Raymond Domenech est ravi de cette paternité tardive. Il apprécie de prendre les quarts biberon avec la ville qui dort alentour et il ne rate pas une visite chez le pédiatre. Il la regarde grandir, il laisse les choses aller. Son aînée, Karen, prof de gym, tout juste plus âgée que la mère de Victoire, une journaliste télé, s'amuse de sa métamorphose et se souvient de débuts plus exigeants, plus autoritaires.

Domenech l'admet : « Avec Karen, je n'ai pas eu une relation de père à fille, mais une relation d'éducateur à éduquée. » Il précise : « À 24 ans, tu as le sentiment de ne pas avoir le temps. À 53, tu as l'âge d'être grand-père, tu sais prendre du recul. »

Souvent, Domenech promène Victoire dans sa poussette sur les trottoirs de Montparnasse. Parfois, ses pas l'entraînent vers le cimetière où il aime visiter les tombes de Gainsbourg, de Reggiani, de Sartre.

Il dit : « Quand j'ai un souci, c'est là-bas que je vais. C'est calme, ça m'aide à relativiser. » Il faut dire que ses soucis sont pléthore et que la relativité ne fut pas toujours sa théorie préférée. Les Bleus peinent à liquider leur gloire passée. Domenech doit à la fois chasser les fantômes des héros fatigués et mettre sur orbite une troupe rajeunie. Avec le risque qu'elle ne soit pas au niveau de la précédente… Ce qui n'arrange rien, c'est que Domenech est un homme seul et singulier à qui l'on ne pardonnera pas plus qu'à l'un de ses rares soutiens, Aimé Jacquet. Domenech n'appartient à aucune des générations dorées du foot français, ni à celle de Platini, ni à celle de Zidane. La fraternité d'armes ne joue pas.

Sa carrière internationale fut mineure, son aura de joueur guerrier et rudoyeur ne lui sera d'aucune utilité. Et ce beau parleur fut trop provocateur et reste trop percutant pour ne pas irriter les réseaux et autres maçonneries du foot qui aiment surtout qu'on fasse allégeance au groupe.

« L'indispensable force mentale »

Les entraîneurs planquent souvent leurs méthodes innovantes sous l'imper fatigué de la roublardise et du « comme d'habitude », histoire de ne pas perturber une corporation très conservatrice. Domenech, lui, est un chercheur qui revendique ses tentatives, quitte à déboussoler. Ce Verseau ascendant Vierge étudie les thèmes astraux de ses joueurs, se méfie de la capacité destructrice des Scorpions et pense que le goût de la flambe des Lions fragilise une défense.

De là à s'inspirer d'Élisabeth Teissier pour faire ses choix, il y a un monde. Il dit : « Ce qui m'intéresse, ce n'est pas de prévoir l'avenir, c'est d'étudier les caractères. » Il insiste : « J'aime le mystère du fonctionnement de l'individu et de ses relations avec les autres. » Pour armer sa réflexion, le lycéen happé tôt par le foot pro s'intéresse à la morphopsychologie, à la programmation neurolinguistique, à l'analyse des rêves, ou au management sportif. Il pioche ses idées dans les essais et s'évade rarement vers les romans, comme dernièrement vers ceux de Tom Wolfe et de Fred Vargas.

Acteur amateur de théâtre, il a aussi le chic pour sortir ses ouailles de leur routine. Il peut interdire les portables lors des massages ou décréter une autocritique nocturne mais aussi leur proposer un atelier d'écriture, une pièce de Beckett ou un remake des *Choristes* où il s'agit de chanter… *La Marseillaise*. Domenech justifie ainsi une démarche qui a évolué en passant des Espoirs aux A, des jeunes aux stars : « Je veux que les gens aillent chercher loin en eux. Mais si quelqu'un a besoin de répétition, de rituels, je ne vais pas le déstabiliser en permanence. Avant, j'étais assez apprenti sorcier, maintenant quand je provoque, je sais ce que je veux déclencher. » Un membre de son staff : « Il teste les gens. Il les observe. » Et Domenech d'insister : « Le terrain et la vie, c'est la même chose. La force mentale y est indispensable. Il s'agit d'un combat, d'un jeu d'opposition. »

Lui a appris en s'opposant au grand homme de sa vie, son père.

Entre l'immigré espagnol, travaillant comme agent d'entretien, et son fils adolescent, aîné de cinq, le débat était permanent. Il dit : « Il s'agissait d'argumenter, de contre-argumenter. C'était comme de l'escrime pour défendre ses idées. Tous les deux, on adorait ça. Les autres, ça devait les fatiguer. »

Le père est né républicain et catalan, enfant de paysans. À 16 ans, il fuit le franquisme, échoue dans un camp de réfugiés, sillonne la France, se fixe à Lyon. Il est mort de la maladie d'Alzheimer et n'a pas vu son gamin, qui, à l'école, s'envisageait président de la République, devenir ce Premier ministre que la nation foot dissèque et étrille à la fois, comme le moindre des Raffarin. Comme son géniteur, Domenech supporte le Barça et garde une sensibilité anarchiste façon CNT-Durutti.

En endossant le survêtement bleu-blanc-rouge, l'anar a mis au rencart son drapeau noir.

Même s'il craint de chromer son atypisme au moment où les médias dominants (TF1, *L'Équipe*) exigent des résultats ou la (sa ?) mort, Domenech détaille son particularisme. Ce chef d'équipe dit : « Tout le monde est capable de s'autogérer. Je suis optimiste sur la nature humaine. » Et effectivement, selon les uns et les autres, il n'a pas le caporalisme exagéré, « tant qu'on ne se fout pas de sa gueule » (un proche).

Lui qu'on suspecte d'avoir voté Besancenot en 2002, raconte : « Je suis à la gauche de la gauche. J'étais un désenchanté de Mitterrand dès le 10 mai. Pour moi, le moindre parti est un carcan. Je voterais bien blanc, mais cela n'a pas d'existence. Longtemps, je n'ai pas été inscrit mais, en voyageant, je me suis aperçu qu'un tel droit n'était pas rien. » Et c'est dans une logique tiers-mondiste à réjouir, paradoxalement, les capitalistes les plus cyniques, que cet internationaliste va voter oui au référendum : « Je suis pour l'ouverture des frontières. Tout va s'équilibrer, on sera gagnant à long terme. Les trois quarts de la population mondiale ne vont pas pouvoir rester éternellement sous le seuil de pauvreté. »

En endossant le survêtement bleu-blanc-rouge, l'anar a mis au rencart son drapeau noir. Obligation de fonction ? Pas seulement. Plutôt le sens des responsabilités qu'il a toujours eu chevillé au corps, lui qui fut capitaine d'équipe, négociateur de primes, etc. Sans parler de sa gratitude envers ceux qui lui ont fait confiance, tel Aimé Jacquet, venu d'un milieu prolo comme son père, ayant dû lui aussi faire front à la vindicte des médias.

Depuis sa nomination, Domenech, la belle gueule qui avait un chat dans la gorge, chante *La Marseillaise* : « Dommage que les paroles soient aussi barbares. » Le bretteur qui aimait brancher, vanner, discuter, a découvert que le sélectionneur n'avait droit ni à l'humour, ni au second degré, que ses mots étaient reçus comme paroles d'évangile. L'individualiste qui remettait l'État en question défend à présent le foot des nations contre le libéralisme des clubs.

Et le gamin du quartier des États-Unis, déjà black-blanc-beur, « où le racisme n'existait pas, où il n'y avait aucun problème de religion », se retrouve à devoir transfuser de l'énergie collective à des milliardaires de 20 ans. Il gagne 30 000 euros par mois, eux quatre ou cinq fois plus. En échange de la valeur ajoutée que l'équipe de France leur confère, il leur demande juste une ferveur affirmée.

Il est 16 heures. Il se lève. Pas question de rater le rendez-vous chez le pédiatre. Victoire n'attend pas.

UN ENFANT À GUANTANAMO

En septembre 2001, Mohammed, un Tchadien de 14 ans, se trouve au Pakistan. Arrêté sans raison par les autorités locales, il est torturé et remis aux Américains. Bientôt, il est transféré à la prison de Guantanamo, base militaire des États-Unis à Cuba. Quatre ans plus tard, il y croupit toujours.

ANNICK COJEAN
« LE MONDE 2 », 19 NOVEMBRE 2005

Faut-il la qualifier, l'histoire qu'on va ici conter ? Écrire qu'elle est absurde et révoltante ? Édifiante et scandaleuse ? (...) C'est l'itinéraire d'un môme de 14 ans que le hasard, à l'automne 2001, a placé au mauvais moment au mauvais endroit, et qui, quatre années plus tard, n'a encore rien compris de ce qui lui a valu coups, humiliations, tortures, mise au secret et emprisonnement, à des milliers de kilomètres de sa famille, dans un camp dont le nom de quatre syllabes ressemblerait à une chanson s'il n'était devenu synonyme d'enfer et de goulag : Guantanamo.

Il est des dizaines d'autres cas, bien sûr. Probablement aussi terribles, parfois aussi injustes. Celui-ci pourtant est différent. Parce que le jeune homme en question, d'origine tchadienne, était encore enfant lorsqu'il a découvert les grillages de sa prison du bout du monde, début 2002. Et qu'en dépit des démentis embrouillés des autorités américaines, au mépris de la législation internationale concernant les mineurs, il fait encore partie des plus jeunes captifs cachés derrière les murs de « Guantanamo la honte ».

Les journalistes n'étant pas autorisés à rencontrer les prisonniers, nous n'avons pu nous entretenir directement avec le garçon. C'est donc par l'intermédiaire de son avocat britannique, Me Clive Stafford Smith, qui, depuis un an, s'est rendu huit fois à Guantanamo, que nous avons reconstitué le récit de sa vie. Les notes qu'il a prises lors de chaque entretien avec son « client » ont été lues par la censure américaine et puis « déclassifiées ».

Il vient d'autre part de réussir, après plusieurs tentatives infructueuses, à entrer en contact avec la famille du jeune homme, en Arabie saoudite, et à obtenir son précieux « vrai » passeport ainsi qu'un acte de naissance prouvant sa qualité de mineur, au moment de sa déportation sur l'île de Cuba.

Le jeune détenu ne parlait qu'arabe à son arrivée à Guantanamo ; il peut désormais s'exprimer en anglais. Il souffre de nombreux maux, porte maintes cicatrices, conséquences des sévices endurés pendant sa détention. Mais il est vif, ardent, intelligent, poli. Quand il dispose d'un crayon, il écrit des poèmes. Et il rêve, si les portes du pénitencier s'ouvrent un jour, de devenir un as de l'informatique.

Il s'appelle Ali Hassan Mohammed Hamid El Gharani – nous l'appellerons Mohammed – et il est né en 1986 – probablement en novembre – à Djedda, en Arabie saoudite.

Sa famille étant originaire du Tchad, il n'a pas la nationalité saoudienne et n'a pas, de ce fait, eu accès aux écoles nationales, les Africains souffrant dans ce pays d'une très forte discrimination. Sa famille est très pauvre, son père le plus souvent sans emploi. Et le jeune Mohammed, qui a un frère et deux sœurs, s'est lancé dans les rues de Médine, dès l'âge de 9 ans, afin de ramener à la maison un peu d'argent. Dans la ville sainte de l'islam, où se trouve enterré le prophète Mahomet, il n'est pas très difficile pour un enfant débrouillard de vendre chapelets, bagues, tapis de prière et autres souvenirs religieux.

Mais le garçon est ambitieux et comprend vite que, sans une initiative de sa part, l'Arabie saoudite n'offrira jamais aucun avenir décent à un jeune Noir. Fasciné par les ordinateurs, il se laisse convaincre par un ami de l'intérêt de partir au Pakistan apprendre l'anglais et se former, pendant quelques mois, à la réparation des appareils afin de revenir au souk ouvrir un petit atelier de dépannage. Il parvient à obtenir un passeport à l'ambassade du Tchad (en prétendant avoir plus de 18 ans afin de pouvoir se passer de ses parents), ainsi qu'un visa de trois mois pour le Pakistan. Il ignore alors que ce faux passeport sera le premier élément d'une accusation de terrorisme.

L'effroi et la torture

Karachi. Armé d'une seule adresse et de maigres économies, le voilà donc qui débarque à Karachi début septembre 2001, plein d'espoir.

À peine quelques semaines plus tard, le 21 octobre, alors qu'il se trouve dans une mosquée de la ville, la police pakistanaise encercle l'édifice, fait sortir, mains en l'air, tous ses occupants et, après un bref passage au commissariat, les conduit en prison. Le cauchemar de Mohammed, âgé de 14 ans, commence tout juste.

Il est attaché par les poignets et suspendu suffisamment haut pour que seule la pointe de ses orteils touche le sol. Tourné vers le mur, un sac sur la tête, vêtu uniquement de son slip, il est ainsi soumis, pendant une vingtaine de jours, à un flot de questions : D'où vient-il ? Où se cache Oussama Ben Laden ? Comment a-t-il travaillé avec les talibans ? Quand a-t-il fréquenté le camp d'El Farouk ? Que sait-il au juste d'Al-Qaïda ?... Rien. Mohammed ne sait rien, ne comprend rien. Il est totalement effrayé et se contente de répéter qu'ayant toujours vécu en Arabie saoudite, il ne sait même pas de quoi, de qui on lui parle. Il fait très froid, il ne peut pas dormir.

À chaque mouvement, il est frappé à l'aide d'une tige métallique (son avocat a constaté les cicatrices). Il se souvient aujourd'hui qu'on l'a fait boire beaucoup avant de nouer un élastique autour de son pénis pour l'empêcher d'uriner. « J'avais les yeux bandés mais ils me criaient dans les oreilles : "Dis-nous la vérité !" Cela a duré plus de trois heures et j'ai fini par uriner sur moi-même. Ce fut l'une des choses les plus humiliantes de ma vie. »

Un gardien parlant arabe semble compatir et insuffle à Mohammed un peu de courage en affirmant qu'il tenterait de prévenir sa famille, via Internet. Et en le prévenant : « Ce qu'ils veulent, c'est te vendre aux Américains pour 5 000 dollars ! »

« Nigger, mon premier mot d'anglais »

Peshawar. Mi-novembre, les prisonniers sont enchaînés les uns aux autres par les pieds et les poignets, et transportés à Peshawar, capitale de la province du Nord-Ouest, proche de la frontière afghane.

Une vingtaine d'Arabes d'Arabie saoudite, du Koweït, de Bahreïn, sont enfermés dans une même cellule. Il y a à nouveau des coups au visage, mais point de torture, et Mohammed ressent un fol espoir lorsque le consul saoudien effectue une courte visite à la prison. Espoir déçu à l'énoncé de son origine tchadienne : le diplomate se dit incompétent et refuse même de prévenir sa famille. C'est alors que la nouvelle du transfèrement des prisonniers aux Américains se répand. « L'annonce se voulait une menace, mais je me suis dit : “Super !” Je ne connaissais les Américains que par la télévision, je n'en avais jamais rencontré. Mais je savais qu'ils étaient liés à l'idée de démocratie et que c'était un peuple juste et bon. Alors j'avais hâte que cela se fasse. »

Le transfèrement a lieu de nuit. On fait revêtir à Mohammed un uniforme bleu, avant de le menotter à nouveau et de cacher sa tête sous un capuchon. « Je ne savais pas ce qui se passait. J'ai entendu un hélicoptère, des soldats hurler en anglais, on m'a battu, hissé dans l'hélico en me criant : “Bâtard !”, “Terroriste !”, “Si tu parles, on te tue !” J'ai voulu m'adosser au siège, j'étais crevé. Un gardien m'a alors cogné dans le dos et a hurlé des insultes en anglais. C'est là que pour la première fois j'ai entendu le mot “nègre”. Cela m'a frappé car il revenait sans cesse. C'est donc mon premier mot d'anglais. “Nigger”. Mes compagnons ont fini par me dire que c'était un terme affreux pour désigner les Noirs. »

Kandahar. L'hélicoptère se pose à Kandahar, la deuxième grande ville d'Afghanistan. Mohammed est jeté de l'appareil, ses vêtements sont déchirés, un gardien le cogne si violemment avec la crosse de son fusil qu'il saigne abondamment et perd connaissance, avant d'être à nouveau roué de coups (l'avocat confirme l'existence de cicatrices à l'arrière du crâne et sous le bras gauche). On l'entraîne dans un hangar pour ce qui s'appelle un « contrôle médical » mais qui consiste uniquement à lui mettre un doigt dans l'anus. Des photos auraient été prises alors qu'il est nu, portant le numéro 246. Puis les prisonniers, toujours dévêtus, et sous la surveillance d'un militaire armé d'une mitraillette, sont enfermés, cinq par cinq, dans une vingtaine de cages. On les prévient qu'ils trouveront un exemplaire du Coran dans le seau devant leur servir de toilettes.

Le lendemain, toujours nu, il est amené dans une pièce d'interrogatoire et allongé à même le sol. Il fait si froid que sa respiration provoque de la condensation. Une femme et un interprète égyptien ne le croient pas lorsqu'il affirme n'être jamais allé en Afghanistan et les soldats le tabassent. La scène se reproduira les sept nuits suivantes. On l'humilie, on le frappe, on l'asperge d'eau glacée. « Un policier militaire me tenait le pénis entre des ciseaux et disait qu'il allait le couper. Je le croyais, J'étais incroyablement effrayé. C'était la première fois de ma vie que j'avais affaire à des Blancs. »

Juste avant que la Croix-Rouge ne vienne visiter le camp, on distribue des vêtements aux prisonniers et on les installe dans des tentes de 10 mètres sur 10 que les gardiens fouillent toutes les trois heures. L'un d'eux se saisit un jour du Coran : « C'est donc cela votre livre sacré ? » et le balance dans le seau des déchets. Les sévices continuent la nuit. Les prisonniers auxquels on a retiré gants et chaussettes doivent s'allonger par terre, afin qu'un chien s'allonge sur eux ou qu'un soldat leur marche dessus. « Mais je n'ai jamais craqué à Kandahar, jamais accepté de dire ce qu'ils voulaient entendre ! La Croix-Rouge avait promis son aide. »

Guantanamo, camp X-Ray. L'étape suivante, en janvier 2002, sera Guantanamo. Mohammed n'a évidemment alors aucune idée de la destination de l'avion dans lequel on le pousse, enchaîné, bâillonné, cagoulé. Et drogué. « À l'arrivée, plusieurs frères pensaient qu'on était en Europe, voire en Angleterre. » Lui, blessé à la tête et aux pieds, peut à peine marcher. On lui inflige néanmoins l'« examen médical », un doigt dans l'anus ; on lui fait une injection et il doit ingurgiter de nombreux comprimés. Une heure plus tard, affecté au camp X-Ray, l'un des centres de détention installés sur la base, il subit son premier interrogatoire. Un interprète égyptien lui demande où il a été capturé.

Suspendu à des crochets et battu

Et là, oui, il répond Khost, la ville afghane. Il ne sait rien de cette ville dont il a récemment entendu le nom, mais il panique, imagine que cette réponse les satisfera davantage que sa vérité. Cela semble d'ailleurs être le cas, puisqu'un médecin s'occupe soudain de ses blessures et que c'est en mini-voiture de golf qu'on l'emmène le lendemain matin à l'interrogatoire. Mohammed pense avoir trouvé le truc pour être traité dignement. Mais cela ne dure pas. L'interrogateur le traite de menteur et appelle les soldats. Des traitements qu'on lui fait subir ce jour-là, Mohammed ne peut toujours pas parler.

Les interrogatoires se succéderont les jours suivants. Mohammed est revenu à sa première version : avant d'y avoir été conduit par les Américains, il n'avait jamais mis les pieds en Afghanistan. Ses gardiens affirment qu'il ment et le suspendent à des crochets au-dessus du sol. D'abord deux heures, puis quatre heures, puis huit heures. On le bat dans cette position. Une trentaine de fois.

Transféré au camp Delta, Mohammed connaît une brève accalmie, mais découvre, depuis sa cellule, les conditions environnementales de l'île. Par deux fois, pendant son sommeil, il est mordu par des araignées venimeuses. La première fois, la plaie est remplie de pus verdâtre et il tombe très malade. Il ne peut ni manger, ni marcher, ni prier. On lui refuse des soins médicaux et on le traîne à l'interrogatoire. Il s'écroule sur sa chaise. On l'attache. Il ne peut même pas parler. La deuxième fois, il a le bras entièrement paralysé avant de tomber malade à nouveau. On ne lui donne aucun médicament.

Il a de graves problèmes de dentition. Cogné face contre terre, il a perdu une dent. Une autre a fait les frais des nombreuses difficultés de traduction dans le camp. Alors qu'il expliquait à un nouveau traducteur qu'il souffrait de la troisième dent du haut, celui-ci a compris qu'il voulait une extraction de la troisième dent du bas… Ce qui, pour une fois, fut accompli avec efficacité. Il arrive qu'en guise de punition, le camp prive les prisonniers de brosse et de dentifrice.

Parmi les techniques d'interrogatoire du camp Delta, il en est une que Mohammed décrit comme étant une « privation sensorielle ». La nuit, on l'empêche de dormir (on le change de cellule toutes les vingt minutes). Le jour, on l'empêche de s'asseoir. On le maintient en isolement dans des pièces glacées, avec des éclairages stroboscopiques bleu, jaune, rouge et une musique fracassante. Des chiens servent à effrayer les détenus. Il est arrivé qu'on lui peigne une croix rouge sur la poitrine et que des soldats entonnent : « Mohammed est un terroriste. »

« On te maintiendra en vie de façon que tu souffres au maximum. »

Un interprète irakien l'a ligoté, boxé et lui a crié : « Esclave, on t'a acheté aux Pakistanais ! » Un interrogateur et son interprète ont également menacé de lui infliger, s'il ne disait pas la vérité, tout ce qui leur passerait par la tête, y compris de le « baiser » tant et tant. Le militaire lui a collé sa cigarette allumée sur le bras (l'avocat, encore une fois, a pu observer la cicatrice de la brûlure) tandis que l'interprète, muni d'un objet que Mohammed n'a pu voir, a provoqué une large entaille sur son épaule gauche. Un infirmier noir, en apportant de la glace pour nettoyer la blessure, a voulu poser des questions. On lui a demandé de faire son boulot et de disparaître.

Évidemment, il y a de perpétuelles incitations à la « coopération ». « Coopérer » en dénonçant ses compagnons, comme le fait un prisonnier du Yémen qui a inventé des histoires sur plus de 160 prisonniers et a notamment certifié avoir vu Mohammed dans un camp d'entraînement afghan. « Coopérer » en espionnant ses co-prisonniers comme le lui propose un militaire noir qui joue la complicité, se présente comme une sorte d'« oncle », et lui promet argent et passeport saoudien en échange d'informations. « Si vous coopérez, vous rentrez chez vous », proclame un poster sur un mur. « Si vous coopérez, tout ceci sera à votre disposition », lui assure-t-on aussi, en l'introduisant dans une pièce remplie de photos de femmes nues et de films pornographiques.

Loin d'être placé dans le camp Iguanidé que les autorités américaines ont prétendu avoir aménagé un très court temps pour trois mineurs de Guantanamo, Mohammed, malgré ses 16 ans, est bouclé deux mois dans le bloc Romeo, en 2003, avant d'être muté dans le camp V, de sinistre réputation, qui vient d'ouvrir. Il ressent alors une véritable panique.

Les cellules y sont totalement isolées, fonctionnant en permanence avec de la lumière et un bruit de ventilateur qui interdit le moindre contact oral entre prisonniers. Enfermés 24 heures sur 24 dans leurs cellules, ceux-ci ne sortent guère qu'une heure par semaine, voire toutes les deux semaines ; la solitude est terrible. Mohammed est largué. Comment faire pour se montrer « coopératif » puisqu'il ne sait rien ? Et comment accepter les insultes racistes qui pleuvent en permanence, notamment ce mot de « nigger » qui le rend fou et le conduit, chaque fois qu'il l'entend, à se ruer sur l'auteur du propos ou à lui lancer n'importe quoi à la figure ?

S'il gardait jusqu'alors espoir, un militaire plus âgé, chargé de son nouvel interrogatoire, s'empresse au printemps 2004 de l'anéantir : « On a fabriqué le camp V pour les gars qui resteront enfermés ici toute leur vie. N'espère pas rentrer un jour chez toi. C'est peut-être d'ailleurs mon fils qui te rendra visite quand tu seras vieux. Ne t'inquiète pas : on te maintiendra en vie de façon que tu souffres au maximum. Si tu ne me crois pas, regarde ces murs ! » Et l'officier, d'un air faussement triste, de cogner sur les parois pour en éprouver la solidité. « Je ne peux hélas pas t'aider. Personne ici ne peut t'aider. » Il quitte la pièce, laissant Mohammed effondré. Pendant plusieurs jours, allongé sur sa couche, il pleure et ne peut quasiment rien avaler. Il est cassé.

Mais l'homme revient, fait mine de chercher une solution pour celui qu'il dit considérer désormais comme un fils. Et lui présente un jour B.J., une femme noire aux formes généreuses qui lui apporte des gâteaux, lui suggère de l'appeler maman et lui propose de devenir son avocate… à condition qu'il lui confesse enfin toute la vérité : son faux passeport, l'argent et la raison de son voyage au Pakistan. Un oncle, un père, une mère… C'est décidément beaucoup pour le jeune garçon dont on essaie d'exploiter la vulnérabilité et qu'on prive depuis quatre ans de nouvelles de sa vraie famille.

Les autorités saoudiennes qui, à l'instar des autres pays, s'émeuvent de la situation de leurs ressortissants, ont totalement laissé tomber Mohammed. Le Tchad ne veut rien savoir. La Croix-Rouge, surnommée « les oreilles américaines » par les prisonniers, ne peut visiblement rien. Reste l'avocat qui s'est spontanément saisi du cas du jeune homme, tout juste âgé aujourd'hui de 19 ans. Stupéfait d'une telle négation des droits de la personne et d'un abandon aussi désastreux. Révolté par la série de mensonges officiels concernant les mineurs incarcérés depuis 2002 à Guantanamo (ils ont été, selon lui, pas loin d'une cinquantaine). Et décidé coûte que coûte à faire sortir son protégé.

LA FACE CACHÉE DE QOM

La ville sainte de l'Iran offre un double visage : celui de la rigueur islamique et celui de la fronde subtile. À l'université Mofid, de jeunes mollahs partagent les amphis d'étudiants contestataires. Entre sourates du Coran et examen de la pensée critique.

DELPHINE MINOUI
« LE FIGARO », 19 JANVIER 2006

Par intermittence, des bougies rouges illuminent la scène de ce vaste amphithéâtre bondé jusqu'aux marches. Les cheveux longs jetés derrière les épaules, un bel Iranien aux allures de matador andalou se met à faire danser les cordes de sa guitare au rythme d'un poème sur l'amour et la liberté scandé par Fatemeh Madavi, une jeune étudiante voilée. À l'université Mofid, au cœur de la ville sainte de Qom, berceau des ultrareligieux, l'ambiance de cette soirée culturelle frôle le surréalisme. Surtout quand on sait que, le matin même, Mahmoud Ahmadinejad a lancé un nouvel affront à la jeunesse en interdisant de diffuser de la « musique occidentale et décadente ».

Après huit années de timides ouvertures sous Mohammad Khatami, son prédécesseur, le nouveau président iranien, pur produit de la Révolution islamique, s'évertue à replonger le pays dans les ténèbres d'un islam radical. Mais c'est paradoxalement à Qom, berceau de cette même révolution, menée par feu l'ayatollah Khomeyni en 1979, que la fronde anti-Ahmadinejad est aujourd'hui la plus palpable. À première vue, la cité religieuse semble s'écrouler sous le poids des mosquées et des fatwas prononcées par les ayatollahs qui soutiennent la ligne dure du régime.

Située à 130 kilomètres au sud-ouest de Téhéran, mégalopole tentaculaire aux multiples gratte-ciel, Qom conserve, toutefois, des allures médiévales : ses ruelles sont étroites et poussiéreuses, ses bâtiments à toit plat mal entretenus, et ses habitantes presque invisibles sous leurs épais tchadors noirs qui étouffent leur féminité. C'est ici, également, que siège le puissant ayatollah Mezbah Yazdi, un religieux fondamentaliste qu'on dit être le mentor d'Ahmadinejad.

Sous le voile des apparences, c'est pourtant un autre univers qui s'impose : celui des cafés Internet où les adolescents en manque de loisirs viennent discrètement surfer sur les sites pornographiques, celui des séminaires religieux où l'on étudie les philosophes occidentaux, et celui des mollahs éclairés qui critiquent ouvertement la confusion entre la religion et la politique au sein de la République islamique.

C'est à l'initiative de l'un d'entre eux, l'ayatollah Moussavi Ardebili, que l'université Mofid, véritable îlot libéral dans un océan d'obscurantisme, a vu le jour il y a une quinzaine d'années. À l'époque, ce religieux réformiste s'était fixé comme défi de réunir, au sein d'un même établissement, de jeunes mollahs tout droit sortis de leurs écoles coraniques et des étudiants issus d'un classique cursus universitaire. Le choc culturel semble avoir porté ses fruits : dans les escaliers de ce bâtiment de verre et d'acier, construit aux portes du désert, des barbus enturbannés débattent sur Descartes et Hegel avec leurs camarades en baskets et jeans délavés. On les imagine presque, dans quelques années, rejoindre les rangs de la dissidence iranienne au nom d'un plus grand respect de la diversité de points de vue.

Des barbus enturbannés débattent sur Hegel et Descartes avec leurs camarades en baskets et jeans délavés.

« Un climat d'échange inédit »

L'université s'est également récemment ouverte à la gent féminine, qui représente un peu plus de 10 % des quelque 1 600 étudiants du campus. Au programme de ces cours mixtes : la philosophie, le droit, l'économie et les sciences politiques. « Ce brassage de personnalités différentes crée un climat d'échange inédit », se félicite le professeur Mohsen Khalafi, silhouette filiforme perdue dans un large pull beige. Officiellement, ce grand brun aux allures de soixante-huitard enseigne les relations internationales.

Mais ses conférences ressemblent plus à des stages intensifs d'encouragement à la pensée critique. Comme cette discussion improvisée en plein cours, au lendemain de la fameuse soirée poétique. « Il faut que je vous fasse part d'un incident déplaisant ! », prévient-il en débarquant, ce jour-là, dans la classe. Et d'évoquer, sans détour, l'intervention de miliciens islamistes pour empêcher son épouse – également professeur à Mofid – d'être photographiée, à l'issue de l'événement culturel, avec des étudiants du sexe opposé. « Qu'est-ce qui empêche, dans l'islam, une femme et un homme de se trouver sur la même photo ? », interroge le professeur, en amorçant un débat mouvementé.

Cette question, qui touche au statut de la femme dans la République islamique, est au centre des nombreuses discussions qu'on ose ouvertement ouvrir dans les amphithéâtres de Mofid. Elle a d'ailleurs été évoquée en mai dernier, à l'occasion de la troisième conférence internationale sur les droits de l'homme qu'organise cette université depuis six ans, en présence d'intervenants venus de Washington, Londres ou encore Istanbul. Dans l'Iran des religieux, la femme compte pour la moitié d'un homme en matière d'héritage et de témoignage devant un tribunal. Sans compter les métiers, comme celui de juge, auxquels les Iraniennes n'ont pas accès depuis la révolution.

Paradoxalement, elles n'ont jamais été plus actives. Y compris à Qom, où les femmes conduisent aujourd'hui des taxis et feront bientôt de l'équitation (un sport que certains religieux aimeraient interdire aux Iraniennes) grâce au combat d'une avocate de choc, Batoul Elahi, qui n'est autre que la femme du directeur de l'université Mofid. Le sit-in, en 2000, des étudiantes en médecine de la ville sainte, contre un projet voulant leur interdire de soigner des hommes, est également resté dans les annales de la lutte féministe iranienne. Désormais, les Iraniennes sont partout : au Parlement, à la tête de grosses entreprises et aux premières loges de la lutte démocratique, à l'instar de leur modèle, Shirin Ebadi, lauréate du Nobel de la paix 2004. Et sur les bancs de la plupart des universités, elles représentent jusqu'à 60 % des effectifs. « L'Iran a connu trois grandes révolutions : la révolution constitutionnelle de 1906, la révolution de 1979 et actuellement la révolution féminine », observe Mohammad Sabouri, directeur du département des droits de l'homme de Mofid, et collaborateur régulier du magazine féminin *Zanan*. D'une certaine façon, remarque-t-il, l'imposition de règles islamiques – et singulièrement du voile – a renforcé le rôle des femmes, toutes tendances confondues : les laïques se sont mobilisées pour défendre leurs droits ; et les religieuses des milieux traditionnels ont pu convaincre leurs pères de les laisser étudier – et, donc s'émanciper – au nom de ce « foulard-passeport » qui les protège des regards masculins.

Seuls loisirs : les sorties religieuses

L'heure du dîner vient de sonner au dortoir des étudiantes de Mofid, à quelques jets de pierre de l'université. Fatemeh, la jeune poétesse voilée, a tombé le tchador noir et déambule en chemisette mauve en recueillant les compliments de ses copines. Assises en tailleur autour du « sofreh », une grande nappe posée à même le sol, les étudiantes en philosophie – la matière la plus prisée du nouveau contingent féminin de Mofid – se racontent leur week-end. Somayeh Dekhandar, une brunette de 20 ans, revient de Karaj, sa ville d'origine. Elle a eu droit à la énième visite d'un prétendant. « Il était gros et pas rigolo ! », glousse-t-elle en gesticulant dans tous les sens.

Les mariages arrangés – monnaie courante en Iran –, ce n'est pas sa tasse de thé. « D'abord les études, et ensuite on verra ! Mais pas question de me retrouver aux fourneaux », dit-elle. En attendant le prince charmant, Zahra Soleimani, une voisine de chambre en pyjama fleuri, a recouvert les murs de graffitis. « I can't wait to be with you again », peut-on lire, en anglais, sur la porte de son casier. Sans l'appel, au loin, du muezzin, on se serait presque cru dans un épisode d'*Hélène et les garçons*...

Étudier à Qom, ce n'est pourtant pas ce qu'il y a de plus glamour. « On doit toujours porter le tchador. On ne peut pas sortir seule dans la rue sans risquer d'être prise pour une femme légère. Seul le joli parc Salarieh, le plus grand de la ville, a été transformé en un campus réservé aux filles de l'école coranique Jâmat Al Zahra. Du coup, les loisirs se limitent aux sorties religieuses comme la visite du mausolée doré de Massoumeh, la sœur de Reza, le huitième imam chiite », se lamente Fatemeh Saltchi, une des étudiantes, en jouant avec les mèches de ses cheveux.

C'est d'ailleurs au nom d'une plus grande émancipation féminine qu'à Mofid le vent a tourné du côté de Hachémi Rafsandjani, le rival libéral d'Ahmadinejad, au deuxième tour des élections du mois de juin. « Quand on a constaté qu'Ahmadinejad risquait de l'emporter, celles qui n'avaient pas l'intention de voter se sont précipitées aux urnes », souffle l'une d'entre elles. Déçue du résultat, elle sait pourtant qu'à Qom elle peut toujours compter sur le soutien de grands ayatollahs progressistes qui, au nom d'un rapport personnel à la religion, s'opposent à un islam trop politisé et trop téléguidé par le pouvoir. L'ayatollah Sanéï, défenseur d'une accession des femmes à de plus grandes responsabilités politiques, et l'ayatollah Montazéri, grand détracteur du « velayat e faqih » (« tutelle du juriste théologien », accordant les pouvoirs suprêmes au guide religieux, l'ayatollah Khamenei) font partie de ses modèles.

Pour le sociologue iranien Amir Nikpey, ce sont « ces intellectuels religieux, et non les militants laïcs, qui constituent les principaux opposants au régime actuel ». Car, forts des écrits religieux qu'ils ont étudiés, ils sont finalement plus disposés à critiquer en profondeur l'utilisation de l'islam à des fins politiques. Figure éminente de cette fronde contre « une manipulation des foules par la religion », l'hodjatoleslam (titre porté par les théologiens et les docteurs en droit dans l'islam chiite) Fazel Meybodi, à la tête du département des recherches de Mofid, a même osé signer, il y a deux ans, une lettre ouverte coécrite par 200 opposants et dénonçant comme une « hérésie » l'exercice d'un pouvoir divin et absolu. Ce genre de prises de position pourrait lui coûter cher. D'autant que le nouveau régime ne fait pas dans la dentelle.

Mais dans sa robe grise qui flotte au vent, Fazel Meybodi n'a pas peur de reprocher à Ahmadinejad sa « folie religieuse qui nous détourne du vrai islam ». Pour lui, « l'islam n'est pas une religion fermée. Elle est ouverte au changement, elle doit évoluer avec son temps ». À propos des femmes, dont il s'est toujours fait l'ange gardien, il aime rappeler que « le port du foulard, c'est comme la prière. Cela ne devrait pas être obligatoire, mais relever d'un choix personnel ». Sous le voile de Qom, une révolution lente et discrète poursuit son chemin dans le labyrinthe des mosquées…

LA MORT EN FACE

Dommages collatéraux de la guerre : les traumatismes psychiques. Un mal redoutable qui peut déboucher sur la dépression, la violence, le suicide. Rencontre avec des soldats français, hantés à jamais par le spectre de la camarde.

JEAN-PAUL MARI
« LE NOUVEL OBSERVATEUR »,
DÉCEMBRE 2006

Le cauchemar a une odeur. Et le caporal-chef Philippe Guillaumot la connaît. Une odeur collante, lourde et âpre, mélange écœurant de maladie, de mort et de feu de bois humide. Pour s'en débarrasser, Philippe a tout essayé. Il a pris des milliers de douches, s'est savonné, frotté, raclé, rincé à l'eau de Javel, en vain. Il a mis le feu à ses tenues militaires et à son linge de corps, rien n'y a fait. « J'aurais aimé me brûler moi-même… »

Douze ans après sa mission à la frontière du Rwanda, il lui suffit de fermer les yeux pour la respirer, collée à sa peau, sa gorge, son cerveau. Bien ancrée à l'intérieur de lui, indélébile. Pendant des années, dès qu'il s'endormait, son gosse unique serré dans ses bras, il se retrouvait aussitôt au volant d'un engin militaire de chantier, dans cette bananeraie de Goma (Zaïre) le corps ballotté au rythme des coups de pelle de son tracto-chargeur, à pousser des montagnes de cadavres boursouflés vers la fosse commune. Dans ces moments-là, tout lui revient, la chaleur humide de l'Afrique, l'odeur infecte et la nausée qui le submerge. Alors, il se réveille en sueur avec la sensation d'être sale, affreusement sale, jusqu'au plus profond de son être. Et il vomit. Le 15 août 1994, de retour chez lui, à Sausset-les-Pins, des feux d'artifice éclatent dans le ciel de Provence. Quand son épouse entre dans la chambre, elle trouve Philippe, colosse de 97 kilos, aplati sous le lit, à moitié nu, tremblant, les yeux écarquillés, son casque militaire sur la tête. Il hurle : « Cache-toi, vite ! Tous à l'abri ! » Elle le secoue, le gifle.

Il se remet, explique : « Sarajevo, Rwanda… Tout s'est mélangé. J'ai cru à un bombardement au mortier. » Il pleure : « Pardonne-moi ! » Elle travaille dans un hôpital et comprend : « Philippe, depuis ton retour, ça ne va plus. Tu dois voir un médecin. »

Cette douleur est une maladie, parfois incurable, et elle porte un nom, « névrose traumatique de guerre », un peu technique pour parler de l'effroi des hommes. C'est une blessure profonde, aussi grave qu'un membre amputé, un ventre déchiré, un visage emporté. Plus, peut-être, parce qu'elle mutile l'en dedans d'un homme, ses sentiments, sa mémoire, sa perception du monde. Il en souffre, à chaque minute de sa vie, jour et nuit. Surtout la nuit.

« Mon cerveau est tordu comme un fil de fer serré…, écrit le poète Siegfried Sassoon revenu des tranchées. Et quand les lumières s'éteignent, les horreurs reviennent en rampant : le sol est parsemé de paquets de chair morte et d'os… » Première Guerre mondiale, 1939-1945, Indochine, Algérie, les grandes guerres sont loin, les poilus sont morts et les enfants du jour J ont des cheveux blancs. Pourtant, chaque année, la quarantaine de psychiatres et psychologues militaires français voient débarquer dans leur cabinet une foule de soldats, jeunes recrues ou vieux routiers, muets ou délirants, paralysés par une panique intérieure, avec la même plainte : « J'étouffe ».

Aujourd'hui, on ne parle plus de guerre, mais d'intervention extérieure ou d'opération de maintien de la paix. Reste qu'on se bat, qu'on tue et qu'on meurt. En un quart de siècle, l'armée française a connu le Liban en 1983 (58 paras tués dans l'attentat contre le « Drakkar »), le Tchad, ses combats et ses morts ignorés, la guerre du Golfe et la hantise des gaz, la Bosnie, martyre de Sarajevo et tragédie des casques bleus, le Rwanda du génocide, des machettes et des réfugiés, le Kosovo de la haine, des frères ennemis de Mitrovica, la Centrafrique, la Côte-d'Ivoire, les émeutes d'Abidjan et le bombardement assassin de Bouaké, le Sud-Liban de la Finul, entre Hezbollah et Israël, et l'Afghanistan secret des Forces spéciales.

Chaque soldat part pour quatre mois, de 10 000 à 15 000 hommes vivent en permanence sur le terrain. En clair, cela donne 45 000 militaires envoyés à l'étranger chaque année. En une dizaine d'années à peine, près de 200 000 Français ont été engagés dans les théâtres d'opérations. Quelques-uns sont blessés ou tués, la plupart reviennent sains et saufs, mais les autres, sans blessure apparente, souffrent d'un mal invisible. Et chacun a son histoire.

Un matin, le premier camion arrive de l'orphelinat. Pour la première fois, Philippe craque : « Tous ces gosses ! Entre trois et six ans, des petits corps… Je n'ai pas pu. »

« C'était la fin du monde »

Celle de Philippe commence le 2 juillet 1994 sur une base aérienne, à Istres, au 45e génie de l'air. Il a 27 ans. Un Lorrain né à Metz, un homme calme, musclé, solide, qui se prépare à prendre des vacances avec sa femme et son gamin de 13 mois. Permission annulée : il doit partir dans les 48 heures pour Goma, au Zaïre, près de la frontière du Rwanda. Mission : remettre en état la piste de l'aéroport de brousse que les Antonov 124, avions gros-porteurs du pont aérien humanitaire, arrachent à chaque atterrissage. 47 hommes embarquent avec leurs engins, du ciment à prise rapide et d'énormes sacs de cailloux ronds aux dimensions réglementaires. Ils partent pour un chantier, pas pour l'enfer.

Au matin de leur arrivée, un capitaine les réunit, il est blême : « Je vous préviens, vous n'avez jamais vu cela. » À peine débarqués, Philippe et les autres se retrouvent dans une bananeraie à 10 kilomètres de la piste. Ceux qu'ils viennent relever ouvrent de profondes tranchées à coups de pelles mécaniques. À côté, des montagnes de cadavres attendent d'être enfouis. Philippe regarde ces amas d'hommes, de femmes, d'enfants, aux corps gris et gonflés par le choléra. En plein soleil, l'odeur insupportable l'asphyxie. « Tout le monde a vomi. On se demandait ce qui nous arrivait, où on était. Cette… "chose", c'était la fin du monde ! » L'instant d'après, il est en tenue, des gants blancs en plastique scotchés sur les poignets, un masque à poussière sur le nez. Un ancien lui tend un coton imbibé d'after-shave, et il prend les commandes de son tracto-chargeur. Des camions de 10 tonnes se succèdent, déchargent à même la pelle et repartent. Le godet de l'engin racle le sol, soulève, pousse et vide son contenu. Les engins ouvrent des tranchées de 4 mètres sur 4. 1,50 mètre de profondeur, une couche d'hommes, une couche de chaux, une couche de terre, la bananeraie devient cimetière, fosse commune, charnier.

À la tombée de la nuit, ils sont ramenés au camp près de la piste : « Sur 10 kilomètres de route, les talus étaient couverts de gens couchés. Ils avaient l'air de dormir... » Au lendemain du 14 juillet, on les a vus arriver : un million de réfugiés, épuisés, malades, blessés, agonisants, somnambules au regard vide qui longent en silence le grillage du camp. Depuis, le flux est continu. Ils se couchent dans l'obscurité et repartent au matin, en laissant les talus jonchés de morts. La nuit, Philippe et les autres réparent la piste ; le matin, ils sont à la bananeraie. Goma empeste, le choléra gagne, il faut enfouir.

De 7 heures du matin à 7 heures du soir, une pause en début d'après-midi, pendant vingt et un jours d'affilée ! Il perd 27 kilos, travaille comme un robot, respire son coton d'alcool, vomit chaque jour, et actionne sa pelle en détournant le regard quand les locaux doivent manipuler les cadavres à la main. Le soir, allongé sur son lit de camp, les yeux rivés sur son carré de toile, il ne parle plus, hanté par « ces êtres humains qu'on enterrait en masse, pêle-mêle, sans sépulture décente, sans prière, comme des chiens... un sacrilège ». Un matin, le premier camion arrive de l'orphelinat. Pour la première fois, Philippe craque : « Tous ces gosses ! Entre 3 et 6 ans, des petits corps... Je n'ai pas pu. Je suis descendu du tracto. » Il s'éloigne : « Cette mort alentour est en train de gagner, elle va forcément nous rattraper. » Il arme son pistolet automatique, le dirige vers sa tempe : « Soudain, j'ai vu le visage de mon gosse. Et j'ai remis le cran de sûreté. » Dans l'équipe, certains sont devenus silencieux, le regard éthéré. D'autres, rares, sont rapatriés, mais la plupart résistent, comme Philippe, soudés, unis entre eux par un fil magique.

« La mort me regardait »

Et puis il y a l'adjudant-chef Fravalo – « un Monsieur », dit Philippe –, qui leur répète avec humanité que ce qu'ils font est bien, parce qu'ils sauvent des vies. L'adjudant aussi encaisse sans se plaindre, jusqu'au jour où il voit « un enfant voler », un gamin léger projeté par un manutentionnaire dans la fosse. « En tombant, sa tête s'est retournée vers moi. Et le temps s'est arrêté... » Douze ans après, dans sa maison de Toul, l'adjudant-chef Fravalo a encore du mal à en parler : « J'ai vu ses yeux grands ouverts, deux grosses billes noires. Il me fixait. La mort me regardait. »

Philippe a dû la prendre à bras-le-corps quand il a vu une femme descendre dans la fosse avec son enfant mort. Il saute de son engin, descend dans la tranchée : « On avait versé de la chaux vive, les corps en lambeaux bouillonnaient, il faisait plus de 40 degrés. J'ai marché sur ces pauvres gens, leurs corps craquaient sous mes pieds, je leur faisais mal ! » Il lui faut se battre avec la femme : « La maman s'agrippait à son gamin, hurlait qu'elle voulait rester là. J'ai dû la forcer à s'en séparer, pour la ramener en haut de la tranchée. Ce jour-là, au fond, l'odeur m'a pénétré pour toujours. » Heureusement, il y a eu Angelo, un miracle, sous la forme d'un corps inerte, un de plus, jeté sur un monticule de cadavres. Quand Philippe arrive à l'aube, les locaux piquent les corps à la baïonnette pour s'assurer de leur mort. Soudain, Philippe croise le regard d'un gamin : « Il était maigre, corps émacié, grosse tête, des yeux ronds, 6-8 ans… J'ai crié : "Stop !" On l'a sorti de là. » Une semaine plus tard, soigné et nourri, le gamin est sauvé.

« Je restais là, à écouter. Parfois, j'avais l'impression que les morts me parlaient. »

Depuis, tous les soirs, Philippe a du mal à refermer les fosses dans la hantise d'enterrer des vivants : « Je restais là, à écouter, à l'affût d'un mouvement, d'un souffle, d'un soupir de vie. Parfois, j'avais l'impression que les morts me parlaient. » Vingt et un jours de travail, 2 000 mètres cubes déplacés, un chantier avec plan et sens giratoire pour camions, 1,5 kilomètre de tranchées, plus de 25 000 corps enterrés…

Et puis, un jour, un ordre sec sur le chantier : « Guillaumot, au camp, fais ton sac, tu pars dans trois heures. » Philippe se retrouve assis dans l'avion, à la fois « surpris, soulagé et sidéré ». Soudain, il ne veut plus partir, avec le sentiment étrange d'abandonner les copains, de quitter un travail inachevé, d'être coupable. Le 7 août, à son arrivée à Istres, le ciel est bleu et la base est en vacances. Il rentre chez lui, embrasse sa femme et son gosse et s'enferme dans sa chambre, les yeux au plafond.

« Il ne restait rien, le néant »

« Parler ? Impossible ! Comment expliquer ce que j'ai vécu là-bas ? Comment voulez-vous parler de "ça" ? » Il essaie de revivre normalement, se couche chaque soir à 21 heures, mais l'odeur le réveille toujours, en sueur, pris de nausée, accroché à son tracto. Il ne quitte plus son enfant, le prend dans ses bras et pleure pendant des heures : « Je n'étais plus sur la même planète. L'armée autrefois était ma vie. Toutes nos valeurs, respect, humanité, dignité... Cela n'avait plus aucun sens. Il ne restait rien. Sinon la mort, l'odeur... Le néant. » Il lui faudra un an pour évoquer son « expérience très dure », trois ans et une nouvelle maison pour montrer les photos à sa femme, et dix ans pour lui donner le deuxième enfant qu'elle désire.

« J'ai vu la mort, je me suis vu mort, je suis mort. »

« Pas plus que le soleil, la mort ne peut se regarder en face », dit François Lebigot, psychiatre aux Invalides. Quand elle apparaît, la rencontre est souvent violente, brève, inattendue. Il suffit de quelques dixièmes de seconde. C'est elle, la mort, dans les yeux de celui qui va vous tuer. Elle encore dans cet ami qui tombe à côté de vous. Elle toujours dans le regard d'un inconnu qui se voile. Le temps s'arrête, le cerveau est pétrifié, l'image, entrée par effraction, colle à l'esprit « comme une arapède sur un rocher », dit le psy. Dans ce moment d'« effroi », plus de peur, plus de pensée, plus d'émotion, plus de parole... C'est la rencontre avec l'inconnu, le non-sens absolu, le néant. « Toutes les horreurs blessent, la dernière tue », rappelle Alain Payen, spécialiste des traumatismes. « *Vulnerant omnes, ultima necat* »...

À chaque heure qui passe, l'homme qui a contemplé la mort sait que le temps désormais n'a plus d'importance, qu'il vit à chaque instant ce moment « ultime », dit le psychiatre. « J'ai vu la mort, je me suis vu mort, je suis mort », traduit aussitôt le soldat victime d'un tel traumatisme. Dix ans après la guerre du Golfe, un conducteur de char consulte. Il est irritable, violent avec ses gosses et ne supporte plus la moindre contrariété. En franchissant un fossé dans le désert, il a dû mettre son canon à la verticale. De l'autre côté, il a vu le tube d'un T55 irakien pointé droit sur lui. Mort !

Même si un autre char français a pulvérisé la menace.

« Tout ce qui ne vous tue pas vous rend plus fort », a dit quelqu'un… Quelle erreur ! On ne sort jamais indemne de ce baiser infernal. Certains se suicident ou le portent en eux toute leur vie. Chaque nuit, encore et encore, le même cauchemar à répétition les réveille, inondés de sueur, les yeux fous, bloqués sur la même image « là-bas ». « Le soldat a le cerveau d'un accidenté de la route qui vient de quitter l'asphalte et qui, de tonneau en tonneau, revoit les images en boucle », écrit Hélie de Saint-Marc, qui parle de ses cauchemars comme « des sentinelles de la nuit ». Les somnifères n'ont que peu d'effet sur les fantômes, alors les possédés refusent de dormir, retardent le coucher en buvant des litres de café, crèvent d'angoisse dans la journée en redoutant cette horreur à venir.

Rapatrié de Sarajevo, un caporal-chef, soldat d'expérience, a sombré dans l'alcool. Au retour d'une patrouille, en 1993, il est entré dans une classe d'école et a découvert tous les gosses égorgés sur leur pupitre. Dehors, il a rendu compte et a repris sa mission. Dix ans plus tard, libéré par l'armée, abandonné par sa femme, il erre dans les rues, obsédé par le retour de la nuit, du cauchemar où il se retrouvera au seuil de cette classe. Trois ans de traitement psy n'ont rien changé. L'homme est brisé, incapable de s'arracher au fantasme d'Isaac, de « l'enfant sacré et sacrifié ».

Rapatrié de Sarajevo, un caporal-chef a sombré dans l'alcool. En 1993, il est entré dans une classe d'école et a découvert tous les gosses égorgés sur leur pupitre.

Dans ces cas-là, les conséquences du trauma peuvent apparaître des années plus tard, après une période de latence. Comme cé soldat hospitalisé pour un horrible eczéma lui couvrant le corps et qui finit par comprendre qu'après s'être « vu mort » son corps exprime son sentiment de putréfaction. Ou ces deux parachutistes français venus évacuer des Européens et qui marchent dans les rues de Kigali juste après le massacre des Tutsis. Ils passent devant un horrible cadavre, la tête coupée en deux à la verticale, tachée de cervelle et de sang. « C'est curieux que tout cela ne nous fasse rien », dit l'un d'eux. Et ils s'en vont.

Une blessure invisible

Cinq ans plus tard, il est amené en consultation, le corps entièrement scarifié à coups de lame de rasoir. « Une plaie vivante. On l'a recousu et gardé », dit le docteur François Lebigot. Quinze jours plus tard, il recommence avec la même violence, comme s'il se mettait à la place d'un Rwandais massacré. Et un matin il arrive en hurlant à l'entretien : « Docteur ! Ça a explosé cette nuit dans ma tête ! J'ai compris... » Ce n'est pas l'image horrible de la tête tranchée qui le torture, mais le regard de la victime, « le regard terrible de celui qui avait vu son tueur, le diable en personne ! »... Après trois ans de traitement et une formation dans le Midi, l'homme est devenu forestier dans les Alpes : « Et il est venu jusqu'ici me présenter sa femme. » Guéri ! On peut en souffrir toute sa vie, en mourir ou s'en sortir, mais on n'échappe pas à cette blessure invisible.

En 1939, les Britanniques comptaient encore 200 000 soldats pensionnés pour troubles psychiques datant de la Première Guerre mondiale. Entre juin 1944 et mai 1945, les Alliés traitent 15 000 soldats au sortir du front. En Algérie, les « événements » font 9 000 blessés psychiques. Au Vietnam, on estime à un tiers des effectifs les hommes affectés par leur séjour ; 9 000 se suicident à leur retour, et la moitié des SDF aux États-Unis sont des vétérans du Vietnam. Combien en France en un quart de siècle d'opérations ?

Le temps n'est plus où l'on abattait d'une balle dans la tempe « le faible, le lâche, le traître », poilu saisi par l'effroi. Les psychiatres français n'utilisent plus l'hypnose ou le courant faradique pour redresser le corps des fous, mais il a fallu attendre 1992 pour que des hommes brisés aient droit à une pension d'invalidité de l'armée française. À Goma, le psychiatre militaire est envoyé « à l'avant », sur le terrain. Dès son arrivée, il réunit les hommes chargés des fosses communes. « Fous, nous ? Il allait voir ça, se rappelle Philippe. On est arrivé une casserole sur la tête, en tenant une brosse à dents en laisse... "Rex ! Tu viens !" »

Mais le soir même, certains vont frapper à sa tente, le dialogue commence. À son retour en France, après l'épisode des feux d'artifice du 15 août, Philippe est revenu consulter, parler de l'indicible, des montagnes de corps, de la mère qui voulait mourir avec son enfant, d'Angelo, des soupirs qu'il guettait au bord des fosses, de son angoisse, de sa culpabilité, et surtout de cette odeur qui ne le quitte pas. « Sans les psys, je me serais mis une balle dans la tête », dit Philippe. Il a fouillé ce jardin secret, tabou, « cette chose qui nous liait dont on n'arrivait pas à parler, même entre frères d'armes. C'était à nous, entre nous. En parler, c'était porter atteinte à tous ces pauvres gens enterrés là-bas ».

Avec le temps, il a mis des mots sur l'horreur, réussi à moins pleurer, à ne pas divorcer. À l'heure de la retraite, il a quitté l'armée et rêve d'aller vivre aux Marquises. Ne reste que l'odeur du cauchemar. Une odeur dont il n'arrive pas à se débarrasser. Peut-être parce qu'il ne le veut pas. Il en parle comme d'un message de confiance des morts, de ceux de la bananeraie, qui lui diraient merci pour avoir essayé de les respecter : « C'est ma fêlure, ma conscience, l'assurance de ne pas être un robot humain sans émotions. » Il ferme les yeux et semble respirer quelque chose au loin : « Cette odeur terrible est mon fil conducteur. S'il se brise, il ne me restera plus rien. Le néant. »

L'ENNEMI PUBLIC NUMÉRO UN EST FATIGUÉ

Zakaria Zubeïdi a déposé les armes. Commandant des Brigades des martyrs Al-Aqsa à Jénine, en Cisjordanie, il est la coqueluche des journaux palestiniens, et la bête noire des Israéliens. Une sorte de Zorro en keffieh. Mais il ne croit plus à la lutte armée.

BENJAMIN BARTHES
« LE MONDE », 6 AVRIL 2007

Son visage ne lui appartient plus. Moucheté de fines brûlures, séquelles de l'explosion accidentelle d'une bombe artisanale, il est autant familier des téléspectateurs palestiniens que de leurs voisins israéliens. Pour les premiers, il est un combattant intrépide, un as de la clandestinité, toujours pourchassé, jamais attrapé. Pour les seconds, il est un terroriste en sursis, promis à la prison ou à une précoce mise en bière.

Âgé de 31 ans, coqueluche des journaux télévisés, Zakaria Zubeïdi, le commandant des Brigades des martyrs Al-Aqsa à Jénine, dans le nord de la Cisjordanie, ne se reconnaît dans aucun de ces clichés. Cinq ans après avoir accédé à la tête de cette milice issue du Fatah, le parti du président palestinien Mahmoud Abbas, ce jeune père de deux enfants joue profil bas. Il assure qu'il n'aspire qu'à ranger le revolver argenté glissé dans le dos de son pantalon et à poursuivre en paix les études de sociologie qu'il a récemment entamées. « L'Intifada a perdu son âme, dit-il. C'est un fiasco. Il est temps de faire une pause. »

Il reçoit devant une maisonnette au sommet du camp de réfugiés de Jénine où il est né. La cour surplombe le dédale de ruelles qui fut en avril 2002 le théâtre de l'offensive israélienne « Rempart ». Dix jours de combats acharnés rentrés tout droit dans l'épopée palestinienne. La centaine d'habitations qui avaient été rasées à l'issue de cette opération, puis reconstruites grâce à l'argent du cheikh Zayed des Émirats arabes unis se distinguent du reste des bicoques décrépies par la couleur crème de leurs murs. Zakaria Zubeïdi est vêtu d'un jean, d'un t-shirt et d'un blouson passe-partout. Les pigments de poudre incrustés dans son visage s'apparentent à des taches de rousseur juvéniles. La poignée de main est franche, le sourire avenant. Le « senior terrorist » décrit par les communiqués de Tsahal arbore une dégaine de chebab (jeune) comme les autres.

Ses mots, en revanche, sont ceux d'un homme au bout du rouleau. Un fugitif qui a échappé à une demi-dizaine de tentatives d'assassinats, dort d'un œil depuis cinq ans et change de planque tous les jours ou presque. « Je me sens tellement fatigué, tellement faible, lâche-t-il en s'asseyant sur une chaise en plastique dans la cour, avec ses deux portables posés sur une table basse. Le mur (la barrière de séparation israélienne) et les violences de l'armée ont étouffé l'Intifada. L'incapacité de nos dirigeants à formuler une véritable stratégie a également joué. Au lieu de lutter contre l'occupation, le Hamas et le Fatah passent leur temps à lutter l'un contre l'autre. Tout le sang que nous avons versé n'a servi à rien. »

Zubeïdi parle en expert. Son père, un militant du Fatah, est mort en prison d'un cancer mal soigné. Sa mère a été tuée par balles, alors qu'elle observait une incursion de l'armée par la fenêtre de sa maison en février 2002. L'un de ses frères, enrôlé dans les Brigades des martyrs Al-Aqsa, est mort dans la grande attaque d'avril 2002.

À cette époque, Zakaria a dû sa survie à une sorte de miracle. Les bulldozers de l'armée s'approchaient du réduit où il s'était caché avec quelques compagnons d'armes. Ils sont sortis, à tour de rôle, se rendre aux soldats israéliens. En slip et maillot de corps, la tenue obligée pour ne pas se faire tirer dessus. Mais Zubeïdi, qui n'était alors qu'une jeune recrue de Ziad Amr, le chef des Brigades, a décidé de rester. Un acte de bravoure dicté... par des considérations vestimentaires. « Je n'avais pas de slip, dit-il. J'ai préféré prendre le risque de mourir plutôt que d'apparaître nu devant les habitants du camp. » Le pari fut payant. La maison s'est écroulée mais un pan de mur l'a protégé. Après six jours, il est sorti indemne de sa bulle de béton.

Un caractère indomptable

Cet épisode tragi-comique est à l'origine de sa montée en grade. Persuadé que Zubeïdi a péri dans la destruction de leur planque, les militants arrêtés le désignent comme l'un des meneurs de la résistance. En l'espace de quelques semaines, il se retrouve dans le peloton de tête des activistes recherchés par l'armée israélienne. La rumeur se propage dans le camp, son aura grandit, les médias accourent. Fin 2002, après qu'un tir de missile a anéanti la carrière d'Ala'a Sabagh, successeur de Ziad Amr tué dans l'offensive Rempart, Zakaria Zubeïdi est naturellement promu leader des Brigades Al-Aqsa.

À ce poste inattendu, il manifeste un caractère indomptable. Ses hommes font le coup de feu sur les routes utilisées par les colons. Il refuse de s'associer à la trêve proclamée au printemps 2003 par le Hamas et le Fatah. Israël l'accuse aussi d'avoir commandité un attentat-suicide déjoué de justesse. « Simple vengeance », répond-il aux journalistes israéliens dans l'hébreu parfait qu'il a appris durant ses séjours en prison pendant la première Intifada.

Mais Zubeïdi, comme toutes les petites mains de la guerre des pierres, a aussi des comptes à régler avec le régime palestinien. « Le processus de paix ? Je n'ai jamais su ce que c'était, dit-il. Quand les fils de l'élite étudiaient à l'étranger, moi je trimais sur les chantiers de construction de Haïfa. Par la suite, je me suis engagé comme policier. Et pendant que j'essayais de maintenir l'ordre, les colonies juives autour de Jénine continuaient de pousser. »

Zubeïdi, comme toutes les petites mains de la guerre des pierres, a aussi des comptes à régler avec le régime palestinien. « Le processus de paix ? Je n'ai jamais su ce que c'était. »

Alors le déçu d'Oslo s'improvise shérif de Jénine. Il kidnappe le gouverneur, incendie ses bureaux, prend d'assaut les locaux des services secrets et se permet même de mitrailler le convoi d'un ministre de l'Intérieur. Rumeurs de collaboration, manque de respect aux chahids, non-versement des salaires à ses hommes : tous les prétextes sont bons pour imposer sa loi. Zakaria-le-renégat sait que son statut d'ennemi public numéro un d'Israël le rend intouchable en interne. « Il est comme mon fils, confirme le gouverneur Qadoura Moussa, pas rancunier. Même si je voulais le mettre en prison, je ne le pourrais pas car une heure après, les soldats israéliens viendraient l'arrêter ».

Leur dernière tentative date de juillet 2006. Le chef des Brigades participait à une cérémonie de condoléances au milieu du camp. Un commando des forces spéciales israéliennes a pilé devant la tente de deuil et ouvert le feu. Zubeïdi s'est sorti de ce nouveau guêpier en rampant sous les rafales. Une baraka insolente qui en laisse plus d'un sceptique dans le camp. « J'ai étudié le yoga en prison, réplique-t-il. J'ai appris à ne pas avoir peur de la mort. Ma capacité de concentration me permet de réfléchir vite et bien face au danger. »

« Je vis au milieu de mon peuple et je vois sa souffrance. Les problèmes sociaux m'intéressent. »

Naguère, Zubeïdi aurait aussitôt tenté de se venger. Mais aujourd'hui, l'action armée ne figure plus en tête de ses priorités. Après avoir passé l'année dernière le tawjihi, le bac palestinien, il s'est inscrit en sociologie à l'université libre Al-Quods. « Parce que je vis au milieu de mon peuple et que je vois sa souffrance, les problèmes sociaux m'intéressent », dit-il. La tête brûlée de Jénine n'est pas encore un étudiant modèle. Soucieux de ne pas mettre en danger la vie de ses camarades, il bouquine à l'écart et se contente d'assister aux examens.

L'ange gardien du Freedom Theater

Mais un déclic s'est produit. « La pression d'Israël et nos propres insuffisances ont réduit l'Intifada à sa dimension militaire, dit-il. C'est une erreur. L'Intifada doit être aussi populaire et culturelle. Le combattant n'a aucune chance de réussir tout seul. » Ce début de remise en cause est le produit de deux rencontres. Avec Tali Fahima, une jeune Israélienne, venue à Jénine lui servir de « bouclier humain », et qui a payé son audace de deux ans et demi d'incarcération. Et surtout avec Juliano Mer-Khamis, un acteur israélien qui a décidé de ranimer les ateliers de théâtre que sa mère Arna, pasionaria pacifiste, avait organisé dans le camp de réfugiés au début des années 1990.

« Je connais Zakaria depuis qu'il est adolescent, dit Juliano. Je suis impressionné par sa capacité à admettre l'échec de l'Intifada.

Il a compris qu'il était important de créer de nouvelles valeurs, de développer un discours de liberté, détaché de la face sombre du nationalisme, de tester une forme de lutte alternative. C'est pourquoi j'ai décidé de relancer le Freedom Theater. » Zubeïdi en est l'ange gardien. Sa réputation attire des dizaines de gamins dans les ateliers d'improvisation.

Elle sert de caution à un projet qui fait parfois grogner dans les allées du camp. « Pensez donc, un lieu ou garçons et filles s'amusent ensemble, entourés qui plus est de juifs et d'étrangers ! Sans l'aide de Zakaria, rien n'aurait été possible. Nous n'aurions pas pu canaliser toute cette rage et la transformer en énergie créatrice. Zakaria est un marxiste qui s'ignore. Si Israël arrête de le traquer, il range son flingue et travaille à plein temps pour nous. »

Un point noir apparaît dans le ciel de Jénine et on entend le bourdonnement caractéristique des hélicoptères Apache israéliens. Un portable sonne. L'un des guetteurs embusqués dans le camp confirme l'apparition d'une menace potentielle. Zubeïdi se lève et va se coller contre le mur de la maisonnette. « Oui, confie-t-il tout en suivant l'hélicoptère du regard, j'aimerais bien rejoindre le Freedom Theater et même, pourquoi pas, monter sur scène. » Mais cette reconversion n'est pas à l'ordre du jour. Pour l'instant il doit encore courir, se cacher, calculer les risques, anticiper les dangers. Pris au piège de son aura, le défenseur de Jénine ne défend plus que sa peau.

PEUR SUR BAGDAD

Soumis au couvre-feu, aux coupures d'électricité, aux menaces d'attentats sectaires, aux rackets et aux enlèvements, les habitants de Bagdad vivent un véritable enfer. Chacun se replie sur sa sphère familiale, dans la peur du lendemain, ou plutôt de l'heure qui vient.

ANNE NIVAT
« LE POINT », 12 JUILLET 2007

Une silhouette noire se découpe sur une carte de l'Irak, avec pour seules couleurs le blason de la police et ce slogan : « Sauver mon Irak », ou encore : « 130, téléphone à ce numéro si tu vois quelque chose d'inhabituel ». Impossible de ne pas repérer ces immenses affiches tapissant Bagdad qui tentent d'attirer l'attention des automobilistes aux carrefours. Sans grand succès, d'ailleurs. Dans la capitale irakienne, personne ne prête attention à cette campagne de communication du gouvernement tant l'unique préoccupation de chacun est de savoir de quoi sera faite l'heure à venir.

Ali et moi roulons dans une Peugeot 306 grise. Il l'a achetée peu après avoir revendu sa BMW, trop voyante. Signe que les temps sont durs, les Bagdadiens font profil bas, voire redoublent de discrétion pour ne pas se faire remarquer et survivre, patiemment, en attendant que « quelque chose se passe ». Mais quoi ? « Nul ne le sait. Ce qui est sûr, c'est que personne n'a plus confiance en personne. Être obligés de nous terrer dans nos propres maisons, c'est quand même un comble », peste Ali, 32 ans, qui a choisi de rester à Bagdad alors que la plupart de ses amis et des membres de sa famille ont rejoint les cohortes de réfugiés en Syrie et en Jordanie (pour les moins fortunés) ou en Suède (pour les autres). « Je sais bien qu'en Occident tout le monde croit que, si les Américains se retirent, ce sera la guerre civile. Mais, ici, sur le terrain, c'est déjà la guerre civile ! Je suis chiite, mes oncles et cousins ont été tués sous Saddam, on en a bavé sous son régime, mais aujourd'hui, si réapparaissaient ne serait-ce que les pieds de Saddam, je me précipiterais pour les baiser ! » déclare-t-il avec verve.

La vie quotidienne à Bagdad est devenue un enfer. Littéralement. Et pas seulement à cause de la violence et du risque permanent d'attentat : alors que la température extérieure avoisine les 50 degrés dès la fin de la matinée et pour de longues heures, la capitale est dépourvue d'électricité. De nouveaux personnages clés sont apparus dans les quartiers : les propriétaires de générateurs d'électricité privés, qui fournissent la précieuse énergie huit heures par jour contre un « loyer » proportionnel au nombre d'ampères (coût par foyer : 20 000 dinars irakiens, soit environ 80 euros par mois pour 6 ampères, ce qui n'est pas suffisant pour faire marcher la climatisation).

À Moustansiriya, sur la rive orientale du Tigre, où j'ai résidé pendant quinze jours, le générateur de quartier se mettait en marche entre 15 et 17 heures, 20 et 22 heures et de 23 h 30 à 3 h 30 du matin. Généralement, la seule heure d'électricité d'État était fournie de 6 à 7 heures, réveillant la maisonnée par une vague de fraîcheur due à la mise en marche simultanée de l'ensemble des appareils électroménagers (climatiseurs, ventilateurs, réfrigérateurs). Deux fois seulement, on a eu droit à une autre heure d'électricité dans la même journée.

Enfin, pour ceux qui en ont les moyens, un petit générateur privé comble les « trous ». Quand il ne marche pas, il faut s'habituer à se réveiller en sueur en pleine nuit, si l'on ne dort pas sur le toit en terrasse, ce que sont contraints de faire tous les Bagdadis, malgré l'insécurité. L'engin consomme quelque 20 litres d'essence par jour, ce qui est très cher, étant donné la pénurie d'essence : si, sous Saddam Hussein, 40 litres revenaient à environ 50 centimes d'euro, aujourd'hui, il faut payer 50 euros pour la même quantité au marché noir, ou un peu plus de 20 euros aux stations-service prises d'assaut (la plupart du temps, la queue de quelques kilomètres dure quatre ou cinq jours) pour avoir le droit de pomper seulement 40 litres vite dépensés.

Repli sur la sphère familiale

« C'est simple, sur les 40 litres, la moitié s'envole pour une journée de consommation du petit générateur, explique Ali. Ici, on passe son temps à se préoccuper soit des problèmes d'essence, soit d'électricité… » Et c'est sans parler de la violence, présente jour et nuit. « Mais qu'y faire ? Mes sœurs ne peuvent plus sortir : on craint qu'elles se fassent kidnapper ou qu'elles soient tuées par une bombe ou lors d'un attentat-suicide sur un marché ou dans la rue. Moi-même, je ne prends la voiture que si c'est vraiment nécessaire. Combien de temps cela va-t-il durer ? »

Résultat : chacun se replie sur la sphère familiale. Du matin jusqu'au soir, la famille est confinée dans une attente oppressante. Reste à faire ses courses à pied dans son quartier et à essayer de passer le temps, souvent en regardant la télévision. Des six sœurs d'Ali, deux seulement sont mariées, les quatre autres attendent leur « tour ». Et si, même en ces temps troublés, le père d'Ali continue à recevoir des prétendants, il a décidé de ne pas céder : tant que les Américains occupent le pays et que les milices irakiennes s'entre-tuent, par réflexe de conservation de sa famille, il ne donnera la main d'aucune d'entre elles.

Mieux vaut avoir ses filles chez soi et garantir leur sécurité plutôt que de les voir partir dans une belle-famille résidant ailleurs, dans un quartier éventuellement plus dangereux. Déjà la famille a subi une épreuve terrible il y a deux ans : Fatima, 20 ans, était mariée depuis un mois à peine quand son mari, 30 ans, a été abattu sous ses yeux, dans la rue, de deux balles dans la tête. Il s'est effondré et est mort dans ses bras, elle était couverte de morceaux de sa cervelle. Depuis, Fatima a l'air absent et plus rien ne l'intéresse.

Moustansiriya est un quartier mixte situé non loin de l'université homonyme qui, depuis l'attentat-suicide perpétré en son sein en février 2007, a été entourée d'un haut mur de protection la faisant ressembler à une prison, comme la plupart des bâtiments de la ville. Parce que la violence entre sectes fait rage, et à cause de la proximité de Sadr City, un territoire gigantesque habité de façon homogène par des chiites, Moustansiriya a tendance à se « chiitiser » : les familles sunnites des environs rejoignent de plus en plus l'autre rive, à majorité sunnite, dans l'espoir d'y trouver plus de sécurité.

« Mes sœurs ne peuvent plus sortir : on craint qu'elles se fassent kidnapper ou tuer par une bombe. »

Un après-midi, nous rencontrons une voisine sunnite candidate au départ, qui désire garder l'anonymat : « Je vais échanger ma maison avec celle d'une famille chiite d'Adhamiya (fief de l'insurrection sunnite, autour duquel les forces américaines sont en train de construire un “mur de protection” très décrié), raconte-t-elle. On a pris contact grâce à des intermédiaires qui ont touché une commission. Je laisse mes meubles ici, ils laissent les leurs là-bas, on verra ensuite. » Veuve, la trentaine, mère de sept enfants, elle ne me dira pas combien lui a coûté le « transfert », mais j'apprends par d'autres sources que ce type de transaction est de plus en plus fréquent à Bagdad. Des agents immobiliers d'un nouveau genre produisent même des listes de propriétés « à disposition » et les intéressés signent un « contrat » dans lequel ils déclarent accepter de vivre dans la maison de l'autre famille « jusqu'à ce que la situation s'améliore ».

Alors que nous nous approchons de la place Omar dans Karrada, où se trouve un des rares restaurants ouverts, le trafic, encore dense vers midi (il devient presque inexistant à partir du milieu de l'après-midi, pour cause de couvre-feu quotidien à 23 heures), se fluidifie soudainement. En quelques minutes, les dizaines de voitures qui se pressaient autour de nous se sont volatilisées ; elles ont toutes tourné dans des rues adjacentes, ou fait demi-tour.

« Je souhaite qu'en Europe on sache qu'on fait tout ce que l'on peut pour survivre. Nous ne sommes pas tous des terroristes sanguinaires, on désire être heureux. »

Ne pas éveiller les soupçons

C'est mauvais signe, signe de grand danger, sans doute d'une bombe à proximité. D'ailleurs, les démineurs ne tardent pas à arriver, deux hélicoptères Apache vrombissent dans le ciel, il nous faut déguerpir au plus vite, une mine télécommandée pouvant exploser à tout moment. On parvient finalement à la pizzeria Crispy par des chemins détournés, multipliant les risques de se faire stopper à des checkpoints dont on n'est pas sûr qu'ils soient ceux de l'armée ou de la police régulières irakiennes, tant les faux barrages se sont multipliés dans les derniers mois.

Vêtue d'une abbaya noire (ample tunique à manches longues), chaussée de sandales et mes cheveux cachés par un foulard bien fermé sous le cou, je passe inaperçue parmi la population, gage de ma sécurité. Pour ne pas éveiller de soupçons, en public je reste la plupart du temps silencieuse. Seuls mes interlocuteurs savent que je suis étrangère, mais personne ne sait où j'habite ni pour combien de temps. Abou Firas est l'un d'eux, car il a bien compris l'intérêt de parler à une journaliste occidentale : « Je souhaite qu'en Europe on sache qu'à Bagdad on fait tout ce que l'on peut pour survivre. On voudrait que vous ayez une autre image de nous. Nous ne sommes pas tous des terroristes sanguinaires, on désire être heureux », dit-il. « On regarde vos télés, on sait que vous êtes lassés de ce conflit, que nous ne sommes pour vous que des chiffres de morts et d'attentats. Moi, j'ai lancé ce restaurant début 2006 et tout m'inciterait à le fermer aujourd'hui, mais je résiste », insiste-t-il.

L'établissement ne dégage aucun bénéfice tant les frais de fonctionnement sont élevés, d'autant que le couvre-feu quotidien empêche de servir le dîner. Ne serait-ce qu'en essence, Crispy consomme 400 litres par jour ! « Il faut bien permettre aux Bagdadis de souffler un peu, reprend le restaurateur, 46 ans, père de 4 enfants. Quand on est là, on n'entend plus les bruits de la rue car tout se noie dans le ronronnement des générateurs, on mange bien, on n'a pas trop chaud… Alors je ne m'étonne pas que certaines familles restent trois ou quatre heures après le repas, laissant leurs enfants dormir par terre. Chez elles, elles sont privées d'électricité ! Je laisse faire, bien sûr, commente-t-il en souriant, l'air décontracté. Mais quand je rentre chez moi, je ne m'endors que vers 4 heures du matin, ça laisse du temps pour réfléchir à notre chienne de vie et pour voir comment s'en sortir ! »

C'est qu'Abou Firas n'est pas à l'abri. Sous un masque détendu, il a peur, lui aussi, de se faire racketter ou enlever, et a déjà reçu des menaces. Par quel biais ? Son téléphone portable, moyen de communication privilégié des terroristes. En Irak, dernier pays du Moyen-Orient à s'être doté de ce genre d'appareils après la chute de Saddam Hussein, le téléphone portable est le signe extérieur de richesse.

Menaces par textos

Or, depuis l'intensification des violences sectaires, le rapport à cet objet convoité est en train de se modifier. Parce que c'est le moyen le plus couramment utilisé pour faire parvenir des menaces (par textos) ou pour demander une rançon (en appelant la famille du kidnappé), l'Irakien aime de moins en moins son portable. Et nombreux sont ceux qui, comme Abou Firas, ont reçu des messages du style : « Si tu ne nous donnes rien, on fait tout sauter » ou encore : « Ta femme et tes enfants n'en ont plus pour longtemps. » Il a préféré changer sa carte SIM... avant, éventuellement, de changer de quartier... « Mais si ça recommence, je devrai sans doute payer quelque chose pour calmer le jeu, maugrée-t-il. J'ai peur que les terroristes nous massacrent tous ! Ici, personne n'est à l'abri. La semaine dernière, mon cousin a disparu. On l'a retrouvé en trois morceaux à quelques rues de chez lui sous des déchets. Sa famille n'avait pas voulu payer. »

« On a retrouvé mon cousin en trois morceaux. Sa famille n'avait pas voulu payer. »

Aujourd'hui c'est vendredi, jour de grande prière. Afin d'éviter tout débordement près des mosquées, le couvre-feu est diurne (de 11 à 15 heures), ce qui signifie que la ville est pratiquement morte. Je dois attendre le début de l'après-midi pour me rendre dans Sadr City, le fief de l'imam chiite populiste Moqtada al-Sadr, pour rencontrer une jeune docteur qui travaille aux urgences de l'hôpital Ali Ben Abi Talib, un des 14 hôpitaux publics de Bagdad. Rana a 26 ans, il ne lui a pas fallu pratiquer longtemps son métier pour perdre ses illusions : « Dans ce quartier, aucun patient ne nous respecte. Personne ne prend la peine de se débarrasser de son arme pour venir ici, malgré la prétendue fouille à l'entrée de l'établissement, raconte-t-elle d'une voix blanche. Parfois, nous, les docteurs, sommes directement menacés. On est habitués. »

Chiite non pratiquante, Rana ne porte pas de voile. En jeans sous sa blouse blanche, avec sa silhouette élégante et menue, elle est facilement reconnaissable dans les couloirs de l'établissement où elle vit quatre jours sur sept. Pas étonnant que, dans le quartier ultraconservateur de Sadr City, entièrement contrôlé par l'Armée du Mahdi, le bras militaire du parti de Moqtada al-Sadr, elle soit souvent prise à partie par les patients, pour la plupart illettrés, qui refusent qu'un docteur femme non voilée s'occupe d'eux. Excédée d'avoir à se défendre, elle a été jusqu'à se plaindre, accompagnée de ses collègues femmes voilées, auprès des représentants du clergé chiite qui… ont pris sa défense, tant ils ont besoin de médecins. C'est que, depuis 2003, plus de 200 docteurs auraient fui la ville, et les départs se poursuivent.

Hormis les dizaines de blessés par balles, ou victimes d'explosions et d'attentats, Rana fait une amère constatation : « On a de plus en plus de cas de jeunes femmes qui ont tenté de se suicider. Pour la plupart, elles s'immolent avec de l'essence. Ce sont de jeunes mariées qui, en plus de la situation de tension générale du pays, n'arrivent pas à supporter leur nouvelle vie dans la belle-famille. » Harassée et remplie d'amertume, Rana continue cependant à faire ce qu'elle peut. Pour un salaire de 250 dollars par mois.

Je quitterai finalement Bagdad par la route vers le nord le mercredi 13 juin, après l'annonce du second attentat contre la mosquée chiite de Samarra. À 13 heures, un couvre-feu exceptionnel a été déclaré pour 15 heures, provoquant une panique générale ; il a finalement duré quatre jours, plongeant encore davantage les Bagdadis hors du monde.

ÉTAT D'URGENCE À GRIGNY

Quand les banlieues s'enflamment, c'est toujours le quartier de la Grande-Borne qui met le feu aux poudres. Ici, dans l'Essonne, insécurité rime avec pauvreté, racailles avec représailles. Voyage au bout de la peur.

LUC BRONNER
« LE MONDE », 26 AVRIL 2008

Au fond du local des boulistes, béret sur la tête et langue bien pendue, un sexagénaire joue aux dominos avec un ami. À côté, sur une autre table, les copains retraités font une partie de rami. Dehors, au milieu des immeubles, c'est la pétanque de 16 heures au soleil. Ambiance formica, verre de thé et franche rigolade : « On n'est pas heureux, là ? » La petite troupe d'anciens acquiesce généreusement. Bienvenue dans le quartier de la Grande-Borne à Grigny (Essonne).

Bienvenue ? En fin d'après-midi, au même endroit, ou à quelques dizaines de mètres, selon les soirs, l'ambiance peut changer radicalement. Des adolescents ou de jeunes adultes enfilent des cagoules ou se dissimulent sous leurs capuches. Puis ils remplissent des chariots Leclerc avec des pierres ou des cocktails Molotov. Et se lancent à l'assaut des policiers en patrouille. Le ministère de l'Intérieur parle de véritables « guets-apens ». Convaincus qu'un jour il y aura un mort, les policiers de terrain évoquent, eux, des scènes de « guérilla urbaine ».

De la quiétude du terrain de pétanque à l'émeute et à l'ultraviolence. Des vieux immigrés, qui s'excuseraient presque d'être là, aux jeunes cagoulés clamant leur haine de l'État. Du jour à la nuit. Quantitativement, le noyau dur des émeutiers représente une cinquantaine d'« individus ». À peine plus, si l'on ose dire, que le noyau dur des boulistes. Une goutte d'eau sur les 11 000 habitants du quartier, coincés entre l'autoroute A6, une route nationale et une zone industrielle. Mais un impact social énorme. L'image d'une ville tout entière, l'image d'une jeunesse enragée.

Un cauchemar sécuritaire

Dans le palmarès informel des cités difficiles, la Grande-Borne est au sommet. « Certainement un des quartiers les plus durs d'Île-de-France », note Michel Lernoux, procureur adjoint de la République à Évry. Toujours précurseur dans les violences urbaines, bien plus sensible, en réalité, que Clichy-sous-Bois (Hauts-de-Seine) ou Villiers-le-Bel (Val-d'Oise), les stars mondiales des « french riots ». Les premiers coups de feu contre les policiers pendant des émeutes ? À Grigny, lors des violences de l'automne 2005, puis à nouveau en mars 2008. La mode des incendies de bus ? Grande-Borne, octobre 2006. Les « caillassages » de pompiers ? Les mortiers improvisés avec des feux d'artifice ? Les attaques de particuliers sur la nationale ? Les incendies d'école ? De voitures ? La Grande-Borne, encore et toujours. Le quartier, dont une petite partie se trouve sur le territoire de Viry-Châtillon, était pourtant né d'une utopie. Celle de l'architecte Émile Aillaud de créer une cité-dortoir qui devienne une « cité des enfants ». Des immeubles de deux ou trois étages, construits entre 1967 et 1971 pour faire face à la poussée démographique. Des ruelles piétonnières qui serpentent entre les bâtiments colorés. Des places où les anciens prennent le soleil l'après-midi et où les enfants peuvent jouer. Et, au milieu de ce triangle, un immense espace vert – pelouse, pâquerettes, arbres – qui donne un faux air de campus universitaire, en moins bien entretenu.

Des camionnettes de CRS tournent au ralenti le soir et donnent le sentiment de se trouver dans un territoire occupé.

Mais cette utopie s'est transformée en cauchemar sécuritaire. Les livreurs ne viennent pas – ou alors, avant 10 heures du matin, avant que les « racailles » qui se couchent tard ne commencent à se réveiller. Des médecins refusent les visites. Une partie des commerçants ont baissé le rideau, fatigués de subir des braquages. Des enseignants ont fait grève après plusieurs agressions. Les employeurs mettent de côté les CV où figure l'adresse de la cité. La police, elle, envoie régulièrement un hélicoptère survoler le quartier. Des patrouilles incessantes en journée. Des fouilles de véhicules, des contrôles d'identité innombrables. Des camionnettes de CRS qui tournent au ralenti le soir et qui donnent le sentiment de se trouver dans un territoire occupé.

Quelques dizaines d'adolescents face à l'État. Une poignée de jeunes face à 11 000 habitants. Le rapport de force semble déséquilibré. Et pourtant, ce sont les premiers qui tiennent le territoire, qui imposent leur loi. Les anciens comme les mères de famille peuvent certes circuler en toute tranquillité. Y compris la nuit. Mais à condition de ne pas regarder ce qu'ils ne doivent pas voir – ou du moins de faire comme s'ils n'avaient rien vu. Les boulistes peuvent bien jouer, rigoler, plaisanter, vivre leur vie – et ils ne s'en privent pas. Mais à condition de ne pas déranger, de ne pas se mêler des affaires des autres.

« On est bien ici, mais faut se tenir à sa place », répète le président de l'association des boulistes retraités, dans le quartier depuis 1971. Il refuse que son nom soit publié. On le comprend : derrière le terrain de pétanque, sur les places bétonnées, c'est une autre partie qui se joue, partiellement invisible. Selon la police, la zone est une « plaque tournante » du trafic de stupéfiants, essentiellement du cannabis amené par l'autoroute A6. Un secret de Polichinelle dans la cité. « Il y a des centaines de kilos qui transitent par cette place », glisse un commerçant.

La loi des jeunes

La Grande-Borne, c'est finalement l'histoire d'une prise de pouvoir par une poignée de jeunes. Lorsque commence une émeute, une bagarre, lorsque se déroulent des opérations liées aux trafics, les adultes poursuivent leur chemin, comme si de rien n'était. Agnès Daviau, 77 ans, dont trente-six passés à la Grande-Borne, n'a pas peur de vivre au milieu du quartier. La militante, bénévole dans une association de soutien scolaire, réfléchit. Aucune agression subie. Pas de menaces particulières. Mais une obligation de discrétion qu'elle a intégrée dans sa vie quotidienne. « Faut pas prendre la mouche, ici. Un jeune peut te bousculer parce qu'il a un truc dans les oreilles », raconte cette ancienne "travailleuse familiale". « Quand on leur parle, on met pas de violence dans nos réponses. Quand ils font du bruit à 23 heures, devant nos fenêtres, on est tolérants. »

Sylvie Alipio, 35 ans, six enfants, prend le café chez son amie, Orkia Benaïssa, 39 ans, trois enfants, au milieu de la Grande-Borne. Salon oriental, immense écran plat, appartement briqué. Elles racontent la convivialité et le plaisir d'habiter un « village » qui font oublier la difficulté à boucler les fins de mois avec un

RMI. Mais Sylvie Alipio décrit aussi la loi implicite de la cité : rester discret, laisser faire plutôt que de prendre le risque d'intervenir.

La loi implicite de la cité : rester discret, laisser faire plutôt que de prendre le risque d'intervenir.

« Quand on habite ici, il ne faut jamais montrer qu'on a peur. Il faut toujours faire comme si c'était normal. Il y a une arme ? C'est normal. Il y a une bagarre ? C'est normal. Il y a une émeute ? C'est normal. » Avec quelques parents d'élèves, les deux mères de famille tentent de faire évoluer cette culture du silence. Courageusement, elles ont organisé une marche contre la violence à l'automne 2007. Mais la reconquête est difficile : « Au fond, les adultes ont peur des enfants. Même des gamins de 10 ans », se désole Sylvie Alipio.

Le problème, c'est qu'à la Grande-Borne, la jeunesse déborde. Avant d'être la ville des émeutes, Grigny est la ville des poussettes. Près de 800 naissances par an, soit un millième du total des naissances en France pour une commune de 25 000 habitants. Le taux de natalité de la ville se situe exactement entre la moyenne française (13 naissances pour 1 000 habitants) et la moyenne du continent africain (38 pour 1 000). Des gamins partout, dans les crèches, les écoles, le collège, au bas des immeubles, dans les halls, sur les places, au gymnase, sur les stades : 28 % de la population ont moins de 14 ans, 23 % ont entre 15 et 29 ans. « On doit être la ville la plus jeune de France », relève Omar Dawson, 29 ans, titulaire d'un Dess en commerce international, créateur de sa PME dans l'audiovisuel.

« Les adultes ont peur des enfants. Même des gamins de 10 ans »

Grigny sert de porte d'entrée aux migrants qui arrivent en provenance d'Afrique noire, notamment. Des zones rurales à la banlieue parisienne, la secousse est rude. Oreillette Bluetooth qui clignote, pantalon et veste en jean, De-Charles Claude Aka, fils de diplomate ivoirien, a longtemps été éducateur spécialisé dans les rues de Grigny. Il s'occupe aujourd'hui d'une association qui propose des cours d'alphabétisation. De ce poste, il observe, au quotidien, le choc culturel pour les parents et les enfants. « Quand les familles arrivent ici, elles sont sur une conception traditionnelle de l'éducation : elles pensent que tout le monde va être responsable des enfants. Que les voisins, les tantes, les cousins vont surveiller les gamins. »

Au milieu de fratries importantes, notamment lorsqu'il s'agit de familles polygames, ces jeunes finissent par s'élever tout seuls ou entre eux. Dans la rue, pour certains. Dans son F5, au 2e étage, Orkia Benaïssa montre du doigt le bâtiment en face de chez elle. « Un soir, il faisait nuit, il y avait des petits de 8 ans qui jouaient sur le toit. Ils pouvaient tomber et se tuer. Les parents, ils sont où ? » Pas démissionnaires, mais dépassés par un mode de vie et des codes sociaux qu'ils ne maîtrisent pas. Dépassés par l'obligation d'assurer la survie immédiate. Déboussolés aussi par leurs enfants qui apprennent le français plus rapidement et qui obtiennent un statut d'adulte en rapportant un peu d'argent grâce au « business ». Le résultat est désastreux : une large partie des jeunes quitte le système éducatif sans le moindre diplôme. Donc sans possibilité d'insertion durable.

« Comme le triangle des Bermudes »

À la rupture culturelle s'ajoutent la précarité et la pauvreté. Le chômage est deux fois plus élevé à la Grande-Borne que sur le reste du territoire. Les revenus sont inférieurs de moitié à la moyenne nationale. Une situation connue : depuis trente ans, les pouvoirs publics n'ont jamais cessé d'envoyer dans le quartier les familles les plus en difficulté. « On ramène à la Grande-Borne tous ceux dont on veut pas ailleurs. Et on s'étonne que ça n'aille pas bien ! », note le président des boulistes, nostalgique du temps où il y avait encore des « Français » – comprenez des « Blancs » – en nombre. L'État a beau avoir la volonté d'investir des centaines de millions d'euros pour la rénovation urbaine, c'est le sentiment d'abandon qui prévaut. « La Grande-Borne, c'est comme le triangle des Bermudes. On vous y met et c'est comme si vous y disparaissiez de la société », résume Omar Dawson.

Des jeunes, des pauvres, des « sans-avenir ». Un cocktail explosif. Avec un acteur qui fait l'unanimité contre lui et fédère les générations : la police. Les jeunes sont les seuls à jeter des pierres contre les forces de l'ordre mais la colère est beaucoup plus vaste. Plus inquiétante aussi. La perte de confiance est totale et générale. « Le manque de respect de la police, c'est pour les habitants le signe du manque de respect de la société tout entière », décrypte Hervé Seurat, l'écrivain public du quartier qui vivote en rendant service à des adultes perdus dans les démarches administratives.

« Le manque de respect de la police, c'est pour les habitants le signe du manque de respect de la société. »

Vieux, jeunes, hommes, femmes, les habitants ont tous des anecdotes vécues personnellement. Le patron des boulistes, du haut de ses 67 ans : « Quand un policier vous arrête à Paris, il vous salue poliment. Ici, il demande de mettre les mains sur le toit de la voiture. » Alain Huillé, 56 ans, le président de l'amicale des locataires, habitant de la Grande Borne depuis trente-deux ans : « L'autre jour, on va acheter une pizza. On passe devant des CRS qui nous contrôlent. On revient par l'autre côté et d'autres CRS nous contrôlent. » Orkia Benaïssa : « Il y avait une altercation en bas de chez moi. J'ai dit au policier : “Vous n'y arriverez pas sans discuter.” Ils m'ont répondu : “On n'est pas là pour se faire écouter.” Comme je parlais avec les mains, un autre policier est arrivé et a pointé son flash-ball sur moi. »

Pour les travaux pratiques, il suffit de suivre une patrouille dans le quartier. Contrôle d'identité, tutoiement de rigueur et dialogue musclé avec deux jeunes sur un parking en milieu d'après-midi. Le policier approche son visage à une dizaine de centimètres de son interlocuteur du même âge : « Tu restes pas là, tu rentres chez toi, maintenant. » Un abus d'autorité mais les deux jeunes sans uniforme plient bagage devant le jeune en uniforme. Ils connaissent la règle : un mot de trop, et c'est l'« outrage » avec condamnation quasi automatique. On connaît malheureusement la suite. Pour les plus solides ou les plus raisonnables, un sentiment d'injustice. Pour les plus fragiles ou les plus violents, la tentation des représailles une fois la nuit tombée : la rage au ventre, une capuche sur la tête, une pierre dans la main… Et Grigny explosera à nouveau.

LA MALÉDICTION DES TUNNELS

Comment faire face à l'asphyxie économique imposée par Israël à Gaza, et au blocus égyptien ? En inventant une industrie souterraine pour riposter au blocus. Tragédies en sous-sol pour les damnés de Rafah.

BENJAMIN BARTHES
« LE MONDE », 16 SEPTEMBRE 2008

C'est une soirée du mois d'août, à la chaleur moite et entêtante. Un lampadaire de fortune diffuse un faible halo dans une allée du camp de réfugiés de Shaboura, à Rafah, le cul de sac de la bande de Gaza. Hossam et Mohamed Kak, des cousins âgés d'une vingtaine d'années, pressent le pas en direction de la frontière avec l'Égypte.

Après plusieurs années sans le sou, ces deux jeunes pères de famille ont déniché le filon. Depuis une semaine, ils travaillent dans les tunnels de contrebande creusés sous les rouleaux de barbelés et le mur de brique qui séparent le mince territoire palestinien du Sinaï égyptien. Une activité qui emploie une armada de petites mains, ruinées par le blocus de la bande de Gaza et prêtes à prendre tous les risques pour glaner quelques billets. « On n'avait pas encore touché de salaire, raconte Mohamed, un solide gaillard au visage encore joufflu. Mais le propriétaire du tunnel avait promis de nous payer sur le produit de la cargaison que l'on sortirait ce soir-là. À raison de 100 dollars la nuit de travail, on devait toucher une belle somme. »

Sur place, les cousins Kak retrouvent deux collègues, Youssef, 17 ans et Mahmoud, 43 ans. À eux d'acheminer vers la surface une centaine de sacs remplis de produits alimentaires, les commandes des épiciers de Rafah, anxieux de remplir leurs rayonnages en cette veille de Ramadan. « J'ai demandé au patron s'il avait vérifié que les Égyptiens n'avaient pas gazé le tunnel comme ils le font de plus en plus, affirme Mohamed. Il m'a répondu qu'il était allé fumer une cigarette en bas et qu'il n'y avait pas de problème. »

Mohamed descend le premier dans la cheminée puis Hossam et les deux autres, avec dix mètres entre chacun d'eux.

Après vingt minutes dans la galerie, un parfum étrange se fait sentir. Mohamed hurle « gaz », mais il est trop tard. Ses trois compagnons sont déjà paralysés. Il court quelques mètres en sens inverse, puis s'effondre. Des quatre corps retirés par les sauveteurs, il est le seul qui sera réanimé. « Je remercie Dieu qu'on ait pu le sauver, dit son père, Abdallah, assis trois semaines plus tard dans la cour de la maisonnette familiale. Les autres n'ont pas eu sa chance. Mais je maudis les propriétaires de tunnels qui exploitent notre misère. Et je maudis aussi le gouvernement égyptien qui tue nos enfants sans prévenir. S'il veut arrêter la contrebande, il n'a qu'à ouvrir la frontière de Rafah. »

Une vaste foire aux flingues

« Anfaq », les tunnels en arabe... Le mot fait rêver tous les damnés de Rafah. Il appartient à la légende de cette ville frontière, divisée en deux partie, l'une égyptienne et l'autre palestinienne, depuis 1982, date du retrait définitif d'Israël de la péninsule du Sinaï. Les premiers tunnels, pied de nez au diktat de l'Histoire, apparaissent à cette époque. Un boyau creusé dans le sable, un système de poulie, une bassine pour entasser les marchandises et le tour est joué. La zone frontière est tellement étroite qu'il suffit de quelques centaines de mètres pour passer d'un côté à l'autre. Dissimulé sous un tapis, au rez-de-chaussée d'une bicoque de réfugiés, les départs de tunnels passent inaperçus. Les soldats israéliens stationnés dans la bande de Gaza sont d'autant moins vigilants que le trafic ne porte que sur des produits de consommation courante. Cigarettes, savons, fromages et vêtements : le marché noir fait la fortune de quelques bédouins roublards.

Tout se complique au début de la seconde Intifada en octobre 2000. Les barons des services de sécurité palestiniens confisquent certains tunnels pour étoffer l'arsenal de leur milice. Les groupes armés, Hamas en tête, les imitent à leur tour. Le sous-sol de Rafah se transforme en une vaste foire aux flingues, où transitent kalachnikovs, roquettes antitanks, explosifs et même, aux dires des services secrets israéliens, quelques missiles sol-air de type Stinger. La destruction par les bulldozers de Tsahal de centaines de maison accolées à la frontière n'y fait rien. La contrebande s'accélère d'autant plus qu'à l'été 2005, dans le cadre de son retrait de Gaza, l'armée israélienne évacue le corridor de Philadelphie, qui longe la frontière. Le coup de force du Hamas en juin 2007 et la mise en quarantaine de la bande de Gaza dopent encore un peu plus le trafic.

Aujourd'hui, les estimations sur le nombre de tunnels en service fluctuent autour de 300. Sur une frontière longue de 12 kilomètres, cela fait un départ tous les quarante mètres. L'artisanat des débuts a fait place à une industrie semi-clandestine, sur laquelle le Hamas collecte chaque mois plus de 10 millions de dollars de taxes. « S'il y a un jour un tremblement de terre dans la région, ce sera un désastre car le sous-sol de Rafah est devenu un gruyère », constate Khalil Shahin, analyste économique au Centre palestinien pour les droits de l'homme et résident de Rafah. « Sans les tunnels, il n'y aurait plus de vie à Gaza », s'exclame Abu Mohamed, un épicier qui s'approvisionne exclusivement auprès des trafiquants. « C'est la réponse des Palestiniens à tous ceux qui veulent les étouffer », ajoute-t-il sur le trottoir de son échoppe qu'il a rebaptisée Al-Attabeh, en référence à la place du même nom dans le centre du Caire, qui est le haut lieu du marché noir égyptien.

« C'est la réponse des Palestiniens à tous ceux qui veulent les étouffer. »

Au début de l'été, sous la pression des États-Unis et d'Israël, inquiets d'un débordement du blocus, l'Égypte a intensifié sa lutte. En quelques semaines, avec l'aide d'ingénieurs américains spécialisés dans la détection de ce genre d'ouvrage, une trentaine de tunnels ont été fermés. Soit dynamités, soit scellés par une coulée de béton, soit encore inondés par le détournement d'une canalisation. Officiellement, l'Égypte dément tout usage de gaz et impute les accusations aux vapeurs de fuel émanant des bidons transportés par les trafiquants. Depuis le début de l'année, une trentaine de Palestiniens, souvent jeunes, sont morts sous la terre de Rafah, soit par accident, soit du fait de la répression égyptienne.

Maigrelet, les traits encore juvéniles, mais le regard plein d'arrogance : Mohamed, 18 ans, est l'un de ces ados risque-tout possédés par la fièvre des tunnels. Son oncle, trafiquant de haut vol, l'a introduit dans le métier quelques mois avant le retrait israélien. « À cette époque, on travaillait seulement la nuit, par peur des patrouilles de l'armée. Il ne fallait pas faire le moindre bruit, pas même tousser. Aujourd'hui, plus personne ne se cache. Les tunnels fleurissent à tous les coins de rue. » Le sien est installé dans une maison en ruine, à environ 200 mètres d'un mirador égyptien. Il commence par une cheminée en métal d'environ 25 mètres de profondeur. Une nacelle fixée à un portique et actionnée par un treuil électrique permet de descendre tout en bas.

« Un mois pour ouvrir un boyau »

La galerie, haute de 7,80 mètres et longue d'environ 400, est tout confort. Elle est équipée non seulement de lampes, mais aussi d'un réseau d'interphones qui permet de communiquer avec la surface. L'oxygénation est assurée par un compresseur. « Quand j'ai commencé à creuser, j'ai eu peur, dit Mohamed. Maintenant, c'est devenu aussi naturel pour moi que de prendre une douche. Avec une bonne équipe, il me suffit d'un mois pour ouvrir un nouveau boyau. »

En trois ans, la liste des produits que le jeune tunnelier a fait rentrer à Rafah surpasse n'importe quel inventaire de supermarché. Des bouteilles d'huile, des jerrycans d'essence, des meules de gouda, des scooters, des ordinateurs, des soutiens-gorge, des téléphones portables, des pneus de voiture, des sandales, des cartouches de cigarettes, des tablettes de Viagra… Son importation la plus inattendue est un lot de lionceaux et de macaques destinées au zoo de Gaza ! À moins que ce ne soit ces « quatre femmes russes » qui voulaient rejoindre leurs maris palestiniens, rencontrés à Moscou où ils étudiaient la médecine…

« C'est comme une drogue »

« J'ai le job le mieux payé de toute la bande de Gaza, lâche Mohamed, sur un ton de professionnel repu. Au début de l'année, au plus fort de la pénurie de cigarettes, j'ai gagné 35 000 dollars en l'espace d'un mois. À cette époque, il y avait moins de tunnels en service et l'on pouvait gagner jusqu'à 1 000 dollars par nuit. Avec cet argent, j'ai déjà acheté un petit terrain sur lequel je ferai construire ma maison. »

Abdel-Hadi Abu Amra connaît bien ces têtes brûlées grandies trop vite. Il est professeur d'anglais dans un collège bâti en bordure de la frontière. Sur les 300 élèves de son établissement, il estime qu'environ un quart travaille dans les tunnels. Il les remarque à leur absences répétées, à leur assoupissement pendant les cours et aux téléphones portables dernier cri qu'ils exhibent dans la cour de récréation. « C'est comme une drogue, dit l'enseignant. Une fois qu'ils ont touché aux tunnels, ils ne peuvent plus s'arrêter. J'ai bien tenté de les raisonner, mais cela ne sert à rien. Ils me répondent que leur père ne gagne plus un sous depuis des années. Et que leur seule alternative, c'est de devenir criminel. » Mohamed le tunnelier acquiesce avec un sourire entendu. Chaque soir, il monte dans sa chambre et fait mine de se coucher. Quand il entend son père ronfler, il se lève et ouvre sa fenêtre. Puis il s'enfonce dans la nuit, ensorcelé par la frontière, la zone de toutes les chimères.

BIENVENUE CHEZ MUGABE !

Un jeune exilé zimbabwéen décide de revenir au pays de son enfance, devenu un État fantôme vidé d'un tiers de ses habitants. Il retrouve ses amis, sa famille et la nomenklatura d'un régime enfermé dans une logique démente. Carnet de route.

SOPHIE BOUILLON
« REVUE XXI », OCTOBRE 2008

Et la lune regarde la scène, stupéfaite. Elle est là, ronde, parfaite, posée sur ce ciel obscur. Ses cratères dessinent une bouche grande ouverte et des yeux exorbités. À moins que ce ne soit les tiens.

Trois ans que tu n'es pas rentré dans ton pays. Nous voilà à sa frontière, sur la route qui relie Johannesburg, en Afrique du Sud, à Harare, la capitale du Zimbabwe. Une frontière dessinée par les eaux limoneuses du Limpopo, ce fleuve que traversent chaque mois des dizaines de Zimbabwéens sur le chemin de l'exil. Le chauffeur de bus coupe le contact et tout le monde descend pour les contrôles. Le pas engourdi de sommeil, un vieil homme, casquette « Happy days » enfoncée sur son crâne chauve, enjambe les paquets de pain de mie étalés dans l'allée. À chaque arrêt, les passagers ont dévalisé les étals des stations-service sud-africaines. Le pain comme une denrée rare. Un souvenir du pays qu'il ne faut pas manquer. Comme s'ils avaient peur de n'en avoir jamais assez.

Le bus se vide, mais tu restes assis. Tes yeux ne peuvent se défaire de cette lune ronde et familière. Le vieil homme a dû remarquer ton étonnement, et glisse de sa bouche édentée : « Bienvenue chez Mugabe ! » As-tu l'air d'un étranger pour qu'on te souhaite la bienvenue ? Tu ne serais donc plus chez toi ? Lorsque nous nous sommes rencontrés en Afrique du Sud, tu m'as promis de me montrer ton pays. Tu prétends qu'il est bien plus beau que ce que l'on en dit.

La nuit est froide. Nous y sommes. Tu descends. Les camions de marchandises sont immobilisés sur le bord de la route, vides. Des dizaines de bus et de voitures remplis à craquer de passagers attendent leur tour au poste de douane. Bidons d'essence à l'odeur irritante, matelas emballés sous plastique, sacs de pommes, de chips, des litres d'eau, de la farine, des monticules de sachets de pain de mie, des canapés usagés, des caisses d'œufs, du papier toilette, de l'huile de cuisson, des barres de savon colorées, des paquets de sucres éventrés, des bougies, des boîtes d'allumettes, de conserves... Partout. En quantité. Ce qu'il n'y a plus de l'autre côté. Dans l'obscurité, un homme se tient en équilibre sur le sommet d'un bus pour décharger un à un la montagne de sacs des passagers. Il tente de défaire les cordes emmêlées. Et fume une cigarette. À terre, un douanier inspecte les bagages et vérifie à vue d'œil qu'il n'y ait pas plus de 1 500 rands sud-africains (environ 100 euros) de provisions par personne. C'est la règle ici. Sur ce poste-frontière perdu sur la route qui relie Johannesburg à Harare, audessus du fleuve Limpopo.

Trois ans que tu vis dans l'illégalité en Afrique du Sud, tes visas ne sont plus valides. À l'intérieur du baraquement, des ombres attendent, tête baissée, que les douaniers tamponnent leurs passeports. Tu hésites. Comme angoissé. A-t-on besoin d'être en règle pour rentrer chez soi ?

Un homme s'approche et te propose de changer des rands contre des dollars zimbabwéens. Tes amis en avaient ramené de leur séjour au pays. Ils t'avaient montré les billets, ces feuilles imprimées à la va-vite, périssables en six mois. Tu en avais déjà vu, tu avais touché leur papier de mauvaise qualité. Vous aviez ri, tu te souviens ? Mais pas trop, parce que ces billets de plusieurs centaines de millions de dollars sont le symbole de la mort de ton pays. Et là, cet homme en tient des centaines dans ses mains. Il en a des centaines de milliers d'autres dans le sac en plastique qu'il traîne sur son dos. Les billets sont liés par un élastique. Ces élastiques qu'au Zimbabwe tout le monde porte autour du poignet comme des bracelets de pauvreté. « Va-t'en. Je ne veux pas voir ces billets. Je ne veux pas de ton argent. D'ailleurs je n'ai rien à échanger. Va-t'en je te dis ! »

Des rues défoncées, perforées

Les passagers remontent dans le bus, et offrent quelques rands au chauffeur pour qu'il ne vérifie pas les passeports périmés. Lui-même redistribuera la moitié aux douaniers un peu plus loin. Nous partons. Le soleil s'est levé. Tu cherches ta lune des yeux. Elle a disparu.

Personne dans ta famille ne sait que tu es revenu ? Tu n'as rien à offrir à tes tantes, sauf quelques paquets de sucre. Tu n'as presque pas donné signe de vie depuis ton départ.

En descendant du bus, un homme propose de nous conduire à l'hôtel. Tu grimpes dans son vieux tacot défoncé, mais il fait signe qu'il faut d'abord pousser l'engin pour qu'il démarre. À ton allure, il a deviné que tu n'étais pas revenu depuis bien longtemps. Cet homme éreinté, aussi usé que sa vieille Toyota, frôle la quarantaine. Il reluque ton paquet de Marlboro : « Ça fait des années que j'en ai pas fumé des comme ça. Ici, ils ne vendent que des Madison et la cigarette coûte 3 millions de dollars. » Tu lui en offres une. Trois millions de dollars, c'était le prix d'une villa il y a cinq ans. Il a envie de parler. Comme beaucoup, il est parti de son village natal pour venir travailler à Harare. Dès qu'il le peut, il retourne voir sa famille dans l'est du pays pour donner des nouvelles et des vivres. Tu ne sais quoi dire.

Autour de la gare routière, les rues sont défoncées, trouées, perforées. Tu regardes les racines des arbres qui ont percé le macadam. La nature a repris ses droits sur les trottoirs. Dans les années 1990, les gratte-ciel d'Harare se rêvaient à Manhattan. Défraîchis, ils ne sont plus que les témoins de la misère. Les lampadaires pendent, brisés. Les feux de circulation ne marchent plus. Le chauffeur continue à te parler. Tu acquiesces, mais tu ne l'entends pas. Il te confie qu'il ne veut plus de Mugabe. Et toi, tu ne l'écoutes pas. Le moteur se tait. « On est arrivés. » La voiture s'est arrêtée devant le Crowne Plaza, le grand hôtel de la ville.

Tu ouvres le coffre, commences à décharger tes sacs remplis de nourriture devant cet hôtel cinq étoiles pour hommes d'affaires fortunés. Un portier, endimanché dans un costume trop large, te regarde. La scène pourrait être comique. Elle est absurde. Tu glisses quelques rands sud-africains par la fenêtre du taxi et nous nous engouffrons rapidement entre les portes battantes.

Un de tes amis qui travaille ici a réservé une chambre au 18e étage de cette grande tour d'argent qui surplombe la ville. Ça y est, tu es chez toi.

L'immense boulevard Nkrumah s'étend sous nos yeux. Robert Mugabe l'a baptisé ainsi en 1980, en hommage à son ami ghanéen, père du panafricanisme. Le boulevard est vide. De rares voitures passent furtivement, taches de couleur vite dissipées. Harare, la capitale de ton enfance. En shona, Harare signifie « la ville qui ne dort jamais ». Aujourd'hui, Harare semble endormie.

Personne dans ta famille ne sait que tu es revenu, n'est-ce pas ? Tu n'as rien à offrir à tes tantes, sauf quelques paquets de sucre. Toi, l'émigré, celui qui devait aider ceux restés au pays, tu n'as presque pas donné signe de vie depuis ton départ. Ta mère est morte voici trois ans, emportant avec elle tes racines. Ta seule raison de rester avait disparu. Alors, sans rien dire à personne, tu as quitté le Zimbabwe. Tu t'es « exilé », comme on dit. Sans te retourner sur ce pays qui t'avait tant promis et ne t'offrait plus rien. Tu ne lui en as jamais voulu de t'avoir abandonné. Ce n'était pas sa faute.

Ici on deale sa monnaie et on achète à manger comme des trafiquants de drogue : au fond de couloirs crasseux ou dans la rue sous le manteau.

On frappe à la porte. C'est ton ami Bongani. Il n'a pas bonne mine. Il est amaigri, ses yeux s'enfoncent dans leurs orbites.

— « Vous avez fait bonne route ? Je t'ai apporté des dollars zimbabwéens. Tu veux combien de bizas ?

— Des quoi ?

— Des bizas… des milliards de dollars quoi. »

« Les choses changent »

Ce mot n'existait pas lorsque tu étais ici. Bongani te sent un peu perdu. Il enchaîne : « Tu veux changer combien ? Cent dollars américains ? Je te les fais à cinq bizas, c'est un bon prix. D'habitude, ça s'échange entre 3,5 et 4 milliards. » Bongani sort cinq épaisses liasses de billets. Tu n'en crois pas tes yeux. « Tu peux recompter si tu veux ! », souffle-t-il. Tu ne recompteras pas.

Tu jettes les feuilles de papier. Elles s'écrasent au pied du lit, aussi lourdes que des briques.

Bongani vend des poulets au marché noir. Il les trimballe dans le coffre de sa voiture et fait sa tournée à travers la ville et les anciens ghettos. « On se débrouille. Avec mon ancien travail, la paye que je recevais à la fin du mois ne valait plus rien au bout de trois jours. » Tu l'observes, gêné. Tu scrutes sa maigreur. Sa tristesse. Il doit envier ton sort. Celui que pourtant, tu n'avais jamais souhaité à personne. Lui aussi veut immigrer en Afrique du Sud, mais il n'a pas les moyens d'emmener sa famille avec lui. Sa fille vient d'avoir 7 mois. Ses yeux s'illuminent quand il en parle. Tu aimerais qu'il arrive à sourire. Il se rassure : « Je suis optimiste. Les choses sont en train de changer. La campagne électorale est calme et ces imbéciles ne vont pas rester au pouvoir. »

Bongani regarde par la fenêtre de l'hôtel. Presque envoûté, comme nous l'étions, quelques instants plus tôt, par la vue majestueuse. Puis sur le même ton morne, ajoute : « Je ne veux pas mourir dans la souffrance. » Il se dirige vers la sortie. Tu lui glisses deux sachets de pain de mie dans l'entrebâillement de la porte et refermes derrière lui sans attendre son « merci ». Tu ne voulais pas que je voie ton geste. Voilà quelques jours que nous sommes installés dans une petite maison à l'écart de la ville, avec un jardin et un grand arbre. Trois milliards de dollars la semaine, c'est un prix raisonnable...

Tu commences à prendre tes marques. Tu connais les règles, les taux de change, et les prix ne te surprennent même plus. Tu sais où trouver du pain et de la viande, à quelle adresse changer de l'argent aux meilleurs taux. Tu ne trouves pas que c'est étrange ? Ici on deale sa monnaie et on achète à manger comme des trafiquants de drogue : au fond de couloirs crasseux ou dans la rue sous le manteau. Avec quelques dollars américains, on peut éviter les files d'attente interminables qui ponctuent les trottoirs d'Harare. Dès que les passants aperçoivent la silhouette d'un sachet de pain, ils se ruent aux portes du magasin. Mais la rumeur est toujours plus rapide que la foule. Il n'y a déjà plus rien.

Tu t'es enfin décidé à rendre visite à ta famille. Il fallait sans doute que tu t'habitues à ton pays, avant de retrouver les tiens. Sur la route qui mène à Ruwa, un ancien ghetto noir à 30 kilomètres d'Harare, les montagnes défilent. À l'avant du minibus, on aperçoit des assemblages de pierres rondes. Une main semble les avoir posées avec soin, l'une après l'autre, au milieu des herbes hautes et jaunies. On se demande quelle force mystérieuse les fait tenir en équilibre. Le paysage est paisible, aussi doux que la musique, qui s'échappe par soubresauts de la radio. Ces montagnes ne sont pas hautes, elles ne sont pas majestueuses. Elles sont juste éternelles. Intactes. Elles sont encore plus belles que dans tes souvenirs. Tu vois, tout ne disparaît donc pas.

Si l'on souffre, c'est chez soi. Les mines tristes trahissent le manque d'argent et les silhouettes, la faim.

« On n'y croyait plus »

À l'entrée du township, des membres du parti au pouvoir surveillent les allées et venues des habitants. Le ghetto est étrangement propre, assoiffé par le soleil d'hiver. La misère se pare d'un manteau de pudeur. Si l'on souffre, c'est chez soi. Les mines tristes trahissent le manque d'argent et les silhouettes, la faim. Mais les vêtements sont propres. Il y a encore des fleurs dans les jardins. Devant la maison de ta tante, un enfant fait du vélo. Il nous suit du regard, intrigué, jusqu'à ce que nous ayons franchi le seuil de la porte. Vous ne vous connaissez pas.

« Mangwanani !... » (« Bonjour »)

Ta tante et tes cousines semblent être restées figées pendant ton absence, assises dans leur petit salon aux murs bleus. Elles se lèvent, s'exclament, te serrent contre elles. « On a entendu que tu reviendrais. » Ta tante est enthousiaste de te revoir. Sa fille lui lance un regard accusateur : « On n'y croyait plus. » Sa voix est pleine de reproches. Nothando n'arrive pas à t'en vouloir. À l'époque, vous étiez comme frère et sœur. Depuis la mort de ton oncle, c'est elle qui gère la maison. Il avait une entreprise de recyclage de ferrailles, et aujourd'hui la famille s'en sort en liquidant le fond du stock. Quand personne ne vient acheter, ils ne mangent pas. Nothando est une fille intelligente, une élève brillante, tu l'as toujours dit. Aujourd'hui, son diplôme de tourisme n'a pas plus de valeur qu'un billet de 10 millions de dollars.

Tu serais plus à l'aise un verre entre les mains. Mais ta tante et tes cousines n'ont rien à offrir, elles n'ont plus d'eau depuis trois mois. La section locale du parti n'a jamais reversé le règlement des factures à la municipalité, qui en a déduit que personne n'avait payé. La compagnie des eaux a coupé les vannes aux 10 000 habitants. De toute façon, elle n'était plus potable depuis bien longtemps, les égouts sont éventrés. Pour tuer le temps, tu sors fumer une cigarette, et sur le pas de la porte, ta cousine te prend à part. Elle chuchote :

— « Il faut que je parte à Johannesburg. J'ai une amie là-bas. Je pourrais trouver du travail, il faut que tu m'aides. On n'a plus rien ici.

— Pour obtenir un visa sud-africain, il faut changer 200 dollars américains en traveller's chèque ! Je ne les ai pas, Nothando !

— Il y a un réseau dans le ghetto. Un homme qui vend des faux traveller's chèques pour 500 rands. Je pourrais rester un mois. S'il te plaît… »

Tu tentes de la rassurer : « Je les trouverai… » Je t'entends demander :

— « Tu en as besoin tout de suite ?

— Non, de toute façon, on ne peut pas obtenir de visa avant les élections. À l'ambassade d'Afrique du Sud, ils veulent que l'on reste pour voter… »

Il faut partir. La prochaine fois, on te promet un vrai repas. Avec de la farine de maïs, et peut-être même de la viande. « À lundi ! », lance Nothando, pleine d'espoir dans la cour. Ta promesse l'a rendue belle. « On fêtera ensemble un nouveau président ! »

Je ne t'ai jamais entendu critiquer Mugabe. Quelquefois, tu ris en entendant ses discours absurdes, comme on s'amuse de la bêtise d'un vieil homme qui ne vit plus avec son temps.

Demain, ce sera les élections. Le Zimbabwe s'apprête à voter, et dans les rues on croirait la démocratie. Des membres de l'opposition portent des t-shirts. Les rares partisans de Mugabe crient son slogan et tentent de convaincre les passants : « Notre terre est notre souveraineté ! Le Zimbabwe ne sera plus jamais une colonie britannique ! » Dans les minibus aux fenêtres brisées, les passagers s'amusent de les entendre s'égosiller. Ils feuillettent *The Zimbabwean*, le journal de l'opposition. Plus loin, une association soutenue par la Grande-Bretagne distribue des tracts pour un scrutin libre et offre « récompense alléchante contre dénonciation de fraudes ».

Les murs ont droit à la parole. Ils sont devenus des espaces d'expression libre, et les tags écrits pendant la nuit hurlent leur envie de changement. Tsvangirai, Mugabe et Makoni, les trois candidats ont placardé leur visage partout dans la ville. Sur les façades écaillées, sur les abribus abandonnés, sur les poubelles et les lampadaires pliés. Leurs sourires rassurants font penser que cette fois c'est la bonne. Tu pourras peut-être rester vivre ici, qui sait ?

Les aventures de « Comrade Bob »

Je ne t'ai jamais entendu critiquer Robert Mugabe. Quelquefois, tu ris en entendant ses discours absurdes, comme on s'amuse de la bêtise d'un vieil homme qui ne vit plus avec son temps. Mais le rire s'éteint devant ce grand-père, qui force le respect. Quand tu étais petit, ta mère te racontait le temps où Ian Smith et la minorité blanche gouvernaient le pays. Pour t'endormir, elle te chuchotait à l'oreille les aventures de « Comrade Bob ». Elle te racontait qu'avant 1980 elle n'avait pas le droit de marcher sur un trottoir. Elle t'a appris ce qu'était un « homme blanc ». Comment, lorsqu'il passait devant elle, il fallait s'arrêter et baisser les yeux. Sans permis de travail, ta mère ne pouvait pas aller en ville. Je t'imagine écouter ces histoires au fond de ton lit. Elle éteignait la lumière et tu voyais Robert Mugabe, combattant téméraire venant la sauver.

Puis tu es allé à l'école. Juste au bout de la rue. Dans ces murs aujourd'hui déserts, votre maître écrivait les leçons d'anglais. Au-dessus du tableau, il y avait le visage de ton héros, Mugabe, placardé au mur. Vous aviez l'impression de lui réciter vos leçons. Vous vouliez lui montrer que vous étiez dignes du combat qu'il avait mené pour vous. Le jour de ton bac, le même portrait était accroché dans la salle d'examen. Seul le papier de la photo avait un peu jauni. Diplôme en poche, tu es parti à Londres, comme la plupart de tes amis. Mais personne ne t'attendait là-bas et l'Europe t'a déçu. Tu en parles encore avec des yeux brûlants. L'Europe était injuste, raciste, elle était individualiste, elle était sale et petite.

Mugabe a perdu. Mais il s'en moque. Il a prévenu que personne ne le chasserait du pouvoir.

Après trois ans, tu es rentré chez toi. Tu en avais vu assez pour savoir que tu n'en ferais jamais partie. Quand Robert Mugabe s'est dressé contre les Anglais, contre George Bush et tous les puissants de ce monde, tu as senti ton orgueil gonfler. Il avait raison, vous pouviez très bien vivre sans eux. Lorsque Mugabe a décidé d'exproprier les fermiers blancs avec sa réforme agraire en 2000, tu as retrouvé ton président légendaire. Regarde. Les années ont passé. Personne n'a pris soin d'épousseter les photos qui ornent les bâtiments publics. Comment ton héros a-t-il pu vous mener vers ce cauchemar ?

Le jour dit est arrivé, mais tu n'es pas allé manger chez ta tante. Il n'y avait rien à fêter. Les résultats des élections parlementaires ont été annoncés. Mugabe a perdu. Mais il s'en moque. Il a prévenu que personne ne le chasserait du pouvoir. Trois jours se sont écoulés depuis le scrutin. On ne distribue plus de tracts pour dénoncer les fraudes. Tout le monde est inquiet. Trois jours ont suffi pour briser le rêve.

« Je vous dépose ? » John sort sa tête de la voiture, d'un air entendu. Depuis qu'elle a déboulé du coin de la rue, suivie par un nuage de fumée noire, sa jeep hoquette, comme prise de convulsions. John avait promis de passer nous prendre pour aller voir la demi-finale de la Ligue des champions dans un bar du quartier présidentiel. Ce soir, Chelsea joue contre Liverpool, et ça, tu ne veux pas le rater.

John est ton ami de lycée. Sur les bancs de l'école, il était un de ces gars paumés auquel on ne promet pas grand-chose. Il travaille désormais pour le gouvernement en tant qu'informateur des services secrets. Il est responsable du quartier nord d'Harare, et visiblement, il n'a pas besoin de se cacher. John roule dans une ancienne jeep de l'armée : « Elle a fait la guerre de libération celle-là ! C'est du made in Zimbabwe ! » Le pare-brise en double vitrage est criblé d'impacts de balles. Il faut pencher la tête par la fenêtre pour espérer voir la route. La jauge d'essence est au plus bas, l'intérieur pue le gasoil et l'alcool.

> John tuerait pour Mugabe. Sans « l'oncle Bob », il n'aurait jamais eu sa ferme.

« Alors, ça a l'air d'aller bien pour toi chez les Blancs ! » C'est à toi que John s'adresse et il parle de l'Afrique du Sud. Le nez par la fenêtre, il se perd déjà dans une diatribe contre Nelson Mandela, le traître qui a signé un accord avec les Afrikaners à la fin de l'apartheid. « Non, mais t'imagines le gars ? Il passe vingt-sept années de sa vie en prison à casser des cailloux, et après quatre ans au pouvoir, il prend sa retraite ! » Vous riez à gorge déployée.

John tuerait pour Mugabe. Sans « l'oncle Bob », il n'aurait jamais eu sa ferme dans le Mashonaland. Qu'importe s'il la laisse à l'abandon, et qu'il n'y cultive rien. Il lui suffit de se prétendre « fermier ». Jamais il n'avouera qu'il n'a pas les moyens d'acheter autre chose que ce tas de ferraille démembré et puant. Son salaire minable ne vaut plus rien non plus.

« Le sport, c'est différent »

Dans le parking du pub, les 4 x 4 rivalisent de taille et d'éclat. Nous avons traversé la 7th Street, la rue du Palais présidentiel, et franchi un checkpoint tenu par des militaires, mitraillettes en bandoulière. John nous a entraîné dans un autre Harare. Il s'est garé devant la porte du bar. À l'intérieur, en face de chez Mugabe, toute la nomenklatura est là. Les regards sont braqués sur deux écrans géants, et la salle partagée en deux. Les supporters de Chelsea ont sorti le maillot de leur équipe, ceux de Liverpool ont recouvert les tables de drapeaux rouges. Les esprits sont déjà échauffés d'alcool. Les pintes de Guinness défilent aussi vite que les minutes sur l'écran et le tabac des cigarettes Madison fait tourner les têtes. On se croirait à Londres. Je croyais que vous détestiez les Anglais ? Tu détaches tes yeux du match et, de l'autre bout de la table, tu me fais signe de me taire.

Alice m'a entendu : « Le sport, c'est différent », dit-elle. Sa mère est le bras droit du président. « Elle lui donne même ses médicaments ! », s'amuse notre voisin de table. Alice est très belle. Une métisse avec de grands yeux verts et des cheveux bouclés qui lui tombent sur les épaules. Elle sourit tout le temps, sauf quand elle défend Robert Mugabe. Il y a quelques mois, elle est rentrée de Grande-Bretagne, où elle a grandi.

Marre de Londres, dit-elle. Écœurement de la société de consommation et du stress. Elle s'est faite « fashion designer » et s'est installée chez sa mère, qui lui a légué une de ses villas dans le quartier chic d'Harare. « Le foot, ça n'a rien à voir avec la politique. Et puis, le championnat européen est le meilleur au monde… »

« Toute révolution passe par la souffrance, mais au final la liberté, ça n'a pas de prix. »

La moitié de la salle exulte. Chelsea vient de marquer dans les prolongations. Torse nu, un supporter court à travers le bar en secouant son maillot bleu. Liverpool crie à la tricherie, s'insurge. Absorbé par l'écran, tu insultes l'arbitre. Tu revis. Ne te retourne pas : tu pourrais voir le comptoir en chêne entièrement recouvert de billets. Un supporter de Chelsea vient de payer sa tournée. Le match terminé, l'ambiance retombe. « Venez donc passer quelques jours à la maison », propose Alice. Tu acquiesces.

Quand nous arrivons chez elle, Alice s'essaye à la cuisine zimbabwéenne. Elle s'écarte des fourneaux pour nous faire la visite de sa villa : cinq chambres, trois salles de bains, un grand jardin. Ça la change de Londres, c'est sûr. Mais elle se sent seule ici, malgré la présence de ses « bébés », deux chiots, qui ont mis la maison à sac. « C'est un peu sale, tout mon personnel a démissionné la semaine dernière. À croire que je suis vraiment insupportable ! » Le seul coût du transport pour venir dans son quartier représente deux salaires quotidiens. À moins qu'elle ne les augmente de plus de 100 %, les domestiques n'ont aucun intérêt à venir travailler chez elle. Elle l'ignore, comme elle ignore beaucoup d'autres choses. « Dites, vous voulez pas juste retourner au magasin… j'ai plus d'huile. » Tu ris :

— « C'est une blague, Alice ? Tu crois vraiment qu'on va trouver de l'huile… Il n'y en a plus dans les magasins depuis des mois.

— Mais bien sûr que si. Farai en apporte toujours à la maison. » Farai est son petit ami. Membre assidu du parti au pouvoir, la Zanu-Pf, il possède l'un des plus grands magasins alimentaires de la ville. De l'huile, il en a. Comme de tout d'ailleurs. Mais, depuis que le gouvernement a décidé de geler les prix l'été dernier pour lutter contre l'inflation, il ne met plus rien en vente dans les rayons.

Tout vaut plus cher au marché noir. Quand il y a pénurie, on peut choisir ses clients. S'ils votent Zanu-Pf, c'est toujours mieux.

Alice finit par envoyer un message à Farai pour qu'il rapporte l'huile… et des bières. Elle retourne dans sa cuisine. Pour tuer le temps tu fais défiler les 182 chaînes satellite. Tu passes en revue une pile de CD et choisis Bob Marley ; Alice a l'intégrale. Quand arrive *Redemption Song* (« la chanson de la rédemption »), elle se rue dans le salon, augmente le volume et se met à chanter. La tristesse des paroles, leur force remplissent toute la maison. Tu écoutes, dans un silence religieux. « Have no fear for atomic energy » (« N'ayez pas peur de l'énergie atomique »)/ « Cause none of them can stop the time » (« Car ils ne peuvent pas arrêter le temps »).

« L'Occident nous affame »

« N'ayez pas peur, ils ne peuvent pas arrêter le temps », répète Alice, qui s'affale sur le canapé : « Il a tout compris, Bob. L'Angleterre nous a volé notre identité, il faut la reconquérir. Toute révolution passe par la souffrance, mais au final la liberté, ça n'a pas de prix. » Tu acquiesces. Tu la défends. Sans cesse, tu répètes qu'elle est née dans ce régime, qu'il est normal qu'elle s'en fasse l'avocate. Mais toi ? Tu renchéris :

« L'Occident nous affame avec ses sanctions pour que le peuple se révolte contre Mugabe. Les États-Unis ont toujours fait ça quand ils n'avaient pas les moyens de faire un vrai coup d'État. » Bière à la main, Alice monologue. « En Afrique, la masse n'a pas besoin de plus pour survivre que ce que l'on produit dans nos champs. On a tout ce qu'il faut depuis qu'on a récupéré nos terres. La télé fait croire qu'il faut une voiture pour vivre heureux, une grande maison, et des habits de marque. Sans électricité, la masse ne passe pas ses journées à végéter devant la propagande américaine. »

Tu ne dis plus rien.

« Rural areas » : c'est ainsi que l'on nomme les campagnes au Zimbabwe. La sonorité de ces deux mots suffit à évoquer la douceur et le calme. Elles sont parsemées de montagnes et d'acacias balayés par la brise. Les routes goudronnées transpercent la savane jaunie. Au bord de la chaussée, des vendeurs de tomates sont assis, immobiles, comme des mirages au soleil. Ton estomac est vide. Tu as faim, mais la seule vue de ces tomates, de ces bouquets d'épinards donne la nausée. Cela fait quatre semaines que nous ne mangeons plus que ça.

Après trois heures de route dans le « chicken bus » – serrés comme des poulets que l'on mène à l'abattoir – nous descendons enfin. À Rusape, les âmes qui n'ont pas encore fui vers Harare, ni vers les pays voisins, déambulent. On comptait 17 000 habitants autrefois, il en reste probablement moins de la moitié. Tendai, un gamin des rues de 17 ans, devance chacun de nos pas en poussant sa carriole rouillée. Dedans, tu y as entassé les provisions rapportées d'Afrique du Sud. De la nourriture, mais aussi des bougies, des allumettes, du savon, du papier toilette, et des journaux.

Tu appelles le gamin. « On a faim, Tendai. Montre-nous quelque part où manger. » Il nous guide fièrement à travers sa ville. Arrivé devant une petite maison en béton, il ouvre grands les bras : « Voilà le restaurant le plus réputé de Rusape ! » La toile cirée qui recouvre les tables est graisseuse, l'eau pour se laver les mains, brune, et les mouches dansent au-dessus du comptoir. Mais ils ont de la viande, et leurs plats sont délicieux. Le gamin refuse de se joindre à nous : qui surveillera les sacs restés sur le trottoir ?

« C'est tellement la classe ! »

Lorsque nous sortons du restaurant, il se lève d'un bond. Malgré le poids de la remorque, Tendai a le pas léger. Il nous conduit en bas de la colline d'où nous prendrons la piste rouge et caillouteuse qui mène vers le sud, vers les terres de ton clan. En poussant sa carriole, il t'interpelle dans un anglais presque parfait. Il veut savoir où tu as acheté ton jean. Il rêve d'avoir le même. « C'est tellement la classe ! Sûr qu'avec ça j'aurais plus de succès avec les filles ! », s'amuse-t-il. Des taches foncées se profilent sur son front. Elles trahissent sa maladie. Celle qui, sans doute, a tué son père, puis sa mère lorsqu'il avait 12 ans.

Pour avoir droit aux engrais il faut voter pour le parti, mais ton grand-père a toujours refusé.

La gare routière se profile en contrebas. De là, nous ferons du stop. D'une main ferme, tu tends au gamin une épaisse liasse de billets. « Au revoir, Tendai. Merci. » Il n'en croit pas ses yeux. Le voilà qui tient 180 millions de dollars dans ses petites mains. Il arrête de sourire, te regarde, admiratif. Cela doit représenter ce qu'il gagne en trois mois, plus ou moins 4 euros. Il doit imaginer pouvoir acheter des dizaines de jeans avec une telle somme. Qu'il le croie. De toute façon, il n'y en a pas en vente à Rusape. Vous vous serrez la main. Ce gamin paumé de 17 ans t'a réconcilié avec les tiens. Tu as enfin choisi ton camp.

Les sentiers surgissent de la piste rouge et se perdent à travers la savane. Quelques vaches cornues traînent leur ennui dans l'herbe sèche, pendant que des enfants préfèrent jouer avec des bâtons plutôt que de les surveiller. Derrière les bananiers sauvages, le dessin d'un lac rompt avec l'horizon clair du ciel. Les chemins se croisent et s'emmêlent. Tu hésites une seconde, puis empruntes le sentier qui descend entre les buissons épineux. Tu marches depuis une heure, et plus les montagnes se rapprochent, plus tes pas deviennent automatiques.

Toutes ces terres appartiennent à ta famille. Tu ne cesses d'en faire l'énumération. Celles-là derrière les barbelés, et là derrière les grands arbres, au-delà encore des montagnes. Elles n'ont pas de nom. Comment pourrait-on nommer l'immensité ?

À la fin du XIXe siècle les colons anglais ont envahi les terres fertiles de ton clan, à la frontière du Mozambique. Les tiens sont alors venus s'installer dans la province du Manicaland, au pied de ces montagnes. Vingt-cinq familles vivent sur les 200 hectares de champs, qui donnaient autrefois plus de maïs, de fruits et de viande qu'il n'en suffisait. Ton arrière-grand-père a fait construire une école, et une église bien sûr. Ses murs blancs sont un peu fissurés mais à l'intérieur, les bancs en bois laqué brillent encore.

Les têtes de bétail servaient à la lobola, la dot de mariage pour les filles de la famille. Les fermiers partaient vendre leurs récoltes dans les marchés de la ville ou à des coopératives, en chargeant ces tracteurs aujourd'hui laissés à l'abandon sous les arbres. Un pneu crevé, une courroie qui lâche, et pas de pièce de rechange. Plus d'essence non plus. Les récoltes s'appauvrissent à chaque saison, à chaque sécheresse. Pour avoir droit aux engrais il faut voter pour le parti mais Percival, ton grand-père, est un homme fier. Il a toujours refusé. Il ne sait pas que tu es revenu. Il paraît que c'est ainsi que l'on rend visite à sa famille en Afrique. Le vieil homme est assis sur le bord de sa hutte, en contrebas, le regard perdu dans le vide. À 80 ans, il est le dernier homme de la fratrie et c'est à lui qu'il incombe de rester ici, pour surveiller les récoltes et faire vivre les familles qui travaillent pour lui.

Je pousse la barrière, et tu t'approches de la hutte, traînant derrière toi les sacs de provisions. Le chien se lève avec peine et s'avance vers toi, la queue dansante. L'air est calme. Il n'y a pas un bruit. Lorsque tu arrives à quelques mètres de lui, ton grand-père défait enfin ses yeux de la montagne. Il les tourne vers toi, lentement, presque au ralenti. Ils sont secs : « Tu es donc revenu. Je croyais que tu étais mort. » Tu es resté deux jours auprès de lui. Il t'a offert quelques goyaves de son jardin. Tu es reparti. (Tous les noms cités ont été modifiés)

DIVORCÉE À DIX ANS

Mariée de force avant l'âge légal, Nojoud Ali est la première petite fille du Yémen à avoir défié la tradition en demandant le divorce. Et en l'obtenant. Histoire d'un tabou brisé, et d'une victoire judiciaire qui a redonné espoir à une dizaine d'autres fillettes.

DELPHINE MINOUI
« CHÂTELAINE », NOVEMBRE 2008

Dans les couloirs encombrés du tribunal de Sanaa, la capitale poussiéreuse du Yémen, personne n'a fait attention à elle. Pourtant, cela fait des heures que la petite Nojoud Ali, drapée dans un voile noir, patiente désespérément en priant pour qu'une oreille attentive puisse l'écouter. À midi, la foule se dissipe, et un juge finit par s'étonner de la présence de cette fillette recroquevillée sur ce banc maintenant vide. « Qu'est-ce que tu attends ? » lui demande-t-il. « Mon divorce ! » répond-elle. C'était le 2 avril 2008.

À 10 ans, Nojoud fait partie de ces milliers de petites Yéménites mariées, encore enfants, selon des coutumes tribales millénaires qui perdurent essentiellement hors des villes. Mais, fait exceptionnel, c'est la première fois qu'une jeune épouse ose se rebeller contre les traditions. Jusqu'à entamer un procès contre son mari, Faez Ali Thamer, trois fois plus âgé qu'elle, et qui a déjà deux épouses. Et à le gagner grâce à une mobilisation sans précédent de défenseurs des droits de l'homme et de journaux locaux.

« Au début, j'avais honte d'en parler », murmure la gamine haute comme trois pommes, agressée sexuellement au lendemain de ses noces, en février 2008. Puis, d'un ton plein d'assurance qui dénote une étonnante maturité : « Maintenant, je veux retourner à l'école et je veux étudier… pour devenir avocate. »

Après son divorce, prononcé le 15 avril 2008, Nojoud est revenue vivre au domicile parental, dans un quartier populaire de la capitale où se côtoient villas modernes et vieux taudis. Coincée dans une ruelle terreuse, la maisonnette est composée de deux minuscules pièces, sans ventilateur. Des coussins jetés à même le sol forment l'unique mobilier du salon. Un habitat vétuste typique des maisons des nombreux villageois venus tenter leur chance en ville pour n'y trouver que misère et pauvreté, comme Ali Mohammad al-Ahdel, le père de Nojoud. Au chômage, ce dernier, originaire d'un minuscule village de pierres de la province de Hajja, au nord du pays, doit nourrir 2 femmes et 16 enfants. Ce fardeau économique explique, bien souvent, le nombre de mariages précoces – les parents marient leurs filles en échange d'un petit pécule.

« Quand Faez Ali Thamer, originaire du même endroit que moi, est venu demander la main de Nojoud, j'ai tout de suite accepté. Pour la protéger. Ma seconde fille, Mona, a été enlevée par un homme qu'elle a ensuite été forcée d'épouser. Je ne voulais pas qu'il lui arrive la même chose », se défend le père. À ses côtés, Shoya, la mère de Nojoud, acquiesce d'un mouvement de la tête, sous son voile. « Il nous avait promis d'être respectueux », sanglote-t-elle. Selon la loi, inspirée de la charia, la loi islamique, l'âge du mariage est fixé à 15 ans pour les filles. Mais de nombreux parents dérogent à la règle en établissant un contrat de mariage qui stipule que les relations sexuelles sont interdites jusqu'à ce que la jeune fille soit « prête ». Or, cette clause est rarement respectée.

« Je le suppliais de me laisser seule »

Le soir des noces, c'est la fête pour Nojoud, qui ne réalise pas ce qui lui arrive. « On m'a offert trois robes pour mon mariage, deux jaunes et une marron. Elles étaient très jolies », se souvient-elle en plissant ses yeux en amande. Cette fan de jeux de cache-cache qui aime le chocolat, comme la plupart des jeunes de son âge, n'avait alors qu'un seul rêve, à part celui d'avoir un jour la télévision : « Ressembler à une tortue, pour me glisser dans l'eau… car je ne suis jamais allée au bord de la mer. » Le mariage, elle ne savait pas trop ce que cela signifiait, à l'exception des cadeaux qui l'accompagnent, et d'une maison toute neuve.

Ce n'est que le lendemain, une fois parvenue dans son nouveau chez-soi, après dix heures de route, de montagnes en vallées, qu'elle prend conscience de la réalité. Son mari, 30 ans, lui indique la chambre à coucher – une pièce exiguë meublée d'une simple natte – et lui fait tout de suite comprendre ses intentions. « Il a voulu qu'on dorme ensemble. J'ai refusé et il s'est mis à courir après moi. Il a fini par m'attraper et me faire des choses sales et désagréables », raconte-t-elle. Chaque soir, à la nuit tombée, le même scénario se reproduit. « Dès qu'il rentrait du travail, ça recommençait. Je pleurais en le suppliant de me laisser seule. Et à partir du troisième soir, il s'est mis à me taper avec un bâton. J'avais beau crier, personne ne venait à mon secours. »

Interpellé par le courage et la détresse de l'enfant, un des juges décide de l'héberger chez lui pendant trois jours et fait placer le père et le mari en détention provisoire.

Privée de sortie, interdite d'école et forcée de se voiler en présence de visiteurs, Nojoud souffre en silence. Pendant la journée, elle noie son chagrin dans ses nouvelles tâches ménagères : la cuisine, le ménage, la couture… Sa belle-mère, une femme violente, n'hésite pas, elle non plus, à la frapper. Quelques semaines plus tard, Nojoud se résigne, honteuse, à parler à ses parents, après avoir supplié son mari de l'emmener passer quelques jours en ville. Mais ils font la sourde oreille. « Mes cousins m'auraient tué si j'avais déshonoré la famille en demandant le divorce pour ma fille », explique le père, revêtu de sa longue tunique blanche.

Nojoud, elle, refuse de baisser les bras. À force de frapper à toutes les portes, elle finit par recueillir, le mois suivant, le conseil d'une de ses coépouses. « Va au tribunal, c'est la seule solution ! », lui lance-t-elle à la volée. Le tribunal ? Nojoud se souvient d'en avoir vu un dans un feuilleton télévisé qu'elle allait regarder chez les voisins, avant son mariage. L'idée se met alors à lui trotter dans la tête. Jusqu'à ce matin décisif où, en visite chez ses parents, on l'envoie acheter du pain pour le petit déjeuner. Munie de quelques pièces de monnaie, Nojoud saute dans un minibus qui fait la navette jusqu'au centre-ville. Puis, toute tremblotante, elle fait signe au premier taxi qu'elle voit passer. « Le tribunal ! », lance-t-elle au chauffeur qui la dévisage, étonné.

Un tabou brisé

À l'intérieur de ce bâtiment si impressionnant, Nojoud se sent perdue sur son banc. Interpellé par le courage et la détresse de l'enfant, un des juges décide de l'héberger chez lui pendant trois jours et fait placer le père et le mari en détention provisoire. Mais la demande de divorce, unique en son genre, n'est pas si facile à régler. « Selon les mœurs yéménites, où les règles tribales ont souvent la priorité sur la loi en vigueur, ce genre d'affaire est d'habitude étouffé », confie l'avocate Chadha Nasser, qui s'est portée volontaire pour défendre bénévolement Nojoud. Spécialiste des questions féminines et des droits civiques, elle annule tous ses rendez-vous quand le juge lui raconte l'histoire de la petite.

Pour mener à bien ce délicat combat, Chadha Nasser s'en remet à son intuition. Le jour du procès, elle ameute les associations féministes et la presse locale. Le sujet fait la une du quotidien *Yemen Times*. Sous la pression de l'opinion publique, le divorce est finalement prononcé, le 15 avril. Un tabou est brisé. « J'ai envie de manger des bonbons ! », entonne, triomphante, Nojoud en retrouvant la candeur des fillettes de son âge. Avant d'ajouter : « Je ne veux plus jamais me marier. »

Aujourd'hui, des femmes reconnaissent Nojoud dans la rue et lui disent « Mabrouk ! » (Félicitations !) Son histoire a alerté l'opinion internationale, fait le tour des médias de la planète, CNN, le *New York Times*, Al Jazira, etc., et a été relayée par de nombreux blogs. On en a parlé dans d'autres pays de la région : Liban, Égypte, Arabie saoudite. Plusieurs ONG occidentales cherchent désormais à aider les autres petites filles dans sa situation. Mais ce battage médiatique ne plaît pas à tous. Mohammad, le grand frère de Nojoud, trouve que « ce n'est pas bon pour leur réputation » ; et certains de ses oncles ont accusé Chadha Nasser « d'avoir entaché l'honneur de la famille ».

« Ce procès a enfoncé une porte close », se réjouit cette dernière. Depuis, une dizaine d'autres fillettes ont osé entamer des procédures judiciaires contre leur mari et deux d'entre elles ont obtenu leur divorce cet été. Nojoud, elle, a repris le chemin de l'école. En l'absence de foyer d'accueil pour les jeunes femmes victimes de violence conjugale, elle vit toujours au foyer parental, mais bénéficie du soutien et de la protection de plusieurs associations, ainsi que de son avocate – sa « seconde mère », comme elle l'appelle. « Quand je serai grande, annonce-t-elle, je veux défendre les gens opprimés. Comme Chadha. »

L'ADIEU DES TROIS FRÈRES

Ils appartiennent tous les trois à la famille prestigieuse des Abdel Shafi qui a tant contribué à la cause palestinienne. Après les accords d'Oslo, les trois frères ont rêvé. Mais, très vite, l'illusion a fait place à la désespérance. Sans se retourner, ils ont choisi le chemin de l'exil.

BENJAMIN BARTHES
« LE MONDE », 10 MAI 2009

Dans le nord de la bande de Gaza, 500 mètres avant Erez, le terminal fortifié qui commande l'entrée sur le territoire israélien, la police du Hamas tient un checkpoint de fortune. C'est devant cette cahute à moitié défoncée lors de l'offensive de janvier 2008, que les candidats au départ présentent leurs papiers d'identité.

Le 25 mars dernier, Khaled Abdel Shafi, le patron local du Pnud (programme des Nations unies pour le développement), s'y est brièvement arrêté. Fils aîné du défunt Haïdar Abdel Shafi qui fut l'une des « consciences » du nationalisme palestinien, ce quadragénaire taciturne disait, ce jour-là, adieu à Gaza. Une promotion au siège des Nations unies lui offrait l'occasion inespérée de s'envoler pour New York et, ce faisant, de rejoindre dans la diaspora ses deux frères cadets : Tarek, parti fin janvier pour Amman, traumatisé par la guerre, et Salah, nommé en 2006 ambassadeur de l'Autorité palestinienne à Stockholm.

Le policier de faction a donc rempli le formulaire d'usage et cinq minutes plus tard, la jeep du haut fonctionnaire international disparaissait derrière les palissades de béton du corridor d'Erez. Pour l'occasion, les autorités militaires israéliennes avaient consenti à ouvrir ce point de passage, traditionnellement interdit aux Palestiniens.

Le rideau est ainsi retombé sur la saga de la famille Abdel Shafi. Un chapitre de l'histoire de ce confetti de terre s'est refermé en silence. Un chapitre modeste, familial. Mais les pages qui le composent ont valeur de symbole, tant le parcours de cette fameuse fratrie raconte la trajectoire en chute libre de ce territoire maudit. « Qu'une famille pareille quitte sa terre natale, une famille qui a tant donné à la cause de la paix et du développement, cela en dit long sur l'état de décomposition de notre nation, dit Sami Abdel Shafi, un cousin des trois frères qui travaille comme consultant high-tech à Gaza. Un héritage entier disparaît, comme si l'on arrachait les racines d'un grand arbre. Et pour Israël dont l'objectif a toujours été de vider la Palestine de son élite, c'est une aubaine. »

Chez Khaled, l'idée du départ a germé le 14 mars de l'année 2006. Ce jour-là à Gaza, en représailles à une incursion israélienne à Jéricho, des miliciens masqués pénètrent dans l'École américaine, le fleuron du système éducatif local. « Ils ont sillonné les couloirs la kalachnikov à la main, à la recherche d'étrangers à kidnapper, raconte Khaled, quelques semaines avant son départ. Ils se sont emparés d'un professeur sous le nez de ma fille, Yasmina, qui est restée traumatisée par cet événement. » Pas facile cependant de songer à émigrer quand on est né à Gaza. L'ombre de la Naqba, l'exode de 700 000 Palestiniens, chassés de leur terre en 1948 par les troupes de l'État juif naissant, pèse lourd sur les épaules. Le « plus jamais ça » irrigue en profondeur la conscience nationale. Persister, c'est résister.

L'ombre de la Naqba, l'exode de 700 000 Palestiniens, chassés de leur terre en 1948 par les troupes de l'État juif naissant, pèse lourd sur les épaules. Persister, c'est résister.

L'exode des cerveaux

Et pourtant, dans Gaza la martyre, à partir de l'année 2006, le tabou commence à vaciller. Aux bombardements israéliens quasi routiniers, s'ajoutent le marasme économique déclenché par le boycottage du gouvernement Hamas, la guerre civile entre les islamistes et le Fatah, la gangrène des groupes armés par les méthodes jihadistes, les règlements de comptes entre clans... Désormais, la quête du permis de travail à l'étranger alimente de discrètes discussions sur les terrasses chics du bord de mer. Insensiblement, l'exode des cerveaux se met en place.

« L'occupation israélienne, on connaît, on peut la supporter, dit Khaled. Mais l'essor du fondamentalisme islamique et des violences internes, c'est beaucoup plus difficile à gérer. Surtout quand il y va de l'avenir de nos enfants. » À l'été 2006, profitant d'une brève ouverture de la frontière, Yasmina s'en va poursuivre ses études en Allemagne, accompagnée par sa mère, Christina, d'origine allemande. Khaled, lui, reste à Gaza. Dans l'espoir que la situation s'améliore. Et pour veiller son père, Haïdar, qui aborde le crépuscule d'une existence mouvementée.

Le 31 octobre 1991, le monde entier avait applaudi le flamboyant discours prononcé par ce médecin à la silhouette de patricien, en ouverture de la conférence de paix de Madrid. Membre fondateur de l'OLP en 1964, partisan par réalisme de la solution à deux États, il avait été l'un des rares Palestiniens à soutenir, en 1947, le plan de partage de l'ONU, « la moins pire des solutions », selon lui. Pas dupe pour autant des négociations en trompe-l'œil, il devint par la suite l'un des critiques les plus résolus du processus de paix d'Oslo et de son artisan numéro un, Yasser Arafat. Né à Gaza en 1919, Haïdar Abdel Shafi s'était fait connaître dans les années 1950, au retour d'un séjour aux États-Unis, où il s'était spécialisé en chirurgie.

À l'époque déjà, le dilemme entre la carrière à l'étranger et le combat sur la terre natale s'était posé. « Il était inconcevable de ne pas rentrer, raconte Mustafa Abdel Shafi, le frère octogénaire de Haïdar, qui suivit sa trace aux États-Unis. On m'avait proposé un job en or dans une clinique privée du Connecticut. Mais il me fallait revenir pour servir mon peuple. L'inverse aurait été antipatriotique. »

Cinq mois de trêve rallument l'espoir. Et puis c'est le coup de massue : 200 morts en vingt minutes.

Dans les années 1980, les trois frères reproduisent ce parcours type. Khaled, le sage de la bande, choisit l'architecture à Moscou ; Tarek, le second, qui a hérité de l'allure et de l'affabilité de son père, opte pour le droit à Caen, en France ; Salah, le dernier, le plus extraverti des trois, se forme à l'économie en Allemagne de l'Est. Puis à l'orée des années 1990, ils rentrent au pays avec leur épouse étrangère au bras. « Notre père représentait un modèle de sacrifice au nom de l'intérêt public, affirme Tarek, 48 ans, joint par téléphone à Amman. C'est sûr que cela a joué dans notre décision de rentrer. » Khaled renchérit : « À cette époque, tous les jeunes formés à l'étranger rêvaient de mettre leurs diplômes au service du futur État de Palestine que nous promettaient les accords d'Oslo. »

Très vite, les trois frères décrochent des postes prestigieux. Khaled prend la direction du Pnud, chargé de développer l'infrastructure de Gaza ; Tarek pilote pour l'Usaid des projets de formation au sein du tout nouveau Parlement ; Salah monte une boîte de consultant qui aide à la mise en œuvre de projets internationaux. Le processus de paix patine déjà, mais la vie est encore douce. En lisière du rivage, Tarek et sa femme française, Sonia, se font bâtir une belle villa aux murs couleur sable. Khaled, lui, investit dans la construction d'un hôtel de luxe, le Deira, destiné à devenir le QG des diplomates et des journalistes. Dans la bulle économique made in Oslo, gonflée par les dollars des donateurs étrangers, leurs talents, leur patronyme illustre et leur réseau de relations font des merveilles. Quelques jaloux aussi.

Mouvement de dispersion

Salah est le premier à partir. Au début de l'année 2006, le triomphe électoral du Hamas a coupé net le fragile élan né de l'évacuation, six mois plus tôt, des colons juifs de Gaza. La communauté internationale se raidit. Israël donne un tour de vis supplémentaire au bouclage du territoire côtier. Salah s'en va alors diriger la représentation palestinienne en Suède avec son épouse et leurs deux garçons. Puis à l'été 2006, c'est au tour de Yasmina et Christina. Tarek, Sonia et leurs deux enfants tiennent encore bon. Paradoxalement, la prise de pouvoir du Hamas, en juin 2007, les réconforte. Certes, il faut mettre en sourdine ces fêtes qu'ils sont parmi les derniers à organiser. Mais la sécurité est revenue. « Ce fut le grand changement par rapport au Fatah, dit Tarek. Les milices et les clans ont été mis sous contrôle. Il n'y avait plus de kidnapping, plus de vols, on pouvait se promener seul le soir en ville. »

En septembre 2007, la famille est une dernière fois réunie à Gaza, au chevet du patriarche mourant. Hind, la fille aînée, pédiatre aux États-Unis, a fait le voyage. Haïdar Abdel Shafi s'éteint le 25 septembre, à l'âge de 88 ans, sous les yeux de sa femme Hoda. Sa disparition amorce le mouvement de dispersion. D'autant que l'année qui suit est l'une des pires de l'histoire passablement chaotique de Gaza.

Les raids incessants de l'aviation israélienne, les tirs de roquettes par les milices du Hamas, les pénuries de pain, d'eau et d'électricité engendrées par le bouclage creusent un abîme sous les pieds des habitants. Cinq mois de trêve rallument l'espoir. Et puis c'est le coup de massue du 27 décembre. Deux cents morts en vingt minutes de bombardements. Plus de mille autres dans les vingt et un jours de guerre qui suivent. Fin février, Khaled dresse le bilan des dégâts pour le Pnud : « 14 000 maisons démolies complètement ou partiellement, 85 % des usines de production de béton détruites, 140 millions de dollars de dégâts dans le secteur agricole… »

Ce sera son ultime rapport. Tarek et Sonia eux aussi baissent les bras. Sitôt le cessez-le-feu déclaré, ils sont évacués par le consulat de France, direction Amman. « On est partis le cœur lourd, dit Tarek. C'est triste de se dire que les Abdel Shafi quittent Gaza. La guerre a été le point critique. Mais depuis longtemps, le manque de liberté était dur à supporter, notamment pour Sonia qui avait les pires difficultés à voyager parce que les Israéliens refusaient de lui accorder un visa. » Adieu ou simple au revoir ? « Ce n'est pas un départ définitif », dit-il, sans grande conviction. Le cousin Sami est plus pessimiste. « Cette terre est damnée, elle est décidée à expulser ses propres enfants », disait-il en 2007. L'Histoire est en train de lui donner raison.

MON VOYAGE EN AMÉRIQUE

Razor, le black, rêve de jouer un avocat ; Emma, l'ambitieuse, convoite la star de sa vie ; Tony, le producteur, savoure ses paquets de dollars. François Hauter a « découvert la quintessence d'Hollywood », avant de partir sonder les cœurs des Américaines.

FRANÇOIS HAUTER
« LE FIGARO », 17 ET 24 JUILLET 2009

La vie n'est pas juste, mais parfois elle prend des détours cocasses pour corriger le tir. « Il est arrivé quelque chose d'important dans la culture américaine : c'est, en effet, devenu à la mode d'être noir », explique Razor, un géant d'ébène, profilé Schwarzenegger. Comme tous les malabars, Razor est d'une délicatesse extrême. Il explique, d'une voix douce, qu'à Hollywood ces deux dernières années, on ne voulait plus faire tourner les comédiens noirs.

L'élection d'Obama a fait basculer les tendances : « Personne dans ce pays, dit-il, ne colle d'aussi près aux modes que les gens du cinéma et de la télé. Alors, les producteurs se demandent maintenant quels rôles donner aux Noirs. » À 47 ans, Razor est accroché à son rêve : le haut de l'affiche. Pour le moment, on le confine dans de petits rôles de méchant ou de rigolo. Il fantasme : « J'aimerais jouer un médecin ou un avocat », dit-il. Une promotion sociale, en quelque sorte, dans l'usine à enchantements de la planète.

Au Beverly Hills Hotel, le palace d'Hollywood où Howard Hugues, ce milliardaire maniaque, avait pris pension pendant trente ans, les responsables cravatés des studios farfouillent les « business plans » qui hantent leurs existences et nous regardent boire de la bière en ne touchant pas à leurs verres d'eau minérale. Ils semblent d'ailleurs indisposés par la présence de Razor. Est-ce son parfum bon marché nauséabond ? Ou ses colliers de perles noires et ses croix de verre ? Les dames du lieu n'ont pas les timidités de ces crustacés : deux charmantes blondes viennent demander à mon nouvel ami (et pas à moi) des précisions sur son identité. Ça le fait mourir de rire. Son rire fait exploser ce bar ultra snob. Chacun se retourne : est-ce Eddy Murphy ?

La veille, tout à ma découverte de Hollywood, j'avais déjeuné dans un autre restaurant très tendance, le « Villa Blanca » avec une jeune femme – appelons-la Emma. Elle est la maîtresse en titre de l'une des immenses stars de la ville. Originaire d'une obscure bourgade du Kentucky, cette Emma est spectaculairement belle et excitante. Elle a perdu son côté rural, au fil des ans, en défilant pour les grands couturiers d'Europe. Tout le monde à la « Villa Blanca » sait avec qui elle passe ses nuits, et vient la saluer (on fait semblant de s'étreindre à Hollywood, en essayant de ne pas se toucher).

Emma confesse – parce que je suis un étranger de passage – qu'elle est maintenant reléguée dans une aile déserte de la villa de la star, en attendant l'expulsion définitive. Je promets de ne rien répéter. Une célébrité vint l'embrasser en lui disant : « Comment ça va, depuis la dernière fois ? » Emma confie qu'il n'y a jamais eu de « dernière fois », qu'elle n'a jamais rencontré cet homme, mais qu'il cherche à décrocher un rôle dans un film où il jouerait en duo avec son amant, histoire de relancer sa carrière. Me voilà associé aux figures consacrées des flagorneries infinies des comédiens, dans ce monde de baisers d'oiseaux-mouches, de trahisons permanentes, de féeries artificielles, le monde des « people ».

Ce monde de baisers d'oiseaux-mouches, de trahisons permanentes, de féeries artificielles, le monde des « people ».

Pas de seconde chance

Emma, après s'être enquise avec une exquise courtoisie de mes lieux de résidence – bref de l'état de mon patrimoine –, se confesse maintenant. Sur un ton tragique, mais charmant, elle explique qu'il est fort difficile de trouver un amant sérieux au milieu de ces beaux jeunes gens aux exigences exclusives. Elle en parle en connaissance de cause. Elle s'est fiancée quatre fois déjà, et elle a rompu, « parce que tout le monde, ici, veut tout, tout de suite ». Hypocritement, je compatis. Elle me dévoile ses plans d'avenir. « Moi, juge-t-elle, je suis une femme authentique ! » (le Botox a laissé sur sa bouche peinte d'un rouge éclatant une trace de seringue obsédante). Elle souhaite donc conclure sa carrière à Hollywood par un riche mariage d'amour. Il ne lui reste que quelques jours pour capitaliser sur sa liaison avec l'acteur célèbre et trouver un pigeon. Elle songe également à publier ses Mémoires.

Grâce à Emma, je comprends la quintessence d'Hollywood. Si vous ne blindez pas votre bonne fortune dans la seconde qui la suit, vous serez enterré. Pas de filet de sécurité. Pas de seconde chance. Si vous ratez une marche, vous serez piétiné. Ce n'est pas une métaphore.

Vous serez piétiné par les 150 000 artistes (il y a autant de psys et d'avocats) qui, en ville, sont répertoriés par les trois cents grosses agences de comédiens. Des acteurs qui attendent jour et nuit un appel pour un rôle. Même le plus modeste. Celui « d'un flic de 40 à 50 ans, un raté ». Ou celui « d'une femme de ménage nettoyant une classe de maternelle ». Ce sera payé 769 dollars par journée de tournage. Une chance sur 150 000 de signer le contrat.

Vous serez piétiné par les 70 000 scénaristes qui, chaque année, envoient leurs histoires aux studios. On en garde 400 par an, avant de tourner autant de films. On parlera d'une trentaine d'entre eux dans la presse. Une vingtaine d'acteurs se distingueront. Ils ne seront plus que quelques-uns à décrocher un Oscar. Deux ou trois films rapporteront des fortunes. « L'avenir est un miracle », disait l'acteur David Carradine.

Hollywood, c'est cette course des spermatozoïdes vers la lumière, ce miracle. Évidemment, le mythe de l'égalité révèle ici sa dimension farce. Les hommes qui ont eu la hardiesse de brasser la fantaisie et l'argent, de jeter des fortunes au vent, de fabriquer autre chose que des savons ou des aspirateurs, c'est-à-dire des Rudolph Valentino ou des Douglas Fairbanks, sont des démons. Il faut un culot, une inspiration et un cynisme absolu pour trouver, inventer un John Wayne, un homme, un vrai, qui peut se déplacer dans les grandes largeurs, avec son code moral, celui auquel il s'est toujours tenu sans jamais accepter de compromis, avant de s'installer dans la prairie avec la fille qu'il a choisie. Personne n'imagine Wayne finir dans un lit d'hôpital surélevé, avec quinze tuyaux branchés dans le nez.

Cogner fort et viser bas

Oui, il a fallu de la folie et du génie pour inventer ce mythe de l'homme libre ! C'est lui qui fait accepter des vies ordinaires à des milliards d'humains. C'est lui encore qui fait rêver à l'Amérique. Dans le monde du cinéma, ce n'est pas à leur naissance que les humains sont inégaux. Mais c'est au cours de leurs vies que le destin les attrape. Tony Scotti, qui a produit *Alerte à Malibu* (personne n'en voulait) avant de construire un empire et de revendre son entreprise 800 millions de dollars en 1997, le dit justement : « Tout est difficile si vous n'avez pas de succès. » C'est épouvantablement exact. Rien n'est plus étrange, inattendu, que le succès. Beverly Hills, Santa Monica et Hollywood, avec leurs brumes radieuses, leurs pelouses manucurées et leurs sycomores monumentaux, avec leurs avenues en rondeurs se prélassant entre d'immenses palmiers et des végétations hirsutes, racontent ce goût nonchalant et heureux des élus de la chance. Leur grâce flotte dans l'air, sans se mêler ni se fondre avec l'autre monde.

L'autre monde n'a que les sortilèges du mal. Il est âpre, sordide. Un monde de chacals. « Lorsque Marlon Brando se mourait dans la misère, en 2004, le producteur Mike Medavoy est venu lui faire signer un papier par lequel tout ce qui s'appelait Brando lui appartiendrait », raconte un réalisateur. Il ajoute : « Pour 30 000 dollars, les gens sortent les couteaux. » La règle, c'est de cogner fort et de viser bas.

Dans le processus de fabrication des programmes de TV qui inondent la planète, c'est maintenant le règne absolu de la téléréalité, au point que les grandes chaînes se forgent de nouvelles identités pour suivre le mouvement. Ces spectacles en direct ont pris une importance phénoménale : lors de la finale d'*American Idol* (*Star Academy*), 100 millions d'Américains téléphonent à la chaîne pour voter. Ils n'ont pas été plus nombreux pour installer Barack Obama à la Maison-Blanche…

Deux programmes se distinguent actuellement. Le premier s'intitule *To catch the predator* (« Capturer le prédateur »). Il rassemble les journalistes vedettes de la télé nationale. Le principe est simple : il s'agit de traquer en direct les pédophiles. Dans ce but, une jeune fille de 18 ans se fait passer pour une enfant de 12 ans, et sur l'Internet, elle « allume » des détraqués sexuels. Un soir, elle annonce à sa future proie que ses parents sont sortis, qu'elle attend le bonhomme. Le voila, dans la pénombre, il arrive, en général devant une villa cossue.

La chasseresse fait sa connaissance, l'installe dans le salon, et quitte la pièce, pour dit-elle, se mettre « en petite tenue ». À ce moment précis, le PPDA américain bondit dans le salon, interpelle le pédophile et hurle : « Vous saviez qu'elle avait 12 ans ! Que faites-vous là ? » L'homme s'effondre. Lors de l'épisode que j'ai vu, le vicieux était un rabbin qui se lamentait : « J'ai perdu ma synagogue ! J'ai perdu mes enfants ! » en se roulant sur le sol, alors que la police, surgissant dans un formidable concert de sirènes, le mettait en joue. Le public adore.

« L'Amérique à court d'imagination »

Autre concept novateur : on déniche un habitant d'un quartier pauvre, qui a rendu des services à sa communauté. En général, ses jours sont comptés, car il est atteint d'une maladie incurable. Arrive la télé. On installe le quidam à l'hôtel pendant une semaine, puis on le ramène chez lui. Un grand camion masque le palais construit pour lui, en sept jours, à la place de sa bicoque qui a été rasée. Dès qu'il entre dans sa luxueuse demeure, les sponsors lui offrent toutes les machines et les écrans dont il a toujours rêvé. Il pleure, l'Amérique pleure. On se quitte en pleurant. On ne dit pas si les voisins pilleront la maison, lorsque le héros aura rendu l'âme.

On tourne 40 minutes de ces feuilletons en un à trois jours, les réalisateurs sont surnommés les « traffic cops » (les agents de la circulation), car ils n'ont plus le droit de s'adresser aux comédiens. C'est le privilège exclusif des scénaristes. S'ils n'obéissent pas, ils sont virés. Dans ces studios où les financiers ont confisqué les pouvoirs des créatifs, les feuilletons racontent les mésaventures des *Femmes de soldats* partis en opération en Afghanistan ou en Irak. Un réalisateur chevronné le constate : « Hollywood est le miroir grossissant d'une Amérique repue et traumatisée qui, après la conquête de l'Ouest et celle de l'espace, est à court d'imagination. Elle se replie sur son réel. »

Razor s'en moque bien, car, dit-il, « les rôles pour les acteurs ethniques se sont énormément ouverts ». « Il y a La Mecque, il y a Hollywood ! », ajoute-t-il dans une fulgurance, alors que nous marchons ensemble vers le carrefour de Sunset Boulevard et de Beverly Drive pour prendre quelques photos. Des touristes se précipitent, ils photographient Razor, parce qu'il est photographié. Devant des murs roses et un ciel bleu d'ange, un bel acteur leur envoie des baisers ! Les touristes battent des mains, comme des enfants. C'est un conte pour grandes personnes. Mais les voitures klaxonnent ! Circulez ! C'était une fraction de seconde, Hollywood, un mirage. Rien de tangible. Les petits trucages de nos mille et une nuits, dans un décor d'azur.

Les Américaines, l'amour et le catch

Tous mes amis français ayant épousé des femmes américaines conservent un souvenir cuisant de leurs divorces. Ils ont vécu plusieurs décennies ensemble, ils ont eu de nombreux enfants en commun, et ils n'ont pas supporté de devoir ensuite partager leurs patrimoines avec leurs « ex ». Lorsque je leur fais remarquer que cela me semble assez naturel, que les mariages malheureux se ressemblent tous, ils s'agitent, perdent leur calme, certains même deviennent rouges comme des tomates.

Bien sûr, comme pas mal d'hommes à notre époque, ils se sont fait plaquer. Mais c'est la manière dont cela s'est déroulé qui les hante. Ils ont l'impression de s'être fait rouler. « Mon ex a froidement préparé son divorce avec son avocat un an à l'avance, avant de filer avec son amant », dit Pierre, un médecin singulièrement macho. « Les femmes américaines sont impitoyables, c'est difficile pour un homme de s'en sortir financièrement, et j'en sais quelque chose, affirme Gérard, un avocat de Los Angeles. En vous épousant, elles ont toutes leur agenda. »

« Elles prévoient tout, dès le mariage. Qu'elles vont divorcer et vivre confortablement ensuite. Elles sont les reines, elles ont tous les droits. »

Un « agenda » ? « Oui, elles prévoient tout, dès le mariage. Qu'elles vont divorcer et vivre confortablement ensuite. Elles sont charmantes et excitantes, mais elles ont moins d'authenticité dans la façon dont elles vous aiment. Les Latines ne sont pas comme cela. » Stan, un industriel, ajoute : « C'est un pays qui a longtemps manqué de femmes et ne s'en est pas remis. Elles sont les reines, elles ont tous les droits. Tu devrais assister à un mariage aux États-Unis. C'est insensé ! L'homme promet de servir la femme ! Oui, de la servir ! Il doit tout lui offrir ! » Toutes les femmes américaines sont-elles des sorcières et des dominatrices ?

Je ne sais pourquoi j'ai pris le risque stupide de parler « des femmes américaines ». Je déteste les généralités et les généralisations, toujours simplistes et fausses. S'il est un domaine dans lequel c'est encore plus vrai, c'est bien celui des relations intimes. Je dois ajouter cependant que pour nous autres Français, cette opposition entre « Latines » et « Américaines » est l'un des sujets des plus fascinants qui soient. Car entre ces cultures éloignées, l'angoisse d'être toujours étranger à celui ou à celle que l'on aime est réelle.

C'est peut-être d'abord une question d'harmonie de la langue. « La femme est le seul animal qui s'attrape par la parole », écrit justement Alphonse Allais. Mais il est difficile d'entretenir un climat d'intimité avec une femme outre-Atlantique, tant elle ponctue systématiquement la conversation – et ceci avec la sonorité d'un klaxon – par des expressions du genre : « It's abolutely crazy ! » (« C'est vraiment dingue »), « Unbelievable ! » (« Incroyable ! ») ou « This dinner was amazing ! The best dinner in my whole life ! » (« Ce dîner était étonnant. Le meilleur que j'ai eu dans ma vie entière »). Tout cela pour dire : « OK, c'était sympa ! »

Les beautés lumineuses et discrètes que les Européens chérissent sont rares parmi les Américaines, même à New York. Il semble, a priori, que l'amour avec une Américaine ne soit pas ce moment de contemplation confiante d'un visage aimé, cette tendresse mêlée d'une poignante douceur, que nous apprécions. Mais plutôt un combat de catch. Tout cela évidemment n'est qu'une hypothèse. Peut-être le goût de l'exagération des femmes, là-bas, vient-il simplement du fait qu'après deux verres de vin rouge les Américaines sont généralement pompettes.

« Le succès ici, c'est d'être médiocre »

La distance entre les Européens et les Américaines s'explique aussi (c'est encore une théorie, bien sûr) par des questions d'apparence. Il est bien connu que les hommes, en général, préfèrent s'adresser d'abord aux jolies femmes, même lorsqu'elles sont sottes, plutôt qu'aux moches, surtout si elles sont intelligentes. Judi, à New York, l'avoue : « Nous, les Américaines, nous faisons moins attention à notre apparence. Le week-end, je vais chez le marchand de légumes en débardeur, avec une casquette sur la tête ! »

Lawrence Werner déteste ce genre de discours. Artiste new-yorkais, il déclare que « les femmes ne sont pas attirantes dans ce pays parce qu'elles baissent la garde.

Après six mois de mariage, elles prennent dix kilos, elles estiment qu'elles possèdent vraiment leurs hommes. Les pauvres, elles croient qu'elles n'ont plus à séduire ! As-tu remarqué, ajoute sarcastiquement l'excellent Lawrence après que nous avons achevé une bouteille de bourbon, que le succès ici, c'est d'être médiocre, "a nice guy" ("un type gentil"), "a good person" ("une bonne personne"). Surtout rien de singulier... »

Les beautés lumineuses et discrètes que les Européens chérissent sont rares.

Là encore, je ne décèle rien d'original de l'autre côté de l'Atlantique : les talents avérés de bricoleur, au fond des garages, l'humeur placide, l'odeur familière de la pantoufle et du gazon coupé, quelques attentions physiques raisonnables et régulières, ce côté brave et manœuvrable, font les « bons maris » recherchés par les femmes de la planète entière.

De fait, j'ai eu un premier et bref aperçu des rêves des femmes américaines... dans un asile de fous, à Boston. C'était à la fin des années 1980. Ronald Reagan avait fermé la plupart des établissements spécialisés, au prétexte qu'il valait mieux rémunérer les familles que des médecins spécialisés pour s'occuper des malades mentaux. Cela avait fonctionné un mois ou deux. Ensuite, les détraqués s'étaient retrouvés à la rue, abandonnés à eux-mêmes. Dans l'établissement que je visitais, on hébergeait des femmes errantes. Ces malheureuses étaient une centaine, apathiques, absentes, réunies dans un grand foyer.

Soudain, l'une d'elles est apparue, et comme une furie, elle s'est précipitée vers le piano, l'a ouvert, s'est installée et a interprété magistralement quelques sonates de Liszt. Puis, elle s'est retournée vers les autres femmes et les a grossièrement insultées, jusqu'à ce que des infirmiers l'entraînent vers d'autres lieux. On m'expliqua qu'elle venait d'une famille ruinée, et qu'elle n'avait pas supporté sa déchéance. Cette femme exprimait, de façon bouleversante, le désespoir de ne plus avoir la maison patricienne dans laquelle elle recevait ses amies, ses enfants éduqués dans des écoles privées onéreuses et un mari séduisant. Son rêve américain s'était évanoui. Elle vivait maintenant dans un monde imaginaire. La réalité lui était devenue insupportable.

Le mariage, l'étape capitale

Pendant cette enquête, j'ai naturellement observé les femmes. Ce pays, à force de les vénérer, leur demande des choses inhumaines. « Au collège (l'équivalent de notre université), explique Karen Taylor, les jeunes Américaines vivent très libérées, même sexuellement. Après le mariage, c'est l'inverse, brutalement, et pour la durée de l'existence entière. »

Le mariage est donc la coupure, l'étape capitale. La panoplie de cette rupture est rituelle. Elle comprend la robe de mariée coupée pour la valse, la plaque d'imprimerie de l'annonce du mariage dans le *Times*, les 120 000 dollars de revenus annuels pour débuter, le diadème de perles pour maintenir bien haut les illusions. En attendant l'arrivée d'un John ou d'une Kimberly, des projets de grandes maisons, de salles de séjour avec vues panoramiques, les trois enfants réunis un jour sur la carte de vœux de Noël et les photos découpées dans le *Wichita Eagle*, qui montreront Monsieur et Madame Gordon B. Miller, rayonnants, en smoking et robe longue, au bal caritatif annuel de l'orchestre symphonique de Wichita.

Engoncées dans une obésité agressive, comme si elles s'étaient gavées de litres de ces desserts pour se venger délibérément du rôle impossible qu'on leur demande de jouer dans la société.

Je visite une école et devant la sortie, j'attends sur un banc le photographe avec lequel je travaille. J'écoute les conversations des jeunes femmes alentour. Elles attendent leur progéniture. L'une d'elles, plus coquette, porte des talons hauts. Elles sont jeunes, même pas la moitié de mon âge. Au milieu du bataillon de landaus qui attendent les chères petites têtes blondes, elles semblent des hirondelles glissant dans l'air avec ravissement. Elles se sont jetées dans l'amour la tête la première. Elles comparent et s'émerveillent de leurs maris, de leurs maisons, de leurs métiers, de la vie pleine d'espoir, enjouées d'être enfin à leurs places de mères, en route vers un bonheur clair et sans écueils, bien au large de leurs parents, que la vie a touchés et coulés.

Dans un supermarché, j'observe les mères, des femmes de ma génération, des beautés façonnées sur le mode malléable des années 1960. Elles patientent aux caisses, avec leurs visages de pierre, des traits refaits qui ne cachent pas leurs masques d'amertume et de ressentiment. Elles se sont fait avoir, leurs bouches entraînées à sourire et à minauder ont renoncé à toute gentillesse. La grâce depuis longtemps s'est envolée. Les corps se sont empâtés, engoncés dans une obésité agressive, celle des accros aux glaces Häagen-Dazs, comme si elles s'étaient gavées de litres de ces desserts pour se venger délibérément du rôle impossible qu'on leur demande de jouer dans la société.

À Philadelphie, je suis venu voir ma tante Suzanne. Je lui demande de me raconter une femme américaine. Ma tante a eu une enfance heureuse entre l'Alsace, la Lorraine et la Bourgogne. À la Libération, la famille recevait des soldats américains, ils arrivaient dans nos maisons avec les recommandations de leurs pasteurs. Elle a ainsi rencontré celui qui est devenu notre « oncle Harry ». Si je l'ai bien compris, la foi a joué un rôle important dans leur entente.

« Il n'y a pas de hiérarchie sociale »

Puis elle s'est embarquée, et cette Française est devenue une « housewife » (une épouse au foyer). Elle a aujourd'hui plus de 80 ans. Je la retrouve dans son jardin, toujours superbe, digne et bien droite. Une statue du Commandeur des valeurs américaines. Elle est vénérée par ses petits-enfants. Après m'avoir demandé si je n'avais pas oublié que le Seigneur veillait sur moi, elle me dit : « Tu sais, la première chose qui façonne une femme américaine, c'est le travail. Nous travaillons toutes énormément, car, ici, il n'y a pas de vacances comme en France. Les femmes aux États-Unis ont l'espoir d'arriver quelque part. Ce n'est pas comme en France où l'État prend tout. Ici également, nous n'avons pas besoin de permis pour réaliser quelque chose, nous sommes libres. Si quelqu'un réussit, nous en sommes heureux pour lui. La jalousie n'est pas un sentiment américain. Et nous avons un sens de la communauté. Tu vois, il n'y a pas la moindre clôture entre nos maisons, nous parlons les uns avec les autres. Il n'y a pas de hiérarchie sociale en Amérique. » Avant que nous ne quittions, elle me répète gravement : « Tu sais que le Seigneur t'aime ? Ne l'oublie jamais ! »

Les États-Unis sont une société matriarcale. Ma tante Suzanne, à l'égal de millions d'autres femmes américaines, constitue le socle de l'Amérique. Ce sont les femmes qui tiennent les maris, les enfants, les maisons. Elles sont les références morales du pays. Jamais, aux États-Unis, un homme ne se distancie de son épouse. « Voici mon patron ! », répète l'homme en public, en présentant son épouse. Lorsqu'un scandale éclate, parce qu'un homme politique trompe sa femme, le mari est un pauvre type, l'épouse est admirable. C'est une convention américaine.

En première page des journaux du pays, je trouve la photographie de Jenny Sanford, l'épouse du gouverneur de la Caroline du Sud. Son mari se présentait comme le parangon de la moralité la plus rigoureuse aux États-Unis. La presse vient de découvrir sa fugue en Amérique du Sud, où il est allé retrouver sa maîtresse. Les journaux publient les courriels crus, maladroits, ridicules, qu'il a échangés avec la jeune femme. Le gouverneur s'excuse, en pleurant comme une petite fille. L'épouse déclare : « Si je vais bien ? Eh bien, j'ai une foi immense, j'ai une famille et des amis merveilleux. Nous avons un Bon Dieu en ce monde, et je sais que je vais aller bien. Je ne vais pas uniquement survivre, je vais grandir ! »

Dans la foulée, *Time* consacre cinq pages à l'institution du mariage et écrit : « Aucune force ne cause un dommage aussi quantifiable à ce pays que la disparition du mariage. » Pour les « housewives » libérées et désespérées de l'Amérique moderne, il est de plus en plus malaisé de dresser les maris. Ces brutes, au XXIe siècle, prennent goût à leur indépendance.

JOURS ORDINAIRES À GROZNY

La capitale de la Tchétchénie s'est relevée de ses cendres mais les apparences sont trompeuses. La peur est toujours présente et l'atmosphère reste lourde. À la guerre russo-tchétchène s'est substituée une guerre civile qui s'est étendue aux républiques voisines.

ANNE NIVAT
« LE POINT », 15 OCTOBRE 2009

Ici, ce sera un hôtel cinq étoiles construit par une firme turque ; là-bas, un stade, construit par des Slovaques… Et tu as vu comme notre mosquée centrale est belle ? » Abdullah, 30 ans, est à la fois fier et embarrassé de me faire visiter ce nouveau Grozny où les stigmates de la guerre des quinze dernières années ont été volontairement effacés. La reconstruction, qui s'est déroulée à un rythme effréné, voire inattendu, est impressionnante, mais elle suscite une certaine gêne. Le conflit tchétchène demeure dans tous les esprits. Même si, depuis longtemps, aucun média occidental ou russe ne songe à en faire sa une. Plus personne n'ose en parler.

Je me suis rendue près d'une centaine de fois en Tchétchénie depuis l'automne-hiver 1999-2000, pendant la phase militaire active de la guerre, puis j'y étais retournée dans les années troubles qui ont suivi. Je n'y étais pas revenue depuis trois ans et souhaitais me rendre compte de la réalité d'une reconstruction tant vantée par le régime. Et, surtout, vérifier si ce conflit était bien terminé, voire comprendre à quoi il avait servi.

Il y a près de dix ans, j'avais accompagné Abdullah à la gare de la république voisine d'Ingouchie pour le mettre dans un train qui l'emmènerait en lieu sûr dans un pays européen. Pourtant, à l'instar de nombreux Tchétchènes exilés, Abdullah a cédé aux sirènes du gouvernement tchétchène prorusse, proclamant qu'avec le nouveau président, Ramzan Kadyrov, 33 ans, la république prospérait. Méfiant, il est revenu en « visiteur ». Il dirige aujourd'hui une coquette affaire de vente de meubles importés, mais il n'est pas allé jusqu'à se réinstaller sur place. « Je suis déçu, affirme Abdullah. La situation est loin d'être stabilisée et tout peut basculer. Pour preuve, aucun homme d'affaires local n'ose vraiment investir, tu remarqueras que les grands projets n'impliquent que l'État et des entreprises étrangères… » Il peine également à trouver des employés, qui exigent des salaires exorbitants sans avoir aucun diplôme, ou qui sont tout simplement incapables de travailler aux normes « occidentales ».

Une corruption endémique

En Tchétchénie, dix ans exactement après le déclenchement de l'« opération antiterroriste » par les autorités fédérales russes, le chômage touche environ 80 % de la population active. Les possibilités d'emploi ne sont pas nombreuses : les vieux survivent en quasi-autarcie en gardant du bétail, les jeunes débarquent sur les chantiers ou essaient de se trouver une place dans l'administration ou au sein des nombreux services de sécurité. Ce qui n'est pas facile, chacun se battant pour caser les siens et tout poste de fonctionnaire se monnayant.

À Grozny, la corruption est telle que, pour obtenir un poste de simple policier de la route, il faut débourser à des intermédiaires 250 000 roubles (environ 5 000 euros). Le tout pour un salaire misérable de 10 000 roubles mensuels (250 euros). Les mauvaises langues affirment même que, devant le danger auquel ils sont confrontés (ils sont la cible de terroristes), les policiers doivent payer pour pouvoir démissionner !

« Il y a des explosions tous les jours, la guerre n'est pas finie, loin de là ! Mais le pire, c'est qu'on risque de se faire liquider si on ouvre la bouche. »

Dans le quartier Oktyabrski, Ibraguim, 60 ans, ne cache pas son mécontentement : même en cumulant trois sources de revenus, il ne s'en sort pas ! 7 000 roubles comme gardien municipal, 5 000 roubles de retraite et 4 000 roubles pour faire cuire des brochettes sur le bord de la route à la sortie de la ville. Au total, 16 000 roubles (355 euros) pour faire vivre son épouse, son petit-fils orphelin et lui-même. « De plus, il y a des explosions tous les jours, la guerre n'est pas finie, loin de là !, commente le sexagénaire. Mais le pire, c'est qu'on risque de se faire liquider si on ouvre la bouche ! Avise-toi de critiquer le moindre chef d'administration local, c'est très dangereux ! »

Les défenseurs des droits de l'homme sont dans une situation acrobatique, voire désespérée.

En avril, alors que 100 000 soldats fédéraux russes sont toujours stationnés sur place, le Kremlin a enfin décidé de lever le régime spécial, baptisé, depuis 1999, « opération antiterroriste ». Mais la violence a repris de plus belle avec, le 15 juillet, l'enlèvement et l'assassinat de Natalia Estemirova, une activiste reconnue des droits de l'homme, et, le 11 août, l'assassinat de Zarema Sadoulaeva, directrice de l'ONG Sauvons la génération, abattue avec son mari.

Un calme relatif

Les défenseurs des droits de l'homme sont dans une situation acrobatique, voire désespérée : comment, en vivant sur place, conserver une relative marge de manœuvre, continuer à dénoncer les exactions perpétrées par des individus trop souvent soupçonnés d'être liés aux autorités locales prorusses, tout en ne s'approchant pas trop de ce même pouvoir ? Dans la capitale tchétchène pseudonormalisée, les militants des droits de l'homme craignent pour leur vie et celle de leurs proches. « Si la Russie nous a détruits physiquement, Kadyrov nous a détruits moralement, constate une directrice d'ONG. Pendant dix ans, on a réussi à survivre dans des ruines ; aujourd'hui, les gens n'ont plus d'avis parce qu'ils ne peuvent plus l'exprimer. Devenir un rouage de la machine de terreur du pouvoir, voilà le prix à payer pour une certaine tranquillité. »

La première campagne militaire menée par les combattants indépendantistes (1994-1996) avait été soutenue par la population, y compris par une bonne partie de l'intelligentsia moscovite. Mais le second conflit (1999-2009) s'est avéré beaucoup moins populaire. Épuisée par la mort de plusieurs centaines de milliers de civils et la fuite en Europe de dizaines de milliers de personnes, la société semble prête à de sérieux compromis pour survivre dans un calme relatif. Toutefois, personne n'est dupe : la corruption du pouvoir local prorusse, particulièrement visible, par exemple dans le versement – très convoité – des dommages de guerre, a fait disparaître toute confiance envers ces mêmes autorités.

« Ne nous étonnons pas, confie un autre militant, que de nombreux jeunes prennent le maquis : ils n'ont pas le choix, ils savent bien que l'État ne les protège pas ! » Peu après, les maisons de leurs proches sont incendiées. Phénomène confirmé par Magomed, 25 ans, le benjamin d'une famille de trois frères qui ont participé au djihad des dernières années et se sont exilés. Il me montre une vidéo que les jeunes s'échangent sur les téléphones portables pour aussitôt l'effacer. On y voit 27 garçons de son âge, voire plus jeunes, barbus, lourds sacs à l'épaule et pistolet-mitrailleur en bandoulière, marcher en file indienne en pleine forêt. En passant devant la caméra, chacun se présente en riant, comme s'il s'agissait d'une promenade. Magomed en connaît huit, tous originaires de sa région ; il ne les a pas vus depuis six mois mais assure qu'aucun n'est un fanatique religieux « wahhabite », ainsi que la propagande tchétchéno-russe voudrait le faire croire.

« Seule la Russie nous comprend »

Pendant les bombardements et les « opérations de nettoyage » qui ont suivi, la société tchétchène a vécu tant d'horreurs qu'on peut lui faire avaler tout ce que l'on veut, y compris qu'Akhmad Kadyrov, assassiné en 2004, ancien mufti et père de Ramzan Kadyrov, était le premier président de la Tchétchénie : « Je m'insurge contre cette réécriture de l'Histoire, tempête un ancien instituteur. Notre premier président est Djokhar Doudaïev, exécuté par les Russes en 1996. Bientôt, tout le monde l'aura oublié ! »

À Grozny, derrière l'immense mosquée centrale, objet des mesures de sécurité les plus drastiques lors de la grande prière du vendredi, et notamment quand s'y rendent le président et son entourage, se dresse, en lieu et place de l'historique Institut du pétrole, la nouvelle « université islamique d'État » chargée de répandre une parole « religieusement correcte ». Après chaque nouvel attentat commis par un kamikaze (souvent des femmes), comme celui du 16 septembre, le pouvoir s'empresse d'affirmer qu'il s'agit de « wahhabites » appartenant à la pieuvre terroriste mondiale Al-Qaïda.

« On peut nous accuser de tout, mais une chose est sûre : c'est nous qui avons arrêté la guerre, se défend Doukvakha Abdourakhmanov, le président du Parlement. Qui nous a aidés ? Ni l'Angleterre, ni la France, ni l'Amérique, ni l'Allemagne ! Pas un seul de ces pays n'a construit ne serait-ce qu'un pont ici, et ils viennent nous apprendre la démocratie ! » Dans son bureau, orné des photos de Dmitri Medvedev, de Vladimir Poutine et de Ramzan Kadyrov, le président du Parlement ne décolère pas. « Seule la Russie nous a apporté une aide ; elle seule nous comprend, soutient le peuple tchétchène musulman ; nous avons besoin de la Russie. »

Après quinze ans et deux campagnes militaires, la question du statut de la minuscule et rebelle Tchétchénie au sein de la Fédération de Russie ne se pose plus. Sans pour autant que les rapports entre le « centre » et la « périphérie » aient été éclaircis. En l'absence d'une véritable politique nationale du Kremlin dans la région et d'une réelle amnistie générale, rien ne sera « normalisé ». D'autant que, depuis quelques années, les troubles ont gagné les républiques voisines d'Ingouchie et du Daghestan où, quotidiennement, des représentants de l'État et des forces de l'ordre sont assassinés. À la guerre russo-tchétchène a succédé une véritable guerre civile. Le sang n'a pas fini de couler dans le Caucase du Nord…

« EL CHAPO » COURT TOUJOURS

Le plus gros narco mexicain est en cavale depuis neuf ans. Quand son fils a été tué, il a envoyé 50 000 roses pour les funérailles. Il arrose les habitants des villages et, quand il va au restaurant, ses sbires confisquent les téléphones des clients et paient leur addition.

DELPHINE SAUBABER
« L'EXPRESS », 14 AOÛT 2010

Les narcos sont des poètes. Ils réenchantent ce qu'ils sont. Amado Carrillo Fuentes, fondateur du cartel de Ciudad Juarez, était plus connu sous le nom du « Seigneur des ciels » – pour les cargaisons de coke qu'il faisait voyager dans les airs. Arturo Beltran Leyva, réduit en bouillie par l'armée mexicaine en décembre dernier, se faisait appeler « le Chef des chefs », alors qu'il y a sept ou huit cartels au Mexique, et c'est bien le problème. Il n'y a guère que pour Joaquin Guzman Lœra que le sobriquet, El Chapo (« le Petit »), soit inversement proportionnel à l'envergure du bonhomme, le plus gros trafiquant mexicain, recherché par les États-Unis depuis 2001.

En guerre avec les autres consortiums pour le contrôle du marché américain, premier consommateur mondial de cocaïne, El Chapo et son puissant cartel de l'État de Sinaloa ne sont pas pour rien dans le chaos mexicain actuel : 25 000 morts depuis décembre 2006, date de l'investiture du président Calderon, qui a fait de la lutte antidrogue sa priorité. Et 7 000 depuis le mois de janvier. Ça commence à faire cher le kilo de coke.

Washington offre 5 millions de dollars pour la capture : une paille pour Joaquin Guzman, 55 ans, niveau CE2, propulsé l'an dernier par le magazine *Forbes* « 41e personne la plus influente du monde ». Derrière Bill Gates et devant Nicolas Sarkozy. Milliardaire en dollars, héros d'une véritable mythologie populaire, il est nulle part et partout. On l'a vu dîner dans plusieurs bons restaurants du pays, précédé, chaque fois, d'un homme qui confisque tous les portables et paie la note de la salle en sortant.

Déjà marié, il a aussi convolé avec une beauté de 18 ans, Emma Coronel Aispuro. Un matin de janvier 2007, le bourg de Las Canelas, dans les contreforts inaccessibles de la Sierra Madre, non loin du village natal du Chapo, a vu arriver 200 cagoulés à moto. Ils se sont postés aux entrées, alors qu'atterrissaient six avions, l'un pour le marié, les autres pour les fusils d'assaut, le whisky et un groupe musical bien connu, Los Canelos.

Depuis, les époux se sont évanouis dans la nature. Il y a six mois, un archevêque de l'État de Durango a fait une sortie, expliquant que les autorités fédérales savaient très bien où se cachait El Chapo : à Guanacevi (Durango), 3 000 habitants. Deux jours plus tard, on y retrouvait les corps de deux fédéraux barrés de ce post-scriptum : « Personne ne peut attraper El Chapo. » C'est à peu près tout ce qu'on sait de lui, ces derniers temps.

Direction Culiacan, donc, 700 000 habitants, cœur de l'État de Sinaloa, fief du Chapo et de tous les empereurs du narcotrafic. Les Carrillo, les Arellano Felix, les Beltran Leyva, ils sont tous nés ici, dans cette zone du « triangle d'or », où l'on cultive la marijuana et l'amapola, la fleur de l'héroïne. En ce début juillet, la moiteur vous colle aux os comme un sparadrap. À la terrasse d'un bar, Javier Valdez, le correspondant du quotidien *La Jornada*, regarde son café refroidir, tout en rivant un œil à l'entrée et aux énormes Chevrolet Cheyenne aux vitres noires, sans plaque, qui passent en ronflant : « Culiacan est devenue un lieu d'exécution, dit-il, la voix vrillée de lassitude. On est à trois morts par jour. Parfois dix. Avant, les narcos se tuaient entre eux. Aujourd'hui, si tu passes au milieu d'une fusillade, t'es mort. »

Il parle de la peur, omniprésente, de la guerre entre le clan du Chapo et les Beltran Leyva (ses ex-associés, ralliés au cartel de Ciudad Juarez) qui a fait grimper d'un coup le thermomètre, en 2008, avec l'assassinat d'un des fils de Guzman, Edgar. Là, en plein milieu du parking du supermarché City Club, où se dresse aujourd'hui une croix, le « Chapito » de 22 ans a été sulfaté de 500 cartouches, bazooka compris. Aux funérailles, son père a fait envoyer 50 000 roses rouges.

Marbre rose et coupoles byzantines

Le téléphone du journaliste Valdez sonne. On vient de retrouver, pas loin, trois têtes grillées, alignées sur le coffre d'une voiture. Il raccroche, fatigué : « Je n'y vais pas, je ne peux pas y aller à chaque fois. » Avant de ciseler son écœurement : « Culiacan est une société narco, malade. Je connais des gens très bien, entrepreneurs, avocats, employés, qui aident à cacher des armes, de la drogue, sans aucun bénéfice. Ici, on condamne l'exécution d'une femme enceinte et de sa fille de 6 ans, comme hier, et, le lendemain, on met le narco dans une alcôve et on couche avec. » Les gamins veulent un pistolet serti de 500 carats et une aura de parrain. Un simple tour au cimetière offre un aperçu inoubliable de l'esthétique narco : les trucidés sont enterrés dans des temples en marbre rose aux coupoles byzantines avec la climatisation, les Marlboro et leurs objets préférés. Sans oublier le cellulaire.

« Il a un regard pénétrant, qui te déshabille jusqu'au caleçon. »

Le comble, c'est qu'ici, pour beaucoup, El Chapo est une idole. Avec son principal associé, Ismael Zambada, ils font moins de bruit que les jeunes chiens fous des narcos, hyperagressifs. Ils ont construit des écoles, des chemins dans la Sierra… Ils ont graissé des pattes, aussi. En témoigne un flic du coin. Il a donné rendez-vous au fin fond d'un parc. Et il baisse la voix, alors qu'il n'y a que des arbres autour : « Jusqu'à récemment, des collègues allaient chercher leurs enveloppes, pour Noël, dans divers lieux de Culiacan… » Cadeau du Chapo. « Il arrose aussi les habitants des villages pauvres en échange de leur protection. » Inutile donc de trop le chercher dans cette Sierra Madre aux vallées profondes comme des entailles, impraticable et sillonnée d'hommes armés. Neuf ans après s'être évadé de la prison de haute sécurité de Puente Grande dans un panier de linge sale, El Chapo reste un fantôme.

L'avocat José Antonio Ortega l'a vu, en vrai, en 2000. Il est allé l'interroger derrière les barreaux, dans le cadre d'une enquête sur un homicide, en 1993, peu avant son arrestation. Il s'en souvient comme si c'était hier. Il est arrivé au rendez-vous à 10 heures. El Chapo a débarqué à 23 heures, en jeans et santiags : « Aujourd'hui, j'ai eu une visite conjugale et, après, je me suis reposé », a-t-il grogné. « Il parlait comme un paysan, raille Ortega. Si je l'avais croisé dans la rue, je lui aurais donné 10 pesos pour qu'il s'achète un Coca. » Mais il avait quelque chose : « Un regard pénétrant, qui te déshabille jusqu'au caleçon. Tu ne l'oublies jamais. Quand il va dans un endroit, il devient le sien. » De fait, la taule était à lui.

La journaliste d'investigation Anabel Hernandez a épluché les milliers de pages du dossier sur la fuite du Chapo. Elle brise un peu le mythe : « En prison, il faisait venir des prostituées, du Viagra, des stimulants sexuels pour hommes et femmes, de la nourriture de restaurants de Guadalajara. Il avait 5 cellulaires. Les gardiens qui refusaient la corruption se faisaient battre par ses hommes. Et tout ça, les autorités de la prison le savaient… » Joli parcours pour un type qui n'est encore qu'un sous-boss quand il est incarcéré, en 1993. C'est le temps du règne du Seigneur des ciels, Amado Carrillo, dont la mort, en 1997, après une chirurgie esthétique, créera un énorme vide. La guerre de succession commence, d'autant que Pablo Escobar, le pape colombien de la drogue, assassiné quatre ans plus tôt, a aussi laissé un trône vacant. « Bref, quand El Chapo s'évade, en 2001, il commence son ascension », explique Anabel Hernandez. Et il n'est pas tout seul.

En juin 1993, tout juste arrêté, il affirmait à la justice : « J'ai dédié toute ma vie à l'agriculture », déclarant 1 200 euros mensuels et signant « Joaquin Guzman L. » d'une écriture arrondie d'enfant. Voilà pour la version officielle. Mais il y en a une autre, révélée en 2002 par le journal *Milenio Semanal*. Dans l'avion qui le ramenait du Guatemala, où il avait été pris, El Chapo a dit aux militaires que, tous les deux mois, il avait donné 1 million de dollars à de hauts fonctionnaires pour garantir la protection du parquet général à ses chargements de coke.

« L'État, infiltré à tous les niveaux »

Les temps ont-ils changé ? En mars 2010, Anthony Placido, chef du renseignement de la Drug Enforcement Administration, la police américaine antidrogue, dénonçait dans l'hebdomadaire *Proceso* l'« immunité » persistante des cadors des cartels ayant un « grand pouvoir de corruption ». Il se disait aussi préoccupé du fait que, « de manière constante, on mentionne que plusieurs collaborateurs du ministre de la Sécurité publique, Genaro Garcia Luna, pourraient être compromis avec des groupes criminels ». Façon d'évoquer un soupçon, têtu, sur la couverture que le gouvernement de Calderon assurerait au Chapo…

Anabel Hernandez, qui enquête depuis cinq ans sur El Chapo, le dit clairement : « Il est protégé – tous les présidents mexicains ont couvert un cartel, à un moment donné. » En janvier, une étude d'Edgardo Buscaglia, un expert international du crime organisé, révélait que les six dernières années, sur 53 174 personnes arrêtées, seules 941 étaient associées au cartel de Sinaloa. « Le crime organisé a infiltré tous les niveaux de l'État », affirme-t-il.

Sollicité par *L'Express*, le parquet général de la République a refusé de s'exprimer. Un porte-parole du ministère de la Sécurité publique, lui, nous déclare qu'il ne fait pas d'El Chapo « l'objectif unique et primordial » de ses recherches. Calderon, dont la politique antidrogue est contestée dans la boucherie actuelle, balaie les accusations : il a envoyé 50 000 militaires sur le front, et le déferlement de la violence est, au contraire, le signe qu'il dérange l'ordre établi. Mais jamais les narcos n'ont été si menaçants pour la stabilité du pays. Dans l'État de Chihuahua, le plus violent, où El Chapo serait allé régulièrement, ces dernières années, visiter ses plantations de marijiuana, des narcos avaient suspendu quatre cadavres sous des ponts le jour des élections locales, le 4 juillet. Seuls un tiers des gens sont sortis de chez eux pour aller voter.

En attendant, l'héritier de Pablo Escobar court toujours, fêté sur YouTube, inspirant des compilations de « narcocorridos », ces chansons dansantes qui célèbrent le génie de l'ex-enfant pauvre devenu « grand parmi les grands » ou les vertus de la décapitation. « C'est un homme mort qui marche et il le sait », dit un officiel américain. Rien n'est moins sûr…

El Chapo, qui est aussi largement présent en Arizona – appelé « le plus grand entrepôt de marijuana du monde » par les fédéraux mexicains – n'a pas que la drogue dans la vie. Son cartel est aussi lié, selon Buscaglia, à 3 500 entreprises légales dans le monde, donc à tout un réseau de gens propres sur eux. D'ailleurs, aux dernières nouvelles, Joaquin Guzman s'est refait une beauté. Des caméras l'ont filmé sur une moto de grosse cylindrée, le visage carmin, lifté comme celui d'une rombière. Après tout, il n'a que 55 ans. On vit rarement aussi longtemps dans ce métier.

FAIRE LE CLOWN, DRÔLE D'IDÉE DANS L'AFGHANISTAN FÉBRILE DES ANNÉES 2010

EMMANUEL DUPARCQ
AFP, KABOUL,
12 JANVIER 2011

À Kaboul, l'improbable rencontre d'un clown français et d'une dizaine de jeunes comédiens afghans a fait renaître cet hiver des émotions théâtrales oubliées, dans un pays fébrile où la culture peine à exister face à la loi des armes et de l'argent trouble. Scène de terreur sur les planches de l'auditorium du lycée Esteqlal. Le policier Homan, nez rouge apeuré, pousse son collègue Idris de toutes ses forces vers l'objet mystère qui les terrorise. Épouvante dans les yeux écarquillés du second, qui s'agrippe à lui avec l'énergie du désespoir. Les spectateurs, séduits, se laissent emporter l'espace d'un instant dans ces provinces où les recrues en uniforme implorent chaque jour le ciel de leur épargner un faux pas fatal sur une mine rebelle. La mêlée bicéphale finit par s'effondrer dans un festival de grimaces et gémissements. Un torrent de rires secoue le jeune public afghan, une cinquantaine de lycéens, étudiants et proches des comédiens. Au premier rang, Sylvain Malgouyres savoure la première publique de ses neuf apprentis nez rouges, point d'orgue de trois semaines de formation offerte par le centre culturel français de Kaboul. À son arrivée fin novembre, le formateur toulousain avait été frappé par la « fureur de jouer » de ces comédiens d'Azdar, une des troupes qui ont fleuri après la chute des talibans. Par l'énergie d'une bande de garçons de 19 à 30 ans qui entraient en scène « comme des chevaux au galop ». Lui va leur apprendre à « étirer » leur jeu. À quitter leur habit de comédien pour celui de clown, funambule de l'expression suspendu à l'émotion de l'instant. Un éloge de la lenteur, au royaume de la frénésie guerrière. Le fluet professeur, visage doux et tignasse grise en bataille, a déjà enseigné jusque dans les bidonvilles indiens du Rajasthan. Mais il croise ici une autre réalité, celle d'un pays fébrile où la petite élite culturelle pâlit en entendant l'Occident parler de retrait, au moment où ces talibans qui avaient fermé les théâtres n'ont jamais semblé si forts. Où les comédiens, héritiers d'une tradition millénaire, s'exilent à la moindre occasion, lassés d'un pays surarmé où l'art reste un débouché méprisé. Certains élèves sont également marionnettistes, dans un petit théâtre, Parwaz, dont les spectacles pour enfants ont fait salle comble ces dernières années. Leur nouvel opus, un hymne à la protection de la nature, est prêt. Mais il leur manque 35 000 dollars pour repartir en tournée. Une paille à côté des milliards de dollars dépensés chaque année dans le pays par la communauté internationale. « Elle donne des millions, mais pas à la culture. Et on ne sait pas ce qu'ils deviennent, à part des 4 x 4 blindés », glisse Homan, déconfit. Entre sur scène le grand Nasir, nez rouge et cheveux longs, flanqué d'un grand sourire et fier comme un paon : on vient de lui offrir un cadeau. Mais c'est une erreur, il doit le rendre. Tel un politicien pris la main dans le sac qui voit s'évanouir ses rêves de 4 x 4 rutilants, palais clinquant à Kaboul et résidence secondaire à Dubaï, patrimoine minimum de tout dirigeant qui se respecte dans cet État réputé l'un des plus corrompus au monde. Nasir s'effondre en sanglots tremblotants et geindra longtemps avant de s'exécuter devant un public ravi. « Je me suis senti si puissant sur scène », clamera après le spectacle celui qui veut « continuer, même si c'est dur ». Sylvain, lui, savoure ces émotions nues étirées jusqu'à tutoyer la réalité. Dans quelques jours, il regagnera la France, touché par ce petit bout d'Afghanistan dont il ne soupçonnait pas l'existence. « J'étais arrivé la tête pleine d'images de talibans », dit-il. « Et j'y ai rencontré des jeunes qui se sont ouverts pour montrer leurs fragilités sur scène. Quand je vois ça, ici à Kaboul, je me sens en sécurité. »

KADHAFI : L'ÉTAU SE RESSERRE

Sur le front Ouest, les rebelles berbères descendus de leurs montagnes avancent inexorablement. Au mois de juillet, nos reporters Alfred de Montesquiou et Alvaro Canovas ont accompagné leur marche en avant vers Tripoli et Zawiya. Zawiya, située à 40 kilomètres à l'ouest de la capitale, vient de tomber aux mains des adversaires du colonel Kadhafi et la capitale fait face à des affrontements armés.

ALFRED DE MONTESQUIOU
PARIS-MATCH,
DIMANCHE 21 AOÛT 2011

Les roquettes fendent l'air en silence. Elles arrivent presque toujours par surprise. Quand les rebelles perçoivent à distance le chuintement sourd du missile qui s'approche, il leur reste quelques secondes pour se jeter au sol, face contre terre, mains sur la nuque, en se tassant pour se faire plus petits, comme pour offrir le moins de chair possible au danger aveugle du shrapnell. L'explosion soulève des nuages de fumée noire et de poussière blanche, mais ce sont surtout les éclats qui sont dangereux. Ils filent tout autour en bourdonnant comme des frelons. D'autres retombent du ciel encore quelques secondes plus tard avec un tintement métallique, comme de grosses gouttes de pluie sur une tôle ondulée. « La roquette, il ne faut vraiment pas avoir de chance pour se la prendre, affirme Sefaks Ftiss entre deux explosions. Mais le shrapnell, ça fait des blessures épouvantables. » Étudiant en 4e année de médecine, Sefaks parcourt le front de l'Ouest libyen sans fusil, avec sa trousse de premiers soins. Tous les jours ou presque, il extirpe du ventre, des jambes ou du dos des rebelles ces éclats d'acier distordus par l'explosion qui déchirent la peau et se logent dans les entrailles.

Ça bombarde dru sur les premières lignes de Djebel Nefoussa. Installés dans une vaste carrière de marbre à flanc de montagne, les rebelles harcèlent les troupes de Kadhafi en contrebas, barricadés dans l'usine de transformation de la pierre. « Ils ont la supériorité des armes, mais on a la supériorité du terrain », résume Sefaks, qui doit pourtant courir plié en deux pour éviter les balles qui sifflent dès qu'on se lance à découvert entre deux avant-postes. En aval, les forces de Kadhafi ont pour ordre de bloquer la poussée de l'insurrection à n'importe quel prix. C'est que les rebelles de l'Ouest libyen semblent avancer inexorablement vers Tripoli qu'ils sont en passe d'assiéger. De leur piton rocheux de Bir Gahnem, ils rejoignent les insurgés de Zawiya qui luttent pour le contrôle de cette grande ville côtière. De l'autre côté des derniers contreforts du Djebel Nefoussa, un vaste plateau de montagnes arides qui s'étend de la frontière tunisienne presque jusqu'aux abords de Tripoli, les colonnes rebelles sont parvenus à saisir Garhyane, après des semaines d'escarmouches. Nefoussa, c'est le refuge des tribus berbères de Libye, un bastion de la résistance contre Mussolini du temps de la colonisation italienne. Ces irréductibles furent encore parmi les premiers à se soulever contre Muammar Kadhafi dès le début de février dernier.

Presque sans armes – le dictateur se méfiait d'eux depuis longtemps – les Berbères ont tenu seuls pendant des semaines contre l'assaut des phalanges d'élite du régime. On les a longtemps crus perdus, massacrés loin des caméras pendant que l'attention du monde se focalisait sur Benghazi, la grande ville de l'Est libyen où commencèrent les frappes aériennes de l'Otan. Mais ils ont dressé les routes de barricades, défendant leurs montagnes avec de vieux fusils de chasse. Dans ces paysages spectaculaires de canyons et d'éperons rocheux, ils se sont fortifiés sur les crêtes, en faisant dévaler de grosses pierres et des pneus enflammés sur leurs assaillants. « Comme les accès sont très pentus, on a aussi mis de l'huile sur les routes pour que les chars ne puissent pas grimper », explique Sefaks, 23 ans. Avec sa mine rondouillarde, ses habits de marque et son excellent anglais, il n'a guère l'allure d'un maquisard du djebel. En fait, comme beaucoup d'autres, il habitait en ville jusqu'au soulèvement et a hésité avant de prendre le chemin de la révolte. Puis, lors d'une manifestation en plein Tripoli, il a vu son cousin venu en vacances d'Amérique se faire exécuter par des policiers. « On a compris qu'on n'avait pas d'autre choix que les armes », assène son ami Mazigh Madghis, ingénieur en hydrocarbures qui a fait des semaines de prison cet hiver, pour le simple fait d'avoir parlé berbère en public.

Interdit depuis des lustres, l'étendard bleu jaune vert du mouvement Amazigh flotte maintenant sur le djebel comme dans le reste de « l'arc berbère » qui traverse les montagnes d'Afrique du Nord, jusqu'à la Kabylie puis l'Atlas marocain. Sur l'éperon de Bir Gahnem, il domine à présent la plaine de Tripoli. « Encore un peu et Kadhafi sera encerclé, s'enthousiasme Sefaks. On sent déjà le vent de la mer ! » Car les rebelles ont tant progressé que la capitale n'est plus qu'à 40 kilomètres. Si sur la côte l'armée tient encore la raffinerie pétrolière de Zawiya, l'essentiel de la ville est aux mains des rebelles. S'ils parviennent à tenir la grand-route qui mène à la Tunisie, Tripoli sera presque entièrement encerclée. Les opposants viennent d'ailleurs en nombre de la capitale, passant les lignes de nuit pour se joindre à la « Brigade de Tripoli ». Ils devront bientôt renforcer les quelque 3 000 combattants dont dispose la rébellion à travers le djebel. Suffisamment nombreux pour se battre par roulements : six jours à l'arrière, deux au front. Pour se donner du courage, les rebelles aux premières lignes se redressent pour proclamer « Allah akhbar », Dieu est grand, quand une salve de roquettes a frappé trop près d'eux. Les hommes d'une position entament le chant, qui se répand de poste en poste le long de la ligne. En quelques instants, c'est toute la falaise qui résonne : on découvre que la sierra fourmille de guerriers berbères prêts à déferler sur les approches de Tripoli.

Leurs chefs sont nettement plus hésitants. « Kadhafi ne peut plus reculer, donc pour nous la moindre avancée est devenue très difficile », explique ainsi le colonel Joumha Indakem au quartier général rebelle, l'ancien bureau du recteur de l'université dans la grande ville de Zintane. Comme tous les autres commandants, le colonel Joumha est un transfuge de l'armée régulière. Très organisés, voire tatillons, ces officiers se sont réparti avec quelques notables les tâches d'un véritable gouvernement parallèle. Joumha, par exemple, est porte-parole des rebelles parce qu'il parle couramment anglais et russe. Ce pilote de chasse, qui a combattu les Français au Tchad pendant les rêves de conquête de Kadhafi dans les années 1980, était instructeur sur Mig 25 jusqu'au début de l'insurrection. Il a vu débarquer sur la base militaire de Mitiga, en banlieue de Tripoli, des avions entiers de mercenaires et même, affirme-t-il, des unités de parachutistes algériens. « Dès le début, c'était clair que Kadhafi serait prêt à faire la guerre contre tout son peuple. »

Malgré l'avancée des rebelles, Joumha fulmine. Les kadhafistes ont posé des milliers de mines le long des approches de la capitale, que les rebelles déblayent par charrettes entières. Et, surtout, l'armée force les villageois à rester sur place. « Ça nous pose un énorme problème pour avancer, parce qu'on ne peut pas demander à nos combattants de tirer sur leurs cousins, parfois même sur leurs propres familles », explique le colonel. À l'hôpital de Zintane, des blessés confirment que Kadhafi emploie les civils comme boucliers humains pour bloquer l'offensive.

Fait prisonnier, le sergent Salah Mohamed affirme que des checkpoints tenus par des mercenaires empêchent femmes et enfants de quitter le front. « Même nous, les soldats, ils nous tirent dessus si on recule pendant un combat », raconte Salah. Il assure parler librement. Traité pour une balle dans la jambe, il n'a pas de gardien dans sa chambre pendant notre interview. Seul un planton surveille le couloir, pour s'assurer qu'aucun parent des 100 hommes morts en ville ne vienne se venger sur les captifs blessés. Son voisin de lit est un mercenaire malien. L'histoire de Haïballah semble incarner cette spirale de misère africaine que Kadhafi a su si bien exploiter pendant des années. Touareg de la grande tribu des Ifoghas, le tout jeune homme dit être venu chercher du travail en Libye il y a 5 ans, quand le troupeau de son père fut décimé par la sécheresse. Peu après le début de la révolution, tandis qu'il travaillait comme manœuvre, des miliciens l'ont recruté contre la promesse de 500 dollars par mois, une maison et un passeport libyen. « J'en ai jamais vu la couleur », dit-il, allongé dans sa chambre d'hôpital suffocante avec de graves blessures au ventre, à l'épaule et au pied.

Il y a 145 autres prisonniers comme Salah et Haïballah, enfermés dans une école de Zintane. Ils sont assis torse nu ou en caleçon, l'air furieux et mal nourris. La plupart sont libyens, mais on compte aussi des mercenaires venus d'Algérie, du Ghana, du Tchad, du Niger et du Soudan, explique le chef des gardiens, Bachir Miled, en les pointant du doigt. Beaucoup ont été capturés au début du mois, quand les rebelles ont écrasé en quelques heures une contre-offensive kadhafiste dans la bourgade de Goualich.

Des positions rebelles, on peut voir aux jumelles les blindés de Kadhafi qui se glissent dans l'ombre des maisons, pour se couvrir des frappes de l'Otan. Le capitaine Mokhtar Lakhda, qui commande les avant-postes, tente de les atteindre avec ses lance-roquettes, faits de tuyaux d'irrigation dans lesquels on insère des obus pris dans un dépôt militaire. Il garde en réserve pour la grande offensive sur la banlieue de Tripoli ses missiles sol-air à tête chercheuse SA-7, de fabrication russe. Pillés dans le même entrepôt, ils inquiètent les services de renseignement occidentaux, car ils valent jusqu'à 50 000 dollars au marché noir international, où un groupe terroriste pourrait aussi bien les acheter pour abattre un avion de ligne. Mais le capitaine Mokhtar affirme que presque tous les SA-7 sont aux mains des rebelles. « Pas de soucis, relax, belle journée... », dit-il dans le français approximatif qu'il a appris comme guide touristique dans le désert. Retraité de l'armée, Mokhtar affirme reconnaître l'attitude de ses anciens frères d'armes, juste en face. « Je vois bien qu'ils sont démoralisés, qu'ils ménagent leurs munitions », dit-il. Mais la vingtaine de jeunes qu'il commande n'en peuvent plus d'attendre. Ils palabrent et demandent pourquoi les chefs ne déclenchent pas dès maintenant la grande offensive sur la capitale. « Patience, leur rétorque Mokhtar. Ça fait 42 ans qu'on attend pour se débarrasser du tyran, on n'est pas à quelques semaines ou même quelques mois près. »

LES PRIX ALBERT LONDRES

1933 – Émile Condroyer
1934 – Stéphane Faugier
1935 – Claude Blanchard
1936 – Jean Botrot
1937 – Max Massot
1938 – Jean-Gérard Fleury
1939 – Jacques Zimmermann
1946 – Marcel Picard
1947 – André Blanchet
Dominique Pado
1948 – Pierre Voisin
1949 – Serge Bromberger
1950 – Alix d'Unienville
1951 – Henri de Turenne
1952 – Georges Menant
1953 – Maurice Chanteloup
1954 – Armand Gatti
1955 – Jean Lartéguy
1956 – René Mauriès
1957 – René Puissesseau
1958 – Max Olivier-Lacamp
1959 – Jean-Marc Théoleyre
1960 – Jacques Jacquet-Francillon
1961 – Marcel Niedergang
1962 – Max Clos
1963 – Victor Franco
1964 – José Hanu
1965 – Michel Croce-Spinelli
1966 – Yves Courrière
1967 – Jean Bertolino
1968 – Yves Cuau
1969 – Yves-Guy Bergès
1970 – Philippe Nourry
1971 – Jean-François Delassus
1972 – Jean-Claude Guillebaud
Pierre Bois
1973 – Jean-Claude Pomonti
1974 – François Missen
1975 – Thierry Desjardins
1976 – Pierre Veilletet
1977 – François Debré
1978 – Christian Hoche
1979 – Hervé Chabalier
1980 – Marc Kravetz
1981 – Bernard Guetta
1982 – Christine Clerc
1983 – Patrick Meney
1984 – Jean-Michel Caradec'h
1985 – Alain Louyot
1986 – François Hauter
1987 – Jean-Paul Mari
1988 – Sorj Chalandon
Samy Ketz
1989 – Jean Rollin
1990 – Yves Harté
1991 – Patrick de Saint-Exupéry
1992 – Olivier Weber
1993 – Philippe Broussard
1994 – Dominique Le Guilledoux
1995 – Bureau Moscou de l'AFP : Jean Raffaelli, Boris Bachorz, Marielle Eudes, Paola Messana, Sebastian Smith, Stéphane Orjollet,

Catherine Triomphe, Bertrand Rose thal et Isabelle Astigarraga

1996 – Annick Cojean

1997 – Caroline Puel

1998 – Luc Le Vaillant

1999 – Michel Moutot

2000 – Anne Nivat

2001 – Serge Michel

2002 – Adrien Jaulmes

2003 – Marion Van Renterghem

2004 – Christophe Ayad

2005 – Natalie Nougayrède

2006 – Delphine Minoui

2007 – Luc Bronner

2008 – Benjamin Barthes

2009 – Sophie Bouillon

2010 – Delphine Saubaber

2011 – Emmanuel Duparcq

2012 – Alfred de Montesquiou

TABLE